EXAM PRESS

第2版

著
公認心理師
試験対策研究会

心理
教 科 書

公認心理師

完全合格テキスト

JN073997

SE
SHOEISHA

本書の使い方

　本書は、公認心理師試験の受験対策の基本となる学習書です。第1回試験、第2回試験、第3回試験、第4回試験をもとに、「公認心理師試験出題基準 令和3年版」（出題基準、ブループリント）の大項目に合わせて構成しています。

人名
試験に準拠して、原語表記で解説しています。人名索引（P.615〜）には読みを併記しています。

ひとこと
強調したいことやアドバイスなどです。

---

31 生得的行動

動物全般の行動には、習得的な比重の大きい学習による行動に加えて、遺伝的に組み込まれた、反射などの生まれながらにして備わっている行動（生得的行動）があります。

生得的解発機構

　動物行動学者のTinbergen, N. は、トゲウオ科の淡水魚であるイトヨの攻撃・闘争行動や求愛行動について研究を行いました。
　繁殖期になると、イトヨのオスは腹部が赤く色づき、なわばりを作り、近づいてくる他のオスを攻撃します。Tinbergen は、イトヨのオスがなわばりに近づく他個体の性別をどのように見分けているのか、模型を使って検討しました。その結果、イトヨの攻撃行動を引き起こしている刺激は、形や大きさではなく腹部の赤さのみであることがわかりました。
　また、繁殖期のイトヨのオスは、卵を抱えて腹部が大きくなったメスが近づいてくると、その腹部に触発されてダンスを踊ります。それを受けてメスは応答し、さらにオスが次の反応を起こします。このようにイトヨは、オスとメスの相互行動が刺激と反応の連鎖を生み、メスを巣へと誘導し、受精に至ります。
　上記の攻撃行動や求愛行動は、イトヨに生得的に組み込まれている本能です。特定の刺激に対して特定の行動を引き起こすメカニズムは、[生得的解発機構（innate releasing mechanism：IRM）] と呼ばれています。

　ヒトを含めた動物は、様々な経験を通じて行動を変容させ、多様な行動を新たに獲得していきます。このように経験によって生じる比較的長期にわたる行動の変化を学習といいます。原始的な生物においても学習が可能であることが知られています。

ひとこと

なお、本書では、大項目 24 章を大きく 3 つ「第 1 部 心理師の基本」「第 2 部 心理学基礎編」「第 3 部 応用実践編」に分けて構成しています。

●法令等の基準について
　本書の記載内容は、2021 年 11 月現在の法令等に基づいています。変更される場合もありますので、関連省庁や試験センターが公表する情報をご確認ください。

用語解説
本文中の用語を解説しています。

構成は、出題基準に沿った 24 章。得意なところから（あるいは苦手なところから）学習していただけます。

アニミズム
前操作期の大きな特徴であるアニミズムとは、全ての事物（無生物も含め）に意識や生命があると考えること。

自己中心性
自己中心性とは、自己以外の視点に立って物事を考えることができないこと、および自分とは異なる他者の視点があることには気づいていないことをいう。自己中心性に関連して、[実念論] という自分の見ているものの見方の絶対視、[人工論] という全て人間が作ったものであるという思考を示す。

第 12 章　発達

転導推理
帰納的推理にも演繹的推理にも属さない、幼児が特殊の個別事例から特殊の個別事例へと推論をしてしまうことを**転導推理**という。これは [素朴理論] でいう経験的な思い込みで概念形成をした考え方と類似した子どもの考え方である。

プラスワン
試験で問われそうなことや、注意したいことなどを取り上げています。

😊 **具体的操作期**
　具体的操作期（7〜11 歳頃）では、実際の行為に対して内面化された行為（動作として出さずに、心の中でイメージができる＝操作）が用いられることで、行為的表象（具体的行為をイメージする）の水準から記号的表象（抽象的なイメージ）の水準へと発達し、保存の概念が獲得され、それにより、見た目に左右されずに事物の本質的な特徴を獲得することが可能となります。しかし、論理的な思考は具体的場面にしか適用できません。

● **具体的操作期**
- 内面化された行為である
- [可逆性]（操作後、その操作を取り消し、操作前の状態へ戻す）が可能な行為、もしくは一度変化したものでも前と同じものであると考えられる
- [保存の不変性] が前提であり、これは形態を変えたが量は不変なままであると考えられないこと
- 孤立して存する操作はなく 2 つ以上の操作が可能となる

197

公認心理師試験の概要

　2015（平成27）年9月9日に公認心理師法が成立し、2017（平成29）年9月15日に施行されたことにより、日本初の心理職の国家資格「公認心理師」が誕生しました。

◉ 公認心理師とは

公認心理師が行う業務として、公認心理師法には、以下のように定められています。保健医療、福祉、教育その他の分野において、専門的知識及び技術をもって、

① 心理に関する支援を要する者の心理状態を観察し、その結果を分析すること。
② 心理に関する支援を要する者に対し、その心理に関する相談に応じ、助言、指導その他の援助を行うこと。
③ 心理に関する支援を要する者の関係者に対し、その相談に応じ、助言、指導その他の援助を行うこと。
④ 心の健康に関する知識の普及を図るための教育及び情報の提供を行うこと。

◉ 公認心理師になるには

毎年1回行われる試験に合格する必要があります。

■ 受験資格

　受験資格は、大学院・大学で「指定科目」を履修したかなど、細かく8ルートに分かれています。このうち、**「現任者ルート」（実務経験5年＋現任者講習受講）の方が受験できる措置期間は** 2022年9月14日までですので、ご注意ください。
　この「現任者ルート」は、「現任者講習会」を受講する必要があります。なお、この講習会は一度受けると、公認心理師法施行後5年間有効です（修了していれば、再受講の必要はありません）。

■ 出題基準とブループリント

　出題基準とは、試験範囲とレベルを24の大項目に分けて整理したもので、それぞれの知識や技能の到達度が確認されます。ここに示されるキーワード（小項目）が試験対策の中心になると考えられます。

ブループリントとは、「試験設計表」であり、出題基準の大項目の「出題割合」を示したものです。

■ 試験地

北海道、宮城県、東京都、愛知県、大阪府、岡山県、福岡県

■ 出題方式

出題は、1 択または 2 択方式で、解答はマークシート方式で行われます。

■ 出題数

第 1 回、第 2 回、第 3 回、第 4 回試験においては、午前 77 問、午後 77 問、計 154 問が出題されました。うち、事例問題は午前 19 問、午後 19 問でした（全体の約 25%）。

■ 試験時間

時間は次のとおりです。

午前	時間
試験時間	10：00～12：00 (120 分)
弱視等受験者 (1.3 倍)	10：00～12：40 (160 分)
点字等受験者 (1.5 倍)	10：00～13：00 (180 分)
午後	時間
試験時間	13：30～15：30 (120 分)
弱視等受験者 (1.3 倍)	14：00～16：40 (160 分)
点字等受験者 (1.5 倍)	14：00～17：00 (180 分)

■ 合格基準

合格基準は、総得点の 60% 程度とされています。

なお、問題の難易度で補正されており、配点は**一般問題**が **1 問 1 点**、**事例問題**が **1 問 3 点**と、事例問題が重視されている傾向にあります。

■ 試験スケジュールや最新情報

試験スケジュールや最新情報は、一般財団法人日本心理研修センターの Web サイト (http://shinri-kenshu.jp/) で確認してください。

目次

本書内容に関するお問い合わせについて

このたびは翔泳社の書籍をお買い上げいただき、誠にありがとうございます。弊社では、読者の皆様からのお問い合わせに適切に対応させていただくため、以下のガイドラインへのご協力をお願い致しております。下記項目をお読みいただき、手順に従ってお問い合わせください。

●ご質問される前に

弊社Webサイトの「正誤表」をご参照ください。これまでに判明した正誤や追加情報を掲載しています。

正誤表　https://www.shoeisha.co.jp/book/errata/

●ご質問方法

弊社Webサイトの「刊行物Q&A」をご利用ください。

刊行物Q&A　https://www.shoeisha.co.jp/book/qa/

インターネットをご利用でない場合は、FAXまたは郵便にて、下記"翔泳社 愛読者サービスセンター"までお問い合わせください。
電話でのご質問は、お受けしておりません。

●回答について

回答は、ご質問いただいた手段によってご返事申し上げます。ご質問の内容によっては、回答に数日ないしはそれ以上の期間を要する場合があります。

●ご質問に際してのご注意

本書の対象を越えるもの、記述個所を特定されないもの、また読者固有の環境に起因するご質問等にはお答えできませんので、予めご了承ください。

●郵便物送付先およびFAX番号

送付先住所　〒160-0006　東京都新宿区舟町5
FAX番号　　03-5362-3818
宛先　　　　（株）翔泳社 愛読者サービスセンター

第 **1** 部

心理師の基本

公認心理師の役割

公認心理師法は、2015（平成27）年9月に公布、2017（平成29）年9月に施行されました。ここでは、公認心理師の役割および資格について、公認心理師法に規定されている内容を理解していきます。

公認心理師法の目的

公認心理師法第1条に「この法律は、公認心理師の資格を定めて、その業務の適正を図り、もって［国民の心の健康］の保持増進に寄与することを目的とする」と規定されています。相談依頼者のみならず、国民全体が公認心理師の支援対象者であることを示しています。

公認心理師の定義

公認心理師の定義は、第2条において、「公認心理師の名称を用いて、保健医療、福祉、教育その他の分野において、心理学に関する専門的知識及び技術をもって」、以下の4つの業務を行う者と定められています。

①心理に関する支援を要する者の心理状態を［観察］し、その結果を［分析］すること。
②心理に関する支援を要する者に対し、その心理に関する［相談］に応じ、［助言］、［指導］その他の［援助］を行うこと。
③心理に関する支援を要する者の**関係者**に対し、その相談に応じ、助言、指導その他の援助を行うこと。
④［心］の健康に関する知識の普及を図るための［教育］及び［情報の提供］を行うこと。

この4つの業務は、①**心理アセスメント**、②**カウンセリング・心理療法**、③**コンサルテーション**、④**心理教育**にあたります。この業務には、自殺予防や虐待への対応も含まれます。予防的アプローチから危機介入に至るまで、あらゆる場面に適切な支

援を行うことが求められています。

● 公認心理師の 4 つの業務

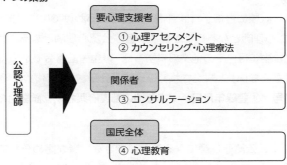

多職種連携

　第 2 条の 4 つの業務を行うにあたり、第 42 条において、「公認心理師は、その業務を行うに当たっては、その担当する者に対し、保健医療、福祉、教育等が密接な [連携] の下で総合的かつ適切に提供されるよう、これらを提供する者**その他の関係者等との連携**を保たなければならない」と多職種との連携が明記されています。

　「その他の関係者」とは、家族などの要心理支援者の近しい関係者のみならず、勤務先機関での他職種や、地域の行政サービスといった広い範囲を指しています。そのため、適切な連携を行うためには、公認心理師は心理学的知識に留まらず、各行政機関が行っているサービスを把握しておくこと、他職種の職務内容などを理解しておくことが必要になります。そうすることで、要心理支援者に有効な支援を提案でき、包括的にサポートすることが可能となります。

◎ 公認心理師の資格

　公認心理師は、業務独占ではなく [名称独占] 資格です。また、公認心理師となるには、試験合格後に定められた事項について**登録**を受ける必要があります。

名称独占資格

　第 44 条において、「公認心理師でない者は、公認心理師という名称を使用してはならない」と定め、同条 2 項では「公認心理師でない者は、その名称中に [心理師] という文字を用いてはならない」と**名称の使用制限**を明記しています。この規定に違反した場合には、第 49 条において、[30] 万円以下の罰金に処するとの罰則規定を設けています。これは、公認心理師の質を高め、適正な職務を行い、国民から信頼さ

れることが求められているということです。

🌸 登録の義務

公認心理師は、試験に合格すれば資格が取得できるわけではありません。第28条において、「公認心理師となる資格を有する者が公認心理師となるには、公認心理師登録簿に、氏名、生年月日その他文部科学省令・厚生労働省令で定める事項の[登録]を受けなければならない」と規定されています。登録される事柄は、①氏名、②生年月日、③登録番号、④登録年月日、⑤本籍地の都道府県名、⑥試験合格年月日です。

🌸 欠格事由

第3条において、公認心理師になることができない者が定められています。この欠格事由のいずれか（第4号を除く）に至った場合には、第32条において、「その登録を[取り消さなければならない]」と定められています。

また、第1号は「成年被後見人又は被保佐人」から「[心身の故障]により公認心理師の業務を適正に行うことができない者として文部科学省令・厚生労働省令で定めるもの」と改正されましたので、注意が必要です。

● 欠格事由（法第3条）

1	心身の故障により公認心理師の業務を適正に行うことができない者として[文部科学省令・厚生労働省令]で定めるもの
2	[禁錮]以上の刑に処せられ、その執行を終わり、又は執行を受けることがなくなった日から起算して[2]年を経過しない者
3	この法律の規定その他保健医療、福祉又は教育に関する法律の規定であって政令で定めるものにより、罰金の刑に処せられ、その執行を終わり、又は執行を受けることがなくなった日から起算して[2]年を経過しない者
4	第32条第1項第2号又は第2項の規定により登録を取り消され、その取消しの日から起算して[2]年を経過しない者

プラス+1

公認心理師法第3条「欠格事由」の改正
変更があった第3条1号にある「文部科学省令・厚生労働省令で定めるもの」とは、「精神の機能の障害により公認心理師の業務を適正に行うに当たって必要な認知、判断及び意思疎通を適切に行うことができない者とする」と文部科学省令・厚生労働省令の公認心理師施行規則第1条に定められている。

2 公認心理師の法的義務および倫理

公認心理師の法的義務は、公認心理師法第4章「義務等」において、第40条「信用失墜行為の禁止」、第41条「秘密保持義務」、第42条「連携等」、第43条「資質向上の責務」の4つが定められています。ここでは、公認心理師法における公認心理師の義務をしっかりと理解しましょう。条文によって、罰則や処分があるもの、ないものを明確に知りましょう。また、罰則や処分がない場合でも、公認心理師の倫理によって、望ましい行動規範を身につけることが求められています。

◎ 第40条　信用失墜行為の禁止

第40条に「公認心理師は、公認心理師の[信用]を傷つけるような行為をしてはならない」とあります。この「信用を傷つけるような行為」とは、仕事上のみを指すのではなく、**私的な社会生活**も含まれます。公認心理師の不名誉になる行為は職務内外にかかわらず慎むべきことを規定しています。私生活における信用失墜行為とは、代表例として、休日に飲酒して暴れ、近隣住民に迷惑をかけるといったことが挙げられます。

● 多重関係の禁止

第40条の信用失墜行為に該当する代表的なものに**多重関係**が挙げられます。多重関係とは、カウンセラーとクライエント以外の関係性を持つことを意味します。これは重大な倫理違反であり禁じられています。

多重関係を持つことは、カウンセラーが意図してクライエントを巻き込むのは言語道断でありますが、クライエントに頼まれた場合でも禁忌です。カウンセラーは親切心からであっても先入観や個人的感情に振り回されてしまう危険性があり、ひいてはクライエントの不利益になってしまいます。

クライエントに有益なサポートを提供し続けるためには、境界線をしっかりと保つことが重要な責務となります。

クライエントが知人	もともとの友人であったり、職場の同僚であったりした場合、さらにカウンセラーとクライエントという関係性を結ぶのは多重関係となり、不適切である。
利益誘導	カウンセラーが自身の立場を利用して、クライエントに商取引をもちかけるといった利益誘導は多重関係となる。また、逆も然りで、クライエントから商取引を求められた場合も断らなければならない。客観性や中立性が必要となる立場で、相談業務以外の利害関係を生むことは禁止である。
恋愛関係になる	心理臨床の歴史の中で、カウンセラーとクライエントが性的関係を持つことは問題となって久しい。これは、肉体的な問題に限定されず、相談室以外の場所で会う等の行為も含まれる。

第41条 秘密保持義務

　第41条に「秘密保持義務」として「公認心理師は、正当な理由がなく、その業務に関して知り得た人の秘密を漏らしてはならない。公認心理師でなくなった後においても、同様とする」と定められています。これに違反した場合には、第46条において、「[1] 年以下の [懲役] または [30] 万円以下の罰金に処する」という厳しい罰則が設けられています。これは、公認心理師が扱う個人情報が極めて重いことを示しています。

第42条 連携等

　第42条「連携等」1項において [多職種との連携] が明記されています。これは、「**チーム医療**」という言葉に代表される、心理職として包括的なサポート体制の一員となることを示唆しています。

主治の医師の指示

　第42条において注意すべきは2項の条文です。「公認心理師は、その業務を行うに当たって心理に関する支援を要する者に**当該支援に係る** [主治の医師] があるときは、その [指示] を受けなければならない」とあり、これに違反した場合には、[登録の取消し等] の処分を受ける可能性があります。

第43条 資質向上の責務

　第43条において、「公認心理師は、国民の心の健康を取り巻く環境の変化による業務の内容の変化に適応するため、第2条各号に掲げる行為に関する**知識及び技能**

の向上に努めなければならない」と資質向上の責務が明記されています。

◉ 公認心理師法における罰則・処分

　第32条において、「登録の取消し等」に該当する事由が規定されています。また、第5章の「罰則」において、罰金刑等の罰則を受ける可能性がある事由が定められています。第4章に明記されている**第40条・第41条・第42条・第43条**の4つの規定を熟知した上で、以下の表で、公認心理師法に定められている罰則と処分について整理しておきましょう。

● 公認心理師法における罰則・処分

条	内容	罰則	行政処分
第3条	［欠格事由］、第3条の各号（第4号を除く）のいずれかに至った場合	なし	登録の取消し
第32条	［虚偽］または［不正］の事実に基づいて登録を受けた場合	なし	登録の取消し
第40条	信用失墜行為の禁止	なし	登録の取消し、または一定期間の名称の使用停止
第41条	秘密保持義務	1年以下の懲役または30万円以下の罰金	登録の取消し、または一定期間の名称の使用停止
第42条	1項　関係者との連携	なし	なし
第42条	2項　主治の医師の指示に従う	なし	登録の取消し、または一定期間の名称の使用停止
第43条	資質向上の責務	なし	なし
第44条	名称の使用制限	30万円以下の罰金	なし

第42条2項の「主治の医師」の指示は、「当該支援に係る主治の医師があるときは」とあるため、心理支援に関わる医師となります。クライエントが通院していて主治医がいたとしても、その主治医が心理支援に関わらない場合は、該当しないといえます。しかし、心療内科医や精神科医が主治医である場合には、同じ勤務機関でなくても適宜連絡をとって指示を仰ぐ必要が発生します。

ひとこと

3 要支援者等の安全の確保と要支援者の視点

公認心理師は、秘密保持義務の遵守がある一方で、クライエントの安全の確保に努めなければなりません。ここでは、秘密保持義務よりもクライエントの安全の確保が優先される場合を整理します。

◉ クライエントの安全の確保

秘密保持義務以上に優先すべき事態に、クライエントの [安全の確保] があります。これも倫理的ジレンマを生じさせる場合が多く、クライエントの安全がかかっているだけにその判断は慎重になされなければなりません。

クライエントの安全にかかわる問題の代表に、[虐待への対応] や [自傷他害行為] の危険性が挙げられます。この先に起こり得る危機を回避するために虐待や自傷他害行為の危険性を見極めることを [リスクアセスメント] といいます。危険性が高いと判断された場合、警察や家族に連絡をし、危機を回避するよう支援することを [危機介入] といいます。この場合は、**秘密保持義務の例外**として、秘密保持義務よりもクライエントの安全の確保が優先され、秘密保持義務違反には問われません。

◉ 秘密保持義務の例外

秘密保持義務よりもクライエントの安全の確保が優先と述べましたが、このような秘密保持義務の例外事由について改めて整理します。

秘密保持義務の例外状況として大別すると5つが挙げられます。

● 秘密保持義務の例外状況

1. [自傷他害] 行為の恐れがある場合
2. [虐待] が疑われる場合
3. ケース会議など、そのクライエントのケア等に直接関わっている専門家同士で話し合う場合
4. 法による定めがある場合や医療保険による支払いが行われる場合
5. クライエントが自分自身の精神状態や心理的な問題に関連する訴えを裁判等によって提起した場合も含む、クライエントによる [明示的な意思表示] がある場合

ここでは、このうち、重要な3つの項目を取り上げます。

⚙ 自傷他害行為の恐れがある場合

他害行為に関しては、**タラソフ事件**として有名です。「警告義務（保護義務）」とされ、クライエントが**特定の他者**に対して**明確かつ切迫した危険**を呈している場合には秘密保持の原則は適用されません。しかし、秘密保持義務の例外を適用するのは最後の手段と考えるべきでしょう。カウンセラーは、クライエント本人に危険を回避する様々な取り組みを積極的に行うことが重要です。

次に、自傷行為に関し、クライエントの**自殺**に代表される**緊急事態**にカウンセラーが直面することは少なくありません。この場合も秘密保持義務の例外にあたり、クライエントの家族等に連絡をとってクライエントの安全の確保を優先しなければなりません。しかし、この場合も、カウンセリングの回数を増やす、他職種と連携する、クライエントとよく話し合うなど最大限の努力を行うことがまず求められます。

Column

「タラソフ事件」

タラソフ事件とは、ポッダーという男性がタラソフさんという女性に恋をし、その恋心が実らなかったことに恨みを募らせ、タラソフさんを殺害した事件です。ポッダーは精神科に通院しており、主治医に「タラソフを殺したい。銃で撃つ」と話していました。しかし、主治医は守秘義務のためにそれを口外しませんでした。
タラソフさんのご家族が、主治医に対し、「知っていたなら、危険を回避できるようになぜ教えてくれなかったのだ！」と裁判を起こし、最高裁で「自分の患者が特定の相手に危険を及ぼすと予測される場合は、その家族等に伝えるなど危険から保護する方策をとるべきである」と判決が下り、「守秘義務の例外」として広く知られるようになりました。

⚙ 虐待が疑われる場合

児童虐待防止法および**児童福祉法**により、虐待の[通告義務]が定められています。これも、子どもを守ることが秘密保持義務よりも優先されるという保護義務の原則です。

また、虐待は子どものみならず、**高齢者虐待や配偶者からの暴力（DV）**でも問題となります。これらは、高齢者虐待防止法やDV防止法によって**通報義務**または通報の**努力義務**が課せられています。

🌀 そのクライエントのケア等に直接関わっている専門家同士で話し合う場合

　後述する倫理的ジレンマの項目でも触れていますが、多職種連携やチームでの支援の際に、情報共有と秘密保持義務の問題は、画一的に語れない複雑さを含んでいます。

　「他のスタッフには言わないでください」とクライエントから懇願された場合どうするのか。これは、その都度、その相談内容によってリスクアセスメントをし、それでも他職種と共有する必要があると判断したら、その旨を真摯に説明しクライエントの同意を得ることが必要です。その場合でも、どのスタッフにどこまで言うのか、詳細にインフォームド・コンセントをします。

　他方、クライエントの心理状態や危機の高さによっては、同意を得られなかったとしてもクライエントの安全の確保を優先すべき状況も起こり得るでしょう。

　いずれの場合も、クライエントのケアに関わるスタッフ皆が秘密保持に関して高い倫理観を備えていることが求められます。

Column　「登録の取消し」や「名称の使用制限」に該当するのは！？

欠格事由の第3条第3号の「罰金の刑」とは、「この法律の規定その他保健医療、福祉又は教育に関する法律の規定であって政令で定めるもの」とあるので、例えば交通違反での罰金刑は該当しませんね。しかし！　油断は禁物です！　第40条に「信用失墜行為の禁止」という規定があるので、やはり節度を常に持った行動が求められています。この「信用失墜行為」は具体的にどのような行為なのかの記載はありません。厚生労働省および文部科学省の裁量に任せられるということになります。

Column　秘密保持義務違反の罰則は医師よりも重い！？

公認心理師が秘密保持義務に違反した場合には、1年以下の懲役または30万円以下の罰金刑が定められています。医師や弁護士にも同様の秘密保持義務が規定されていますが、その罰則は「6か月以下の懲役または10万円以下の罰金」となっています。なんと、公認心理師のほうが医師や弁護士よりも重い罪に問われるのです。

公認心理師は、医師の指示に従わない場合は行政処分を受ける可能性も法で定められていながら、秘密保持義務の罰則は医師よりも重いという、なんともハードな立場ですね。

けれども、公認心理師がクライエントから預かる個人情報は医師や弁護士よりも重大なものであると国は考えたのだろうと解釈し、誇りに思って職務に邁進することにしましょう。

Column　公認心理師法の改正

公認心理師法の改正について、ここで改めて整理しましょう。

公認心理師法は2019（令和元）年6月に法改正がなされ、2019（令和元）年12月14日に施行されました。把握すべき変更箇所は本文で述べた第3条第1号の欠格事由です。公認心理師法の改正と同時に、文部科学省令・厚生労働省令の公認心理師法施行規則も改正されました。

公認心理師法第3条第1号は、「成年被後見人及び被保佐人」から「心身の故障により公認心理師の業務を適正に行うことができない者として文部科学省令・厚生労働省令で定める者」と変更されました。「文部科学省令・厚生労働省令で定める者」とは、文部科学省令・厚生労働省令の公認心理師法施行規則の第1条「**精神の機能の障害により公認心理師の業務を適正に行うに当たって必要な認知、判断及び意思疎通**を適切に行うことができない者とする」と規定されています。

この改正は、公認心理師の質を高く保つためにも妥当な変更といえるでしょう。

試験においては、第1回追試の問1で、公認心理師の登録の取消しに関する問題が出題され、正解は改正前の法第3条第1号の「成年被後見人及び被保佐人」でした。つまり、欠格事由含む登録の取消し事由は試験に出題される可能性がある覚えておくべき事柄です。第1回追試では、法改正前ですので、上記が正解となりますが、今後は間違いとなります。

この改正の内容を含む公認心理師法の重要な条文はしっかり把握しておきましょう。

「秘密保持義務」および「秘密保持義務の例外」に関しては試験で頻出です。また、基本的には「秘密保持義務」をできる限り守る努力をしながらも、その例外事由をしっかりと把握しておくことは、試験のみならず臨床場面でも指針になると思います。

ひとこと

第1章　公認心理師としての職責の自覚

11

情報の適切な取り扱い

公認心理師は、公認心理師法第41条の秘密保持義務の定めの通り、業務上知り得たクライエントの情報は外部に漏らしてはなりません。一方で、多職種連携を適切に行うためには、多職種間での情報共有が必要であり、公認心理師が1人で抱え込んでいては適切なサポートにつながらないといった矛盾した状態になり得ます。そこで、クライエントに適切な支援を行うために、公認心理師が守るべき秘密保持義務のあり方をここで整理します。

◉ インフォームド・コンセント

インフォームド・コンセントとは、**「説明と同意」**という意味で、クライエントの情報を第三者に伝える場合、クライエントにその理由と目的を伝えて、クライエント本人から同意を得ることをいいます。

クライエントから、例えば「家族らの問い合わせに答えてほしい」という明らかな意思表示があった場合には、**何のために**、**誰に**、**何を伝えるか**等といった具体的な内容までクライエントとよく話し合っておくことが大切になります。

また、多職種連携における情報共有やクライエントの安全の確保の観点から、守秘義務の範囲と限界について、率直に説明し、話し合うことが必要です。

◉ プライバシー保護

第41条に秘密保持義務について厳しい処分が定められている通り、クライエントのプライバシーは厳重に守られなければなりません。臨床場面のみならず、研究のための個人情報取得の際にも必ず [インフォームド・コンセント] を行います。また、どの領域であっても業務に関する記録の適切な保管が必須になります。カウンセラーは、曜日ごとに複数の職場を持つことが多々ありますが、それぞれの勤務先で得た個人情報を外に持ち出してはなりません。使用するパソコンにはパスワードをかける、インターネットにはつながない等の工夫が必要です。

また、プライバシー保護については、公認心理師法のみならず、**個人情報保護法**

にも明確に規定されています。2003（平成15）年に「個人情報の保護に関する法律」が成立し、事業主等に個人情報の収集等の際に利用目的を明確にすることや、漏洩しないようにすること等を定めています。

⚙ 個人情報保護法関連5法

個人情報保護法制は、2003（平成15）年に成立し、法律第57号から第61号までの5つの法律から構成され「個人情報保護法関連5法」と呼ばれています。

個人情報とは、「**特定の個人を識別できるもの**」と定められています。

個人情報保護法を含む関連5法とは、「**個人情報の保護**に関する法律」「**行政機関の保有**する個人情報の保護に関する法律」「**独立行政法人等の保有**する個人情報の保護に関する法律」「**情報公開・個人情報保護審査会設置法**」「行政機関の保有する個人情報の保護に関する法律等の**施行に伴う関係法律の整備等**に関する法律」です。

民間企業に一番関連が深いのは、平成15年法律第57号「個人情報の保護に関する法律」で、官民を通じた基本法の部分と、民間の事業者に対する個人情報の取り扱いのルールの部分から構成されています。

プラス+1

個人情報とプライバシーに係る情報

個人情報の保護は、プライバシーの保護につながることにもなる。しかし、個人情報保護法が「個人情報」と定めているものは「特定の個人を識別できるもの」であり、具体的な規定はない。一方、プライバシーに係る情報とは、「個人の私生活上の事実に関する情報」や「一般には知られていない情報」となり、「個人が公開を望んでいない情報」となる。よって、個人情報とプライバシーに係る情報とは厳密には異なるものである。

⚙ 倫理的ジレンマ

クライエントとの秘密保持義務を守りたいと思う一方で、クライエントの利益を考えれば多職種と情報共有をすべき、という状態を**倫理的ジレンマ**といいます。例えば、クライエントに「カウンセラーの先生だけに言います。他のスタッフには言わないでください」と求められた場合です。内容によっては、医師や看護師等と共有したほうがよい情報があります。また、主治医がいた場合には報告し、医師の指示を仰ぐ必要があります。

倫理的ジレンマは、第41条の秘密保持義務と第42条の連携等との間で生じる場合が多くあります。

5 問題解決能力と生涯学習

公認心理師は、公認心理師法第 43 条にも定められている通り、[資質向上の責務] を負っています。資格の取得は専門職としてのスタート地点であって、そこからの継続的な訓練による問題解決能力の獲得と生涯学習が必須です。

◉ 自己課題発見と問題解決能力

心理職として有効に機能するためには、自分の強みと弱みを知り、自分自身の課題を発見していくことが重要です。さらにそこから、自己研鑽を積み、問題解決能力を高め、心理職としての [コンピテンシー] を身につける必要があります。

◉ コンピテンシー

コンピテンシーとは、良い成果をもたらし続けるための行動特性のことです。心理職としてのコンピテンシーは、常に心理学の [専門的知識] と [倫理観] に基づいた適切な思考と判断をもって、効果的な方法を実行することです。

◉ 基盤コンピテンシー

基盤コンピテンシーは、心理職として自らの姿勢を常に自己点検し、責任をもって行動するという基本的な姿勢です。そのためには、**法**や**倫理**を守ることはもちろん、**科学的知識**や方法論に精通し、様々な人々を受け入れ尊重する**価値観**と態度をもつことが重要です。さらに多職種連携の中で、自分の専門性を大切にしつつ他の職種の専門性も尊重しながら [協働] していく必要があります。

◉ 機能コンピテンシー

機能コンピテンシーは、心理職として有効に機能するための技術の向上です。[心理的アセスメント] や [治療的介入] は基本ですが、**研究**や**教育**、**スーパービジョン**、**コンサルテーション**を行っていくことに加え、組織の**管理・運営**、さらには社会に対する心身の健康に関する**啓蒙活動**といった能力も求められています。

職業的発達

　職業的発達は、どの程度の**訓練**を受け、**実践**を行っているかという水準を表します。心理職としての訓練は大学院の段階から始まり、実践を積みながら、生涯心理職としての自己研鑽に努めていくことになります。

　これらのコンピテンシーを高めるためには、自分の課題を発見し解決していくための［反省的実践］と［自己アセスメント］が重要です。

● 心理職のコンピテンシー・モデル

基盤コンピテンシー	基本的な姿勢	心理職として必要な、自分を**反省的に振り返る姿勢**、**価値観**、**倫理観**など
機能コンピテンシー	技術の向上	心理職としての**技術：心理アセスメント**や介入、他者の**スーパーバイズ**や**コンサルテーション**など
職業的発達	訓練と実践の水準	大学院の時の教育訓練も含め、自らの心理職としての**実践経験**や**スーパービジョン**など

生涯学習

　時代とともに研究が進み、病理に関する医学的理解や治療法も変化していきます。同時に、社会のあり方も変容し、心理職に求められる役割も変化していくでしょう。心理職は、継続的に新しい知識を取り入れ続けることにより、効果的に機能することができるのです。

反省的実践

　反省的実践は、コンピテンシーの観点から自分の能力や技能を見極め（自己アセスメント）、自分に必要な能力の向上に努めることです。反省的実践は個人で取り組むこともできますが、それだけでなく、［スーパービジョン］や［教育分析］などを通しての他者からのフィードバックが有益です。

スーパービジョン

　スーパービジョンは、経験豊かな［スーパーバイザー］に、自分のクライエントとの面接を報告し、指導・助言を受けることにより、ケースに対する理解を深め、クライエントにより良い援助を行えるようにすることを目的としています。また、スーパービジョンには、［モデリング学習］や、自らの課題に気づいたり、精神的なサポートをもらったりする機能もあります。

● スーパービジョンのあり方

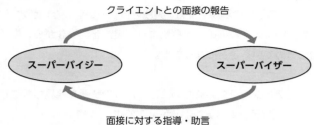

クライエントとの面接の報告

スーパーバイジー　　　　　　　　スーパーバイザー

面接に対する指導・助言
カウンセラーとしてのモデル
課題の発見
精神的サポート

用語解説　スーパーバイザー

スーパーバイザーとは指導者のことである。心理職としての経験が豊富であり、スキルのある人がスーパービジョンを行うことができる。

用語解説　スーパーバイジー

スーパーバイジーとはスーパービジョンを受ける人のことである。心理職としての初心者はもちろん、心理職としてのスキルアップを目指したい人がスーパービジョンを受ける。

🍪 教育分析

教育分析は、心理職が自分自身の中の［未解決である心理的問題］や［自己理解］などに焦点を当てて受ける個人面接です。これにより、クライエントへの心理的介入に悪影響をもたらさないようにします。

🍪 心理職の成長モデル

心理職の成長モデルとしては、Ronnestad, M.H. と Skovholt, T.M. によって提唱された［6期モデル］があります。これは、専門家になる以前から、臨床経験 20 年以上の熟練した専門家期までを 6 期に分け、臨床家としてのアイデンティティの形成と成長をモデルとして示したものです。はじめは素人として周囲の人々の相談に乗っていたところから（素人援助者期）、心理学を学び始めて苦悩したり（初学者期）、

ある方法論に固執したりします（上級生期）。心理職としての失敗や成功を繰り返す中で（初心者専門家期）、理論だけでなく体験的にクライエントとの治療的関係に必要なものを見出していきます（経験を積んだ専門家期）。経験を重ねるうちに、自分の限界を謙虚に受け止めることができるようになり、心理職として成熟していきます（熟練した専門家期）。

このような心理職としての成長は、**職業的発達**とともに促されていきます。

● 心理職の6期発達モデル

第1期	素人援助者期	The lay helper phase
第2期	初学者期	The beginning student phase
第3期	上級生期	The advanced student phase
第4期	初心者専門家期	The novice professional phase
第5期	経験を積んだ専門家期	The experienced professional phase
第6期	熟練した専門家期	The senior professional phase

継続学習

心理職としては、継続的に情報収集し、知識をアップデートしながら、自らの問題解決能力を高め続けなければなりません。公認心理師の資格に更新制度はありません。しかし資質向上の責務を負っているものとして、積極的にスーパービジョンを受ける、専門誌や専門書を読む、研修会や学会、ワークショップなどに参加する、といったことで**継続的**に学習し続ける姿勢が重要です。

17

6 多職種連携・地域連携

公認心理師は、公認心理師法第42条第1項にも定められている通り、**保健医療、福祉、教育等**の関連する分野の専門家たちと[連携]を保つことが求められています。また、要心理支援者に対する心理学的支援が円滑に提供されるように、**福祉や地域の関係者や要心理支援者の家族**とも[連携]を行うことが大切です。

公認心理師の主たる活動領域

公認心理師が活動する主な領域には、①[保健医療]、②[福祉]、③[教育]、④[司法・犯罪]、⑤[産業・労働]の5つの領域があり、要心理支援者の支援に関わる専門職と組織は多岐にわたります。

● 各領域で支援に関わる主な専門職と組織

活動領域	支援に関わる組織（一部）	支援に関わる専門職（一部）
保健医療	病院、クリニック、精神保健福祉センター、保健所、リハビリテーション施設 等	医師、看護師、薬剤師、理学療法士、作業療法士、社会福祉士、精神保健福祉士、管理栄養士、臨床検査技師 等
福祉	児童相談所、児童福祉施設、子育て支援センター、婦人相談所、障害者相談機関 等	医師、看護師、社会福祉士、介護福祉士、精神保健福祉士、介護支援専門員、作業療法士 等
教育	学校、教育センター、教育相談所 等	医師（主治医がいる場合）、教師、スクールカウンセラー、スクールソーシャルワーカー、養護教諭、特別支援コーディネーター 等
司法・犯罪	家庭裁判所、少年鑑別所、少年院、刑務所、民間の被害者・加害者支援団体 等	司法関係者、警察官、医療関係者、福祉関係者 等
産業・労働	企業内の健康管理室、EAP機関、ハローワーク 等	産業医、保健師 等

いずれの活動領域においても、適切で効果的な支援を行うためには、専門職同士の連携、すなわち[多職種連携]が必要不可欠です。公認心理師は、[生物心理社会モデル]の視点を持って連携を行うことで、要心理支援者への理解を深めることができま

す。それぞれの専門職が異なる専門的視点で要心理支援者を理解することにより、支援の幅が広がります。要心理支援者が持っている多種多様なニーズに細かく対応することが可能になるという点が**多職種連携を行う意義**といえます。

生物心理社会モデル

生物心理社会モデル（Bio-Psycho-Social model）とは、1977年にEngel, G.L.によって提案されたモデルである。従来の医学では**生物学的要因**を重視する傾向にあったが、Engelは**心理・社会的要因**も同じように重視する必要性を指摘し、このモデルを提案した。心理学的支援の場においても、効果的な支援や介入を行うために「生物」「心理」「社会」の3つの側面から**総合的**に要心理支援者を理解していくことが重要であるといえる。

多職種連携コンピテンシー

多職種連携コンピテンシーとは、**多職種連携を実践するために必要な能力**のことを指します。2016（平成28）年に多数の医療保健福祉の団体・協会の協力のもと、日本独自の［多職種連携コンピテンシー］が開発されました。この多職種連携コンピテンシーは2つのコアドメイン（①患者・利用者・家族・コミュニティ中心、②職種間コミュニケーション）と、コアドメインを支える4つのドメイン（①職種としての役割を全うする、②関係性に働きかける、③自職種を省みる、④他職種を理解する）で構成されます。患者や利用者、家族、コミュニティのために、協働する職種で患者や利用者、家族、地域にとって重要な関心事あるいは課題などに焦点をあて、共通の目標を設定していきます。「協働的能力」として各専門職単独で学べる能力ではなく、複数の職種との連携協働を通じてはじめて学べる能力に焦点があたっているのが特徴です。

この他、日本の代表的な保健医療福祉の連携に関するコンピテンシーとして、大塚らが提唱した専門職連携実践（Interprofessional work：IPW）に共通するコンピテンシー、千葉大学で帰納的に明らかにした専門職連携コンピテンシーがあります。

● **コアドメインを支える4つのドメイン**

職種としての役割を全うする	お互いの役割を理解し、お互いの知識・技術を活かしそれぞれが自分の職種としての役割を全うする
関係性に働きかける	複数の職種との関係性の構築・維持・成長を支援および調整する
自職種を省みる	自分の職種の思考、行為、感情および価値観を振り返り、複数の職種との連携協働の経験をより深く理解し、連携協働に活かす
他職種を理解する	他の職種の思考、行為、感情および価値観を理解し、連携協働に活かす

● 多職種連携コンピテンシー

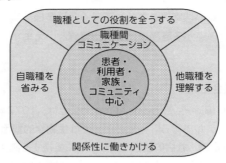

🎯 保健医療領域における連携

　医療の領域においては、**多職種**が**連携**する「**チーム医療**」の重要性が指摘されています。チーム医療とは、各々の**高い専門性**を前提に、1人の患者に対し複数の医療専門職が連携して治療やケアにあたることをいいます。チーム医療の目的は、専門職種の積極的な活用、**多職種間協働**を図ること等によって［医療の質］を高めるとともに、**効率的**な医療サービスを提供することです。

　保健医療の領域で連携する主な職種としては、医師、看護師、薬剤師、理学療法士、作業療法士、社会福祉士、管理栄養士、臨床検査技師などが挙げられます。これらの職種で業務を分担し、お互いに**連携・補完**し合いながら患者の支援にあたっていくことになります。

　保健医療領域における心理的な問題は精神科や心療内科に限りません。緩和ケア領域や周産期領域、遺伝医療などにおいて、心理学的知識を備えた公認心理師のかかわりがますます求められています。例えば、地域がん診療連携拠点病院の指定要件では、「緩和ケアチームに協力する薬剤師、医療心理に携わる者及び相談支援に携わる者をそれぞれ1人以上配置することが望ましい。（中略）また、当該医療心理士に携わる者は公認心理師又はそれに準ずる専門資格を有する者であることが望ましい。」と明記されています。医師から診断結果や病状の説明が行われる際に看護師や医療心理に携わる者等の同席を基本とすることも示されています。また、緩和ケア領域においては、［アドバンス・ケア・プランニング（ACP）］が重要な作業となりますが、今後は公認心理師も緩和ケアチームの一員として関わることが増えていくと考えられます。

　チーム医療においては、お互いに**目的**や**情報**を［共有］することが大切です。そのため、普段からの積極的な［コミュニケーション］や［カンファレンス］への参加が欠かせません。入院患者に対する支援の場合、最終的な目標は家庭復帰・社会復帰です。そのためには、**家族**や**地域**も含めて関わっていくことが重要になってきます。

🔵 福祉領域における連携

　多職種連携によるチームアプローチの必要性は医療領域に限りません。福祉の領域においても様々な専門職との連携が求められます。福祉分野の主な領域としては、**児童**福祉領域・**高齢者**福祉領域・**障害者**福祉領域・**精神保健**福祉領域などがありますが、福祉分野の職域は幅が広いため、それぞれで連携が求められる専門職も異なります。まずは、どのような専門職が要心理支援者の支援に関わっているのかを知り、それぞれの専門職の役割等について理解することが大切でしょう。

　児童福祉領域を例に挙げると、児童養護施設では、被虐待児に対する心理学的支援を担う役割として 1999（平成 11）年から心理療法担当職員が配置されるようになりました。心理療法担当職員は同じ施設内の指導員や保育士、場合によっては学校や医療機関との連携が必要になります。

　高齢者福祉領域では、これまでは社会福祉士や介護福祉士などが心理学的支援を担ってきました。今後、高齢者福祉の領域で公認心理師が働く場合は、これらの専門職や医師、看護師とも協働していくことになります。

　障害者福祉領域では、各リハビリテーションの分野ごとに様々な専門職が関わっています。例えば、医学的リハビリテーションの場合、リハビリテーション専門医や内科医、精神科医、看護師、保健師、スポーツ指導員などが関わります。社会リハビリテーションでは、ソーシャルワーカーやケースワーカー、介護支援専門員（ケアマネジャー）が主な役割を担っています。その他、職業リハビリテーションでは、職業カウンセラーや職業指導員、職能判定員が要心理支援者の対応を行っています。さらに、障害特性に応じ、これら以外にも多くの専門職が連携して支援にあたります。

　精神保健福祉領域では、精神障害者やその家族等周囲の関係者が支援の対象になり、精神科医、看護師、保健師、作業療法士、精神保健福祉士などがチーム医療を展開していきます。

🔵 教育領域における連携

　教育の領域においては、多職種連携によるチームアプローチ「**チーム学校**」の重要性が指摘されています。チーム学校とは、多様な専門性を持つ職員の配置を進めながら、教員と専門職が 1 つのチームとして、それぞれの専門性を活かしながら連携、協働する学校組織の在り方を指します。2015（平成 27）年に中央教育審議会から「チームとしての学校の在り方と今後の改善方策について（答申）」がまとめられたのが始まりです。

　これまでも、学校にはスクールカウンセラーが配置されていましたが、今後、公認心理師として働く場合は、チーム学校の一員として児童生徒を支援するとともに、教

師や保護者との連携により学校組織を支えていくといった意識を持つことが、より重要になります。具体的には、**心理的アセスメント**、**心理学的支援**、**関係者への支援**、**心の健康教育**などを行うことによってチーム学校に貢献することが望まれています。

　なお、チーム学校を実現するためには、次の3つの視点に対する策を講じることが必要といわれています。専門職としては、スクールカウンセラーやスクールソーシャルワーカーが位置づけられています。

● **チーム学校を実現するための視点**

> ①**専門性に基づくチーム体制の構築**
> ②**学校のマネジメント機能の強化**
> ③**教職員一人ひとりが力を発揮できる環境の整備**
> 　（文部科学省「チームとしての学校の在り方」より）

用語解説　スクールソーシャルワーカー（SSW）

SSWは、子どもと子どもを取り巻く環境に働きかけ、家庭、学校、地域の橋渡し等により、子どもらの悩みや抱えている問題を解決に向けて支援する専門家のことである。

🔵 司法・犯罪領域における連携

　司法・犯罪の領域においては、裁判所、刑務所、保護観察所、少年院、少年鑑別所、警察などで公認心理師の活躍が期待されており、その関係者らとの連携が必要になります。例えば、［虐待］や［ドメスティックバイオレンス（DV）］等による被害者支援では、警察や福祉機関に加えてシェルターなどの民間の支援団体とも連携を行います。また、虐待の事案では、**福祉**と**司法**の連携が必要になることもあります。

　虐待を受けた場合、子どもはすぐにそのことを話さない、あるいは話せないことがあります。厚生労働省による「子ども虐待対応の手引き（平成25年8月改正版）」には、性的虐待への対応に関して［司法面接］の記載があります。司法面接とは、虐待や性的被害、DVや犯罪の目撃といった、子どもたちが経験した被害の様子を聞き取る方法です。司法面接は、子どもにかかるストレスを減らすため、多機関連携・多職種連携によって行うことが望ましいといわれています。心理学者の仲真紀子は、1つの理想的な形として、「一カ所に多職種の専門家が集まり、司法面接での事実確認をモニターで観察し、司法面接の結果をもとに子どもへのサポート体制を組むこと」と述べています。

その他、薬物依存のある加害者に対する支援では、医療機関や福祉機関などに加えて民間の組織であるダルクなどとも連携し、円滑な地域移行ができるよう支援することが望まれます。

> 「司法面接」は第1回目の公認心理師試験（本試験・追加試験の両方）で出題されています。ここでは単元の内容と離れてしまうため詳細に取り上げていませんが、しっかりと確認しておきたいキーワードです。

産業・労働領域における連携

産業・労働の領域においては、事業場の産業医や保健師をはじめとする産業保健スタッフとの連携が重要です。産業保健スタッフだけでなく、メンタルヘルスの不調がみられる要心理支援者の上司や人事労務担当者、外部医療機関の医師、EAP機関における専門職とも連携します。公認心理師は、メンタルヘルスの不調によって休業した労働者の職場復帰支援にも関わります。

2015（平成27）年12月1日、労働安全衛生法の一部改正により、50人以上の労働者がいる事業所で［ストレスチェック制度］の実施が義務づけられるようになりました。これまでストレスチェックの実施者としては「医師」「保健師」「必要な研修を修了した看護師」「必要な研修を修了した精神保健福祉士」が定められていましたが、2018（平成30）年に「必要な研修を修了した歯科医師」と「必要な研修を修了した公認心理師」も追加されました。

> 職場復帰支援については、「改訂　心の健康問題により休業した労働者の職場復帰支援の手引き（厚生労働省、2020）」や「労働者の心の健康の保持増進のための指針（厚生労働省、2006年策定、2015年改正、最新版は2017年）」に目を通し、公認心理師としてなすべきことや連携の際に必要なことについて理解を深めてください。

チームにおける公認心理師の役割

心理学者の金沢吉展の研究によると、心理職が医師をはじめとした他の医療専門職

から求められている事柄として、**チーム医療への貢献**や**クライエント・家族への対応**が挙げられています。

チーム医療への貢献には、[コンサルテーション] や [心理教育] などを通して他の専門職をサポートすることや、[心理アセスメント] によって有用な情報を提供することが含まれます。

また要心理支援者本人に対する心理療法やカウンセリングに加え、家族支援もチームアプローチを行う上で公認心理師に期待されている役割です。例えば、がん医療においては、緩和ケアチームの一員として家族に対する心理的支援が重要視されています。

💿 コンサルテーション

コンサルテーションとは、専門家が自身とは異なる領域の専門家に助言を求め、その領域の専門家から助言や支援を受け、問題や課題を解決する過程のことをいいます。助言や支援を行う側を**コンサルタント**、助言を求める（受ける）側を**コンサルティ**といい、コンサルテーションではコンサルティが主役で [自己責任] を負います。

心理の専門職としてコンサルテーションを行うことはチームアプローチにおいて求められている役割の１つですが、[自分の限界] をしっかりと自覚することも必要です。自分自身の専門性あるいは自己の限界を知り、わからないことは他の専門職に助言を求めるといった姿勢が大切です。お互いに専門家として認め合い、助け合うことが多職種連携につながります。

💿 地域連携

公認心理師は、要心理支援者に対する心理学的支援が円滑に提供されるように、要心理支援者にとって身近な機関や団体である**地域**の関係者等との連携も行います。地域の関連分野の関係者と普段から連絡を取り合うことによって、地域にある [リソース] を適切に活用することができるようになります。

💿 アウトリーチ

公認心理師は、要心理支援者が生活する地域や自宅に支援を届ける「アウトリーチ」にも積極的に取り組むことが大切です。アウトリーチでは、心理学的支援の利用が困難な人に対して、当事者もしくはその保護者等の要請をもとに現地に出向き、信頼関係の構築やサービス利用の動機づけを行います。

自然災害や事件、事故等の被害者支援においてはアウトリーチ活動が欠かせません。例えば、[災害派遣精神医療チーム（DPAT）] の一員として被災者支援を行うこともアウトリーチ活動に含まれます。

第2部

心理学基礎編

心理学の成り立ち

7

　心理学と臨床心理学の全体像は、心理職としての大切な基礎知識です。心理学史は学問の基礎ですので、哲学から生まれた心理学がどのように近代心理学として成立し、発展していったのか、その流れをしっかりと理解しておきましょう。

◎ 近代心理学の始まり

　心理学の起源は古くは古代ギリシア時代の**哲学**にありますが、19 世紀になって生理学や進化論の影響を受けながら、学問としての近代心理学の成立と発展が遂げられていきました。心理学の先駆けとなったのが精神物理学です。

◉ 精神物理学

　19 世紀中ごろ、ドイツを中心に感覚や知覚の実証研究が行われ始め、**精神物理学**として成立しました。

　Weber, E.H.（1795-1878）は生理学者でしたが、重量弁別、触二点閾といった実験から、人間の感覚は絶対的なものではなく、相対的なものであるという［ウェーバーの法則］を見出しました。

● ウェーバーの法則

> 刺激の強さと弁別閾は比例するという法則
> 例 100g のときの**弁別閾**（違いが判る最低量）が 5g であれば、200g のときの弁別閾は相対的に 10g になる。

　彼の弟子である Fechner, G.T.（1801-1887）は、心と身体の関係を調べるために、**精神物理的測定法**と呼ばれる［心理学実験の方法論］の基礎を築きました。精神物理的測定法には、［恒常法］、［極限法］、［調整法］などがあります。

● 恒常法・極限法・調整法の違い

恒常法	いくつかの刺激を用意し、それをランダムに提示しながら基準となる刺激との差異を回答させる 例 200g の重りに対して、180g から 220g までの 5g 刻みの重りを用意し、それをランダムに提示して、実験参加者に「重い」「軽い」「わからない」を回答してもらう
極限法	刺激を大きい順、または小さい順に提示し、どこで反応が変化するかを測定する 例 200g の重りに対して 180g から順に重い刺激を提示し、実験参加者がどの時点で「変わらない」と反応するかを測定する。次に 220g から順に軽い刺激を提示し、実験参加者がどの時点で「変わらない」と反応するのかを測定する
調整法	実験参加者が「同じ」になるように刺激を調整する 例 200g の重りに対して、180g の重りから実験参加者自身が「同じだ」と感じるところまで重りを足していく

⬤ Wundt の心理学

　Wundt, W.M. (1832-1920) は、Fechner の影響を受け、1879 年に Leipzig 大学に初めて心理学実験室を開設しました。これが**近代心理学の始まり**といわれています。Wundt は、意識を「**要素**」に還元できると考え（**要素主義**）、自分自身の心の状態やその動きを観察し、記録にとどめる [**内観法**] を用いました。これは、心理学が**実証科学**として発展する契機となりました。

⬤ James の心理学

　近代心理学の創始者の一人といわれている James, W. (1842-1910) は、Wundt に刺激を受け、1890 年に『心理学原理』を著しました。これがアメリカの心理学の発展に寄与することになりました。彼は**意識の流れ**や**心的作用**に着目し、「悲しいから泣くのでなく、泣くから悲しいのである」という**情動の末梢起源説**（James-Lange 説）を提唱しました。James の心理学は、[**機能主義**] へと発展していきました。

⬤ 構成主義

　Wundt の弟子であった Titchener, E.B. (1867-1927) は、Wundt の心理学をアメリカに持ち帰り、[**構成主義**] として発展させました。構成主義は、意識を構成する要素に分解し、そこにある**法則性**や**意識の構造**を明らかにしようとする立場です。

⬤ 3 つの流れ

　20 世紀に入り、Wundt の流れをくんだ構成主義の心理学に対抗するように、**ゲシュタルト心理学**、**精神分析学**、**行動主義**の 3 つの流れが誕生していきました。

● **Wundt から広がる心理学**

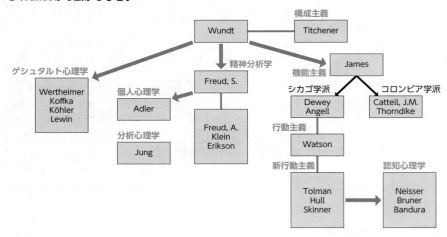

ゲシュタルト心理学

構成主義が意識を小さな要素に分解するのに対して、**ゲシュタルト心理学**では［一体性］を重視し、「人間は与えられた刺激を個別にではなく、まとまりをもったものとして知覚し、意識する、そこには何らかの**心的過程の働きかけ**がある」としました。

Wertheimer のゲシュタルト心理学

ゲシュタルト心理学初期の心理学者である Wertheimer, M.（1880-1943）は［仮現運動］（例えば、踏切のライトは 2 点が交互に点滅しているだけだが、1 つのライトが上下に移動しているように見えるという現象）に着目し、「全体は部分の総和を超える」ことを示し、ゲシュタルトの重要性を唱えました。

●「**全体は部分の総和を超える**」

でも私たちはバラバラのパーツではなく、
まとまりをもった一つの図として認識する

Wertheimer とともにゲシュタルト理論の体系化を行った心理学者は、Koffka, K.（1886-1941）と Köhler, W.（1887-1967）でした。また、Lewin, K.（1890-1947）はゲシュタルトの理論を個人だけでなく集団に応用する［集団力学］を発展させました。

⚙ 精神分析学

　Wundt が**意識**を分析対象としたのに対し、人間の意識できない [無意識] に着目し、重要性を強調したのが Freud, S. (1856-1939) に始まる精神分析学です。

⚙ Freud, S. の精神分析

　Freud, S. は人間の心が「自我 (ego)」「エス (id)」「**超自我** (super-ego)」から成り立っており、人間の行動はその多くが無意識によって決定されていると主張しました。彼は、無意識の葛藤が心的苦痛の原因であると考え、人間の行動の原動力である欲求や動機づけを重視しました。

⚙ Adler の個人心理学と Jung の分析心理学

　それに対して、彼の弟子であった Adler, A. (1870-1937) と Jung, C.G. (1875-1961) は、Freud, S. が性的衝動 (Libido) を重視しすぎることに反発し、Adler は [個人心理学] を、Jung は [分析心理学] をそれぞれに提唱しました。Adler は、人間を意識、無意識などのように部分に分けて理解するのではなく、[全体] として把握し、人間の行動の目的を理解しようとしました。また Adler が重視したのは個人の**主観的認知**と**対人関係**でした。

　Jung は心的エネルギーの方向に応じて、人間の根本的態度を [外向性] と [内向性] に分ける**類型論**を提唱しました。また、無意識を**個人的無意識**と、人類全体に共通してみられる [集合的無意識] に分けて理論を展開しました。

⚙ Freud, S. の流れ

　Freud, S. の流れを引き継いだのは Freud, A. (1895-1982)（自我心理学）、Klein, M. (1882-1960)（対象関係論）、Erikson, E.H. (1902-1994)（ライフサイクル論）でした。Freud, A. と Klein は**プレイセラピー（遊戯療法）**、Erikson は**発達心理学**の発展に貢献していきました。さらに、この流れの中で現在の [精神分析療法] が発展していきました。

⚙ 行動主義

　Wundt の心理学の流れから意識の構造を研究しようとした**構成主義**に対し、James の心理学の流れをくみ [意識の機能] を研究する人たちが出てきました。これが行動を研究対象とした [行動主義]、さらに [認知心理学] へと発展していきました。

⚙ 機能主義

　「注意」や「記憶」といった [意識の機能] を解明しようとする立場が [機能主義] で

す。これは James からの流れを受け、アメリカ Chicago 大学、Columbia 大学で発展していきました。シカゴ学派には Dewey, J. (1859-1952)、Angell, J.R. (1869-1949) などがいます。コロンビア学派には Cattell, J.M. (1860-1944) や、**試行錯誤学習**で有名な Thorndike, E.L. (1874-1949) などがいます。

● 行動主義

シカゴ学派の流れをくむ Watson, J.B. (1878-1958) は、心理学は客観的に測定（観察）可能な行動を研究対象とすべきであると主張し、1913 年に「行動主義宣言」を出し、[行動主義] を打ち出しました。彼はロシアの Pavlov, I.P. (1849-1936) が行った犬の [レスポンデント条件づけ（古典的条件づけ）] 研究に影響を受け、「全ての行動は条件づけの結果である」とし、アルバート坊やの恐怖条件づけなどの実験研究を行いました。Watson の行動主義は [S-R 理論] ともいわれます。

● 新行動主義

1930 年代になると第二世代、[新行動主義] が登場しました。その主な理論には、Tolman, E.C. (1886-1959) の [S-O-R 理論]、Hull, C.L. (1884-1952) の [動因低減説] などがあります。また、Skinner, B.F. (1904-1990) は、[オペラント条件づけ] と**レスポンデント条件づけ**を区別し、スキナーボックスを用いて [強化随伴性] の研究を行い、**S-R 理論**を追求していきました。これらの研究はその後、**行動療法**に応用されていきました。

● 認知心理学

行動主義の発展に伴って、それでは説明しきれない、より複雑で高度な行動や学習を研究する分野として、[認知心理学] が発展していきました。認知心理学では、S（刺激）と R（反応）の間におこる思考や記憶、学習や推論といった内的過程を**情報処理過程**であると考え、研究対象としました。

認知心理学という言葉は 1970 年の Neisser, U. (1928-2012) の著書『認知心理学』によって世に知られるようになりました。その他の認知心理学者としては、Bruner, J.S. (1915-2016)（認知発達理論）や Bandura, A. (1925-)（社会的学習理論）などがいます。

認知心理学は行動主義心理学にも影響を与え、それが [認知行動療法] へと発展していきました。また、認知的メカニズムを**心理的過程**と**脳神経学**で解明しようとする [認知神経科学] にも発展していきました。

8 心の仕組みとその働き

　　基礎心理学は一般的に使われている用語も多いため、理解したつもりになりやすい分野です。しかし、心理学独特の用法もあるので、一つひとつの意味を確認しながら学びを進めていきましょう。

◎ 基礎心理学の基本分野

　人の心の基本的な仕組みとその働きを研究するのが**基礎心理学**です。基礎心理学には、個人内の感覚、知覚、記憶、学習、言語、思考、動機づけ、感情、情動といった個人の心の働きから、個人差、社会行動といった集団的な心のとらえ方まで含まれます。

◉ 知覚——心に入ってくるもの

　知覚は外界からの刺激を、［感覚受容器］を通して取り入れ、その**感覚情報**を選択し、処理し、解釈する過程です。私たちが見聞きしているものは、単純に目や耳などの感覚器官からの情報を受動的に受け取ったものではなく、その情報と**能動的解釈**が結びついたものです。

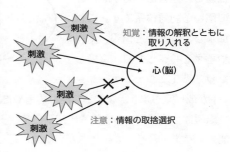

　感覚情報を取捨選択する力を**注意（選択的注意）**といいます。私たちは、選択的注意によって特定の刺激に意識を集中して、それを明瞭に把握することができます。例えば、私たちは人が多く集まる騒がしい場所でも、特定の人の声を識別し会話をすることができます（**カクテルパーティー効果**）。必要な情報に注意を向けて知覚し、不必要な情報を無視することで、私たちの日常生活は成り立っているのです。

◉ 記憶・学習——心に残るもの

　記憶は、取り入れた情報（感覚や経験）を［記銘］（**符号化**）し、それを［保持］（**貯蔵**）

し、後に何らかの方法でそれを［想起］（**検索**）する、つまり情報を蓄えたり検索、再現したりする機能です。

取り入れられた情報はそれに注意を向けるかどうかを決める間（数秒間）、［感覚記憶］として**感覚貯蔵庫**に保持されます。そこで注意を向けられたものが［短期記憶］として**短期貯蔵庫**へ転送され、短い

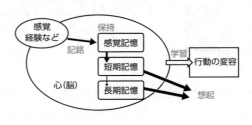

期間だけ保持されます。短期記憶に繰り返し注意を向けるとそれは［長期記憶］となり、**長期貯蔵庫**で半永久的に保持されることになります。

学習は、取り入れたもの（感覚や経験）によって、その後の行動が比較的［永続的に変化］することです。発達や加齢による行動の変化は、経験による変化ではないため、学習ではありません。

● 言語・思考──心に入ってきたものの使い方

言語は、取り入れた情報を伝達し、他者と共有するために用いる**記号体系**です。これによって、他者と情報、話題や考えを共有したり、交換したりする［コミュニケーショ

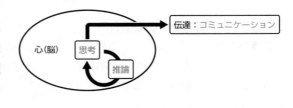

ン］が成り立ちます。また、言語は思考や推論にも深くかかわっています。

思考は、記憶の中の事物や出来事のイメージを形成し、そのイメージを［操作する能力］です。思考には私たちが意識的に行っているもの（例えば、何かを選択する、表現する、決断する、願望を持つ、何かを恐れるなど）と、習慣化された活動や反射的な判断などの無意識的に行っているもの（例えば、キーボードのタイピングやとっさにブレーキを踏むなど）があります。私たちが意識できる思考は、脳で処理されている情報のほんの一部分にすぎず、実際には無意識の思考が多く働いています。**推論**は、物事や出来事に対するいろいろな見方や対立的な見解を取り入れる、［論理的な思考過程］のことです。

💠 動機づけ・感情──人を行動に駆り立てるもの

動機づけは、行動を始めさ
せ、ある目標へとその行動を
向かわせ、目標に達したとき
にその行動を続けさせようと
する一連の心の働きです。

感情は情報処理と反応を素
早く行うための仕組みです。[情動] は感情の動的側面を強調した言葉で、急激に起
こり、短時間で終わる起伏の大きい一過性の感情状態を指します。

💠 個人差──人のカテゴリー分け

個人差は、一人ひとりの間にある心の働きの [差異]（違い）のことです。この個人
差を明らかにするためには [尺度]（ものさし）が必要であり、**心理学的測定**をもとに
した心理検査や知能検査、**パーソナリティ**の [類型論]、[特性論] といった分類方法
が開発されていきました。

💠 社会行動──互いに影響し合うもの

社会行動とは、人間関係があることで成り立つ行動のことです。他者の存在によっ
て人間の [社会行動] は変化し、それぞれが互いに影響し合っています。人間がどの
ようにして互いに影響を与え合うかを解明しようとするのが**社会心理学**です。社会心
理学は 19 世紀後半から注目され始め、社会情勢などの影響を受けながらその研究内
容が発展していきました。現在では、社会的な要因の個人への影響、集団内の相互関
係、集団行動などが研究されています。

💠 発達──人はどのように変化をしていくのか

人間は、生涯にわたって、身体的にも精神的にも [発達] し続けます。身体的成長
に伴い、生体の種々の機能が成熟していく過程を研究するのが**発達心理学**です。発達
心理学は 19 世紀半ばごろから発展してきました。それ以前は、子どもは教育するも
のであって心理学の研究対象ではありませんでしたが、子どもを観察して研究しよう
という流れができて、児童心理学、発達心理学が成立していきました。

臨床心理学の基本理念

臨床心理学は、専門家として実際に活用することの多い理論が含まれています。すべてを網羅するのは大変ですが、心理職としての知識と技能を向上させるために、偏りなく学習していきましょう。

◉ 臨床心理学の成り立ち

臨床心理学は、それまでの心理学で得られた研究成果を実用的に応用し、実社会に役立てていこうとする**応用心理学**にあたります。その発展の背景には社会的要請がありました。

◉ Witmer の心理学的クリニック

Wundt のもとで学んだ Witmer, L. (1867-1956) は、1896 年 Pennsylvania 大学に世界初の［心理学的クリニック］を作りました。これが**臨床心理学の始まり**といわれています。また、彼は臨床心理学の訓練プログラムを考案し、資格整備にも貢献したので、「臨床心理学の父」と呼ばれています。Witmer の心理学的クリニックは、主に知的障害や学習障害を持った子どもたちのアセスメントと療育を行うクリニックでした。これ以降、心理学的クリニックは主に子どもたちの**知能検査**を行う場としてアメリカ中に広まっていきました。

◉ 戦争と心理学

20 世紀に入ると世界大戦が始まり、心理学者たちには兵士の知能と適性に関するアセスメントをすることが求められ、**集団式知能検査**や**質問紙法パーソナリティ検査**が作られていきました。このころ心理職の専門性として求められていたのは［心理アセスメント］でした。

その一方で、戦争で精神的なダメージを負った兵士たちのことが社会的に注目され始めました。イギリスの医師 Myers, C.S. (1873-1946) は、この精神的ダメージを［シェル・ショック］（砲弾ショック）と名づけました。第二次世界大戦が終わると、帰還兵たちの精神医学的ケアの必要性が出てきました。しかし、そのための精神科医

を十分に確保できなかったことから、臨床心理学者を訓練し、心理療法の専門家として用いていくことになりました。

👁 人間性心理学

1940 年代以降、**精神分析学**、**行動主義**に対する批判が強まり、その中から人間の主体性を重視した［人間性心理学］が生まれてきました。Maslow, A.H.（1908-1970）の**欲求階層説**や Rogers, C.R.（1902-1987）の［来談者中心療法（クライエント中心療法）］に代表されるように、**人間性心理学**では人間を［自己実現］に向かって歩む主体的な存在としてとらえ、その潜在的能力と成長力を重視しました。

👁 科学者−実践家モデル

1949 年に Colorado 大学で開催された「臨床心理学における大学院教育に関する会議」において、臨床心理学者の訓練モデルとなる［科学者−実践家モデル］（Scientist-Practitioner model）が作られました。これは、「臨床心理学者は、科学者であり、実践家であるべき」という考え方に基づいて行われる**訓練モデル**です。臨床実践のための知識や技術だけでなく、臨床心理学的支援とその効果を検証するための科学的手法の取得も必要とされています。

● 科学者−実践家モデルに基づく大学院教育

1. 心理学の基礎分野の知識を習得させる
2. 臨床心理学専門の知識や技術は実習を積ませることにより強化する
3. 科学的な研究方法や統計的なデータ評価方法を必修とする
4. 臨床心理のインターンシップを実施する
5. 実証研究に基づく博士号学位論文を義務づける

👁 生物心理社会モデル

1970 年代、内科医であり精神科医でもあった Engel, G.L.（1913-1999）は、それまでの**生物医学モデル**に対し、［生物心理社会モデル］（Bio-Psycho-Social model）を提唱しました。このモデルはクライエントを［生物的要因］、［心理的要因］、［社会的要因］の 3 つの側面から理解しようとするモデルです。

このモデルを用いてクライエントへの介入と支援を考えることは、より効果的な心理臨床の実践のためにも、また他の援助専門職との**連携**や**リファー**（紹介）をスムーズに行うためにも重要となります。

● 生物心理社会モデル

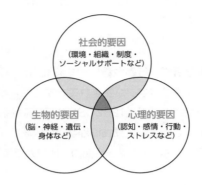

臨床心理学のアプローチ

　臨床心理学の基礎的なアプローチには、大きく分けて［精神力動アプローチ］、［認知行動アプローチ］、［人間性アプローチ］の3つの流れがあります。また現代の心理療法の在り方に大きな影響を与えたものに、［ナラティブ・アプローチ］と［社会構成主義］があります。

精神力動アプローチ

　精神力動アプローチは、Freud, S. の理論を基盤として発展しました。Freud は、異常な行動は**本能的な欲動の葛藤**から生じると考え、その異常な行動の原因となっている根源的な葛藤を解決するために、その人の人生早期の経験に焦点を当て、［無意識］の動機を明らかにしようとしました。

　その流れの中から、精神力動アプローチが派生していきました。精神力動アプローチは、心のエネルギーの相互作用に注目し、心がどのように動くのかに着眼点を置いた心理療法です。

Freud の流れをくむ派	Freud から分派
Freud, A. 自我心理学 Klein 対象関係論 Sullivan 対人関係論 Kohut 自己心理学 など	Adler 個人心理学 Jung 分析心理学

認知行動アプローチ

　認知行動アプローチは、**行動主義、新行動主義、認知心理学**の理論を基盤として発

展しました。その中でも3つの流れに大別されていきました。

〈流れその①〉

　1950年代に盛んになった**学習理論**に基づき行動修正を試みる［行動療法］です。問題となる行動は不適切な行動パターンを学習してしまったために起こるのであり、それを**消去**する、あるいは適切な行動パターンを**学習し直す**ことで治療できる、と考えます。

〈流れその②〉

　1970年代に始まった、行動における認知の役割を重視する［認知療法］です。行動療法が観察可能な行動だけを重視するのに対し、行動を変化させる上で物事のとらえ方を変化させることが治療に役立つと考えます。代表的なものに Beck, A.T. (1921-) の**認知療法**と、Ellis, A. (1913-2007) の**論理療法**があります。

　行動療法と認知療法はそれぞれ独立して発展していきましたが、現在の**認知行動アプローチ**は、これら2つを統合的に発展させた［認知行動療法］を中心としています。認知行動療法では、問題となる行動は、単に行動や情動の問題ではなく、その背景にある認知の問題でもあると考え、クライエントの**行動**と状況の理解（**認知**）の両方に注目します。その上で、正しい認知情報の提供をしながら、行動療法を行っていきます。

〈流れその③〉

　これに対し、1990年代に生まれた「**第三世代**」といわれる、［マインドフルネス］と［アクセプタンス］を重視するアプローチです。これは認知を変えようとするのではなく、あるがままに受け止め、それが与えるマイナスの影響を少なくしようと試みるものです。

> マインドフルネスは「今ここで」を大切にする心のあり方です。今この瞬間の自分の体験に注意を向け、自分の気持ちに気づこうとすることです。アクセプタンスは、「今ここで」起きている自分の体験や気持ちをそのまま受け止めることです。それによって、自分の感情や思考にとらわれずに心を十分に機能させることができると考えられています。

ひとこと

💠 人間性アプローチ

　人間性アプローチは、1940年代から出現した人間性心理学を基盤として発展しま

した。人間性アプローチでは、問題となる行動は不幸な出来事や難しい人間関係などによって自尊感情や自己受容が低下しているために生じると考え、個人の成長と健康のためにその人の自己感覚（自己価値、自己受容）が最重要であると考えます。そして人間の肯定的な側面とその可能性を重視し、**自己決定**、**自己実現**を促します。

　代表的な心理学者は、Maslow や Rogers です。特に、Rogers の［来談者中心療法（クライエント中心療法）］は心理療法の在り方に大きな影響を与えました。

　その他には Gendlin, E.T.（1926-2017）の**フォーカシング指向心理療法**、Perls, F.S.（1893-1970）の**ゲシュタルト療法**、実存主義的アプローチの一つである Frankl, V.E.（1905-1997）の**ロゴセラピー**、Berne, E.（1910-1970）の**交流分析**、Moreno, J.L.（1889-1974）の**サイコドラマ**などがあります。

◉ ナラティブ・アプローチ

　［ナラティブ］とは、人が他者に「自分のことを語る」という行為を通して、自分に起きた出来事を受け入れ、意味づけていく過程です。人が語る自分の物語は、それを語る場面や語る相手によっても**意味づけ**や**重み**が変化します。この「語ることによる意味づけの変化」を治療的に用いているのが、**ナラティブ・アプローチ**です。クライエント自身が自分の物語を再構築して新たな物語にすることで、問題の解決を目指します。

◉ 社会構成主義

　社会構成主義は、Gergen, K.J.（1935-）によって提唱された、「社会の現実というものは、人間の認知（認識、解釈）の枠組みの中で作り上げられていくものである」という考え方です。これは、本質主義的な考え方に対する批判として出現しました。この、社会の現実は客観的なものではなく、それに携わる人間によって作り出される主観的なものであるという考え方は、家族療法から派生した**ナラティブ・セラピー**や**ブリーフ・セラピー**などに大きな影響を与えました。

> **心理学史の勉強の仕方**
> この章では、心理学史の流れを中心にまとめていますので、まずこの流れを頭に入れましょう。その上で、ここに出ている人のそれぞれの主張や主な業績を調べてまとめていくと、理解しやすくなると思います。

MEMO

研究倫理

心理学では人を対象とした研究も多く行われます。研究を行う場合には、調査対象となる人が不利益を被らない配慮が必要とされています。そのためには、自分が作成した研究計画について、どのような点で調査対象者に配慮するのかを考慮していきます。

研究倫理

研究者には守るべき**研究倫理**があります。研究計画は所属先等の研究倫理審査委員会で審査を受けて承認されてから実施するべきとされています。また、剽窃・盗作やデータのねつ造など研究不正を行わないことも研究倫理に含まれます。

● 研究倫理のポイント

最小限のコストやリスク		参加者の負担を必要最小限にする
説明責任	インフォームド・コンセント	参加者に概要を説明し、自由意思で参加を決められる配慮
	デブリーフィング	研究目的のために虚偽の説明（デセプション）を行った場合、参加者に生じた疑念やストレスを取り除くため、終了後に経緯や真の目的を説明
個人情報・データの保護		・研究目的以外での使用をしない ・データの保管のセキュリティを厳格化

研究倫理審査を受けるメリット

所属機関などで研究倫理審査を受ける際は、所定の様式に研究計画をまとめて提出し、審査委員によるチェックを受けます。こうしたプロセスは研究者にとって負担もありますが、実験や調査に協力する人たちの権利が守られ、不快感を与えないために必要なものだといえます。また、研究倫理審査を受けて承認されれば、審査を義務づけている学術誌などに論文投稿しやすくなります。

様々な研究法

11

心理学の研究法には、実験法、調査法、観察法、検査法、面接法の5つがあります。研究の目的、研究の対象によって適切に使い分けるため、それぞれの方法の概要について、理解しておく必要があります。

実験法

実験法は、調べたい現象の**因果関係**を検討する際に用いられます。原因となるのが[独立変数]、結果となるのが[従属変数]です。また、独立変数以外に従属変数に影響を与えるものを[剰余変数]あるいは[外的変数]と呼びます。

実際の実験では、[ランダム化比較実験] (Randomized Controlled Trial：RCT) による実験計画が用いられます。例えば新しい指導法の効果を調べるために対象者を、新しい指導法を行う群と、行わない群（あるいは比較するため従来の指導法を行う群）にランダムに割り当てる方法などがこれにあたります。前者を[実験群]、後者を[統制群]といいます。同じ対象者が繰り返し実験に参加する場合を[被験者内計画]、1人の参加者はいずれかの条件のみに参加する場合を[被験者間計画]といいます。

[層別化] は、参加者を各条件に割り振る際にあらかじめ対象者をある要因によって群分けし、分類された各水準のグループの中でランダムな割り当てを行うことです。

ひとこと

プラス+1

剰余変数の影響をなくす工夫
参加者に要因の情報を与えない [遮蔽] または [盲検] という方法が用いられる。さらに厳密な方法には参加者だけでなく実験実施者にも要因の情報を与えない [二重遮蔽] または [二重盲検] という方法が用いられることもある。

🔵 主効果と交互作用

　独立変数とする操作のことを[要因]といい、1つの要因の条件の数を[水準]といいます。要因は複数設定される場合、1つの要因の効果を**主効果**といいます。AとBの2要因があるとして、Aが従属変数に及ぼす影響がBによって異なる場合、**交互作用**といいます。

> 下図は[Cronbach, L.J.]が提唱した[適性処遇交互作用]の例です。ここでの「適性」とは、学習者の知的諸能力、認知型、態度など非常に広い概念のことをいい、「処遇」とは教材、学習指導法などのことをいいます。成績を上げるには、適性が低い場合は処遇Bが効果的ですが、適性が高い場合は処遇Aが効果的になります。交互作用とはこのような状況を指します。イメージをつかんでおくとよいですね。

● 適性処遇交互作用の例

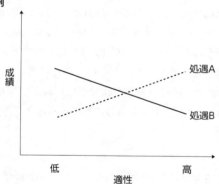

⚙️ 調査法

　調査法とは、**質問紙**を用いて、主に**自己報告**による**心理尺度**（心理学的構成概念を測定する複数の項目によって構成されるもの）によって調査を行う方法です。調査を行う際は、[母集団]からサンプル（標本）を抜き出す、つまりサンプリング（**標本抽出**）しますが、サンプリングには[無作為抽出法]（ランダムサンプリング法）と、**有意抽出法**があります。通常は対象者をランダム（無作為）にサンプリングします。

● 調査と回答の方法

　質問紙を用いる際も、調査の方法は、**面接調査**、**電話調査**、**留置調査**（対象者が質問紙を持ち帰って回答する）、**郵送調査**、**オンライン調査**、**集合調査**等があります。また、回答方法には、**単一回答法**、**複数回答法**、**順位法**、**一対比較法**、**強制選択法**、[**評定尺度法**] 等があります。評定尺度法の1つに5段階評定などを行う [**リッカート法**] があります。

● 評定尺度法の例

	あてはまる	ややあてはまる	あまりあてはまらない	あてはまらない
私は細かいことを気にする方だ。	4	③	2	1

＊この場合3点と点数化：選択肢は程度の差を示しているだけなので、「ゼロ」がない測定となる。

● 様々な評定法

単一回答法／複数回答法	選択肢の中で1つを選ばせるか、複数を選ばせる
順位法	選択肢を順位によって並べさせる
一対比較法	選択肢をペアにして比較させて選択させる
強制選択法	二者択一でいずれかを選択させる
評定尺度法	あてはまる程度などの基準によって並べられた選択肢の中から1つを選択させる

● 調査法の留意点

　「あなたは恋愛や結婚をしたいと思いますか」のように、同時に2つ以上のことを尋ねるような質問は、[**ダブル・バーレル質問**]（double-barreled question）と呼ばれます。ダブル・バーレル質問は避けて、1つずつ別の質問をするほうが望ましいとされます。また、先に行った質問が後の質問への回答に影響を与えることを [**キャリーオーバー効果**]（carry-over effect）といい、調査の際に考慮しておく必要があります。

プラス+1

調査法の弱点
質問紙法は調査対象者の [自己報告] に基づいているので、通常は回答者が正直に回答しているか否かを判別するのは難しい。そのため、例えば「私はうそをついたことはない」など、回答への態度を調べる [ライスケール]（lie scale）を用いることもある。

調査法は卒業論文などで最もよく用いられる手法です。質問紙を作る際は［予備調査］を行って自分独自の項目を作り、大学の授業などで集合調査を行うことが多いですね。

観察法

観察法は、［自然的観察法］と［実験的観察法］に分けられます。実験的観察法は実験法の一種なので、観察法といえば主に自然的観察法を指します。多くの自然的観察法は組織的な観察を行うものです。また、観察対象者と関わりながら観察する［参与観察法］と、ビデオなどで間接的に観察する［非参与観察法］に分けられます。

観察形式

観察形式には、一定時間に起こった行動をある時間単位ごとに抽出する［時間見本法］、研究者が関心をもつ場面や事象に焦点を当ててデータを抽出する［場面見本法］と［事象見本法］などがあります。また、特定の個人の日常生活を長期に記録する［日誌法］もあります。

観察記録の方法

その場面で起こりそうな行動カテゴリーを設定して、行動生起数をカウントする［行動目録法］（チェックリスト法）は、時間見本法でよく用いられます。また、観察する行動の強度や印象などを評定尺度で記録する［評定尺度法］は、質的分析で用いられます。他に、全ての行動を時間的な流れに従って自由記述する［行動描写法］があります。

● 観察法のまとめ

観察形式		適宜	記録の方法		データ
時間見本法	一定時間内で行動を抽出	→	行動目録法	行動生起数	量
場面見本法	特定の行動が起きそうな場面を観察		評定尺度法	行動や印象を評定	質
事象見本法	特定の行動や事象を観察				
日誌法	特定の人や集団を日常生活で観察		行動描写法	言葉で記述	質

44

検査法

検査法は、知的能力とパーソナリティを測る検査に大別されます。

知的能力を測る検査には、**知能検査**、**学力検査**、**適性検査**などがあります。知能検査は [Binet, A.] による**ビネー―シモン式知能検査**が最初であり、**偏差知能指数**を用いた [ウェクスラー式知能検査] へと発展しました。

パーソナリティを測る検査には、**質問紙法**として [YG 性格検査]、[ミネソタ多面的人格目録 (MMPI)] など、**作業検査法**としては [内田クレペリン精神作業検査]、**投影法**としては [ロールシャッハ・テスト]、[主題統覚検査 (TAT)] などがあります。一般に**心理アセスメント**を行う場合は、質問紙法と投影法を組み合わせる [テストバッテリー] を行います。

● **各検査法の違い**

質問紙法	被験者が一連の質問項目に「はい」「いいえ」「どちらでもない」などで回答する心理検査
作業検査法	簡単な作業を行ってもらうことにより、被験者の特性を評価する心理検査
投影法	様々な意味をもたらす視覚的・言語的素材を提示して、被験者に自由に反応してもらう心理検査

 知能指数

知能指数 (Intelligence Quotient：IQ) は [Stern, W.] が考案し、スタンフォード版ビネー検査で [Terman, L.M.] が採用した。IQ は (精神年齢／生活年齢× 100) で表され、100 が平均となる。[偏差知能指数 (DIQ)] (Deviation Intelligence Quotient) はいわゆる **Z 得点**と呼ばれる**標準得点**を導入した指標である。

 プラス+1

テスト理論

検査法のテスト理論の中で注目されるものに、構成概念の強さと項目への正答確率や反応の出現率の関係を統計的関数による**項目反応モデル**によって説明し、その特徴を曲線で描いて、項目の難易度や出現率を推定する理論に [項目反応理論] がある。

面接法

調査的面接法には、研究目的で行われる**調査的面接法**と心理的支援を目的に行われる**臨床的面接法**の2種類があります。面接の形式は表の通り、[構造化面接]、[半構造化面接]、[非構造化面接]の3つがあり、適宜使い分けます。

● 面接の形式

種類	内容
構造化面接	事前に全て質問内容を決めておき、対象者に細かく回答を求める
半構造化面接	いくつかおおまかな質問のみ決めておき、質問の枠の中で対象者の語りに任せる
非構造化面接	事前の質問はなく、全てを面接者と対象者の語りと相互作用に任せる

面接を行う場合は、話を聴く対象者との信頼関係（**ラポール**）を形成することが重要となります。面接法は他の調査法に比べ、対象者の態度や表情など多くの情報を収集できますが、面接者の存在によって影響を及ぼす[面接者バイアス]に留意しましょう。また面接内容は対象者の許可を得て録音するほうが望ましいです。

用語解説　グラウンデッド・セオリー・アプローチ

面接データは質的データなので、内容が似た記述データをカテゴリーごとに分ける[KJ法]や、複数の対象者のデータをまとめて概念化し、より大きなカテゴリーとしてモデル化する**グラウンデッド・セオリー・アプローチ**（Grounded Theory Approach：GTA）などを用いて分析される。日本では、**修正版グラウンデッド・セオリー・アプローチ**（Modified Grounded Theory Approach：M-GTA）が用いられることも多い。

実践的研究

実践的研究では、臨床心理学のように実践活動を重視する分野において、実践をしながら研究するという形になることで、実践と研究が重なり合い、研究が実践活動を改善するという関係性のもとで研究が行われる。具体的な研究方法としては、[事例研究]や、研究者が現場に入って行う[アクションリサーチ]など様々である。

12 心理データの分析を行う様々な手法

分散分析は次章でも詳述しますが主に実験法で用いられる分析方法です。それ以外の因子分析や重回帰分析等は、多くの変数をまとめて扱うことで共通しています。このような分析を [多変量解析] と呼びます。

◉ 分散分析

3群以上の平均値を比較する場合は [分散分析] を用います。分散とは偏差（得点－平均）の2乗を平均した数値です。[多重比較] は、要因の水準が3つ以上あり（例：3クラスでの差をみる場合など）、分散分析の検定結果が有意である場合の分析です。

● 分散分析の計算イメージ

$$
\begin{bmatrix} 測定値の全体平均 \\ からの変動 \end{bmatrix} = \begin{bmatrix} 要因の効果に \\ 基づく変動 \end{bmatrix} + \begin{bmatrix} 水準内での \\ 偶然的な変動 \end{bmatrix}
$$

◉ 因子分析

因子分析は、直接測定される [観測変数]（例：心理尺度の各項目）から、直接目に見えない [潜在変数]（例：「外向性」など）である因子を見出す分析です。因子とは、目に見えない [心理学的構成概念]（例：「自尊感情」など）のことです。

● 因子と項目の変数との関係

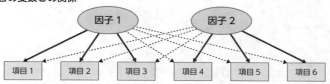

上の図は因子から各項目への因子負荷量を矢印で表していて、太い実線の矢印は高

い［因子負荷量］、点線の矢印は低い負荷量を表し、因子 1 は項目 1〜3、因子 2 は
項目 4〜6 で構成されると判断します。この図は各因子から全ての項目に矢印（パス）
を仮定する［探索的因子分析］のモデル図です。その他に、各因子から該当する項目
のみにパスを仮定する［確認的因子分析］もあります（図でいえば実線の矢印のみを
設定します）。また、因子分析には因子間相関を仮定しない［直交回転］と、因子間
相関を仮定する［斜交回転］がありますが、通常は斜交回転でかまいません。

◎ 単回帰分析

　回帰分析は、雨の降る量（原因）と傘の売り上げ（結果）など、2 変数に因果関係が
予測されるときに行います。結果となる変数を［基準変数］、原因となる変数を［説
明変数］といい、説明変数が 1 つの場合を**単回帰分析**といいます。

● 回帰式のイメージ

$$Y = \beta X + C$$

基準（目的）変数
説明（予測）変数
標準偏回帰係数
切片（定数）

◎ 重回帰分析

　重回帰分析は、説明変数が 2 つ以上ある場合をいいます。［標準偏回帰係数］（β
（ベータ））は、説明変数がどの程度、基準変数に影響を及ぼしているかを表し、相関
係数と同じく -1 から +1 の範囲をとります。［重相関係数］は、標準偏回帰係数と説
明変数の積である予測値が基準変数をどの程度説明しているかの程度を表していま
す。
　下の数式は、関数の考え方でいうと、重回帰分析は変数 X が 1 つでなく複数（n
個）ある状態です。β は傾き、つまり関数 f(x) の f に該当し、1 つの Y がたくさんの
X と傾きや切片で決まるイメージです。

● 重回帰式のイメージ

$$Y = \beta_1 X_1 + \cdots + \beta_n X_n + C$$

基準（目的）変数
説明（予測）変数
標準偏回帰係数
切片（定数）

重回帰モデルとは

例えば下図のように、本人が主観的に自分を幸福だと感じている程度を表す主観的幸福感を基準変数、年収、友人の数、趣味の数の３つを説明変数として予測するとする。この場合、もし β_2 の絶対値が最も大きければ、年収や趣味の数よりも友人の数が主観的幸福感を左右していると考える。

● **重回帰分析のモデル**

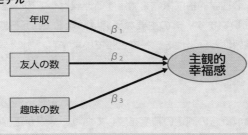

より発展的な分析

重回帰分析をはじめとした多変量解析の中には、近年かなり高度な分析法も行われるようになってきています。特に、構造方程式モデリングでは、構築したモデルがデータを説明する上でどの程度適切であるかを示す[適合度指標]を算出するのが特徴です。また、ここで示した分析方法以外にも、従来の統計学とは異なり母数を定数と考えず、未知な量は全て確率的に変動すると考える[ベイズ統計学]など、心理学領域ではさらなる高度な分析手法が用いられつつあります。

● **より発展的な分析**

パス解析	回帰分析を繰り返し、仮説的モデルの因果関係を検討するもの
構造方程式モデリング	パス解析等のモデルがデータと適合しているかを表す適合度指標を算出できる構造方程式。それぞれパス係数が算出されるが、重回帰分析の標準偏回帰係数と発想は同様である
マルチレベル分析	階層データを扱う分析。例えば、５つのクラスの生徒について個々の学力テストのデータがあるような場合、設定要因が学力テストに及ぼす影響について、個人間と集団間のいずれの影響が強いかを検討できる
メタ分析	同一のテーマについて行われた複数の研究成果を統計的な方法を用いて統合する、統計的レビューのこと。異なる研究間の結果を比較するための共通の物差しとして効果量を用いることが必要である

第5章　心理学における研究

テスト理論

テスト理論は、心理学的構成概念を測定する道具としての心理テストに関する知識体系のことをいいます。その主要な研究は、現在では [古典的テスト理論] と呼ばれ、主に信頼性と妥当性をテーマとしています。

◎ 信頼性

信頼性は、その構成概念の測定の精度を表しており、結果が正確に測定できているかという観点から、心理尺度を評価することをいいます。ここでいう評価とは、心理尺度を「ものさし」に例えると、作成したものさしが実際に長さを正しく測れているかを調べることだといえます。信頼性の観点には、テスト得点の整合性や一貫性の高さによる [内的整合性] を表すものと、テスト得点の時間的な [安定性] を表すものがあります。

◉ 内的整合性

[Cronbach, L.J.] の [α 係数] は、項目得点をそのまま用いて、因子（下位尺度）を構成する項目同士のまとまりのよさ、つまり**内的整合性**を表す指標です。同じく項目同士のまとまりのよさを検討する方法として [折半法 (スピアマン＝ブラウンの公式)] では、問題項目を折半して（全ての項目をランダムに半分ずつに分ける）相関係数を算出し、信頼性係数とします。

◉ 安定性

[再テスト法] での信頼性の指標です。具体的には同じ調査対象者が 2 週間から 1 か月程度の間隔をあけて、同じ心理尺度に回答したデータをもとに、因子（下位尺度）ごとの相関係数を算出することで信頼性係数とします。

妥当性

妥当性は、その構成概念は本当に測定しようとする概念を適切にとらえているかという観点から、心理尺度を評価することです。信頼性と同じく心理尺度を「ものさし」に例えると、そもそも「ものの長さ」を測るために作成したものさしは、重さなど他の単位を測っているのではなく、真にものの長さを測ることができているか調べることです。

妥当性にはいくつかの種類があります。

● **主な妥当性の種類**

①内容的妥当性		作成した項目が各因子を構成する上で適切か、複数（3〜5 名程度）の研究者が意味内容をチェックし、必要に応じて文を修正する
②基準関連妥当性		その尺度の基準となるような明確な外的基準（例：「知的能力」に対する学業成績など）との相関係数を算出する
	併存的妥当性	外的基準がテスト得点と同時に得られる場合に検討する
	予測的妥当性	外的基準がテスト得点より後で得られる場合に検討する
③構成概念妥当性		理論的に関連が予測される他の心理尺度との相関係数を算出する
	収束的妥当性	形式が異なる同一の構成概念を測定している心理尺度との相関係数を検討し、相関が高ければ妥当性があるとみなす
	弁別的妥当性	異なる構成概念を測定している心理尺度との相関係数を算出し、相関が低ければ妥当性があるとみなす
④因子的妥当性		得られた因子構造が理論と照らし合わせて適切な結果となっているか判断することをいい、確認的因子分析によって適合度指標を算出する

信頼性と妥当性は、いずれも最初に心理尺度を作成した際には必ず確認せねばならない約束事のようなものです。特に妥当性は、1 回の研究で示すというよりは、その後、何度もその心理尺度を用いた研究が行われる中で、妥当性の根拠となるデータが蓄積され、確認されていくというイメージが実際的です。

ひとこと

統計に関する基礎知識

心理学で統計的な分析を行う際は、データの特徴をつかむための知識の習得が必要になります。もともとのデータを吟味した上で、質の高いものにしてから、その後の統計的仮説検定や多変量解析などの高度な分析を行う意義が出てきます。

◎ 尺度水準

心理尺度には4つの**尺度水準**があります。調査法で用いる心理尺度は、1つの項目の場合は［順序尺度］とされますが、複数の項目になると選択肢の間の間隔が等しいとみなして［間隔尺度］と考えます。

● 4つの尺度水準

尺度水準	内容	例
名義尺度	順序性の違いがなく単に異なるカテゴリーであることを示す	性別
順序尺度	個々の値の間に等間隔性はないが順序性はある	学年
間隔尺度	個々の値の間に等間隔性はあるが、基点としてのゼロはない	温度
比率尺度	個々の値の間に等間隔性があり、基点としてゼロがある	質量

◎ 度数分布と代表値

度数分布とは、変数のとるそれぞれの値と度数とを対応させたもので、これを表にしたものを度数分布表といいます。**代表値**には、［平均値］、［中央値］（度数分布で順序が真ん中のデータ）、［最頻値］（度数分布で最も頻度が多いデータ）などがあります。

◎ 散布度

データがどれだけ散らばっているか、に関する指標を散布度といいます。**散布度**は、代表値とともにデータのもつ特徴を示す要約統計量です。散布度には［分散］、［標準偏差］、［範囲（レンジ）］などがあります。

なお、尺度水準でいうと、これらは間隔尺度と比率尺度における散布度です。順序尺度の散布度は［四分位偏差］といいます。四分位偏差は下から25％に第1四分位数、50％に第2四分位数（中央値の場所）、75％に第3四分位数をとります。

● 散布度の例

例	データA（1　2　3　4　5）、データB（6　7　8　9　10）のとき、N=10として
分散	分散＝ $(1 - 5.5)^2+(2 - 5.5)^2+\cdots+(9 - 5.5)^2+(10 - 5.5)^2$／10=8.25
標準偏差	標準偏差は8.25の√を計算して2.87（四捨五入）となる
範囲（レンジ）	データAの範囲：5 − 1=4 データBの範囲：10 − 6=4

相関係数

散布度で表される2つの変数の間の相関関係を表すものを**相関係数**といいます。相関係数（r）は「$-1 \leqq r \leqq +1$」の範囲で表されます。相関係数では、変数Xが変化するとYも連動して変化することを［共変関係］といいます。

● 相関係数の強さ

相関係数	強さ
$0 < r < \lvert 0.2 \rvert$	ほぼ無し
$\lvert 0.2 \rvert \leqq r < \lvert 0.4 \rvert$	弱い
$\lvert 0.4 \rvert \leqq r < \lvert 0.7 \rvert$	中程度
$\lvert 0.7 \rvert \leqq r$	強い

分散は標準偏差の2乗です。逆に、分散の√をとると標準偏差となります。分散はそもそもデータの散らばり具合を表す数値ですが、データの大きさに左右されます。
例えば単なる数字などの次のようなデータ「1、3、6、……」と、お金などのデータ「1000、3000、6000、……」では、お金などのデータのほうが分散も大きくなってしまいます。こうした影響を取り除くために、標準偏差を算出するわけです。

ひとこと

第5章　心理学における研究

統計的仮説検定

統計的仮説検定は、ある仮説が正しいか誤っているかについて、統計的に検討する方法です。特に有意差というものが、どのような手続きと基準によって判断されるのかについて、ここでは理解してもらいたいと思います。

推測統計

統計学では調査を行う対象全体のことを［母集団］といいますが、実際には母集団における真の代表値（**母数**という）は知ることはできないので、その母集団から一部を標本抽出して、データとして母数を推定することを**推測統計**と呼びます。

仮説検定

［仮説検定］とは、［帰無仮説］（例：2 群の平均値に差はない）を**棄却**し、［対立仮説］（例：2 群の平均値に差がないとはいえない）を**採択**して、有意差があるか判断することです。正規分布のデータでは、両端に 2.5％ずつ合わせて 5％の部分に統計量（t 値等）があると［有意］であると判定します。1 ％水準は両側 0.5％ずつです。これを［両側検定］といいます（**片側検定**もあります）。

● 有意水準のイメージ

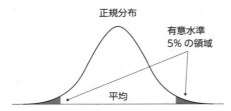

区間推定

有意差だけでなく、より信頼できる検定統計量（t 値等、統計分析で算出される）

を追記して分析することが推奨されています。主に、［効果量］及び**区間推定**（いずれも有意性検定の過誤を防ぐため、群間差などで有意差があった場合の効果の実際の大きさを表す）の考え方に基づく［信頼区間］を挙げることができます。

　信頼区間は、［標準誤差］（標本統計量が母数の真値から平均的にどの程度変動するか示す指標）を用いて算出し、エラーバーを下図のように記載します。図では、同じ平均値でもエラーバーの重なりがない右側の結果の方が、確実に2つの学校のテスト得点間に差があると判断できます。

● **2つの学校の生徒のテスト得点平均値とエラーバー**

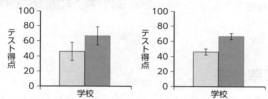

プラス+1

効果量と信頼区間
効果量は具体的な数値として、その標本統計量がどの程度の大きさなのか把握することができる。**Cohen, J.** によれば σ（シグマ）=0.2 が「小さな」効果量、σ=0.5 が「中くらいの」効果量、σ=0.8 が「大きな」効果量とされている。また**信頼区間**は95%の信頼水準に基づき、推定値を中心に誤差範囲の下限値と上限値で表し、範囲が小さい方が信頼できる推定値ということになる。

◉ ノンパラメトリック検定

　ノンパラメトリック検定とは、データの数が少なかったり、後述する正規分布にならなかったりする場合に用いられるものです。この検定は、名義尺度や順序尺度のデータでも分析できます。しかし、他の正規分布に依存する検定（パラメトリック検定）に比べて検定力が弱いことや、交互作用の検定が不十分といった欠点もあります。

　具体的には χ^2 検定をはじめとして、様々な検定方法があります。

確率分布、標本分布

16

私たちが何かを調べたいとき、対象は大学生だったり、社会人だったりします。しかし全ての大学生や社会人に調査することはできません。そのため、実際の調査ではあくまでも標本を扱っているのであって、真の目的は推測するという形式をとるのです。

◉ 確率と確率分布

確率分布とは、確率変数の分布のことで、理論的に導かれます。例えば、サイコロを振ると、ある目の出る確率は全て 1/6 という数値を割り当てることができます。しかし実際にたくさんサイコロを振ると微妙な誤差が出てきて、多少多くなる目や少なくなる目があります。現実には微妙なずれがあるものの、理論的にサイコロのある目が出る確率について、導かれる確率は 1/6 であり、この分布のことを確率分布といいます。

◉ 正規分布

確率分布の中で特に重要なのが、左右対称・釣り鐘型の**正規分布**です。正規分布の山の中心（平均）を μ（ミュー）、山の横方向への広がりの程度（標準偏差）を σ（シグマ）で表すと、平均 ± 1 標準偏差の中には、全体の 68.3％が含まれ、平均 ± 2 標準偏差の中には、全体の 95.4％が含まれます。つまり、下図の②にはデータ全体の 68.3％が含まれ、①と②を合わせるとデータ全体の 95.4％が含まれるということになります。

● **正規分布と確率**

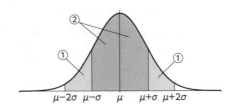

標本分布

　まず、母集団に属する全ての値の分布のことを［母集団分布］といい、通常は母集団の全ての値を知ることはできないので、正規分布などの確率分布で仮定します。その母集団における平均を［母平均］（μ（ミュー））、同様に母集団における分散を［母分散］（σ²（シグマ2乗））といいます。これらもまた、実際にその値を知ることはできません。

　そして、**標本分布**とは、標本統計量の分布のことをいい、母集団分布の仮定より、数理的に導かれる確率分布のことをいいます。

　［度数分布］は、実際に得られたデータについて作成されるもので、データの値と度数を対応させたものをいいます。

　母集団分布と標本分布は［推測統計］の文脈で利用され、度数分布は［記述統計］の文脈で利用されます。

● **母集団と標本**

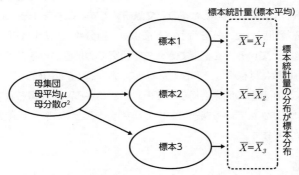

 大学生への質問紙調査

卒業論文や修士論文で質問紙調査を行うとき、よく調査対象者を大学生とすることがあります。いうまでもなく、身近にたくさん回答してくれる人としてデータを収集しやすいからですよね。しかし、自分の研究テーマに照らして考えてみてください。対象者が大学生であることにどのような意味があるでしょうか？　大学生に質問紙調査をしたい場合と、便宜的に大学生を選んでいる場合とは全く違います。前者は大学生の学習意欲などと特定しているケース、後者は母集団を一般の人々、標本を大学生としているケースになるわけですね。自分が大学生を調査対象者とする意味を考えることも大切な視点ですね。

実験計画の立案

実験計画を立てる際には、一定の作法があります。すでに行われたものと同じ実験をしないために過去の研究を調べることや、実験計画で何を［問い］、［仮説］を立て、実験の［目的］とするのかといったポイントがあります。

文献研究

ある研究テーマに関心を持った際、そのテーマについて内外でどのような研究が行われているのか、できるだけ論文や専門書を収集します。そこから自分の関心に近いものを取捨選択して、概要をまとめるのが**文献研究**です。これを［先行研究レビュー］といいます。先行研究レビューを行うことにより、自分が調べたい研究テーマにおいて、何が問題となっているかを把握でき、先行研究での位置づけを知ることができます。また、先行研究には様々な方向性がありますが、それぞれの研究テーマについて、どこまでが多くの研究者の同意を得られており、どこから同意を得られていないかがわかります。まだ残されている課題について研究することで、新しい創造的な研究を行うことにつながります。

Column
専門書の探し方

その研究テーマについて定番の専門書があれば、その本を入手します。どの本が自分にとって役立つかは、中身を見なければわかりません。最近は、インターネットで本を購入することもできますが、目次が確認できる程度であることがほとんどです。心理学の専門書は高価ですので、購入するのは自分にとって有益な専門書に絞るほうがよいでしょう。そのためには、大学など公共の図書館や、心理学関係の専門書を多く本棚に並べている大きな書店に自ら足を運び、実際にページを繰って、本の価値を自分の目で確かめることが大切です。内容が確認できたら、できるだけ自分で購入しましょう。インターネットで購入する場合は、古書で購入するほうが安価なこともあります。いろいろと工夫してみてください。

Column　論文の探し方

望ましいのは日本語の論文だけでなく、海外の英語の論文も探すことです。しかし最初から英語の論文を探すことはハードルが高いので、まずは日本語の論文から探していきましょう。

心理学に限らず、学術論文は**査読**がある学術誌の論文と、査読がない大学紀要などの論文の主に 2 種類があります。査読とは複数名の心理学の専門家がその論文をチェックして、学術的な価値があることを保障するプロセスです。最初はできるだけ査読がある学術誌の論文を探すようにしましょう。「心理学研究」「教育心理学研究」「発達心理学研究」などが代表的な心理学の学術誌です。

最近の多くの論文は、オープンアクセスといってインターネット上で pdf ファイル化され、誰でも無料でダウンロードできるようになっているものが多くなっています。以下の J-STAGE や CiNii などの検索サービスを利用して、関連する論文を pdf ファイルで入手しましょう。ダウンロードしたファイルは、ファイル名を「年号：著者名：タイトル」などにして USB メモリに保存しておくと、後で整理しやすくなります。

● J-STAGE における心理学研究の書誌情報

出所：J-STAGE https://www.jstage.jst.go.jp/browse/jjpsy/-char/ja
　　　（アクセス日：2021 年 10 月 11 日）

● CiNii で心理学研究の論文を検索した情報

出所：CiNii https://ci.nii.ac.jp/（アクセス日：2021 年 10 月 11 日）

◉ リサーチ・クエスチョン

　リサーチ・クエスチョンとは、自分が研究を行っていく上で中心に据える問いのことです。自分が興味を持てる対象を見つけて、それに関連する文献研究を行った上で、これまでに研究されてきたことと、まだ研究されていないことを把握し、その研究されていないことを自分がやってみたいと思えば、それがリサーチ・クエスチョンになります。

◉ 仮説と目的

　文献研究とリサーチ・クエスチョンの明確化を経て、現象の背後にあるメカニズムやプロセスについて、あり得る説明としての**仮説**を立て、具体的に生起する現象について予測を記述します。そして文献研究でまとめた先行研究との対応を意識して、研究における**目的**を明記します。研究を何のためにやるのか、という点についての説明です。

18 実験方法の記述

実験を行う際には、どのような**手続**で、どのような**実験参加者**について、どのような**刺激**や**材料**、**装置**を使って行ったかをできるだけ正確に記載します。これは、後で同じ実験を他者が行う際に実験条件を再現するために非常に重要です。

手続

実験の手続で重要な点は、実験者によって独立変数による操作が加えられた群のことを [実験群] と呼ぶのに対し、操作が加えられていない群を [対照（統制）群] と呼ぶことです。例えば、何らかの治療法の効果を見る場合、その治療を施した実験群と、治療を施していない対照群の間で、予後としての症状（従属変数）に差があるか検討する場合などがあります。この点に留意した研究手続を踏襲する必要があります。

実験参加者

実験参加者は、性別ごとの人数、年齢の範囲や平均をチェックします。

● **実験参加者に関する注意事項**

練習効果	被験者内計画の実験参加者は特定の課題を複数回行うことで、課題に慣れてしまい、その繰り返しが従属変数に影響を与えることがある
順序効果	被験者内計画で実験する場合、実験参加者が異なる条件の課題を行う際に、その条件提示の順番が影響を与えてしまうことがある
カウンターバランス	被験者内計画で実験する場合、実験参加者の半数は逆の順番にするなどして、順序効果を相殺する
無作為割付	実験参加者を特定の偏りのもとに各条件に配置すると、従属変数に影響を与える可能性があるので、実験参加者は [無作為] に各条件に配置する

刺激、材料、装置

実験に用いた [刺激] や [材料]、[装置] は、名称や寸法を記載し、図や写真などを記載することで具体的に理解しやすいようにし、刺激の強度や持続時間など具体的な数値を正確に示しておきます。

19 実験データの収集とデータ処理

心理学の実験には様々なデータ収集の方法があります。そこで得られたデータについて、実験で主に行うのは *t* 検定や分散分析による平均値の比較が中心となります。実験条件のどれが有意かどうか、慎重に判断していくことになります。

データ解析

実験とは操作的研究ともいい、実験者が操作する変数を**独立変数**、その操作の結果としての変数を**従属変数**といいます。実験室で行う場合でも、独立変数で設定した変数以外が影響を及ぼすことがあり、これを [剰余変数] といいます。実験計画は剰余変数をいかに統制し、独立変数の影響を検討するかが重要となります。実験操作によって検討する対象を [要因] と呼びます。計画の仕方は、次の 2 つがあります。

> [被験者間計画]：無作為に割り振られた実験参加者がいずれかの実験条件のみを
> 　　　　　　　　体験する
> [被験者内計画]：実験参加者が全ての実験操作を経験する

実験データを集める方法には、[実験法] 以外に、[調査法]、[観察法]、[面接法]、[検査法] があります。実験の [データ解析] は、前の章で述べた仮説検定の考え方に従います。具体的な分析方法は以下の通りです。

t 検定

例えば実験群と統制群の 2 群を設定した場合、平均値の差を分析するには ***t* 検定**を行います。*t* 検定には、[対応のある *t* 検定]（被験者内計画）と [対応のない *t* 検定]（被験者間計画）があります。*t* 検定の有意確率によって一般的に 5％水準あるいは 1％水準で有意かどうかの判定がなされます。

分散分析

分散分析については基本的に前の章で説明した通りです。ただし 2 要因以上の分散分析の場合、分析結果には 1 つの要因の効果である [主効果] と、2 つ以上の要因

が複雑に組み合わさって生じる［交互作用］があることに留意します。もし交互作用が有意であれば、主効果の結果には注目せず、［多重比較］（3水準以上の平均値の有意差を検討すること）を行います。交互作用が有意でなければ主効果の結果に注目します。

◎ 有意性検定について

　t 検定や分散分析では**有意性検定**を行いますが、あくまでも最初に立てた仮説に基づく分析を行うことを心がけます。というのは、名義尺度や順序尺度で群分けをし、間隔尺度以上（四則演算ができない名義尺度や順序尺度ではなく、四則演算ができる間隔尺度と比率尺度）のデータさえあれば、t 検定や分散分析をいくつもの組み合わせで行うことが可能だからです。そうして無秩序に独立変数と従属変数を組み合わせて仮に有意差がみられても、得られた結果に理論的裏づけがなければ意味はありません。なお、有意性検定には以下の通り、2つの誤りが生じる可能性があるといわれていますので、注意が必要です。

● 2つの過誤（エラー）

> ［第1種の誤り］：帰無仮説が正しいのに、帰無仮説を棄却する誤り
> ［第2種の誤り］：帰無仮説が偽であるのに、帰無仮説を採択してしまう誤り

◎ 結果

　実験データを分析した後は、図表にまとめて結果として記載します。その際に、データ分析で用いた分析手法や得られた検定統計量を全て正確に本文中に記載し、わかりやすい図表を作成するよう工夫しましょう。

Column　結果の書き方の実際

表はExcelを使うとうまく作成できます。罫線を使って、先行研究の表を参考にしながら作るといいですね。図の作成にはPowerPointがとても便利です。これらを使用して図表を書きつつ、本文に必要な統計量を書くことが研究の結果を記述する一つの方法です。卒業論文や修士論文で書き方に困ったら、先生はもちろん、論文を書いた経験のある先輩にどんどん聞きましょう。

20 実験結果の解釈と報告書の作成

実験結果を表にまとめて記述した後は、最初に立てた仮説に照らし合わせ、得られた結果がどうだったか考察で論じます。また、全体として先行研究のリストアップをすることが重要です。決められた書式にしたがって、文献を最後に付け加えます。

● 考察

結果を記載した後は、得られた結果を実験計画立案時に設定した目的、仮説、予測に応じて考察していきます。実験結果は必ずしも計画立案時の予想通りであるわけではなく、当初の目的に沿って設定した予測をどの程度支持する結果となったのか、客観的な観点から判断して考察する必要があります。

仮説や予測と異なる結果が得られた場合でも、そうした結果となったのは実験方法に問題があったのか、もしくは当初の仮説や予測を修正する必要があるのかという点について、詳細に検討するべきです。考察の最後には、研究の今後の課題について述べ、次の研究につなげる姿勢が重要です。

● 引用方法と引用文献

実験計画の論文の最後には引用文献のリストを載せます。基本的に心理学論文では、各学会での論文執筆の方法が日本心理学会『執筆・投稿の手引き』等によって定められているため、引用方法と引用文献の書式に従います。

資料収集の段階では、国内の文献だけでなく、広く内外の文献を網羅して収集しておき、本文中で引用した上で最後にリストに並べます。引用を行うのは、実験計画をまとめる際に、幅広い先行研究の知見を踏まえて科学的判断に基づいて行ったことを主張するためです。

MEMO

21 知覚心理学・心理物理学（精神物理学）

ここでは知覚心理学・心理物理学（精神物理学）の簡単なあらましと、心理物理学を理解する上での重要用語、心理物理学的測定法、心理物理学の主要法則について述べています。

知覚心理学

知覚心理学とは、Fechner, G.T. によって創始された心理物理学の手法により知覚の変化を定量的に把握する方法論や、各感覚器が受けとる刺激の特性や各知覚が相互に影響を与えあうことを明らかにするものです。

> 知覚心理学は出題割合では高くありませんが、国試ではかなり細かなところが出題されましたので、少々わずらわしいかもしれませんが、本書でも可能な限り詳述を心がけています。

ひとこと

心理物理学（精神物理学）

心理物理学（精神物理学）は Psychophysics と英語でいい、物理学の Physics と心理学の Psychology の 2 語を合成して作られた言葉です。

これは、心理物理学の基礎を作った Weber, E.H. と Fechner, G.T. が心理学を専門とする以前に生理学と物理学の研究者であったため、物理学の手法を使い、「心の働き」を解明しようとしたことからこの名称をつけました。

ただし、物理学の手法が適用できたのが感覚と知覚の計測という限定的な面があります。この心理物理学の手法は実験心理学を作り上げる基礎となっています。

心理物理学とは

心理物理学は [精神物理学] ともいいます。

心理物理学とは現実世界の変化がどのように感じ方と関連していくかを明らかにするもので、外部からの刺激に対する知覚の特性を測ること、物理量と心理量の関係を明らかにすることを対象としています。

心理物理学では、以下の重要用語をおさえておく必要があります。

● **心理物理学重要用語**

適刺激 adequate stimulus	各受容感覚器が受けとるのに適切なエネルギーのこと
刺激閾（絶対閾） stimulus threshold	与えられた刺激で感覚を引き起こす最小の刺激強度のこと 弁別閾と区分するために絶対閾とも呼ばれる
閾値 threshold	感覚に興奮を引き起こすために必要な刺激の最小値のこと
刺激頂 terminal threshold	与えられた刺激がそれ以上の刺激強度を上げても感覚を生じなくなる刺激強度のこと
弁別閾（丁度可知差異） difference limen (DL)	丁度可知差異（just noticeable difference：JND）とも呼ばれ、感覚的に区別可能な与えられた2つの刺激の最小の刺激差のこと
主観的等価点（PSE） point of subjective equality (PSE)	2つの刺激を同時に受けた際に両者が等しいと判断できる一方の刺激値のこと

心理物理学的測定方法（実験手続法）

心理物理学的測定方法すなわち実験手続法の代表的なものとして、下表に挙げた7つの代表的な計測法があり、これらの方法を用いて、[刺激閾（絶対閾）]、[刺激頂]、[弁別閾（丁度可知差異）]、[主観的等価点（PSE）] 等を測定します。

● **心理物理学の7つの代表的な計測法**

調整法 (method of adjustment)
● 被験者自身によって刺激を変化させ、その刺激の変化を観察しながらその刺激と等価（等しい）であるか判断（等価判断）するものであり、同じになったところを主観的等価点 (PSE) と呼ぶ ● 調整法は PSE の測定には最適な方法であり、他に絶対閾、刺激頂、弁別閾の測定に用いられる ● ミュラー・リヤー(Müller-Lyer) の錯視実験、等色実験に使用

極限法 (method of limits)
● 実験者によって刺激変化の調整が行われ、その刺激を少しずつ段階的に変化させ、被験者に二件法（例：はい、いいえ）、もしくは三件法（例：はい、いいえ、不明）によって回答を求めるもの ● 刺激閾、弁別閾、PSE の計測に用いられる
恒常法 (constant method)
● 調整法や極限法のように刺激を一定の順序に従って与えず、4～7 程度段階的に変化する刺激を、被験者の予測効果を防ぐために 50～200 回ランダムに提示し、その大小を判断させる。ランダム提示を行うことによって、精度の高い結果を得られる。しかし繰り返しが多く、実験時間が長く、被験者に疲労を与える方法である ● 刺激閾、弁別閾、PSE の測定に用いられる
上下法 (up and down method)
● 二件法（見える―見えない・聞こえる―聞こえない）を用い、被験者が反応可能な刺激よりも一段上げもしくは下げて反応をしやすくすることで、極限法や恒常法よりも効率よく計測できる方法である ● 刺激閾、弁別閾、PSE の計測に用いられる
一対比較法 (method of pair comparisons)
被験者に対して複数の刺激の中から 2 つずつ組みあわせ（感覚的印象の「大小」や「好き／嫌い」）、全ての組み合わせの刺激対を提示し選択させて刺激の主観的価値を計量化する方法であり、PSE の測定に用いられる
強制選択法 (forced-choice method)
恒常法の中で用いられる反応バイアスを取り除くため、あらかじめ実験者が応答のための選択肢の数を二者択一等のように限定する方法である
マグニチュード推定法 (magnitude estimation)
● Fechner, G.T. は感覚量を直接計ることができないと考えていたが、Steven, S.S. はマグニチュード推定法 (magnitude estimation) を考案して同種の感覚量を計測できるよう考案した ● 基準となる刺激（モデュラス、modulus）を定め、被験者に刺激量を比率で回答させる。例えば 10 の値を与え、その 10 を基準にして、比較可能な同一の感覚刺激をその基準となる数値、この場合は 10 に比較して 5 なり 3 なり 20 なりの数値を被験者が推定して回答するものである ● 感覚量の測定に用いられる

● **マグニチュード推定法図**
　鶏卵 10 を基準とする刺激（モデュラス、modulus）とした場合

ウズラの卵3～5　　　　　　　鶏卵10　　　　　　ダチョウの卵20

主観的等価点 (PSE：point of subjective equality)

被験者が主観的に同じものとして知覚できる点のこと。この主観的等価点を利用したものが非常口の光の色である。緑と一口にいっても濃淡により鶯色から国防色まで幅が広いので、多くの人々の「緑」の主観的等価点を計測しそれに基づいて、だれが見ても「緑」に見える色に調色している。

反応バイアス

被験者の過去の経験を想起して得られた知覚以外の要因により反応が偏りを示すことである。

心理物理学の主要法則

心理物理学の主要法則とは刺激を物理量として計測し、それへの反応として体験された心理感覚との関係を定量的に表すための法則です。

次の4法則をおさえておく必要があります。

ウェーバーの法則 (Weber's law)

ウェーバーの法則とは、刺激強度が高くなれば弁別閾も同じく高くなっていくことで、弁別閾は刺激の値に比例します。

● ウェーバーの法則の公式

$$\frac{\Delta S}{S} = K$$

Sは刺激量、ΔSは弁別閾（丁度可知差異）、Kは定数、ΔSとSの比は一定の値を示す

ウェーバーの公式での定数のKは［ウェーバー比］と呼ばれています。

● 各種感覚次元でのウェーバー比

感覚	標準刺激	ウェーバー比
深部圧	約 400g	0.013
明るさ	約 1,000 トロランド (Trd)	0.016
重りの持ち上げ	約 300g	0.019
音 (100Hz) の大きさ	100db	0.088
匂い (ゴム臭)	200olfacties	0.104
皮膚への圧	5g/㎟	0.136
塩味	3mol/l	0.200

🍩 フェヒナーの法則 (Fechner's law)

　フェヒナーの法則とは、ウェーバー・フェヒナーの法則 (Weber-Fechner's Law) ともいわれ、刺激による感覚が生じるときに、刺激の小さい場合はわずかな増加で変化を感じられるが、刺激が大きいと刺激量を多くしないと変化が感じられなくなることをいいます。

🍩 サーストンの比較判断の法則 (Law of Comparative judgment)

　サーストンの比較判断の法則において、主観的印象の強度や感覚量は、心理学的連続体として実数軸上の数値として記述することが可能であるとして、その分布は正規分布になると想定されています。

● 正規分布

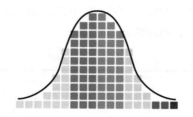

> **用語解説　正規分布 (normal distribution)**
>
> Gauss, K.F. により誤差の分布を示すものとして発見された。
> 心理学では、人間の知覚は個人差があるが、多くの人を集めた場合、その知覚の差は正規分布の形を描くとされている。
> そのため、人間の行動や性質の差は、この分布図の形に当てはまる範囲内に収まるものとされている (例えば、知能など)。

● スティーヴンスの法則 (Stevens' law)

スティーヴンスの法則とは、物理的刺激の大きさと知覚される強度の間の関係は [べき乗関数] に従って示すという法則です。

スティーヴンスの法則は、スティーヴンスのべき法則 (Stevens' power law) とも呼ばれます。

> べき乗とは Iⁿ と表記して、その意味は I を n 乗することです。[べき乗関数] とはスティーヴンスの法則の主なべき指数を指します。

● スティーヴンスの法則の公式

$$S = K \cdot I^n$$

*S*は感覚量、*K*は定数、Iは刺激量、nは感覚の種類に応じて異なる指数

● スティーヴンスの法則の主なべき指数 (べき乗関数)

例	指数	例	指数
音の大きさ (単耳)	0.3	冷たさ (腕)	1.0
視標の明るさ	0.3	暖かさ (腕)	1.6
コーヒーの香り	0.55	持ち上げたときの重さ	1.5
人工甘味料の甘さ	0.8	自分の声の大きさ	1.1
塩からさ	1.3	線分の長さ	1.0

用語解説　べき乗と指数

スティーヴンスの Iⁿ を例にとって解説をします。

指数とは左側上付き文字の ⁿ をさします。このスティーヴンスの法則では I は刺激量なので、Iⁿ となり、これがべき乗となります。

感覚の種類と視覚

感覚の種類には、それぞれの感覚器で感知するモダリティ（感覚的様相）と呼ばれる［視覚］、［聴覚］、［触覚］、［味覚］、［嗅覚］、［皮膚感覚］、［内臓感覚］、［平衡感覚］、［運動感覚］があります。ここでは視覚について解説します。

視覚とは

視覚は網膜上にある［桿体細胞（かんたい）］と［錐体細胞］が外部の光エネルギーを吸収することで光覚が生じる感覚です。老化（加齢）により眼球の水晶体に混濁および硬化が生じ、毛様体の筋力低下により、近方視力と遠方視力の双方ともに低下します。

明るさと色の知覚

明るさと色の知覚とは視覚に関連し、380nm～780nm の範囲の電磁波である可視光（人の視覚が感じとれる範囲の電磁波）のそれぞれの波長を「紫、藍、青、緑、黄、橙、赤」として錐体細胞が色彩として知覚しています。

明るさと色の知覚については次の 2 つの説があります。

Young-Helmholtz theory（ヤング＝ヘルムホルツの三色説）

Young-Helmholtz theory（ヤング＝ヘルムホルツの三色説）とは赤（R）、緑（G）、青（青紫）（B）をそれぞれ受容する粒子が網膜に存在すると仮定し、波長によって各粒子が興奮することであらゆる色彩の感覚を人は感じられるという仮説です。

Hering theory（ヘリングの色覚説—色覚の反対色過程）

Hering theory（ヘリングの色覚説）とは 3 種の対をなす視物質、Y-B（黄−青）、W-BK（白−黒）、R-G（赤−緑）の存在を仮定し、これらの光に対する生化学的な反応（3組の反対色の残効（残像）の生起）によってあらゆる色彩の感覚を人は感じられるという仮説で、**反対色説**（opponent color theory）とも呼ばれています。

⚙ 明暗の順応 (負の順応・正の順応)

明暗の順応とは視覚における明るさの知覚のことで、暗いところから明るいところに出て、最初は見えないが徐々に見え出す現象を明順応といいます。これは感度の低下ということから [負の (陰性) 順応] (negative adaptation) といいます。

逆に、明るいところから暗いところへ行くと徐々に周りが見えるようになる暗順応は感度の増大なので [正の (陽性) 順応] (positive adaptation) といいます。

加齢によって眼球の水晶体の混濁および硬化、毛様体の筋力低下が生じ、明暗順応の反応時間は長くなる傾向があります。

⚙ 錐体と桿体

明るさと色の知覚に関わる視細胞には [錐体細胞] と [桿体細胞] の2種類があり、明暗両方でそれぞれが機能して視覚を生じさせます。

● 錐体細胞と桿体細胞の違い

錐体細胞	[明所] で機能する視細胞である。中心窩 (ちゅうしんか) に錐体細胞は密集している。[L錐体]、[M錐体]、[S錐体] の3種があり、それによって色覚の感度が異なり、さらに、錐体は形態覚 (視力) を持っている
桿体細胞	[暗所] で機能する視細胞である。桿体は錐体よりも感度が高く、そのため暗所では桿体が機能する。中心窩にはほとんど存在せず、中心窩以外の眼底周辺に多く存在する

明所視と暗所視
明所視とは、明るい場所や明順応下での視覚のことで、主に錐体細胞が働いている。
暗所視とは、暗い場所や暗順応下での視覚のことで、主に桿体細胞が働いている。

色覚障害
色覚障害には異常3色覚、2色覚、1色覚があることを覚えておこう。

第7章 知覚及び認知

73

⦿ 暗順応曲線

暗順応曲線とは、暗順応時の時間経過により、光覚閾が低下することを示した曲線です。また、錐体の順応と桿体の順応の違いを示すもので、これは錐体細胞が桿体細胞よりも早く反応するという［順応特性の違い］を示します。

● 暗順応曲線の例

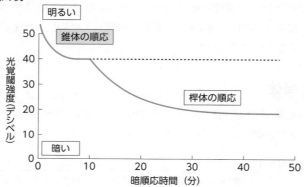

出典：八木昭宏『知覚と認知』P.20 1997年 培風館（一部改変）

⦿ プルキンエ現象

プルキンエ現象とは Purkinje, J.E. が発見した錐体細胞と桿体細胞の動きの違いによって生じる現象であり、視感度の最大となる波長が錐体細胞は約 550nm、桿体細胞が約 510nm と差があることから明所と暗所で見え方が異なるという現象です。そのため、明所では黄色が明るく見えますが暗所では緑色のほうが明るく見えます。

⦿ 色の知覚

色の知覚については、色知覚を引き起こす刺激を［基本色刺激］といい、R（赤）は 700nm、G（緑）は 546.1nm、B（青）は 435.8nm と国際照明委員会で決定しています。また混色とは、異なる波長の 3 種の光を網膜に与え、色覚を生じさせることをいい、加法混色と減法混色により様々な色が作られています。

⦿ 加法混色と減法混色

加法混色	赤（Red）、緑（Green）、青（Blue）の 3 色を組み合わせて色を作る方法
減法混色	黄（Yellow）、シアン（Cyan）、マゼンタ（Magenta）を組み合わせて色を作る方法

23 空間知覚

空間知覚では［運動知覚］と［仮現運動］および［奥行き知覚］の成立が主なテーマとなります。運動知覚とは刺激対象物の移動や動きを知覚することで、仮現運動とは刺激対象物の移動や動きがないにもかかわらず、動いているように知覚することです。

奥行き知覚とは刺激対象までの空間を三次元的に認識し、方向や距離感を立体的に把握する知覚のことです。

● 運動の知覚

ものの動き、運動の知覚については視覚面が中心的に研究されてきました。

なぜ運動を知覚できるのかは第一次視覚野（V1）の細胞の反応を MT 野（V5）の細胞が統合し、運動の知覚をしているというのが現時点の仮説です。

知覚が可能な運動としては［実際運動］、［運動残効］、［誘導運動］、［自動運動］の 4 つがあります。

第一次視覚野とは後頭葉にあり、目から入った情報が送られ、そこで情報の処理が行われます。MT 野とは大脳の第五次視覚野のことで、視知覚で物の動きを担当する部位です。

● 知覚が可能な運動

実際運動	● 物体が実際に動いているときに生じる現象のことであり、その対象に動きが感じられる最小限の移動速度を運動閾と呼ぶ ● 動きが速すぎて知覚できなくなる直前を運動刺激頂という ● 運動対象を取り巻く周囲の明るさにより、動きの知覚は変化する ● 周囲が明るいと運動知覚は低下し、周囲が暗く、かつ運動対象が適度な光度を持ち、認識しやすい場合などは運動知覚が向上する
運動残効	運動している物体を凝視した後に周囲の静止対象へ視線を向けたとき、その対象が先に凝視していた運動対象の動きと逆の動きに見える現象で、例として滝の錯覚がある

誘導運動	周囲にある他の対象が動くことで、実際運動をしていない対象（静止）が動いているように見える現象
自動運動	暗闇において光点を凝視していると眼球の不随意運動によりその光点があたかも動いているように見える現象

滝の錯覚とは、流れ落ちる滝を凝視した後に静止した風景へ目を転じると、流れ落ちる滝の動きとは反対に動いているように見える現象のことです。

ひとこと

仮現運動

仮現運動とは、客観的には静止している対象が、類似した刺激を付加されることで、あたかも運動しているように知覚される現象です。仮現運動には、［α運動］と［β運動］の2種類があります。

● α運動とβ運動

α運動	錯視図形の1つであるミュラー・リヤー (Müller-Lyer) 図形の両端部分を交互に呈示することにより、主線部に伸縮運動の錯視が生じる
β運動	静止画像を24コマ／1secで映し出すとなめらかな動画として知覚されるが、2つの光点を交互に点滅させるβ運動の場合には［同時時相］、［継起時相］、［φ 現象・最適時相］の3つがある

● ミュラー・リヤー (Müller-Lyer) 図形

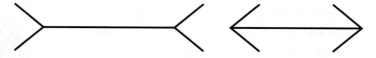

3つのβ運動とは以下のようなものです。

● 3つのβ運動

同時時相	光点の交互提示の間隔が極端に短時間であると同時に知覚されること
継起時相	光点の交互提示間隔が極端に長時間であると継起（相次いで）に知覚されること
φ 現象・最適時相	光点の交互提示間隔が適切な時間でなされた場合、実際運動と区別のできない運動知覚を与えること

● コルテの法則

コルテの法則とはβ運動の中で生じるφ現象において、2つの光点の提示方法の変化によりφ現象の現れ方が一定の法則で変わることについて Korte, A. が研究を行い、Koffka, K. がその結果を用いて以下のような法則を提示したものです。

● コルテの法則（Korte's law）

> ①時間間隔が一定ならば刺激光度の上昇により最適空間距離が増加する
> ②空間間隔が一定ならば刺激光度の上昇により最適時間間隔が短縮する
> ③刺激光度が一定ならば空間距離の増加によって最適時間間隔は増加する

● 奥行き知覚──網膜像以外によるもの

奥行き知覚は網膜像に映ったものにより奥行きを判断する以外に、[視差]、[調節]、[輻輳運動]、[両眼視差]、[運動視差] などにより生じます。

● 奥行き知覚の生じる原因

視差	眼と対象となる物との相対的位置の移動により、網膜に映る像の位置の変化が生じ遠近（奥行き）を知覚すること
調節	眼球の焦点をあわせる調節作用のことをいい、絶対的距離の知覚（自分自身から対象物までの距離の知覚）を生じさせていると考えられている
輻輳運動	両眼で対象をとらえ、左右各眼の中心窩にその対象の像をもってくる眼球の運動（ピントあわせ）のことであり、その運動を内寄せは輻輳、外寄せは開散と呼ぶ
両眼視差	● 人間の両眼は左右（平均6.5cm）に離れており、そのため外界の像は左右各眼の網膜にズレを生じて映されていることから立体視ができることをいう ● このズレには①両眼視差の時間的変化（両眼で時間とともに連続的に変化する刺激を知覚する）と②両眼網膜像間の速度差（左右網膜像は異なる速度で知覚される）の2種類が存在する ● また、人間は網膜像に映っている平面視（2D）だけではなく、両眼視差により立体視（3D）ができる
運動視差	観察者または対象の動きにより経時的に動くことで視点が移動し、それによって継続的に視差が生じる

● 奥行き知覚──網膜像によるもの

網膜像によるものとして、以下のような距離的なものや描写テクニックを使われたものが網膜に映ることで奥行き知覚を生じます。

- 網膜像の近くにあるものは大きく、遠くにあるものは小さく映ることで、奥行き知覚が生じる
- 線遠近法の手法を用い平行線がどこか一点に集中していくように描かれたことで、奥行き知覚が生じる
- きめの勾配のようにきめが細かいと遠くに、きめが大きいと近くに見えることを活かして描くことで、奥行き知覚が生じる
- 大気遠近法の手法を用い、遠景にあるものの形態をぼやかす、もしくは大気の色に近づけるなどして描くことで、奥行き知覚が生じる
- 2つの四角形を少しずらして重なりあうように描くことで、遠近の差が生じて奥行き知覚が生じる
- 絵画の手法にある陰影・明暗による影を描く手法により、奥行き知覚が生じる
- Mach, E. により見いだされたマッハの本のような形態的に立体的に見える形により、奥行き知覚が生じる
- より近くに見える進出色である赤系統と、遠くに見える後退色である青系統を組み合わせて描くことで、奥行き知覚が生じる

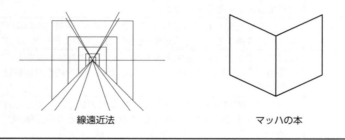

線遠近法　　　　　　　　　　マッハの本

物体とシーンの知覚

物体とシーンの知覚ではなぜ特定の物体の知覚がなされ、実はバラバラな物が1つのまとまった背景（シーン）として知覚されるかがポイントです。

物体の知覚

「物体」とは具体的な形をもって空間に存するものであり、物体を知覚することは形の知覚をすることです。「背景（シーン）」もしくは「地」から浮き出て「図」になることによって**物体の知覚**が可能となります。

図と地

　ゲシュタルト心理学では、形として物が見えてくる領域を「図」といい、背景となり注意が向けられない領域を「地」とする [**図になりやすさの法則**] により、人は物体の知覚を行っています。

図になりやすさの法則

- 物体は相対的に背景 (シーン) よりも面積が小さい方が図として知覚しやすい
- 垂直・水平の物の方が斜めの物より図として知覚しやすい
- 単純・規則的・対称的な物の方が複雑・不規則的・非対称的な物よりも図として知覚しやすい
- なめらかな線に囲まれた物の方が図として知覚しやすい

プレグナンツの法則

　物体の知覚の過程において、人は Wertheimer, M. が提唱した**プレグナンツの法則**で行っています。これは、人は簡潔で秩序のあるものを「よい形」として見る、ということです。

　プレグナンツの法則には主観的輪郭現象があり、これは物理的な刺激勾配 (斜面を作る勾配刺激) が存在することなく、輪郭が存在すると主観的に知覚することで特定の図形が存在すると知覚することです。

　主な例としては Kanizsa, G. の三角形があります。Kanizsa の三角形とは、一部を欠損させた黒い円を 3 か所に配置すると、黒い円の上に白い三角形が存在しているように見える錯視図形です。

Kanizsa の三角形

視点不変性

　複雑な形状を持つ「ヤカン」などは、見る角度によりかなり異なって見えますが、人間は異なって見えていても「ヤカン」と知覚することができ、また、物体の物理的な特徴 (大きさ、対象物への照度など) を変更しても「ヤカン」と知覚することが可能です。これを物体の知覚での**視点不変性**といい、物理特性の変化に左右されずに、どのような位置から見ても不変性を持つので、特定の物体と知覚ができるのです。

シーンの知覚

　シーンとは光景・風景・場面のことです。ゲシュタルト心理学の Wertheimer, M. の提示した［群化の法則（体制化の法則）］を用いて、人はバラバラのものを１つのものにまとめて**シーンの知覚**を行っています。

● **Wertheimer の提示した主な群化の法則（体制化の法則）と例**

群化の法則	例
距離の近いもの （近接の要因）	
形や大きさなどの性質が近いもの （類同の要因）	
互いに閉じあう位置にあるもの （閉合の要因）	
なめらかな連続性があるもの （よい連続の要因）	
単純であり、規則性を持ち、対称的なもの （よい形態の要因）	
動きなどに共通性があるもの （共通運命の要因）	
過去に見たことのあるもの （経験の要因）	

Column

心理学でよく使われるギリシャ文字（一部）とその読み方

大文字	小文字	読み方	大文字	小文字	読み方	大文字	小文字	読み方
A	α	アルファ	Θ	θ	シータ	P	ρ	ロー
B	β	ベータ	K	κ	カッパ	Σ	σ	シグマ
Γ	γ	ガンマ	Λ	λ	ラムダ	T	τ	タウ
Δ	δ	デルタ	M	μ	ミュー	Φ	φ	ファイ
E	ε	イプシロン	N	ν	ニュー	X	χ	カイ
H	η	イータ	Π	π	パイ	Ψ	ψ	プシー

24 音と音声の知覚

音と音声が、どのような経路で知覚されているのかおさえておきましょう。

● 聴覚

聴覚は外耳、中耳、内耳を経て外部の刺激を大脳の一次聴覚野へ伝えることで生じる感覚です。加齢によって、高音域および小さな音の聞き取りが悪くなります。

● 音とは

人に対して聴覚的感覚を起こす可聴域 16Hz〜20kHz の周波数と 120dB 以内の音圧を持つ周波数範囲のものであり、それが聴覚器官を通じて神経インパルスに変換され、中枢に伝達されて**音の知覚**がなされます。

 神経インパルス

神経のある点を刺激すると興奮が生じ、その点から神経線維を伝わっていき、興奮部からは**活動電位**が検出されることを神経インパルスという。

［音の絶対閾］とは、騒音下や暗騒音下（騒音源以外の騒音）にはない状況で感知できる音の最小音圧レベルのことです。［音のマスク閾］とは、騒音下や暗騒音下で感知できる音の最小音圧レベルのことです。

騒音源以外の騒音を暗騒音と呼び、これは対象とする発生源（例えば幹線道路での自動車の音）からの騒音以外の全ての騒音をいいます。

 ひとこと

音の知覚における大きさの比較は比例関係ではありません。大きさを表す単位はフォン（phon）を使いますが、例えば、80phon は 40phon の 2 倍ではなく 16 倍ほどの差が出るため、比例関係が成立しません。このため音の大きさのレベルは順序尺度で表します。

音の知覚での知覚体制化

群化の法則（体制化の法則）と同じことが音の知覚においても成り立ちます。

● 音の知覚での知覚体制化

> ①音の高さ、大きさ、音色において類同の要因が成立する
> ②音の周波数、強さ、定位において連続の要因が成立する
> ③音の基本周波数、音の周波数や振幅の時間変化において共通運命の要因が成立する

音声とは

音声とは母音と子音の 2 つがあり、その組み合わせで発話され、さらにその音声により、言語を作り、人は意思の疎通を図ることができます。

聴覚フィードバック

人は、自身の声を発音と同時に音声の知覚をすることで発話のコントロールを行っており、それを［聴覚フィードバック］といいます。これを人為的にずらすと音声の発生をスムーズにできなくなります。

音声の知覚における両耳分離聴

両耳分離聴とは、両耳分離聴の実験で行われる両方の耳に異なる音を同時に提示することで、これは、大脳の半球の側性化と関連しています。単語を同時に左耳と右耳に提示した場合、右耳に提示した単語を理解する率が高い（左側に言語野がある人が多いため）です。

25 味覚・嗅覚・
触覚（温覚・痛覚）

味覚は、生得的なものではなく、環境要因によるものが大きいと考えられており、性差は少ないといわれています。嗅覚は、臭いの情報が臭神経を通り、脳の辺縁系にある臭中枢に伝えられます。辺縁系は脳の中で原始的な部位といわれており、臭いにより安全なのか危険なのかを人類がかつて行っていたためと考えられています。触覚は、誕生後、わりと早い時期に発達をするとされています。これは乳児が生き残るために必要な情報を獲得するためといわれています。

◎ 味覚

味覚は舌の表面に分布している味覚受容器の味蕾（みらい）に何らかの刺激が与えられ生じる感覚です。

● 味覚の区分と単位

Henning, H. が［4 基本味］を四面体の各頂点に置き、様々な味を図示できるものとして、1916 年に味覚四面体を考案しました。4 基本味とは、「甘・苦・鹹（塩）・酸」です。4 基本味に口中の皮膚間感覚である「温／冷」を追加した Bekesy, G.V. の［味覚の 6 角形配置］もあります。他に味覚の基本味には、5 基本味（塩味、甘味、酸味、苦味、旨味）もあります。

味覚の単位として、Beebe-Center, J.G. がガスト尺度（gust scale）を提案しています。

プラス+1

ガスト尺度
「甘い、苦い、酸っぱい、塩からい」の 4 味の濃さの対数は濃度の対数にほぼ正比例し、異質の 4 味の間でも味の強さという点で共通の尺度が作成可能なため、Beebe-Center により考案された。

◎ 嗅覚

嗅覚は鼻腔内部の嗅粘膜中の嗅細胞に何らかの刺激が与えられて生じる感覚です。

● 臭いの分類

原臭（基本となる臭い）は現時点では定められていませんが、Henning は、臭いを分類するため、[6 つの基本臭]（薬味臭、花香、果実香、樹脂臭、腐敗臭、焦臭）を三角柱に配置して表現する「匂いのプリズム」を考案しました。

その後、加福均三が、Henning の 6 つの基本臭だけでは日本人の感じる匂いに対応できないとして、Henning の分類に 2 臭（腥臭、酢臭）を加えた [8 臭説] を提案しました。

● 匂いのプリズム

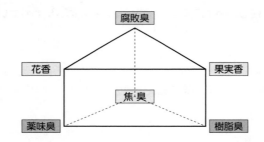

◎ 触覚

触覚は、皮膚や粘膜の表面へ何らかの刺激が与えられて生じる感覚です。

● 触覚の空間閾

空間閾（二点閾：Two-point threshold）とはコンパスのような触覚計により 2 点を刺激されていると知覚できる最小値のことで、身体各部により異なります。

● 温覚

温覚とは温度感覚の略記で、温度刺激によって起こる皮膚感覚のことです。温覚は加齢により感覚反応を引き起こす最小値である閾値が上がるため、それによって高齢者は熱中症になりやすくなります。

● 痛覚

痛覚とは強い刺激によって起こる痛みのことです。痛みと脊髄神経の関係については、Wall, P と Melzack が提唱したゲートコントロール理論があります。

26 体性感覚、多感覚統合

　ここでは視覚、聴覚、味覚、嗅覚、触覚に分類されない特殊な知覚である体性感覚、複数の感覚にまたがる多感覚統合について扱います。

◎ 体性感覚

　体性感覚は、触覚、痛覚、温覚、冷覚のうち皮膚へ何らかの刺激が与えられて生じる皮膚感覚（表面感覚）と皮膚感覚よりも奥に存在する受容器へ何らかの刺激が与えられて生じる深部感覚を合わせたものです。

◎ 多感覚統合

　多感覚統合とは、視覚や聴覚など複数の感覚を統合することで、すばやく対象を認知し知覚できるようになることです。

　視覚など単一の感覚様相を［感覚モダリティ (modality)］といいますが、多感覚の統合（交差）なので［クロスモダリティ (cross modality)］と呼ばれ、多感覚統合により生じる現象を［クロスモダリティ現象］と呼びます。

　クロスモダリティ現象には［マガーク効果］や［腹話術効果］、［ラバーハンド錯覚］、［ブーバ・キキ効果］があります。

◉ マガーク効果

　マガーク効果とは、McGurk, H. & MacDonald, J. によって行われた視覚の優位性を示す実験であり、「ga」と発声している動画を見せつつ「ba」という音を聞かせると、「ba」と「ga」との間の「da」という音で聴覚認識されます。これは聴覚が全ての音韻認識をしているわけではなく、視覚の影響も受けるというクロスモダリティ現象による効果です。

◉ 腹話術効果 (Ventriloquism effect)

　腹話術効果とは昔よりその効果は知られていましたが、1980 年に Posner, M. により明らかにされたものです。

腹話術師は口を動かさず発声し、発声せず口を動かす人形のほうが音源であるかのような錯覚を生じさせます。これは音源定位（音の情報を第一にして対象物の位置を特定すること）の感覚は聴覚だけではなく視覚刺激に影響される多感覚統合を利用したことによって生じる現象です。

⬤ ラバーハンド錯覚 (Rubber hand illusion)

Botvinick, M. & Cohen, J. によって 1998 年に明らかにされたものです。

視覚的に遮断された自身の手と、目の前に置かれたゴム製の義手が同時に繰り返し刺激を加えられる（刷毛で刺激）ことで、次第にゴムの義手が自分の手のような感覚が生じます。視覚情報と触覚情報の同時刺激により多感覚統合が生じることで、手の所有感覚が変容する現象です。

⬤ ブーバ・キキ効果 (Bouba/kiki effect)

Kohler, W. が 1929 年にその原理を発見し、後に Ramachandran, V.S. により 2001 年にブーバ・キキ効果と命名されました。

ブーバ・キキ効果とは 2 つの図形（1 つは鋭角、もう 1 つは鈍角）に対して 1 つを「キキ」と、もう 1 つは「ブーバ」と呼ぶが、どちらがキキだと思えるかという心理実験において 98％の回答者は「キキ」として尖った図形を選択します。

これは視覚で認識できる図形と聴覚で認識できる「鋭い」という属性を、脳が複数の情報を一緒に認識するために生じるクロスモダリティ現象です。

ブーバ・キキ効果は「多感覚統合が生じるための要件としての 3 法則」が当てはまらない多感覚統合です。

● ブーバ・キキ効果の例

どちらがブーバ、どちらがキキに見えるか

● 多感覚統合が生じるための要件としての 3 法則

① 2 つかそれ以上の感覚モダリティへ刺激される位置が近いと多感覚統合が強く知覚される（空間の法則）
② 2 つの刺激が時間的に同期して（ある時間内にそれらが同時に提示されて）いれば多感覚統合が強く知覚される（時間の法則）
③ 2 つのモダリティの刺激強度が弱く閾値近傍（感覚を起こさせるのに最小限必要な刺激量の近い範囲内）で提示されると多感覚統合の効果量が強くなる（逆有効性の法則）

プラス+1

両耳分離聴実験 (dichotic listening test)

両耳分離聴の実験とは Cherry, E.C. によって行われたもので、文の一節やいくつかの単語からなる 2 組の音声情報をヘッドフォンで被験者の左右の耳に両耳分離聴で提示し、他方の耳へ提示された情報を無視して一方の耳に提示されたものを聞こえた通りに復唱を被験者に求める方法で、これにより選択的注意を実験することができる。

また、言語野と反対にある耳から聴取したもののほうが再生率が高いのは、脳の側性化とも関係している。

Column　犬の感覚モダリティ

動物の中で、人間と犬は 30,000 年ほど前から仲良く暮らしています。その大昔からの相棒である犬はどんな感覚モダリティを持っているのでしょう？
視覚では、犬の網膜は色彩識別能力が低く、青色と黄色とその中間色のみの認知ですが、両眼視野は平均約 150 度と人間の平均約 120 度を上回っています。
聴覚では、犬は 65～50,000Hz の音域で聞くことができ、人間の 20～20,000Hz に比べ、2 倍以上の高音閾を聞きとれます。犬笛のピッチは高い音ですよね。
味覚では、犬の味蕾は人間の 5 分の 1 程度といわれており、甘味を 1 番感じとることができるそうです。家飼いの犬は甘いものを好んで食べ肥満することが多いです。
嗅覚では、犬は人間の 1,000～1 億倍の嗅覚を持つといわれており、そのため、嗅神経細胞数が 50 倍以上もあるとのことです。
皮膚感覚では、圧覚が発達しているために人から撫でられるのを好むようです。

27 注意、意識

知覚においては、注意が向けられず、意識が払われていない対象物は「存在しない物」に等しくなります。そこで、どのような場合に注意が向けられ、意識が払われるかを知ることが大切です。

● 知覚における注意と意識の条件

知覚しているという意識が生じるのは、注意が向けられた刺激に対してだけです。注意を促す条件としては次のものがあります。

● **注意を促すものの例**

- 赤色や高い音のように質的に注意を促すもの
- ある程度の強度を持つ刺激
- 刺激の持続と反復：反復と一定の長さの刺激
- 質の変化や強度の変化や時間の変化など変化するもの
- 視覚刺激を生じやすい位置にあるもの
- 静止刺激より動いている刺激
- 新奇性を持つもの
- 人間の生理的欲求状態によって注意が促される対象が変わる
- 人間は目的がある行動中には目的と合致したものへ注意が促される
- 期待や構えによって注意が促される対象が変化する

● 視覚における注意

視覚での注意では、どのような注意が対象物へ払われているかがポイントです。

● ドット・プローブ課題

ドット・プローブ課題とは不安研究における脅威刺激への視覚の選択的注意の測定方法で、これは感情刺激（不安をかき立てるもの）と中立刺激（不安をかき立てない

もの）を同時に異なる場所に瞬間呈示し反応時間から選択的注意を測定します。

　不安が高い場合は、感情刺激に視覚がすばやく向けられるために、反応時間が中立刺激よりも短くなります。

視覚マスキング現象

　視覚マスキング現象とは、2つのテスト刺激（ターゲット刺激）とマスク刺激の視覚刺激が時間・空間的に接近して提示された場合に、2つの刺激間に知覚的妨害効果（テスト刺激とマスク刺激が影響しあう）が生じる現象をいいます。

タキストスコープ（瞬間露出器）による測定

　視覚的刺激を瞬間的に提示（1/10秒～1/100秒）して、視覚的な注意を払える範囲（見え方）や、注意を払い視覚認知できる個人差の時間を計測します。

聴覚における注意

　聴覚での注意では、聴覚器に全ての音は入っているが、なぜ、特定の音のみを選択するか、聞こえるかに関連して、**カクテルパーティー効果、聴覚マスキング現象**がポイントです。

カクテルパーティー効果

　Cherry, E.C. の研究により明らかにされたもので、聴覚器官が知覚した外部情報（音声情報）の一部の情報だけを選択して注意を向けることのできる認知機能です。

　これは、大人数のパーティーにおいても、注意を向けている人の話は聞きとれるということで知られている現象です。

　このカクテルパーティー効果について Treisman, A.M. & Geffen, G. は「注意を向けている物理的・感覚的チャンネルには多くの情報を通過させられるが、注意を向けていないチャンネルは少ない情報しか通過できない」という情報の選択的注意で説明をしています。

聴覚マスキング現象

　2つの音が重なっているときに、片方の音の最小可聴値が上昇する現象です。

　この現象は高い音のほうが低い音よりマスキングされやすいとされており、被妨害音と妨害音の周波数が近い場合に生じやすく、それによって注意が集中もしくは分散されます。

28 知覚の可塑性と自己受容感覚

知覚の可塑性において、「可塑性」という言葉は、脳内の神経回路が一部阻害された場合に、新たにニューロンが結合し、機能を回復させることを意味します。また、経験依存的可塑性とは、感覚入力の変化に依存し、その受容野特性を再編成していくことであり、経験依存的可塑性は各感覚受容器の発達における臨界期と深く関連しています。

知覚の可塑性——「逆さメガネ」実験

Stratton, G.M. は、普通に見えている中で、眼の網膜像の上下左右を逆転させる「逆さメガネ」の着用という刺激条件を変更させたところ、着用後すぐには、全てが逆さまに見えてしまい、日常生活での基本動作を行うことができませんでした。しかし、数日後には「逆さメガネ」着用以前と同じ行動が可能、つまり知覚（視覚）の可塑性がみられました。

● 「逆さメガネ」着用直後と知覚の可塑性が生じた後の現象

逆さメガネ着用直後の現象
● 物に触れたり、歩き回ったりすることができない
● 身体や頭部が動くと、視野が激しく動くことにより外界のリアリティを喪失する
● 視覚から入る情報と他の感覚器から入る情報とが大きく乖離する
逆さメガネ着用後に可塑性が生じた後の現象
● 視野動揺がなくなる
● 視空間が安定する
● 知覚−運動協応が再成立する
つまり、可塑性により着用以前と同じように外部を知覚でき、視覚に基づく行動が適応的になる

見ることと運動

知覚の可塑性でもう1つ考慮する必要があるのは臨界期の問題です。

視覚と関連する視神経は、生後早い時期に適切な刺激を受けないと機能を失います。これは単に視覚機能だけが成立していれば単独に成立するものではなく、視覚の

成立には運動の助けが必須だからです。

　Held, R. と Hein, A. の実験では、能動的移動（歩行など）が可能な環境で育てたネコと、受動的移動（動く歩道など）の環境で育てたネコの成長後の行動を比較すると、受動的な移動の環境で育ったネコは奥行き知覚に難があるなど、視覚そのものには問題がないが、奥行き知覚の未成立という問題が生じました。

臨界期

臨界期とは、発達過程である時期を過ぎると特定の行動の学習が不成立になる限界の時期のこと。

◉ 自己受容感覚

　自己受容感覚とは運動感覚の別称で、ここでは視覚を仲介にした運動によって生じた感覚を知覚することです。

　自己受容感覚（自己受容感覚変更説）の提起は、Stratton が行った逆さメガネ実験での様々な知覚運動協応を扱った実験が最初のものです。そこでは、視覚情報を光学的に変換すること（逆さメガネ）によって生じる、感覚不一致（視覚と体性感覚の不一致）と、それが引き起こす様々な行動や感覚知覚上の変化の後に起きる順応が主な問題とされてきました。その後、Rock, I. はこの順応は自己身体像の視覚的変化によるものと主張し、Harris, L.R. は視覚的変化ではなく、自己受容感覚の変化により、逆さメガネでも知覚運動協応（知覚情報をもとに運動し、運動によって知覚が変化する知覚と運動の相互作用）が成立すると主張をしています。

　Harris の自己受容感覚（自己受容感覚変更説）の中核は、逆さメガネによって見える位置に身体の位置感覚が変更していくことが、知覚順応の本質という仮説です。

逆さメガネを着用すると……

逆さメガネを着用した場合、個人差がありますが、とても気分が悪くなるようです。そのため、実験器具として販売されている逆さメガネは低年齢の子どもの着用は推奨されていません。

29 人の認知の機序および その障害

認知とは、物事を「認識する」「理解する」「判断する」等の高度な知的活動のことを指します。この節では、人の認知の機序とその障害について説明します。具体的には、注意と記憶がキーワードになります。

◎ 注意

必要なものに意識を向けたり、重要なものに意識を集中させたりすることを [注意] といいます。注意は様々な認知機能の基盤になります。

● 注意の分類

注意の特性については、これまで様々な研究が行われてきましたが、一般的には [全般性注意] と [方向性注意] に分けられます。さらに、全般性注意は「選択」「持続」「分配」「転換」といった 4 つの要素に分けられます。

● 全般性注意の分類

選択的注意	多くの情報の中から、今必要な情報だけを選ぶ
持続的注意	注意力や集中力を持続させて 1 つのことを続ける
分配性注意	いくつかのことに同時に注意を向けながら行動する
転換性注意	1 つのことに注意を向けているときに、他の別のことに気づいて注意を切り替える

この全般性注意について、日常生活で考えてみましょう。次のような光景をイメージしてみてください。

> あなたは、満員電車の中で、同僚と会話をしながら通勤中です。
> 途中で友人らしき人が乗ってくるのが見えました。
> 電車の中は、車内アナウンスやそれぞれ会話を楽しむ人で騒々しい状況です。

この場合、選択的注意とは、周囲の雑音や騒音に邪魔されることなく同僚の話す声に注意を向けることをいいます。次に、持続的注意とは、騒がしい状況の中で同僚と

の会話に注意を向け続けることができる特性です。そして、分配性注意とは、同僚と話をしながら別のこと（例えば、スマホのチェックなど）ができる特性のことをいいます。最後に、転換性注意とは、電車に乗ってきた友人に名前を呼ばれていることに気がついて注意をそちらへ切り替えるといった注意の特性を指します。

> 騒がしい状況の中で選択的注意の対象となった情報（この場合は同僚との会話）を脳が優先的に処理することを［カクテルパーティー効果］といいます。

ひとこと

注意の障害

病気や交通事故等によって注意障害が生じることがあります。**注意障害**とは、必要なものに意識を向けたり、重要なものに意識を集中させたりすることが上手にできなくなった状態です。前述した通り、注意は大きく**全般性注意**と**方向性注意**に分けることができます。この全般性注意の障害を［全般性注意障害］、方向性注意の障害を［半側空間無視］といいます。

全般性注意障害	全ての空間に対して不注意が生じるもので、注意障害といわれる場合、多くはこの全般性注意障害のことを指す。注意の容量そのものが低下することもあれば、選択性、持続性、分配性、転換性といったそれぞれの要素が障害されることもある
半側空間無視	特定の方向に対して不注意が生じる。右半球損傷に伴う左半側空間無視がその代表的な例である。左半側空間無視では、左の空間という特定の方向へのみ注意を向けることができない

記憶

私たちは過去の経験の効果を保持することによって学習することができます。このような保持に関わる過程を［記憶］といいます。

記憶の過程

記憶は、「記銘（符号化）→保持（貯蔵）→想起（検索）」の過程からなり、全ての過程で成功して、はじめて記憶が成立します。「最近、記憶力が落ちた。物忘れが激しい」といった言葉を耳にすることがありますが、「忘れた」ではなく、そもそもはじめから記銘できていない可能性もあります。あるいは、記銘はされたにもかかわらずう

まく保持ができなかった、想起に失敗したということも考えられます。つまり、記憶を成立させるためには、記銘・保持・想起全ての段階で工夫が必要です。

例えば、記銘の段階では**記銘方略**を用いることで符号化を促進させることができます。保持の段階では、[リハーサル] が記憶の忘却を防ぐことに役立ちます。リハーサルとは、何度も反復することです。

想起段階では、保持されたものの中から必要な情報を取り出します。仮に情報の検索に失敗したからといって、記銘・保持がなされていないわけではないということに注意しなければなりません。

記憶の測定方法には再生法や再認法がありますが、再生できなくても再認はできることがあります。この場合、想起に失敗しただけで記憶はしっかりと保持されていたということになります。とはいえ、何もしないと忘れていきます。

> 短期記憶を保持するリハーサルを**維持リハーサル**、長期記憶に転送するリハーサルを**精緻化リハーサル**といいます。

ひとこと

● エビングハウスの忘却曲線

Ebbinghaus, H. は、時間の経過とともに人の記憶がどのように変化していくかを曲線で示しました。これは [エビングハウスの忘却曲線] として知られています。忘却曲線では、経過時間ごとの [節約率] が表されています。

節約率とは、一度記憶した内容を再び完全に記憶し直すまでに必要な時間 (または回数) をどれくらい節約できたかを示す割合です。式で表すと「節約率＝節約された時間または回数÷最初に要した時間または回数」となります。

Ebbinghaus の研究からは、一度覚えた内容を再び記憶し直すまでに必要な時間や回数は時間経過とともに増える、つまり節約率が低くなることがわかりました。

● 記憶の分類

記憶の分類は、保持時間や内容など何に基づいて行うかによって異なります。記憶の保持時間に基づく分類では、[感覚記憶]、[短期記憶]、[長期記憶] に分類されます。

感覚記憶	目、鼻、耳などの感覚器官に刺激が入力されたときに一瞬だけ保持される記憶
短期記憶	一次記憶。感覚器官に刺激が入力された後、数秒から数十秒間だけ保持される記憶。**即時記憶**と呼ぶこともある
長期記憶	二次記憶。数分から数年にわたる記憶。**近似記憶**と**遠隔記憶**が含まれる

　記憶の分類方法は研究者によって異なりますが、長期記憶は大きく、陳述記憶（宣言的記憶）と非陳述記憶（非宣言的記憶）に分けられます。[陳述記憶（宣言的記憶）]は言葉で説明ができる記憶のことで、[非陳述記憶（非宣言的記憶）]は言葉で説明ができない記憶のことです。

　陳述記憶は**想起時**に**意識**を必要とする記憶という意味で [顕在記憶]、非陳述記憶は意識を必要としないので [潜在記憶] ともいわれます。さらに、陳述記憶は [エピソード記憶] と [意味記憶] に分類され、非陳述記憶は [手続き記憶]、[プライミング]、[レスポンデント条件づけ]、[非連合学習] などに分類されます。

● 記憶の分類

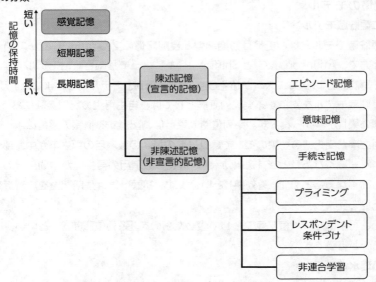

● 記憶の特徴

陳述	エピソード記憶	● 個人が経験してきたエピソードに関する記憶 ● **時間的文脈**（「いつ」体験した出来事か）と**空間的文脈**（「どこで」体験した出来事か）を伴うのが特徴 ● 加齢の影響を受ける
	意味記憶	● **一般的な知識**としての事実や概念に関する記憶 ● 反復（リハーサル）によって記憶が定着する ● 加齢の影響を受けにくい

非陳述	手続き記憶	● **運動技能**や**習慣等**に関する記憶 ● 自転車の乗り方やピアノの弾き方などがこれにあたる ● 加齢の影響を受けにくい
	プライミング	先行する刺激（先入観）が後続する刺激に影響する現象。**無意識の記憶**
	レスポンデント条件づけ	**無条件刺激**に**中性刺激**を対呈示することにより**条件反応**を形成し、**中性刺激**が**無条件反応**を誘発する刺激になる手続き
	非連合学習	● 単一の刺激を連続して呈示されることによる行動変化 ● **慣れ**と**感作**（鋭敏化）に分けられる

● 記憶のモデル

<二重貯蔵モデル>

二重貯蔵モデルとは、記憶は**短期記憶**と**長期記憶**の2つから成り立っているという考え方で、Atkinson, R.C. と Shiffrin, R.M. によって提唱されたモデルです。その後、[感覚記憶] のメカニズムが加えられ、[多重貯蔵] モデルとなりました。

二重貯蔵モデルを支持する実験的証拠としては、自由再生の記憶実験における [系列位置効果] が挙げられます。系列位置効果とは、記憶する情報の順番によって、記憶の**再生率**が変化する効果のことで、リストの最初の数項目の再生率が中間部分の再生率よりも高くなることを [初頭効果]、最後の数項目の再生率が中間部分の再生率よりも高くなることを [新近効果] といいます。初頭効果は長期記憶を、新近効果は短期記憶を反映しています。

また、再生率を折れ線グラフとして表したものを [系列位置曲線] といい、**U 字型**になるのが特徴です。

<処理水準モデル>

処理水準モデルとは、記憶の持続性はその記憶刺激の**処理の水準**に依存し、処理の深い刺激は処理の浅い刺激よりも記憶されるという考え方で、Craik, F.I.M. と Lockhart, R.D. によって提唱されたモデルです。記憶の処理には、①**物理的処理**、②**音響的処理**、③**意味的処理**の3つのレベルがあり、処理が深ければ深いほど記憶に残るとされています。

<ワーキングメモリモデル>

ワーキングメモリモデルとは、認知的課題の遂行中に情報を一時的に保持し操作するためのシステムで、Baddeley, A.D. & Hitch, G. によって提唱されたモデルです。[ワーキングメモリ] は、**作動記憶**や作業記憶とも呼ばれ、情報を一時的に保持しつつ、同時に処理する能力のことを指します。

初期の Baddeley らのワーキングメモリモデルでは、ワーキングメモリは、[音韻ループ]、[視空間スケッチパッド]、[中央実行系] の 3 つのコンポーネントから構成されるシステムとしてとらえられていましたが、その後、このモデルに [エピソード・バッファ] を付け加えた新しいモデルが提案されました。

ワーキングメモリの容量は**個人差**が大きいとされています。また、ワーキングメモリは**前頭前野**との関わりが深く、加齢により衰えやすい機能の 1 つです。高齢者を対象とした様々な研究により、運動機能や認知機能の低下との関連も指摘されています。

● **Baddeley によるワーキングメモリモデル**

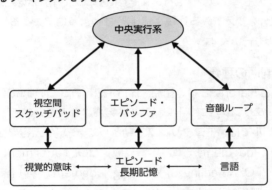

中央実行系	注意の制御を行う
音韻ループ	音韻形態の情報の維持と貯蔵を行う。言語性ワーキングメモリに対応
視空間スケッチパッド	視空間情報の維持と貯蔵を行う。視覚性ワーキングメモリに対応
エピソード・バッファ	主に音韻ループと視空間スケッチパッドの調整を行う

プラス+1

言語性ワーキングメモリの容量を調べる方法
言語性ワーキングメモリの容量については、**リーディングスパンテスト**（reading span test：RST）や**リスニングスパンテスト**（listening span test：LST）によって測定することができる。

⬤ メタ記憶

　メタ記憶とは、自己の記憶についての評価と知識、および記憶方略や記憶状態の モニタリング、実行のコントロールなどを包括した概念です。1970年代にFlavell, J.H.によってメタ認知の下位概念として提唱されました。

　メタ記憶は、**宣言的メタ記憶**と**手続き的メタ記憶**に分けることができます。

宣言的メタ記憶	個人の記憶に関する知識や認知のことを指す
手続き的メタ記憶	モニタリングやコントロール等の機能を指す

　私たちは、記憶のモニタリングを行い、それに基づいて「別の覚え方を試してみる」 「覚える時間の配分を変えてみる」「思い出しやすいように工夫する」というような記 憶のコントロールを行います。

⬤ メタ記憶の判断の種類

　Nelson, T.O.とNarens, L.は、記銘・保持・想起の3つの記憶過程において生成 される記憶のモニタリングとコントロールの内容および実施のタイミングをまとめて います。このモデルでは、モニタリング活動として、①［学習容易性判断］（EOL： Ease of learning judgment）、②［学習判断］（JOL：Judgment of learning）、 ③［既知感判断］（FOK：Feeling of knowing judgment）、④［確信度判断］とい う4つのメタ記憶判断が示されています。このほかに、**ソースモニタリング判断**や **Remember-Know判断**もメタ記憶のモニタリング機能の指標として扱われることが あります。また、既知感判断に似たものとして、「喉まで出かかっているけど出てこ ない状態」＝**TOT**（tip of the tongue）があります。

⬤ 判断の種類

種類	記憶過程の段階 （いつ行われるか）	判断の内容
学習容易性判断 （EOL）	記銘前	呈示される各項目について学習のしやすさ（覚え やすさ）を推定する
学習判断 （JOL）	記銘中・記銘後	後に行われるテストで想起可能かどうかを推定 する
既知感判断 （FOK）	想起時	学習済の再生できない項目について、その項目 が再認できる可能性を推定する
確信度判断	想起時	想起した答えがどれくらい正しいと思うかを推 定する

モニタリングの指標

　モニタリングの正確さを表す指標には相対的正確度や絶対的正確度があります。相対的正確度は、項目の難易度の違いを弁別できているかどうかに依存する指標で、γ係数がよく用いられ、絶対的正確度は、予測の正答率と実際の正答率の一致の程度を示す指標でキャリブレーション曲線によって結果を表すことができます。

　なお、学習容易性判断と既知感判断は、記憶成績をそれほど正確に予測しないといわれています。学習判断については、学習容易性判断よりは正確であると考えられていますが、記憶成績を完全に予測することはできません。

記憶の障害

　記憶障害とは、事故や病気の前に経験したことが思い出せなくなったり、新しい経験や情報を覚えられなくなったりした状態のことです。事故や病気の前に経験したことが思い出せなくなることを［逆向性健忘］、新しい経験や情報を覚えられなくなることを［前向性健忘］といいます。

　脳損傷による逆向健忘の場合、一般的にはより**最近の記憶**（発症時点に近い出来事）ほど想起しにくく、より**古い記憶**（発症時点から遠い出来事）ほど想起しやすいと考えられています。このことを［時間勾配］といいます。ただし、時間勾配は必ずみられるというわけではありません。記憶障害はどの枠組みでとらえるかによって様々な種類があります。

● **時間軸からみた記憶の分類と記憶障害**

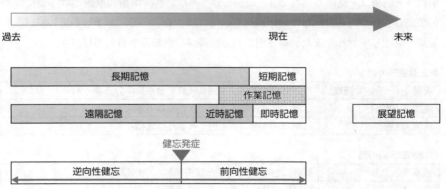

30 人の思考の機序およびその障害

思考とは、人の認知機能の１つです。この節では、人の思考の機序とその障害について説明します。具体的には推論や問題解決、意思決定などがキーワードになります。

推論

すでにある利用可能な情報から結論や新しい情報を導く思考過程を［推論］といいます。推論には**論理的推論**や**語用論的推論**がありますが、論理的推論は、大きく［演繹的推論］と［帰納的推論］に分けられます。

論理的推論

論理的推論は、大きく演繹的推論と帰納的推論に分けられますが、これに**アブダクション**（仮説形成）を加えることもあります。演繹的推論とは、一般的な前提から個別の結果を推論することで、常に論理的に正しい結論を導きます。代表的な方法に、**前提１・前提２・結論**からなる［三段論法］があります。**帰納的推論**とは、いくつかの事実から類似点を見出し、類似点をもとに推論することで、必ずしも正しい結論を導くとは限りません。また、導き出される結論は複数ある場合もあります。

● 三段論法の例

前提１（一般的な前提）	AはBである	例：試験で合格基準の８割とれると合格する
前提２（事実）	CはAである	例：Aさんは８割とれた
結論（結論）	CはBである	例：Aさんは合格する

● 帰納的推論の例

事実１	試験に合格したAさんは１年前から勉強していた
事実２	試験に合格したBさんは１年前から勉強していた
事実３	試験に合格したCさんは１年前から勉強していた

↓

結論	試験に合格した人は１年前から勉強している

● 語用論的推論

　直接言葉としては表現されていない部分も含めて、考えながら結論を出すことを**語用論的推論**といいます。語用論については様々な研究が行われていますが、語用論の障害は心の理論の障害や実行機能の障害が背景にあるという報告もあります。例えば、皮肉のような間接的な言語行為の理解が苦手だったりします。

◎ 問題解決

　認知機能の発達に伴い、[問題解決] の能力が備わっていきます。問題解決の方略としては [試行錯誤学習] によるものと [洞察学習] によるものが有名です。

● 試行錯誤学習

　試行錯誤学習とは、試行の積み重ねによって問題の解決に至る学習過程のことをいいます。Thorndike, E.L. がネコの問題箱の実験により提唱したものです。Thorndike は、空腹のネコを様々な仕掛けが施された箱へ入れ、ネコが脱出するまでの過程を調べました。その結果、はじめは脱出するまでに時間がかかりましたが、試行を重ねるごとに失敗が少なく、脱出につながる正しい反応だけが確実に生じるようになりました。これは、ネコにとって快をもたらす反応である脱出はその反応を引き起こした刺激（踏板をふみ、紐に触れるなど）との間で連合が強められたからと考えられます。これを [効果の法則] といいます。

● 洞察学習

　洞察学習とは、深い洞察と全体的な状況の理解によって、突然問題の解決に至る学習過程のことをいいます。Köhler, W. がチンパンジーの実験により提唱したものです。Köhler は、チンパンジーを部屋に入れ、手の届かないところに吊り下げられたバナナをどのようにしてとるのかを観察しました。チンパンジーは試行錯誤的に行動するのではなく、しばらく考え、突然ひらめいたように部屋の片隅にあった空き箱を積み上げてバナナを手に入れました。長い竿を使ってバナナを落としたチンパンジーもいたようです。

◎ 意思決定

　意思決定は、複数の選択肢の中から1つを選ぶことです。それには選択肢の間で順序を決める必要があります。集団による意思決定は、個人が独立して行う場合に比べてリスキーな選択をしてしまう傾向にあり、これを [リスキー・シフト] といいます。

生得的行動

31

動物全般の行動には、習得的な比重の大きい学習による行動に加えて、遺伝的に組み込まれた、反射などの生まれながらにして備わっている行動（生得的行動）があります。

◉ 生得的解発機構

動物行動学者の Tinbergen, N. は、トゲウオ科の淡水魚であるイトヨの攻撃・闘争行動や求愛行動について研究を行いました。

繁殖期になると、イトヨのオスは腹部が赤く色づき、なわばりを作り、近づいてくる他のオスを攻撃します。Tinbergen は、イトヨのオスがなわばりに近づく他個体の性別をどのように見分けているのか、模型を使って検討しました。その結果、イトヨの攻撃行動を引き起こしている刺激は、形や大きさではなく腹部の赤さのみであることがわかりました。

また、繁殖期のイトヨのオスは、卵を抱えて腹部が大きくなったメスが近づいてくると、その腹部に触発されてダンスを踊ります。それを受けてメスは応答し、さらにオスが次の反応を起こします。このようにイトヨは、オスとメスの相互行動が刺激と反応の連鎖を生み、メスを巣へと誘導し、受精に至ります。

上記の攻撃行動や求愛行動は、イトヨに生得的に組み込まれている本能です。特定の刺激に対して特定の行動を引き起こすメカニズムは、[生得的解発機構（innate releasing mechanism：IRM）]と呼ばれています。

ヒトを含めた動物は、様々な経験を通じて行動を変容させ、多様な行動を新たに獲得していきます。このように**経験によって生じる比較的長期にわたる行動の変化を学習といいます**。原始的な生物においても学習が可能であることが知られています。

ひとこと

刻印づけ

　出生後間もない時期の経験が、その後の行動に何らかの影響をおよぼすことを［初期学習（early learning）］といいます。

　Lorenz, K.Z. は、アヒルや、カモなど鳥類の雛が、生後初めて見た動く対象に対して、その後を追いかける行動を示し、それが半永久的に続くことを報告しました。これは［刻印づけ（imprinting）］ないし**刷り込み**と呼ばれており、初期学習の１つです。

　このような現象は、ある一定の期間における経験によって生じ、特定の期間を過ぎてしまうと成立しません。こうした初期学習が可能な時期のことを［臨界期］と呼びます。刻印づけは、外部から報酬によって強化される必要がない行動です。また、Lorenz によれば、刻印づけは不可逆性があり、一度生じるようになるとそれを取り消すことが難しいと述べています。

　ただし近年、実際には、ある程度の修正が効くことが指摘されています。特に、ヒトのような哺乳類の初期学習が起こる時期は、動物の臨界期ほど厳密なものでなく、わりと緩やかで可逆的なものであるため、［敏感期］と呼ばれることもあります。

報酬（reward）

動物のある行為・行動に対して、環境に生じる何らかの変化、もしくは環境側から与えられるものを報酬という。例えば、食べ物、水、温かさや接触などがある。報酬により、動物は環境の変化を求めるように反応するようになる。

Skinner の弟子には、様々な動物に芸を教え、学習させることによって生計を立てていた者がいました。その代表ともいえる Breland 夫妻は、アライグマにコインを貯金箱にしまう芸を仕込ませようと訓練を行いました。ある程度のところまではうまくいきましたが、２枚のコインを擦り合わせて洗うようなアライグマに固有なしぐさ（生得的行動）が強く現れたため、結局芸の習得に失敗したことが報告されています。

第8章　学習及び言語

レスポンデント（古典的）条件づけ

32

一般的には、学習という言葉は、学校の授業に出たり、漢字を覚えたりといった新しい内容を学ぶことを指すと考えられていますが、心理学においては、ヒトに限らず動物をも含めた対象について、「経験によって生じる、比較的永続的な行動の変化」と広い意味で学習をとらえます。また、学習性の行動の制御機構を解明する領域のことを学習心理学といいます。誕生後、子どもから大人まで多くの行動が学習に基づいていることが、様々な研究から明らかになってきています。学習のパラダイムとして有名なものは、レスポンデント（古典的）条件づけとオペラント（道具的）条件づけがあります。

◉ Pavlov のレスポンデント条件づけの概要と仕組み

1900 年代初頭、ロシアの生理学者 Pavlov, I.P. と弟子は、消化腺の研究の過程で、イヌにメトロノーム音を聞かせて、食べ物を提示することを繰り返すと、食べ物を伴わなくても音が提示されるだけでイヌの唾液が分泌されることを見つけました。これは、これまでにみられなかった刺激に対する新たな行動の変化であるため、学習であると考えられます。

イヌに食べ物を与えると、イヌは生得的な行動によって唾液を分泌します。このとき口中の食べ物を［無条件刺激（unconditioned stimulus：US）］、唾液分泌を［無条件反応（unconditioned response：UR）］と呼びます。メトロノームの音刺激は、無条件反射として定位反射（orienting reflex：OR）を誘発しますが、それ自体は、中性刺激です。中性刺激と無条件刺激の同時提示の反復を経験することによって、中性刺激のメトロノームの音刺激に対しても唾液分泌が生じるようになります。このとき、メトロノーム音を［条件刺激（conditioned stimulus：CS）］、それにより誘発された唾液分泌を［条件反応（conditioned response：CR）］と呼びます。このように条件刺激と無条件刺激とを対提示する操作により、条件刺激が新たな反応を形成することを**古典的条件づけ（classical conditioning）**もしくは**レスポンデント条件づけ（respondent conditioning）**といいます。

● レスポンデント条件づけに関連する用語

無条件反応（UR）・無条件反射	ある特定の刺激を受けて反射的に生じる体の一部の決まった運動
無条件刺激（US）	無条件反応に先行し、反射を誘発する特定の刺激
定位反射・「おや何だ」反射（OR）	突然、これまでになかったような刺激が与えられたときに、動物が素早く目や頭などをその刺激のもととなる方向に向けること
中性刺激	先に提示しても、同時に提示しても、後に提示しても、行動を変化させることのないような刺激、つまり無条件反応を起こさない刺激

プラス+1

刺激置換説

Pavlov は、条件刺激（CS）と無条件刺激（US）を繰り返し対にして提示（対提示）することにより、条件刺激（CS）に関わる脳の領域と無条件刺激（US）の脳の領域に新たな結び付きが生まれると考えた。この連合により条件刺激（CS）が無条件刺激（US）の脳の領域に興奮を生じさせ、無条件反応（UR）の脳の領域に活性が及び、条件刺激（CS）を提示するだけで条件反応（CR）として喚起するようになると考えた。このことは、無条件刺激（US）の機能を条件刺激（CS）が代行していると考えられることから、刺激置換説と呼ばれている。

◉ 強化と消去、自発的回復

　レスポンデント条件づけにおいて、無条件刺激（US）と条件刺激（CS）を対提示する手続きを**強化**と呼びます。また、レスポンデント条件づけ形成後、無条件刺激（US）を提示せずに条件刺激（CS）だけを繰り返し提示すると、条件反応（CR）が少なくなっていき、その後、消えてしまいます。この手続きを**消去**と呼びます。

　消去後、一定の時間をおいて再び条件刺激（CS）を提示すると、条件反応（CR）が復活します。これを**自発的回復**といいます。

◉ 条件刺激（CS）と無条件刺激（US）の対提示の時間的関係

　レスポンデント条件づけの対提示の操作において、条件刺激（CS）と無条件刺激（US）の条件づけがどのような時間的関係で実施されるのかという手続きには、様々なバリエーションがあります。

● 対提示手続きについての様々な分類

同時条件づけ	条件刺激（CS）と無条件刺激（US）が同時に提示される手続き
延滞条件づけ （遅延条件づけ）	条件刺激（CS）を提示開始した後に遅れて無条件刺激（US）を提示し、一部条件刺激（CS）と無条件刺激（US）が重なって同時に提示される部分もある手続き　※CSの開始から5秒以上遅れてUSが開始される
痕跡条件づけ	条件刺激（CS）の提示が終わった後、間隔をあけてから無条件刺激（US）を提示する手続き
逆行条件づけ	無条件刺激（US）が提示された後、条件刺激（CS）を提示する（順序を逆にした）手続き
時間条件づけ	無条件刺激（US）だけを条件刺激（CS）なしで、一定の間隔をあけて規則的に提示し続けると、無条件刺激（US）が提示される時が近くなると条件反応（CR）が生じるようになる

● 条件刺激（CS）と無条件刺激（US）の様々な手続き

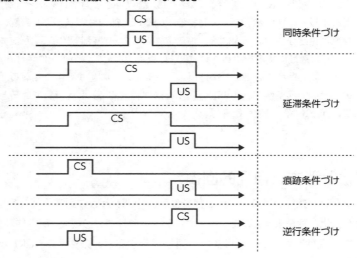

　条件づけの形成は、同時もしくは条件刺激（CS）と無条件刺激（US）が時間的に接近して提示する（遅れの短い）延滞（遅延）条件づけが、条件反応（CR）の形成に最適であるといわれています。その一方で、逆行条件づけでは、条件づけが成立しにくく、痕跡条件づけでも、時間の間隔が長くなればなるほど条件反応（CR）の獲得が難しくなります。このように、レスポンデント条件づけにおいて、条件刺激（CS）と無条件刺激（US）の時間の間隔が短く接近していればいるほど、条件づけの効率がよくなります。このことを［接近の法則］といいます。

◉ 般化勾配と分化

　レスポンデント条件づけにおいて、訓練の際に用いられた条件刺激と類似した刺激に対して、その類似度によって一定の条件反応（CR）がみられます。これは**般化**、または**刺激般化**という現象です。例えば、あるメトロノームの拍数で訓練した場合には、もともと訓練に用いていた条件刺激（CS）の拍数で最大の反応となり、拍数の類似度が低くなればなるほど、反応が弱く、生じにくくなっていきます。この現象を**般化勾配**と呼び、記録から得られた結果を作図すると傾斜のある釣り鐘状の線が描かれます。

　2種類の刺激を用いて、ある刺激には無条件刺激（US）と対提示し、別の刺激に対しては無条件刺激（US）が対提示されない手続きを繰り返すと、前者の刺激に対してのみ条件反応（CR）が学習されます。これは**分化条件づけ**といいます。

● 般化勾配の一般的なパターン

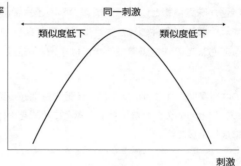

◉ 高次条件づけ

　生得的な行動を生じる無条件刺激（US）と条件刺激（CS）とを対提示して形成される通常の条件づけを**一次条件づけ**といいます。この一次条件づけが成立した後、それをもとにして、条件刺激（CS）と新たな条件刺激（CS'）を対提示することで、第2の条件づけを行うと、一度も無条件刺激（US）と新たな条件刺激（CS'）が対提示されない場合にも、新たな条件刺激（CS'）に対して、一次条件づけの際の条件反応（CR）が条件づけられます。これを**二次条件づけ**といいます。このように、元の条件づけを使って別の新たな条件刺激（CS）を無条件刺激（US）の代わりに用いて、元の条件反応（CR）を成立させることを**高次条件づけ**といいます。

嫌悪条件づけ

電撃、強い音、薬物などの嫌悪刺激を用いた一連の条件づけの手法によって、反応の生起頻度を低減させたり、特定の対象に対して不快感を形成させたりする操作、およびその過程を**嫌悪条件づけ**といいます。

味覚嫌悪条件づけ

食べ物や飲み物を摂取した後、腹痛や嘔吐を経験すると、それらを嫌悪する現象があります。例えば、生ものを食べて食あたりになって、その後ずっとその食べ物を食べられなくなった人も多いでしょう。これは［嫌悪学習］または、発見者の名前をとって［ガルシア効果］と呼ばれています。Garcia, J. らは、ラットにこれまで味わったことのない味の溶液（CS）を飲ませた後、胃や腸の不快感や嘔吐を喚起するような薬物（US）の投与やX線照射を行いました。その後、溶液（CS）を提示しても摂取しなくなりました。この学習は、数回の対提示のみで成立する点に特徴があります。また、彼らは、この学習が味覚情報と内臓感覚情報の脳内連合学習の結果生じることを明らかにしています。一般的に条件づけが生じにくい痕跡条件づけや、間隔が長期の遅延条件づけであっても、この味覚嫌悪条件づけは学習が成立します。

> Garcia, J. の味覚嫌悪条件づけの報告は、接近の法則がレスポンデント条件づけにとって欠かせないという考えに疑問を投げかけるきっかけになりました。

ひとこと

Watson の恐怖条件づけ

Watson, J.B. は、意識の構成要素を内観に頼って主観的方法に基づいて研究する構成主義を否定し、外部観察によって客観的に記述することが可能な物的刺激と、筋肉の動きや腺の分泌といった体の反応の間の連合によって生活体の行動を説明することを目指しました。Watson の理論は、刺激と反応のみに焦点を当て、その間の内的過程を想定しない立場に立っており批判も多くありました。

Watson と Rayner, R. は、ネズミを怖がらない9か月のアルバートという幼児に、レスポンデント手続きを用いて恐怖反応を条件づけました。この**恐怖条件づけ**の実験では、アルバートに、中性刺激である白ネズミと恐怖刺激である強い音を対提示したところ、それまで恐怖反応を示さなかった白ネズミに恐怖反応を示すようになりまし

た。この実験の恐怖反応は、白ネズミを条件刺激（CS）、強い音を無条件刺激（US）として条件づけられたものです。そして、この恐怖反応は、白ネズミだけでなく、それに類似した白くて毛のあるもの、例えば、ウサギ、サンタクロースのお面などに対しても［般化（generalization）］したのです。この研究結果は、恐怖症など特定のものへの病的恐怖のメカニズムの理解や介入等、臨床現場にも応用されています。

恐怖症は、恐怖条件づけによる般化と考えることができることから、恐怖条件づけは特定のものへの病的恐怖のメカニズムの説明や治療において臨床上応用されています。

ひとこと

馴化と脱馴化

　我々ヒトを含めた多くの動物は、突然大きな音が聞こえた場合、それに驚いてそのとき行っていた行動を途中で止めて、音の聞こえたほうに顔を向けます。これは驚愕反応と呼ばれています。次に、先ほどと同様の音が短期間のうちに頻繁に繰り返し聞こえるようになると、次第に驚くことが減って慣れていき、最終的には反応を示さなくなります。このように、同一刺激が反復して提示されることで、最初みられた生得的な反応が減弱する現象を**馴化**といいます。また馴化が生じた後、異なった大きな音など別の刺激を提示することにより、馴化により消えていた驚愕反応が回復する現象を、**脱馴化**といいます。

生理学者であった Pavlov は、条件反射の研究を行うことによって、大脳の働きを解明することを目指していたといわれています。Pavlov のレスポンデント条件づけの理論をアメリカに伝えたのは、Watson だといわれています。

ひとこと

オペラント条件づけ

オペラントという用語は、Skinner が operate（働きかける、操作する、作用する）という語をもとにして作り出した造語です。オペラント条件づけは、彼の創始した行動分析学の中心的な概念となっています。用語そのものは難しいと感じられるかもしれませんが、動物に芸を教える過程はオペラント条件づけによるものであり、我々にとっても身近なものです。また、臨床現場において、行動の理解と修正を行う際に非常に役に立ちます。

◎ 効果の法則

Thorndike, E.L. は、動物を対象とする学習の実験を始めた人物です。Thorndike は、ある刺激（S）を与えれば、生活体はどういった反応（R）を生じるのかという「行動を予測すること」に関心を持ち、オペラント条件づけの基盤となる先駆的研究を行いました。

彼は、[問題箱 (puzzle box)] という装置を考案して実験を行いました。この箱には、ペダルが設置されており、これを踏むと扉が開く仕掛けがしてあります。この箱の中に、お腹を空かせた 1 匹のネコを入れると、はじめのうち、ネコは箱の中でいろいろな行動を示しますが、偶然、ペダルを踏み、扉が開き、脱出してエサを食べることができます。これを反復することで、ネコは脱出にかかる時間が短くなっていきます。

この実験から、Thorndike は、[試行錯誤] によって、事態と反応との結合が生じ、反応が環境に何らかの効果を持つことによって学習が成立すると考えました。つまり、生体にとって満足をもたらすような結果はそのもととなった行動とその刺激場面（環境や状況）との結合が強められることで、生じやすくなり、不満足をもたらす行動は、刺激場面との結合が弱められることで、起こりにくくなるという**効果の法則 (law of effect)** を導きました。

◉ Watson から Skinner

新行動主義は、Watson の立場を批判し、操作的に定義された仮説構成概念としての媒介変数を認めました。一方で、1930 年代、アメリカの心理学者 **Skinner,**

B.F. は、媒介変数の使用を認めず、外から目に見える行動だけでなく、他者から観察できないような（皮膚の下にある）認知も行動としてとらえる**徹底的行動主義 (radical behaviorism)** の哲学を基盤として、[行動分析学 (behavior analysis)] を創始しました。Skinner の行動分析学は、行動を統制すること、行動の原因を明らかにすることに関心を持つことが特徴です。行動分析学は、行動の実験科学であり、白ネズミやハトなど動物を対象とした実験室内の基礎的な研究である[実験的行動分析]、日常生活の中や社会における応用実践研究である[応用行動分析 (Applied Behavior Analysis：ABA)] に分けられます。

◉ 三項随伴性とオペラント条件づけ

　Skinner は、行動を大きくレスポンデント行動とオペラント行動の 2 つに分けました。レスポンデント行動とは、ある刺激により引き出されるようにして現れる反応であり、オペラント行動は、その反応に随伴する結果により、その後の反応の強度や持続時間、生じやすさが変化するものです。

　オペラント行動（以下、行動）において、将来の行動の生じる頻度が、その行動の結果によって、それ以降も同様に行動が繰り返され、さらに頻度や程度が増えることを[強化]といいます。その反対に、行動の結果により、ある行動の将来生じる頻度が、その行動の結果によって、回数や程度が減ることを[弱化]といいます。そして、行動の結果としてそれが現れることにより、行動を強化する環境の変化（刺激）を[好子]、[強化子]といいます。また、行動が生じる頻度を減らすような刺激を[嫌子]、[罰子]または[弱化子]といいます。

　行動を分析する際、先行して現れる手がかりである**先行刺激（弁別刺激）、行動（反応）**、行動の直前から直後にかけての状況の変化である**結果**の 3 要素の関連性のことを[三項随伴性]といいます。この三項随伴性は、行動の重要な分析単位となっており、この関係性について分析することを先行刺激 (Antecedents)、行動 (Behavior)、結果 (Consequences) それぞれの頭文字をとって **ABC 分析** と呼びます。

　Skinner は、弁別刺激のもとで個体が行動（反応）を自発し、それに随伴して強化子が与えられることにより、行動変容や新たな行動獲得が生じる過程を**オペラント条件づけ (operant conditioning)** と呼びました。

◎ Skinner の行動分析学

行動分析学は、オペラント条件づけに基づき、実験によって行動の原因を明らかにする（分析する）学問です。ここでいう実験とは、現在の状態に対して、何らかの新たな条件（変数）を変化させ、対象の行動の変化を調べることです。Skinner はこの枠組みに基づく科学を**実験的行動分析**と呼びました。このような行動の法則を見出す科学という側面に加え、行動の問題を改善しようという実践的な側面もあり、これを［応用行動分析学］と呼びます。

Skinner の行動分析学では、従来刺激に誘発される行動に関する学習である古典的条件づけのことを［レスポンデント条件づけ (respondent conditioning)］と呼び、一方、生活体が自発する随意的行動に関する学習を［オペラント条件づけ (operant conditioning)］と呼びます。オペラント条件づけは、**道具的条件づけ**ともいわれています。

行動の変化の原因になるものを、Hull や Tolman は生活体（動物）の内部に仮定していますが、Skinner は徹底して環境の中にのみ求めている点が異なっています。Skinner のこの立場は徹底的行動主義と呼ばれています。Skinner は著書の中で、人間が自由意思を持つと考えることは幻想であると否定しています。なお、Skinner は、罰による行動のコントロールを嫌いました。

ひとこと

◉ 行動随伴性

医学では、症状が現れる原因を体の中に求め、診断名をつけます。このモデルは医学上の診断や治療には役立つものです。一方、個人と環境の相互作用を重視する行動分析学では医学モデルとは異なったモデルを用います。例えば「あの人は攻撃性が高いので、暴力をふるったのだ」という説明は、行動の原因を示しているように感じま

すが、攻撃性という用語は、行動に対して貼られたラベル、行動そのものの言い換えにすぎません。したがって、行動を説明する原因にはなり得ないのです。行動分析学では、行動と直前および直後の状況の変化（環境にもたらす効果）の関係、つまり、**(行動)随伴性**を行動の原因を理解する際の枠組みとして重視しています。

⊛ 刺激性制御

　行動は、結果のみに規定されているのではなく、その言い方や動作などの行動の形式については、時間帯や目の前にいる人といった行動に先行している条件や刺激（先行刺激）が影響を与えています。このことを**刺激性制御**といいます。先行刺激によっては、強化されることもありますが、弱化されたり、消去されたりすることもあります。

　例えば、2つの刺激について、一方の刺激は強化、他方の刺激は消去という訓練を繰り返すと、刺激による刺激性制御が成立します。このように、条件づけによって報酬がもらえる刺激（正刺激）と報酬がもらえない刺激（負刺激）の2つの刺激事態を区別して、異なる反応を行うように学習することを**弁別学習**といいます。この学習によって、正刺激には反応し、負刺激には反応しないか別の反応をするように刺激を区別して反応することを［弁別］といいます。

　一方、ある刺激においてある反応を行うように条件づけすると、もともと強化された刺激だけでなく、その刺激に似ている刺激でも反応が生じるようになります。この現象を［般化］といいます。また、ある特定の刺激にのみ反応が生じることを［分化］といいます。

⊛ 強化と弱化の4種類の随伴性

　好子は必ずしも好ましいものであるというわけではないですが、水や食物などの「報酬」が用いられることが多いです。一方、嫌子は、必ずしも嫌いなものであるというわけではないですが、電撃などの嫌悪刺激が用いられることが多くあります。

　これをまとめると、強化の随伴性は、好子出現の強化、嫌子消失の強化の2種類、弱化の随伴性は、嫌子出現の弱化、好子消失の弱化の2種類となり、基本的な行動随伴性は4種類存在します。実際には、1つの行動に対する行動随伴性は、1つだけとは限らず、複数の随伴性が働いている場合が多いです。これらの強化や弱化の随伴性の原理は、Skinnerによって、はじめは白ネズミやハトで見出された後、他の動物でも確認されています。

　好子、強化子、嫌子、罰子、弱化子は、物理的な刺激そのもののことで、強化は反応の自発頻度を高める手続きや操作、弱化は反応の自発頻度を低下させる手続きや操作のことです。

● 4種類の基本的な行動随伴性

	提示・出現	除去・消失
好子・強化子	強化（正の強化）	弱化（負の弱化）
嫌子・罰子・弱化子	弱化（正の弱化）	強化（負の強化）

正とは、提示、与える操作であり、負とは、除去、取り除く、消失する操作を指します。

😵 消去

　オペラント条件づけが成立した後で、行動しても、その直後に何の変化も起こらなければ、はじめは行動が生じますが、そのうち少しずつ行動は減っていき、やがて行動は生起しなくなります。この手続きを**消去**といいます。このように強化の随伴性がなくなると行動は起こらなくなる一方で、弱化の随伴性がなくなると、行動は元の水準に戻ることになります。この手続きを**復帰**と呼びます。

😵 シェイピング（反応形成）

　なかなか現れない反応を形成させたり、新たに複雑な行動を形成させたりする場合には、**シェイピング（反応形成）**といわれる手続きをとります。最終目的となる行動を細かい下位目標に分け、まず簡単な行動から達成できたら強化して、次の段階の行動に移ります。強化する行動の水準を徐々に目標に近づけていき、順序よくスモールステップの原理に基づいて段階的に訓練を進め、最終目標となる行動を達成する**漸次接近法**というシェイピングの方法が使われます。このような方法を用いて、サーカスの動物に芸を教えることができます。なお、オペラント条件づけ以前のその標的行動の生起頻度を**オペラント水準（ベースライン）**といいます。

😵 即時強化

　行動の直後（0秒、遅くとも1秒以内）に好子を提示して強化することを即時強化といい、条件づけにおいて最も効率がよい方法です。

😵 強化の遅延

　オペラント条件づけにおいて行動が生じた後にある程度の時間をおいてから好子を提示する方法を**強化の遅延**といいます。多くの場合、遅延の間隔が長くなると、好子の効力が減り、行動が生じる頻度も少なくなっていきます。

強化スケジュール

我々の日常生活において、毎回行動の直後に好子や嫌子が伴うことはまれであり、実際には数回に1回もしくはランダムに提示されることが一般的です。

強化される際、「反応がどう強化されるのか」についての規則を、**強化スケジュール**と呼びます。強化と強化の間の時間的関係、反応回数と強化の関係により、多様な強化スケジュールが作られます。

● 強化スケジュールの分類

連続強化スケジュール (continuous reinforcement schedule：CRF)		個体が自発する行動のうち標的とした全ての行動に対して毎回好子を出現させるスケジュール
部分強化スケジュール (partial reinforcement schedule)		毎回ではなく決められたプログラムに従って数回に1回といった割合で好子を与える場合。**間欠強化** (intermittent reinforcement) とも呼ぶ
	固定時隔スケジュール (fixed interval：FI)	反応回数に関係なく、強化後ある一定の時間が経過した最初の反応に強化子が与えられるスケジュール。スキャロップというパターンが特徴
	変動時隔スケジュール (variable interval：VI)	強化と強化の時間間隔の平均値は一定であるものの不規則に時間間隔が変動するスケジュール
	固定比率スケジュール (fixed ratio：FR)	一定の反応数ごとに強化子が提示されるスケジュール
	変動比率スケジュール (variable ratio：VR)	強化子を得るために必要な反応回数が様々に変動するスケジュール

● 各種強化スケジュールによる累積反応記録

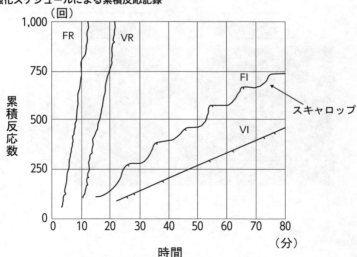

(出所) Skinner (1961) Teaching machines. Scientific American, 205, 90-102. を改変

部分強化スケジュールを用いて訓練を行うと、連続強化スケジュールよりも、**消去抵抗**が高い（＝行動が消去されにくい）ことがわかっています。一見矛盾したこの現象を［部分強化効果］もしくはハンフリーズ効果と呼びます。特に、固定時隔スケジュールや固定比率スケジュールに比べて、変動時隔スケジュールや変動比率スケジュールは消去抵抗が高く反応消失が起こりにくいことが知られています。部分強化スケジュールの場合、消去手続きを始めた直後は、行動がすぐになくなるのではなく、かえってその行動がエスカレートして、頻度、強度や速度が増加する現象がみられます。これを**バースト**といいます。

◉ 逃避学習と回避学習

　動物を対象として、**シャトルボックス（shuttle box）**という装置を用いて、オペラント条件づけの一種である嫌悪刺激に対する逃避学習や回避学習が研究されてきました。この実験装置は、直方体の箱の中央にシャッター扉などの仕切りが付けられ、左右2つの部屋に分けられています。床は金属製のグリッド（格子）等が設置され、左右どちらか一方に電流を流すことにより、電撃刺激を発生させることができます。逃避学習と回避学習の違いは、嫌悪刺激が提示されてから反応（逃避）しているのか、提示される前に反応（回避）しているのかという点にあります。

● **シャトルボックス**

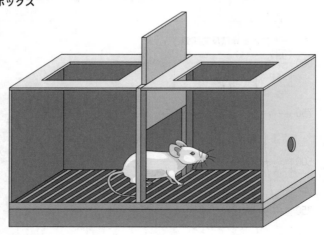

❂ 逃避学習

　何らかの嫌悪刺激が提示された際、その状況を避けるための何らかの反応が生起することを［逃避行動］と呼びます。この逃避行動が生じるまでの時間が少しずつ短くなってくる学習過程を**逃避学習**といいます。

　例えば、動物をシャトルボックスの一方の部屋に入れ、実験者はブザーを鳴らした後、その部屋に電撃を与えます。動物は、そのまま部屋にとどまっていたら電撃を受け続けます。動物は、電撃を受けて動き回りますが、そうしているうちに隣の安全な部屋に入ることで、ブザーが消えます。これを繰り返すうちに、電撃がくると素早く隣の部屋に逃げることができるようになります。

❂ 回避学習

　何らかの嫌悪刺激が出現することを予告する刺激を受け、その状況を避けるためあらかじめ何らかの反応を生起することを［回避行動］といいます。逃避学習の実験において、ブザーと電撃を反復すると、次第にブザーを手がかりとして、素早く安全な隣の部屋へ移動して電撃を回避する行動をとることができるようになります。この段階を**回避学習**といいます。

> レバー押しなどの特定の反応をすることで、それが行われない場合に一定の時間間隔で現れる電撃が、一定期間延期されるようになると、動物は特定の反応をしてその電撃という嫌悪刺激を回避するようになります。このような回避学習を特にシドマン型回避学習と呼びます。

ひとこと

34 認知学習・社会的学習

人間の学習は直接的な体験や経験によるものだけではありません。課題の解決、観察や模倣といった多様な学習理論があります。

◎ Tolman の認知説と潜在学習

Tolman, E.C. は学習を環境の認知の変化としてとらえました。つまり、刺激（S）と反応（R）の両者の間を媒介する変数として認知（O）を導入し、S-O-R という枠組みでとらえていました。

Tolman と Honzik, C.H. は、白ネズミを3群に分け、第1群には迷路の終点に報酬をおき、第2群は報酬なし、第3群は最初の10日間は報酬なしだがその後は終点に報酬ありという条件で1日1試行の迷路学習の実験を行いました。迷路の行き止まりで詰まる誤り回数を調べると、はじめのうちは、第1群と比べて第2群と第3群が多かったのですが、第3群は報酬を与えられるようになって以降、急激に誤り回数の減少がみられ、3群中最もよい成績となりました。

Tolman らは、上の実験の結果から報酬のない期間中にも迷路の中を走ることによって、迷路状況について学習が行われていたと仮定し、報酬を得ることによって潜在的に行われていた学習成果が顕在化したと考えました。このような学習を**潜在学習 (latent learning)** といいます。この説については、報酬が与えられないのにもかかわらず学習が成立することになるため、批判されたこともありました。しかしながら、Tolman の潜在学習の考えはその後の**認知心理学**につながっていると考えられます。

◎ Köhler の洞察学習

ゲシュタルト心理学派の Köhler, W. は、Thorndike の試行錯誤学習とは異なる学習として、**洞察学習 (insight learning)** を見出しました。彼は、動物を対象として、回り道、道具の使用、道具の制作という課題を用いて、問題解決の実験を行いました。

まず、回り道の課題において、ニワトリは試行錯誤をして目標の報酬に到達しましたが、イヌは少し立ち止まっていたものの、結果的には遠回りして報酬を獲得しまし

た。これは、イヌが位置の関係性を理解して問題解決に至ったからではないかと考えられました。

次に、Köhler は、チンパンジーを観察し、チンパンジーが天井から吊り下げた食べ物に手が届かないとき、近くにある木の箱を踏み台として使ったり、棒を利用して柵の外にある食べ物をとったり、2本の棒をつなぎあわせて長い棒を作ってそれを活用したりできることを発見しました。この際、チンパンジーの課題達成は、準備期間の後に突然生じており、状況を把握することが学習の要因であると考えました。

このように、個々の状況や要素を新たな見方によって再構成し、全体のつながりを把握し、課題解決の糸口に至る学習を、**洞察学習**といいます。

> Köhler, W. の洞察という概念に対しては、科学的説明における節約性の原理、いわゆる Morgan, C.L. の公準（不必要に高次な概念や原理を用いない）から批判する立場もあります。

ひとこと

模倣学習

Miller, N.E. & Dollard, J. は、模倣行動（他者の行動を手本として新しい行動パターンを獲得すること）は、生得的なものであるのか、学習されたものであるかという疑問に答えるため、様々な実験を行いました。

彼らは、迷路課題を用いて、白ネズミを対象にして、すでに迷路を学習した白ネズミの後をついていくと直接的な報酬を与えるという訓練を行いました。その結果、白ネズミは、先導するモデルの白ネズミの行動を模倣するようになることを示しました。このような学習を**模倣学習（imitative learning）**といいます。

観察学習

日常生活において、我々は他者の行動を観察することによって学習できている部分も多く、こうした学習は**観察学習（observational learning）**としてまとめられています。

Bandura, A. は、子どもを3つの群に分け、第1群には大人が人形に暴力をふるう様子を映像で観察し、第2群は、大人が人形に暴力をふるった直後に報酬を得る様子を映像で観察し、第3群は大人が人形に暴力をふるった後、罰を受ける様子を映像で観察するという操作を行いました。その後、全ての群の子どもを、個別に先ほ

ど観察したものと同様の人形がおかれている部屋に入れて、様子を観察しました。その結果、報酬を受けた第2群の子どもだけではなく、観察のみ行った第1群の子どもにおいても、人形に暴力をふるう行動が多くみられました。

このように、モデルの行動に対して強化されるのを観察した後に、観察そのものの効果やモデルへの強化が観察者に対して持つ効果を[代理強化]と呼びます。

Bandura は、従来の模倣、同一視、社会的促進などの概念を包括する用語として、[モデリング (modeling)]という用語を提唱しました。モデリングの結果として観察者に生じる効果には、観察学習効果、抑制と脱却効果、環境刺激高揚効果、反応促進効果、情動喚起効果などがあります。

Bandura は、観察学習に注意や記憶のような認知過程を組み込み、モデリングが生じるにあたって注意、保持、運動再生、動機づけの4つの過程を想定し、[社会学習理論]を発展させました。

 プラス+1

模倣、モデリング、代理強化という用語
Miller, N.E. と Dollard, J. は、学習者がモデルとなる他者と同じ行動を実際に行い、直接強化を受けることにより、**模倣**という社会的行動が学習されるとする社会的学習の概念を最初に提唱した。彼らは伝統的な学習理論に基づいていたが、Bandura, A. の社会的学習理論は、学習者の認知過程に重点を置き、モデルとなる他者と同一の行動を行わずとも、また、強化を受けなくても、観察により学習が成り立つという観察学習の概念を用いて、包括的にモデリングの過程やモデリングに影響を与える要因について実験を用いて検証した。
モデリングは、モデルとなる他者やその結果を観察することにより、学習者の行動に変化が起きる現象のことを指す包括的な用語で、学習と遂行を区別している点に特徴がある。一方、**代理強化**は、モデリングのうち、モデルとなる他者に与えられる強化により、学習者が間接的に強化を受けることを指し、学習された行動が実際にどの程度遂行されるかの水準に影響を及ぼすことを強調する。

Bandura は、社会的学習理論に基づく研究を行う中で、行動の生起やコントロールに関わる動機づけの認知的過程に関心を持ち、1970年代後半に、自己効力感 (self-efficacy) という概念を提唱しました。

35 運動技能学習と学習の転移

　自転車や自動車の運転技術の獲得、スポーツの技の習得や上達といった動作や技術に関する学習は、日常生活をスムーズに効率よく行うには重要なものです。また、これらの学習はその技能だけでなく、他の類似の学習への応用も可能になる特徴が日常生活を送りやすくしているといえます。

◎ 結果の知識と遂行についての知識

　スポーツなど運動技能は、習得する過程において、はじめはぎこちなくても、練習を重ねることで、徐々にスムーズになって、熟練したものになっていくことが知られています。これは、**運動技能学習 (motor skill learning)** または知覚運動学習といいます。

　この学習を支える要因として、自分の遂行結果が目標からどの程度逸脱していたか（ギャップ）という情報があり、これによって正確な動作に修正することができます。この情報を [**結果の知識 (knowledge of results：KR)**] といいます。さらに、自分のどの部分が目標と異なっているのかという [**遂行についての知識 (knowledge of performance：KP)**] も重要です。指導者からこれらの知識を外的なフィードバックとしてもらったり、自身の動作に伴う内的な感覚フィードバックを活用したりして、学習者は精緻な運動や動作ができるようになっていきます。

◎ 学習の転移

　あることを学習した後、それ以前の学習に影響を与えたり、反対に先の学習によって後の学習が影響を受けたりすることがあります。例えば、テニスの練習を長期間やっていた人は、新たに卓球を始めたとしても、上達が早いことがあるでしょう。このように、技能学習において、ある学習の効果が類似した学習場面に波及することを**学習の転移 (transfer of learning)** と呼びます。

　後の学習が先行する学習によって促進される現象を**正の転移**、干渉や妨害される現象を**負の転移**といいます。

学習の生物学的基礎

学習の背景には神経系に何らかの変化が生じていることが考えられ、以前から神経細胞（ニューロン）間のシナプスの変化が関連していると仮定されていました。近年、神経科学の進歩がめざましく、学習に関わる生物学的基礎についても様々なことが明らかになりつつあります。

◉ 走性・反射

昆虫などの動物の中には、におい、湿度、光や音などに向かっていったり、離れたりする行動を示すことがあります。このように、特定の刺激に対して一定の方向の反応をする生得的行動を［走性］といいます。光に向かっていく行動を［正］の走光性、遠ざかる行動を［負］の走光性と呼び、運動の方向性に対して、近づく場合を正、離れる場合を負、さらにその対象となる刺激の種類に応じた名前が付けられています。

我々ヒトでは、走性はみられませんが、熱いものに触れたときに手を引っ込めたり、目に風が吹きつけられたときに瞼（まぶた）を閉じたりするような、意思とは関係なく生じる生得的行動がみられます。これは、［反射］と呼ばれています。上の例のような骨格筋の反射である運動反射（体性反射）以外にも、姿勢の保持に関係する平衡感覚や内臓の自律反射などがあることが知られています。

◉ 様々な学習の生物学的基礎

Lashley, K.S. は、ネズミの脳の破壊実験を行い、条件反応が保持される程度は、脳が破壊された量に影響を受けることを示しました。これを［量作用（mass action）］といいます。

Bliss, T.V.P. & Lømo, T.J. は、海馬のある領域に電気刺激が入力されると、その後、比較的長期にわたって、刺激に対する反応が強くなる［海馬の長期増強（long-term potentiation：LTP）］という現象を発見しました。これによれば、学習は、シナプスの結合が変化し、ニューロン間の伝達効率の促進を示していると考えられています。

また、Kandel, E.R. らは、軟体動物であるアメフラシのレスポンデント条件づけによる行動の変化とシナプス間の神経伝達物質の量変化の関連を報告しています。

現在、学習との生物学的基礎の研究が様々な技術により行われていますが、現段階ではいまだ十分に解明されているとはいえません。

プラス+1

学習心理学の思想的背景
学習心理学が成立する背景となった思想の 1 つには、経験主義がある。これは、我々人間は生まれたばかりは何も書かれていない白紙（タブラ・ラサ）の状態であるが、数々の経験によって知識や観念が得られるというイギリスの Locke, J. に代表される立場である。また、このような経験を重ねることにより、個々の観念の間に連合が作られて複雑になっていくと考える連合主義の思想も学習心理学のルーツである。これに加え Darwin, C. の進化論も影響を与えているといわれている。

生まれつき学習により連合しやすい条件刺激（CS）と無条件刺激（US）の組み合わせや、反対に両者をいくら対提示しても条件づけが成立しにくい組み合わせがあるという学習の準備性は、生物の進化の歴史を通して誕生したと考えられています。少ない回数の対提示で条件づけが成立する恐怖症や味覚嫌悪学習は、準備性が高い学習の例であり、なかなか消去されないことが特徴です。

ひとこと

プラス+1

レスコーラ＝ワグナー・モデル
近年、学習理論で大きな影響力を持つ理論として、レスコーラ＝ワグナー・モデル（Rescorla-Wagner model）がある。このモデルは、レスポンデント条件づけに認知の要素を加え、数式によって表現した理論である。現実と予期のギャップが大きい（驚きが大きい）新奇刺激ほど、学習を促進することを説明した。つまり、報酬によって強化される行動の情報の価値に加えて、報酬によって強化されない行動の情報といった複数の刺激による条件づけの説明を重視している点に特徴がある。

37 言語

言語に関する様々なアプローチや方法論が言語学を中心に展開されています。そのうち、ここでは心理学に関連のある理論を紹介しています。

◎ 言語とコミュニケーション

言語は、ヒトのみに備わった能力です。言語の起源については諸説ありますが、現在、確定的な事実にはたどりついていません。ヒトは言葉を使って話すことができるようになり、その後、文字を使うようになりました。現在でも文字を持たない文化が存在していることから、言語学では、発話が基本に据えられており、二次的なものとして書き言葉が扱われています。

言語は、個体間で相互に意思や情報の伝達といったコミュニケーションを行うための道具という重要な役割を担っています。それだけでなく、言葉は発達に伴って、思考や自己調整の手助けなど個体内コミュニケーションの道具としての働きを有するようになるといわれています。

手話は、一見すると話し言葉や書き言葉とは異なっているように思われますが、実は、日本語や英語といった人間の自然言語と同様の言語体系であると考えられています。

ひとこと

プラス+1

言語の多様性

現在、様々な国や地域で数多くの言語が用いられている。1960 年頃、Greenberg, J. H. は、複数の言語を比較検討して言語の多様性を生み出すような規則や普遍的な性質を見出そうとした。しかしながら、現象の記述にとどまり、なぜ多様な言語が誕生するのかという事実や現象を説明することができなかった。一方、多様な言語に共通する原理を見出し独自の理論を展開していったのが、Chomsky, A.N. である。

文の理解

　文は、「文字」「単語」という各々の要素が階層的に集まって構成されています。そのため、文の意味を理解するためには、文を成立させている単語や単語を作っている文字を理解する必要があります。しかしながら、文字、単語がわかっても文全体の意味を正確に理解できるとも限りません。

　文の意味を理解するためには、それらが使用されている文脈、つまり、状況、話者の文化的背景、持っている知識といった表面に現れない文脈の理解や推論が必要になります。

言語の各領域

　言語学の分野では、言葉の構造を理解するための方法論や仮説として様々な言語理論が提案されています。言語の構造は、音韻、形態、統語という形式、意味という内容、使用という語用に分けられています。アメリカの哲学者 Morris, C.W. は、言語について記号論から論じており、言語の研究分野を意味論、語用論、統語論と大きく3つの下位領域に分けています。意味論的知識、語用論的知識、統語論的知識など様々な知識が備わってはじめて、文の意味を正確に理解することができると考えられています。

意味論

　語とそれが指し示す対象との関係を扱う研究分野を**意味論 (semantics)** といいます。意味がどのような体系や構造をとることができるのかを明らかにすることが主要なテーマです。

　語の意味に関しては、様々な説明がなされていますが、例えば Morris の考えを発展させた Osgood, C.E. は、意味を一種の条件づけによる表象的な媒介過程であると説明しました。こうした説明の多様性は伝達者の意図や解釈者の心的反応に依存していることの現れです。文レベルの意味の分析にあたっては、さらに文脈（前後関係）や発話状況が関係するため、語用論との境界は必ずしも明確ではありません。このように考えると、意味論は、他者の心の状態を推測して、それに基づいて他者の行動を理解する**心の理論 (theory of mind)** とも関連があるといえます。

語用論

　語用論 (pragmatics) では、語とその語を使用する者との関係、運用について理解することを目指しています。現実場面における言葉の使われ方、社会的な文脈との関

係を分析する領域です。言語記号（語・文・言葉）の辞書的、文法的特徴だけからは決定できない使用規則や文脈的意味の決定に関わる要因の分析をします。比喩表現が含まれた文章を理解するためには、語用論的な文脈の解釈が求められます。

　ここでいう文脈には、使用場面、社会的コード、それらを含んだ話し手の推論操作などが入ります。この意味で、敬語の使用法研究、フレームやスクリプトなど知識を利用した言語理解、言外の意味の推論規則なども語用論に関する研究といえます。

🔵 統語論

　統語とは言語の構成法のことです。つまり、**統語論 (syntax)** は、語と語の関係、並び方や順序を扱う領域で、文構造の持つ特性とその規則性（文法）を明らかにすることを目指しています。

　文の構造は、それらを構成している各パーツの単位とそれらを結ぶルール（結合規則）によって定義されます。文構造の基本単位は辞書項目であり、結合規則は句構造規則です。Chomsky の生成文法理論では、統語論が文法研究において中心的な役割を担っていると考えられています。

🔵 音韻論

　あらゆる種類の音声をその言語的機能の側面から研究する言語学の一分野に**音韻論 (phonology)** があります。人間の発する音声の最小単位である音素が、どのような規則に基づいてつながっていき、人間の言葉を作ることができるかという問題が主要なテーマです。

　それは、音声の具体的現れというよりも、その言語における意味の区別に寄与する抽象化された音素・音韻という仮説的な音単位に基づいており、言語における音パターンの生成、結合、変形、削除等に関する法則の記述を目的とします。音韻論の中でも、音素ならびに音素体系を扱う領域を、**音素論 (phonemics)** と呼ぶことがあります。

プラス+1

音韻とは？
我々は、日本語の「イス」と「イシ」といった音声のうちから、適切に「ス」と「シ」を抽出し、「椅子」と「医師」を別の言葉として識別し、認識することができる。このように、ある言語において、話された言語音を聞きとる際に音を区別するための単位のことを音韻という。音韻は言語ごとに異なった体系を持っていて、日本語の音韻単位は、音節またはモーラといわれているが、英語の音韻単位は音素といわれている。

😊 形態論

形態素（morphology） がどのように並べられて単語が作られるのかという観点から研究する領域です。形態素とは、音素を組み合わせて作られた意味を持つ最小の言語単位で母音や子音のことです。形態素の例として、名詞や動詞があります。形態論では、活用など語形変化を扱います。

● 各言語理論とその概要

領域	概要
意味論	語や文の伝達内容、理解の仕組み。言葉の意味的側面を研究する。音韻論と統語論と対立する
語用論	使用者と表現された語、およびその文脈の関係を研究する
統語論	語と語がどのような規則に基づいて配置されているのか、文の構造、文法を対象とする
音韻論	音を作る仕組みや音の分類。音声がどのようにして言葉となり得るか、語の音のつながりや法則を分析する。単語の活用による音の変化、アクセント、イントネーションにも関心あり
形態論	形態素がどのように並べられて単語ができるのかを扱う。単語の構造理解

😊 社会言語学（sociolinguistics）

私たちの使っている言葉は、その言葉を使っている話者の背景にある社会、文化、時代の在り方を色濃く反映して形作られていると考えられ、言語を通して社会そのものの在り方を理解することができます。このように、人間・文化・社会の中で使われている言語の役割や言語と社会の関わりを研究する学問領域として、**社会言語学（sociolinguistics）** があります。

例として、方言は、地域や歴史や文化が関係しているだけでなく、時代によってその社会の中でのイメージや評価次第で、使われたり使うことをためらわれたりすることがあります。こうした、方言の使われ方や変遷を分析することによって、その地域や時代の社会の認識や変化を理解することが可能となります。社会言語学の一分野として、広義の談話分析や談話研究があります。

😊 談話分析・談話研究

1960 年代後半、言語研究において、言語学だけでなく心理学や社会学の知見を取り入れて、**談話分析（discourse analysis）** や**談話研究（discourse studies）** が発展しました。

本来、[談話（discourse）] とは、言葉が会話におけるコミュニケーションの際に

作る、文の範囲を超えたより長い文脈を持ったまとまりのことです。従来の言語学では、分析対象が文に限られていましたが、Chomsky の師匠である Harris, Z.S. は、談話分析を始めました。現在、談話分析の理論や分析手法の流れは、多様に発展し様々な学派を生み出し、かつて Harris が研究していた狭義の談話分析とは異なるものとなっています。

　例えば、広義の談話においては、分析対象がさらに長くなり、話し言葉の**会話**や書き言葉の**テクスト (text)** といったものまで含む場合があります。この談話分析は、社会言語学でも用いられており、その場合、上の狭義の談話分析と区別するために、あえて**談話研究 (discourse studies)** という用語が使われています。

ナラティブ

　ナラティブ (narrative) の定義は広範であり、幅広い現象をカバーするものであると考えられていますが、一般的には、会話中に登場する「物語・語り」と訳されることが多く、語られたものや語るという行為という産物の両方を意味しています。物語と語りの両方の意味を含めた事象を表すため、ナラティブというカタカナの用語が用いられています。

言語相対性仮説またはサピア・ウォーフ仮説

　1930 年代にアメリカの構造主義言語学者の Sapir, E. と文化人類学者の Whorf, B.L. は、**言語相対性仮説**または**サピア・ウォーフ仮説**を提唱しました。

　彼らは、アメリカの先住民が使っている語とその他の地域の語を調査して、各地域の民族が独自に用いている言語の分類や表現形式があることを発見し、その言語圏の中で生活している人は、それに基づいて世界や現象を認知していると考えました。

　つまり、日常で使われている言語の形式や構造が、そこで暮らしている者の思考を決めるという仮説です。この説は、後天的な環境要因を強調する言語的決定論であり、これに対して、Chomsky の生成文法理論は、言語の表現形式がどのようであっても人間の思考形式は異なることはないという反対の立場をとっています。

38 文法獲得

文法とは言語を形作る基盤です。語と語をつなぎあわせて文を作る法則は、子どもの能力として備わっているものなのか、獲得されるものなのか、またそれがどのように発達していくのかという問いに答えを出すことは容易ではありません。

● Chomsky の生成文法理論

20世紀前半、Chomsky 以前は、外から観察することが可能な言語の構造を扱った構造主義言語学が主流でした。Chomsky は、単語ではなく、文の構造、すなわち文法に注目しました。1950年代以降、言語学者の Chomsky の**（変形）生成文法 (generative transformational grammar / generative grammar)** の理論は、言語学のみならず、広く自然科学、人文科学、社会科学の全てに大きな影響を与えたといわれています。生成文法は、数の限られた特定の規則を用いて文法的に成立する無数の文を生み出せることを説明するアプローチです。なお、Chomsky は、言語学を心理学の一分野と考えていました。

● 生成文法理論の概要

Chomsky によれば、人間には、[言語獲得装置 (language acquisition device：LAD)] が生まれつき備わっているため、特定の言語環境におかれて多くの会話にさらされることにより、母国語の文の構造化のルールを抽出し、文法を作り出すことが可能になるとされています。この言語獲得装置の中核部として、文法一般に関する理論ともいえる [普遍文法 (universal grammar：UG)] が仮定されており、これは言語能力の初期状態のことでもあります。言い換えれば、両親の発話等外界からの刺激（一次言語資料）をもとに、普遍文法が安定状態になり母語文法へ変化していくと考えられています。

このように、Chomsky は、人間は生まれながらにして文法の基本構成、つまり言語を獲得できる能力を持っていると考えており、学習により言語が獲得されると考えた Skinner の言語行動の理論には批判的でした。

一方、英語や日本語といった個々の言語に特有の理論は、**個別文法**と呼ばれます。つまり、普遍文法とは、言語獲得装置の主要部分であり、人間にとって基本的な能力であるとも考えられ、様々な言語経験から、言語獲得装置により個別の文法を生み出すものです。

生成文法理論では、現実の言語の使用に関する言語運用（performance）と、ネイティブスピーカーが言葉について持っている知識である言語能力（competence）の両者を区別し、言語の本質に迫るためには、言語能力を研究対象として究明すべきであると考えます。社会言語学者はこれについて批判的な立場をとっています。

● **生成文法における言語獲得のモデル**

入力	装置	出力
多様な言語経験 （一次言語資料）	言語獲得装置（LAD） この中心に普遍文法がある	母語の文法

 プラス+1

ミニマリスト・プログラム
1990 年代に入り、Chomsky は、新たにミニマリスト・プログラム（minimalist program）という理論体系を提唱している。これは、人間言語の普遍文法には、全ての機構や操作が最小かつ経済的にデザインされる特徴が備わっているという経済性の原理に基づいた仮説である。

生成文法の立場からは、言語能力の［獲得］や［習得］といいますが、Skinner など行動主義の立場からは、言語行動の［学習］という用語を使う傾向があります。

 ひとこと

● Bruner の言語獲得支援システム

Bruner, J.S. は、乳児は養育者を含めた環境との相互作用があってはじめて LAD が作動すると考えました。この言語獲得に必要であると仮定されている養育者との相互作用の形式は、**言語獲得支援システム**（language acquisition support system：LASS）と呼ばれています。

認知言語学

　Lakoff, G. らは、言語以外の知覚や認知といった要素が言語に与える影響を考慮し、生成意味論を提唱し、**認知言語学**（cognitive linguistics）の基礎を築きました。認知言語学は、1970年代に発展してきた理論的言語学の枠組みの中の一領域であり、認知心理や認知科学と密接な関係を持っており、統語や意味、その獲得について、Chomsky らが主張する生成文法理論に対立する立場に立っています。その後、認知言語学の流れは、社会言語学や生成文法理論にも引き継がれていくことになりました。

　認知言語学では、言語はその意味を他者に伝達するために発展してきたものであり、音韻や文法がどうであっても、全ての言語構造は相互の意思疎通のための機能と関連していると考えています。つまり、言語とは、他者との相互の意思疎通のための道具であり、意味が言語の本質であるとしています。また、言語能力は、人間の高次な認知能力に埋め込まれており、それを分けることはできないとしています。そのため、言語に特化して自律的に機能する脳部位の存在にはやや否定的な立場をとります。

共同注意

　生後8～12か月前後の乳児になると、親が見ている対象である物や人、その行為に対して、同時に注意を向けて見ることができるようになります。これを**共同注意**（joint attention）といいます。

　Tomasello, M. は、共同注意を言語獲得の社会的な基盤であると考えており、発達の過程において重要な能力であると述べています。また、共同注意は、自分の興味ある対象に他者の注意を向けるために、［指さし］、［視線］の移動や［発声］等が加わり、事物や人の名称の学習に発展していきます。

　共同注意の障害は、**自閉症**の早期の兆候であるという考えがあります。この自閉症児の発達初期にみられる共同注意の社会機能の障害は、応用行動分析学を用いた介入によって発達を促進することが可能であると考えられています。

認知的制約

　認知的制約は、Markman, E.M. が提唱した「幼児がどのようにして語の名称とその意味を学んでいるのか」についての1つの理論です。

　幼児は、新奇な語を耳にした際、その意味となり得る膨大な数の可能性の中から、

手あたり次第に探索的に選択するのではなく、特定の仮説に限定して推論できる方向づけや偏向（バイアス）を持っていると説明されています。このような効率的な語彙推理の方略を**認知的制約（cognitive constraints）**といい、このおかげで単語学習は省力化されています。この制約は、特に学習をしなくても生じていることから、ほぼ生得的なものであると考えられています。Markman の制約理論では、事物全体制約、カテゴリー制約（形状類似バイアス）、相互排他性制約の 3 つの制約が想定されています。

● **Markman の制約理論と具体例**

制約		解説
事物全体制約		新奇の対象を指して未知の単語名が与えられたら、その単語は部分や属性ではなく対象となった事物全体に関する名称を表すという原理
	具体例	車を指して「車」という語がいわれたら、その語は窓や走ることではなく、その車全体を指すと考える
カテゴリー制約		対象となる事物が提示されて、その事物を指し示す単語が発せられたときには、その単語はその事物が属しているカテゴリー名になるという原理。このとき、はじめに指された事物と形の似た同種の別の事物を指すのにもその単語を用いる形状類似バイアスがこの制約に影響を与える
	具体例	「車」という語は、いま目の前にある特定の車だけでなく、類似した形態や特徴を持つ他の車にも適用し（形状類似バイアス）、車という一般概念（カテゴリー）を指す名称とみなす
相互排他性制約		1 つの事物は 1 つのカテゴリー名しか持つことはなく、1 つの事物に複数のカテゴリー名を対応づけることがないとする原理。新奇の単語名が発せられた際に複数の候補対象が存在した場合、既知の事物ではなく、未知の事物のほうを指す名称だと理解する制約
	具体例	すでに車という単語を知っている人に、新たにバイクという単語を提示する。指し示した先に車とバイクがおかれていた場合、その人は、車のほうではなくバイクを指す名称だと推論する

子どもは、1 歳 6 か月から小学校に入学するまでに、平均すると 1 日に約 9 語の新しい語彙を覚えることが知られています。このような子どもの急速かつ容易な語彙獲得を可能にしているのは、共同注意や制約の能力などの認知面の発達であると考えられています。

ひとこと

39 言語発達過程

　子どもは、間違った文や不完全な文ばかりを耳にしているにもかかわらず、無限の文を理解したり、話したりすることができます。このように、幼児が経験し得る言語的な環境刺激は限られているのにもかかわらず、経験以上に豊かな言語知識や完成された文法を得ることができるのです。

　この事実について、Chomsky は、ギリシア時代の哲学者の Platon の問いになぞらえて、プラトンの問題 (Platon's problem) と呼んでいます。このように、言語獲得をめぐる問題は、今なお古くて新しいテーマであるといえます。

乳幼児の言語発達過程

　子どもは 1 歳の誕生日前後に初めて意味のある初語を話せるようになります。言葉を発するまでの準備期間を前言語期と呼んでいます。

　この約 1 年間は、言葉の前提となる様々なコミュニケーション能力を発達させていきます。

クーイング期

　乳児は、誕生直後から生後数か月までは、整った形の音声はなく啼泣 (鳴き声を上げる) だけです。生後 6〜8 週から、生後 6〜7 か月までは、くつろいだ状況において、泣きとは異なる、穏やかに声帯を振動させる音が頻繁に発せられます。これをクーイング (cooing) といい、また、この生後 2 か月以降の時期を**クーイング期**といいます。

喃語期

　乳児が生後 25〜50 週になると、クーイングがなくなって、少数の音を「ダダダ」と高頻度で使用するようになるものを**喃語**といいます。また、この生後約 6 か月以降の時期を**喃語期**といいます。

🌐 一語期

　1歳頃の幼児は、少しずつ他者の言葉の意味を理解できるようになっており、1歳を過ぎると、1語の語彙表出ができるようになってきます。この意味を持った**初語**からスタートして、限られた語彙の中で、母親や父親をはじめとした他者とコミュニケーションをとることができるようになってきます。しかしながら、まだ2単語の発話はできないため、「ブーブー」という1語に「車に乗りたい」「車で遊びたい」「車をとって」「車がある」というような多様な意味を持たせて表現していると考えられます。この一語文しか話せない時期を**一語期**といいます。

🌐 二語期から多語期

　これまで、一語文だけであった幼児は、1歳半頃になると「これ　わんわん」「パパ　シゴト」など2単語程度を並べた発話をするようになります。この時期を**二語期**といいます。この時期はまだ、「が」や「は」などの助詞が省略されており、機械的な発話です。また、この時期以降、発話できる語彙の数が急激に増える**語彙の爆発的増加**の時期を迎えます。

　その後、2歳頃になると幼児は、助詞を使うことができるようになり、その後さらに助詞と3語以上の語をつなげたり、疑問文、否定文など多様な語を用いたりすることができるようになっていきます。この時期を**多語期**といいます。3歳頃になり、日常会話が成立するようになっていきますが、音声言語が完成形を迎えるのは10歳頃です。ただし、言語の発達には個体差が大きく、年齢については目安であることに注意する必要があります。

🔵 社会的な言語の発達

　幼児の言語は他者とのコミュニケーションにおいて重要な方法であるだけでなく、自分自身の行動の制御や、考える際の道具としての役割を持っています。また社会的な側面も有しており、多くの機能を発達させていきます。

🌐 Piaget の社会的な発話

　Piaget, J. は、子どもは5、6歳までの認知発達においては、物事の一側面のみに注目する自己中心性を持っているとし、言語面でも相手からの説明の要求を無視したひとりごとを発することが多いと考えました。これを［自己中心的言語（egocentric speech)］といいます。しかしながら、認知が発達するにつれて、自己中心性を脱し、社会化された思考ができるようになり、会話の相手を意識した報告、補足説明などの社会的な発語が増えていくことを見出しました。

⚙ Vygotsky の自己中心的言語 (egocentric speech)

Vygotsky, L.S. は、はじめ子どもは他者に意思伝達する機能を果たす [外言 (outer speech)] を用いますが、発達とともに語彙が増え、構文が複雑になり、外的な音声を伴った自分自身の思考の道具としての機能を持つ内的な言語 (**自己中心的言語**) に移行し、次第に外言が消え、最終的には声に出さない [内言 (inner speech)] に分化していくと考えました。したがって、Vygotsky は、自己中心的言語から社会的な発話へと発達するという Piaget の考えに対して批判的でした。

⚙ 言語の調整機能

ロシアの心理学者 Luria, A. R. らの実験によって、言語は、物事を分類したり、他者に自分の意思を伝達したりするために使われるだけではなく、内的な保持や操作を行って問題解決をしたり、自身の行為を統制・調整する機能を持っていることが示されました。この言語の働きを、**言語の調整機能**といいます。

彼らの実験によると、実験者からの「ランプの光が点灯したら、手元のボタン (バルブ) を 2 回押す」という指示により、2 歳児は、ただ押すことはできても、指示通りには押せていませんでしたが、3、4 歳児は、自ら発語をすることによって実験者の指示通りにボタン押しを行えるようになりました。5、6 歳児になると、声に出さずに指示された行為が可能になりました。

このように、Luria らは適切な指示による訓練経験を行えば、外からの言語指示が、個人の内部に正しい媒介機構を作り上げ、行為にフィードバックを与えて統制・調整できるようになることを示しました。この事実は、発達する過程で、行動の発現や調整が外言から次第に内言に分化していくという Vygotsky の仮説を支持するものでもあります。

プラス+1

萌芽的読み書き
実際に文字の読み書きができる前の子どもが、遊びの中で疑似的な文字を書くなどして、あたかも読み書きができるかのようにふるまう様子を萌芽的読み書きという。

言語の障害

私たちが普段自然に使っている言語に現れる障害は多くの種類があります。言語使用の基盤には脳がありますので、脳機能との関連で理解しておく必要があります。また、言語の障害によってどのような困りごとが日常生活で現れてくるのかを理解することが、心理的支援につながります。

◎ 失語症

失語症 (aphasia) とは、感覚や発声器官に異常がないのに、言葉の使用や理解に障害が現れる状態です。もともとは不自由なく言葉を理解し、使っていたのにもかかわらず、外傷や脳血管性障害などの脳損傷をきっかけとして、音声言語が一部ないし完全に失われることがあります。知的能力や意識水準の低下、発声器官の異常や聴覚障害が原因で言語が不自由になることもありますが、失語症の場合には、脳の言語機能をつかさどっている部位（**言語野**）の損傷によって生じます。

右利きの成人の約 96％は言語野が左半球に存在し、言語に半球優位性があることが知られています。したがって、右利きの人に失語症がみられるのは、左半球を損傷した場合が多いです。

失語症は、その原因となる損傷が脳のどの部位にあるかによって、現れる症状が違ってきます。共通した症状として、正しい言葉がすぐに頭に浮かばないという喚語困難がみられます。古典的な分類による失語にはいくつか種類があり、その中でも ［Broca 失語］、［Wernicke 失語］、［伝導性失語］、［超皮質性失語］ が代表的です。

● Broca 失語 (ブローカ失語)

Broca 失語 (Broca's aphasia) は、皮質性運動失語ともいわれており、1861 年、フランスの Broca, P.P. によって報告されました。言葉を流暢に話せないため、自ら発する話だけでなく、復唱や音読にも障害がみられます。Broca 失語では、文法をうまく使えないことがあり、発話される文から文法の要素が抜ける現象（失文法）が生じます。発話の運動機能に関連している左前頭葉下後部にある弁蓋部と三角部を含

む下前頭回腹側部 **Broca 野**（Brodman の 44 野、45 野）の損傷によって生じます。

Wernicke 失語（ウェルニッケ失語）

Wernicke 失語（Wernicke's aphasia）は、皮質性感覚失語ともいわれており、1874 年、ドイツの神経学者 Wernicke, C. によって報告されました。言葉は流暢に話せるものの、言おうとした語と異なった語を発してしまう錯語が目立ちます。また、他人の言葉を聞きとって理解することが難しく、復唱や読み書きの能力なども障害されています。言語の理解に関連している左側頭葉上後部にある側頭平面から上側頭回と中側頭回にかけての **Wernicke 野**（Brodman の 22 野）の損傷によって生じます。

● **言語野の位置**

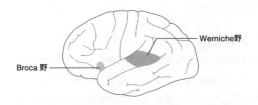

伝導性失語

伝導性失語（conduction aphasia）とは、言葉の選択の障害の錯語がみられることがありますが、会話時の発話も流暢、他人の言葉の聞きとりも比較的良好で、多くの言語機能に重度の障害が目立たないのに、**復唱**のみが障害されている失語です。伝導失語の損傷部位は、Broca 野と Wernicke 野をつなぐ神経線維（**弓状束**）であり、この線維の連絡が切れることによって生じると考えられています。

超皮質性失語

Broca 野、Wernicke 野、弓状束に損傷がみられないものの、この 3 つの領域が大脳皮質から連絡が閉ざされるような状態になり孤立した場合、復唱は問題なくできるものの、言語理解や自発発話の両方が障害されます。この失語は、**超皮質性失語**（**transcortical aphasia**）と呼ばれています。

● **失語の種類とその特徴**

失語の種類	発話	言語の理解	復唱
Broca 失語	×	○（文法理解の障害あり）	×
Wernicke 失語	○（錯誤あり）	×	×
伝導性失語	○	○	×
超皮質性失語	×	×	○

※良好もしくは軽度の障害：○、不良：×

ディスレクシア（読字障害）

　言葉を話したり聞いたりすることは問題ないものの、書かれた文字を読んだり書いたりすることが困難な人々が存在することが明らかになっています。これらの人々は、ディスレクシアまたは（発達性）読字障害（devlomental dyslexia）と呼ばれています。

　ディスレクシアの歴史は欧米では長く、100年ほど前からこのような困難さを持った症例が報告されています。読み書きの習得と使用に著しい困難を示すという特徴から、学業成績に直結するため、学校などの教育現場でしばしば大きな問題として取りあげられることがあります。なお、DSM-5 では限局性学習症／限局性学習障害（SLD）として扱われています。

ディスレクシアの特徴

　ディスレクシアの人々は、大幅な知的遅れがなく、聴覚や視覚といった知覚の障害はみられません。また、環境として学習する機会が備わっているものの、文字の読みの誤りや非流暢性が目立ち、読み終えるのに時間がかかるという特徴があります。また、結果的に文字を正確に書くことも苦手になります。

　具体的な特徴は以下の通りです。

> **読みに関する困難**：慣れない語を読み間違える、行を飛ばす、同じ箇所を繰り返して読む、音読が遅い、思い込みで読み間違える、要点を理解できないなど
>
> **書きに関する困難**：文字の大きさや形が整っていない、まっすぐ書けない、筆順が独自、漢字の細かい部分を間違える、句読点が抜けたり、適切でなかったり、多すぎたりする、作文が書けないなど

　ただし、個々の単語を読むことが困難であっても、他者に文章を読んでもらった場合には、言葉の内容を理解することが可能です。

ディスレクシアの原因やメカニズム

　ディスレクシアは、理解に必要とされる能力には問題がないものの、言語学的には、音韻処理能力が障害されており、文字―音の変換（**デコーディング**）処理に問題があることが想定されています。また、ディスレクシアは、遺伝的な要因が関与している可能性が示唆されており、一卵性双生児の一致率が高いです。さらに、神経学的には、背景に中枢神経系の障害が存在していると考えられています。性差についてははっき

りとした調査結果は出ていないものの、DSM-5には男児のほうが女児に比べて2〜3倍多いと記述されています。

　世界中どの国においても一定程度の割合でディスレクシアの人々が存在する可能性が示されていますが、言語によって発生率が異なることが報告されており、日本語やイタリア語に比べ、英語では多いとされています。その理由として、文字と音との対応が規則的である言語やつづり字の最小単位のレベルが音素ではなく音節や単語と大きい言語では、読み書きの障害が発生しにくいためであると考えられています。

　日本語の読み書きにおいては、ひらがな、カタカナ、漢字の順番に発生率が高いことが示されています。なお、読みの困難さよりも書きの困難さの報告が多いようです。

● ディスレクシアの二次障害と支援

　ディスレクシアを持つ子どもは、読みや書きの機会が少なくなり、語彙の発達や知識習得に困難を生じることがあり、その支援法の開発が待たれています。また、**注意欠如多動症（AD/HD）**や**自閉スペクトラム症（ASD）**など、他の発達障害が併存するということも指摘されています。さらに、ディスレクシアによる自尊心の低下といった**二次障害**に至ることもあります。それゆえ、発達の早い段階で、読み書きに困難があることを発見し、適切に評価し、早期支援につなげていく必要があるといえます。

41 感情に関する理論と喚起の機序

ここでは感情と情動と気分の違い、感情がどのように喚起されるのかという感情喚起の機序の理論の中心である認知的評価理論および感情の構成主義理論、感情の次元論、基本感情論の各理論の概略を述べていきます。

◉ 感情・情動・気分

［感情］とは急速に生起し、短期間で終わる比較的強いものと定義されています。［気分］は「感情・情動」が短期間に消退するのに対して、わりと長期に持続するものです。

感情は理性と対立するように考えられていますが、そのようなことはなく、**感情の機能**は［思考］や［意思決定］を導き、コントロールするという相補的な役割を持っています。

> 感情とほぼ同義語に「情動」があり、専門書によっては「情動」という用語を主に使用している専門書もありますが、本章では「感情」という表現に一本化しています。

ひとこと

◉ 認知的評価理論

認知的評価理論とは、［感情］の生起より先行して、［認知］が行われるという理論です。

最初に環境からの刺激が自身へどんな影響をおよぼすのかについての評価が行われ、その後に感情が生じると想定されています。

● Arnold の認知的評価理論

Arnold, M.B. の認知的評価理論では、感情の生起は本人にとって適切もしくは不適切と判断した対象に生じる「刺激受容→意味把握→感情の生起」の連鎖反応であると想定しています。

● Schachter & Singer の認知的評価理論（二要因情動説）

Schachter, S. & Singer, J. の二要因情動説とは、ある身体反応が生じたときに、体内（生理）や外部（社会）の状況から推測し、解釈して身体反応の意味づけを加えることで感情が生じるという、[生理状況] と [社会状況] の 2 要因の認知によって感情が生じるというものです。

● Scherer の認知的評価理論

Scherer, K.R. の認知的評価理論では、感情生起の評価の対象として以下の 4 項目を評価していく過程で感情が生起するとしています。

> ① [関連性]　② [意味]　③ [対処可能性]　④ [規範的重要性]

● Roseman の認知的評価理論

Roseman, I.J. の認知的評価理論では、以下の 7 項目の評価の組み合わせで感情が生起するとしています。

> ① [新奇性]　② [状況の状態]　③ [動機の状態]　④ [可能性]
> ⑤ [主体（出来事を引き起こした人物）]　⑥ [統制可能性]　⑦ [問題の種類]

● Smith & Ellsworth の認知的評価理論

Smith, C.A. & Ellsworth, P.C. の認知的評価理論とは、出来事を以下の 6 次元で認知し評価する過程で感情が生じるとしています。

> ① [望ましさ]（状況の望ましさ）
> ② [努力の予期]（どの程度の努力で対処可能か）
> ③ [人間の主体]（主体や責任は自己か他者にあるか）
> ④ [状況の主体]（その出来事に何かできることはあるのか）
> ⑤ [注意活動]（どの程度出来事へ注意を向けられるか）
> ⑥ [確実性]（どの程度の確実さで事が生じるのか）

なお、Smith & Ellsworth の認知的評価理論は当初は 8 次元でしたが、6 次元モデルへと変更されています。

● Lazarus の認知的評価理論

Lazarus, R.S. の認知的評価理論とは、一次的評価として生じた事態が [有害] か [有用] かの評価を行い、二次的評価として、さらにその事態に [対処可能] か [不可能] かの評価を行うことで感情が起こるとしています。

構成主義理論

感情の構成主義理論には、［社会的構成主義］と［心理的構成主義（コア・アフェクト説）］の２つがあります。

社会的構成主義

社会的構成主義では、感情は［文化］等の文脈により規定されているとしています。

Averill, J.R. の主張では、感情は生物学的実態や生得的なものではなく、一時の社会的役割であり、個人的認知評価、特定の文化での人間関係の目標・あり方、社会規範、これらにより成立する社会的に構成されたものとしています。

さらに、Averill の考えを踏まえて Oatley, K. & Jenkins, J.M. は、感情とは一時の社会的役割ゆえに、喜び、哀しみ、怒りなどの感情は個人と社会との関係で、そういった感情があると思いこんだものであるという考えを述べています。

また、Mesquita, B. は社会的構成主義理論に基づき、感情は個人内の特性というよりも社会的な関係性の中で培われ、文脈化されると述べています。この Mesquita の考えを実証するものとして、Hall, E.T. はコミュニケーションにおける文脈依存の程度によって、文化を高コンテキスト文化と低コンテキスト文化に分けています。

> **Column**
> ## コンテキスト
>
> コンテキストとは文章等の前後の関係、つまり文脈のことです。
> そのため、高コンテキスト文化ではコミュニケーションにおいて言語が明示的ではなく、文脈依存度が高いのですが、低コンテキスト文化ではコミュケーションにおいて言語が明示的であり、文脈依存度が低いのです。
> 日本は高コンテキスト文化です。例えば、若者言葉である「ヤバい」は文脈によって、絶体絶命であったり、とてもうれしい（悲しい）感情を表すものだったり、あるいはただの間投詞であったりなど意味が変わってきます。
> 「超ヤバい」言語ですよね、日本語！

これは、Masuda, T. ほかによると特定の場面を見せて反応を見た場合、高コンテキスト文化では場面全体を見ているが、低コンテキスト文化では特定部分だけ見て反応しない違いがあり、この違いから、感情が生じる場合、高コンテキスト文化では社会的文脈が多く取り入れられ、逆に低コンテキスト文化では社会的文脈を取り入れることが少ないと考えられています。

💮 心理的構成主義

心理的構成主義における感情については Barrett, L.F. & Russell, J.A. が提唱したコア・アフェクト説があります。

[コア・アフェクト説] とは、感情の核心部にあるのが快－不快の感情であり、そのため、感情を [快－不快] 次元と [覚醒－睡眠] 次元で定義が可能な神経生物学的状態のことです。

つまり、2 軸（快－不快、覚醒－睡眠）を統合したものが感情の核心にあるとするものです。

そして、2 軸は外からインプットされる感覚情報と体内からもたらされる内受容感覚（身体内の情報）によって連続して生ずる神経生物学的反応（骨格筋、内臓感覚情報を前頭連合野が評価することで感情が生じる）であるとされています。

💮 次元論

感情の次元論では、感情はバラバラにあるものではなく、次元上のベクトルとして表され、少数の次元とその組み合わせで感情を説明できるという立場です。Watson, J.B. や Millenson, J.R. 、Schlosberg, H. および Russell, J.A. 等により、次元論に基づいた感情のモデルが提示されています。

💮 Watson の次元論

Watson の次元論とは、出生時に、「恐怖＝ X 反応」「怒り＝ Y 反応」「愛＝ Z 反応」という 3 つの感情を持ち、この 3 つを生得的な根源感情とし、この根源感情をベースにして様々な感情が条件づけにより取得されるとしています。

💮 Millenson の 3 次元説

Millenson の 3 次元説とは、Watson の考えを条件性情動反応と位置づけ、[3 次元説] を提唱しました。この 3 次元説は Watson の 3 つの根源感情をベクトルとして表すものです。

💮 Schlosberg の円錐モデル

Schlosberg, H. は、彼の師である Woodworth, R.S. の作った表情の 6 カテゴリー（「愛・幸福・楽しさ」「驚き」「恐れ・苦しみ」「怒り・決意」「嫌悪」「軽蔑」）に基づいた写真による表情分類研究により、**円錐モデル**を提唱しました。感情のカテゴリー分類は、[快－不快] と [注意－拒否] と連続した円環になっており、その 2 次元に直交する [緊張－睡眠] という生理的賦活を加えたものを提案しています。

● Schlosberg の円錐モデル

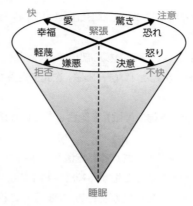

Russell の円環モデル

Russell, J.A. の円環モデルとは、［快－不快］の次元と、［覚醒－非覚醒］の次元の2次元で全ての感情を表せるものとして提案しています。

この円環では、似た感情は近接して配置してあり、対極の感情は対称の位置に配置してあります。

● Russell の円環モデル

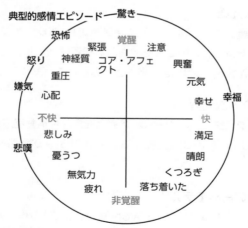

出典：中村真 今田純雄 古満伊里『感情心理学：感情研究の基礎とその展開』P.65 2018年 培風館より改変

基本感情論

基本感情論とは、喜び、哀しみ、怒りなどの様々な感情が存在するものと仮定して、それぞれの感情に相対する生物的な基盤などを特定していくものです。

現時点では、基本感情が文化を超えた普遍性があることが明らかになっています。

Panksepp の基本感情論

Panksepp, J. は基本感情論において、7種類の基本感情（[探索]、[怒り]、[恐怖]、[要望]、[世話]、[悲痛]、[遊び]）とは進化の過程で発達し、それぞれ固有の感情には神経回路が存在し、素早く反応することで適応をしてきたと述べています。

この感情に関する個別の回路は大脳辺縁系に位置しています。

Plutchik の基本感情論

Plutchik, R. の基本感情論では、行動の原型である8つの行動があり、それに相対する基本的となる8種類の一次的感情（[歓喜]、[愛慕]、[恐怖]、[驚愕]、[悲嘆]、[嫌忌]、[激怒]、[警戒]）と、一次的感情の強度との組み合わせにより様々な感情が作り出されるとしています。これを模式化した Plutchik の [感情多次元模型] があります。

さらに、Plutchik は、感情について、今ある感情は進化の過程で意味があるから淘汰をされることなく残っているという**感情の進化**に基づいた考えを述べています。

● **Plutchik の感情多次元図（感情多次元模型）**

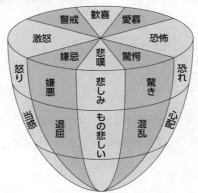

出典：下中邦彦『心理学事典』P.378 1981年 平凡社より改変

Ekman の基本感情論

Ekman, P. の基本感情論とは、[幸福]、[悲しみ]、[怒り]、[驚き]、[嫌悪]、[恐れ] の6種類で構成されるとしています。

さらに、Ekman はある感情が基本感情であると判断するためには 9 つの基準を用いるとしています。

● **Ekman による基本感情とするための 9 つの判断基準**

①感情に対応した特徴的かつ普遍的な表出（笑い・泣き）信号があること
②他の動物でも類似の表出行動があること
③特異の感情に特異的な生理的反応パターンがあること
④感情を喚起する事象に普遍性があること
⑤生理的反応や表出的反応等の反応システム間に一貫性があること
⑥極めて急速に刺激事態へ反応をすること
⑦生じた感情は短時間で収束すること
⑧意識化されない自動化された評価メカニズムを持つこと
⑨感情反応は自動的・自発的に生起すること

感情の進化

　感情の進化に関して、MacLean, P.D. は三位一体モデルを提唱しました。このモデルは、人間の大脳の進化に伴い、感情の進化が生じたというものです。
　大脳は［原始爬虫類脳（脳幹）］、［旧哺乳類脳（大脳辺縁系）］、［新哺乳類脳（大脳新皮質）］の 3 層の部分に分けられ、それぞれが異なる機能を持つということです。
　この異なった機能を持つ 3 層が相互に共同することで、感情が動くとしています。

● **MacLean の三位一体モデル**

原始爬虫類脳	原始感情
旧哺乳類脳	基本感情
新哺乳類脳	高等感情

　その後、MacLean は新哺乳類脳の担っている高等感情を社会的感情と知的感情の 2 つに分けて、4 層モデルの［感情階層説］を提唱しています。

感情の機能

　感情に対する従来の考えでは、感情により意志決定の機能が低下するものと考えられていましたが、現在では意志決定を促進させるものとして感情の機能をとらえるという考え方に基づき、感情有用説という考え方もあります。

● ソマティック・マーカー(somatic marker) 仮説

Damasio, A.R. のソマティック・マーカー仮説 (somatic marker ＝身体信号) とは感情が意志決定へ有用な影響 (感情有用説) を与えると仮定しています。

これは論理的に選択決定していると時間がかかるので、選択肢へ感情的な評価を行い、それによって選択肢を絞り込むという時間短縮をはかることで、意志決定を容易にしていると考える説です。

● アイオワ・ギャンブリング課題

Damasio のソマティック・マーカー仮説を実証するためにアイオワ・ギャンブリング課題があります。

これは、外からの刺激とそれによって生じる体性感覚によって、マイナス感情を生じさせる選択を避ける行動を前頭葉腹内側部に障害のない人はとりますが、その部位に障害がある場合は、マイナス感情が生じないために、短期的な利益を得る選択肢を固執的にとり続けてしまうことにより、仮説を実証したものです。

プラス+1

アイオワ・ギャンブリング課題の方法
報酬と損失の金額およびその頻度が異なる4枚のカードの山を次々と選択をしていく課題です。
4つのカードの山の中で2つはハイリスク・ハイリターンなため、その山を選択し続けると長期的には損失を抱えることになり、別の2つの山はローリスク・ローリターンなので、長期的には損失を抱えずとも済むようになる仕組みとなっています。
仕組みを知らされていない被験者は、試行を繰り返して課題の原理を学習し、最終的に獲得する利益が最大になる選択をすることが求められる課題です。

● アージ理論 (Urge theory)

戸田正直のアージ理論は、① [野生合理性] (野生環境では合理的だった感情システム) という感情に従って生きることは、野生環境であれば、適切な行動を選択するために合理的な感情の機能であることと、② [非自覚性] という①の動きは合理的な思考により得られた「自覚されている」動きではないことを背景に感情の概念を拡大しており、人間の感情機能は [自然環境] に適応するため進化してきたという仮説です。

42 感情が行動におよぼす影響

感情の存在によって、認知機能の働きを促進し、行動を変化させる働きがあります。また、感情は発達をするとともに、表出行動が分化され、個別の感情となっていきます。感情が行動におよぼす影響は心身の健康や動機づけにも関係します。

◎ 感情と表出行動

感情の表出を、他者により評価・フィードバックされることで行動に影響がおよびます。感情の表出に至るプロセスでは、**末梢**に起源を持つものと**中枢**に起源を持つものの 2 つがあります。

● 末梢起源説：ジェームズ・ランゲ (James-Lange) 説

James, W. の「悲しいから泣くのではない、泣くから悲しいのだ」という表出のプロセスは、感情の [末梢起源説] といわれます。

この感情の [末梢起源説] ＝ジェームズ・ランゲ説は、感情の発生と体験過程において、[内臓] と [骨格筋] の反応 (＝身体への表情の表出) が中心的な役割を持つという考えです。

同時期に感情の発生と体験過程において Lange, C.G. が [血管の反応] と [血液循環の変化] に注目をしていたため、末梢起源説はジェームズとランゲ、2 人の名前で呼ばれるようになりました。

● 末梢起源説：Tomkins の表情 (顔面) フィードバック仮説

ジェームズ・ランゲ説を受け Tomkins, S. は表情 (顔面) のフィードバック仮説を提唱しました。これは、表情による感情表出行動は他者へのシグナルを発するだけではなく、感情を表出したときに生ずる感覚のフィードバックが感情を産み出す主なものとしています。つまり、Tomkins は顔の表情は感情や気分に影響を与えると提唱しています。

この表情 (顔面) フィードバック仮説には 3 つのパターンがあります。

第1は［必要条件説］といい、これは感情が変化するためには表情変化が必須というもの、第2は［十分条件説］といい、これは表情変化それ自身が感情を引き起こすとされ、第3は［服飾説］といい、これは表情が感情を増強、減弱させるという仮説です。

さらに、Tomkins は6種類の基本感情（興味、喜び、驚き、苦痛、怒り、怯え）が生得的な感情生起プログラムとして遺伝的に組み込まれているものと仮説を立てています。

● 中枢起源説：キャノン・バード（Cannon-Bard）説

ジェームズ・ランゲ説（泣くから悲しい）に対して Cannon, W. は、①身体反応がなければ感情は生起しないはずだが、脊椎の一部を人為的に切除した動物でも情動行動が生じる、②刺激の知覚と内臓の変化を知覚できるまでにはタイムラグが存在するという批判を行いました。

感情の［中枢起源説］＝キャノン・バード説では、感情は視床を経由して大脳に達した後、大脳が活性化することによって**情動体験**が生じ、それと同時に視床下部が活性化することで表情が生まれるとされます。つまり、［身体反応］よりも感情が先に生まれる（悲しいから泣く）という考えです。

> 心理学では人名を冠した「説」に複数名の連記がなされていることがあります。
> ジェームズ・ランゲ説は2名の名前の連記です。この場合は、同時期に同じ学説に至ったために連記となっています。
> キャノン・バード説の場合、バードはキャノンの共同研究者として名前が2名連記となっているのです。

ひとこと

◉ 感情と認知

感情（気分）はその後の認知（記憶）の処理過程に影響をおよぼします。

● 気分一致効果

Bower, G.H. の気分一致効果とは、記憶時の気分と一致した出来事のほうが、再生率が高くなることです。

楽しい出来事は楽しい気分のときに、悲しい出来事は悲しい気分のときに記憶の再

生率が高くなります。これは楽しい気分のときは楽しい出来事を、悲しい気分のときは悲しい出来事を記憶しやすくなるという特性もあります。

このように**感情**と、情報処理である**記銘（想起）**は深い関係を持っています。

この気分一致効果の背景には連想のネットワークという考えがあります。

連想のネットワークではネットワーク内に感情（気分）とイメージが組み込まれており、その感情が刺激を受けた場合に、その感情に結合した関連イメージを認知し、記憶と出来事の連合を強化する、すなわち**感情と情報処理**が促進化されるという仮説です。

また、**感情の個人差（感情特性）**は連想のネットワークに関連しています。

感情の個人差（感情特性）とは、感情を認知する過程で、ある感情が感じやすいかどうかは個人の特性であり、各個人によって異なるということです。

この背景には、感情経験の個人差や個人傾向は連想のネットワークにおける認知処理の差異や、ある事柄に関しては同じ処理がなされるという安定した感情の情報処理によってもたらされると考えられています。

◉ 感情と社会・文化

Ekman の表情研究以前は感情の表出や読み取りには社会・文化差があるものとされていました。Ekman の研究以後は基本感情の読み取りや表出には普遍性があるとされてきましたが、最近の研究では、感情の表出については、傍観者がいる場合には文化によって、やや異なる面があるという研究もあり、必ずしも普遍性を持たないとされています。

◉ Ekman の表情研究

Ekman の表情研究によると、欧米人の基本感情を表出した表情（幸福、悲しみ、怒り、驚き、嫌悪、恐れの 6 種類）の写真を、欧米文化と隔たりがあり異なる社会・文化を持つニューギニアのある部族へ見せたところ、欧米人の感情判断基準と一致した判断を示しました。

この研究から基本感情については［文化・社会］が異なっても同じであり、これは基本感情が後天的に学習をするものではなく、［生得的］なものであるという論拠ともなっています。

一方で、米国人と日本人に同じ映像を見せて反応を観察した場合、特に、嫌悪や恐れを示す可能性のある映像の場合は、観察者が同席しない場合は感情表出に米国人も日本人も差はないが、観察者が同席する場合、日本人は感情の表出が減少することから、感情表出については社会・文化で異なるとしています。

● 感情の表出行動における文化差

　「幸福、悲しみ、怒り、驚き、嫌悪、恐れ」の基本6感情は、額、眉、瞼、頬、鼻、唇、顎の位置と形の変化により表情として顔に表れ、これは普遍的な感情の表出行動であり、文化差はないと Ekman は実証実験より結論づけました。しかし、現時点では追試を行うと、必ずしも Ekman の結論に一致する結果にならないことが生じています。

◎ 感情の発達

　人間の出生当初の感情は未分化なものであり、それが成長に従って分化されて、個別の感情として発達をしていきます。また、社会との相互作用により、より感情は高次なものになり分化されたものとなっていきます。

　感情の発達の背景には精神的発達があることから、感情の分化という発達は同時に、**感情の制御**を発達させていると考えられています。

● Bridges の感情の発達による分化説

　Bridges, K.M.B. の感情の発達による分化説では、出生後間もない時期は［興奮］が主なものであり、3か月前後に［快－不快］に分化し、快感情は［喜び］や［愛情］へ、不快感情が［怒り］や［嫌悪］へとなっていくという考えです。

● Bridges の感情の発達による分化説

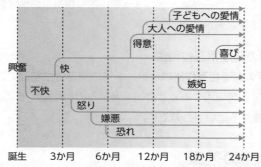

出典：新井邦二郎（編著）『図でわかる発達心理学』P.170 1997年 福村出版

● Lewis の感情の発達による分化説

　Lewis, M. の感情の発達による分化説では生後数か月から半年内に、第1次的情動である6つの基本感情（幸福、驚き、悲しみ、嫌悪、怒り、恐れ）は成立し、2～3歳の時点で第2次的情動が成立するとしています。

● Lewis の感情の発達による分化説

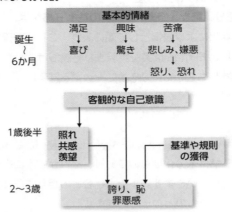

出典：新井邦二郎（編著）『図でわかる発達心理学』P.170 1997年 福村出版

● Izard の分化感情理論

Izard, C.E. の分化感情理論は、生物的視点による感情の発達理論です。

Izard の分化感情理論では、感情は［生得的］であり、表情はその生得的な感情とペアで脳内に記録されていると考えています。このため、感情には文化差がなく、普遍性があり、共通の様式で感情の表情表出はなされるとしています。

また、［分化感情］とは、興味、喜び、驚き、悲しみ、怒り、嫌悪、軽蔑、恐怖、恥を基本感情として、それらが組み合わさって、より複雑な感情状態へ分化していくことを想定しています。

● Buck の感情の発達相互作用説

Buck, R. の感情の発達相互作用説とは、感情の発達は生物因である［生物学的感情］をベースにして、環境因である社会的な発達との相互作用で高次感情である［社会的感情］へと発達するというものです。

◎ 感情と心身の健康

感情は心身の健康に様々な影響を与えます。

例えば、ネガティブ感情（悲しみ、怒りなど）は血圧を高め、自律神経の亢進等を生じさせ、心身に悪影響を与えます。反対に、ポジティブ感情は「思考－行動」のレパートリーを広げることで、ストレス対処法を幅広く用いることを可能にし、ネガティブ感情により生じた血圧上昇を下降させ、亢進した自律神経を落ち着かせるとい

152

う［元通り効果 (Undoing effect)］を持っています。

Kadochi, R. & Sizuki, N. はネガティブ感情からの回復時点でポジティブ感情が生じ、これが安堵感に相当する感情を持つと結論づけています。ポジティブ感情は健康に良い影響をもたらし、ウェルビーイング（身体的、精神的、社会的に良好な状態）へと導くものです。

さらに、Inoue, T. は、ポジティブ感情はその後に引き続いて生じたネガティブ感情の影響を軽減させる働きを持つと述べています。

Seligman, M.E.P. が提唱している**ポジティブ心理学**では、これらのポジティブ感情の持つ機能を中心に置いています。

Seligman, M.E.P. の PERMA モデルは以下の頭文字から構成されています。

● **Seligman の PERMA モデル**

P：Positive Emotion	ポジティブ感情
E：Engagement	積極的関与
R：Relationship	結び付き
M：Meaning	意義・価値（感）
A：Accomplishment	達成（感）

😊 感情と動機づけ

また、あまりにネガティブ感情を抱かざるを得ない状況下に置かれると、Seligman が実証実験を行って明らかにした、［学習性無力感 (Learned helplessness)］になります。これは、長期間、回避が難しい状況に置かれると、ネガティブな感情を抱き、その状況から回避することの努力をあきらめてしまうという、**感情と動機づけ**の関係を示すものです。

一方で、**感情と動機づけ**については、Hayamizu, T. はネガティブ感情の中でも、活性化が強い怒り、悔しさ、不満は動機づけが高いということを提唱しています。

Column

馬と感情

馬は数多の動物の中でも特に賢いといわれています。その馬に人間の様々な表情の写真を見せた後、怒っている顔写真を見せると、心拍数が上がります。
もしかしたら、馬は人間の持つ感情と近いものを持っているのかもしれませんね。

43 人格の概念および形成過程

　ここでは人格とそれに類するパーソナリティ、性格、気質概念と人格の変化と連続性という2面を持つ形成過程について、一貫性論争（人間─状況論争）の概要、人格の2大類型である類型論と特性論について概説をします。現時点では類型論は過去のものになりつつありますが、人格心理学の流れを学ぶということは重要となりますので、代表的な理論を解説します。特性論についても、現在、メインに扱われている5因子モデルを中心に述べていきます。

⚙ 人格、パーソナリティ、性格、気質

　人格、パーソナリティ、性格は同じ対象を異なった名称で呼んでいると考えられます。

　一般的には性格という言葉が、心理学の世界では人格という言葉が従前は使われてきており、人格と性格が混在した使い方をされていましたが、現在はパーソナリティという言葉を使うことが多くなってきています。

> 日本パーソナリティ心理学会は 2003（平成 15）年まで日本性格心理学会としており、それ以降は日本パーソナリティ心理学会と変更したことから、性格とパーソナリティとは同義であるとも考えられます。

ひとこと

　気質（temperament）とは、生得的な基盤があり、生理学的な反応性と関連しているものとされています。さらに、気質を性格の初期値とする説もあります。

　この、気質を性格の初期値とする説については **Thomas, A. & Chess, S.** の**ニューヨーク縦断研究**、気質の 9 次元で述べています。

● 気質の 9 次元

① [活動性]　② [周期性（睡眠や空腹など）]　③ [接近／回避]
④ [順応性]　⑤ [反応の強さ]　⑥ [反応閾値]　⑦ [機嫌]
⑧ [気の散りやすさ]　⑨ [注意の範囲と持続性]

Thomas, A. & Chess, S. の主張は、この 9 次元の気質を初期値として、その後の環境との相互作用で人格（パーソナリティ、性格）が作られていく、というものです。

性格の連続性と変化

性格の連続性として、Costa, P.T. & McCrae, R.R. は縦断研究において、人格構成因子の中で、老年期になっても若年期と連続し安定しているのは、① [神経症性]、② [外向性]、③ [経験への開放性] の 3 因子であることを配偶者による評定結果から導き出しています。

高齢者の**性格の変化**について、Roberts, B.W. & DelVecchio, W.F. の性格 5 因子検査を使ったものでは老人期には加齢による変化は生じるものの、青年期から老年期まで変化がないものが主であるという結果が出ています。

この性格の加齢変化には、遺伝要因、ライフイベント要因、身体的・健康的要因、環境的要因（社会要因）により変化する**相互作用**の面があります。

● Cloninger の気質と性格の 7 次元モデル

Cloninger, C.R. の 7 次元モデルでは、性格を構成するものとして生得的な [遺伝要因] である気質と後天的に学ぶという [環境要因] である性格を 2 分して説明をしています。

この 7 次元モデルは次の 4 気質次元と 3 性格次元の組み合わせで性格を説明しています。

● 7 次元モデル

4 気質次元	3 性格次元
①新奇性の探求（ドパミンと関係）	①自己志向
②損害回避（セロトニンと関係）	②協調性
③報酬依存（ノルアドレナリンと関係）	③自己超越
④固執（セロトニンと関係）	

◎ 一貫性論争（人間―状況論争）

　人格心理学における類型論や特性論は、人間の行動は基本的に状況を通じて一貫性を持ったものという前提に立っています。

　その前提に対し、1968年に［Mischel, W.］は社会的学習理論に基づいた状況論の立場で、［パーソナリティの通状況的一貫性（cross-situational consistency）］への批判を行い、次の4点を提起しました。

> ①行動には状況を超えた一貫性があるか？
> ②行動の規定因は人に求められるのか、状況に求められるのか？
> ③性格検査などの測定結果をもとにした行動予測の有用性があるのか？
> ④人格特性には内的な実在性があるのか？

　この提起をめぐり、一貫性論争（人間―状況論争）が引き起こされました。

　これは、行動は状況特殊的であり、状況を通じての一貫性はないのではないかというものです。

◉ 状況論

　状況論とは、Mischel の主張の基盤となるもので、人間が行動を決定する際には、個人の人格という変数よりも、状況の変数が大きな役割を持つという立場です。

　この一貫性論争の結果として行動は人間（内的要因）と状況（外的要因）の相互作用により生じるという相互作用論へつながっていきました。

◉ 相互作用論

　相互作用論は、一貫性論争を受け、Endler, N.S. & Magnusson, D. により提唱され、人間行動を説明するにあたり、個人の内的要因と状況の外的要因の相互作用による影響を重視する立場です。

　相互作用論は次の4点がその骨子となっています。

> ①内的要因と外的要因は一方向的に行動に影響を与えるものではなく、双方向的で連続的な相互作用によって行動に影響を与える
> ②個人は環境へ積極的に働きかけ環境を作り上げる存在である
> ③人の側から相互作用を見ると、行動を決定する際の主な決定因は感情よりも認知である面が強い
> ④状況の側から相互作用を見ると、状況が個人にとり、どのような意味があるのかが重要となる

つまり、相互作用論は「人か状況か」ではなく、「人も状況も」感情へ影響をおよぼすというものなのです。

社会的認知理論

社会的認知理論とは、対人認知の際、ヒューリスティックな情報処理過程で生じる [暗黙の性格観 (Implicit personality theory)] というものです。

この暗黙の性格観とは、人の性格を判断する際に、前提なく持っている素朴な性格理論（例：内向的な人は神経質である、メガネをかけている人は頭がいい）により相手の性格を認知するものです。

Column

パーソナルコンピューターと人格心理学

読者の皆さんの家庭にもパーソナルコンピューター（通称：パソコン）が1台はあるかと思います。筆者もこの原稿をパソコンで書いています。

パソコンが普及する前は、人格心理学の特性論でよく使用されている因子統計を含め、ありとあらゆることが手計算か機械式計算機（歯車の組み合わせで計算を行うもので、暗号解読のために開発・発展した）で行われていました。

特性論の中で、現時点で一番使われている5因子モデルとは、パソコンが産み出したものなのです。1990年には、一般の人にも十分手が届く値段でパソコンが市販されていて、Goldberg, L.R. も、そういったパソコンを使い、過去手計算でなされていた人格の因子分析を再度パソコンで行った結果、5因子モデルにたどりついたのです。

血液型と性格の関連は心理学的には支持をされていない仮説であることに留意してください。現在では、血液型によって採用を判断したり、職場での配置を決めたりすることは「血液型ハラスメント（ブラッドタイプハラスメント）」とされています。

ひとこと

Column

血液型別性格診断と確証バイアス

人は自分の考えが正しいかどうかを検証するときに、自分の考えを補強する証拠ばかりに目がいきがちで、反証となる情報に注目しない傾向が強くみられます。これを確証バイアスといいます。血液型別性格診断はこの確証バイアスの働きによりはびこってしまっているといえます。

人格の類型、特性

44

　人格の2大類型である類型論と特性論について概説をします。現時点では類型論は過去のものになりつつありますが、人格心理学の流れを学ぶことは重要ですので、代表的な理論を述べます。

　特性論についても、現在、メインに扱われている5因子モデルを中心に述べていきます。

類型論

　類型論とは、個々の事象から類似点を集めて典型的な類型を作り、対象を分類していくことで、全体を理解するための枠組みを作ることです。

　近代になり、生物学を基準として人格の分類が行われています。

生物学的基礎による性格類型論

　体型や発生生物学の観点から性格類型論（体型説）が作られました。

体型説

　Kretschmer, E. は体型と精神疾患の関係をベースに、次の体型気質3類型を提唱しました。

● Kretschmer の体型説（体型気質類型論）

体型	性格特徴	気質	関連精神疾患
細長型	非社交的・真面目	分裂気質	統合失調症
肥満型	社交的・気分の変動が大きい	循環気質	双極性障害（躁うつ病）
筋骨型	秩序正しさを好み頑固	粘着気質	てんかん

新体型説

　Sheldon, W.H. は体型と性格の関係を発生学的な視点に立ち、次の気質3類型を作りました。

● **Sheldon 新体型説（気質類型論）**

型	性格特徴	気質
内胚葉型	内胚葉から生じた消化器系が特に発達した肥満型で社交的、享楽的	内臓型気質
中胚葉型	中胚葉から生じた筋骨系が特に発達した筋骨型で活動的、闘争的	身体型気質
外胚葉型	外胚葉から生じた皮膚・神経組織が特に発達した細長型で非社交的、過敏	頭脳型気質

◎ 生物学的基礎以外の性格類型論

分析心理学の観点や人生における価値観の観点から向性説、価値観による類型から性格類型論が作られました。

● 向性説

Jung, C.G. は［リビドー］という、心的エネルギーの方向性の観点から 8 類型を作りました。

● **Jung の向性説**

リビドーが向かう方向	心的機能	類型
内向・外向の 2 つ	思考・感覚・感情・直感の 4 つ	2 × 4 の 8 類型

● 価値観による類型

Spranger, E. は個人が重きを置く価値による 6 類型を作りました。

● **Spranger の価値観による類型**

理論型	真理の追求に価値を置く
経済型	利益の追求に価値を置く
審美型	美的価値の追求に価値を置く
社会型	他愛的活動に価値を置く
権力型	権力による支配に価値を置く
宗教型	宗教的なものに価値を置く

特性論

特性論とは、人格を構成する各特性（因子）の組み合わせにより人格傾向を理解することができるというものです。

この性格特性の最初の提唱者は Allport, G.W. です。

Allport の考えでは、特性とは性格の基本であり、直接の観察は不可能だが、行動から推測的に構成されるという、いわゆる構成概念であり、これら特性は測定が可能なものが多いとされています。

さらに、Allport は、性格とは個々の特性（因子）の測定値の総量がその人の性格として現れているもの（性格の特性論）と考えています。

そのため、テストや行動観察によって個々の特性（因子）を測定して、それを一定の尺度として記載して分析することで、人格を表していくことができます。

語彙アプローチ（心理辞書的研究・心理辞書的アプローチ）

語彙アプローチのもとになったものに[基本語彙仮説]があります。これは「人間の活動において重要な意味を持つ個人差は、日常使用している言語（自然言語）として符号化されている」というものです。

語彙アプローチとは、この基本語彙仮説に基づき、人格表現語句である、名詞、形容詞、動詞、副詞、複合語を収集し、分類・整理することで人格の構造を見出すことです。

Allport, G.W. と Odbert, H.S. は、Webster's Dictionary より、人格表現語句を抽出する語彙アプローチを行いました。[Cattell, R.B.] は語彙アプローチについて、先行研究のクラスター分析を行った結果として 16 因子を見出し、[16PF] という人格検査を開発しています。

Allport の特性に関する考えは、個人による特性の量的な差からなる[個別特性論]であるとしています。

日本の**矢田部達郎**は Guilford, J.P. の行った語彙アプローチを受けて、12 因子の[矢田部・ギルフォード性格検査]を作成しました。

この性格検査は Guilford の作り上げた性格検査を参考にして、矢田部達郎らが質問項目を選定し、日本人を対象として標準化を行ったものです。Guilford との共同研究・共同作成した性格検査ではない点に注意する必要があります。

● 矢田部・ギルフォード性格検査の 12 因子モデル

特性（因子）	性格の特性	説明
D 因子 (depression)	抑うつ性	悲観的、落ち込みやすさの性質
C 因子 (cyclic tendency)	回帰的傾向	気分の変わりやすさの性質

特性 (因子)	性格の特性	説明
I 因子 (inferiority feelings)	劣等感	自信の欠如、自己過小評価傾向
N 因子 (nervousness)	神経質	過敏、気にしやすさ、心配症の性質
O 因子 (lack of objectivity)	客観性のなさ	空想的で過敏な性質
Co 因子 (lack of cooperativeness)	協調性のなさ	不信と不満の性質
Ag 因子 (agressiveness)	攻撃性	物事や人に対する攻撃的性質
G 因子 (general activity)	一般的活動性	心身両面の活動的性質
R 因子 (rhathymia)	のんきさ	気軽で衝動的な性質
T 因子 (thinking extraversion)	思考的外向	思弁的、内省的傾向でない性質
A 因子 (asendance)	支配性	社会的指導性の性質
S 因子 (social extraversion)	社会的外向	社会的接触を選好する性質

特性・性格 5 因子モデル (Big Five、以下 5 因子モデル) とは、人格が 5 つの因子で構成されるとする考え方です。1930 年代より数多く行われた語彙アプローチにより見出された特性 (因子) を、1990 年に [Goldberg, L.R.] が再度、因子分析を行ない見出されました。Goldberg の 5 因子モデルは下表の 5 因子で構成されています。

● 5 因子モデル

神経症傾向 (N：Neuroticism)	高さは情緒不安を示し、低さは情緒安定を示す
外向性 (E：Extraversion)	高さは積極性・活動性を示し、低さは内向的であることを示す
経験への開放性 (O：Openness to Experience)	高さは新奇性への積極性、低さは保守性の高さを示す
協調性 (A：Agreeableness)	他者との協調性の高さ、もしくは低さを示す
誠実性 (C：Conscientiousness)	与えられた課題への取り組みの計画性・誠実性の高さ、もしくは低さを示す

● ナラティブ・アプローチ

ナラティブ・アプローチとは、クライエントの語る「narrative ＝物語」を通し、そのクライエントらしさを持った解決法を見出していくアプローチ方法です。

自分に生じた出来事に意味づけをする自己物語を作ることにより、自身に一貫性と安定性をもたらし、その流れに沿って人格を構築すると考えられています。

また、ナラティブ・アプローチの考えに基づいた、[McAdams, D.P.] が提唱した

人格の3層構造のその第3層に至ることで、人は人格を統合的に生成・変化する存在になると考えられています。

● McAdams の人格 3 層構造

第3層	統合的物語観点（アイデンティティとライフヒストリー）
第2層	動機・目標のような個人特有の適応様式
第1層	5因子モデルのような自然科学的アプローチレベル

人間心理学的アプローチ

人間心理学的アプローチとは、［Rogers, C.R.］が提唱した、人間の主体性・創造性・自己実現などの積極的性質を人間の本質とする立場であり、人間性を特性論のようにモザイクでとらえるのではなく、全体性でとらえ、性格というものは、その人らしい個人の独自性であることを理解し、人間を全体的に理解するためのものとしています。

人格変化の過程の理論（Strands モデル）

Rogers は人間心理学的アプローチに基づいて、人格が成長するに従って変化をする［人格変化の過程の理論（Strands モデル）］を提唱しています。

人格変化の過程の理論（Strands モデル）とは人格は表のように「低」から「中」を経て「高」へ、バラバラの糸が Strands（撚糸）のように統合されていくことで成長をとげるというものです。

● Rogers の人格変化の過程の理論（Strands モデル）

Strands	変化の過程		
	低	中	高
感情と個人的意味づけ	表出されない	表出が増大する	十分に体験される
体験過程	体験過程から遠く離れている	体験過程との隔たりが減少する	体験する過程の中に生きる
不一致	不一致が認識されない	不一致の認識が増大する	不一致が一時だけになる
自己伝達	自己伝達が欠けている	自己伝達が増大する	自己伝達が豊かに望むままになる
体験の解決	既成概念が事実として硬直的に使われる	自身で解決を作るという認識となる	柔軟に体験過程を照合して解決する
問題に対する関係	変えようとする要求がない	責任をとることが増大するが、変化を恐れる	問題を外部対象物として見なくなる
関係の仕方	親密な関係は危険だと避ける	危険という感じが減る	開放的かつ自由に関係を持つ

● Q 分類（Q 技法）

人間心理学的アプローチではカウンセリングによる自己概念の変化を重要視しています。自己概念の変化とは人格の変化ということもできます。

Rogers は継続的なカウンセリング中にどのような変化が生じたかの客観的・科学的研究を行い、その中で [Stephenson, W.] が開発した Q 分類（Q 技法）を用いています。

Q 分類（Q 技法） とは、自己に関する様々な記述がされている 100 枚のカードを、今の自分に該当するか、9 段階（最も該当するものから、しないものまで）に分類し並び替える技法です。

この Q 分類（Q 技法）をカウンセリング中に期間をあけて 2 回行い、分類間を相関係数で示すことにより、個人内の人格の変化を数量的に測定するものです。

なお Q 分類（Q 技法）は 100 枚 9 段階法と 150 枚 11 段階法の 2 種類があります。

> **Column**
>
> ### 基本語彙仮説と Webster's Dictionary
>
> 基本語彙仮説に基づき、Allport は Webster's Dictionary の辞典から単語抽出を行いましたが、この辞典は日本人と深い縁があります。
>
> 福澤諭吉が咸臨丸で渡米時に「ウエブストル事典」を多数購入して持ち帰り、日本での英語教育のもととなったからです。福澤諭吉の渡米はこの辞典の購入が目的の 1 つで、そのため、持っていた刀剣類を売り払って購入費用としたとのことです。
>
> そして、今でも Webster's Dictionary は現役です。さすがに紙媒体のものではなく、DVD や Cloud システムに移行し、英語圏で多く使われている信頼のある辞典という位置づけは変わらないようです。

記憶・感情などの生理学的反応の機序

45

記憶や感情などのメカニズムや神経基盤については、生理学的研究や神経心理学的研究によって解明が試みられてきました。それぞれの機能や関連する脳の部位等はしっかりと理解しておくことが必要です。

◎ 記憶の生理学的基盤

　一般的な意味で記憶という場合、様々な記憶の中でエピソード記憶を指します。臨床神経学領域においても、単に記憶障害という場合には、通常エピソード記憶の選択的障害を指すことが多いです。現在、エピソード記憶障害の責任病巣は、主に①［内側側頭葉］（**海馬・海馬傍回**）、②［間脳］（**視床・乳頭体**）、③［前脳基底部］と考えられています。これらは内側辺縁系回路（**Papez 回路**）と腹外側辺縁系回路といった2つの大脳辺縁系回路を構成しています。

◉ エピソード記憶における内側側頭葉の役割（H.M. の症例）

　重篤なエピソード記憶の障害を示したケースとして症例H.M. が有名です。1953 年、米国人男性 H.M. はてんかんの治療のために両側内側側頭葉（**海馬**および**扁桃体**とそれらの周囲皮質の大部分が含まれていた）の切除術を受けました。術後、てんかん発作は減少しましたが、重度の記憶障害になってしまいました。特に［前向性健忘］がひどく、［逆向性健忘］も術後 11 年ほど続いたと報告されています。重篤な前向性健忘を示した H.M. ですが、その障害は特にエピソード記憶においてみられ、運動技能である鏡映描写など、課題によっては学習が可能でした。つまり、［手続き記憶］には問題がみられませんでした。H.M. の症例は、エピソード記憶に［海馬を含む内側側頭葉］が関わっていることを明らかにしました。

前向性健忘と逆向性健忘

新しい経験や情報を覚えられなくなることを**前向性健忘**、事故や病気の前に経験したことが思い出せなくなることを**逆向性健忘**という。

⚙ エピソード記憶における間脳の役割

　間脳もエピソード記憶との関わりが深い領域です。例えば、コルサコフ症候群では
エピソード記憶の障害がみられることがありますが、これには責任病巣である**視床背**
内側核、**乳頭体**を中心とする間脳と前頭葉の一部などの関与が示唆されています。

⚙ エピソード記憶における前脳基底部の役割

　エピソード記憶に**前脳基底部**が関わっていることがこれまでの研究で明らかにされ
ています。1985 年の Damasio, A.R. らによる報告で注目されるようになりました。
Damasio らは、前脳基底部の下に位置する**前交通動脈瘤破裂**によって作話を伴う人
格変化や健忘症状がみられたことを報告しています。その他に PET を用いた研究で
は、エピソード記憶の再生に関連して前脳基底部の領域が賦活することが明らかにさ
れています。

◎ 感情の生理学的基盤

　感情に関する生理学的基盤の基礎となった研究がいくつかあります。例えば、
Gage, P. の症例や James-Lange 説と Cannon-Bard 説、感情と辺縁系の関連に関
する理論などです。感情と関わる脳部位としては、[前頭前野] 、[扁桃体] が重要です。

⚙ 感情における前頭前野の役割（Gage の症例）

　1848 年、アメリカ東部のバーモント州で鉄道建設作業の現場監督を務めていた
Gage は岩盤を爆破する仕事をしていました。事故の当日、Gage は仕掛けたダイナ
マイトが爆発し、鉄棒が Gage の下顎から頭を貫通しました。驚くことに、Gage は
一命を取りとめました。しかし、彼の性格は一変してしまいました。事故前は、温厚
で計画通りに物事を進め、敏腕で頭が切れ、エネルギッシュで粘り強い性格だったに
もかかわらず、事故後は、無礼で下品な言葉をはき、計画はするがすぐにやめ、感情
の起伏が激しい、移り気で優柔不断な性格になってしまいました。

　Gage の死亡後、Damasio らの研究チームが脳のどの領域が障害されていたか再
検討した結果、[前頭前野] の下内側部にある**眼窩前頭皮質**と**前頭極**を中心とする損
傷が確認されました。これは、[感情の抑制] 等、人の性格と関係する部位です。

⚙ James-Lange 説と Cannon-Bard 説

　感情に関する最初の生理学的な理論は、James, W. と Lange, C. によってそれ
ぞれ独立して提唱されました。[James-Lange 説]（末梢起源説）は、まず生理的
な変化が起き、その後で感情を経験するという考え方です。1900 年代初期には、

Cannon, W. が James-Lange 説に替わるものを提唱し、その後 Bard, P. が発展させました。このことから、[Cannon-Bard 説]（中枢起源説）といいます。Cannon-Bard 説は、中枢神経系による情報処理が感情生起の中心で末梢神経系の反応はその感情生起と同時に生じるという考え方です。

● Schachter-Singer 説

　Schachter-Singer 説は、S. Schachter と J. Singer によって提唱された理論で情動の **2 要因説**ともいいます。「情動は、身体反応による生理的な喚起とその認知的な解釈（ラベリング）の相互作用によって生じる」という考え方です。情動の生起には、末梢神経系の反応と中枢神経系による認知的処理の両方が関係します。

● 感情と辺縁系（Papez の回路）

　1937 年、Papez, J.W. は [辺縁系] によって感情の表現がコントロールされていると考え、感情に関わる回路として [Papez 回路] を提唱しました。Papez 回路は、帯状回が興奮することで「**海馬→海馬采・脳弓→乳頭体→視床前核→帯状回→海馬傍回→海馬体**」を結ぶ経路です。

プラス+1

感情に関する用語の整理
心理学では、感情に類似した単語として「情動」や「気分」が使用されることがあるが、それぞれ異なる。「情動」は、短期的に生じる強い主観的・身体的変化を伴うものであり、原因が比較的明らかであることが多い。「気分」は長期的に生じる弱い主観的・身体的変化を伴うものであり、原因があいまいであることが多い。また、Damashio, A.R. 理論では、情動反応が脳によって知覚され、さらに意識される感情経験をフィーリングという。

◉ 脳・神経系の研究方法

　様々な手法により脳や神経系の活動を測定することができます。どのような方法があるかを知り、その特徴について理解しておくことが大切です。

● 脳の活動を測定する方法

　脳の活動を測定する方法として、[脳波] 検査（Electroencephalogram：EEG）、**脳磁図検査**（Magnetoencephalography：MEG）、**磁気共鳴機能画像法**（functional magnetic resonance imaging：fMRI)、**陽電子放射断層撮影法** (Positron emission tomography：PET)、**単一光子放射断層撮影法** (Single photon emission computed tomography：SPECT) 等があります。fMRI や PET、SPECT は [局所脳血流変化] をとらえることが可能です。局所脳血流変化は、局所的な脳血流の変化を指します。局所的な脳血流は、精神活動の強度によって変化がみられます。

● 脳の活動を測定する方法

脳波検査 EEG	脳波から脳の働きをみる検査。脳波は大脳皮質に生じる電位変動を頭皮上から記録したもので、大脳の機能変化をとらえる。脳波の一種である [事象関連電位] (event-related potential：ERP) は認知機能や運動機能を鋭敏に反映する
脳磁図検査 MEG	脳内にわずかに発生する磁場変化をとらえて脳の機能を解析する。脳波に比べ、脳の中の電流の発生源を正確に同定することが可能
磁気共鳴機能画像法 fMRI	MRI の原理を応用し、脳が機能しているときの活動部位の血流変化を画像化する方法。PET や SPECT のように放射性同位元素化合物を投与しなくても脳機能を調べることが可能
陽電子放射断層撮影法 PET	放射性同位元素化合物を対象者に投与し、その化合物から放射されるガンマ線をもとに画像化する方法。脳神経細胞の糖代謝を測定する
単一光子放射断層撮影法 SPECT	PET と同様に放射性同位元素化合物を対象者に投与し、その化合物から放射されるガンマ線をもとに画像化する。PET とは測定方法が異なり、薬剤の取り扱いが簡便

🔅 体性神経系の活動を測定する方法

体性神経系を測定する方法として、[筋電図記録法] や **眼電図記録法** があります。筋電図記録法は、筋緊張を測定する一般的な方法で対象となる筋肉の表面に電極を貼り付けて記録します。眼電図記録法は、眼の動きを測定する方法です。眼球の前部 (陽性) と後部 (陰性) に常に電位差があるということに基づいています。

🔅 自律神経系の活動を測定する方法

自律神経系を測定する方法として、[皮膚電気活動] や [心血管系活動] 等の指標がよく用いられます。

＜皮膚電気活動＞

皮膚電気活動は、**精神性の発汗** を電気的にとらえるものです。測定方法には、**電位法**と**通電法**の 2 種類があります。

電位法	一対の電極間の電位差を直接測定する方法で電流は流さない。電位法で測定される反応には、皮膚電位反応 (Skin potential response：SPR) と皮膚電位水準 (Skin potential level：SPL) があり、2つを合わせて [皮膚電位活動] (Skin potential activity：SPA) という
通電法	指や手のひらに装着した一対の電極間に微弱な電流を流して測定する。また、通電法で測定される緩徐な基線の変動 (基準のようなものが緩やかに変動するという意味) として皮膚抵抗水準 (Skin resistance level：SRL) と皮膚コンダクタンス水準 (Skin conductance level：SCL) がある。皮膚抵抗反応と皮膚抵抗水準を合わせて [皮膚抵抗変化] (Skin resistance change：SRC)、皮膚コンダクタンス反応と皮膚コンダクタンス水準を合わせて [皮膚コンダクタンス変化] (Skin conductance change：SCC) という

 プラス+1

皮膚コンダクタンス

近年、生理心理学的研究では、皮膚コンダクタンス変化が用いられることが多いようである。皮膚コンダクタンスは自律神経系の覚醒の指標として使用でき、一般的に、覚醒レベルが高くなると、汗腺活動とそれに対応する皮膚コンダクタンス反応がより多く出現するといわれている。

＜心血管系活動＞

　心血管系活動は、主に**心拍数**や**血圧**、**血液量**、**体温**によって記録されます。心拍数は、[心電図] で把握することが可能です。心拍変動 (自律神経のゆらぎによる心拍数の周期性変動) は自律神経緊張やストレス、感情の指標になります。うつ病では、心拍変動の異常がみられることが明らかにされており、抑うつ状態にある場合、心拍変動の周波数解析において高周波成分 (副交感神経) の指標が低下すると考えられています。

46 高次脳機能障害

高次脳機能障害とは、病気や事故によって脳が損傷されたために、認知機能に障害が起きた状態です。学術用語としては、脳損傷に起因する認知障害全般を指します。

◎ 高次脳機能障害の診断基準

　2001（平成13）年度に開始された高次脳機能障害支援モデル事業の調査結果に基づき、日常生活や社会生活への適応に困難さを抱える人たちに対して支援対策を推進するという観点から以下のように**行政的**な診断基準が定められています。

● 高次脳機能障害の診断基準

1）主要症状など
①脳の器質的病変の原因となる事故による受傷や疾病の発症の事実が確認されている ②現在、日常生活または社会生活に制約があり、その主たる原因が［記憶障害］、［注意障害］、 　［遂行機能障害］、［社会的行動障害］などの認知障害である
2）検査所見
MRI、CT、脳波などにより認知障害の原因と考えられる脳の器質的病変の存在が確認されているか、あるいは診断書により脳の［器質的病変］が存在したと確認できる
3）除外項目
①脳の器質的病変に基づく認知障害のうち、身体障害として認定可能である症状を有するが 　上記主要症状 1)- ②を欠く者は除外する ②診断にあたり、受傷または発症以前から有する症状と検査所見は除外する ③先天性疾患、周産期における脳損傷、発達障害、進行性疾患を原因とする者は除外する
4）診断
① 1)～3) をすべて満たした場合に高次脳機能障害と診断する ②高次脳機能障害の診断は脳の器質的病変の原因となった外傷や疾病の急性期症状を脱した 　後において行う ③神経心理学的検査の所見を参考にすることができる

出典：厚生労働省・国立障害者リハビリテーションセンター

なお、高次脳機能障害は国際疾病分類 ICD-10 の「器質性精神障害」に分類されており、以下の F04、F06、F07 に含まれる疾病を原因疾患に持つ人は高次脳機能障害の診断基準の対象になります。

● 高次脳機能障害診断基準の対象となるもの

F04	器質性健忘症候群、アルコールその他の精神作用物質によらないもの
F06	脳の損傷及び機能不全並びに身体疾患によるその他の精神障害
F07	脳の疾患、損傷及び機能不全による人格および行動の障害

◉ 高次脳機能障害の原因

　高次脳機能障害の原因としては、脳梗塞や脳内出血、くも膜下出血等の［脳血管障害］、交通事故や転落、スポーツ事故等による［頭部外傷］、脳炎や低酸素脳症、脳腫瘍、神経変性疾患等があります。

◉ 高次脳機能障害の種類とその症状

　高次脳機能障害には、記憶障害や注意障害、遂行機能障害、社会的行動障害のほかに［失語症］や［失行症］、［失認症］等があります。

◉ 記憶障害

　記憶障害とは、病気や交通事故等の前に経験したことが思い出せなくなったり、新しい経験や情報を覚えられなくなったりした状態のことです。事故や病気の前に経験したことが思い出せなくなることを［逆向性健忘］、新しい経験や情報を覚えられなくなることを［前向性健忘］といいます。脳損傷による逆向性健忘の場合、一般的にはより最近の記憶（発症時点に近い出来事）ほど想起しにくく、より古い記憶（発症時点から遠い出来事）ほど想起しやすいと考えられています。このことを［時間勾配］といいます。ただし、時間勾配は必ずみられるというわけではありません。記憶が障害された場合、［作話］がみられることもあります。

 用語解説　作話

作話とは、実際に体験しなかったことが誤って追想される現象である。

🔅 注意障害

注意障害とは、病気や交通事故などによって必要なものに意識を向けたり、重要なものに意識を集中させたりすることが上手にできなくなった状態をいい、[全般性注意障害] と方向性注意障害があります。

全般性注意障害は、すべての空間に対して不注意が生じるもので、注意障害といわれる場合、多くは**全般性注意障害**のことを指します。注意の容量そのものが低下することもあれば、選択性、持続性、分配性、転換性といったそれぞれの要素が障害されることもあります。

一方、方向性注意障害は、**特定の方向**に対して不注意が生じます。**右半球損傷**に伴う [左半側空間無視] がその代表的な例です。左半側空間無視では、左の空間という特定の方向へのみ注意を向けることができません。そのため、線分二等分試験において中点より右寄りに印を付けたり、模写課題では絵の左半分を描きおとしたりすることがあります。また、日常生活では、食器皿の左側にあるものを残してしまったり、左側にいる人に気が付かなかったりすることがあります。同名半盲と混同しないように注意する必要があります。

🔅 遂行機能障害

遂行機能障害とは、[目標の設定]、[計画の立案]、[計画の実行]、[効果的な行動] ができなくなった状態です。すべてができなくなるわけではありません。また、[柔軟性] が低下し、臨機応変な対応が難しくなることも遂行機能障害の特徴です。

● 遂行機能障害の特徴

[目標設定] の障害	先の目標が設定できない
[計画立案] の障害	目標を達成するための具体的な計画を立てることができない
[計画実行] の障害	計画通りに物事を進めることができない
[効果的な行動] の障害	目標を達成するための効果的、効率的な行動ができない

🔅 社会的行動障害

社会的行動障害とは、[意欲] や [発動性] の低下、[欲求コントロール] の低下、[感情コントロール] の低下、[対人技能拙劣]、[依存的行動]、[固執性]、[抑うつ] といった症状がみられる状態です。

特徴	例
意欲や発動性の低下	何もする気が起きず1日中ベッドから離れられない
欲求コントロールの低下	我慢ができず手元にあるお金を全部使ってしまう
感情コントロールの低下	悲しい場面でも笑ってしまう
対人技能拙劣	他人につきまとったり迷惑行為をしたりしてしまう
依存的行動	子どもっぽくなり、家族をすぐに頼ってしまう
固執性	些細なことにこだわり、状況に合わせた変更ができない
抑うつ	気持ちが沈む

😊 失語症

失語症とは、大脳言語中枢の損傷による言語理解、言語表出の障害です。失語症の分類は、全失語、Broca 失語、Wernicke 失語、超皮質性運動失語、超皮質性感覚失語、伝導失語等多岐にわたります。

● 失語症の分類

失語症のタイプ	発話	言語理解	錯誤	復唱	責任病巣
全失語	非流暢	不良	あり	不良	優位半球の前頭葉・側頭葉の広範
Broca 失語 (運動性失語)	非流暢	良好	まれ	不良	優位半球の下前頭回後部(Broca 野)
超皮質性運動失語	非流暢	良好	まれ	良好	左前大脳脈領域
Wernicke 失語 (感覚性失語)	流暢	不良	あり	不良	優位半球の上側頭回後部(Wernicke 野)
超皮質性感覚失語	流暢	不良	あり	良好	頭頂後頭部
伝導失語	流暢	良好	あり	不良	角回、縁上回、弓状束

😊 失行症

失行症とは、指示された内容や行動の意味を理解しているにもかかわらず、要求された行為ができない障害です。失行症の分類は、観念失行、観念運動失行、構成失行、着衣失行など多岐にわたります。

● 失行症の分類

失行症のタイプ	症状	責任病巣
観念失行	物品を用いる一連の動作ができない	左頭頂後頭葉
観念運動失行	指示に従った行為ができない	左頭頂葉
構成失行	形を作ることができない	左右頭頂葉
着衣失行	服を着ることができない	右頭頂葉

失認症

失認症とは、視覚、聴覚、触覚の感覚の機能には問題がないにもかかわらず、それが何であるか認知できない障害です。障害を受ける感覚の種類によって、視覚失認、聴覚失認、触覚失認などに分類されます。多くみられるのは**視覚失認**です。

高次脳機能障害の神経心理学的アセスメント

高次脳機能障害の診断においては、神経心理学的検査の所見も参考にされます。

● 高次脳機能障害の評価に用いられる神経心理学的検査の例

記憶障害	● WMS-R (Wechsler Memory Scale-Revised)：全般的記憶検査 ● リバーミード行動記憶検査：日常記憶検査 ● 三宅式記銘力検査、標準言語性対連合学習検査：言語性記憶検査 ● ベントン視覚記銘検査：視覚性記憶検査
注意障害	● CAT (Clinical Assessment for Attention：標準注意検査法) ● TMT (Trail Making Test) ● PASAT (Paced Auditory Serial Addition Task)
遂行機能障害	● BADS (Behavioural Assessment of the Dysexecutive Syndrome) ● WCST (Wisconsin Card Sorting Test) ● FAB (Frontal Assessment Battery) ● TMT (Trail Making Test) ● ストループ検査
社会的行動障害	● WOOD 法 (行動、情緒のチェック表) ● ABS 適応行動尺度
失語症	● SLTA (Standard Language Test of Aphasia：標準失語症検査) ● 老研版失語症鑑別診断検査 ● WAB (Western Aphasia Battery) 失語症検査
失行症	標準高次動作性検査
失認症	標準高次視知覚検査

高次脳機能障害に対する支援 (リハビリテーションプログラム)

　高次脳機能障害のリハビリテーションプログラムには、①医学的リハビリテーションプログラム (リハビリテーション)、②生活訓練プログラム (生活訓練)、③就労移行支援プログラム (就労移行支援) の3つがあり、発症・受傷からの相対的な期間と目標に応じて行われます。

　高次脳機能障害の標準的リハビリテーションプログラムでは、医師や作業療法士、理学療法士、言語聴覚士等のリハビリテーション専門職、看護師、運動療法士、ソーシャルワーカー、心理職などがチームを組んで訓練に携わります。診断基準に基づいて高次脳機能障害と診断された場合、診療報酬の対象になります

医学的リハビリテーションプログラム

　医学的リハビリテーションには、認知リハビリテーションやカウンセリング、薬物治療などが含まれます。

● それぞれの障害に対する訓練方法

記憶障害	● 反復訓練 ● 環境調整 ● 内的記憶戦略法 　…視覚イメージ法、顔-名前連想法、PEG法、PQRST法、物語作成法 ● 外的補助手段 ● その他 　…**領域特異的な知識の学習**、手がかり漸減法
注意障害	● 間違い探し　　● パズル　　● 抹消課題
遂行機能障害	● 直接訓練 ● 問題解決訓練 ● マニュアルの利用 ● 結果のフィードバック
社会的行動障害	● 環境調整　　● 行動療法的対応

PQRST法

Preview (予習)、Question (質問)、Read (精読)、State (記述)、Test (試験) からなる学習方法。

領域特異的な知識の学習

人名のように日常的機能に関係のある情報の獲得に焦点を当てた方法。

手がかり漸減法

手がかりを段階的に取り去り、最終的には手がかりなしで正しい反応が得られるようにする学習方法。

● 生活訓練プログラム

[生活訓練]は、**日常生活能力**や**社会活動能力**を高め、それにより日々の生活が安定し、より積極的な社会参加ができるようになることを目的としています。訓練を通して、障害に対する認識と受容を促進し、残存した能力で補う、あるいは代償手段を獲得していくことが課題です。

生活訓練では、将来的な目標と課題を整理していきます。具体的には、生活リズムの確立や生活管理（例：日課の管理、服薬管理、金銭管理）能力の向上、社会生活技能の向上、対人技能の向上を目的として訓練・支援を行っていきます。訓練はリアルフィードバックの手法を重視して行われます。また、生活におけるニーズを把握する際には、既存の**標準化された判定票**を用いることに留意しなければなりません。

リアルフィードバックの手法

訓練や生活場面で起きた問題をその場ですぐに本人にフィードバックして行動の修正を促す方法。

● 就労移行支援プログラム

[就労移行支援]は、障害者支援施設が提供するサービスの1つです。就労する上で必要な知識や能力を高めるための訓練を行います。就労後も継続して働いていくことができるよう支援します。一般的には、①初回面接と個別支援計画の作成、②職場体験・技能習得、③施設内外での職場実習、④職業準備、⑤就労のマッチング・復職支援、⑥職場定着支援といった流れで進められます。

高次脳機能障害に対する支援については、高次脳機能障害情報・支援センター（国立障害者リハビリテーションセンター）のホームページ（http://www.rehab.go.jp/brain_fukyu/）を参考にするとよいでしょう。

ひとこと

47 個人と集団

[集団] とは、2人以上の人（成員）が集まり、お互いにやりとりが行われる人の集まりのことをいいます。成員は各自が個人的な経験をしますが、集団内での現象や、他の集団（外集団）との関係で、それぞれ特徴的な現象が起こります。

個人内過程

集団の中の成員のそれぞれが、他者とのコミュニケーションなどいろいろな経験をすることで、自分を意識することになります。その成員個々の心理的な経験に関するプロセスのことを、**個人内過程**（自己過程）と呼びます。

社会的自己

人は、所属する集団や仲間から好意をもって認められたいという欲求を持っています。[James, W.] は、人が仲間など周りの人々から受ける認識（地位、名誉など）のことを**社会的自己**（客我）と呼びました。社会的自己は、人が属する集団で異なります。

集団内過程

何人かの成員が集まると小さな集団ができます。そこでやるべき課題についての話し合いで物事を決める中でコミュニケーションが生じますが、そのときの相互作用や、成員個々がする行動や心理状態のことを [集団過程] といいます。集団過程の中でも、その集団の中だけで起きるプロセスを**集団内過程**といいます。

リーダーシップ

[三隅二不二] の [PM理論] では、リーダーシップをP（**目標達成**）機能とM（**集団維持**）機能の2軸で定義して、両方の水準が高いPM型リーダーの下ではメンバーのパフォーマンスが最も良くなると考えます。

● PMリーダーシップの類型

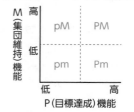

すなわち、pm 型は目標達成機能と集団維持機能の両方が低く、十分なリーダーシップがとれないタイプで、pM 型は目標達成機能は低いが集団維持機能は高いタイプ、Pm 型は目標達成機能は高いが集団維持機能は低くていずれも一長一短のリーダーシップとなるタイプ、PM 型は目標達成機能と集団維持機能の両方が高く、非常に優れたリーダーシップを発揮するタイプであるといえます。

[Fiedler, F.E.] の [条件即応モデル] という考え方では、集団で最も好ましくない人をどの程度許せるかという感情許容性を [LPC（least preferred Co-worker）得点] として、LPC が高いリーダーは「**関係動機型**」で、多くの人と良い人間関係を維持したり人に配慮もでき、低 LPC のリーダーは「**課題動機型**」で、目標を成し遂げることを追求して他者を支配したりコントロールするという特徴があります。

● グループ・ダイナミクス理論

[Lewin, K.] は、[心理学的「場」] という概念を提唱しました。これは一般に「場の空気」といわれるもので、今でも「KY（空気が読めない）」という表現が使われたりします。Lewin, K. の**グループ・ダイナミクス理論**では、集団内の成員は相互に影響を及ぼし合い、そこで心理学的「場」が形成されるという説明を行っています。

● 集団極性化

当然のことですが、集団を構成する成員はそれぞれ異なる意見を持っています。しかし、集団での話し合いで出される結論は、各成員の意見の違いが反映されたバランスのとれた結論になるより、極端な結論になりやすいといわれています。これを**集団極性化**といいます。このうち、危険の大きな選択が行われることを [リスキー・シフト]、安全かつ保守的で無難な選択に偏ることを [コーシャス・シフト] といいます。

◉ 集団間過程

自分が所属している集団を [内集団]、それ以外を [外集団] といい、集団の内外で生じる区別の様相や、そこでの成員の認知・行動面のプロセスを**集団間過程**といいます。

● 内集団バイアス

人は**外集団**より**内集団**を高く評価してしまいがちです。内集団の評価は**自己評価**と関連するからです。この**認知の歪み（バイアス）**が起きる現象を [内集団バイアス]（**内集団びいき**）といいます。内集団バイアスが外集団に対し [偏見] や [差別] 的行動を起こし、[集団間葛藤] の原因になることもあります。

対人関係とその影響

48

言葉やジェスチャーなどによって、心理的に意味がある内容を伝え合うことが［コミュニケーション］です。コミュニケーションには、言葉を用いる**言語的コミュニケーション**と、ジェスチャーや表情などを用いる**非言語的コミュニケーション**があります。

◎ 他者とのつながり

他者とつながりを維持するには、適切な言語的・非言語的コミュニケーションをとる［ソーシャル・スキル］が必要になります。人と人とのつながりのことを［ソーシャル・ネットワーク］と呼びますが、個人が誰かと一緒に過ごそうというエネルギーのことを［社会的動機］といいます。人間関係の中にも親友や恋人など、お互いの親密さが高まった［親密な対人関係］もあります。さらに、人と関わる中で起きてくる感情や、他者から自分はどうみられているか意識する中で経験する感情のことを［社会的感情］といいます。このように人が他者と関わる側面には様々なものがあるといえます。

◎ ソーシャルサポート

ソーシャルサポートは、日常の人間関係の中でどのように他者から援助を受けることができるかを表します。ソーシャルサポートがどの程度得られるかは、その人が普段からどれだけ多くの人と信頼関係を基盤とする人間関係、すなわち［ソーシャル・ネットワーク］を形成しているかどうかが重要になります。ソーシャルサポートは、心身の健康とどのように関連するかがポイントといえます。

◉ ソーシャルサポートの意義

ソーシャルサポートには、心理的支援や親密な人間関係によるかかわりを通じて自尊心を回復させる**情緒的サポート**、物資や具体的な援助のための労力を費やす**道具的サポート**、助言や情報を与える**情報的サポート**、肯定的評価などを与える**評価的サポート**の4つがあります。

ソーシャルサポートには、人間関係に起因する［対人ストレス］について、直接的には抑うつ等のストレス反応を低減させ、間接的には心理的・身体的健康を促進する効果があります。これを**ストレス緩衝効果**といいます。

社会的ジレンマ

社会的ジレンマは、多数が一斉に目標を追求すると社会全体としては好ましくない葛藤状況をいいます。社会的ジレンマ状況では、葛藤から紛争や、和解に至る過程があります。

例えば、地球温暖化の場合、「社会の利益」を考えると二酸化炭素の排出を抑えることが大切ですが、「個人の利益」として自動車が便利であることはいうまでもありませんし、日本でも過疎地域では公共交通機関の整備が不十分で自動車がなければ日常生活に支障をきたすところもあります。しかし、まだ電気自動車の割合が低い現在、自動車を増やせば排出ガスも増えることになり二酸化炭素の排出を抑えることは難しくなります。したがって、この場合「個人の利益」と「社会の利益」は対立構造にあり、これを社会的ジレンマといいます。

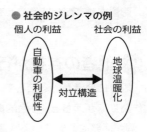

● 社会的ジレンマの例

個人の利益　　　社会の利益

自動車の利便性　←対立構造→　地球温暖化

社会的アイデンティティ

所属する集団・組織や国籍、人種、性別、宗教といった**社会的カテゴリー**との関係性に基づくものを**社会的アイデンティティ**といいます。［Tajifel, H. & Turner, J.C.］が提唱した社会的アイデンティティ理論は、人には自分自身を肯定的にとらえていたいという［自己高揚動機］があるので、自己が所属する内集団とその他の外集団にカテゴリー化すると、自他の集団を比較して内集団を高く評価しやすくなると考えます。

社会的アイデンティティ理論の前提

この理論には、次の3つの前提があります。

①人は基本的に内集団と外集団を区別する
②人は肯定的な社会的アイデンティティを維持しようとする
③社会的アイデンティティの多くは集団アイデンティティに由来する

国際紛争や宗教紛争なども、部分的にはこの理論によって説明することが可能です。

49 社会的影響

集団の中で、個人はお互いに相手の言動を見聞きし、影響を与えたり、与えられたりしています。この人々の判断や行動が他者の存在やコミュニケーションに影響されて変化することを［社会的影響］といいます。

◎ 他者の存在が行動にどう影響するか

周りに他者がいることで作業効率が高まる［社会的促進］と、他者の存在のせいで作業効率が落ちる［社会的抑制］があります。他者の存在は作業をする人の覚醒水準（脳が活発に働いている程度）を上昇させますが、それが促進として働くか抑制として働くかは、課題の内容によります。課題に自信を持っていると社会的促進となり、課題に自信がないとき社会的抑制となるわけです。

● 社会的手抜き

集団で何か活動するとき、1人あたりのパフォーマンスが、単独で活動するときより低下する現象を**社会的手抜き**といいます。手を抜く原因として、自分がどの程度努力・貢献したかが集団になると評価されにくいことが考えられますが、集団がどのような人で構成されるかや、どのような課題に取り組むかによって、社会的手抜きが生じるかどうかは異なります。

◎ 同調

同じ集団で成員が類似していることへの圧力が生じ、その圧力を感じることで考えや行動を集団基準に一致させることを**同調**といいます。

この説明に［Asch, S.E.］は「線分の長さを判断する」という単純な認知課題を用いました。これは図のような標準刺激に対して、同じ線分の長さを比較刺激の中から番号で選ぶというものです。

この課題に、1人の実験参加者と6人の**実験協力**

● Asch の用いた刺激

標準刺激　　　　比較刺激

者 (サクラ) を用意し、「実験参加者は 7 人中 5 番目に答える」という実験条件を設定しました。ここで 6 人の実験協力者 (サクラ) は、正解の 2 ではなく、故意に 1 と答えます。

こうした設定の中で、1 人だけの実験参加者は正解の 2 と回答することも多かったものの、4 割の人が周囲の間違いに引きずられて、誤答の 1 と答えました。Asch は、このように簡単な課題であっても周囲の回答に合わせ、誤った判断を行ってしまう [同調行動] の存在を実験的に示しました。

◎ 服従

アメリカの [Milgram, S.] は、[アイヒマン実験] と呼ばれる実験を行って**服従**の問題を明らかにしました。実験は「生徒」「教師」「監督者 (権威者)」の 3 つの役割人物によって構成されます。実験参加者は「教師」役割をさせられ、隣室の生徒役割は実験協力者 (サクラ) です。教師は生徒に簡単な暗記学習課題を与え、間違えると監督者が電気ショックを与えるように教師役に伝えられました。この結果、教師役は躊躇しつつも、その半数以上が最高水準の 450 ボルトの罰を加えたのです。このように人は、権威者に命令されると、それが他者に害を及ぼす内容であっても、自分で判断することなく服従してしまう場合が少なくないといえます。

◎ 説得

説得は、他者の認知や行動をある特定の方向へと導くことを目的としたコミュニケーションです。説得される側からいえば、これは [態度変容] であるといえます。

◉ 精緻化可能性モデル

説得的コミュニケーションを受け取ったとき、それをどれぐらい精緻化可能性があるか、つまり検討するに値するかについては、態度変容までの経路が異なるという考えを [精緻化可能性モデル] (ELM：elaboration likelihood model) といいます。説得を受けて検討する可能性が高い**中心ルート**では認知構造の変化 (自分のものの見方が変わること) に伴って、より相手の考えに賛同したり、逆に反対したりといった態度変容がみられます。一方で、考える可能性が低い**周辺ルート**では、情報の送り手が魅力的だったり専門家であったりという [周辺的手がかり] がある場合には、短絡的な判断が下される場合もあります。たまたま好きなタレントが CM に出ているから、その商品が必要なくても買ってしまう場合などがこれにあたります。

50

集団が引き起こす社会現象

何か大きな事件があると、様々な情報が流れます。その中には正しい情報もあれば、[流言（デマ）]と呼ばれる誤った情報もあります。多くの人が何らかの出来事に直面したとき、集団に独特な現象が生じることがあります。

◎ 集団と組織

私たちは多かれ少なかれ、人々の集まりである**集団**の一員であり、会社や学校、家族といった**組織**に所属しています。集団をとらえる上で、集団とは個々人の特性の集合に過ぎないという考え方と、集団は単なる個人の集合以上で、集団特有の機能や性質があるという考え方の2つがあります。ここでは、集団や組織をとらえるいくつかのポイントを紹介していきます。

● 群衆

比較的多くの人々がある場所に接近した状態で集まっており、共通の関心を抱くとき、その一群を**群衆**といいます。[Le Bon, G.]は、大勢の人が集まれば、組織性のなさや匿名性、暗示へのかかりやすさといった特徴を持つ**群集心理**によって行動する、統合された実体としての群衆になると考えました。

プラス+1

没個性化
没個性化とは個人が集団に埋没することを意味するものである。例えば Diener, E. らは、ハロウィン参加者 1,300 人以上の子どもを対象に、「匿名／非匿名」「集団／単独」の条件の組み合わせによって、路上にごみを捨てるなどのルールを守らない造反行動が表れるかを観察した。その結果、「匿名かつ集団」での行動では 57％が造反行動を示した。これは個人が集団に埋没したという**没個性化**を表した現象である。

集団思考

　社会心理学における思考として代表的なものに**集団思考**（集団浅慮）があり、凝集性の高い集団が外部とあまり接触しない状況で、強力なリーダーが解決法を提示すると、メンバーは内部の結束を乱すことを恐れて、あたかも全員の意見が一致している錯覚に陥り、質のよくない決定が下されやすいといわれています。

集合現象

　不特定多数の人々が共通の心理的基盤から行動に駆られることを、**集合現象**（集合行動）といいます。集合現象が生じる際、そこに集まっている人の組織化の程度は低く、集団が目指すものは流動的で予測困難であることが多くなります。

パニック

　突然発生した恐怖など、抵抗不可能な状況において多くの人々が同時にそれに影響されている状態のことを**パニック**といいます。人はパニックになると、無責任、非理性的、利己的な行動が生じやすくなります。火災時の避難行動や不況下での物資の買い占め行動などが該当します。近年では **SNS**（social networking service）の広がりによって、不正確な情報が広がり、パニックが生じやすくなる社会的背景もあります。

テロリズム

　何らかの政治的目的のために、暴力や暴力による脅威に訴える行為を**テロリズム**と呼びます。種類として、行為者の単位から**個人テロ**、**集団テロ**、または目的により**政治テロ**、**宗教テロ**などと分類されます。

プラス+1

囚人のジレンマ

社会的ジレンマの研究はその後、［ゲーム理論］に基づいた［囚人のジレンマ］と呼ばれる研究へと発展した。この研究では、逮捕された共犯関係にある容疑者が別々の部屋で取り調べを受ける状況で、検事は「一方が自白し、他方が黙秘すれば、自白者は不起訴となり黙秘者は懲役15年、双方自白の場合は懲役10年、双方とも黙秘の場合は懲役1年」と司法取引をもちかけるものである。この実験では、多くの人が "自分だけ相手に協力（黙秘）して他方が自白する状況では自分が馬鹿をみる" ことを避けようとし、自白する傾向にある。

●囚人のジレンマの利得構造

		相手の選択	
		黙秘	自白
自分の選択	黙秘	1年 / 1年	不起訴 / 15年
	自白	15年 / 不起訴	10年 / 10年

人の態度及び行動

すでに述べたように、人は自分の心の中で様々な体験（自己過程）をします。ここでは人が周囲の人との接し方をどのように形成し、身の回りの出来事の原因をどのように推測するかといった問題に焦点を当てて説明を行っていきます。

◎ 社会的自己

[James, W.] は、**全自我**（自分についての意識）を、主体としての自己である**主我**と他者に知られる自己である**客我**に分けてとらえました。客我は、①**物質的自己**（身体、衣服等）、②**社会的自己**（他者から受ける認識により形成される）、③**精神的自己**（自身の意識状態等）の3つで構成されるとしています。

◎ 態度

態度は、性格や知能と同様の仮説的構成概念であり、ある対象をどう思うか、および①評価側面（例：優れている）、②感情側面（例：嫌い）、③行動側面（例：笑顔でいる）の3つで構成されます。

[Heider, F.] は、[認知的均衡理論]（**バランス理論**）で、自分（P：perceiver）、他者（O：other）、対象（X）という3つの関係を「好き（＋）」「嫌い（−）」で表し（POXモデル）、3つの符号の積が「−」のときに不均衡状態となるので、3つの符号の積が「＋」となる均衡状態になるよう態度変容が必要になると主張しました。

● Heider の POX モデル

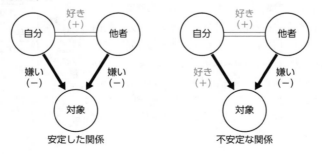

社会的推論

　人や集団に関する出来事について、発生の理由や意味を考えることを**社会的推論**といいます。つまり社会的推論とは、自己や他者を含む様々な社会的事象に関して行う推論のことをいい、これが歪んでいるために［帰属のエラー］が起こると説明できます。

帰属

　帰属とは、物事の原因を予測することであり、**内的帰属**と**外的帰属**があります。帰属の仕方には認知の歪みが伴うことがあり、代表的なものとして、［基本的な帰属のエラー］は、状況の影響力に比較して行為者の内的属性を過大評価する傾向のことをいいます。また、自分の立てた仮説を「反証する」ことよりも「確証する」ことを好む傾向のことを［確証バイアス］といい、大変強い心理的傾向であることが知られています。

● その他様々な認知の歪み

行為者─観察者バイアス	例えば、ある課題での成功や失敗を本人は課題の困難さなど外的要因に帰属し、第三者は本人の能力や努力など内的要因に帰属させやすい
自己奉仕的バイアス	例えば、2人で協力して行った仕事がうまくいった場合は自分の貢献だと考え、失敗した場合は相手に責任を負わせやすい
ステレオタイプ的見方	現実認識が単純で偏見を含んだ評価
光背（ハロー）効果	例えば、人の一部の良い部分をみて、全て良いと判断する場合や、悪い部分をみて、全て悪いと判断する場合もある
寛大効果	他人の良い部分を過大評価し、悪い部分は甘く評価すること

用語解説　ヒューリスティック

私たちは認知資源を節約するために心理的ショートカットを行い、複雑な課題をより扱いやすい単純なものへと変換する傾向がある。この日常的に用いられる簡便で直感的な判断方略のことを**ヒューリスティック**という。

プラス+1

不確実な状況下での意思決定
選択した結果、得られる利益と被る損害のそれぞれが確率を伴って変化する状況で、人がどのような選択を行うかを記述するモデルについての理論を［プロスペクト理論］と呼ぶ。［Kahneman, D.］は、不確実な状況下での意思決定の研究で2002年にノーベル経済学賞を受賞した。

52 対人行動

個人が自らの周辺にいる他者（身近な人、直接対面している人など）に対して
示す行動のことを［対人行動］といいます。ここでは人が他者とのやりとりを通
じて、どのような行動をとりやすいのかを説明していきます。

◎ 攻撃行動

人の欲求に基づく行動が、何らかの妨害要因によって阻害されている状態を［欲求
不満］といいます。この妨害要因が他者であるとき、その他者に直接または間接的に
危害を加えようと意図された行動のことを**攻撃行動**といいます。

しかしながら、現実場面では妨害要因の人を攻撃できないケースも多いため、欲求
不満を起こしている状況を考えないようにする行動がとられることもあります。これ
を［逃避］といいます。攻撃行動は人間関係の維持に関わるので、実際には慎重に行
われるほうが適応的であるといえます。

◎ 対人的相互作用

2人以上の人が、コミュニケーションや行為を通じてお互いに影響を与え合う過程
を**対人的相互作用**といいます。また、複数の人が力を合わせて目標達成することを
［協同］といいます。一方で、［競争］は1人が目標達成できると他の人は達成できな
いものです。

◎ 自己呈示

人は多かれ少なかれ他者の目に映る自分の姿を操作し、ある印象を与えようとして
おり、これを**自己呈示**といいます。自己呈示の目的は、よい結果がもたらされるよう
に、他者とのやりとりを一定の方向に導こうとするものです。具体的には就職活動を
する大学生が、採用されやすいよう身だしなみを整え、面接官によい印象を与えよう
とする場合などが挙げられます。

53 社会的認知

　社会的な場面における情報処理とその影響を研究の対象としているのが [社会的認知] の領域です。つまり、これは受け取った情報をそれまでの経験や知識（スキーマ）で処理していくことで、具体的には [ステレオタイプ] や [偏見] などが挙げられます。

対人認知

　社会的認知のうち、特に「他者」に注目し、人が他者をどのように認知しているか明らかにすることを目的にしているのが**対人認知**の研究分野です。そのうちの一つ、[印象形成] はいくつかの情報をもとに他者に下す判断のことをいいます。

印象形成

　Asch, S.E. の印象形成の実験では、人の印象形成には、影響の大きい中心特性と、影響の小さい周辺特性があり、他者の情報が提示される順序の影響（**呈示順序効果**）と、初期に接した情報（**初頭効果**）が重要であることが示されました。

　下表でいえば、全体として同じ形容詞が 6 つある中で、最初に肯定的な言葉から順に呈示されればその人の印象は良い人と認知されますが、最初に否定的な言葉から呈示されると、悪い人という認知がなされやすくなります。

● 刺激の呈示順序の影響

良い人という印象
知的な　⇒　勤勉な　⇒　衝動的な　⇒　批判力のある　⇒　強情な　⇒　嫉妬深い
悪い人という印象
嫉妬深い　⇒　強情な　⇒　批判力のある　⇒　衝動的な　⇒　勤勉な　⇒　知的な

対人魅力

　対人魅力には、①**身体的魅力**（外見的美しさ等）、②**空間的近接**（家が近い、幼馴染等）、③**類似性**（同じ趣味や価値観等）、④**相補性**（自分にない長所がある等）の要因があり、それぞれが作用して人は他者に魅力を感じます。また［第一印象］は、メガネや口紅、ヒゲ、きちんとした服装、背の高さ、身体的魅力などが影響することが知られています。

 単純接触効果

［Zajonc, R.B.］は繰り返し接触する人や事柄に対して「好き」という感情が生じることを示し、これを**単純接触効果**と呼んだ。テレビで同じタレントを何度も見ていると、視聴者の方が慣れてきて好感度が上がるといったケースである。

ステレオタイプと偏見
社会的カテゴリーや集団に属する人たちに対して、人が持っている信念を**ステレオタイプ**という。ステレオタイプには肯定的なものもあるが、**偏見**や差別につながる否定的なものもある。例えばヘイトスピーチは、否定的ステレオタイプの影響が考えられる。

Column
　印象で判断する危うさ

人は自分が思っている以上に、印象で他者を判断しているようです。逆にいうと、その人の本当の良さのようなものは、じっくり付き合ってみないとわからないことも多いということです。ヘイトスピーチの例を見ても、偏見で人を判断することにはもちろん問題があります。こうした社会的認知がなくならないのは、集団間で対立が生じやすいことや、特定のパーソナリティを持つ人は攻撃性などのネガティブなエネルギーが他者に向きやすいということがあるかもしれません。しかし、自分を表面的な印象や偏見で判断されたとしたら、誰でも悲しみを覚えるでしょう。
相手を印象で判断することは完全に防ぐことはできないですが、その危うさは自覚しておきたいものです。

54 家族、集団及び文化と個人

人間は、一人で生きているわけではありません。自分を取り巻く人々から影響を受け、自分もまたその人々に影響を与えながら生活しています。ここでは家族、集団、そして文化が個人にどのような影響を及ぼしているのかをみていきましょう。

家族心理学

家族心理学は、1950年代以降、個人療法では対応しきれない家族の問題に対処しようと発展していった分野です。臨床心理学の中では、**家族システム論**を理論の基盤とし、家族療法という心理療法として確立していきました。

家族システム論

家族システム論は、家族をひとつのシステムとしてみなし、その機能に着目した理論です。家族という上位システムの中に「夫婦」「きょうだい」といった下位システムが想定されています。

家族システムは、家族の［ライフサイクル］や社会的・経済的状況とともに変化・発達していきます。**結婚**によって始まった家族システムは、出産、**育児**によって親としての**養育信念**のすり合わせが行われ、子どものいる家族として動き出します。そして、子どもの成長、独立、夫婦二人だけの生活などのように、家族成員の状況が変化するごとにシステムのありようも変化し、適応することが必要になります。

またそれぞれの家族システムは、その家庭の**価値観**や**信念**、**ルール**、**家族の情緒的風土**（夫婦関係、家族関係の雰囲気や親密さなど）に基づいて機能しており、家族システムの変化とともにこれらも変化することがあります。

● **家族のライフサイクル**

① 家からの巣立ち	④ 青年期の子どものいる時期
② 結婚による両家族の結合	⑤ 子どもの巣立ちとそれに続く時期
③ 幼い子どもを育てる時期	⑥ 老年期の家族の時期

🌀 家族の機能不全

　家族はひとつのシステムですから、家族メンバーが成長すればお互いに影響を与え合いますし、家族を取り巻く環境の変化によってシステムの調整が求められます。その調整がスムーズに行けば問題はありませんが、状況の変化や家族の成長に伴った変化に家族システムが適応できないと、[機能不全] が起こります。それが家庭内の問題、例えば**不適切な養育**（虐待、ネグレクトなど）、**家庭内暴力**、**夫婦間暴力**〈DV（Domestic Violence）、IPV（Intimate Partner Violence）〉などとなって表面化します。

　これらの問題に対して、家族システムとしての機能回復を目指す心理的支援が [家族療法] です。

🌀 家族療法

　家族療法の発展には、Bateson, G. が行った統合失調症の家族間で行われるコミュニケーションの研究が大きく影響しました。Bateson は、[二重拘束説（ダブルバインド）] を提唱し、個人に対する家族の影響の大きさを明らかにしました。ダブルバインドとは、「矛盾した言語的メッセージと非言語的メッセージが同時に発せられることにより、受け手に葛藤が生じる」という状態です。例えば、母親が「怒ってないからおいで」と手を伸ばしながらも不機嫌な顔をしていた場合、子どもは母親のところに行くべきかどうか混乱します。このような状態は、家族の機能不全を引き起こすコミュニケーションの歪みとなります。

　また、家族療法の考え方は、システムの問題の原因は一つに特定できないという [円環的因果律] に基づいています。

● 家族療法の特徴

治療対象	[IP（Identified Patient）] を含む家族
病理（問題）	家族が現状に対して健康的に適応できないために IP の問題が起きている
治療の目的	家族の不適応の要因を探り、健全なコミュニケーションや行動のパターンを訓練 ⇒家族が健全に機能すれば IP の問題はなくなる
セラピストの役割	家族の行動パターンを**積極的介入**によって変える

IP

IP（Identified Patient）は、「家族から患者（問題を起こしている人）だと思われている人」という意味。

● 家族療法の主な技法

Joining ジョイニング	家族と**信頼関係**を結び、家族システムの一部としてセラピストが積極的に参加し、介入すること
Reframing リフレーミング	家族メンバーの行動や出来事、関係性などの「事実」は変えずに、その**文脈**や**意味づけ**を肯定的に変化させること
Enactment エナクトメント	面接場面で、実際の家庭生活でのコミュニケーションパターンを**再演**してもらうこと
Paradox パラドックス技法	逆説的介入ともいわれ、問題行動を**維持**あるいは**強化**するように指示することで悪循環を断とうとすること

　代表的な家族療法に、Ackerman, N.W. の**精神力動的家族療法**、Jackson, D.D. の**コミュニケーション学派MRI（Mental Research Institute）グループ**、Selvini-Palazzoli, M. の**ミラノ派**、[ジェノグラム]を用いた Bowen, M. の**多世代派家族療法**、Minuchin, S. の**構造派家族療法**、Haley, J. の**戦略的家族療法**などがあります。また、問題解決に焦点を絞る**ブリーフ・セラピー**や物語を語ることに重きを置く**ナラティブ・セラピー**などが派生しています。

◉ 生態学的システム論

　Bronfenbrenner, U. の提唱した**生態学的システム論**とは、人間は社会の中で生活するものであるため、様々なレベルで環境からの影響を受けて発達していくことを示したものです。

● 生態学的システム論

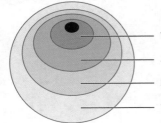

　マイクロシステム：直接関わりのある環境
　　　　　　　　　　（家族、きょうだい、学校、友達など）
　メゾシステム：マイクロシステムの相互関連
　　　　　　　　（家庭と学校、保育園と小学校、家庭と近所など）
　エクソシステム：直接関わらないが影響を与えるもの
　　　　　　　　　（両親の職場・地域社会など）
　マクロシステム：大きな枠組みの中で影響を与えるもの
　　　　　　　　　（文化・信念・思想など）

　子どもを取り巻く環境は、自分と直接関わりのある**マイクロシステム**、マイクロシステムが複数関わり合う**メゾシステム**、子どもが間接的に影響を受ける**エクソシステム**、それらを包み込む大きな枠組みである**マクロシステム**に分けられます。人間は成長とともに、より大きなシステムとの関わりの中で生活していくようになります。

◎ 個人主義と集団主義

　集団と個人の求めるものが葛藤関係にある場合、**集団の協調性**を優先する考え方を［集団主義］（Collectivism）、**個人の自律性**を優先する考え方を［個人主義］（Individualism）といいます。考え方としてはどちらも重要なものですが、両方を取ることはできないため、私たちの心理や行動傾向はどちらかを優先したものとなります。そこには社会的、文化的背景が強く反映されます。

◎ 文化・異文化

　私たちの「自己」を形成するもの、［文化的自己観］（cultural construal of self）は、国や地域、その文化や社会的状況によって異なると考えられています。東アジア文化圏においては、自己が他者と結びついて認識される**相互協調的自己観**であるといわれ、人間関係が協調的で調和を取ることが重んじられます。それに対して、欧米文化圏では自己と他者が切り離された存在として認識される**相互独立的自己観**であるといわれ、集団の調和よりも個人の成果が重んじられます。

　一般的に、人が新しい文化や環境に移動したときには、カルチャーショックを覚えるものです。その中で心理的に安定した状態を保つには、ポジティブな［異文化適応］が必要となります。

　また、異文化の者が出会ったときに、互いの文化的背景の違いから、欲求不満の葛藤状態に陥ることがあります。ステレオタイプや差別、偏見といったものを含め、［異文化間葛藤］をどう解決していくかは心理学の課題でもあります。

MEMO

55 認知機能の発達および感情・社会性の発達

　ここでは、Piaget, J. と Vygotsky, L.S. の発達理論、知能や感情、社会性の発達について主な理論を概説します。

◉ Piaget の発達理論

　Piaget の発達理論は［認知発達理論］ともいわれ、子どもから成人へと成長するに従って様々な経験をすることで変化する外界のとらえ方、認知や思考の仕方を中心に発達段階を設定しています。

　Piaget の発達理論における外界と人との関係は、構造化された主体（人間）と構造を持った環境との間の［相互作用（相互作用説）］を想定しています。

◉ Piaget の発達段階論の背景にある考え方

　Piaget の発達段階論の背景にある考え方として以下の 5 つの考え方があります。

> ①不変的順序性とは成長していく過程での様々な認識の出現順序が一定であることであり、個人によってその出現の順序が入れ替わるというようなことは生じない
> ②各発達段階を特徴づける全体構造を持っている
> ③後の段階にある特徴はその前の段階に萌芽しており、それを統合することで後の段階で一定の完成をみる。これを前後の段階の統合性という
> ④各段階内にその発達段階へとりかかる準備期とその発達段階の完成期とを持っている
> ⑤それぞれの発達段階は均衡状態を示すが、発達段階の次の段階への移行は均衡化の原理によって行われる

発達心理は乳幼児期から老年期までと時系列も長く、発達段階理論、ライフサイクルでの特色、発達障害など幅広いところから出題がされます。

ひとこと

● **Piaget を理解するために必要な用語**

操作 (operation)	知的な課題を解決する際の方法のこと。個々の心的活動を1つの論理構造に組織化していくことである
シェマ (schema)	経験することで形成されていく外の世界を理解するための枠組みである
同化 (assimilation)	環境を感覚や運動を通じ、自分の中に取り込むことである
調節 (accommodation)	外界の環境にあわせてシェマを変える働きである
均衡化 (equilibration)	未知の外界に直面したときにシェマの同化ができず、シェマを調節することで安定化していく過程である

● **同化と調節と均衡化**

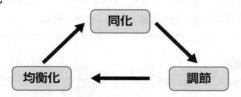

人の発達とは、同化・調節・均衡化を繰り返して、シェマを拡大・均衡させていくことでもあります。

◉ Piaget の4つの発達段階

Piaget は4段階で思考が発達をするという発達段階論を提唱しています。

● 感覚運動期

感覚運動期（0～2歳）は、言語の使用が不十分であり、感覚と運動を協応させ外界の事物を認識し、新しい場面に適応していく期間です。

<行為の発達としての第1次～第3次循環反応>

循環反応は、乳児が物や身体に対して何度も同じことを繰り返す反応のことです。

[第1次] **循環反応**：行為を適用するという行為自体への興味（例：指しゃぶり）

[第2次] **循環反応**：行為自体への興味から行為の適用結果へと関心が移ること
（例：物を触る、物を使って遊ぶ、物どうしを組み合わせて遊ぶ）

[第 3 次] **循環反応**：行為の違いによる結果の変化という相関関係へ関心を持つこと（例：何をしたらこういう音が出るかという予測と確認をして遊ぶ）

対象の永続性

対象の永続性とは、対象から移動し見えなくなったり、対象を隠されたりして対象がなくなってもそこにずっと存在し続けているという理解のこと。

模倣遅延

模倣遅延とはすぐにモデルとなるものの模倣をするのではなく、1 歳半頃より、ある程度の時間経過後に模倣行動が可能になることをいう。

＜4 段階の象徴機能＞

前操作期には目の前にないものをイメージし、そのイメージを別のものに置き換える**象徴機能**という機能が発達します。例えば、泥団子を食べ物として象徴し、おままごとに使うのも象徴機能を使って行為する象徴活動といえます。象徴機能は 4 段階で発達していきます。

● 象徴機能の発達段階

①信号の段階	先行する視覚的情報によって信号で指示されたように反射を引き起こす段階
②指標の段階	視覚情報により何かが生じることが予期できて、それを指標として理解できる段階
③象徴の段階	目の前にない物を代替物によって表現できるようになる段階
④記号の段階	目の前にない事物の表象（イメージ）ができはじめる段階

😊 前操作期

前操作期（2～6 歳または 7 歳頃）では、表象的（イメージ）思考が可能となることで、外部の刺激と直結した因果関係の認識が可能となり、認識の対象、範囲を大きく発展させます。

しかし、この時期には論理的に物事を考えていく操作的思考までは達しておらず、言語的認識へ至る過程にあります。前操作期の子どもは、ものを分類する分類操作がまだ十分にはできません。

アニミズム

前操作期の大きな特徴であるアニミズムとは、全ての事物（無生物も含め）に意識
や生命があると考えること。

自己中心性

自己中心性とは、自己以外の視点に立って物事を考えることができないこと、およ
び自分とは異なる他者の視点があることには気づいていないことをいう。自己中心
性に関連して、[実念論] という自分の見ているものの見方の絶対視、[人工論] と
いう全て人間が作ったものであるという思考を示す。

転導推理

帰納的推理にも演繹的推理にも属さない、幼児が特殊の個別事例から特殊の個別事
例へと推論をしてしまうことを**転導推理**という。これは [素朴理論] でいう経験的
な思い込みで概念形成をした考え方と類似した子どもの考え方である。

🌑 具体的操作期

　具体的操作期（7〜11歳頃）では、実際の行為に対して内面化された行為（動作と
して出さずに、心の中でイメージができる＝操作）が用いられることで、行為的表象
（具体的行為をイメージする）の水準から記号的表象（抽象的なイメージ）の水準へと
発達し、保存の概念が獲得され、それにより、見た目に左右されずに事物の本質的な
特徴を獲得することが可能となります。しかし、論理的な思考は具体的場面にしか適
用できません。

● 具体的操作期

- 内面化された行為である
- [可逆性]（操作後、その操作を取り消し、操作前の状態へ戻す）が可能な行
  為、もしくは一度変化したものでも前と同じものであると考えられる
- [保存の不変性] が前提であり、これは形態を変えたが量は不変なままであ
  ると考えられないこと
- 孤立して存する操作はなく2つ以上の操作が可能となる

● 形式的操作期

形式的操作期（11 歳以降）では、形式的操作、つまり成人の思考（数学や哲学での記号を活用した思考）ができるようになり、抽象的な概念を使った思考が可能となります。

具体的場面から離れ、仮説を立てて思考することが可能となるため、複数の過程を組み合わせて結論を推理し（組み合わせ的思考）、仮説による論理的操作を行えるようになります。

◉ Vygotsky の発達理論

Vygotsky, L.S. の発達理論については「言語発達」および「発達の最近接領域 (Zone of Proximal Development：ZPD)」がその中心となります。

● Vygotsky の言語発達の 4 段階

Vygotsky は、言語発達を軸とする発達理論を提唱しました。これは誕生から 7〜8 歳ぐらいまでに 4 段階を経て言語が発達していく、というものです。

非知的・非思考的なものから素朴理論を背景にした [自己中心的発話] へと発達し、概念的思考道具として不可欠な [内言] へと発達をしていきます。

● Vygotsky の言語発達の 4 段階

第 1 段階：[原始的段階・自然的段階]（誕生〜2 歳まで）
● 言語の輪と思考の輪が重なる前の時期 ● 3 つの非知的発話機能が特徴 　①（誕生直後から）感情の解放の表現音、②欲求不満や満足での表現音、③（生後 2 か月頃より）人の声や姿への社会的反応の表現音

第 2 段階：[素朴理論の段階]（2 歳以降）
● 言語がシンボル機能を持つことを発見する ● 大人へ身の回りの事物の名前を聞くなどの行為で単語数が大きく増加する ● 語彙の増加により言語と思考の輪が合体し始める ● 文法構造を適切に用いることを始めるが、基底にある機能を正確には理解していない ● この段階での思考は体系的学習で得られた理論ではなく日常生活より得た素朴理論が中心

第 3 段階：[自己中心的発話段階]（7 歳ぐらいまで）
● コミュニケーションとしての言語機能から思考のツールとしての言語へと変化し始め、概念的思考あるいは言語的思考をする能力が形成され始める ● 内言化段階への準備段階に入るため、自己中心的発話は 7 歳前後には減少する

第 4 段階：[内言化段階]（7 歳以降）
● 自己中心的発話が減少する ● 内言を操り、問題解決の思考を行うことができるようになる ● 内言と外言の双方を用いて概念的思考を行えるようになる ● 記号の使用および論理的な記憶という手段により、問題解決のための思考が始まる

※第 2 段階と第 3 段階の間に明確な年齢基準はない。

● Piaget と Vygotsky の内言をめぐる論争（内言論争）

　Piaget と Vygotsky は、「なぜ子どもに内言が表出されるのか」についての内言論争を展開しました。この論争後、Piaget は内言への考えを修正し、Vygotsky の考えを取り入れています。

[Piaget] の内言の表出	子どもの自己中心性の反映によるもの
[Vygotsky] の内言の表出	問題解決の過程で内面化が不完全である（内言が外に出てしまう）内言のプロトタイプである

● 発達の最近接領域（物事を達成する能力）

　Vygotsky は子どもの発達水準を、1人で解決できる水準（現時点での発達水準）と、自分1人だけでは解決できないが大人（その子より発達段階が上位の他者）の手助けがあれば可能となる水準（潜在的な発達可能水準）の2つの基準に分けました。その差に当たる部分を**発達の最近接領域**（Zone of Proximal Development：ZPD）といいます。

　最近接領域の考え方の背景には、最近接領域に働きかけを行い、子どもの発達水準にふさわしい教育目標を設定することがあります。

● Vygotsky の発達の最近接領域

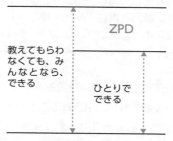

　Vygotsky は文化の表現に必須である言語を獲得することは文化獲得であること、大人と子どもの相互交流のための手段として言語が使用されることから、発達と言語の獲得には密接な関係があるとしています。子どもと大人との相互交渉過程を通じ発達が進展するということです。

56 知能指数（IQ）

知能指数とは知能を定量化し、ある個人の同年齢の中での位置や知能の構成因子の個人内比較、個人間比較を可能とするものです。

◉ 知能の定義

知能については、現時点で諸説あり、一致した定義はなく、これを一義的に規定することは困難ですが5つの代表的な定義があります。

● 知能の代表的な定義

- 高度な抽象的思考力を中心にする定義（Terman, L.M. および Spearman, C.E.）
- 学習能力を知能とみなす定義（Dearborn, W.F.）
- 新しい環境での適応力という定義（Stern, W.）
- 目的的に行動し、合理的に思考し、環境を効果的に処理するための、個人の集合的ないしは全体的能力と定義（Wechsler, D.）
- 知能とは、知能検査によって測定されたものとする定義（Boring, E.G.）

この5つの定義から現在では、①高度な抽象的思考力、②学習能力、③適応能力の3因子で構成されるという考え方が使用されることが多くあります。

知能を測る知能検査の1つである現行のウェクスラー式知能検査では、①言語理解（VCI）、②知覚推理（PRI）、③ワーキングメモリ（WMI）、④処理速度（PSI）の4因子が知能を構成するものとして定義されています。

◉ 知能指数の変遷

Binet, A. が Simon, T. とともに1905年に作成した知能検査では、知能指数（IQ：Intelligence Quotient）ではなく、知能指標として［精神年齢］（MA：Mental Age、精神の発達程度を年齢で表記したもの）を使用し、［精神年齢］と［生

活年齢）（CA：Chronological Age、誕生日を始点とした暦の上での年齢＝実年齢）の差による知能の判定を行っています。

　その後、Stern, W. は知能指数の概念を提唱しました。この知能指数の概念は、生活年齢に対する精神年齢の比に基づくという考え方で、具体的には知能指数算出は精神年齢を生活年齢で割るものです。

　Terman, L.M. がビネー知能検査をアメリカで標準化し、Stanford-Binet Intelligence Scales（スタンフォード版ビネー知能検査）を作成した際に、Stern の知能指数（IQ）の算出法を下表のように実用化しました。

● 知能指数の算出公式

$$IQ = 精神年齢（MA）÷ 生活年齢（CA）× 100$$

● 偏差知能指数

　ウェクスラー式等の知能検査で使用されている**偏差知能指数（DIQ：Deviation IQ）**は、知能指数（IQ）の算出式と大幅に異なっています。

　偏差知能指数は被検者が所属している当該年齢集団の中で正規分布図のどの位置にいるかを示すものであり、標準得点の標準偏差を 15 に定めています。

　それによって、中央値を 100 と操作的に定め、1 標準偏差を 15 と定めており、1 標準偏差低ければ「DIQ（FIQ）=85」、高ければ「DIQ（FIQ）=115」と表すことができます。ウェクスラー式知能検査の言語理解（VCI）、知覚推理（PRI）、ワーキングメモリ（WMI）、処理速度（PSI）の 4 因子（4 群指数）も同じように定めてあります。

　また、ウェクスラー式知能検査の下位検査は中央値を 10 と定め、1 標準偏差を 3 と定めています。

　偏差知能指数（DIQ）の算出法は下表です。

● 偏差知能指数の算出公式

$$DIQ＝（個人の得点 － 当該年齢集団の平均得点）÷ 当該年齢の得点の標準偏差 × 15 ＋ 100$$

◉ 知能の構造

　知能の構造には、以下の理論がありますが、どれが正しいというものではなく、現時点ではいずれも仮説です。

● Spearman の 2 因子説

Spearman, C.E. は 1904 年に知能に関係する感覚・思考・記憶などの検査を行い、これら検査問題に共通にみられる［一般因子］の g 因子と個々の問題の特殊性に対応した［特殊因子］の s 因子を仮定しました。

● **Spearman の 2 因子**

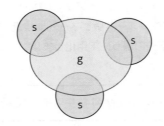

● Thurstone の多因子（7 因子説・基本能力因子）説

Thurstone, L.L. は当初は Spearman の一般因子＝ g 因子が存在しないと考え、1938 年に 56 種類のテストを実施し、知能は 7 つの異なった基本能力因子から構成されると仮定しました。その後、Thurstone は因子分析を行った結果として 7 つの基本能力因子の上位に「一般因子＝ g 因子」が存在するというモデルに変更をしています。

● **Thurstone の 7 つの基本能力因子**

①計算	簡単な計算を素早く正確に行う能力
②語の流暢性	話す・書くための基礎能力
③言語理解	語彙理解などの言語的概念能力
④記憶	保持・再生という記憶能力
⑤推理	一般的規則や法則を導く能力
⑥空間	図形など空間関係を知覚する能力
⑦知覚	素早く知覚的判断をする能力

● Cattell & Horn の上位 2 因子を仮定した階層群因子モデル

Cattell, R.B. & Horn, J.L. は 1966 年に上位 2 因子である［流動性知能］と［結晶性知能］の 2 つの知能を提案しました。

流動性知能	● 推理、計算、図形処理等新しい課題への探索を行って問題を解決する知的能力のこと ● 文化や教育の影響を比較的受けにくい
結晶性知能	● 言語理解、経験的評価など学習や過去経験の蓄積による知的能力のこと ● 文化や教育の影響を大きく受ける

プラス+1

フリン効果 (Flynn effect)

Flynn, J. は、1987 年に先進諸国において平均 IQ が時代とともに上昇している現象について報告を行い、それ以降、これを**フリン効果 (Flynn effect)** と呼んだ。

1932 年から 1978 年の 46 年間でアメリカにおける WISC の流動性知能は 10 年当たり 4 点、イギリスでは 1935 年から 1985 年の 50 年間で流動性知能が 10 年当たり 2.5 点上昇していることから [流動性知能] はフリン効果の影響を強く受けるとされている。

CHC 理論

1993 年に Carroll, J.B. は、Cattell & Horn & Carroll の 3 人の頭文字からとった、知能因子が 3 層に分けられるという **CHC 理論**を発表しました。

一般知能＝ g 因子（第 3 層）の下に 16 の一般的な因子（第 2 層）があり、その下に 16 の特殊な因子（第 1 層）があるという構成です。

ウェクスラー式知能検査ではこの知能理論を使用しています。

● CHC 理論

（第 3 層）	一般的な因子（第 2 層）		特殊な因子（第 1 層）
一般知能＝G因子	Gf	：流動性知能	帰納・演繹推理能力等
	Gc	：結晶性知能	語彙の知識等
	Gkn	：特定領域での一般的知能	第 2 外国語能力等
	Gv	：視空間能力	空間把握・想像力等
	Ga	：聴覚的処理	聴覚刺激の歪みへの耐性等
	Gsm	：短期記憶	作業記憶等
	Glr	：長期貯蔵と探索	意味記憶・想起記憶等
	Gs	：認知的処理速度	推理速度・読書速度
	Gt	：決断と反応速度	単純な反応速度等
	Gps	：精神運動速度	筆記速度・動作時間等
	Gq	：量的知識	数学的知識等
	Grw	：読み書き能力	単語認知・スペリング能力等
	Gp	：精神運動能力	微細運動等
	Go	：嗅覚能力	臭覚記憶等
	Gh	：触覚能力	触角の感受性
	Gk	：運動感覚能力	運動感覚感受性

鼎立理論

鼎立理論は Strenberg, R.J. が 1985 年に提唱した理論で、知能には支える 3 側面（［分析的知能］、［創造的知能］、［実際的知能］）があり、その 3 側面が相互に影響し合っているという観点から知能をとらえるものです。

Strenberg はこれらの知能が釣り合いを保って発達していくことが知能の健全な発達であると考えています。

多重知能理論

多重知能理論とは、Gardner, H. が 2001 年に提唱した、複数の独立したモジュール（部分）からなる知能の構成体を想定した理論です。

従来の知能理論で扱われなかった音楽的知能や身体－運動的知能、個人間知能のような社会的能力を挙げているところに特徴があります。

この理論は、Gardner が 2001 年以降、構成知能を増やしているので、ここでは2001 年に発表された 8 知能を下表に挙げておきます。

● 多重知能理論

言語的知能	言語能力に関する知能
論理－数学的知能	論理的に考える力や数的処理をする知能
音楽的知能	作曲や演奏鑑賞等に関する知能
空間的知能	絵を描く能力、建築など立体的に考える知能
身体－運動的知能	スポーツや身体を使った舞踊などの知能
個人内知能	自分自身のことを理解する知能
個人間知能	対人的な社会的知能
博物学的知能	物を見分けたり分類したりする知能

Column

鈴木・ビネー知能検査

鈴木・ビネー知能検査を開発した鈴木治太郎は一生涯をこの検査開発と標準化に捧げた人物です。

1924 年には約 4,000 人のデータを集め、その後 1936 年までに約 16,000 人のデータ収集と標準化を行っています。

現代のようなパソコンのない時代に手計算でこれだけの人数の標準化作業を行うことは、想像を絶する苦労があったと思います。

57 自己主張・自己制御

　ここでは乳幼児期の感情制御と自己制御についての発達と、その背景となる自意識の成立、また自己主張と自己実現が行われ始める時期以降の感情制御・自己制御について解説します。

◉ 感情制御と自己制御の発達

　乳幼児期において**感情制御**と**自己制御**が可能になるのは、自己認識と他者認識が発達をすることが背景にあり、それは［自己意識］（自分自身へ向けられる意識）の成立が不可欠です。

　2歳半ば以降の自己意識成立後に、自己評価（規範から善し悪しを自身で判断すること）が可能になっていくと恥、誇り、困惑が成立し始め、感情制御と自己制御につながっていきます。

　さらに、子どもは4〜5歳より自らの考えや気持ちから行動する自発的な発達がみられ、自己主張・自己実現（自身の意思、欲求を外に向かい表現し実現する側面）を行い、その一方で、感情制御・自己制御も必要となってきます。

プラス+1

口紅課題（Rouge Test）
口紅課題（Rouge Test）とは Lewis, M. と Brooks-Gunn, J. が行った自己意識の成立を見るもので、子どもに気づかれないように鼻先にルージュを塗り、鏡に姿を写したときにそこを気にして触る（困惑する）のであれば、普段見慣れている自己の変化に気がついている、つまり自己意識が成立しているとするものである。
口紅課題（Rouge Test）を 22 か月児に行ったところ、困惑を示す群が多いところから、2 歳前に自己意識が成立すると考えられている。

第12章　発達

◎ 感情制御・自己制御の4次元

　子どもの感情制御・自己制御について4つの次元に分けることができます。この4次元は相互に関連しています。

● 4つの次元

遅延可能	待つことができる
制止、ルールへの従順	止められて従う、ルールに沿って行動する
フラストレーション耐性	思い通りにいかない場合に、我慢できる
持続的対処・根気	思い通りにいかない場合に、投げ出さずに対処を続けられる

　男児と女児による性差が感情制御・自己制御にみられ、いずれも [女児] において抑制が高い発達をしています。これは、女児への抑制、従順を求める社会的な期待によってしつけの仕方が男児と異なっている影響と考えられます。

　また、自己の感情・欲求のセルフ・コントロールについては Ekman, P. の指摘によれば、幼児期、3〜4歳の時点で可能となっています。

　いずれにせよ、幼児期においても**自己制御**（自己の行動を制御することによる自己効力感）の発達がみられ、その実証実験として、Mischel, W. が1960年代から行った [マシュマロ実験（マシュマロ・テスト）] があります。

プラス+1

> **マシュマロ実験（マシュマロ・テスト）**
> これは、マシュマロを目の前にして、実験者（監視者）が席を外している間に、我慢をして食べなければ追加のマシュマロがもらえるという実験である。自己制御が可能な子どもは、我慢できなかった子どもよりも、その後の調査で、学業における達成度が高かったという結果が示される。幼児期の早い段階での感情制御・自己制御の成長が将来にわたって影響を与えるということができる。

向社会的行動 (Prosocial behavior)

58

多利的な自発行動である向社会的行動の4条件、3段階の向社会的行動、向社会的行動と感情知性の関係や向社会的行動のための道徳的判断の発達について解説します。

🔹 向社会的行動

Eisenberg, N. & Feshbach, N.D. によると、**向社会的行動**とは「他の人のためになるよう意図された自発的な行動」と定義しています。向社会的行動とは次の4条件を伴った行動を指します。

🔹 向社会的行動の4条件

①この行動が他人あるいは他のグループについての援助行動であること
②相手から外的な報酬を得ることを目的にしていないこと
③この行動には、それをすることで何らかの損失が伴うこと
④自発的であり、他人からの強制などがないこと

Eisenberg らによると向社会的行動は以下の3段階から成り立っています。

この向社会的行動を経験して成功した子どもは自己評価を通じて他愛的な自己像を持ち、共感性を発達させていきます。

🔹 3段階の向社会的行動

第1段階：「他者の要求への注目」という他者の要求に気づく段階
第2段階：「動機づけと助力の意図」という援助行為が可能か、援助行為をするかどうかなど決意するまでの段階
第3段階：「意図と行動のリンク」の段階。これは助けるという意図を行動に移す段階

◉ 向社会的行動と感情知性

向社会的行動は**感情知性（Emotional Intelligence：EI）**を包含しています。

感情知性とは自己および他者の感情を認知して、適切な表現を行う等、感情コントロールをするものです。

感情知性の測定には TEIQue（Trait Emotional Intelligence Questionnaire）という自記式質問紙が用いられています。TEIQue は次の 4 因子、①情動性、②自己制御、③社交性、④ウェルビーイングと、15 の下位尺度で構成されています。

EI が高い人は対人コミュニケーション場面において［共感性］が高く、適切な行動（協調性）をとることができるとされています。

◉ Eisenberg による向社会的行動への道徳的判断の発達

年齢の発達によって向社会的行動を行うかどうかの道徳的判断が変化します。

● Eisenberg による向社会的行動への道徳的判断の発達

レベル	概要	おおよその年齢
Ⅰ 快楽主義的・自己焦点的指向の段階	道徳的な配慮よりも自分に向けられた結果が中心で、他人を援助するのは、自分に直接得るものがあるかどうかで判断する	小学校入学前～小学校低学年
Ⅱ 要求に目を向ける段階	たとえ他人の要求が自分の要求と相対立していても、他人の要求に関心を示すが、複雑な道徳的援助理由を述べることはできず、ごく簡単な理由しか示せない	小学校入学前および学童期全般
Ⅲ 承認および対人的指向、あるいは紋切り型指向	良い行動、悪い行動については紋切り型のイメージしかなく、道徳的配慮よりも他者からの承認が向社会的な行動の理由である	小学生の一部と中・高生
Ⅳa 自己反省的な共感的指向	向社会的行動をとる理由は自己反省的な同情的応答、道徳的な他人の人間性への配慮であり、向社会的行動の結果について罪悪感やポジティブな感情を持てる	小学校高学年のごく一部と多くの中・高生
Ⅳb 移行段階	向社会的行動をとる／とらない理由は内在化された道徳的価値観や規範、義務を含んではいるが、道徳的価値観や規範、義務を守るためということを明確には述べられない	中・高生の少数とそれ以上の年齢のもの
Ⅳc 強く内面化された段階	向社会的行動をとる／とらない理由が内在化された道徳的価値観や規範、責任性を持ち、それらについての信念に基づいている	中・高生の少数とそれ以上の年齢のもの

59 道徳性、規範意識

　乳幼児以降の道徳性および規範意識の発達について、Piaget 以前は社会規範へ同調し、社会的な権威を受容する規範意識を持つという単純な考えでしたが、Piaget はこのような単純な見方を批判し Kohlberg, L. がその考えを発展させました。

● Piaget の道徳性の発達

　Piaget は物質的損失の大小で判断する結果論的な見方から、8 歳半ば以降に行為の動機で判断をする動機論的な見方への変化を見出し、下表のような道徳性の発達段階を想定しています。

● Piaget の道徳性の発達段階

第 1 段階	無道徳の段階	道徳的判断を持たない
第 2 段階	他律的な道徳の段階	自己中心的な思考で自身は規則を破ることもあるが、まわりの大人の判断を絶対視する
第 3 段階	自律的な道徳の段階	他者との関わり、まわりの状況を考慮しつつ、自己の判断を重視する

　Piaget は、ゲームを行う上でのルールを子どもがどのように認識をしているかを視点にして観察を行いました。ルールの把握可能以前の段階（無道徳の段階）から、他人から律せられる段階（他律的な道徳の段階）、そして他人の存在を認識しつつ自分でルールに従う段階（自律的な道徳の段階）の変化を基に、「道徳性の発達段階」を示しました。

ひとこと

● Kohlberg, L の道徳性の発達理論

　Kohlberg は Piaget の道徳性は発達をするという考えを受け継ぎ、子どもは子どもの正しさのシェマを持ち、それにより判断をするが、発達によりシェマが変化し、同時に道徳性も変化すると考えました。それに基づいて作られたのが Kohlberg の**道徳性の発達段階**です。

● **Kohlberg の道徳性の発達段階**

Ⅰ．前習慣水準	第0段階：自己欲求志向	自身の欲求に従うのが良いこと	
	第1段階：罰と服従志向	苦痛と罰にあわないように、大人の力に譲歩し、規則に従おうというもの	
	第2段階：道徳と快楽志向	自身の利益になり、愛情の返報を受けることが行動基準で、相互性が中心	
Ⅱ．習慣的段階	第3段階：対人的同調・よい子志向	他者を喜ばせ、他人を助けるために良く振る舞い、他人から承認をもらう	
	第4段階：法と秩序志向	権威を尊重し、社会秩序に従うことによって権威を維持することを志向する	
Ⅲ．後(脱)習慣的段階	第5段階：社会契約・法的志向	様々な価値観や意見によって正しいことは変化することを認めた上で、社会契約的合意に従って行為する	
	第6段階：普遍的な倫理的原理の志向	現実の法や規範だけではなく、正義について自ら選んだ基準と、人間性の尊重を考えつつ、自己の良心に背かない仕方で行為する	

● Gilligan の「配慮と責任」の道徳性の発達理論

Gilligan, C. は Kohlberg の道徳性の発達理論は男性視点のものであると批判をし、女性の視点を踏まえた「配慮と責任」の道徳性の発達段階を提示しました。

● **Gilligan の「配慮と責任」の道徳性の発達段階**

レベルⅠ　個人的生存への志向	自身の生存のために配慮する
移行期ⅠA　利己主義から責任性へ	自分の欲求と他者とのつながり、責任と志向との葛藤
レベルⅡ　自己犠牲としての善良さ	ステレオタイプな女性的善良である自己犠牲による葛藤の解決
移行期ⅡA　善良さから真実へ	他者へ求めるのと同じく自己に対しても責任を担うようになり、自身の抱く現実の欲求に誠実に向き合う
レベルⅢ　非暴力の道徳性	配慮と責任を自己と他者の両方に向け、傷つけないことが道徳的選択の基準となる

60 自己と他者の関係の在り方と心理的発達

ここでは、Bowlby, J. のアタッチメント理論および Ainsworth, M.D.S. のストレンジ・シチュエーション法、ジェンダーとセクシュアリティについて主な理論を解説していきます。

● アタッチメントとは

アタッチメント（Attachment）は、[愛着] とも呼ばれます。アタッチメントは依存と異なります。依存は対象を選ばず、誰でもその対象となりますが、アタッチメントは特定の他者と情緒的絆を持つことです。

ここでは、最近の動向として、愛着よりもアタッチメントという用語が主に使用されているので、基本的にアタッチメントを使用することとします。

● アタッチメント説以前

アタッチメント理論提唱以前は、母親（養育者）が一次的動因である**生理的欲求**（物質的欠乏）を充足してくれることで、二次的動因である母親（養育者）との結びつきが生じるものとされてきました。

● ホスピタリズム研究

20世紀初頭、Spitz, R.A. によって行われた**ホスピタリズム**（施設症）の研究によって、施設入所児は栄養面に問題はなかったものの、死亡率が高く、発達上の諸問題があることが明らかにされました。

● Bowlby のアタッチメント理論

Spitz のホスピタリズム研究を受け、Bowlby, J. は第二次世界大戦後の孤児のホスピタリズム研究を行いました。

このホスピタリズムの原因を、Bowlby は [マターナル・ディプリベーション（Maternal Deprivation：母性的養育の剥奪）] と考え、適切な養育・発達のための

母性的養育の重要性とともにアタッチメントの概念を提唱しました。さらに、動物行動学の生得的行動パターンを取り込んで、乳児が母親（養育者）の養育行動を求め、その行動を誘発する力を愛着行動（attachment behavior）と名づけています。

　Bowlby は乳児が母親との絆を作り、母親の世話・養育行動に自分をうまく合致させる高い社会的適応能力を持つとして、下表のような愛着行動のカテゴリーに分けています。

● Bowlby によるアタッチメントのカテゴリー

愛着行動のカテゴリー	行動代表例
発信行動	泣く、微笑、発声
定位行動	注視、後追い、接近
能動的身体接触行動	よじ登り、抱きつき、しがみつき

🌸 アタッチメントの発達

　乳児が成長し、内面的・心理的なアタッチメントが形成され発達をしていくと、アタッチメント行動はむしろ減っていきます。

● アタッチメントの発達

第 1 段階：非弁別的な社会的反応性の段階（出生直後から生後 8 週〜12 週頃まで）
● 人間一般に対する定位行動と発信行動を行う
● 注視、微笑、発声、泣き声等の定位行動や発信行動をする
● 養育者を他の人と区別していない
第 2 段階：弁別的な社会的反応性の段階（生後 12 週頃〜6 か月頃まで）
● 特定の人（養育者）に対して分化した定位行動・発信行動を行う
● 養育者に対しては他の人と区別した積極的な発信行動をする
第 3 段階：能動的主導性による近接と接触の段階（生後 6 か月頃から 2〜3 歳頃の時期）
● 移動能力による愛着対象への能動的な接近
● 養育者をはっきりと愛着対象として積極的な愛着行動や分離不安を示す
● 養育者を拠点として安全基地にして探索行動を行う
第 4 段階：目標修正的なパートナーシップの段階（3 歳以後の時期）
● 愛着の内面化
● 養育者の行動の目標や計画を推測して自分の行動を修正する
● アタッチメント対象が内在化され、アタッチメント行動が減少する

　また Bowlby は危機状況に陥ったときのアタッチメントの賦活に注目し、それは後の Ainsworth の安全基地およびストレンジ・シチュエーション法（Strange Situation Procedure）に結びつきました。

安全基地

Ainsworth が提唱した考えで、子どもが養育者との信頼関係により作ることのできた心理的な安全基地のことで、これにより、外界を探索する「力」を得ることができ、外界の探索活動から戻ってきたときに、喜んで迎えられるのだと確信し、安心して戻ることができる。

Lorenz の刻印づけ（インプリンティング）

Lorenz, K.Z. は、カモなどの鳥類は孵化後、最初に目にした動く対象にアタッチメントが形成され後追い行為をすることを見出し、動く玩具や人間などを孵化したヒナに最初に見せると、生理的欲求の充足とは関係のないこれらの対象に追従することから、後追い自体が生来プログラムされた行動であると実証している。

⊙ 内的作業モデル（内的ワーキングモデル）

　Bowlby は個人が構築する世界、特に重要なのはアタッチメントの対象について**内的作業モデル**を構築することであると考えました。乳児期に養育者との相互作用の中で、アタッチメントの対象である養育者から［安心感］や［愛護感］を得られるという確信が内在化し形成され、精神的、情緒的な安定、他者との安定した関係を持つことの基礎となります。これは幼少期に限らず生涯にわたります。

　また、内的作業モデルは対人関係の中で、他者の解釈や、自分の行動を決める際に使われるモデルでもあります。

◉ Harlow の代理母実験

　Harlow, H.F. の**代理母実験**が、Bowlby のアタッチメント理論の生物学的根拠となりました。代理母実験とは、生まれたばかりの子ザルを、2 種類の代理母模型（針金製で哺乳瓶があるものと針金をやわらかい布で覆ってはあるが哺乳瓶のないもの）で飼育する実験で、子ザルは授乳時以外のときには布製模型に接触して過ごすことが確かめられました。また、見慣れないもので恐怖を与えたときには布製模型のほうにしがみつきます。

　これによって子ザルにとって生理的欲求の充足が愛着（アタッチメント）形成の主な要因ではなく、接触する［安心感］が愛着（アタッチメント）形成の要因であること

が解明されました。

このことから、生理的欲求（一次的動因）の充足だけではアタッチメントの形成には不十分で、接触の快感が重要であり、スキンシップがアタッチメント形成に重要であることが実証されています。

⬤ ストレンジ・シチュエーション法

Ainsworth は、アタッチメントを測定する**ストレンジ・シチュエーション法（SSP：Strange Situation Procedure）**を開発しました。これは愛着（アタッチメント）行動が、初めての場所や知らない人の出現、母親の不在といったストレスフルな事態である非常時に活性化することから、そのような状況下で乳児の愛着行動を観察し、愛着行動の有無および質（愛着が安定しているのか、不安を伴うものか）をとらえようとするものです。

このストレンジ・シチュエーション法によって示された子どもの反応に基づき、母親との分離のとき悲しみを示すか、母親との再会によって悲しみが慰められるかによって、4つのアタッチメントのパターンがあります。

●SSPによる再会時のアタッチメント4タイプ

Aタイプ	回避型	養育者に再会時よそよそしい関わり
Bタイプ	安定型	養育者と再会後すぐに安定して関われる
Cタイプ	アンビバレント型	養育者と再会後に不安定で怒りを表出する
Dタイプ	無秩序・無方向型	養育者に接近と回避の関わりが同時にみられる

アタッチメントの各タイプの差とそれを生み出す要因としては、日常生活での子どもの欲求や各種シグナルへの養育者の**感受性**（sensitivity）と応答性が関連しています。

安定型の養育者は感受性や情緒的応答性の高さと応答性の一貫がみられ、行動予測がしやすいですし、無秩序・無方向型の養育者は精神的な不安定さがあり、不適切な養育や虐待の兆候がみられる場合が多くあります。

⬤ 社会化と個性化

社会化と個性化は相反する概念のようですが、実は相互に働きかけを持ち、その相互作用で、社会化も個性化も発達します。

🔵 乳児期の社会化

　乳児期は養育者（主に母親）との互恵的なコミュニケーション（相互作用）により社会化が進みます。

　さらに社会化を進めるものとして基本的生活習慣があり、これは、①食事、②睡眠、③排泄、④着脱衣、⑤清潔の5領域があります。

⚪ 幼児期から児童期の社会化

　社会化の基準の1つに、公正な判断を下せるように発達していくことがあります。

　Damon, W. の**公正観の発達段階**は幼児期から児童期までの期間に公正さが6段階で発達し、1-Aの段階から公正な判断が下せるよう発達をすると考えられています。

● Damon の公正観の発達段階

0-A	行動を起こしたいという欲求（ただそれが使いたいからほしい）
0-B	欲求中心だが外見的特徴や性差等に基づいて理由づけをし、自分に有利な方向にする
1-A	厳密な平等性の概念を持つが、柔軟性に欠ける
1-B	行動の互恵概念を持つが、柔軟性に欠ける
2-A	様々な人が存在し、人間的価値は等しいということは理解しているが、選択理由は主張を避け、量的に妥協しようとする
2-B	互恵、平等、公正の真の意味を考え、主張や状況の特殊性が理解でき、状況下により判断理由を柔軟に変えられる

＜幼児期の遊びの変化＞

　Parten, M. & Newhall, S.M. の研究では、幼児期（2〜4歳）の遊びの発達を社会的相互関係の視点から5類型に分けています。

● 幼児期の遊びの発達の5類型

①**ひとり遊び**	：他児と関わらず自分だけの遊びをする
②**傍観**	：他児の遊びに関心を持つが遊びに加わらない
③**平行遊び**	：同じ遊びを他児としているが具体的な相互交流がない
④**連合遊び**	：同じ遊びをして、交流はあるが役割分担まではみられない
⑤**共同遊び**	：集団で組織化され各自の役割や共通ルールがある

<児童期の友人関係の発達>

児童期に入ると大きな社会化の要素となる友人関係が発達を始めます。

友人関係の発達は幼児期の段階では**相互的接近**である、家が近い、席が近いといった理由での友人関係ですが、児童期になると、相手の学業や人格の尊敬、趣味・興味があうという［尊敬・共鳴］へと変化をしていきます。

🌸 個性化

自分を客観視することで、自身に他者との違いが見えるようになり、自己のとらえ方を変化させ、独自性が発揮できることを**個性化**といいます。

パーソナリティの気質に当たる部分は乳幼児期から存在し、そこが個性化に相当します。児童期になると、①恐怖、②不安、③怒り、④喜びの4つの情緒が発達し、個性化が進展します。

🌸 ジェンダー（性の自己意識・性自認）

ジェンダーとは、自身がどちらの性別に属するかの認識、つまり性の自己認識で、社会的な性の決定に際しては**性自認**を重要視します。

ジェンダー（性の自己意識・性自認）は発達の早い時期にその自認が行われるとされています。

Hampson, J.L.が1965年に行った研究調査では、出生時に性的な外形が不明であったゆえに、生物学的に所属する性と逆の性の子どもとして養育された場合に、育てられた性の行動特性を獲得して発達するという結果が得られ、その養育された子どもが5歳以降に生物学的な本来の性に戻され、養育されても不適応を起こすことが確認されています。このことから性役割は**学習される**と考えられます。

性役割の学習メカニズムには次の4つがあります。

● 4つの性役割の学習メカニズム

性の型づけ	親の価値観、性役割への期待度、児童期の同性の子どもとの社会的相互作用などにより型づけがなされる
発達的同一視論	出生後しばらくは養育者（母親）へ同一視した行動をとっているが、幼児期の後半くらいより、男児は父親へと同一視の対象を変える
社会的学習論	模倣学習の「観察学習」「モデリング」と「接近」「強化」により性自認が形成されていく
認知発達的理論	2～3歳頃までに男女どちらかの性としてラベリングされたものを自己概念として受け入れ、合致した性役割を取り込むことで性役割の学習がなされる

セクシュアリティ（性的指向）

　性的指向とは、自身の恋愛や性愛の対象となる性別の認識のことです。

　このことは前述のジェンダーと密接な関係があり、セクシュアリティ（性的指向）は性役割の学習の過程で得られていくと考えられています。

　Troiden, R.R. は 4 段階の**同性愛アイデンティティ発達モデル**を作っており、この発達モデルでは同性愛者が自己の同性愛性を自覚する以前から始まっているとしています。

● **Troiden の同性愛アイデンティティ発達モデル**

第 1 段階	先鋭化	思春期以前、自身が同性愛者との自覚もなく、自身に関わることとの認識はないが、この時期に学んだことが同性愛者と気づく土台となり、自己定義に向け鋭敏化している
第 2 段階	アイデンティティの混乱	思春期になり、自身が同性愛的であることと自己イメージが不協和を起こし、混乱に対し、否認や回避の防衛反応がみられる
第 3 段階	アイデンティティの変容	他の同性愛者との定期的な関わりと同性愛文化のサーチ、同性愛者としての様々な試み等で、適応スタイルが構築される時期
第 4 段階	コミットメント	自ら選択的に同性愛を自分の在り方として受け入れる時期

 Column

性的指向と性自認の人口学

科学研究費助成事業で実施された「大阪市民の働き方と暮らしの多様性と共生にかんするアンケート」では 1 万 5,000 人へアンケートを送付し、有効回答数 4,285 人の中で以下のような結果（2019 年 11 月）が出ています。

31 人（0.7%）：ゲイ・レズビアン・同性愛者

62 人（1.4%）：バイセクシュアル・両性愛者

33 人（0.8%）：誰に対しても性愛感情を抱かないアセクシュアル・無性愛者

222 人（5.2%）：決めたくない・決めていない

出典：釜野さおり・石田仁・岩本健良・小山泰代・千年よしみ・平森大規・藤井ひろみ・布施香奈・山内昌和・吉仲崇 2019.『大阪市民の働き方と暮らしの多様性と共生にかんするアンケート報告書（単純集計結果）』JSPS 科研費 16H03709「性的指向と性自認の人口学—日本における研究基盤の構築」・「働き方と暮らしの多様性と共生」研究チーム（代表 釜野さおり）編 国立社会保障・人口問題研究所 内

61 気質と環境 相互規定的作用モデル (Transactional Model)

ここでは気質について生得的なものであるという考え、遺伝を主にした考え、環境を主とした考え、遺伝と環境が相互規定的作用をする考えについて述べます。

◎ Thomas & Chess の気質研究

気質と環境については Thomas, A. & Chess, S. の気質研究（**ニューヨーク縦断研究**）が重要な知見を与えています。

気質は出生後間もなくからみられる行動特徴であり、生得的な基盤に基づいたもので、長期間不変であり、環境の影響を受けにくいものです。

子どもの気質について Thomas & Chess は 85 家庭 136 名の子どもへの両親面接、子どもの直接観察、保育士および教師からの報告、心理検査の実施を通して、9 次元を見出しています。

● Thomas & Chess の子どもの気質 9 次元

活動性	身体の動きの度合い、活動時と不活発な時間の割合
規則性	睡眠、空腹、排便などの生物的機能サイクルの予測性
接近・回避	新しい状況や刺激への最初の反応の仕方
順応性	新しい状況や刺激への慣れやすさ
反応の強さ	外部刺激、内部感覚への反応の強さ
反応の閾値	反応を誘発するのに必要な刺激強度
機嫌	快・不快を示す行動や気分の表出の量
気のまぎれやすさ	行動や活動を止めさせ、変化させるのに必要な刺激の程度
注意の幅と持続性	活動を継続する時間の長さや妨害や困難があるときの執着度

Thomas & Chess はニューヨーク縦断研究を通して、子どもの気質と養育環境との適合により、「適合のよさ」と「適合の悪さ」が生じるという考えを提示しました。

親やまわりの大人の期待や要請が子どもの気質に適合している場合は、順調に発達をし、反対に大人の期待や要請と子どもの気質が適合しない場合は健全な発達が阻害されるという考えです。

この考えは気質と環境の一方が大きく影響を与えるのではなく、相互に作用する、[相互規定的作用モデル] ということができます。

⚙ 遺伝、環境の相互作用

　現在では発達の要因が遺伝か環境か、という 2 項対立的なものはすでに過去のものとなっており、単一要因説で発達を説明することはできません。

　遺伝、環境の相互作用に関連して、遺伝を主にした考え、環境を主にした考え方と、遺伝・環境の双方を主とした考え方を述べます。

⚫ 遺伝説

　遺伝説の代表として Gesell, A. の [成熟優位説] があります。

　Gesell は行動の発現は遺伝的にあらかじめプログラムされ、そのプログラムに沿って展開をするものとし、その展開を「成熟」と呼んでいます。

　Gesell の成熟優位説を実証するものとして、[階段登りの実証実験] があり、これは遺伝的には全く等しい 11 か月齢の一卵性双生児に対して時期を少しだけずらし階段昇りの訓練を行いました。結論は、早くから訓練をした幼児よりも後から訓練を始めた幼児のほうが訓練期間も短く、かつ昇る速度も先に始めた幼児に勝ることから、早すぎる訓練は効果がなく、適切な成熟を待った訓練のほうが効果的であることがわかりました。

　このことから、Gesell は正常な環境では学習や経験ではなく、主に神経系の成熟により発達していくという成熟優位説を提唱しました。

　成熟は環境である教育でこれを作り出せず、発達は大部分が生得的な成長能力によるものであることから、成熟をしてから教育を行うほうがよいというレディネス (readiness) の「成熟待ち」の教育観を作り上げました。

⚫ 環境説

　Watson, J.B. の [学習理論] は学習という環境に重きを置いています。

　Watson は遺伝的なものを全部否定しているのではなく、身体的な特徴や構造には遺伝的な差異はあるとしていますが、能力や性格という機能には遺伝はないとし、子どもの学習可能性と環境適応性を重視していました。

⚫ 輻輳説

　Stern, W. の**輻輳説**とは、遺伝要因と環境要因が集まることで発達現象が生じますが、遺伝要因と環境要因はそれぞれ独立したものとして発達へ影響を与えるという考

え方で、加算的寄与説の1つでもあります。

● 輻輳説の模式図

> **発達** ＝ 遺伝要因 ＋ 行動もしくは環境要因

🔅 Luxenburger 図式

Stern の輻輳説に対し、Luxenburger, H. は遺伝と環境それぞれの寄与率は異なると考えて、次のような **Luxenburger 図式**を提案しました。

これは E ＝遺伝、U ＝環境として、E と U の相対的な関係を長方形の対角線上を移動する X の位置で表し、X の点が E に近いと遺伝の割合が大きく、U に近いと環境の割合が大きいということを示すものです。

● Luxenburger 図式

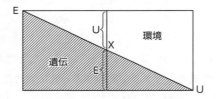

🔅 相互作用説

Sameroff, A.J. の［相乗的相互作用モデル］では、遺伝と環境とが相互作用する過程が図のように示されており、親の特性と子どもの気質が相互に作用し合う過程で子どもは成長（発達）していくことを示しています。

相互作用説は、輻輳説が加算（足し算）であるのに対し、模式図のように、発達の中にある遺伝と環境が、かけ算（乗算）で成り立つとしています。

● Sameroff の相乗的相互作用モデル

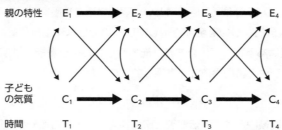

出典：佐伯素子 齊藤千鶴 目良秋子 眞榮城和美『きほんの発達心理学』P.18 2013 年 おうふう

● 相互作用説の模式図

> **発達** ＝ 遺伝 × 環境

環境閾値説
Jensen, A.R. は相互作用説の中で、遺伝的特性が発現するために必要な環境要因の質と量は異なっており、最低限の影響を与える環境閾値が必要と考え、この説を唱えている。

❖ Scarr & McCartney のニッチピッキング（適性選択）理論

　ニッチピッキング（適性選択）理論とは、Scarr, S.& McCartney, K. が提唱したもので、人は成長するにつれ、遺伝的特性に沿った環境を選ぶという能動的相関の影響力によって相対的に、受動的相関の影響力が減少していくというものです。

Thomas & Chess の気質研究（ニューヨーク縦断研究）での気質のタイプと 10 年間
Thomas & Chess の気質研究において子どもの気質 9 次元の違いは生後 2〜3 か月時点で現れ、その違いは 10 年後でも 65％の子どもに持続して現れている。
この 9 次元をもとに 3 つの気質的タイプが見出されている。

①イージー・チャイルド（育てやすい子）
②ディフィカルト・チャイルド（育てにくい子）
③スロー・トゥ・ウォームアップ・チャイルド（とりかかるのに時間のかかる子）

この 3 つの気質の子ども達の 10 年間の成長過程で、専門機関での相談や治療が必要となる問題行動はイージー・チャイルドで 18％、ディフィカルト・チャイルドで 70％と、やはり育てにくい（ディフィカルト）ことがわかっているが、同時にディフィカルト・チャイルドの 30％は良好な適応を示していることもわかっている。このことから、発達が健全に進むかどうかは気質だけではなく、気質と環境との適合が重要であると結論づけている。

62 ライフサイクル論

　ここでは Erikson, E.H. のライフサイクル論と各発達段階とその中で生じる問題点やアイデンティティをめぐる様々な問題点、Havighurst, R.J. の発達課題について解説します。

⬭ Erikson のライフサイクル論

　Erikson の**ライフサイクル論**は、生涯発達の観点から、パーソナリティの発達は生涯にわたり予定表通りに段階を経て進んでいく年齢に応じた発達段階があり、それを土台に次の発達が準備されるという［漸成（ぜんせい）説］という考え方によって、ライフサイクルを 8 段階に分け、それぞれの段階独自の心理発達課題を設定した心理・社会的発達段階を提示しました。また、各世代による、世代間の相互性の必要性を唱えました。

　発達課題とは、生物・遺伝的なものではなく、社会・文化から課された課題であり、個人的な葛藤と同時に対処し、解決していくことで発達のテーマを得ることができ、次の発達段階に進み、適切な方向に発達していくことができます。心理・社会的危機とは各段階で失敗や課題を解決できず未熟な状態にとどまってしまうことです。

● Erikson のライフサイクル論（心理・社会的発達段階）

段階	時期	年齢	発達課題：心理・社会的危機	発達のテーマ
Ⅰ	乳児期	0 歳〜1 歳半	基本的信頼：基本的不信	希望
Ⅱ	幼児期前期	1 歳半〜3 歳	自 律 性：恥・疑惑	意志
Ⅲ	幼児期後期	3 歳〜6 歳	積 極 性：罪悪感	目的
Ⅳ	児童期・学童期	6 歳〜12 歳	勤 勉 性：劣等感	有能
Ⅴ	青年期	12 歳〜22 歳	同 一 性：同一性拡散	忠誠
Ⅵ	初期成人期	22 歳〜35 歳	親 密 性：孤立	愛
Ⅶ	成人期中期・中年期	35 歳〜60 歳	生 殖 性：停滞	世話
Ⅷ	成人期後期・老年期	60 歳以降	統 合：絶望	知恵

◉ Erikson のライフサイクル論での各発達段階

<Ⅰ. 乳児期>

　発達課題である［基本的信頼］とは、乳児が信頼できる養育者から養育され、自分や他人を信頼することができるようになることです。**心理・社会的危機である**［基本的不信］とは、養育者からの拒否や虐待等により他人を信頼できずに情緒や行動の問題が発生することです。基本的信頼が築かれることで自分は生かされている／生きていけるという発達のテーマ、「希望」を抱けます。

<Ⅱ. 幼児期前期>

　発達課題である［自律性］とは、身体や言語の発達が急速に生じて自ら行動可能となり、自律につながる主体性や自主性の基盤を得ることです。**心理・社会的危機である**［恥・疑惑］とは、行動がうまくいかず、失敗したことに対して恥じる気持ちや疑惑が生まれ、葛藤が生じることです。自律性を得ることにより発達のテーマ、「意志」を持てます。

<Ⅲ. 幼児期後期>

　発達課題である［積極性］とは、前段階で自律性を得たことで、自分で考える行動が増加することです。**心理・社会的危機である**［罪悪感］を、自分で考えた行動の結果、養育者から叱られることで抱きます。積極性を得ることにより「何かをする」ために「何かをする」という発達のテーマ、「目的」を持ち始めます。

<Ⅳ. 児童期・学童期>

　発達課題である［勤勉性］とは学校という同年代と競い合う場所で活動をする中で、前段階で得た積極性を用いて、目的を達成するために勤勉性を身につけていく時期です。**心理・社会的危機である**［劣等感］を、同年代と競い合う場所で失敗や敗北を経験することで抱きます。勤勉性を身につけることで自身が何事かをなせるという発達のテーマ、「有能」という感覚を持ちます。

<Ⅴ. 青年期>

　発達課題である［同一性］とは**自我同一性（アイデンティティ）**のことで、青年期に自分は何者で、何をなすべきかを考え、同一性を確立していきます。**心理・社会的危機である**［同一性拡散］とは自分は何者で、何をなすべきかが明確にならず拡散混乱してしまうことです。同一性が確立することで、何をなすべきかが見え、その対象

へ発達のテーマ、「忠誠」を抱けるようになります。

＜Ⅵ．初期成人期＞

　発達課題である［親密性］とは同性や異性との関係が中心となり、重要なものとなることですが、そういった親密性を持つには自我同一性（アイデンティティ）が確立している必要があります。**心理・社会的危機である**［孤立］は自我同一性（アイデンティティ）が確立していないため、同性や異性と親密な関係を抱けないために生じます。親密性を持つことで安定した関係を他者と築くことができ、発達のテーマ、「愛」の感覚を深く理解できます。

＜Ⅶ．成人期中期・中年期＞

　発達課題である［生殖性］とは子どもを作ることだけではなく、知識や技術を次世代に伝達することです。**心理・社会的危機である**［停滞］とは次世代への伝達へ関心が薄く、他者と関わりあいがない自己満足という停滞した状況に陥ることです。

　次世代へ伝達をすることによって発達のテーマ、「世話」という意識を持ち、過ごします。

＜Ⅷ．成人期後期・老年期＞

　［統合］とは老年期に死を考え、人生を回顧し、自身の人生を肯定的に受け止めていくことです。**心理・社会的危機である**［絶望］とは自身の人生を甘受できず、衰えや死に対しての恐怖を抱くことです。自身の人生を肯定的に受け止めることができたならば、そこから発達のテーマ、「知恵」を授かることができます。

◉ Havighurst の発達課題

　Havighurst の発達課題は乳幼児期・児童期・青年期・成人初期・成人中期・老年期の 6 段階で構成されています。各発達課題は、身体成熟や技能に関する領域、社会や文化で規定されている領域、個人の価値や選択に関する領域が含まれています。

63 胎児期、乳児期、幼児期、児童期、青年期

胎児期、乳児期、幼児期、児童期、青年期で重要なことをトピック的に取り上げていきます。

🎯 胎児期

胎児期の5感覚機能の発達が重要です。

🎯 胎児期の5感覚器官の発達

視覚については、光刺激に対する反応が24週目くらいに始まり視覚器官が発達し、26週目頃には明暗を感じることができます。

聴覚については、20週目頃までに内耳と外耳が形成され、24週目頃には聴覚器官が完成します。この頃には音域が250〜500Hzの、成人女性の声と同じ範囲のものに反応します。

嗅覚については、妊娠23週目頃に嗅覚器官が完成します。生後6日以内に新生児は母親の乳汁の匂いをかぎ分けるため、早期に完成します。

味覚については、妊娠30週目に味蕾の部分が発達します。また、胎児は甘味を好むとされています。

触覚については、9週目頃に口唇の接触に反応が生じ、熱覚、冷覚、圧覚、痛覚など知覚が備わっているとされています。

プラス+1

胎児期の環境・母体からの影響
胎児は胎盤を通して栄養分や酸素の供給を受けているため、この胎盤を通して母体が摂取した物質が胎児に悪影響を与えることがある。

🎯 乳児期

この時期は養育行動を引き起こさせる行為、社会的知覚という人の発する様々な刺激への選好がすでに生じています。

⚙ ベビーシェマ

ベビーシェマとは、動物行動学者の Lorenz, K.Z. が提唱したもので、乳児には養育者から養育行動を引き出す形態的特徴があるというものです。

形態的特徴とは外見の特徴で、ずんぐりとして丸っこいなどという形態が「かわいい」「保護養育したい」と人に感じさせることによって、養育行動が生じるというものです。

⚙ 新生児模倣

新生児模倣とは、人間の顔に対して乳児が早い段階に注目していることを示すものです。Meltzoff, A.N. & Moore, M.K. は、出生後数時間で新生児は、他者の、①**舌の突き出し**、②**口の開閉**、③**唇の突き出し**の 3 表情と手指を開閉させる模倣行為が可能であると実証しています。

⚙ 選好注視法

乳児が人の顔へ注目するのは、相互作用として自分の顔に注目させて、養育者の[養育反応]を引き出すためです。このことを明らかにしたものとして選好注視法があります。

選好注視法（PL 法：preferential looking 法）とは、乳児に顔模様の図形と適度に複雑な図形とのっぺりした図形を見せ、その図形を見つめている時間を比べると、顔模様の図形と適度に複雑な図形という特定の図形への選好を出生後 46 時間〜6 か月の乳児が示すことを Fantz, R.L. が実証したものです。

これは、養育反応と関係をしていると考えられています。

⚙ 三項関係の成立

乳児と大人の二項関係が成立し、その後、乳児と対象（物や人）、大人の三項関係が生後 9 か月から 15 か月の時期に成立します。

次の 4 点が見られたなら、三項関係が成立したとされます。

①**共同注意**	：乳児が大人と同じ対象へ同時に注意を向けることを行う
②**指さし**	：乳児が大人に一緒に見てほしいものへ指さしを始める
③**ショーウイング**	：乳児がもっている玩具等や行った行為を大人に見せる
④**社会的参照**	：乳児にとり重要な他者（母親等）がある事態へ示した表情や態度により、その事態への意味づけを行う

幼児期

乳幼児期にすでに生じている視知覚の中で、深さの知覚について解説します。

乳幼児期の視知覚－深さの知覚

［視覚的断崖実験］とは Gibson, E.J. と Walk, R.D. によって乳幼児期の早い時期に奥行き知覚が成立していることを実証したものです。

図のようにある程度の高さがあり、模様があるとわかる台の上に乳幼児を座らせ、下が透けているガラス板の向こうから養育者が呼びかける実験をします。すると、乳幼児は奥行き知覚が成立しているため、ガラス板の下に転落すると考え、ガラス板の向こうに渡らなくなるのです。

● 視覚的断崖実験

児童期

児童期については Piaget の発達理論関係、Vygotsky の発達理論関係、自己主張・自己抑制、向社会的行動、道徳性、規範意識などが関係します。

ギャングエイジ (ギャング・グループ)

ギャングエイジとは、同一行動を行うことでの一体感と、仲間集団の承認が養育者からの承認よりも重要とされる関係のことで、［男子］によくみられます。

チャムシップ

チャムシップとは児童期中期以降に生じる、同性同年輩の親密な親友関係の中で同質性（共通点や類似点を言葉で確かめ合う）や秘密を共有する友人関係のことで、［女子］によくみられます。

◎ 青年期

　青年期の特徴は、精神的にも肉体的にも発達を示しながら、精神面で不安定な側面があり、以下のような現象があります。

● Erikson の 7 つのアイデンティティの拡散状態

　Erikson は以下の 7 つの状態を自我同一性（アイデンティティ）の拡散状態としています。もっとも、以下の 7 つの状態は、程度の差こそあれ、青年期の**自己概念**を確立する過程で、自己意識が過剰な青年期には多くの人が経験するものです。

　青年期のこの時期に、心理的猶予期間（モラトリアム）があるのは、外的なものから自身の内面にある自己意識を探り、自己を構築して自我同一性を見出すための猶予期間です。

● Erikson の 7 つのアイデンティティ拡散状態

①時間的拡散	時間的展望、希望の喪失
②同一性意識の拡散	自意識過剰な状態
③否定的アイデンティティの選択	社会的に望ましくない役割に同一化する
④労働マヒ	課題への集中困難や自己破壊的没入
⑤両性的拡散	性アイデンティティの混乱
⑥権威の拡散	適切な指導的役割や従属的役割がとれない
⑦理想の拡散	人生のよりどころとなる理想像、価値観の混乱

● アイデンティティ・ステイタス

　Erikson のライフサイクル論を受けて、職業意識とライフコース選択はアイデンティティの確立と密接な関係があるため、Marcia, J.E. は、1966 年に行った「アイデンティティ・ステイタス研究」において、青年期のアイデンティティを 4 つのステイタス（状況・状態）に区分しています。

　なかでも、Marcia の功績はアイデンティティの早期完了状態を見出したことです。

　早期完了状態とは、職業を意識する（ライフコースの選択）をする際に、外部（親）から与えられた職業選択の目標と自身の目標に不協和なところがなく、与えられた価値観に基づいて行動し、青年期特有の悩み・逡巡をすることなく早期にアイデンティティの確立を終え、職業選択をしてしまうことです。

● Marcia の 4 つのアイデンティティ・ステイタス

同一性達成状態	意味のある危機を経験し、自身の信念により行動している
モラトリアム状態	危機の最中で、自身の信念による行動をしようとしている
早期完了状態	危機経験がなく、しかし、自身の信念によって行動をしている
同一性拡散状態	危機経験がなく自身の信念もなく、自身が何者なのかわからない

発達加速現象

発達加速現象は先進国の青年期にみられる現象で、世代が新しくなるに従って身体的発達が早期化されます。日本では 1961（昭和 36）年より継続調査が行われています。

この現象は以下の 2 つに大きく分けることができます。なお、日本では全国平均初潮年齢が 1997（平成 9）年以降、12 歳 2.0 か月前後で推移しています。

> [成長加速現象]：身長、体重などの量的側面の成長速度の加速が生じること
> [成熟前傾現象]：初潮、精通などの性的成熟や質的変化の開始年齢の早期化が生じること

発達加速現象の原因としては栄養状態の改善、生活様式の変化、刺激の増加などが指摘されています。しかし最近、日本を含む先進諸国では、発達加速現象は停止傾向にあります。

Hollingworth の心理的離乳

Hollingworth, L. の**心理的離乳**とは、青年期に心理的な混乱に直面しつつも、親からの心理的自立や情緒的自律性の獲得をしていくことです。

Hall の疾風怒濤の時代

青年期は本能と感情が高まる時期であり、様々な心理的対立概念を抱き、激しく揺れ動く危機を迎える時期であるという意味で Hall, G.S. は**疾風怒濤の時代**と名づけました。

Lewin の境界人（マージナル・マン）

Lewin, K. は、青年期は児童期と成人期との中間期であり、子ども集団にも、大人集団にも所属しない、中間的存在であることから**境界人（マージナル・マン）**と呼びました。身体面では成人であるが、社会的側面では成人になりきっていないことから、精神的な不安や動揺が大きな時期です。

青年期の友人・仲間関係

青年期の友人関係・仲間関係は、[ピア・グループ（peer-group）]と呼ばれ、これは互いの個性を許容し、異質性を認めた上で結ばれる関係です。

また、青年期独自の友人関係を岡田勉は次のように 3 タイプに分類しています。

● 現代青年の友人関係 3 タイプ

群れ指向群	傷つけ合うことを避け、円滑で楽しい関係を求めるタイプ。他人からよく思われたいと思い、他人から影響されやすいという特徴を持つ
関係回避群	他人との内面的な関係を避け自分にこもるタイプ。自分に対して否定的な感情を持っているという特徴がある
個別関係群	お互いの内面的な気持ちをさらけ出し合う「昔ながらの友人関係」を指向するタイプ。自分を肯定し、自分の言いたいことは言えるという特徴を持つ

● 青年期の恋愛関係

青年期のアイデンティティを確立していく際、ジェンダー関係の 1 つである恋愛関係（異性関係）も重要な役割を持っており、以下の研究でもそのことが明らかになっています。

恋愛関係（異性関係）が青年の発達におよぼす影響として、Hendrick, C. & Hendrick, S.S. によると、調査時点で恋人がいる者といない者とを比較した場合、恋人がいる者はいない者に比べて [自尊感情] が高いということがわかりました。Long, B. による調査でも恋人がいる者はいない者に比べて自尊感情が高いという結果が出ています。

自尊感情と [自己効力感] については Aron, A.P.M. & Aron, E.N. の調査によると恋愛関係を開始する前よりも開始した後のほうが双方ともに高くなっています。

Ditch, J. による調査では過去 3 年間に恋愛経験をしている者のほうが自尊感情と自己効力感の程度が高いとのことです。

ただ、青年期の恋愛関係の特徴として、多くは交際が長続きしません。それは「本当の意味で相手を愛しているわけではなく、相手を、自分を映す鏡として使い、相手に映った自分の姿に最大の関心を払っている」ためです。

● 職業選択とキャリアの発達

青年期には将来の職業選択とキャリアを発達させる必要があります。

Super, D.E. の [キャリア発達理論] では職業意識とライフコース選択をキャリア発達としてとらえ、自己概念を実現する過程であるとして、5 段階のキャリア発達のライフ・ステージを提唱しました。

Gottfredson, L.S. の [職業選択 3 段階] は、人がキャリアを選択する際には、興味関心や適性だけではなく、他者との関係性も配慮しており、子どもが職業を選択する基準として 3 段階があるとしています。

64 成人期、中年期、老年期

成人期、中年期、老年期で重要なことをトピック的に取り上げていきます。

◎ 成人期

　成人期はあまり発達がみられないと考えられがちですが、恋愛や親としての発達、家族形成のライフスタイルなどがあり、いずれもスムーズに達成できるものではありません。

◉ 成人期における恋愛

　青年期に引き続き、成人期のライフサイクルにおいても恋愛は大きなキーワードとなっています。どのような相手を恋愛の対象として選択するか以下の 4 つの選択メカニズムがあります。

● 恋愛の対象として選択する 4 つのメカニズム

距離的近接説	相手への好意が物理的距離の近さで生じると考えるもの
類似説	相手への好意を価値観が類似していることで抱きやすいというもの
賞賛説	褒めてくれる人に対して好意を抱くというもの
社会的のぞましさ説	社会的に望ましいとされる特性に人は惹かれるというもの

◉ 親としての発達

　結婚後にカップルは Dym, B. & Glen, M.L. の提唱した葛藤の循環過程の 3 つの時期を螺旋状に繰り返しつつ、関係を深めていきます。

● 葛藤の循環過程の 3 つの時期

拡大・保証の時期	互いの違いに惹かれ、自分にない側面により拡大・成長していける可能性を感じる時期
縮小・背信の時期	互いの違いを疎ましく厄介なものと感じる時期
和解の時期	いらだち・失望は減り、違いを相手の個性として冷静に受け入れられる時期

このようにカップルは葛藤の循環を経て、やがて「親」としての成長を示すことが多くみられます。

Kasiwagi, K. & Wakamatu, M. によると、親になることで、人は次のような6因子の親としての発達をする側面があることを述べています。

● **親として発達した6因子**

柔軟さ	考え方が柔軟になり、角がとれる
自己制御	人の迷惑にならないように心がけ、物欲へ自己抑制が利くようになる
視野の広がり	日本や世界の将来や環境問題へ関心が増す
運命・信仰・伝統の受容	物事を運命だと受け入れるようになる
生きがい・存在感	生きる張りが増し、長生きを考えるようになる
自己の強さ	少々摩擦が起こっても自分の主張を通し、何事にも積極的になる

🔅 家族形成のライフスタイル

家族形成を行っていくこともこの時期の課題です。Carter, E.A. & McGoldrick, M. は、家族形成は6つの発達段階を経て変化すると述べています。

● **家族形成のライフサイクル**

第1段階	親元を離れ、独立しているが、未婚の若い成人の時期
第2段階	新婚夫婦の時期
第3段階	幼児を育てる時期
第4段階	青年期の子どもを持つ家族の時期
第5段階	子どもの出立と移行が起こる時期
第6段階	老年期の家族の時期

⚫ 中年期

次世代へ指導を行うなどの時期である一方で、自身の成長の伸び止まりを意識する時期なので、中年期において再度アイデンティティを確立する必要があります。

🔅 中年期危機

中年期には、独特の**中年期危機**とも呼べる事態が生じます。これは「獲得と喪失の逆転」の時期でもあり、停滞や抑うつのような心理的な問題を抱えやすく、自殺の増加がみられる時期です。Peck, R. は中年期危機として4つの危機を挙げています。しかし、マイナスばかりではなく、この中年期危機を抱える一方で次世代への関心

（生成継承性）への関心も高まります。

● 中年期 4 つの危機

① [身体的活力] の危機　② [性的能力] の危機、
③ [対人関係構造] の危機　④ [思考の柔軟性] の危機

🌸 生成継承性（Generativity）

　Erikson は中年期世代の次世代へ何かを伝えたいという内的な動きに対して**生成継承性（Generativity）**と名づけました。この生成継承性は単に伝えるだけではなく、伝えるという行為には生産性、創造性を含んでいますが、若い世代からのポジティブな反応がなければ継続的に生成継承性が行われなくなるので、世代間の相互作用が重要です。また、McAdams, D.P. & Aubin, E.S. は、生成継承性（Generativity）には5 つの下位カテゴリーがあると述べています。

● McAdams & Aubin の生成継承性（Generativity）5 つの下位カテゴリー

①次世代の世話と責任
②コミュニティや隣人への貢献
③次世代のための知識や技能の伝達
④永く記憶に残る貢献、遺産
⑤創造性・生産性

◎ 老年期

　老年期そのものの明確な基準がなく、個々人によって大きく異なりますが、得るものより、喪失するものが社会的側面でも肉体・精神的側面でも多いと考えられます。

🌸 平均寿命・健康寿命

　平均寿命とは死亡率が変わらないと仮定し、ある年に生まれた子どもがその後、何年間生きられるか推計したものです。

　健康寿命とは、生涯の中で、健康の問題で日常生活の制限や介護・支援を受けることなく生活できる期間のことで、平均寿命に替わる考え方となってきています。

🌸 エイジングパラドクス

　エイジングパラドクスとは、**喪失体験**が多い高齢期において、若年世代よりも主観的な幸福感は差がなく、[心理的安定感] はむしろ高いという現象のことをいいます。

⬡ ウェルビーイング

ウェルビーイングとは、[身体] 的、[心理] 的、[社会] 的に「良好な状態」であることを指します。身体的に良好で、心理的にもサポートが得られ、社会的なつながりが多い場合に、ウェルビーイングが高くなります。

⬡ ソーシャルコンボイ

Kahn, R.L. & Antonucci, T. が唱えた**ソーシャルコンボイ**とは、喪失の多い老年期を生き抜いていくために、様々な関係の人が高齢者（＝個人）を守りながら進んでいく関係を、護送船団 (convoy) になぞらえたものです。

コンボイ・モデルでは、[同心円] によって対人関係を描きます。このコンボイ・モデルでいえることは、高齢期になると社会関係の喪失や生活範囲の減少が生じ、同心円の中心近くに存する関係者の重要度が相対的に増加をしていくことです。

● コンボイ・モデル図

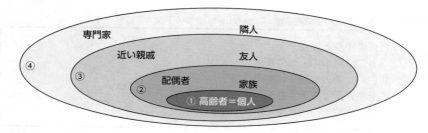

①援助を受ける**個人**を中心点にする
②生涯（長期）にわたり、親密であり安定的な関係にある成員（**配偶者、家族**等）を中心点近くに配置する
③ある程度社会的役割に基づく、親密さが高い成員（**友人、近い親戚**等）をその外側へ配置する
④社会的役割に依存した、親密さが高くない成員（**隣人、専門家**等）を外側へ配置する

⬡ サクセスフル・エイジング（幸福な老い）

Rowe, J.W. & Kahn, R.L. の医学的なモデルでの**サクセスフル・エイジング**とは、疾患や障害がないこと、高い認知機能や身体機能を維持していること、社会参加していることの 3 要件を満たしている状態としています。

しかし、このような医学モデルだけで個人差が大きい老年期を生きるための指標とすることは難しく、活動理論、離脱理論、継続性理論、選択的最適化と補償理論により、サクセスフル・エイジングの理論的な補強が行われてきました。

● サクセスフル・エイジングに関する 4 つの理論

活動理論	高齢者は健康上不可避な変化を除き、中年期と同じ心理的欲求を持つため、できる限り中年期の活動を継続的に維持することが幸福につながるという考え
離脱理論	老いに応じ、役割の減少と他者との相互関係も縮小していくことから「役割なき役割」が社会より期待されるため、その期待に応え社会から離脱していくことが幸福につながるという考え
継続性理論	新しい果たすべき役割を探し出すことより、今までに果たしてきた役割に費やすのを増やすことが幸福につながるという考え
選択的最適化と補償理論	加齢による喪失を最小化し、代替手段の獲得を最大化していくために自己の資源を最適化するという考え

プラス+1

老年期の発達課題
老年期の発達課題は下記のようなものが挙げられる。

Peck の発達課題	： ①自我の分化
	②身体の超越
	③自我の超越　が必要
Butler の発達課題	： 「回想」が具体的な手段となる
Havigahurst の発達課題	： ①肉体的な力と健康の衰退への適応
	②引退や収入減への適応
	③配偶者の死への適応
	④高齢の仲間との親和の形成
	⑤社会的役割の柔軟な受け入れ
	⑥満足な生活管理の形成　が必要

65 非定型発達と発達障害

発達段階の順序や時期が標準的で適応的である**定型発達**に対して、それが標準から外れ、不適応的な発達を示す場合を**非定型発達**と呼びます。身体的・精神的な非定型発達と発達障害についての基本的な理解を深めておきましょう。

◎ 身体的非定型発達

身体的な非定型発達には、身体的に成長が阻害される早産・低出生体重児や成長障害（器質性、非器質性）等があります。

◉ 早産・低出生体重児

早産は、[妊娠 22～37 週未満]での出産です。正期産（妊娠 37～41 週 6 日）よりも早く生まれるほど、重篤な障害を持つ可能性が高いため、早産とならないよう予防が大切です。また妊娠 22 週未満で妊娠が終わった場合には流産になります。

早産で生まれた子どもは、**未熟児**と呼ばれます。それに対して**低出生体重児**は、出生時の体重が 2,500g より少ない子どものことです。低出生体重児は身体の機能が十分に発達しないままに生まれてきてしまったため死亡率も高く、身体的・知的な障害や運動機能発達に遅れが生じる可能性もあります。

◉ 器質性発育不全・非器質性発育不全

成長障害（FTT）には[器質性（身体的要因）]のものと[非器質性（身体的要因以外）]のものがあります。器質性の発育不全は器質的疾患があるために健全な成長が阻害されているものです。一方、器質的疾患がないにもかかわらず、成長が阻害されている場合は非器質性発育不全となります。その原因は**環境要因**であると考えられます。

● 身体的な非定型発達

早産	在胎 22〜37 週未満での出産
低出生体重児	2,500g 未満 （1,500g 未満は極低出生体重、1,000g 未満は超低出生体重児）
器質性発育不全	身体機能が原因で起こる発育不全
非器質性発育不全	● 発育を阻害する明らかな（器質的）疾患がみられない発育不全 ● 環境的ネグレクト（例えば、食物が十分に与えられていない）、刺激の剥奪などが原因として考えられる

精神的非定型発達

精神的な非定型発達には、［発達障害］や［アタッチメント障害］などがあります。DSM-5 では発達障害は**神経発達症群／神経発達障害群**に分類されました。また、Asperger 症候群などの広汎性発達障害は自閉スペクトラム症に統合されました。

発達障害

発達障害は、［発達期］において診断される、発達の全般的な遅れや部分的な遅れ、偏りによる障害です。

● **知的障害（知的能力障害）・精神遅滞**

知的発達の遅れ、社会性等の適応能力の遅れ、18 歳までに発症という条件が満たされたときに診断されます。全般的に発達が緩やかで特に言葉の発達が遅れる傾向があり、社会的に適応しているかどうかが重要な診断基準となります。

● **自閉スペクトラム症／自閉症スペクトラム障害（ASD）**

自閉症を中心とする広汎性発達障害、Asperger 症候群、高機能自閉症等を含んだ診断名です。DSM-5 では、持続する［相互社会的コミュニケーション］や［対人的相互反応］の障害、行動・興味、または活動の限定された［反復的な様式］で、これらの症状が幼児期早期から認められ、日常生活・社会生活に支障がある状態とされています。つまり、友人関係や対人関係などの社会的コミュニケーション面での発達の遅れと、こだわり・**常同行動**が認められます。

● **注意欠如多動症／注意欠如多動性障害（AD/HD）**

［不注意］、［衝動性］、［多動性］がみられ、行動面に困難さを抱える障害です。不注意、衝動性、多動性のどの症状が優勢かは人によって違いますが、DSM-5 では、いずれも［12 歳以前］から症状がみられ、それによって日常生活に困難をきたしている場合に診断されます。

● **限局性学習症／限局性学習障害（SLD）**

全般的な知的発達の遅れはないが、聞く、話す、読む、書く、計算する、また

は推論する能力において、特定のものの習得と使用に著しい困難を示す障害です。ただし、視覚障害、聴覚障害、知的障害、情緒障害などの障害や環境的な要因が直接的な原因となるものは除かれます。

● **運動症群／運動障害群（発達性協調運動症／発達性協調運動障害）**

　　協調運動技能の獲得や遂行が、その人の生活年齢や技能の学習および使用の機会に応じて期待されるよりも明らかに劣っているために、日常生活・社会生活に困難をきたしている障害です。ただし、運動技能の欠如は、知的能力障害（知的発達症）や視力障害で説明できる場合、運動に影響を与える神経疾患による場合は除かれます。

　　なお、発達障害は［併存診断］（例えば、自閉スペクトラム症と注意欠如多動症が併存していると診断すること）が可能です。

⚙ アタッチメント障害

アタッチメント障害は、乳幼児期の養育が不十分であったために（マルトリートメント）、アタッチメントの形成が阻害され、愛着行動に問題が出る障害として、**心的外傷およびストレス因関連障害群**の中に含まれています。

● **反応性アタッチメント障害／反応性愛着障害**

　　養育者に対して安心したい、助けてほしいという行動や情動反応を見せないなどの［愛着行動の欠如］が特徴です。その症状が9か月以上5歳までに出ており、自閉スペクトラム症の診断基準を満たさない場合に診断されます。

● **脱抑制型対人交流障害**

　　見慣れない大人に対しても馴れ馴れしく接するなどの［無分別かつ不適切な愛着行動］を示します。9か月以上の年齢で、また注意欠如多動症の衝動性ではない場合に診断されます。

● 主な精神的な非定型発達（DSM-5 と ICD-10 の対応。◆は DSM-5 の分類）

DSM-5	ICD-10	特徴
◆［神経発達症群／神経発達障害群］ 知的障害（知的能力障害）	精神遅滞（F7）	全般性知能の障害。IQ［70］以下、［18］歳までに出現
自閉スペクトラム症／自閉症スペクトラム障害＜ ASD ＞	・広汎性発達障害（F84） ・Asperger 症候群（F84.5）	発達早期から、社会的相互作用、コミュニケーション、［想像力］の障害がみられる
注意欠如多動症／注意欠如多動性障害＜ AD/HD ＞	多動性障害（F90）	［不注意］、［多動性・衝動性］の2つの特徴が顕著

DSM-5	ICD-10	特徴
限局性学習症／限局性学習障害< SLD >	学力の特異的発達障害（F81）	全般的な知的な遅れはないが、読む・書く・話す・計算・推論等の機能が著しく困難
運動症群／運動障害群（発達性協調運動症／発達性協調運動障害）	運動能力の特異的発達障害（F82）	[協調運動] の障害により、日常生活に支障がある
◆［心的外傷およびストレス因関連障害群］反応性アタッチメント障害／反応性愛着障害	小児期の反応性愛着障害（F94.1）	養育が不十分な環境で育ったことによる愛着行動の欠如。[9] か月以上 [5] 歳までに出現
脱抑制型対人交流障害	小児期の脱抑制性愛着障害（F94.2）	養育が不十分な環境で育ったことによる無分別に不適切な愛着行動を示す。[9] か月以上で出現

心の理論

　コミュニケーションの障害のアセスメントに使われるのが、「サリーとアン課題」などの**心の理論課題**です。**心の理論**とは、他者の心を推測したり理解したりする能力です。

> **＜サリーとアン課題 (標準誤信念課題) ＞**
> 　サリーとアンは同じ部屋にいます。サリーはビー玉をバスケットに入れて、その部屋を出ていきました。部屋に残ったアンは、ビー玉をバスケットから箱に移し替えました。サリーが部屋に戻ってきました。
> 　さて、サリーはビー玉を探すために、どこを見るでしょうか？

　この課題に対して、多くの 3 歳児は「箱」と答えます。「自分の見た現実」と「サリーにとっての現実」が違うことを理解できていないからです。4〜5 歳になると、「サリーにとっての現実」である「バスケット」と答えることができるようになります。
　一方、自閉スペクトラム症の子どもたちはこの課題を通過できないことがあります。人との一方的な関わり方や、相手の気持ちや状況を考えない行動をとる、他の人と興味を共有できない、冗談が理解できない、人の嫌がることを平気で言う、といった［社会的コミュニケーションの発達の遅れ］は、この心の理論が獲得できていない、

もしくはうまく使えていないということが考えられます。

◎ メンタライゼーション

メンタライゼーションとは、自分自身と他者の心に注意を向けて、行動の裏にある個人的な欲求や感情、信念などを読みとる心の機能です。これは乳幼児初期から始まっており、養育者と子どもの相互作用の中で発達していくもので、これによって他者の立場に立って想像するといったことができるようになります。しかし、**アタッチメント障害**のような、不適切な養育を受けて育った子どもはメンタライゼーションの発達が阻害され、自分も他者の心の状態も読みとることができずに問題行動を呈してしまうことがあります。

◎ 非定型発達に対する介入と支援

非定型発達に対する介入や支援で重要なのは、[早期発見・早期療育]です。その子どもに適した環境調整を行い、支援の仕方を工夫することで、日常生活の困り具合を緩和させ、その子の能力を十分に発揮できるようにすることは可能です。またそうすることによって、日常生活の中で味わう失敗、挫折、過度のストレスのために引き起こされる**身体症状**や**精神症状**、**問題行動**などの[二次障害]を予防することもできます。さらに、本人に自分の障害を伝え、それを受容させていくことも、支援として考えていく必要があります。

> 発達の分野は、定型発達、非定型発達も含め、試験で非常に幅広く出題されます。
> ブループリントに記載されているキーワードも多く、私たちが普段使う言葉とは違う意味で使われているものもあります（例えば、Piaget の「操作」など）。
> 一つひとつのキーワードの内容しっかりとおさえておきましょう。

ひとこと

MEMO

66 障害理解のための概念モデル

　疾病や障害は、単なる心身の構造上の問題にとどまらず、個人の生活や人生に影響を及ぼします。こうした、障害が及ぼす影響を、[障害の概念モデル] という形で整理し、要因・影響・関係性を表現することにより、クライエントへの理解を深め、より全人的に支援を検討することができます。

　わが国では世界保健機構 (World Health Organization：以下、WHO) で作成された [国際障害分類 (ICIDH)] から変更された [国際生活機能分類 (ICF)] を使用しています。

◎ 国際障害分類 (ICIDH)

　ICIDH (International Classification of Impairments, Disabilities and Handicaps) は、WHO により**疾病**が生活や人生に及ぼす影響を理解するための新しい障害の概念の試用版として 1980 年に刊行され、障害に関する統計データの整備、それを用いた研究、障害者支援のための実践、障害者福祉政策の立案とその評価、市民の障害に関する理解と啓発等に活用されました。

　ICIDH は、疾病・変調から派生する「機能障害」「能力障害」「社会的不利」の [3] つの要素で構成されます。

● ICIDH：WHO 国際障害分類 (1980) の障害モデル

　　　　疾患または変調 ⟶ 機能障害 ⟶ 能力障害 ⟶ 社会的不利
　　　　　　　　　　　　　　　　　　　 (能力低下)

- [機能障害 (Impairment)]：心理的、生理的または解剖的な構造、機能の何らかの喪失または異常
- [能力障害 (能力低下) (Disability)]：人間として正常とみなされる方法や範囲で活動していく能力の (機能障害に起因する) 何らかの制限や欠如
- [社会的不利 (Handicap)]：機能障害や能力障害の結果として、その個人に生じた不利益であって、その個人にとって (年齢、性別、社会文化的因子からみて) 正常な役割を果たすことが制限されたり妨げられたりすること

◎ 国際生活機能分類（ICF）

　WHO は 2001 年に、障害・健康に関するとらえ方を ICIDH から ICF (International Classification of Functioning, Disability and Health) に改訂しました。ICIDH では、**障害そのもの**と障害が及ぼす**影響**に着目していましたが、ICF は、個人の**生きることの困難さ**に着目しています。また、**背景因子**として**環境因子**と**個人因子**が追加され、"生きることの全体像"を示す [生活機能モデル] が維持されるよう、構成要素ごとに、援助を必要とする人の生活環境を整理するために活用されています。

　ICF は、お互いに影響し合う「心身機能・身体構造」「活動」「参加」「環境因子」「個人因子」の [5] つの要素によって構成されています。

● ICF：国際生活機能分類（2001）の生活機能モデル

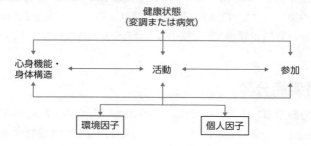

<生活機能>
[心身機能 (body functions)]：身体系の生理的機能（心理的機能を含む）
[身体構造 (body structures)]：器官・肢体とその構成部分等、身体の解剖学的部分
[活動 (activity)]：課題や行為の個人による遂行
[参加 (participation)]：生活・人生場面への関わり
<背景因子>
[環境因子 (environmental factors)] ※：人々が生活し、人生を送っている物的な環境や社会的環境、人々の社会的な態度による環境を構成する因子
[個人因子 (personal factors)]：個人の人生や生活の特別な背景

　※マイナスである阻害因子と、プラスとなる促進因子という 2 つの側面を持つ

ICF は、多職種連携の場において、本人を含む全ての関係者が生活機能の向上を共通して理解するための枠組みとして活用されます。

ひとこと

精神疾患の診断分類

67

わが国の精神疾患の診断は、病因は考慮せず、症状と経過から操作的に分類する方法が採用されています。これらは診断が容易で、評価者によるばらつきが少ないこともあり、日常の臨床および国際的標準分類として臨床研究にも利用されています。国際的標準分類として代表的なものは、世界保健機関（WHO）による［国際疾病分類（ICD-10）］とアメリカ精神医学会による［精神疾患の診断と統計のためのマニュアル（DSM-5）］の２つです。ICD が疾病全般の診断基準であるのに対し、DSM は精神疾患に特化している点が大きな特徴です。

◎ 国際疾病分類

　国際疾病分類（ICD：International Statistical Classification of Diseases and Related Health Problems）とは、正式には「疾病及び関連保健問題の国際統計分類」といい、世界保健機関憲章に基づき、世界保健機関（WHO）が作成しました。異なる国や地域から、異なる時点で集計された死亡や疾病のデータの体系的な記録、分析、解釈および比較を行うものです。

　現在、わが国では、ICD-10*（2013 年版）に準拠した**「疾病、傷害及び死因の統計分類」**を作成し、統計法に基づく統計調査に使用されるほか、医学的分類として医療機関における診療録の管理等に活用されています。

　*2018 年 6 月に ICD-11 が公表され、現在わが国への適用が検討されています。

◎ 精神疾患の診断と統計のためのマニュアル

　「精神疾患の診断と統計のためのマニュアル」（DSM：Diagnostic and Statistical Manual of Mental Diseases）とは、米国精神医学会が作成した診断基準のことです。事実上、世界中で使われており、日本でも、この DSM を使った診断が極めて一般的です。2013 年に改訂された最新の **DSM-5** では、これまでの「知能指数」のみによる知的障害の診断基準を大幅に見直し、**学力領域・社会性領域・生活自立領域**において、どれくらい**適応**できているのかも判定するように改訂されています。

アセスメント

　要心理支援者となるクライエントは、様々な課題やニーズを抱えています。課題解決のための支援を実施するには、クライエントとその生活全体をとらえて、身体的状況、心理的状況、社会的状況を把握し、専門職として介入すべき課題やニーズを明確にすることが大切です。アセスメントとは、こうした専門的介入を実施する上で、課題やニーズ・生活全体の状況の把握を行い、それらが起こるメカニズムや背景を分析評価し、クライエントの最善の利益となるための情報収集を行うことをいいます。

アセスメントの視点

　アセスメントで明らかにすべき課題やニーズは、クライエントが**自覚しているもの**、**自覚していないもの**、専門家としての視点をふまえた予測的なものも含まれます。

　障害者（児）に関わる全ての専門職が、身体的側面・心理的側面・社会的側面について、それぞれの専門的立場からアセスメントを実施し、情報共有を行うことによって、**クライエントの状態像**を［多面的］にとらえることができます。

　また、クライエントに関わる専門職は、それぞれの立場からのアセスメントを行います。例えば、心理職が、主に［個人］の特性の理解に対する心理アセスメントを行い、福祉職は、エンパワーメントに必要な［本人および環境］（社会）に対する福祉アセスメントを行う等、それぞれ重視する視点に特徴があります。

● **一般的なアセスメント項目（心理・福祉アセスメントともに）**

①基本的情報（名前や生年月日等）
②現在の主訴・ニーズ（クライエントが自覚しているもの）
③家族状況
④キーパーソンになり得る人（家族・親族および友人）
⑤身体的状況
⑥心理的状況
⑦社会的状況
⑧経済的状況（職業歴を含む）
⑨教育歴・家族歴
⑩問題解決や処理能力
⑪住宅等生活環境
⑫クライエントの印象等
⑬その他（クライエントが自覚していないニーズ等）

⚫ 心理アセスメント

　心理職である公認心理師にとってのアセスメントは、診断や治療にとって必要な情報収集（調査面接）やクライエントとの信頼関係構築のための共感や受容等を行う臨床的面接、観察や心理テスト等の場面で実施されます。

　また、アセスメントは、**初回**のみに実施されるのではなく、クライエントに対する適切な介入や支援が遂行されたかといった支援の効果の測定や、予後や見通しの判断材料に活用されます。そのため、アセスメントの結果は、**経過時**や**終了時**にも行われる心理的実践を根幹から支える重要な役割を担っています。

⚫ 福祉アセスメント

　福祉職である社会福祉士等ソーシャルワーカーにとってのアセスメントは、クライエントの抱える課題やニーズを、[社会資源]（フォーマルサービス・インフォーマルサービス）とつなげ、具体的に解決を図ることを目的とした面接等の場面で行われます。また、クライエントが関わる組織や社会に対する介入を行い、差別、貧困、抑圧、排除、暴力、環境破壊等から守られる包含的な社会を目指すために、クライエントの[環境]にも焦点を当てた**機能的アセスメント**も行います。

 用語解説　インテーク面接（初回面接・受理面接）

これはアセスメントの手段となる「面接」の中でも、最初の面接のこと。クライエントとの信頼関係（ラポール）を形成する上において、その基礎となる重要な面接である。初対面であることにも留意し負担を与えていないか常に観察しつつ、**クライエント自身や生活状況**、**介入すべき問題**を明らかにしていく。

クライエントへの守秘義務を果たすことは、信頼関係の保持のためにも最も重要な要素です。しかし、業務上知り得た情報の中で、クライエントの支援・援助のために、同意が得られなくとも関係機関や関係職員と情報を共有しなければならない内容もあります。こういった連携上必要な情報については、厳重なメンバーの選択のもと、その扱いを留意し秘密保持のため最善の方策を用い情報共有を行います。そのため、根拠のない連携上不必要な情報や、関係のない機関への提供は、守秘義務違反となります。また、この場合、クライエントとの信頼関係との構築において重要であることから、他機関から情報提供があった場合も同様に、情報管理を徹底します。

ひとこと

障害者に対する支援法

2018（平成 30）年度の診療報酬改定において、診療報酬上評価する心理職を公認心理師に統一することが法定し、当面の間、診療報酬上の「臨床心理技術者」を「公認心理師」とみなすこととなりました。また、2020（令和 2）年度の改定では、小児特定疾患カウンセリング料や依存症集団精神療法などに公認心理師が実施者として明記されました。他にも、精神科外来の加算として新設された通院・在宅精神療法療養生活環境整備指導加算に必要なカンファレンスに必要に応じて参加する職種に含まれるなど、他職種に対する相談支援・指導への評価が高まっています。

◉ 障害者総合支援法

障害者総合支援法（障害者の日常生活及び社会生活を総合的に支援するための法律）とは、障害者基本法の理念に則り、地域社会における［共生社会］の実現に向け障害福祉サービスの充実等によって、障害者の日常生活・社会生活への支援を、総合的かつ計画的に実施するための法律です。障害者自立支援法から名称変更する形で2013（平成 25）年に施行されました。

これまで身体障害、知的障害、精神障害といった区分ごとに縦割りで支援サービスが提供されていましたが、制度の違いによる障害福祉サービスの**不均衡の是正**や、制度の谷間を埋めるために**難病等**を障害者の範囲に加える等の項目が追加されました。

● 基本理念

共生社会を実現し、障害の有無にかかわらず等しく基本的人権を享受できることを目指しています。また、［社会的障壁］の除去に資する支援を総合的・計画的に実施し、社会参加の機会や生活の場の選択の機会の確保を行います。今後も障害児支援や訪問型の児童発達支援の創設が予定される等、質・量ともに支援の充実が図られます。

用語解説 社会的障壁

障害者基本法第 2 条第 2 号に「障害がある者にとつて日常生活又は社会生活を営む上で障壁となるような社会における事物、制度、慣行、観念その他一切のものをいう」と定義されている。

● **障害者総合支援法の平成 24 年成立時のポイント**

- 障害者の範囲の見直し、難病等や障害児も同様に加える
- 制度の谷間のない支援の提供を目的に、個々のニーズに合わせた支援を行う
- 障害者手帳の取得はできないが、一定の障害のある人に対して障害福祉サービス等を提供可能にする
- 障害程度区分から［障害支援区分］への名称変更と定義の改正
- 重度訪問介護の対象拡大（重度の肢体不自由者等であって常時介護を要する障害者で厚生労働省令で定めるもの）
- ケアホームとグループホームの一元化

用語解説 障害支援区分

障害者総合支援法では、障害福祉サービスの利用時に障害者等の障害の多様な特性その他の心身の状態に応じて必要とされる標準的な支援の度合いを総合的に示す**障害支援区分**が用いられる。

「障害支援区分の認定」は、障害者等から介護給付費等の支給に関わる申請を市町村が受理した場合、①認定調査員による［訪問調査の結果］と②主治医の意見書を用いた［一次判定（コンピューター判定）］を経て、③認定調査員による［特記事項］と主治医の意見書からなる［二次判定（市町村審査会）］で審議され、④市町村により認定、申請者に通知される。認定結果は、非該当および区分 1 から区分 6 である。

発達障害者支援法

発達障害者支援法は、発達障害者が、**個人としての尊厳にふさわしい日常生活・社会生活を営む**ことができるように、発達障害の早期発見と発達支援を行い、自立および社会参加のための生活全般にわたる支援が切れ目なく行われるように国および地方公共団体の責務を明らかにした法律です。2005（平成 17）年に施行されました。

日常生活や社会生活に生きづらさ等制限を受ける発達障害者が、障害の有無によっ

て分け隔てられることなく（社会的障壁の除去）、その早期発見や、自立および社会参加のための生活全般の支援によって、相互に人格と個性を尊重（意思決定の支援）しながら共生できる社会の実現を目指しています。

◉ 発達障害、発達障害者の定義

この法では、第2条で発達障害と発達障害者を以下のように定義しています。

> 第2条　この法律において「**発達障害**」とは、自閉症、アスペルガー症候群その他の広汎性発達障害、学習障害、注意欠陥多動性障害その他これに類する脳機能の障害であってその症状が通常低年齢において発現するものとして政令で定めるものをいう。
> 2　この法律において「**発達障害者**」とは、発達障害がある者であって発達障害及び社会的障壁により日常生活又は社会生活に制限を受けるものをいい、「発達障害児」とは、発達障害者のうち18歳未満のものをいう。

◉ 国民・事業主等の責務

発達障害者の自己決定権を尊重するために、社会的障壁を取り除く等の支援を、社会の責任の下に実施することを明らかにしています。

● 各対象者の責務

対象者	責務	具体例
国民	個々の発達障害の特性等に対する理解を深め、発達障害者の自立及び社会参加に協力するように努める	研修や交流会に参加し、自分や周囲の人々の偏見の除去に努める
事業主	発達障害者の能力を正当に評価し、適切な雇用機会の確保、個々の発達障害者の特性に応じた雇用管理を行うことにより雇用の安定を図るよう努める	障害特性に応じた、仕事への指示の与え方等、職場環境と仕事内容への配慮や雇用の促進を行う
大学・高等専門学校	個々の発達障害者の特性に応じ、適切な教育上の配慮をする	講義前の授業資料の配布やテストでの試験時間の延長

◎ 障害者差別解消法

2016（平成28）年に障害者差別解消法（障害を理由とする差別の解消の推進に関する法律）が施行されました。この法律では、障害を理由とする差別の撤廃を目的として、[不当な差別的取扱い] の禁止と [合理的配慮] の提供義務が示され、障害のある人もない人も、互いに、その人らしさを認め合いながら、ともに暮らせる社会を目指しています。

◉ 不当な差別的取扱いの禁止

不当な差別的取扱いの禁止とは、国・都道府県・市町村等の役所や、会社・お店等の事業者が、障害がある人に対して、正当な理由なく、障害を理由として、差別するのを [禁止] することです。また、障害に基づく差別には、「合理的配慮の否定」も含まれ、配慮可能であるにもかかわらずそれを行わないことも差別と考えられます。

◉ 合理的配慮の提供

合理的配慮とは、国・都道府県・市町村等の役所や、会社・お店等の事業者に対して、個々の場面でその人のニーズに応じ、障害者に障害を持たない者と同じ権利を保障する措置のことで、提供する側にとって負担が重過ぎない範囲で実施、対応することとされています。行政機関は [法的] 義務、事業者は [努力] 義務（対応に努めること）とされています。また、合理的配慮の実施にあたっては、その提供のあり方や範囲について、公認心理師の専門性を活かした配慮の提案が求められます。

◎ 障害者雇用促進法

1960（昭和35）年に制定された対象を身体障害者に限定する「身体障害者雇用促進法」から始まり、1987（昭和62）年に「障害者の雇用の促進等に関する法律」と改正されました。現在は、**難治性疾患患者を含む**身体障害者、知的障害者または精神障害者の職業安定を目的としています。

◉ 障害者雇用率制度（法定雇用率など）

すべての事業主には、法定雇用率以上の割合で障害者を雇用する義務があります。身体障害者、知的障害者または精神障害者で精神障害者保健福祉手帳の交付

事業主区分	法定雇用率
民間企業	2.3%
国、地方公共団体等	2.6%
都道府県等の教育委員会	2.5%

を受けている方が算定対象です。また、民間企業では [従業員43.5人以上] が**事業主の範囲**となります。

発達障害への支援

わが国の発達障害者への施策には様々ありますが、支援の対象は、発達障害者支援法に示されています。

発達障害の理解と支援

発達障害の多くが、知的障害を伴わないために、本人の性格の特徴等と誤解され、障害が見過ごされやすい傾向があります。その結果、思春期以後の不登校、非行等の二次障害が引き起こされて初めて、その存在に気づかされることも少なくありません。

子どもの場合、家族への支援はもとより、当事者の視点にたった発達障害の理解が、本人を取り巻く環境も含めて実施されることが、**本人の生きづらさの改善支援**に重要になります。

● 発達障害者支援法の主な支援の対象

自閉スペクトラム症	社会的コミュニケーションや言語の発達障害。活動・趣味範囲が限局的、反復的・常同的
Asperger（アスペルガー）症候群	言語の発達の遅れはみられない。対人コミュニケーション障害。活動・趣味範囲が限局的、反復的・常同的
その他の広汎性発達障害	特定の疾患の診断基準を満たさないが、知能、行動、社会性に障害がみられる
学習障害（LD）	読み書き、計算のいずれかの分野の困難さがみられる
注意欠如多動症（AD/HD）	知能の遅れはほとんどみられない。不注意、多動性、衝動性が特徴

発達障害者（児）への様々な支援

発達障害者（児）には、療育や特別支援教育など、様々な支援があります。

療育

療育という言葉は、知的障害、肢体不自由、難聴といった何らかの障害がある子ど

もに対する治療的・教育的・福祉的支援の意味で使用されています。

　2006（平成18）年の国連総会で障害者権利条約が採択され（2014（平成26）年批准）、わが国でも2011（平成23）年に障害者基本法が改正されたことを契機に近年、発達障害や学習障害、また障害が確定していない子どもも療育を受けることができるなど、療育の**対象者の範囲や概念は発展、拡大**しています。また、対象児の能力改善とエンパワーメント、家庭への育児支援、地域での生活を保障する地域支援等も含む広い概念として「発達支援」が提唱されています。

● 特別支援教育

　文部科学省は、これまでの特殊教育の対象の障害だけでなく、LD（学習障害）、AD/HD（注意欠陥多動症）、高機能自閉症も含めて、障害のある児童生徒に対してその一人ひとりの教育的ニーズを把握し、当該児童生徒の持てる力を高め、生活や学習上の困難を改善または克服するために、適切な教育や指導を通じて必要な支援を行うもの（2006（平成18）年）という方向性を示し、**特殊教育**から現在の**特別支援教育**へ体制が変換されました。

プラス+1

特殊教育
障害を理由とする就学の猶予または免除されていた**子どもの学習機会を保障する**との視点から、主に［盲学校］、［聾学校］または［養護学校］において、障害の種類や程度に対応して教育の場を整備し、そこできめ細かな教育を効果的に行うという視点で展開されてきた。

● 就労支援

　「就労」とは、人にとって社会とのつながりを構築する、かけがえのない営みの1つであって、収入を得るだけでなく、自己実現を図る大切な意義を持ちます。

　障害者の一般就労の機会を広げるとともに、安心して働き続けられるよう、**就労面**と**生活面**を**一体的に支援**するため、［ハローワーク］、地域障害者職業センター、障害者就業・生活支援センター、在宅就業支援団体、障害者職業能力開発校、［発達障害者支援センター］、難病相談支援センターといった機関によって、就労に関する相談や支援が受けられます。

● ソーシャルスキルトレーニング（SST：社会生活技能訓練）

　ソーシャルスキルトレーニング（以下、SST）とは、社会生活の中の、主に対人接

触に関わる状況において、状況に応じた適切なストレス回避や認知、行動様式（コーピング）を、段階を経て学んでいく認知行動療法のことです。SST には、行動療法で用いられるモデリングや促し行動（プロンプティング）、行動形成（シェイピング）等が取り入れられています。

> 障害の有無にかかわらず、就労により、「日常生活自立」「経済的自立」「社会生活自立」の 3 つの自立を目指すことができます。「就労支援員」等の専門職は、本人の意識変革や**ストレングス**（本人の強み・力・よいところ）に着目しながら、本人の自己選択や自己決定を支援します。

応用行動分析

応用行動分析は、心理学の 1 つの学問分野で、アメリカの心理学者 Skinner, B.F. が発展させた、**行動の予測と制御**を目的とした実験的、応用的科学のことです。人間や動物の行動を対象とした行動分析学で得られた知見を、専門的な用語や構成概念に頼らないで、環境要因と行動との相互関係をアレンジすることで、行動が出現した要因や背景を理解しようと考えます。

医療、教育、産業、福祉、障害といった様々な領域にも対象領域が広がっており、特に福祉・リハビリテーションの分野では、発達障害者・児の様々な問題行動に関する解決の場面で活用されています。

TEACCH

TEACCH (**T**reatment and **E**ducation of **A**utistic and related **C**ommunication handicapped **Ch**ildren) とは、自閉症とその関連する領域にあるコミュニケーション障害の［子どもたち］に向けたプログラムのことで、教育に有効とされる方法論の 1 つです。地域での総合的な支援システムとして提供される自閉症の**療育支援プログラム**のことで、個人に合った構造化のアイデアを分析し、スケジュールやカード等を用い、環境をわかりやすく整理・設定することで、社会の中で自立して行動できることを目的としています。

認知行動療法

通常、適応的に行われている、自分が置かれている状況に対するものの受け取り方や考え方に関する**認知の偏り**を修正し、ストレスの要因となっている問題解決を手助けすることによって治療することを目的とした精神療法のことです。

発達障害者（児）の家族への支援

　発達障害の支援には、その疑いのある子どもの親を含めた早期からの支援が必要です。厚生労働省の「地域における発達障害児者及び家族等支援事業」では、同じ悩みを持つ本人同士や発達障害児者の家族に対する［ピアサポート等の支援を充実］させ、本人だけでなく家族の生活の質の向上を目指しています。

　各都道府県・指定都市に設置されている［発達障害者支援センター］では、発達障害者やその家族等への相談支援、発達支援、就労支援および情報提供などを行っています。

ペアレント・トレーニング

　［発達障害］を持つ子どもの親向けに取り入れられることが多い手法で、子どもの行動を理解・分析し、子どもの特性をふまえた褒め方や叱り方、環境設定を学ぶための支援をペアレント・トレーニングといいます。子どもへの関わり方を学ぶことで、よりよい親子関係を構築することを目標としており、育てづらさからの虐待の発生防止などにも貢献しています。ただし、参加者には母親が多いため、父親も参加しやすい研修のあり方が求められています。

ペアレントメンター

　同じ発達障害の子どもを育てた親の立場から、親の気持ちに傾聴で寄り添うほか、様々な子育ての経験や地域の情報を伝えることができる相談相手です。登録されたペアレントメンターは、専門家とは違う視点から葛藤や不安に共感して寄り添い、地域で実施する子育てサークル、親の会などで開催される相談会や茶話会、座談会などに参加し情報提供を行います。また、地域で円滑にメンター活動が行われるよう、自治体や支援機関などから要請を受けた**ペアレントメンター・コーディネーター**が調整を行います。

リハビリテーション

リハビリテーションが必要なクライエントというのは、身体的にも心理的にも社会的にも何らかの困難によって生きづらさを感じています。再び本人が希望する場所や状態に戻ることができるよう支援することが、専門職としてのリハビリテーションであるといえます。

リハビリテーションとは

リハビリテーションとは、全人間的復権のことを意味しています。「re（再び）＋ habilis（適する）＋ ation（〜すること）」、つまり再び、人間として適した（ふさわしい）状態にすることをいいます。

> **用語解説　全人間的復権**
>
> 何らかの障害により、生活機能の低下が生じている状況を医学的、社会的、教育的、職業的なリハビリテーションの手段によって、**人間らしく生きる権利**を回復することをいう。

リハビリテーションの4つの領域・分野

提供される内容や場所により、[医学]的、[社会]的、[教育]的、[職業]的リハビリテーションという4つの分野（領域）に分類されます。医療の分野の病気や障害状態から回復することだけでなく、職場や家庭等に社会復帰、家庭復帰するといった、本人の役割の回復等もリハビリテーションです。

医学的リハビリテーション

病院等の医療提供機関において、医学的手段を用いて、疾患や障害を根本的に治療し、改善させることを目的として実施されるものを指します。また、医学的リハビリテーションでは、リハビリテーションが提供される時期により、急性期・回復期・維

持期（慢性期）リハビリテーションに区分されます。

● 社会的リハビリテーション

　社会の中で活用できる諸サービスを活用し、主体的に生きるための社会生活力を高めることを意味します。社会福祉士等ソーシャルワーカーの相談援助により、本人と社会に対して働きかけを行う環境調整の実践も社会的リハビリテーションに含まれます。

● 教育的リハビリテーション

　教育や訓練等を行い、障害者や児童の能力の向上を図ることによって、対象者が持つ潜在能力を開発し、自己実現を図れるように支援することを目的としたリハビリテーションのことです。以前、日本では、盲・聾学校（今でいう特別支援学校）での教育や、医学的リハビリテーションと並行し、障害児に対する「特殊教育」と同義語として使用されてきました。現在は、児童の「特別支援教育」の現場で実践されているほか、年齢階層を問わず、障害児者に関して行われる教育的支援のことを指します。

● 職業的リハビリテーション

　身体的・精神的に障害のある人が、適当な職業につき、かつ就労を継続できるための評価、訓練、指導、紹介等の総合的な継続支援を受けながら、職業を通じた社会参加と自己実現を目指し、経済的自立の機会を図ります。

プラス+1

職業リハビリテーションの推進
障害者職業センター、障害者就業・生活支援センター、ハローワーク（公共職業安定所）等の関係機関を利用することで、障害者の能力に応じた職業への就労を促し、障害者の職業の安定を図ることが期待できる。この目的を達成するための方策として、職業リハビリテーションの推進が定められている。

◉ リハビリテーションのプロセス

　臨床では、全てにおいて根拠ある適切な支援の提供が求められます。リハビリテーションの分野においても、適切な［リハビリテーション計画］が必要であり、そのための計画前アセスメントの実施が必要となります。つまり、適切な支援を提供するための評価（アセスメント）には、事前評価（診断）、計画の実施時に行う経過観察や点検評価（モニタリング）、そして最終的な総合評価（エバリュエーション）にて終結と

いうプロセスをたどります。特に、保健医療・福祉の連携の場面においては、総合目標達成となる［ターミネーション］（終結）の際に、本人の生活機能と本人の周囲にある社会資源についての評価も重要となります。

◉ 精神科リハビリテーション

　リハビリテーションという用語は、現在一般的に用いられるようになり、4つの分野より、もっと狭義の意味で提供されるサービスの内容でも用いられます。特に、精神科病院や精神科デイケアにて実施されている精神科リハビリテーションは、心理の専門家として、作業療法士等のリハビリテーション専門家だけでなく、精神保健福祉士等のソーシャルワーカーとも連携する機会が多く、理解を深めたい内容です。精神科リハビリテーションのアプローチの方法は、主としてその人の力を開発することに向けられ、退院後、地域において生活する能力を回復する方法として、本人の残存能力に焦点を当てるものとされています。

◉ 精神科リハビリテーションの定義

　イギリスの Wing, J.K. と Morris, B. は、精神科リハビリテーションを、「精神障害に伴う重度の社会的原因を明らかにし、予防し、最小にすると同時に、個人が自らの才能を伸ばし、それを利用して、［社会的役割］の成功を通して自信と自尊心を獲得するのを助ける過程である」と定義しています。また、アメリカの Anthony, W. らは、「精神科リハビリテーションの使命は、長期にわたり精神障害を抱える人々の機能回復を助け、専門家による最小限の介入で、彼ら自身が選択する環境において落ち着き、満足するようにすることである」と定義しています。

用語解説　精神科デイケア

精神科での日帰り（通所）リハビリテーションのことで、医療機関、保健所等で行われる。以下の4種類がある。
①精神科［ショート・ケア］（午前または午後のみの3時間）
②精神科［デイ・ケア］（午前から午後の6時間）
③精神科［ナイト・ケア］（夜のみの4時間）
④精神科［デイ・ナイト・ケア］（朝から夜までの10時間）
精神的な疾患で社会活動に困難を感じている人が自宅より通い、文化活動や運動等様々な活動を行うことで、精神疾患の再発防止や再入院を予防することを目的とする。また、社会復帰への足がかりとしての役割も担う。

MEMO

第 **3** 部

応用実践編

72 心理アセスメント

　ここでは、心理アセスメントに関連する基本的な概念や手法を概観します。心理アセスメントとは、クライエントに対し必要な情報を収集し、その状態像を把握して、どのような支援が望ましいか見立てることをいいます。

◎ 心理アセスメントと診断的評価の違い

　診断的評価は、医師が精神疾患の診断分類・診断基準である **ICD-10** や **DSM-5** をもとに行います。心理師も医師の診断を理解し、クライエントの見立てができるためにこれら診断基準を熟知している必要があります。そのため、診断的評価と心理アセスメントは重なる部分が多いです。異なる面は、診断的評価は病を特定することに重きを置くことに対し、心理アセスメントは病に限定されない個人の特徴を把握し、**生物心理社会モデル**の視点から全人的な理解を目指し、心理支援の方針を見出すところです。

> 生物心理社会モデルとは、個人の身体的・精神的健康に影響する要因を「生物」「心理」「社会」という 3 つの側面からアセスメントするモデルです。かつて、生物学的要因が優位であった流れに対し、心理および社会的要因も重視すべきとして Engel, G.L. が提唱しました。

◎ ケース・フォーミュレーション

　ケース・フォーミュレーションとは、**事例定式化**と訳され、クライエントの抱える問題がなぜ生じ維持されているのか、どのような意味があるのか、改善するにはどのような介入方法が適切なのかについて仮説を立て介入し、その後の評価を行う一連のプロセスをいいます。

ケース・フォーミュレーションと心理アセスメントは類似の概念ですが、心理アセスメントが基本的には見立ての段階を指すのに対し、**ケース・フォーミュレーション**は、クライエントの見立てから介入、結果までの一連のプロセスを指します。認知行動療法の際に用いられることが多く、心理療法場面に特化したアセスメント方略といえます。

🔵 機能分析

　ケース・フォーミュレーションのアセスメントの中核を担うものに機能分析があります。**機能分析**とは、クライエントが抱えている問題を否定的視点のみから見るのではなく、クライエントの生活や人生にとってどのような意味や機能、役割となっているかを分析することをいいます。

　例えば、「自分から他人に話しかけることができない」ということに悩んでいる場合、「話しかけたら嫌そうに応じられた→傷ついた→傷つかないために話しかけないようになった」というメカニズムが隠れていたとします。この場合、「話しかけない」ことで、傷つきから自らを守る機能を果たしているととらえることができます。ケース・フォーミュレーションでは、このように分析し、どのように介入したら適応的に変化できるかの仮説を立てます。

　ケース・フォーミュレーションは、細かく分けると、**問題の明確化**、**探索**、**定式化**、**介入**、**評価**の5段階を経ます。はじめの3段階目までを指す場合もあります。

● ケース・フォーミュレーションの5段階

①問題の明確化	クライエントの抱える問題について情報収集を行う。その情報をもとに、介入すべき問題を特定する
②探索	問題の原因や維持の［メカニズム］について仮説を探索する
③定式化 （フォーミュレーション）	問題と介入法を定める。クライエントと目標を定め、明確にする
④介入	確立した介入方式で実際に介入する
⑤評価	介入が適切だったかを評価する。適切でなければ再度ケース・フォーミュレーションを行う

🔵 関与しながらの観察

　カウンセリングにおけるカウンセラーのアセスメントに対する態度に関して、Sullivan, H.S. の［関与しながらの観察］の概念があります。

　Sullivan は、［対人関係］を重要視し、アセスメントを含めた治療はクライエントとカウンセラーとの**対人関係の場**で行わなければならないとしました。カウンセラー

もクライエントとの関わりの中で様々な出来事や感情をその都度検討しながら模索し続けるものであるとの主旨を述べています。つまり、カウンセラーとクライエントの関わり全てがアセスメントであり、それは固定化されるものではなく、継続され、修正していくものであると指摘しています。

◎ 心理アセスメントに有用な情報とその把握手法

心理アセスメントに有用な情報の収集方法には、主に、[面接法]、[観察法]、[検査法] の 3 つが挙げられます。これらは 1 つでアセスメントするのではなく、いくつかを組み合わせる [包括的アセスメント] を行うことが重要です。

心理アセスメントの手続きとして、情報収集の方法や目的等について [インフォームド・コンセント] を行い、クライエントの同意を得ます。こうした準備段階を経て、実際に情報収集し、検査結果などの処理と分析を行い、統合した結果を示すという流れを経ます。

◉ 面接法

面接法とは、クライエント本人や家族等と面接し、[対話] によって情報を収集する方法です。研究等を目的とした**調査面接**と、クライエントの支援を目的とした**臨床面接**に大別されます。また、クライエントの状態を把握することに特に重点を置いた情報収集を行う面接を [査定面接] といいます。それらに用いられる面接法には、構造化面接・非構造化面接・半構造化面接の 3 つがあります。

● 3 種類の面接法

構造化面接	質問事項があらかじめ決められている情報収集のための面接法。質問紙法を口頭に変えた場合や、実験や研究場面等の調査面接に用いられることが多い
非構造化面接	質問項目を決めずにクライエントが自由に話す方法。クライエントが話す内容を共感的に支持的に聴く態度が重視される。カウンセリング場面で多く用いられる
半構造化面接	構造化面接と非構造化面接の中間の面接法。あらかじめ質問項目を用意しながら、状況に合わせて質問内容や順序を変えていく。臨床現場によっては、初回の面接で、家族構成や生育歴、既往歴等などのおおまかな項目があり、それに沿って質問しながら、クライエントに合わせて随時変更していくという方法が代表例

◉ 特定の場面における面接法

特定の場面を指す面接法に、**インテーク面接**と**司法面接**があります。

インテーク面接とは、臨床面接に該当し、カウンセリングの初回面談のことをいいます。インテーク面接でクライエントの家族構成、来談動機等の基本的な情報の収集やインフォームド・コンセントを行い、治療契約を結びます。インテーク面接では、今後のカウンセリングにつながる［信頼関係（ラポール）］を築いていくことが重要になります。

司法面接とは、司法現場で用いられる方法で、調査面接になります。事件や事故の被害者あるいは目撃者となった子ども達に対し、心理的負担を最小限にし、かつ正確な情報をできるだけ多く収集することを目的とした面接法です。面接は、子どもに負担をできるだけかけないために、基本的に［1回のみ］となります。

🎞 観察法

観察法とは、クライエントの表情や態度、行動等を［観察］して情報を収集する方法です。観察法は、自然観察法と実験観察法に大別されます。

自然観察法とは、状況を操作せずに［日常場面］を観察します。スクールカウンセラーが子どもの様子を学校現場で観察する場合が代表例として挙げられます。子どもがどのような場合に集中できるかあるいは気が散るか等といったことが観察できます。

実験観察法は、目的に合わせて［状況を操作］し、統制された状況下での行動を観察します。主に実験や研究で用いられ、条件と行動の因果関係を見ることができます。

🎞 検査法

検査法とは、標準化された心理検査を実施し、クライエントの知的側面や心理状態、パーソナリティの傾向を把握する方法です。

心理検査は、知能検査や発達検査、性格検査や神経心理学的検査等多種にわたります。クライエントに有益な情報を得るためには、目的に合った上で、クライエントに実施可能な必要な検査を選択します。また、1つの検査のみを実施するよりも、より正確に、多面的に把握するために種類の異なる検査を複数組み合わせて実施することが大切になります。

🎞 テストバッテリー

心理検査を目的に応じて複数の検査を組み合わせて実施することを、**テストバッテリー**といいます。それぞれの心理検査には、測定できる特性が限られていることが多く、それぞれに長所と短所があります。テストバッテリーを組むことで、特定の心理的特性などの評価の**信頼性**を高めることができ、また、異なる心理的特性を多面的に

把握できることにより、**包括的**にクライエントを理解できるようになります。ただし、たくさんの心理検査を行ったほうがよいわけではなく、検査にかかるクライエントの負担を考慮し選定します。例えば、質問紙法のみを複数組み合わせることは一般的にはあまりしません。測定できる心理的特性が似通っていることが多く、多角的な把握につながりにくいこと、また1種類の検査方法ではその短所を補完できないためといった理由があります。

　それぞれの検査から得られた情報を統合し、クライエントの状態像を浮かび上がらせ、支援に有効に活用することが根本的な目的です。

> 有用なテストバッテリーの一例として、知能検査と投影法検査の組み合わせや、質問紙法と投影法の組み合わせなどが挙げられます。

ひとこと

◎ 心理検査の実施や報告における留意点

　心理検査の実施において最も重要な点は、クライエントの利益になるために活用するということです。そのために、クライエントの［ニーズ］を把握し、［目的］を明確にした上で検査に関してインフォームド・コンセントを行います。その際、検査でわかることや限界、**アセスメント結果のフィードバック**についてもクライエントに丁寧に説明する必要があります。

　実際に検査に臨む際には、事前に同意を得た後であってもクライエントが検査を受けられる状態かどうか改めて判断し、静かで落ち着いた環境で行うことが求められます。

◉ 結果の解釈

　結果の解釈の際には、心理検査の結果のみならず、検査中の被検者の様子や生育歴等も勘案して総合的に解釈し、その後の支援に役立てられるよう整理します。

　このように得られた検査結果は、適切に記録し、検査の報告に関しても誰にどのように伝えるか等についてクライエントにインフォームド・コンセントを行った上で、クライエントや保護者、支援に当たるスタッフに報告します。その際、相手が理解できる**平易な言葉**で伝えることや、課題になる部分だけではなく、得意な面や強みにできる特徴も伝えることなどが大切です。心理検査を行う目的は、クライエントの支援につながるためですので、検査結果を伝えることがクライエントやその支援に当たる者に有益な情報となる形でフィードバックすることが求められます。

73 質問紙法①
パーソナリティ検査

質問紙法は、パーソナリティや心理状態を明らかにする際に最も多く使用されています。ここでは、質問紙法の中でパーソナリティ検査を取り上げ、各種検査の考案者や特徴などを具体的に解説します。

◎ 質問紙法

質問紙法とは、いくつかの質問項目について、「はい／いいえ」あるいは「当てはまる／当てはまらない／どちらでもない」等の回答を選択する方式です。

質問紙法の長所は、実施や結果の解釈が容易で、集団でも実施でき、検査者のスキルや主観に左右されない等があります。一方、短所は意図的に回答を歪めることが可能である、無意識領域は測定できない、文章理解力に依存する等があります。

◎ YG 性格検査（矢田部・ギルフォード性格検査）

YG 性格検査 (Yatabe-Guilford Personality Inventory) は、[Guilford, J.P.] らが作成した尺度を**矢田部達郎**らが日本版に作成した検査です。個人にも集団にも使用できます。

[12] の尺度からなり、項目数は [120] です。YG 性格検査は、項目数が比較的少なく、実施や結果の解釈が容易なため、臨床や産業、教育などで広く活用されています。ただし、**妥当性尺度がない**ため、回答の虚偽や誇張といった歪みをチェックできないという短所があります。

● 結果の解釈

特性論に基づいた因子から構成されていますが、結果は、A 系統から E 系統の 5 つの類型に分類できます。臨床場面においては、**E 型**が [情緒不安定] 傾向で何らかの不適応感を抱えている可能性が最も高く、次に B 型が多いと考えられています。ただし、この検査結果のみで不適応と判断するのではなく、他のプロフィールも検討し、検査時の様子等も含めてパーソナリティの全体像を理解します。

● プロフィールの5類型

典型	型名	情緒安定性	社会的適応	向性
A型	平均型	平均	平均	平均
B型	不安定積極型	不安定	不適応	外向
C型	安定消極型	安定	適応	内向
D型	安定積極型	安定	平均〜適応	外向
E型	不安定消極型	不安定	不適応〜平均	内向

プラス+1

YG性格検査の12の下位尺度
12の下位尺度は、「抑うつ性」「回帰性傾向」「劣等感」「神経質」「客観性」「協調性」「攻撃性」「活動性」「のんきさ」「思考的向性」「支配性」「社会的向性」からなる。

◎ MPI（モーズレイ性格検査）

MPI（Maudsley Personality Inventory）は、[Eysenck, H.J.]によって考案されました。Eysenckは、独自の性格理論によって、「内向性－外向性（E尺度）」と「神経症的傾向尺度（N尺度）」の2つの基本的特性を測る目的で作成しました。その後、Jensen, A.R.によって、[MMPI（ミネソタ多面的人格目録）]の尺度をもとに「虚偽発見尺度（L尺度）」が加えられ、現在のMPIになりました。日本版はJensenのものに準じています。

尺度は、上記の「内向性・外向性（E尺度）」「神経症的傾向尺度（N尺度）」「虚偽発見尺度（L尺度）」の3尺度からなります。

項目数は、E尺度とN尺度それぞれ24項目、L尺度20項目、E尺度とN尺度に似た12項目の計**80項目**です。E尺度とN尺度に似た12項目は、実際には採点されません。この12項目は、検査の目的をあいまいにする意味と矛盾した回答を検出する役割を持っています。

◉ 結果の解釈

結果は、E・N得点の高低の組み合わせにより9つの類型に分類できます。「平均型」を除いた8類型では、E・N得点の偏りによる可能性として、①N得点が高い場合、精神障害の頻度が高いこと、②E得点が高くN得点が比較的低い場合、精神病質や躁状態の可能性が高いこと、③E得点が低すぎる場合、N得点が低くても高くても問

題を抱えている場合が多いこと等があります。また、L 得点の高低や不明「?」の回答数も考慮して解釈を行います。

NEO-PI-R

NEO-PI-R（Revised NEO Personality Inventory）は、[McCrae, R.R.] と [Costa, P.T.] によって考案されました。青年期から高齢者まで使用できます。

NEO-PI-R の質問数は 240 項目であり、[5 因子モデル] に基づいていることが特徴です。5 因子モデルとは、**特性論**に依拠しており、「N：神経症傾向」「E：外向性」「O：開放性」「A：調和性」「C：誠実性」の 5 つです。

NEO-PI-R は、当初は「神経症傾向」「外向性」「開放性」の 3 次元でした。その後、「誠実性」と「調和性」が加えられ、5 次元となった経緯があります。5 つの尺度の下位尺度には、それぞれ **6 つの下位次元**があります。

結果の解釈

NEO-PI-R では、質問の内容にかかわらず「いいえ」よりも「はい」を答える傾向である [黙従傾向] をチェックします。反対の拒否傾向も同じようにチェックし、それぞれが一定以上であった場合には解釈の際に注意をします。

● NEO-PI-R の尺度構成

次元名	下位次元
N：神経症傾向	不安、敵意、抑うつ、自意識、衝動性、傷つきやすさ
E：外向性	温かさ、群居性、断行性、活動性、刺激希求性、よい感情
O：開放性	空想、審美性、感情、行為、アイデア、価値
A：調和性	信頼、実直さ、利他性、応諾、慎み深さ、優しさ
C：誠実性	コンピテンス、秩序、良心性、達成追求、自己鍛錬、慎重さ

用語解説 **特性論と類型論**

● **特性論**…性格を、協調性や神経質さ、外向性などの特性の組み合わせによって理解する立場。Guilford, J.P. の特性論が有名。

● **類型論**…性格を、いくつかの典型に分類する立場。代表的な類型論として、Kretschmer, E. の体型と気質類型論や Jung, C.G. の向性説等が挙げられる。

16PF 性格検査

16PF 性格検査 (The Sixteen Personality Factor Questionnaire) は、[Cattell, R.B.] の人格理論に基づいて作成されました。**因子分析**で抽出された [16] 個の人格因子を測定します。日本版は、米国版を忠実に邦訳したものではなく、文化的違いを考慮して作成されています。

16 歳以上に使用でき、項目数は **187** です。16 の 1 次因子の他に、4 つの 2 次因子も測定できます。

16 の 1 次因子の概略は、打ち解けるか、謙虚か独断か、慎重か軽率か、責任感が強いか弱いか等からなり、4 つの 2 次因子の概略は、内向か外向か、低不安か高不安かなどから構成されます。

結果の解釈

それぞれの得点を手引の換算表を用いてステン得点に換算し、プロフィールを作成すれば、各因子の高低が一目でわかり、被験者の性格特性が把握しやすいことが特徴です。

MMPI (ミネソタ多面的人格目録)

MMPI (Minnesota Multiphasic Personality Inventory) は、[Hathaway, S.R.] と [McKinley, J.C.] が開発しました。MMPI は、研究実績も数多く、MAS などの追加尺度が数多く作成されています。パーソナリティ検査の中でもよく使用されている検査です。

尺度は、[10] の臨床尺度と [4] の妥当性尺度からなり、項目数は [550] です。[妥当性尺度] があることで、被検者の虚偽や受検態度をチェックできることが特徴の 1 つです。また、各尺度は、臨床群と健常群の回答に統計的に**有意な差**が認められたものをもとに作成されています。

結果の解釈

実施した方式に従い、各尺度の粗点の算出を行って、T 得点に換算します。T 得点の平均は **50** になります。各尺度の T 得点をプロフィールに書き、解釈します。

ただし、尺度名が示す精神疾患は、それをそのまま示すとはいえないため、解釈には精神疾患に関する知識を十分に持ち、実施時の被験者の態度、妥当性尺度の分析、臨床尺度の解釈などを総合できる幅広い知識と理解が必要になります。

● MMPI の尺度名と査定内容

	記号	尺度名	査定内容
妥当性尺度	?	**疑問尺度**	無回答、拒否的態度、優柔不断
	L	**虚偽尺度**	望ましい方向に意図的に歪曲する傾向
	F	**頻度尺度**	心理的混乱、問題点の誇張、適応水準
	K	**修正尺度**	防衛的、自己批判的な態度
臨床尺度	1　Hs	心気症	精神面よりも身体的症状を訴える態度
	2　D	抑うつ	意欲低下、抑うつ傾向、不適応感など
	3　Hy	ヒステリー	自己内省の弱さ、ストレス対処の仕方
	4　Pd	精神病質的逸脱	社会的ルールや権威に反発する傾向
	5　Mf	男性性・女性性	典型的な性役割に対する取得度や価値観
	6　Pa	妄想症	対人関係の敏感さ、猜疑傾向
	7　Pt	精神衰弱	不安や緊張、強迫等の神経症的傾向
	8　Sc	統合失調症	統制の程度、疎外感
	9　Ma	軽躁病	過活動傾向、興奮の程度等
	0　Si	社会的内向	社会的活動や対人接触を避ける傾向

⚙ EPPS 性格検査

EPPS 性格検査 (Edwards Personal Preference Schedule) は、[Edwards, A.L.] によって考案され、人が持っている**基本的な欲求**をもとに性格特性を把握する検査です。

内容は、A と B の対になる文章を提示し、A か B のどちらかの文章を選ばせる [強制選択法] になっており、項目数は [225] あります。強制選択法により、社会的望ましさへの回答の歪みを調整しています。

この検査は、正常異常を判別するものではないため、就職相談や学生相談で被検者の抵抗が生じにくく使用しやすいという長所があります。

[Murray, H.A.] の**欲求表**に基づいて作成され、**15 の特性**が測定されます。

プラス+1

EPPS 性格検査の 15 の特性
15 の特性は、「達成」「追従」「秩序」「顕示」「自律」「親和」「他者認知」「求護」「支配」「内罰」「養護」「変化」「持久」「異性愛」「攻撃」となっている。

🍪 結果の解釈

結果の解釈は、各特性のパーセンタイルが高いほどその傾向を示すといえます。ただし、得点の高低は、15の特性の相対比較で示されるため、低く出た特性が実際には高いということもあり得ます。また、各特性が示す性格特性は複数の側面が考えられる場合があります。例えば「達成」は、内発的欲求（自分で決めた目標達成などを求める）に基づくタイプや、外発的欲求（他者からの賞賛や褒美などを求める）に基づくタイプがありますが、EPPSは比較的後者に基づいています。こういった特徴を理解した上で解釈する必要があります。

🔘 新版 TEG- Ⅱ

TEG (Tokyo University Egogram) とは、［東大式エゴグラム］の略称で、Berne, E. が提唱した［交流分析］に基づく**自我状態**を測定できる質問紙法です。

新版 TEG- Ⅱでは、交流分析の自我状態、親（P）、大人（A）、子ども（C）の心的エネルギーの配分を測定します。この3つの自我状態は、さらに、PはCPとNPに、CはFCとACに分けられ、Aと合わせて5つに区分されます。**「CP：批判的な親」「NP：養護的な親」「A：大人」「FC：自由な子ども」「AC：順応した子ども」**のバランスを測定できます。そのため、正常異常を判断するものではなく、自己理解を深める手段として使用されます。

内容は、CP・NP・A・FC・ACの各10項目からなる50項目と、妥当性尺度のL尺度の3項目の53項目で構成されています。

🍪 結果の解釈

プロフィール表を用いてCP・NP・A・FC・ACの各得点の**棒グラフ**を作成します。それにより、心のエネルギー量の全体像と5つの尺度の高低から自我状態を把握します。妥当性尺度（L）が3点以上の場合は信頼性が乏しいと判断し、解釈には注意します。結果は、9パターンに分類されます。

プラス+1

エゴグラムのP・A・Cが示す自我状態
エゴグラムで測定できるP・A・Cの基本的な3つの自我状態を把握しよう。

P (Parent)	親の自我状態	自分の親または養育者から取り入れた自我状態
A (Adult)	大人の自我状態	物事を客観的かつ論理的に理解し判断しようとする自我状態
C (Child)	子どもの自我状態	本能的な直感や情緒に関わり、幼少期に身につけた行動様式や感情を表現する自我状態

74 質問紙法②
心の状態に関する検査

質問紙法のパーソナリティ検査に続いて、ここでは抑うつや不安の程度等の心の状態を測定する検査について、様々な分野で多く使用されているものを抜粋して整理します。

パーソナリティ検査に比べて、心の健康度を測る検査は、項目数が少ないため限られた側面しか測定できない反面で、被検者の負担や時間がかからずに済み、結果の出し方も容易であるという長所があります。そのため、測りたい心理現象の程度の重い軽いが直ちに把握できるという特徴を持っています。

SDS（自己評価式抑うつ性尺度）

SDS (Self-Rating Depression Scale) は、[Zung, W.W.K.] によって開発された自己評価による [抑うつ] の評価尺度です。項目数が 20 項目と少なく、抑うつの程度を簡便に測定できるため、医療機関や学生相談等の初回に多く使用されています。

20 項目の内訳は、2 項目は「**主感情**」、8 項目は「**生理的随伴症状**」、10 項目は「**心理的随伴症状**」となっています。

結果の解釈

結果は、正常群の平均は **35 点**、神経症群では [46] **点から 51 点**、うつ病群では **60 点**となります。

BDI-Ⅱ（ベック抑うつ尺度）

BDI (Beck Depression Inventory) は、[Beck, A.T.] によって作成された、[抑うつ] の程度を測定する検査です。医療機関でのうつ病の判定や産業領域でのメンタルヘルスチェック、認知療法の経過観察や効果測定等に使用されています。初版の

BDIでは、「最近の1週間の抑うつに関して」でしたが、BDI-Ⅱでは、DSM-Ⅳの診断基準に沿うように「今日を含めて2週間」に変更されました。

項目は**21項目**あり、落ち込みや悲しみなどの項目について4つの文章の中から最も近い状態を選択します。

🔘 結果の解釈

選択肢の数字の単純加算がうつ得点となります。得点は、**0点～63点**になり、[14]**点～20点**が軽度の抑うつ、21～26点が中等度の抑うつ、27点以上が重度の抑うつとなります。得点が高くなるほど、症状が重くなるように構成されています。

🔘 MAS（顕在性不安尺度）

MAS（Manifest Anxiety Scale）は[Taylor, J.A.]によって開発された、慢性的な不安を測定する検査です。MASでは、ある状況における一時的な不安（**状態不安**）ではなく、不安になりやすい個人的傾向（**特性不安**）を測ります。Taylor, J.A. は、人間の反応や行動は不安に影響されていると考え、不安から生じる顕在的な兆候からなる質問紙を作成しようと考えました。そこで、[MMPI]の中から顕在不安を示す尺度を抽出し、何度かの改良を経て、不安尺度の項目数は50になりました。

日本版のMASは、50項目の不安尺度に、妥当性尺度としてMMPIの**L尺度**を加えた**65項目**で構成されています。

検査内容は、65項目の問いに、「そう」「ちがう」のどちらかに「〇」をつける2件法です。できるだけどちらかに「〇」をつけるよう教示しますが、「どちらでもない」場合には両方に「×」をつけます。

🔘 結果の解釈

結果の解釈は、妥当性尺度であるL尺度の得点が**11点**以上の場合は**妥当性なし**と判断します。また、「どちらでもない」の回答が**10点**以上の場合は**信頼性がない**と判断します。不安得点が高得点であるほど不安感や緊張感、自信のなさ等を抱えている可能性が高くなります。

🔘 STAI（状態－特性不安検査）

STAI（State-Trait Anxiety Inventory）は、[Spielberger, C.D.]によって開発された不安を測る検査です。STAIの大きな特徴は、それまでの不安尺度が不安になりやすい性格傾向である[特性不安]のみを測るものであったのに対し、特性不安と

すぐに変化する一時的な［状態不安］の両方が測定できる点です。

　項目数は、状態不安尺度と特性不安尺度それぞれ 20 項目ずつの計 **40 項目**で構成されています。回答方法は **4 件法**になっています。

🔘 結果の解釈

　結果の解釈は、得点が高いほど不安の程度が高くなります。**55 点以上**が臨床的に高不安と考えられます。

🔘 CMI 健康調査票

　CMI（Cornell Medical Index）は、**Brodman, K.、Erdman, A.J.Jr.** および **Wolff, H.G.** らによって作成されました。

　検査内容は、医療機関の各科の初診時の問診内容をわかりやすく広範に質問項目にしています。身体的項目として 12 区分で 144 項目、精神的項目として 6 区分で 51 項目を合わせた計 195 項目からなります。ただし、日本版ではそれに身体的項目として男子 16 項目、女子 18 項目が追加されています。

　CMI は、**心身両面**の症状が網羅的に把握できるため、精神科や内科、耳鼻科などの臨床各科に応用できること、それぞれの病気における精神症状といった心身相関の研究手段などに有用であることが特徴です。

🔘 結果の解釈

　CMI の大きな特徴として［神経症］の判別ができることが挙げられます。神経症は、領域Ⅰから Ⅳ の 4 領域に分けることができ、領域Ⅰと領域Ⅱまでは正常の範囲である可能性が高く、領域Ⅲでは神経症的傾向が高くなり、領域Ⅳでは、神経症の可能性がかなり高くなります。

🔘 産業領域や育児支援に特化した質問紙

　これまで取り上げた質問紙法は、基本的には領域を問わずに使用できます。一方、産業領域や育児支援に特化した質問紙もあります。

領域	略称	正式名称	対象者
産業	VRT	職業レディネステスト	中学生から大学生の学生
	VPI	VPI 職業興味検査	18 歳以上
		厚生労働省編一般職業適性検査	13 歳から 45 歳未満

領域	略称	正式名称	対象者
育児支援	PMAS	産褥期母親愛着尺度	産後から乳児期の子を持つ母親
	PSI	子ども総研式・育児支援質問紙	3か月から12歳までの子の母親
	EPDS	エジンバラ産後うつ病質問票	妊娠中から乳幼児期の母親

育児支援の検査は、乳幼児を抱える母親の心理状態を把握することで、虐待の防止や母親へのメンタルケアに役立ちます。母親という責任感から、周りへのSOSを出しにくい場合にも支援を提供できるきっかけを作ることができます。

特定の心の病に関する検査

全般的なパーソナリティや心の健康を把握する検査に加えて、特定の心の病を評価する検査もあります。質問紙法であることが多いですが、質問紙法を面接にし、心理師が面接形式で評定する検査もあります。特定の心の病に関する検査については、検査の略称と正式名称をおさえ、どの障害の評価をするのかを把握しておきましょう。

特定の障害の傾向を測定する検査は、ある程度の情報を得た上で使用されます。

● 特定の心の病に関する検査一覧

評価対象	略称	正式名称
PTSD	CAPS	PTSD臨床診断面接尺度
	IES-R	改訂出来事インパクト尺度
強迫傾向	Y-BOCS	エール・ブラウン強迫尺度
	LOI	レイトン強迫性検査
うつ病	HAM-D	ハミルトンうつ病評価尺度（HRSDとも呼ぶ）
	CES-D	うつ病自己評価尺度
社交不安症	LSAS-J	リーボヴィッツ社交不安尺度日本版
パニック症	PDSS	パニック障害重症度評価尺度
統合失調症	BACS-J	統合失調症用認知機能簡易評価尺度日本版

Column

心理検査の略称を覚えるコツ①

心理検査の略称を覚えるポイントは、うつはDepressionなので検査略称にDが入ります。不安はAnxietyなのでAが検査略称に入ります。強迫性はObsessiveなので略称にOが入ります。全てに当てはまるわけではありませんが、D＝うつ、A＝不安、O＝強迫だけでも頭に入れておくと助けになるかと思います。

75 作業検査法

作業検査法は、被検者に特定の作業を行ってもらいます。検査法によって作業内容および測定する目標が異なります。被検者のパーソナリティや課題処理能力等を把握する検査や、高次脳機能の評価ができる検査があります。ここでは、それぞれの作業検査法の作業内容と測定対象を把握しましょう。

◉ ベンダー・ゲシュタルト検査（BGT）

ベンダー・ゲシュタルト検査（Bender Gestalt Test）は、正式には、ベンダー・視覚・運動ゲシュタルト・テストといい、**Bender, L.** によって開発されました。ゲシュタルト心理学に基づき、［視覚］運動のゲシュタルト機能の程度、［器質的な脳機能障害］の有無、パーソナリティ傾向など、多方面の情報を得ることができます。

検査内容は、［Wertheimer, M.］の視知覚研究に用いていた図形と Bender が考案した図形の**計9枚**の幾何学図形を1枚の用紙に全て**模写**します。

検査内容が図形模写のために作業検査法に分類されることが多いですが、神経心理学的検査や投影法検査にも該当します。

短時間で実施できるため、被験者への負担が少なく、児童から高齢者まで利用できます。

◉ 結果の解釈

結果は模写の正確さによって解釈されます。成人には、Pascal, G.R. と Suttel, B.J. の整理法が用いられることが多く、10歳以下の児童には、Koppitz, E.M. の整理法が多く用いられています。

> ベンダー・ゲシュタルト検査が発展したのは、第二次世界大戦といわれています。戦争神経症や心因性反応、器質的な脳機能障害などが急増し、短時間で適切なアセスメントが求められたためです。器質的な脳機能障害の有無に関しては、脳画像診断の発展によって現在は本検査の利用頻度は低くなっています。

ひとこと

内田クレペリン精神作業検査

内田クレペリン精神作業検査は、[Kraepelin, E.] が連続加算法を用いた作業研究において、人間の精神作業には、**「練習」「疲労」「慣れ」「興奮」「意志緊張」という5つの因子**が影響していると見出しました。その後、内田勇三郎が実践的な検査として開発しました。仕事ぶりや性格傾向を把握する目的として、教育領域や採用試験など、広く利用されています。

作業内容は、1桁の数字が横に幾行も書かれている指定の用紙を使用し、隣り合った1桁の数字の単純加算を1行［1］分として、［15］分間行い、［5］分の休憩をはさみ、もう一度［15］分間行います。

結果の解釈

結果の解釈は、各行の加算作業の最終到達点を前期と後期ごとに線で結び（前期と後期を続けては結ばない）、曲線が描かれます。この曲線を［作業曲線］と呼びます。この曲線の形状と作業量や誤りの状態から結果の解釈を行います。

精神的に健康な人の平常時には一定の曲線型になり、それを［定型曲線］と呼びます。定型の特徴はおおむね6つ挙げられており、非定型の特徴は9つ挙げられます。定型曲線の特徴は、前期がU字型で後期が右肩下がりになる、あるいは、前期に対して後期作業量が全体的に増加するなどの特徴があります。

作業内容が単純な足し算であることから、被験者の心理的抵抗が生じにくい、集団に実施できる等の利点があります。ただし、本検査のみで被験者の特性を確定することは難しく、他の検査と組み合わせて実施したり面接などで実際の振る舞いを観察したりなど、複数の観点から被験者を把握することが適切です。

● 定型曲線例

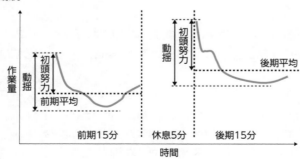

発達検査と知能検査

発達検査と知能検査は、主に精神発達の側面をとらえることができる検査です。発達検査は乳幼児を対象にすることができ、知的側面に限らず、運動機能や社会性等も含めた子どもの心身の発達をとらえる目的で使用されます。知能検査は子どもから成人までの知的活動の発達を査定でき、医療臨床や教育現場等で広く使用されています。

新版 K 式発達検査 2001

新版 K 式発達検査 2001 は、**京都市児童院**で開発された日本独自の検査になります。[0] 歳（生後 100 日以降）から成人まで適応できる検査です。主に子どもの発達支援に用いられ、発達障害のスクリーニング目的ではなく、精神機能を多面的にとらえることで発達状態の全体的なバランス、進みや遅れを把握し、一人ひとりの子どもに合わせた療育に生かすことを目的としています。

検査の構成は、**Gesell, A.**、**Binet, A.**、**Bühler, C.** らが考案した項目に独自の項目を加えた 328 の検査項目になっています。障害の有無にかかわらず使用でき、被検者の反応や態度、保護者とのやりとりなどの観察に重きを置いている点も本検査の特徴です。

全体の [発達指数]（DQ）および [発達年齢]（DA）に加えて、「**姿勢・運動 (P-M)**」「**認知・適応 (C-A)**」「**言語・社会 (L-S)**」の 3 領域ごとの DQ と DA を得ることができます。

日本版 KABC- Ⅱ

KABC（Kaufman Assessment Battery for Children）は、[Kaufman, A.S.] と [Kaufman, N.L.] 夫妻が考案しました。日本版 KABC- Ⅱ は、米国版の KABC- Ⅱ を日本の療育場面に適する形に改訂したものです。神経心理学的理論である **Luria 理論** と心理測定理論である **CHC 理論** に依拠しています。

通常の検査は、米国版を忠実に邦訳する場合が多いですが、日本版 KABC-Ⅱは適応年齢や内容が米国版とは異なっていることが大きな特徴です。

日本版 KABC-Ⅱの適応年齢は、[2 歳 6 か月] から 18 歳 11 か月となり、初版の 12 歳 11 か月までから引き上げられました。

検査の構成は、「認知尺度」と「習得尺度」からなり、「**認知尺度**」には「**継次**」「**同時**」「**学習**」「**計画**」の 4 尺度があります。「**習得尺度**」には、「**語彙**」「**読み**」「**書き**」「**算数**」の 4 尺度があります。

最も大きな特徴は、[認知処理過程] と [習得度] をそれぞれ把握できることです。それによって、子どもの認知処理スタイルに合わせた課題を習得できる支援が行えます。

● KABC-Ⅱの日本版と米国版の大きな違い

	日本版 KABC-Ⅱ	米国版 KABC-Ⅱ
適応年齢	**2 歳 6 か月～18 歳 11 か月**	**3 歳 0 か月～18 歳 11 か月**
認知尺度の構成	「継次」「同時」「学習」「計画」の 4 尺度	
習得尺度の構成	「語彙」「読み」「書き」「算数」の 4 尺度	**なし**

◎ 田中ビネー知能検査Ⅴ

田中ビネー知能検査は、[Binet, A.] と [Simon, Th.] が開発した知能検査を **Terman, L.M.** が再標準化したものをもとに、田中寛一が日本版に標準化しました。その後、改訂を重ね、現在は「田中ビネー知能検査Ⅴ」が使用されています。

適応年齢は [2] 歳から成人までであり、主に子どもに用いられています。

実施と解釈は、各年齢級の問題で 1 問でも通過できなければ、年齢級を下げて実施し、全問通過した年齢級に +1 したものが「**基底年齢**」となります。基底年齢より上の年齢級で通過した問題数にそれぞれ決められた加算月数をかけて基底年齢に加算し、**精神年齢 (MA)** を算出します。

知的発達の進み具合や遅れ具合を把握でき、問題ごとに年齢的な基準が示されるため、子どもの支援に役立てることができます。

2 歳から 13 歳は精神年齢 (MA) と生活年齢 (CA) の比から [知能指数 (IQ)] を算出します。**14 歳以上**には、[偏差知能指数 (DIQ)] が算出でき、「**結晶性**」「**流動性**」「**記憶**」「**論理推理**」の 4 つの領域別の指標も算出できます。

ウェクスラー式知能検査

ウェクスラー式知能検査は、Wechsler, D. が考案した個別式知能検査で、**幼児用のWPPSI**（Wechsler Preschool and Primary Scale of Intelligence）、**児童用のWISC**（Wechsler Intelligence Scale for Children）、**成人用のWAIS**（Wechsler Adult Intelligence Scale）の３種類があります。改訂が重ねられ、最新版は、**WPPSI- Ⅲ、WISC- Ⅳ、WAIS- Ⅳ**となっています。

● **ウェクスラー式知能検査の年齢別名称と適応年齢**

WPPSI- Ⅲ	幼児用	[2歳6か月]～7歳3か月
WISC- Ⅳ	児童用	[5]歳～16歳11か月
WAIS- Ⅳ	成人用	[16]歳～90歳11か月

ウェクスラー式知能検査は、知能をいくつかの構成に分け、個人内の知能の偏りが把握できることが大きな特徴です。

WISC- Ⅳと WAIS- Ⅳでは、全体IQ および「言語理解：VCI」「知覚推理：PRI」「ワーキングメモリ：WMI」「処理速度：PSI」の４つの**指標得点**が算出されます。

全体IQ

ウェクスラー式知能検査は、教育場面や医療領域等幅広く活用されています。そのため、全体IQ の数値の分類は覚えておきましょう。全体IQ および各指標得点の平均は [100] であり、90～109 が平均の範囲となっています。各指標得点間にディスクレパンシー（差異）が認められると、知的な偏りが大きい可能性が高くなり、全体IQ が高くても解釈の際には注意します。

● **全体IQ の分類**

130以上	非常に高い
120～129	高い
110～119	平均の上
90～109	平均
80～89	平均の下
70～79	低い（境界域）
69以下	非常に低い

４つの指標得点

前版の WISC- Ⅲ、WAIS- Ⅲでは、「群指数」という名称でしたが、Ⅳの改訂で「**指標得点**」となりました。この４つの指標得点が示す知的側面の概要を把握しておきましょう。

● 指標得点

名称	指標得点が示す内容
言語理解（VCI）	言語理解能力や言語情報に基づく思考力や推理力、一般的知識、長期記憶等に関する
知覚推理（PRI）	視覚的な長期記憶、非言語的な情報処理、抽象的な推理力等に関する
ワーキングメモリ（WMI）	聴覚的短期記憶、注意力や集中力、聴覚的作動記憶、計算力等に関する
処理速度（PSI）	視覚的短期記憶、視覚的な情報処理速度、事務作業能力、目と手の協応運動、同時処理能力等に関する

💿 その他の発達検査、知能検査

臨床現場で多用される検査は、これまで詳述した**新版K式発達検査2001、日本版KABC-Ⅱ、田中ビネー知能検査Ⅴ、ウェクスラー式知能検査**の4つが挙げられます。ただし、子どもの年齢や特性に応じて他の検査も用いられます。提示された事例の年齢にはどの検査が適用可能かわかるようにしましょう。

● 発達検査および知能検査の適応年齢対応一覧

検査名	適応年齢	特徴
遠城寺式乳幼児分析的発達検査	[0]歳〜4歳8か月	「運動（移動運動・手の運動）」「社会性（基本的習慣・対人関係）」「理解・言語（発語・言語理解）」の3領域6項目
新版K式発達検査2001	[0]歳〜成人	前記参照
S-M社会生活能力検査	満1歳〜13歳	[親などの他者評定]により、子どもの社会生活能力の特徴を測る
ITPA言語学習能力診断検査	3歳0か月〜9歳11か月	[LD児]や[言葉の遅れ]がある子どもに適応される
日本版KABC-Ⅱ	2歳6か月〜18歳11か月	前記参照
WPPSI-Ⅲ	2歳6か月〜7歳3か月	前記参照
WISC-Ⅳ	5歳〜16歳11か月	前記参照
WAIS-Ⅳ	16歳〜90歳11か月	前記参照
DN-CAS認知評価システム	[5]歳〜17歳11か月	**「プランニング」「注意」「同時処理」「継次処理」**の4つの認知機能を測定する
コース立方体組み合わせテスト	児童〜高齢者	[非言語性]の能力を主に測る知能検査。聴覚障害や**神経心理学的検査**にも使用可能

発達障害や子どもの適応に関する検査

特定の発達障害を査定する検査も臨床現場では使用されています。発達障害に関する検査は、各検査が測定できる特性傾向と適応年齢の把握がポイントになります。

● 発達障害や子どもの適応に関する検査一覧

特性傾向	対象	検査名
ASD	乳幼児	**M-CHAT**
	乳幼児～児童	PEP-3、[CARS]
	幼児～成人	[ADOS-2]、ADI-R、**PARS-TR**
	児童～成人	**AQ-J**
AD/HD	子ども	ADHD-RS
	児童～生徒	[Conners3]
	成人	[CAARS]
LD	子ども	LDI-R、MIM-PM、STRAW
行動や情緒	子ども	**CBCL**、SDQ
	全年齢	[Vineland-Ⅱ]

表に示した検査の正式名称を一部挙げます。他にも気になる略称があったら調べてみましょう。

CARS : Childhood Autism Rating Scale
ADOS-2 : Autism Diagnostic Observation Schedule 第2版
AQ-J : Autism-Spectrum Quotient Japanese Version
CAARS : Conners' Adult ADHD Rating Scales
CBCL : Child Behavior Checklist

ひとこと

Column

心理検査の略称を覚えるコツ②

心理検査は正式名称よりも略称で出題されていることが多いです。おそらく、正式名称で出題するとその検査が何の検査であるかわかってしまうからでしょう。

そうはいっても、アルファベットの並びを無意味綴りのように暗記するのは苦痛ですよね。「心理検査の略称を覚えるコツ①」とつながりますが、もともとの英文をさらっと知っておき、何の頭文字なのかわかると記憶として定着すると思います。

これは、略称の読み方にも使えます。例えば、WAISは「ワイス」と読んでしまいそうですが、**W**echsler **A**dult **I**ntelligence **S**caleの頭文字ですので、WはWechsler(ウェクスラー)のWですから、WAISは「ウェイス」と読みます。このように、WISCとWPPSIのWも「ウ」と読みます。英文の正式名称というと、難しいように思いますが、かえって楽しく覚えられることもあるかもしれません。

第14章 心理状態の観察及び結果の分析

281

神経心理学的検査

77

神経心理学的検査は、主に高次脳機能の評価を目的としています。知能や注意、記憶、遂行機能などを測定します。特に、認知症の検査には欠かせません。

◎ ミニメンタルステート検査 (MMSE)

ミニメンタルステート検査 (Mini-Mental State Examination) は、認知症の鑑別検査として多く使用されています。

MMSE は、「**見当識**」「**記憶**」「**注意と計算**」「**言語**」「**視覚構成**」の 5 つの認知領域が [11] の質問項目で構成されています。[見当識] とは、場所や時間等の現在の状況の理解を指します。

11 の項目内容は、「**時の見当識**」「**場所の見当識**」「**記銘**」「**注意と計算**」「**再生**」「**呼称**」「**復唱**」「**理解**」「**読字**」「**書字**」「**描画**」です。

改訂長谷川式簡易知能評価スケール (HDS-R) も認知症検査によく用いられますが、MMSE の特徴は図形描写などの [動作性課題] があることが挙げられます。

● 結果の解釈

満点は **30 点**で、[23] 点以下が認知症の疑いとなります。

◎ 改訂長谷川式簡易知能評価スケール (HDS-R)

改訂長谷川式簡易知能評価スケール (Hasegawa's Dementia Scale-Revised) は、MMSE と同様に、認知症の鑑別検査に使用します。

HDS-R は、「**年齢**」「**時間の見当識**」「**場所の見当識**」「**単語の記銘**」「**計算**」「**数字の逆唱**」「**記憶の再生**」「**物品呼称**」「**単語想起**」の [9] の質問項目からなります。質問によってはヒントを与えます。

● 結果の解釈

満点は **30 点**で、[20] 点以下が認知症の疑いとなります。

◎ 日本版リバーミード行動記憶検査（RBMT）

日本版リバーミード行動記憶検査（Rivermead Behavioural Memory Test）は、日常生活に欠かすことのできない記憶を検査し、[高次脳機能障害] や、[リハビリテーション] などの効果測定に使用できます。RBMT の特徴は、これから先の予定の遂行に必要となる**展望記憶**が測定できることが挙げられます。

検査内容は、「姓名」「持ち物」「約束」「絵」「物語」「顔写真」「道順」「用件」「見当識」の 9 つの検査項目、11 の下位検査から構成されます。

◉ 結果の解釈

標準プロフィール点における結果の解釈の目安は、9 点以下は重度記憶障害、16 点以下は中等度記憶障害、21 点以下はボーダーラインとなります。

◎ ベントン視覚記銘検査（BVRT）

ベントン視覚記銘検査（Benton Visual Retention Test）は、[視覚] 性の「記銘－保持－再生」の機能を測定することで、高次脳機能の検査に用いられます。

[10] 枚の図形の**即時再生**あるいは**模写**や**遅延再生**をさせることで、視空間認知や視覚記銘力等の側面を査定することができます。検査内容が [図形模写] という作業を行わせることから、**作業検査法**にも分類されます。

難聴や言語障害がある方にも実施できることや、図形が 3 種類あることで練習効果を排除でき、リハビリテーション等の効果測定に使用できることなどが特徴です。

◉ 結果の解釈

採点は、**正確数**と**誤謬数**に対して行います。正確数は、「1 か 0 か」で採点します。1 つの図版の全ての図形を正しく描いた場合に 1 点とし、最高得点は 10 点となります。誤謬数は、1 つの図版のいくかの図形について、①省略、②歪み、③保続、④回転、⑤置き違い、⑥大きさの誤りの **6 種類**に分類して数えます。

◎ 神経心理学的検査の種類

神経心理学的検査の代表はこれまでに挙げた検査が多く使用されています。ただ、神経心理学的検査の種類は多く、詳述した検査以外の検査についても、検査名と略称を把握しておきましょう。

● 神経心理学的検査一覧

検査名	検査略称	特徴
ミニメンタルステート検査	MMSE	**認知症**の鑑別検査
改訂長谷川式簡易知能評価スケール	HDS-R	**認知症**の鑑別検査
日本版リバーミード行動記憶検査	RBMT	**日常記憶**の測定
コグニスタット認知機能検査	COGNISTAT	全般的な**認知機能**の評価
アルツハイマー病評価尺度	ADAS	[アルツハイマー病] に対する認知症検査
ウェクスラー記憶検査	WMS-R	言語性や視覚性などの**記憶**に関する検査
ベントン視覚記銘検査	BVRT	**視空間認知**や**視覚記銘力**等に関する高次脳機能検査
ベンダー・ゲシュタルト検査	BGT	神経心理学的検査、パーソナリティ検査等使用方法が多い
フロスティッグ視知覚発達検査	DTVP	[子ども] を対象とした**視知覚**能力検査
ウィスコンシンカード分類検査	WCST	[遂行機能] を評価する検査
標準注意検査法	CAT	[持続性注意力] を主に評価する。**AD／HD** の査定の際にも使用される

Column
試験に出題される心理検査

これまでの試験で出題された心理検査の中にはマニアックな検査がけっこう見受けられました。出題された全ての検査を知っていた専門家がどれくらいいるだろうかと思うほどです。ですから、全ての検査を網羅しようと焦らないほうがいいかもしれません。それよりも、主要な検査、試験でいうならば事例問題の問題文中に出されていた検査や、複数回出題されていた検査をきちんと把握し、試験では消去法で対応できるように基礎を固めたほうが確実に得点に結びつくように思います。合格ラインは6割です。8割とる必要はありません。心理検査がたくさん出題されたからといって、網羅しようとしたために、それぞれの検査の内容や他の領域の知識があやふやなまま試験に臨んでしまうほうが危険なように思います。

知らない検査があっても落ち込むことはありません！　どのテキストにも詳述されている検査をまずはしっかりと把握しましょう。

78 投影法

投影法とは、直接的に質問を行うのではなく、被検者が自由に表現を行えるようなあいまいな模様や絵、文章などの刺激を提示し、それに対してなされた反応から、検査者が一定の基準に基づき、被検者のパーソナリティの特徴や問題点などを多角的にアセスメントしていく方法です。ここでは代表的な投影法の検査として**ロールシャッハ・テスト**、**TAT**、**P-F スタディ**、**SCT** の 4 つを説明します。

◎ ロールシャッハ・テスト (Rorschach Test)

ロールシャッハ・テストは、スイスの精神科医 [Rorschach, H.] が考案した投影法検査です。多義的に見える偶然にできあがった**左右対称**のインクのシミ (ink-blots) が印刷された図版を用いて検査を行います。

⊛ 検査の実施

図版は [10] 枚 1 組で構成されており、提示する [順番] は定められています。検査の実施に関しては、被検者に提示された図版が何に見えるか自由に答えてもらう**自由反応段階**と、それがどこに、どのように見えたのか、そのように見えた理由などを問う**質問段階**に分かれています。

⊛ 結果と分析

結果は、被検者が述べた全ての反応に対し、以下の観点から記号化されます。

> **反応領域** ：その反応は図版のどの領域に対してなされたのか
> **反応決定因**：その反応は図版のどのような特徴に基づいて決定されたのか
> **反応内容** ：その反応はどのような内容なのか
> **形態水準** ：図版との一致度や明細化の程度などを評価
> **公共(平凡) 反応(popular response) ／稀有(独創) 反応(original response)**：
> 　　　　　　　その反応が高頻度で一般的に生じる反応か、低い頻度でしか生じない反応かを評価

このように記号化や反応数、反応時間などを計算することによって量的に分析する**形式分析**と、被検者が述べた言語表現や内容を質的に分析する**内容分析**を行います。また、1つの図版に対して見えたものをいくつ答えてもいいことから、被検者の1つの図版に対する反応の流れや図版ごとの反応の流れを分析する**継起分析（系列分析）**も行われます。

> Rorschach 自身はこの検査について知覚診断実験あるいは形態判断検査と呼んでおり、何が見えたのかだけではなく、どう見たかという知覚や統覚の仕方に着目することも重視されています。それらを合わせて総合的に解釈することによって、パーソナリティを広範にとらえていこうとしています。

ひとこと

プラス+1

様々な学派
実施法や記号の種類、解釈法などは各学派によって差異があり、**クロッパー法**やそれをもとにした**片口法**、名大法、阪大法に加えて、統計的な実証を重視した**エクスナー法（包括システム）**などが存在するが、中でも片口法とエクスナー法が代表的な方法とされている。

TAT (Thematic Apperception Test)

TAT は、［Murray, H.A.］と［Morgan, C.D.］が考案した投影法検査です。日本語では［主題統覚検査］といいます。**多義的に見えるあいまいな場面（人物や風景などの状況）の絵**が印刷された図版を用いて検査を行います。

検査の実施

図版は［大人の男性用 (M)］、［大人の女性用 (F)］、［少年用 (B)］、［少女用 (G)］に分かれており、**白紙の1枚**を含んだ［31］枚の図版から構成されています。Murray による原法では、被検者の年齢と性別によって選択された**19枚の図版と白紙の図版1枚の計20枚**を10枚ずつ2日間に分けて実施することが原則となっています。ただし、実際の臨床場面では、検査時間の長さや被検者の負担の大きさから、**10枚前後**を選んで実施されることも多くなっています。

どの図版を選択するかは検査者の力量が問われ、熟練の検査者の場合は、1枚の図版からでも被検者のパーソナリティを解釈できるともいわれていますが、かなりの熟練度が必要です。また、被検者は提示された図版の絵から、どのような場面で何が起こっているのか、登場人物は何を考えているのか、これからどうなって、どういう結末となるのかなどといった［物語］を話すことが求められます。

● 結果と分析

結果は、被検者が語った物語から、物語の主題や主人公がどのような人物で、どのような感情や行動の動機を持っているか、他の登場人物との関係を持っているか、物語の展開や結末がどうなるか、等から Murray の［欲求−圧力理論］に基づき解釈されます。主人公の欲求だけでなく、環境からの圧力も含めて解釈をしていくため、総合的にパーソナリティが検討されます。

用語解説 欲求−圧力理論

欲求とは主人公が環境に働きかける行動を引き起こす内部からの力（親和、承認、攻撃、秩序、達成、自立、防衛等）であり、**圧力**とは主人公に働きかける環境から生じる力（養育、支配、模範、災害、運命、挫折、罪等）のことを意味する。

◉ P-F スタディ（Picture Frustration Study）

P-F スタディは、［Rosenzweig, S.］が考案した［記述式］の投影法検査です。日常生活の中で誰でも経験するような**フラストレーション場面**が、絵として［24］場面描かれており、被検者は一方の登場人物のセリフに対して、もう一方の登場人物がどのように答えるのかを**空欄の吹き出し**の中に記述することが求められます。

● 検査の実施

検査用紙は、**児童用**（小学生や中学生に適用）、**青年用**（中学生や高校生、大学生に適用）、**成人用**（15 歳以上に適用）の 3 つに分かれています。年齢的に重なりがある場合は、どちらでも使用可能とされています。

フラストレーション場面としては、**自我阻害場面**（フラストレーションの原因が他者あるいは明示されていない状況で、直接的に自分が被害を受けている場面）と、**超自我阻害場面**（フラストレーションの原因が自らにある状況で、他者から非難などを受けて"良心"が刺激されるような場面）の 2 つが想定されています。

結果と分析

被検者の反応は、**アグレッション**（≒**主張性**や全ての**目標志向的な行動**を表す）が3つの方向（**他責的、自責的、無責的**）と3つの型（**障害優位型、自我防衛型、要求固執型**）からなる9種類（変形反応を含めると11種類）の因子にスコアリングされます。

● P-F スタディの評点因子

		アグレッションの型		
		障害優位型	自我防衛型	要求固執型
アグレッションの方向	他責的	他責逡巡反応	他罰反応 （変型他罰反応）	他責固執反応
	自責的	自責逡巡反応	自罰反応 （変型自罰反応）	自責固執反応
	無責的	無責逡巡反応	無罰反応	無責固執反応

その際、分析の対象となるのは、最終的に検査用紙に記述（＝表出）された反応語のみであり、基本的には言葉の背後にある感情等について推測してスコアリングしないことを原則としています。スコアされた因子は、**第1場面から第24場面までの反応の流れを分析していく質的分析**とともに、[GCR]などの**統計的に数量化された標準と比較する量的分析**とを合わせて総合的に解釈が行われます。

用語解説 GCR (Group Conformity Rating)

集団一致度や**集団順応度**と呼ばれており、フラストレーションに対して常識的、一般的な反応がどの程度できているか、一致度（%）を見る指標である。したがって、低いGCR%はフラストレーション場面において常識的、一般的な反応を示さない傾向を示し、逆に、高すぎるGCR%は過剰に常識的で一般的な反応を示しやすい傾向を示すと考えられている。

SCT (Sentence Completion Test)

SCTは、検査用紙に刺激文として［不完全］な文章が書かれており、被検者がその続きを自由に記述することで文章を完成させるという［自己記述式］の投影法検査で

す。日本語では［文章完成法テスト］といいます。

> 例： 「私が楽しみにしていることは＿＿＿＿＿＿＿＿＿＿＿＿＿＿＿＿」
> 「もしも生まれ変わったら＿＿＿＿＿＿＿＿＿＿＿＿＿＿＿＿＿」
> 「私がよく思うことは＿＿＿＿＿＿＿＿＿＿＿＿＿＿＿＿＿＿＿」
> 「私の家族は＿＿＿＿＿＿＿＿＿＿＿＿＿＿＿＿＿＿＿＿＿＿＿」

● 検査の実施

　精研式 SCT が用いられることが多く、年齢によって**小学生用、中学生用、高校生・成人用**に分かれています。小学生用と中学生用は合計で 50 問、高校生・成人用は合計 60 問の文章で構成されています。検査時には検査用紙と鉛筆を使用し、書きまちがい等があった場合には、2 重取り消し線等で訂正線を書いて、書き直してもらいます。基本的には、順番に記述していくことが求められますが、どうしても思いつかない場合などは、いったんその項目は飛ばして続きを行い、後で書いてもよいこととなっています。

● 結果と分析

　解釈においては、**記述された文章の量**や**誤字・脱字**などといった形式的な側面を分析するとともに、内容を下表の 4 つの側面から分析していくことが多いです。

● パーソナリティ4 つの側面

知的側面	知能、精神的分化、時間的見通し、評価の客観性等
情意的側面	性格類型あるいは性格特性を評価
指向的側面	目標、特別に興味を持っていること、特別に嫌いなもの、生活態度、価値観、人生観等
力動的側面	内的な状態が安定しているか、不安定であるか

　また、そのパーソナリティの決定因として、次の 3 つの側面を検討し、総合的に解釈が行われます。

- ［身体的要因］——容姿、体力、健康
- ［家庭的要因］——家族、成育歴、生活水準
- ［社会的要因］——対人関係、社会的な環境

79 描画法（バウムテスト、風景構成法、HTP 法）

描画法も投影法に含まれます。描画法では、教示により指定された絵を描くことによって、被検者の内面が投影されると考えられています。ここでは、代表的な描画法検査として、バウムテスト、風景構成法、HTP 法の 3 つを説明します。

◎ バウムテスト（Baum Test）

バウムテストは、スイスの精神科医［Koch, K.］が考案した［樹木］を描く描画検査です。もともと、職業コンサルタントの Jucker, E. が職業適性検査として樹木画を用いていましたが、Koch が**筆相学**、**空間象徴理論**、Jung, C.G. の**分析心理学**等を理論的な背景として、心理検査としての基本的な考え方を最初にまとめました。Koch は、バウムテスト単独でも被検者のパーソナリティを検討していくことができますが、他の心理検査と**テストバッテリー**を組んで実施することに本来の価値があると考えていました。つまり、様々な角度から検討することによって、パーソナリティの全体像をとらえていこうとしていました。

⊛ 検査の実施

検査の実施においては、画用紙と鉛筆と消しゴムを用意し、「実のなる木を 1 本描いてください」と示します。その後は、被検者が自由に画用紙に樹木を描くのを見守るとともに、何をどのように描いていったかというプロセスを記録していきます。描画終了後には、描かれた木のイメージを深めたり、明らかにするため、いくつかの質問を行ったりすることもあります。

⊛ 解釈・分析

Koch は、何が描かれただけではなく、何がどのように描かれているかという描画プロセスの検討も重視していました。そのため、解釈においては、被検者の描画プロセスを追いながら、筆圧や木の大きさ、描かれた位置（空間象徴理論）等を分析する形式分析に加え、描かれた絵の内容を統計的に導き出された指標を用いたりして質的

に分析する内容分析を行っていくことで、総合的に解釈が行われます。

◎ 風景構成法
（Landscape Montage Technique : LMT）

　風景構成法は、精神科医の［中井久夫］によって考案された［風景］を描く描画検査です。

　風景構成法の開発に当たっては、**河合隼雄**が箱庭療法を日本に導入した際に、中井久夫が箱庭療法を統合失調症の患者に適用したところ、かえって症状が悪化してしまったことから、箱庭療法を適用してよいかどうかを判断するための予備テストとして開発されました。

　風景構成では、被検者に描画をしてもらう前に、箱庭の枠に相当する枠を検査者が描き（枠づけ法）、その中に被検者に描画をしてもらうことが重要です。風景構成法の枠は、箱庭における枠と同様に、（描画）表現を守るもの（枠内に収めるもの）として機能していると考えられています（その反面、枠には表現を強いるものとしての側面もある）。そのため、箱庭でも風景構成法でも、枠からはみ出すような表現はアクティング・アウト（行動化）の危険性を示す表現である可能性も考慮されます。検査道具としては、基本的に画用紙とサインペン、クレヨン等が用いられています。

◉ 検査の実施

　検査の実施に際しては、まずは検査者が述べるアイテムを、サインペンを用いて順番に描いていき、最終的に風景を完成させるという［素描段階（構成段階）］があります。

　アイテムは、大景群である**川・山・田・道**、中景群である**家・木・人**、近景群である**花・動物・石**という**10個のアイテム**が上記の順序で提示されます。

　1つのアイテムを描く際に、いくつ描くかの数の定めはなく、描かないことも自由です。10個全て描き終わった後に、最後に描き足したいものがあれば自由に書き足してもらいます。この際、新たなアイテムを加えることも自由です。

　次はクレヨンによって色を塗る［彩色段階］が行われます。ここでも、何をどのように彩色するか、彩色しないことも含めて、被検者の自由に任されます。彩色も行い風景が完成したら、検査者と被検者で絵を眺める時間をとったりしながら描かれた風景のイメージを深めます。その後、そのイメージをより明確にするためにどのような風景であるかなど、描かれたものについていくつかの質問が行われます。

● 解釈・分析

解釈に当たっては、**描かれた内容**だけでなく、［全体の構成］が重視されます。そのため、**3 次元の奥行表現**が難しいとされる年齢や能力的に難しいことが予想される被検者には**統合型 HTP テスト**等別の描画法などを実施することもあります。形式的な分析では、用紙をどれくらい使って描いたか、各アイテムの量や豊かさ、全体の構成度などが検討されます。内容分析では個々のアイテムに対して何をどのように描いたかに加えて、それぞれのアイテムの**関連性や関係性**についても検討していきます。その中で描かれたアイテムに対して**象徴的**な解釈も行われることもありますが、一対一対応で記号的にあてはめるのではなく、全体としての構成の中で［総合的］に解釈されます。

上記の通り、風景構成法は箱庭の要素も含んでいるため、心理検査としてだけでなく、面接の技法としても用いられます。

箱庭療法

箱庭療法は、Lowenfeld, M. が考案した The World（世界）または The World Technique（世界技法）という子どもの心理療法をもとに、Kalf, D.M. が Jung, C.G. の分析心理学の考えを取り入れて、子どもだけでなく成人にも有効な心理療法として Sandplay Tecnique を創始しました。日本には 1965（昭和 40）年に河合隼雄が箱庭療法という名で導入しました。箱庭療法では、砂が入った箱（内法が縦 57cm、横 72cm、高さ 7cm）の中に、ミニチュア玩具（人物・動物・植物・乗り物・建物・自然物等）を用いて自由に好きな世界をつくっていく心理療法です。面接の中で毎回作成をしなければいけないというわけではなく、箱庭をつくるかどうかもクライエントの判断に任せられます。

◉ HTP 法（The H-T-P Technique）

アメリカの心理学者［Buck, J.N.］によって考案された**家屋（House）・樹木（Tree）・人物（Person）**の 3 つのアイテムをそれぞれ［別の画用紙］に描く描画検査です。検査道具としては、4 枚つづりの画用紙、4 枚つづりのスコア表、4 枚つづりの描画後質問項目表、消しゴムつきの鉛筆が用いられます。

● 検査の実施

検査の実施に際しては、教示として上記 3 つのアイテムをそれぞれ描いてもらう

ことを伝え、その上で、まずは家屋を、それが完成したら樹木、それも完成したら最後に人物をというように 1 つずつ順番に描いてもらいます。全て描き終わったら、質問内容や順番が定められた［質問項目表］に従い、家屋・樹木・人物のそれぞれに対して **64 項目の描画後質問**を行います。

🔵 解釈・分析

結果は、**数量得点表**に従って数量化していき、［IQ（HTP-IQ）］を算出します。

ただし、この HTP-IQ は、標準化された知能検査との間の相関は高くありません。このように標準化された知能検査と差が生じることについて、Buck は HTP 法では提示される刺激（家屋・樹木・人物を自由に描いてもらう）が全く未構造であることや、描画することで刺激される情緒が、知的機能に影響を及ぼすと考えていました。それでも HTP-IQ を算出するようにしたのは、標準化された知能検査と比較した際に生じる差に意味があると考えていたからです。そこで示される差は、標準化された知能検査では測定できない**被検者の潜在的な可能性**（標準化された知能検査よりも HTP-IQ が高い場合）や**今後の低下の程度を予測**（標準化された知能検査よりも HTP-IQ が低い場合）したりすることができると考えていました。

また、質的にも分析され、描かれた内容や筆圧、描画への態度、質問への回答等を総合的に分析していき、被検者のパーソナリティや環境との相互作用などが解釈されます。また、情緒的な内容が豊かに表現されるということから、クレヨンを用いた色彩画法によって HTP 法（**色彩 HTP 法**）を実施することも行われていました。

🔵 様々な変法

さらに、Buck の HTP 法をもとにした様々な変法も考案されています。

例えば、**枠付け法**を用いて家屋・樹木・人物の全てを **1 枚の画用紙に描く**細木照敏・中井久夫・大森淑子・高橋良子による改変した HTP 法（**多面的 HTP 法**）や、家屋・樹木・人物に加えて被検者が自発的に描いた人物とは反対の**性の人物**も描いてもらう高橋正春による［HTPP テスト］、枠付けをしてない 1 枚の画用紙に**家屋・樹木・人物の全て**を描く［**統合型 HTP 法（S-HTP 法）**］、家屋と樹木と人物に**動き**をつけて 1 枚の用紙に描く R.C. Burns の［**動的 H-T-P 法**］等があります。

類似の検査として**人物画**によって IQ を算出する［Goodenough, F.L.］の［DAM（Draw A Man test：グッドイナフ人物画知能検査)］があります。

ひとこと

精神力動理論

80

　現在まで様々な心理療法が開発発展され、臨床現場で用いられています。

　ここでは、心理療法の大きな流れの1つである精神力動理論を取り上げます。精神力動理論は、人の心的現象は意識的な力と無意識的な力が働いていると仮定する精神分析を基盤とし発展していきました。精神分析の創始者であるFreud, S. の概念を中心に概説します。

◎ 精神分析

　精神力動理論の基盤となっているFreud, S. の精神分析は、**無意識の存在の仮定、局所論と構造論、自由連想法や転移逆転移、防衛機制**などの概念を生み出しました。

　また、Freud, S. は、生きるための心的エネルギーを**リビドー（本能衝動）**とし、リビドーは**性欲動**を中心とするととらえました。

◉ 局所論と構造論

　Freud, S. は、人間の心の機能を、局所論と構造論という概念で説明しました。

　無意識が人間の行動に大きく影響しているという前提のもと、心的構造の意識されている部分を「**意識**」、普段は意識しないけれども思い出そうとすれば思い出すことができる「**前意識**」、思い出そうとしても思い出すことができない「**無意識**」としました。これを［局所論］といいます。

　またFreud, S. はこの局所論を発展させ、「**超自我**」「**自我**」「**イド（エス）**」からなる［心的構造］論を唱えました。パーソナリティをこの3つの力関係で成り立つととらえたのです。「イド（エス）」は、最も本能的な心的エネルギー、「超自我」は両親からの教えや社会的道徳観を主とした本能的欲求を禁止するようなエネルギー、「自我」は、その2つを調整する現実的な機能を持った意識部分としました。

● **Freud, S. における心的構造**

知覚・意識

前意識

超自我

自我

被抑制的

無意識

エス

防衛機制

防衛機制とは、認めがたい自身の感情や欲求から、不安や自責感といった辛い感情を感じないで済むように自分を守るために働く様々な方略をいいます。Freud, S. が概念化しましたが、その後、Freud, A. によって深められ、体系化されました。

代表的な防衛機制

抑圧	ショックな出来事や不快な感情を単純に抑え込んでしまうこと 例：ショックな出来事をそのまま忘れる
否認（否定）	現実の出来事を、現実として受け入れないこと 例：がんであると宣告されたが、間違いであるとし認めない
投影（投射）	自分のある種の感情や衝動、考えが、自分の中にあると認めず、それを他者に投げかけること 例：後ろめたい気持ちを「みんながジロジロ見ている」と思う
反動形成	受け入れがたい感情や衝動を抑圧するために、それと反対の感情や衝動を示すこと 例：喫煙をしたい人が、禁煙のメリットを過剰に表明する
知性化	感情を本当に感じることを避けるため、浅い知的レベルで理解しようとすること 例：自分の深い心の傷に直面することを避けるために、心理学を学んで理屈で理解しようとする
合理化	行動の真の理由を隠すために、もっともらしい理由を作ること 例：イソップ童話の「取れなかったブドウは美味しくなかったのだ」が有名
昇華	欲求を、社会的に望ましい活動へのエネルギーに向けること 例：性衝動を部活動に熱中することで発散する
同一化	叶わない願望や自分にないものを、それを持つ他者になったかのように感じることで空虚感を埋めようとすること 例：子どもを持たない人が他人の子の服を作ってあげる

自由連想法

Freud, S. は、クライエントの頭に浮かんできたことを自由に語ってもらう**自由連想法**を見出しました。もともとの自由連想法は、1 回 50 分程度で週 4 日以上行うものでした。頭に浮かんできた事柄をそのまま話すことが原則とされます。

抵抗

ある感情や欲求を意識することを拒否する反応を Freud, S. は「抵抗」と呼びました。自由連想法で用いられますが、現在の一般的なカウンセリング場面においても、認めたくない自身の感情や欲求をカウンセラーに話さない状態や、その話を深めることを拒否する、カウンセリングを欠席するなどの状態を指します。ただし、クライエント自身がこのように認識しているのではなく、「重要な話ではない」「こんなことよ

りも違う話のほうがいい」というように意識化されています。

この「抵抗」は、ネガティブな側面とは限らず、クライエントの抱える問題の主題が表れているととらえ、カウンセラーが介入することで洞察を促します。

⬤ 転移

Freud, S. は、クライエントとカウンセラーの間に起こる現象として、「**転移**」と「**逆転移**」という概念を見出しました。転移と逆転移の概念、そのとらえ方については、長い歴史の過程で微妙に変容しながら、現在のカウンセリングでも注目され続けています。

転移とは、クライエントが過去に重要な他者に対して抱いていた様々な感情や欲求をカウンセラーに向けることをいいます。転移は、好意や強い信頼などの［陽性転移］と、怒りや敵意などの［陰性転移］の2種に大別されています。

転移は、カウンセリングの障害ととらえるのではなく、クライエントの問題を表現しているととらえ、カウンセラーと2人で構築していると考えます。

⬤ 逆転移

逆転移とは、カウンセラーがクライエントに対して抱く非合理的な感情です。逆転移は、以前はなくさなければいけない悪いものとされていましたが、現在は逆転移も含めて面接に還元していく流れとなっています。

⬤ 解釈

抵抗や転移などのクライエントがきちんと意識できていない無意識を意識化するよう、カウンセラーが行う関わりの1つが解釈です。クライエントの抵抗に気づき、心の葛藤を克服できるように促す関わりのことをいいます。具体的には、クライエントが話す内容を受けとめ、どのような現象であるのか検討し、クライエントが受け入れられる形で**言語化**して伝えていく作業を**解釈**といいます。解釈を繰り返すことによって、クライエントが自身の問題に気づき、整理され、葛藤などが解消されることを目指します。

◉ 分析心理学

分析心理学は **Jung, C.G.** が創始しました。Jung は、Freud, S. の下で精神分析を学び、その後 Freud, S. とは袂を分かって独自の心理学を体系化しました。分析心理学は、Jung 自身が直面した無意識との対決の中から創り出されました。

Freud, S. と Jung で大きく異なる点は、リビドーのとらえ方と夢が代表例として挙げられます。Freud, S. はリビドーを性欲動としたのに対し、Jung はリビドーを性

的エネルギーだけでなく、心的エネルギー全般を表すものとしました。また、Freud, S. が夢を願望充足としたのに対し、Jung は意識を超える高次なものとして独自の夢分析を発展させました。

このように、分析心理学は Freud, S. の精神分析を根底に持ちながらも新たな概念を生み出しました。ここでは Jung が提唱した概念の一部を紹介します。

⊕ 内向−外向

Jung は、人間の心の基本的な方向性として、[外向]と[内向]に大きく分けました。外向とはその人の関心が外界に向かうことをいいます。内向とは、関心が自身に向かうことをいいます。この外向と内向は基本的には生まれつきでありながらも固定的ではないとしました。

プラス+1

4つの機能
外向と内向に加えて、Jung は心の**4つの機能**を考え、タイプとして分けた。4つの機能とは、「**思考**」「**感情**」「**感覚**」「**直観**」。外向−内向の分類と4つの機能を合わせると、外向的感情型や内向的直観型などといった8タイプに分けられる。

⊕ 普遍的無意識と元型

無意識は Freud, S. も Jung も仮定していますが、Jung は Freud, S. が提唱した無意識を[個人的無意識]と呼び、新たに[普遍的無意識]という概念を提唱し、無意識を個人的無意識と普遍的無意識に大別しました。

普遍的無意識は、**集合的無意識**とも呼ばれ、個人的無意識のさらに深層に人類共通の無意識が存在するという無意識の層をいいます。これは例えば、言葉も違う世界中で、どの国からも共感され愛される童話や昔話があります。こういったことから、Jung は、個人を超えた無意識が存在すると仮定し、普遍的無意識と名づけました。

加えて、無意識の中の人類に共通する**パターン(型)**を見出し、それを[元型 (Archetype)]としました。これは、父親元型や母親元型といったものから、勇敢な王子が悪者を倒してお姫様を助けるという主旨の物語が世界中で存在しているといったような神話的モチーフなどに代表されます。

◎ 精神力動療法

　精神力動療法とは、Freud, S. が創始した精神分析から発展した様々な学派を統合した総称です。精神力動療法では、対話によってクライエントの**無意識の意識化**を促します。その際に、**転移逆転移の理解**、**カウンセラーの解釈**が重要視されます。

　また、[Alexander, F.] が提唱した**修正情動体験**も重要です。修正情動体験とは、カウンセラーとの交流が、クライエントの過去の対人関係で形成された不適応の原因となる人間関係のパターンを破り、安心感を伴う新たな体験となることで適応的に修正していくもので、認知行動療法との類似点が指摘されています。

プラス+1

精神分析の諸学派
Freud, S. が創始した精神分析から派生した学派や概念は多岐にわたる。児童の遊戯療法の Klein, M. や Freud, A.、劣等感の研究で有名な Adler, A.、「移行対象」や「ホールディング（抱える環境）」の研究で有名な Winnicott, D.W. などが代表として挙げられる。また、試験に頻出されている「関与しながらの観察」の Sullivan, H.S. も精神分析学を学び、その後、対人関係論として精神医学を「対人関係の学」と定義した。
Freud, S. が創始した精神分析は、学派を超えて臨床心理学に多大な影響を与えている。

Column
コンプレックス

「外見にコンプレックスがあって」というように、現在は「コンプレックス」という言葉は一般に広く使われています。Adler の劣等感に結びつく使用方法が多いですが、現在使用されている意味合いで初めてコンプレックスという言葉を用いたのはJung, C.G. です。Jung は、言語連想法の実験から、連想の中断や間違い、当惑などを通して、無意識内になんらかの感情によって結ばれている心的内容の集まりを見つけ、コンプレックスと名づけました。Jung はコンプレックスをポジティブにとらえ、自己理解を促す指標となると考えました。
当初は、「感情によって色づけられたコンプレックス」と呼び、日本では「心的複合体」等と訳されていましたが、後にシンプルに「コンプレックス」と呼ばれ、定着しました。

81 認知行動理論

認知行動理論は、現在までに大きく3つの流れに分けられます。第一世代と呼ばれる学習理論に基づく**行動療法**、第二世代と呼ばれる認知の内容に着目した**理性感情行動療法（REBT）**や**認知療法**、第三世代は**マインドフルネス**や**アクセプタンス**といった認知の機能に注目した療法です。

ここでは、代表的な療法を抜粋して各種心理療法の概観を把握します。

◎ 行動療法

行動療法は、[Skinner, B.F.] や [Wolpe, J.]、[Eysenck, H.J.] などによって体系化されました。行動療法では、不適応的行動は間違った学習によって習得されたと考えます。そこで、[学習理論] に基づいて適切な学習によって不適応的行動を除去し、適応的行動を習得することを目指します。代表的な学習理論として、**レスポンデント条件づけ**と**オペラント条件づけ**が挙げられます。依拠する理論ごとに具体的な行動療法を整理します。

◉ レスポンデント条件づけ

レスポンデント条件づけ（古典的条件づけ）は、**Pavlov, I.P.** が見出した学習原理です。これを行動療法に応用すると、例えば不安を感じる場面で、不安とは異なる反応を学習し直すことによって、もともと不安を感じていた刺激に対して不安を感じずに済むようになるという原理になります。

> **用語解説 逆制止の理論／脱感作反応**
>
> 不安や恐怖とリラックスは人の心の中で共存しない。不安状態ではリラックスしていないし、逆に、リラックス状態のときには不安や恐怖は感じていない。この原理により、不安や恐怖と拮抗するリラックス反応を用いることで、不適応的に学習された不安や恐怖といった反応を制止する理論が**逆制止の理論**である。
>
> **脱感作反応**とは、過敏反応が弱まっていくことをいう。つまり、不安や恐怖、緊張状態といった反応が鎮まることをいう。

● レスポンデント条件づけを原理とした代表的な行動療法

療法の名称	方法
系統的脱感作法	[Wolpe, J.] が**逆制止**の理論を用いて考案。不安や恐怖を感じる状況に対して、それらと共存しないリラクセーション（例えば**筋弛緩法**）を行うことで**脱感作反応**を起こさせ、不安や恐怖を消去する。実施は、不安が低いものから高いものへ並べた [不安階層表] を作成し、低いものから順番に実施する
曝露法（エクスポージャー）	曝露法（エクスポージャー）は、リラクセーション等を用いることなく、不安場面に直接さらすことによって（＝刺激に直面させることによって）、不安が [自然に弱まる] ことを体験させる。一般的に「エクスポージャー」という場合には、不安が弱いものから**段階的**に曝露する療法を指す
フラッディング	フラッディングは、エクスポージャーの 1 つで、最も不安を喚起する刺激に**いきなり曝露**する方法
曝露反応妨害法	[強迫症／強迫性障害] に用いられることが多い。強迫観念と強迫行為を区別し、強迫観念や不安感をそのままにし、不安場面に曝しながら（**曝露**）、強迫行動を禁止（**妨害**）することで、時間の経過とともに自然に強迫行動をせずとも不安や緊張は和らいでいくことを体験させる

😊 オペラント条件づけ

　オペラント条件づけ（道具的条件づけ）は、**Skinner, B.F.** のスキナー箱が有名ですが、ある状況で起きる自発的な反応がもたらす結果の学習によって行動が変容するという理論です。これを行動療法に応用すると、好ましい自発的反応が起こった場合にそれを強化する関わりを繰り返すことで、自発的反応の頻度を上げるという原理になります。あるいは逆に、好ましくない自発的反応が起きた場合には、強化する関わりを排除することで、もともとの自発反応を減少させるという原理になります。

● オペラント条件づけを原理とした代表的な行動療法

療法の名称	方法
トークン・エコノミー法	[トークン] と呼ばれる擬似貨幣（例えばシールなど）を適切な行動ができた場合に与え、一定量貯めるとクライエントの望む物と交換できるという方法。子どもに用いられることが多い
シェイピング	目標となる行動を直ちに習得することが難しい場合に、達成しやすい課題から [スモールステップ] を踏んで**段階的**に目標行動に近づいていく方法
タイム・アウト法	子どもの問題行動に用いられることが多い。子どもの問題行動に「注意を向ける」等の**強化子**を与えないために、タイム・アウト室に 10 分程度とどめて、強化子を取り除き問題行動の消去を目指す

認知への介入

　感情や行動は出来事が原因ではなく、出来事に対する**認知（考え方）**によって起こると考えたのが第二世代とされる認知への介入技法です。この理論は、**理性感情行動療法（REBT）**と**認知療法**が基盤となっています。

理性感情行動療法（REBT）

　理性感情行動療法（REBT：Rational Emotive Behavior Therapy）は、論理療法や論理情動行動療法とも呼ばれ、[Ellis, A.]によって創始されました。Ellis は、出来事（**A**ctivating Event）・信念（**B**elief）・結果（**C**onsequence）からなる**ABC モデル**を提唱しました。Cの結果（感情・行動）はAの出来事が引き起こすのではなく、出来事に対する信念 B によるものととらえました。Cの結果が、不適応的あるいは不快状態であるならば、原因はBの信念が[非合理的な信念]（Irrational Belief）であると考えます。適応的な状態にするためには、Bの信念（非合理的な信念）を合理的な信念に置き換える療法を提唱しました。この置き換える手続きを、[論駁]（D：Dispute）といいます。論駁による効果をE（Effect）とし、効果までを一連として、ABCDE 理論と呼ぶこともあります。

● ABC モデルの図式

- A - 出来事 例：挨拶したが返事がなかった		- B - 非合理的な信念 例：自分は嫌われている		- C - 結果（感情・行動） 例：落ち込み、自責感、不信感

認知療法

　認知療法は、REBT と同様に「感情や行動は出来事が原因ではなく、出来事に対する**認知**によって起こる」と仮定する理論で、[Beck, A.T.]によって発展しました。

　Beck は、非適応的な思考を「**認知のゆがみ**」ととらえました。また、ある出来事が起きたときにふっと浮かんでくる思考を[自動思考]と名づけ、自動思考が行動や感情に影響していると考えました。さらに、自動思考を起こさせる**中核的な信念**があるとし、それを[スキーマ]としました。

● 認知のゆがみの代表例

根拠のない決めつけ	証拠がないのに極端な判断をし、それがまるで真実かのように思い込んでしまうこと 例：やってみる前から「失敗するに違いない」と思い込む

全か無の思考	グレー（中間・あいまい）の思考がなく、物事を「白か黒か」の両極で考える 例：一度でも失敗したら終わりだ
過度の一般化	**少しの事実だけで全て同様になるという思考** 例：仕事で一回失敗しただけで「これからもうまくいかないのだ」と決めつける
過大解釈・過小解釈	**自分の失敗や悪い事柄は過大に取り入れ、自分の成功や良さには目を向けないこと** 例：人から否定される言葉は信じ込み、褒められると「お世辞だ」と否定する
すべき思考	**「こうすべきだ」「すべきではない」という思考** 例：「大人なのだから感情的になるべきではない」と思い、どんなときでも感情を抑えて行動する
自己関連づけ	**何か悪いことが起きると「自分のせいだ」と考えてしまうこと** 例：挨拶をしてもらえなかったら「私が何か悪いことをしたからだ」と自分が原因だと考えてしまう
レッテル貼り	**「過度の一般化」の進行型。少ない情報で固定したイメージをあてはめること** 例：「自分はダメな人間だ」「自分は他人から好かれる人間ではない」など、感情的に固定イメージを持つ

認知の変容から認知の機能へ着目

　第三世代の代表的な概念に [マインドフルネス] と [アクセプタンス] があります。マインドフルネスとアクセプタンスは、第二世代の認知療法が認知の内容を変化させるものであったのに比べ、認知の影響を変化させるという**認知の機能**に着目しました。それまでの認知行動療法のように行動や認知の変容を直接的に促すのではなく、「今ここ」の状態に**ただ気づき（マインドフルネス）**、過剰反応せずに**受け入れる（アクセプタンス）**という態度をとることで、人が本来持っている柔軟性を伸ばそうという理論です。

　マインドフルネスは、ブッダの瞑想法に由来し、仏教や禅といった東洋医学との関連が深く、思考にとらわれないという概念から森田療法との類似点が指摘されています。

プラス+1

スキーマ療法
スキーマ療法とは、Young, J.E が開発した認知行動療法をベースとした統合的心理療法。従来の認知行動療法で扱ってきた部分より深い部分へアプローチする。「スキーマ」は「中核信念」と訳され、思考や行動のベースとなる価値観を意味する。

人間性アプローチ

82

Rogers, C.R. は、**クライエント中心療法**を提唱し、現在までのカウンセリングに大きな影響をもたらしました。Rogers から発展した、クライエントの語りをカウンセラーが誠実に真摯に傾聴することを基盤とするアプローチ全般を指して人間性アプローチといいます。人間性アプローチでは、無意識やカウンセラーの解釈は重要視せず、「今ここ」の人間理解を大切にします。

◉ クライエント中心療法

Rogers は、人は自分自身を最大限に成長させようとする[自己実現傾向]を持っているとしました。自己実現は、**現実自己と理想自己**が一致している状態とし、現実自己と理想自己のズレが大きいほど不適応状態が生じると提唱しました。

そして、クライエントの自己実現のために、カウンセラーがクライエントの語りを共感的に傾聴することで、クライエント自らが自己一致に向かっていけるとしました。そのためのカウンセラーの条件として、「**共感的理解**」「**無条件の肯定的配慮**」「**自己一致（純粋性）**」の3つの態度を示しました。

● **クライエント中心療法におけるカウンセラーの3つの態度**

共感的理解	クライエントの内的世界を**"あたかも"**クライエントのように共感的に理解すること
無条件の肯定的配慮	条件なしでクライエントの全ての側面を**ありのままに受容**すること
自己一致（純粋性）	カウンセラー自身が、**自己一致状態にあること**

◉ マイクロカウンセリング

マイクロカウンセリングは、[Ivey, A.E.]が提唱しました。Ivey は、クライエント中心療法を始めとする多くの心理療法やカウンセリングに共通する面接技法に注目し、カウンセリングの技法を目に見える形で体系化しました。マイクロカウンセリングの技法は大別すると、**①基本的関わり技法**、**②積極的関わり技法**、**③技法の統合**からなります。具体的には、「閉ざされた質問」「開かれた質問」や「要約」「いいかえ」「感

情の反映」などの共感的傾聴の応答法が基本的関わり技法に含まれます。

　初心者への教育プログラムなどに取り入れられ、より多くの人がカウンセリングを実践できるようにしました。

◉ フォーカシング

　フォーカシングとは、漠然とした言葉にできない**身体感覚**に注意を向け、隠れていた意味を胸に落ちる形で言語化、概念化をすることで、気づきや理解が深まるという療法です。

　考案者は [Gendlin, E.T.] です。Rogers の提唱したカウンセラーの態度によってクライエントが自分の感情に触れ合うことで、治療的な変化が起きることから、Gendlin は、それを深めてフォーカシングを考案しました。

　Gendlin は、今この瞬間に感じている漠然とした身体感覚を [フェルトセンス] と呼び、フェルトセンスは固定化するものではなく瞬間瞬間に変化していくとし、その変化の流れを [体験過程] と呼びました。

　フォーカシングにおける「漠然とした身体感覚」とは、「なぜだか胸が押しつぶされる感じ」や「なんだかモヤモヤする」というような感覚をいいます。

◉ 集団療法

　集団療法とは、数名のグループで行う療法の総称です。個人療法ではできない集団の特性によって、個人に治療的な影響を与えることを目的としています。参加者の発言が別の参加者に影響を与えたり、自分の内面についてオープンに話すことで洞察が深まったりといった作用があります。

　集団療法を行うカウンセラーは、個人のみならず、集団全体の雰囲気や動き、関係性にも目を配ることが重要になります。

◉ エンカウンター・グループ

　Rogers は、個人心理療法から集団療法に注目し、[エンカウンター・グループ] を創始しました。エンカウンター・グループはクライエント中心療法を集団に応用したもので、人間性心理学を基盤として個人や対人関係の体験そのものに着目して行われる集団療法の総称です。

　エンカウンター（**出会い**）という言葉が表す通り、人々が集まって心の交流を行うことで個人の成長を促進するものです。そこには、個々が良い影響を受けられるように話し合いを促進する [ファシリテーター] が存在する場合が多いです。ファシリテーターは一般的にカウンセラーなどの一定の訓練を受けた者が担います。

😊 サイコドラマ

サイコドラマ（心理劇）は、[Moreno, J.L.] が開発した**即興劇**による集団療法です。個人の劇中の体験を「**今ここ**」として着目します。演技を通して感情を表現することで**カタルシス**を得られ、葛藤や不安が解消します。また、**役割**を演じることで、**自発性**や**創造性**が発揮されたり、日常とは異なる視点で自他をみられるようになったりすること等を通し、社会適応を目指しています。

⚙️ 交流分析

交流分析は精神分析から派生しましたが、無意識を重視せず、「今ここ」を重要視することから、人間性アプローチに分類されることが多いです。[Berne, E.] によって開発されました。**自我状態**を「**親 (P)**」「**大人 (A)**」「**子ども (C)**」の３つに分類し、その３つのどの面を用いて対人交流を行うのかを分析します。他者と接するときの役割に注目します。

さらに「親 (P)」と「子ども (C)」をそれぞれ２つに分けてとらえます。これら５つの分類は、[**エゴグラム**] という検査でグラフ化でき、日本では、一般には [**TEG-Ⅱ**] などの質問紙で測定できます。エゴグラムは、５つの自我状態のバランスからパーソナリティを測定します。

● 交流分析の自我状態

批判的な親 (CP)	規範・道徳を重んじ、厳格である
養護的な親 (NP)	思いやりがあり、面倒見がよく、受容的
大人 (A)	現実的で理性的
自由な子ども (FC)	感情的で自由。本能的に行動する
順応した子ども (AC)	周囲との協調、適応を重んじ、感情を隠し遠慮がち

プラス+1

第 2 回の試験に出題された Yalom の集団療法の治療因子
集団療法の効果について、Yalom, I.D. は 11 の治療因子を挙げた。訳し方によって違いが出る言葉があるものの、おおむねの主旨は以下のようになる。
①凝集性、②対人学習、③カタルシス、④普遍性、⑤愛他的体験、⑥希望をもたらす、⑦家族体験の修正、⑧情報の伝達、⑨ソーシャルスキルの発達、⑩模倣行動、⑪実存的因子

83 日本で生まれた心理療法・近年注目されている支援方法

　海外で発祥し、日本に持ち帰って普及した心理療法によって、日本の心理臨床は発展しました。一方で、日本独自の心理療法も現在の臨床現場にたくさんの示唆を与えています。ここでは、日本で生まれた心理療法および近年注目されている心理療法や支援方法を紹介します。

◎ 森田療法

　森田療法は、**森田正馬**（まさたけ）が考案しました。中核となる概念は「**あるがまま**」を重視した点です。不安などの不快なストレス状態を緩和しようと試みるのではなく、「あるがまま」、つまり不快状態であってもそのままにする**不問的態度**を取り、本来やりたい行動をとることを重視しました。

　森田は、神経症状態のメカニズムを、自己の心身の状態に注意が集中することによってかえって不快状態を増幅させてしまうと説き、この作用を ［精神交互作用］ と呼びました。森田は、神経症になりやすい心気症的性格傾向を ［ヒポコンドリー性基調］ と呼び、精神交互作用によって病的な部分にとらわれた状態を ［森田神経質］ と名づけています。

　そこで森田は、とらわれの状態を打破し、あるがままを受け入れ、本来の欲求を目覚めさせて行動をしていく療法を考案しました。

　森田療法では、**絶対臥褥**（がじょく）**期、軽作業期、重作業期、生活訓練期**の 4 段階の入院治療を提唱しています。現在は、通院によって行う応用した形態も行われています。

● 森田療法の入院治療過程

絶対臥褥期	1 週間程度	何もせずひたすら横になっている
軽作業期	3 日～1 週間	昼間に 1 回は外に出る等といった軽い作業をする
重作業期	1 週間以上	読書や大工仕事などのやや重い作業をする
生活訓練期	1 週間以上	社会復帰に向けた訓練をする

🔵 内観療法

　内観療法は、[吉本伊信] が考案したもので、浄土真宗の [身調べ] を発展させた自己反省法です。

　内観療法の方法は、親や配偶者などの重要な他者に関して、① [世話をしてもらったこと]、② [迷惑をかけたこと]、③ [して返したこと] の3点を内省します。

　[集中内観] と [日常内観] の2つの形態があり、集中内観では、短くとも1週間宿泊し、内観したことを1～2時間おきに訪れる面接者に報告します。テレビや携帯電話等は禁止され、日常生活や日ごろの対人関係から離れ、内観に集中します。日常内観では、集中内観を基礎練習として、日常生活の中で毎日一定時間の内観を継続します。

🔵 臨床動作法

　臨床動作法は、[成瀬悟策] によって開発されました。当初は、**脳性麻痺**の動作改善のための動作訓練でした。その後、他の対象者にも広く用いるようになり、臨床動作法と呼ばれるようになりました。他の心理療法が一般的に「言語」をカウンセリングの媒体に用いるのに対し、臨床動作法は「動作」を手段としてクライエントの心にアプローチします。

　臨床動作法では、**心身一元という一連の現象**を具体的にとらえ、その関連を考えます。具体的には、「うまくいかなかったらどうしよう」という不安や恐怖といった感情や思考があれば、うつむいて身体は緊張し、歩幅は狭くなるなどといった「動作」と結びつくという関連です。こういった一連のパターンが固定化され、その人固有の動作や姿勢になっていると考えます。臨床動作法では、この一連の結びつきを「体験様式」と呼んでいます。

　そこで、クライエントの動作の不調からクライエントの不適応的な体験様式のあり方を探り、動作を介して体験様式を変化させるよう働きかけます。[動作課題] を作成し、それを達成していく過程で、クライエントは心身への気づきや努力や達成感を体験します。この体験を [動作体験] と呼び、動作体験の積み重ねによって体験様式が適応的に変化し、心や思考が望ましい方向へ変化することが可能となります。

🔵 近年注目されている支援方法

　古くからの歴史を持つ心理療法に続いて、新たな療法も開発、発展し続けています。ここでは、近年注目されている療法や特徴について簡単に表にまとめました。

● 近年注目されている支援方法

対象	名称	特徴
発達障害	**TEACCH**	［自閉症］の人々やその家族を対象とした包括的支援プログラム。それぞれの個性を理解することを大事にしている
	ABA （応用行動分析）	**オペラント条件づけ**から発展した。個人の行動を環境との相互作用としてとらえ、行動の前後を分析することで、適応的な行動に向ける。**発達障害**の子どもに対する療育で主に用いられる
PTSD・トラウマ	ソマティック・エクスペリエンシング（SE）療法	Levine, P. 博士が開発。「**身体の経験**」と直訳される。身体感覚を通してトラウマをケアする
	TIC（トラウマ・インフォームドケア）	「トラウマを念頭においたケア」と訳される。ケアに関わるあらゆるスタッフが、「支援対象者にトラウマはないか」という視点を持ちながら関わることで、［二次被害］を防ぐことを主な目的とする
	PE （持続エクスポージャー）	**Foa, E.R.** らが開発した**認知行動療法**。情報処理理論に基づき、恐怖や不安を喚起する出来事を安全な場で［曝露］することで、認知の再構成を行う
	CPT （認知処理療法）	Resick, P.A. らが開発した PTSD のための認知療法。社会的に学習した認知とトラウマ体験による情報との不一致に注目し、それによる認知のゆがみを治療対象とする
	EMDR（眼球運動を用いる眼球運動脱感作療法）	Shapiro, F. が開発した精神療法。適応的情報処理モデルを理論的背景とする
認知症高齢者	**回想法**	［Butler, R.］が考案。高齢者が自身の人生を振り返ることで、情緒の安定や認知機能の活性化を目指す療法
	リアリティ・オリエンテーション （現実見当識訓練）	日常生活の中で、［見当識］（時間や場所・天気など）を伝え続けることで、見当識障害の改善をするアプローチ
	バリデーション	認知症の高齢者とコミュニケーションをとる方法。**感情表出**を重視し「傾聴する」「評価しない」等を示した対話法
統合失調症	**オープンダイアローグ**	フィンランドから始まり、［統合失調症］の非薬物療法として効果を上げている。「何事も患者本人抜きには決定しない」という考えを基盤とし、ケアに関わるスタッフチームと本人と家族が一堂に会し、対等に治療方針等について話し合っていく方法
境界性パーソナリティ障害（BPD）	MBT（メンタライゼーションに基づく治療）	自身や他者の心の状態を想像する能力（**メンタライゼーション**）に基づく療法。主に［境界性パーソナリティ障害］に用いられる
	DBT（弁証法的行動療法）	Linehan, M.M. によって開発された認知行動療法の1つ。行動療法を基盤としながら、「変化せず受容する」ことのバランスを重視するなど、境界性パーソナリティ障害に特化した治療プログラム

プラス+1

二次的外傷性ストレス（STS）

トラウマを抱える人への支援や災害時の支援にあたっては、支援者も様々なストレスを受けることになる。二次的外傷性ストレスは二次受傷や代理受傷、共感性疲労などとも呼ばれている。フラッシュバックなどの PTSD 症状を呈する場合もあるため、支援者へのケアが課題となっている。職務にあたる際には、役割の明確化や支援者同士での支えあい等といった自身のケアも意識しながら支援にあたる必要がある。

Column **二次被害**

PTSD およびトラウマのケアについては様々な療法が発展しています。トラウマの支援にあたる際には、二次被害の防止を意識しなければなりません。二次被害とは、事件や事故、災害といった一次被害の後に、周囲の言動や報道などによってさらに傷ついてしまうことをいいます。

この二次被害は、場合によっては一次被害以上に被害者に深い傷を負わせてしまいます。支援にあたるスタッフも二次被害を与えてしまう危険性があり、そのことを肝に銘じて、TIC 等を学び、トラウマになるような体験をした方には細心の注意を払って丁寧に接する必要があります。

84 訪問による支援や地域支援

　公認心理師の仕事は、個別カウンセリングにとどまらず、クライエントが生活している地域に働きかける地域支援や、重い身体疾患を抱えるクライエントへの包括的なケアも重要な職務です。ここでは、地域支援や緩和ケア等について公認心理師の役割を整理します。

コミュニティ・アプローチ

　不登校やひきこもりといった外部と関わることが難しい場合や、高齢化社会において、公認心理師がその地域に積極的に関わっていくことが近年ますます求められるようになっています。

　コミュニティ・アプローチの支援領域は多岐にわたりますが、代表的な役割に、①**危機介入**、②**コンサルテーション**、③**地域全体への心理教育**といった3つが挙げられます。

● コミュニティ・アプローチの代表的な役割

危機介入	**緊急事態**に直面しているクライエントやその周囲の人たちが、危機を脱出できるよう支援すること。自殺念慮や暴力といった自傷他害の危機が代表例
コンサルテーション	身近な家族や他職種に対し、クライエントに効果的な支援ができるよう**助言する**こと。地域支援では、他職種との連携が欠かせないため、専門家同士で適切な支援のためのコンサルテーションが求められる
地域全体への心理教育	不登校の子どもの気持ちや認知症の正しい知識などの**講演**を行うことやグループ活動の開催などによって、広くメンタルヘルスの向上に努める

アウトリーチ

　アウトリーチとは、［訪問支援］です。クライエントが住む家や地域に支援者が自ら出向いて支援を行うことをいいます。**ひきこもりの支援、高齢者支援、災害時の支援**の際に必要になります。

● 自殺予防

自殺の予防対策においてもアウトリーチ活動が求められることがあります。自殺予防では、悩んでいる人に寄り添い、関わることで「孤独・孤立を防ぐ」ことがなによりも重要になります。

◎ 緩和ケア

WHO（2002年）では、「緩和ケアとは、生命を脅かす病に関連する問題に直面している患者とその家族の［QOL］を、**痛み**やその他の**身体的・心理社会的・スピリチュアルな問題**を早期に見出し的確に評価を行い対応することで、苦痛を予防し和らげることを通して向上させるアプローチである」と定義されています。

日本緩和医療学会では、①身体的問題、②精神症状、③社会経済的問題、④心理的問題、⑤スピリチュアル（実存的）な問題を包括的にアセスメントし、**生活の質 (QOL)** を改善するアプローチであると定義されています。

緩和ケアにおいては、痛みに代表される身体的問題の不快症状の緩和をまず重視します。次に、精神症状や経済的問題などをみていき、①から⑤を系統的にアセスメントします。

身体的問題や経済的問題が緩和されたとしても、心理的に不安定な状態が続けば、QOLの質は高くなりません。そのため、緩和ケアでは心理的なケアも重要になります。

● 緩和ケアにおける包括的アセスメント

- 生き方の価値観
  死への恐怖
  アイデンティティの問題
- ［ADL］
  ［痛み］
  息苦しさ
  動きにくさ
- スピリチュアルな問題 ⑤
- 身体的問題 ①
- 心理的問題 ④
- 精神症状 ②
- 社会経済的問題 ③
- ［せん妄］
  ［うつ病］
  認知症
- 病気との取り組み方
  家庭や社会生活の心配
- 経済的問題
  介護の問題
  仕事の問題

ADL

ADL（Activities of Daily Living）とは、**日常生活動作**と訳される。日常生活に最低限必要な動作で、食事や排泄、更衣や入浴などの動作のことを指す。

終末期ケア

　終末期ケアとは、**ターミナルケア**とも呼ばれ、緩和ケアの一部となります。がん等の病気のために死期が迫っている方々に対し提供されるサポート全般を指します。緩和ケアと終末期ケアの違いは、緩和ケアは病気の進行度にかかわらず行われるのに対し、終末期ケアは死期が近い場合が対象になる点です。どちらもがんのイメージが強いですが、対象疾患は限定されていません。

　死期が近いと知ったクライエントがどのような心理プロセスを経るかについて、[Kübler-Ross, E.]は「死にゆく過程」として5段階を示しました。

　全てのクライエントがこの過程を経るとは限らず、より複雑になるとされていますが、心理師はクライエントが現在どのような心理状態にあるのかを把握することは支援にあたる際に重要です。

● **Kübler-Ross, E. の「死にゆく過程」**

　支援にあたっては、最後まで本人の意思を尊重した生き方を支援することが重視されます。そのために、**リビングウィル**や**アドバンス・ケア・プランニング**が注目されています。

リビングウィル

[生前の意思表明]のこと。自分の人生が終末期に入った場合にどのように生きたいか、あるいはどのように死を迎えるかということに対して本人が意向を明示することをいう。家族と話し合うことが望まれるが、**本人の意思**が最優先で、家族の承諾は必要ない。

用語解説　アドバンス・ケア・プランニング（ACP）

クライエントと家族、医療関係者などが**皆で**終末期を含めた今後の生活や治療について話し合うことをいう。

● グリーフケア

グリーフケアとは、**悲嘆のケア**とも呼ばれます。大切な他者の死に代表される**喪失**に対する悲嘆への心理的支援のことであり、**家族**や友人などに行われます。グリーフケアにおいても、喪失への心理プロセスとして Kübler-Ross が掲げた 5 段階を経るとされています。

ほとんどの悲嘆は [6 か月] 以内に回復するとされていますが、悲嘆反応が 6 か月以降も続き、日常生活に支障をきたす場合を [複雑性悲嘆] といいます。

● 地域包括ケアシステム

厚生労働省が超高齢社会に向けて 2025（令和 7）年を目処に実現を目指している仕組みが地域包括ケアシステムです。「住み慣れた地域で人生の最後まで過ごせるように」をテーマに、住まい・医療・介護・生活支援等が一体で提供できる地域システムの構築を目指しています。地域包括ケアシステムは、介護保険の保険者である [市町村] や [都道府県] が地域の特性に応じて作り上げていくものとされています。

プラス+1

レスパイト・ケア

高齢化社会において、介護する側のケアも課題となっている。介護にあたっている人が潰れてしまわないためのサポートの代表として、[レスパイト] が挙げられる。レスパイトとは、「**中断**」「**小休止**」を意味する。介護をする家族が疲弊している場合、介護を一時的に休むことができるサービスを**レスパイト・ケア**という。患者にデイサービスやショートステイを利用してもらう方法が代表例であり、入院も該当する。

第15章　心理に関する支援（相談、助言、指導その他の援助）

85 支援方法の選択と留意点

ここまで、各種心理療法や地域支援などについて述べました。支援方法は、クライエントそれぞれに合った方法を選び出すことが重要です。それらの支援方法を選択する際に重要な点についてここで整理します。

◎ エビデンスベイスト・アプローチ (EBA：Evidence Based Approach)

クライエントの様々な要因を勘案し、最適な支援法を選択する必要があります。その選択は、例えば、実証的エビデンスのない療法を、心理師が好きだからという理由で実施するようであってはいけません。また、ある心理療法に実証的エビデンスがあるからといって、クライエントの特性やニーズを考慮せずに実施することも慎まなければなりません。クライエントの**援助要請**に沿い、実証的エビデンスに基づいて様々な要因を勘案し、最も有効であろう支援法を選択するアプローチを、[エビデンスベイスト・アプローチ] といいます。

加えて、アセスメントにおいては、生物心理社会モデルを用い、包括的にアセスメントすることが推奨されます。

● エビデンスベイスト・アプローチ

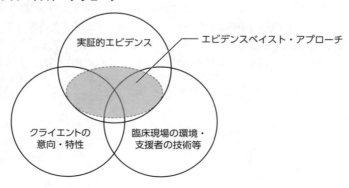

各種支援法に共通するカウンセラーの態度

どんなに支援方法が適切だったとしても、それを行うカウンセラーが、クライエントを傷つけるような態度をとってしまっては、効果は生まれません。

クライエントに適した支援法を選択し実施し、それが効果を生むまでの経過には、カウンセラーがクライエントに常に**共感的理解**を示し、**傾聴**し、クライエントと**作業同盟**を結んで一緒に取り組んでいく態度が大切です。

作業同盟

カウンセリングや心理療法は、クライエントとカウンセラーとの関係性のもとで成り立ちます。それは、通常の対人関係の関係性とは異なり、非日常で限定的で終わりのある関係です。カウンセリングや心理療法が効果を持つには、クライエントとカウンセラーが信頼し良好な対人関係を結び、枠組みを守りながら協力してクライエントの問題に取り組んでいくことが基盤となります。

これを[作業同盟]または**治療同盟**といいます。作業同盟は様々な技法や理論の共通した土台となります。

クライエントのポジティブな特性の考慮

クライエントが抱える問題に焦点をあてるばかりではなく、クライエントが持っている**リソース**（資源）を見つけ、それを強める関わりも大切な支援です。その際に重要になる支援の仕方として**エンパワーメント**という働きかけが有名です。また、クライエントが持っているポジティブ性を**ストレングス**といいます。

● クライエントがそもそも持っている力を強化する概念

エンパワーメント	無力感や自分の人生に対する統制感等が欠けてしまった状態から、本来あった状態に力づけていくこと。本人の問題解決能力を増強できるよう援助すること
ストレングス	クライエントが本来持っている問題解決能力や強み、可能性のこと。エンパワーメントと関連が深い。問題を否定的にとらえたり、クライエントに「病者」として接したりするのではなく、クライエントの主体性を重視し、支援者と支援対象者との関係の対等性を強調する用語

ナラティブ・アプローチ

ナラティブ・アプローチは「物語性」と訳されます。各心理療法がそれぞれの理論をもとにクライエントをとらえることは、特定の語り口調でクライエントを物語っているともいえます。つまり、ナラティブ・アプローチは各理論に共通し、問題を呈したクライエントの物語を再構築することといえます。

カウンセリングおよび心理療法の適用と留意点

86

ここでは、カウンセリングの有効性や限界、カウンセラーが留意すべき点についてまとめます。

◉ 心理療法の効果研究

Eysenck, H.J. の心理療法の効果研究を契機に、心理療法の効果に関する多くの研究がなされるようになりました。それらの研究の**メタ分析**から、多様な理論を含む心理療法の有効性や、特定の理論よりもカウンセラーの態度が効果に影響を与える可能性など、様々な研究結果が報告され、現在も検討され続けています。

用語解説 メタ分析

分析の分析。複数の研究を総合したり比較したりすること。メタ分析は大きく分けて2つある。1つは、複数の研究の仮説検定の結果を統合して、全体の仮説検定を行う方法。もう1つは、複数の研究で出された効果量や相関係数といった推定値を統合し、全体の推定値を求める方法である。

◉ 動機づけ面接

カウンセリングは一般的にはクライエント本人が問題の解決を望んでいる場合に効果が上がるとされています。しかし、なんらかの健康被害が出ていてもクライエントが問題の解決を望んでいない場合あるいは「解決したいがしたくない気持ちもある」という場合があります。その場合には、治療的な関わりの前に本人に問題意識を抱かせ、取り組もうとする意欲を持ってもらう関わりがカウンセラーに求められます。これを、[動機づけ面接] といいます。

動機づけ面接は、生活習慣病やアルコール依存症のケースなどで必要になります。動機づけ面接でもカウンセラーは支持的な態度で接します。クライエントを理解し、「酒を止めたい。でも止めたら楽しみがなくなる」というような矛盾した心境についても寄

り添いながら整理していきます。クライエントができそうだと前向きになれるような課題の設定をするなど工夫しながら、クライエントが変化に進んでいけるよう支援します。

💮 変化のステージ

生活習慣病やアルコール依存症等のクライエントが動機づけを持ち、行動を変えていく過程について、[Prochaska, J.O.] は、心理療法における行動変容ステージモデルを提唱しています。このモデルは、健康理論の1つで、**トランスセオレティカルモデル** (Transtheoretical Model) とも呼ばれます。

行動変容ステージモデルは5段階からなり、動機づけ面接は第一ステージの前熟考期および第二ステージの熟考期に重要になります。各ステージに応じた支援方法が必要になります。

● **Prochaska の行動変容のステージモデル**

ステージ	状態	有効な支援例
前熟考期 （無関心期）	自分の問題に気づいていない。問題を近々解決しようとする意志がない	変化をもたらす有益な情報を提供する
熟考期 （関心期）	問題に気づき、近々解決したいと考えているが、行動には踏み切れない	**動機づけ**、取り組むことが可能な具体的な計画を立てる
準備期	変化したいという意志が明白で、いくつかの小さなことならばすぐに行える	実施可能な計画を作り、段階的な目標を立てる
実行期	行動が変化して [6か月] 以内	変化に対するフィードバックや強化、問題解決技法等を用いる
維持期	行動変化から6か月以降の行動を維持する	**コーピング**や振り返りなどによって逆戻りを防止する

💮 面接の中断や失敗

カウンセリングでは、悩みを解決する前にクライエントが来室しなくなることが起こります。これを「中断」といいます。カウンセリングの中断に関しては、様々な研究がなされ、近年は、必ずしもネガティブな意味ではないという見方もあります。しかしながら、面接の中断や失敗の要因を検討し、カウンセラーが自分の内面に気づいていることは、適切な支援を行い続けるためにとても重要です。

面接の中断や失敗の大きな原因と考えられているものに以下の2つがあります。

💮 逆転移

逆転移とは、カウンセラーがクライエントに対して抱く非合理的な感情だと前述しました。言い換えれば、クライエントに対して通常の範囲を超えたなんらかの感情を

抱くことといえます。具体的には、「どうしても反感を持ってしまう」あるいは「枠組みを少し外れてでも力になりたい」といったような気持ちです。

　以前は、逆転移はなくさなければいけないとされていましたが、現在は治療に生かす材料と考えられるようになっています。ただし、治療に生かすためにはカウンセラーが逆転移に気づき、それを生かそうとすることが必要です。そうできなければ、面接の中断や失敗の原因になり得ます。

◉ 負の相補性

　カウンセラーとクライエントが、怒りや敵意といった［ネガティブな感情］を互いに増幅させてしまうことを**負の相補性**といいます。カウンセリングの中断の原因の1つと指摘されています。

　クライエントの内面の深い部分に触れるカウンセリングでは、クライエントは現在の不適応につながっている過去の対人関係をカウンセラーとの関係で再現することが少なくありません。それが攻撃や敵意というようなカウンセラーにとって受けとめがたいものである場合に、カウンセラーも「この人はわがままだ」「この人に傷つけられている」というようにクライエントに敵意などを抱くようになることを指します。

　カウンセラーがこのような状態になった場合には、なによりもその自分に気づき、「今のクライエントの関係性は負の相補性になっているかもしれない」と認識することが重要になります。そして、クライエントは今まさに過去の問題を体現しているからこそ、クライエントが抱えている問題を扱うことができると治療的な視点に転換することで、ポジティブな方向に変化できる可能性があります。

> 負の相補性は、第1回試験の問138や第4回試験の問18に出題されたように、カウンセラーが常に注意をしていなければならない課題です。
> クライエントからのネガティブな反応は、「カウンセリングを受けても良くならない」「アドバイス通りにしてみたがかえって悪くなった」等とクライエントがカウンセラーを責める発言が明らかにあることもあれば、言葉では同意していながら、態度では拒否的な反応をしている場合などがあります。クライエントからそのような態度を受けた場合、カウンセラーは支持的に接し続けることが大切です。同時に、クライエントの課題が現れているととらえ、率直に話し合うなどの適切な対処が求められます。

ひとこと

ストレス

ストレスは私たちの心身の健康に様々な影響をおよぼします。心のケアに関わる専門職として、ストレスについての基礎知識を身につけておくことが大切です。

◎ ストレッサーとストレス反応

ストレスは、心や身体にかかる外部からの刺激である［ストレッサー］とストレッサーによって心や身体に生じた様々な反応である［ストレス反応］に分けて考えることができます。

● ストレッサー

日常生活の中には様々なストレッサーがあります。これらのストレッサーには強さがあり、強いストレッサーは大きなストレス反応を引き起こします。また、ストレッサーには様々な種類があります。外的刺激の種類によって、①［物理的ストレッサー］、②［化学的ストレッサー］、③［生物的ストレッサー］、④［心理社会的ストレッサー］に分類することができます。一般的にストレスといわれるもののほとんどが［心理社会的ストレッサー］によるものです。

● ストレッサーの種類と例（外的刺激の種類による分類）

物理的ストレッサー	異常な温度、騒音、紫外線、放射線等 例：エアコンの温度が高すぎる（低すぎる）
化学的ストレッサー	薬物、化学物質、排気ガス、アルコール、タバコ、空気環境等 例：香水、柔軟剤の匂いが強い
生物的ストレッサー	ウイルス、細菌、毒素等 例：細菌による感染症
心理社会的ストレッサー	不安、緊張、怒り、悲しみ、欲求不満などの感情、 人間関係、職場学校環境、経済的問題等 例：将来への不安、家族の病気、仕事が忙しい

● ストレス反応

ストレッサーの刺激を長い時間受けた場合や、強いストレッサーを受けたときに生

じる生体反応を**ストレス反応**といいます。ストレス反応は**ストレッサー**に対する生体の自然な**適応反応**と考えられており、人間の場合、ストレス反応は、①［心理的反応］、②［行動的反応］、③［身体的反応］に分類できます。

● ストレス反応の種類と特徴

心理的反応	不安、イライラ、恐怖、気分の落ち込み、緊張、興味関心の低下、無気力、罪悪感、孤独感等の感情が表れる。その他、集中力や思考力の低下、判断力や決断力の低下等もみられる
行動的反応	攻撃的行動、過激な行動、ひきこもり、飲酒量や喫煙量の増加、ミスや事故の増加、チック、吃音、ストレス場面からの回避行動等が現れる
身体的反応	動悸や息切れ、頭痛、腹痛、肩こり、腰痛、疲労感、食欲低下、嘔吐、便秘、下痢、めまい、睡眠障害等全身にわたる症状が現れる

　様々なストレッサーが複合的に作用しながらストレス反応を引き起こします。また、ストレッサーに遭遇すると必ずストレス反応が生じるわけではありません。受けとめ方や考え方の特徴、対処能力、周囲のサポートによって、ストレス反応の現れ方に個人差があります。心理学的支援を行う際には、どのようなストレッサーが背景にあるのかを調べ、それぞれのストレッサーに対して働きかける必要があります。

ストレッサーに対する心身の防衛反応

　身の危険を感じるような出来事に出合ったときには、危険から身を守るための心身の防御反応（闘争・逃走反応）が生じます。「闘争」と「逃走」どちらの行動をとるにしても、外敵との戦闘態勢を整えることになります。

ストレス反応における生体システム

　外敵に負けないようにしようとする働きによって、交感神経系と呼ばれる自律神経や副腎皮質ホルモン等を分泌する内分泌系の活動が活発になります。ストレス反応は、①［HPA 系］（視床下部・下垂体前葉・副腎皮質）と、②［SAM 系］（視床下部・交感神経系・副腎髄質）の 2 つのシステムからなると考えられています。Selye, H. は、ストレッサーが神経回路に作用し、下垂体前葉からの副腎皮質刺激ホルモン（ACTH）の放出を刺激すると考えました。ACTH は副腎皮質からのグルココルチコイドの分泌を促し、多くのストレス反応に影響を与えます。

　また、ストレッサーは［交感神経系］も活性化させます。ストレッサーを受けとると交感神経系の活動が高まり、**副腎髄質**のカテコールアミンがホルモンとして血中に放出されます。

⚫ 汎適応症候群の 3 つの段階

　ストレッサーにさらされた後の心身の防衛反応は、時間の経過とともに大きく変化します。Selye は、ストレッサーが引き起こす生理的反応（有害なストレスに対する防衛反応）を［汎適応症候群］と呼び、①［警告反応期］、②［抵抗期］、③［疲憊期]の 3 段階からなると考えました。

● 汎適応症候群の 3 つの段階

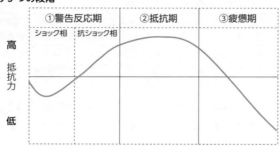

　警告反応期は、ストレッサーが加えられた直後の時期で、**ショック相**（最初に抵抗力が低下する）を経て、**抗ショック相**（抵抗力が高まる）へと移行します。ショック相では、交感神経系の活動が**抑制**され、抵抗力は正常値より大きく低下します。体温や血圧、血糖値などの低下がみられます。このような状態に対し、「闘争」か「逃走」かの戦闘態勢を整え、抗ショック相に移行します。抗ショック相では、［アドレナリン]が**分泌**され、交感神経系の活動が**亢進**します。体温や血圧、血糖値などは上昇します。その後、抵抗期へと移行します。

　抵抗期は、ストレスが続いている状態で身体が抵抗し続けている時期です。［副腎皮質ホルモン］等が分泌され、身体の抵抗力が高まります。この時期は心身の不調が消えたように感じるのが特徴です。しかし、心身の活動が活発になるため、バランスが崩れやすくなります。その後、疲憊期に移行し、再び抵抗力が正常値以下に低下しストレス反応が現れます。警告反応期のショック相に類似した症状がみられるのが特徴です。

ストレスと関連のある疾患

88

ストレス反応が改善されずに長期間続くと、精神面だけでなく身体面にも症状が現れることがあります。それぞれの特徴などを理解しておくことが大切です。

◎ 精神疾患

ストレスが引き金となり精神疾患を発症することがあります。ただし、ストレスのみが原因というわけではありませんので、その点は注意が必要です。ストレスとの関係が深い精神疾患としては、以下のようなものがあります。

● 適応障害

適応障害は、生活や仕事に伴う強いストレスが原因で心身の不調が起きる精神疾患です。抑うつを伴うもの、不安を伴うもの、不安と抑うつを伴うもの等があります。

● 重度ストレス反応（急性ストレス障害〈ASD〉／心的外傷後ストレス障害〈PTSD〉）

重度ストレス反応は、災害など命の危機にさらされるような、心の傷になる体験（トラウマ）の後に起こる、一連の症候群です。**急性ストレス障害（ASD）**と**心的外傷後ストレス障害（PTSD）**があります。

● うつ病

うつ病は気分の落ち込みや興味関心、意欲の低下などを特徴とする、気分障害の一種です。ストレスによって引き起こされることがあります。

● 燃え尽き症候群（バーンアウト）

精神疾患ではありませんが、ストレスによって生じるものとして［バーンアウト］があります。燃え尽き症候群は、対人援助職者に多く認められる情緒的枯渇によって起こる**精神疲労状態**です。仕事などに献身的に打ち込んだものの期待した結果が得られないことにより生じると考えられています。

◉ 心身症

　心身症とは、身体疾患の中で、その発症や経過に［心理社会的］**因子**が密接に関与し、器質的ないし機能的障害が認められる病態をいいます。代表的な心身症としては、以下のようなものがあります。

● 代表的な心身症

呼吸器系	気管支喘息、過換気症候群　等
消化器系	胃・十二指腸潰瘍、過敏性腸症候群　等
循環器系	高血圧、起立性低血圧、不整脈、狭心症、心筋梗塞　等
内分泌系	糖尿病、脂質異常症、甲状腺機能亢進症　等
神経系	片頭痛、緊張性頭痛、自律神経失調症　等
精神科系	摂食障害、睡眠障害、失感情症（アレキシサイミア）　等
皮膚系	アトピー性皮膚炎、蕁麻疹、多汗症、円形脱毛症　等
骨・筋肉系	肩こり、腰痛　等
泌尿器系	夜尿症、過活動膀胱、勃起不全　等

　心身症の場合、**身体症状へのアプローチ**と、**生活習慣の改善やストレスの対処法へのアプローチ**の両面が必要になります。

◉ 身体表現性障害（身体症状症）

　心身症と混同されやすいものとして**身体表現性障害（身体症状症）**があります。これは身体症状を訴えるにもかかわらず、医学的検査をしても自覚症状に見合った身体的原因が全く発見されない状態です。

◉ 心身症の背景となる性格的要因

　心身症になりやすい人の性格傾向として［アレキシサイミア］があります。これは、Sifneos, P.E. により提唱された概念で、自分の感情の認識や感情の言語化、そして空想や内省に困難さを持つパーソナリティ特性のことをいいます。自分の感情を認識することが苦手なため、ストレスが身体症状として現れやすいのが特徴です。ストレスの解消がうまくいかないことから、［心身症］との関連が指摘されています。

　また、［タイプＡ型行動パターン］と呼ばれる性格行動パターンの人は、［虚血性心疾患］を発症するリスクが高いことが報告されています。タイプＡ型行動パターンは、攻撃的、せっかち、野心的、競争心が強い等が特徴です。

　また、タイプＡ型行動パターンの人は、喫煙や過度の飲酒などの不健康な行動が多く、**ストレス**を受けやすい生活を送る傾向にあります。そのことが、虚血性心疾患

などの疾病に影響すると考えられています。

> タイプＡの他にタイプＢ、タイプＣとよばれる行動パターンが
> あります。それぞれの特徴をしっかりおさえておきましょう。タ
> イプＢは、タイプＡとは反対の特徴がみられます。

生活習慣病（生活習慣とストレス）

　睡眠不足や喫煙、過度の飲酒、不規則な食生活、運動不足等の不健康な行動が生活
習慣病の発生に関係していることが指摘されています。いずれも日常生活でのストレ
ス反応やストレス対処行動が関連しているものが多いです。

　さらに、このような不健康な行動（生活習慣）によってストレス反応を起こしやす
くなることもあります。［生活習慣］と［ストレス］は密接に関連しているため、望ま
しい生活習慣を身につけることがストレスとの悪循環を断ち切り、健康を維持してい
くことにつながります。

ライフサイクルと心の健康

　ライフサイクルは心の健康と密接に関係し、経験するストレスの内容はライフサイ
クルによって異なります。

> 例えば、**10代・20代**では、いじめによる不登校や適応障害、摂食障害、ひき
> こもり等がみられます。
> **30代**になると、結婚や出産、育児などのイベントが集中するため、環境の変
> 化がストレッサーになります。うつ病などがみられることもあります。
> **40代**になると職場での中間管理職としてストレスを受けやすく、アルコール
> に依存してしまうこともあります。また、**更年期障害**も始まり、心身ともに不
> 安定になりやすい時期です。
> **50代**では、職場で中心的な役割を担う人がいる一方で、そうでない人もおり、
> 能力や立場の差が顕著になります。また、老後の生活を考えることや、両親の
> 介護問題がストレスになることもあります。
> **60代**では、様々な**喪失体験**や健康上の不安、自信の喪失等によりうつ状態に
> なりやすいです。

　このように、ライフサイクルの中で様々な課題に直面しストレスを経験することで
心身が不調になることがあります。ライフイベントやライフステージから、ストレス
の背景にある心理社会的要因を考えることが重要です。

89 ストレスへの対処法と予防の考え方

ストレッサーに遭遇すると必ずストレス反応が生じるわけではありません。受けとめ方や考え方の特徴、対処能力、周囲のサポートによって、ストレス反応の現れ方に個人差があります。

◉ ストレスへの対処法

ストレスに対処するためには、ストレス反応の発生メカニズムの各要因である「ストレッサー」「ストレス耐性（認知的評価・対処能力)」「ストレス反応」に、それぞれ働きかけることが重要です。

◉ ストレッサーへのアプローチ

ストレス要因であるストレッサーを取り除くことができれば、ストレス反応をなくすことができます。そのため、ストレッサーへのアプローチがストレス対処法の基本になります。

ストレッサーは1つだけではなく複合して作用しているため、それぞれのストレッサーに働きかけ、ストレッサーを軽減することが重要です。ストレッサーへのアプローチとしては以下のような方法があります。

- **問題を解決する**
  問題そのものを解決するか、あるいはその問題が脅威でなくなるように働きかけます。本人の力だけでストレッサーを解決できない場合は、解決するためのスキルや方法を身につけることができるよう支援します。また、周囲と連携し問題の解決を目指します。
- **環境を変える**
  ストレッサーのない環境にいくとストレス反応はおさまります。ストレッサーから身を守るために環境を変えることは自然な防衛手段です。「環境を変える＝逃げる」ではないことを要心理支援者にも伝えることが大切です。また、不登校はストレス場面の回避行動である可能性があります。そのような回避行動がみられる場合、ストレッサーが本人の対処能力を超えていると考えることができます。

● ストレス耐性（認知的評価・対処能力）へのアプローチ

　認知的評価とは、ストレッサーが自分にとってどのくらい脅威であるのか判断をすることです。脅威であるのかどうかの判断は、個人差があります。

　例えば、自信がない人や物事を否定的にとらえる人は、ストレッサーをより脅威と認知します。一方、自信がある人や物事を楽観的にとらえる人は、同じストレッサーでもそれほど脅威に感じません。このような、物事のとらえ方や自信などの自己の能力を自分で評価する**認知的評価**のあり方は、ストレス反応に大きな影響をおよぼします。したがって、このような認知的評価を修正することが、ストレス反応の軽減をすることにつながります。

　また、対処能力やスキルを獲得することは、ストレッサーに適切に対処できることになり、問題の解決に近づきます。しかし、もともと持っているスキルでは対処できないことがあるため、その場合は新しい対処方法を試したり、周囲の人たちから学んだりする必要があります。対処能力やスキルを獲得することによって、**自己コントロール感**（私は問題に対処できるという感覚）が形成され、困難な事態を乗り越えることで、さらなる自信が生まれます。また、心理教育等によって様々な問題に対する対処能力・スキルを育てることが問題の発生を予防することになります。

● ストレス反応へのアプローチ

　まずは、休息や睡眠を十分にとり、さらに運動などによって身体機能を正常な状態に戻すことが大切です。身体は、1 日 24 時間のサイクルの中で、運動、仕事、睡眠、休息、食事などのバランスがとられていることが必要です。

　ストレス状態は、持続するストレッサーに対処するため、**交感神経系**が過剰に働きすぎた状態といえます。休息や睡眠が十分にとれないことが続くと、ストレスへの抵抗力が低下した状態になります。そのため、多くの場合、身体的機能の正常化が精神機能を安定へと導きます。

　恐怖や不安、悲しみ等の感情を表現することで、感情が落ち着くこともあります。言葉で表現することが基本ですが、子どもの場合は、表現する言語能力が育っていないので、絵や遊び、行動で表現することでも問題ありません。表現したくない感情を無理に表現させると、感情を処理できなくなるときがあるので、そのような場合は、無理に表現させないようにしなければなりません。

予防の考え方（Caplan モデル）

Caplan, G. は、もともとは公衆衛生の分野において行われていた予防の概念を精神医療に取り入れました。[一次予防]、[二次予防]、[三次予防] に分けられており、二次予防は一次予防を含み、三次予防は他の 2 つの予防を包含しています。

予防の分類

精神保健における予防の分類としては、Caplan による分類と IOM（Institute of Medicine）による分類が代表的です。

● Caplan の予防の分類

一次予防	発生予防。ある集団内において当該の問題が新たに発生しないようにすること、その問題の発生率を減らすこと（市民講座などの啓発活動）
二次予防	重篤化予防。問題がすでに発生していてもそれ以上深刻化する前に介入し、問題を最小限におさえることを目指す。そのためにスクリーニングなどを用いた早期発見・早期対応が目指される（定期健診など）
三次予防	再発予防。当該の問題が発生した後に、その問題が悪化したり再発したりしないようにすること（リハビリテーション）

● IOM（Institute of Medicine）の予防の分類

普遍的予防	● 一般的な人々や全体の集団を対象とした予防 ● 個別のリスクには基づいていない
選択的予防	● 精神障害を発症するリスクが平均よりも高い人々への対応 ● 生物的・心理的・社会的なリスク要因に基づく
指示的予防	● 現時点では精神障害の診断基準を満たしていないが、精神障害の予兆となるような兆候がみられる人々への対応

IOM は、メンタルヘルス問題への対応として Gordon, R. による予防の 3 分類をもとに IOM のモデルを発表しました。このモデルでは、精神障害に対する介入が、**予防・治療・維持**のスペクトラムで示されています。予防は上の表のように 3 つに分けられています。なお、予防的介入の目的は、疾病の発生を減らすことです。

90 医療現場における心理社会的課題と必要な支援

医療現場が抱える問題は様々であり、患者やその家族、そして医療スタッフ等に対する心理的支援のニーズは年々高まっています。心理職は、医療関係法規を学んでおくことも大切です。

医療に関する法律

医療に関する法律は多岐にわたります。医療の基本的な事項を定めた医療法や医療従事者に関する法律など様々です。ここでは、医療法を中心に説明します。

医療法

医療法は1948（昭和23）年に施行された医療提供施設や医療供給体制を規定した法律です。[医療を提供する体制の確保]と[国民の健康の保持]を目的としています。

医療法が定める医療提供施設の種類

病院	• [20] 人以上の患者を入院させるための施設 • 一般病院、精神科病院、地域医療支援病院（原則200床以上）、特定機能病院（400床以上）　等
診療所	• [19] 人以下の患者を入院させるための施設、または入院施設のないもの
助産所	• 助産師が助産や妊婦、褥婦、新生児の保健指導などを行う場所 • [10] 人以上の入所施設を有しないもの
介護老人保健施設	• 要介護高齢者の自宅復帰を目指して看護や介護等を行う場所（医療法上の医療提供施設に位置づけられているが、介護保険法の規定により開設の許可を受ける）

医療計画

医療計画とは、地域の特性に基づいた医療提供体制の確保のために[都道府県]が策定するものです。医療計画では、[5疾病]（がん、脳卒中、急性心筋梗塞、糖尿病、精神疾患）[5事業]（救急医療、災害時における医療、へき地医療、周産期医療、小児医療）に関する事項を定めること、とされています。

多職種連携・チーム医療

公認心理師は、**多職種連携**と［**チームアプローチ**］という視点が特に重要視されています。適切で効果的な支援を行うためには、専門職同士の連携（多職種連携）が必要不可欠です。

チーム医療

チーム医療とは、各々の高い専門性を前提に、1人の患者に対し複数の医療専門職が連携して治療やケアに当たることをいいます。チーム医療の目的は、専門職種の積極的な活用、［**多職種間協働**］を図ること等により医療の質を高めるとともに、効率的な医療サービスを提供することです。この目的を達成するためには、普段の**コミュニケーション**や**カンファレンス**などで［情報を共有］することが大切になります。

精神科コンサルテーション・リエゾン精神医学

一般病院における身体疾患を持つ患者の精神疾患や精神症状等の評価を精神科医が行い、助言や治療を行う精神医療のことをコンサルテーション精神医学モデルといいます。主治医が精神科医に依頼する必要があるため、一部の問題のある患者にしか提供されないという問題があります。

一方、リエゾンとは「**連携、連絡**」を意味するフランス語です。身体疾患に伴う様々な心理的問題をチーム医療の中で扱い、全ての患者が対象になります。

医療現場における心理職のニーズ

医療現場においては、身体的な問題だけではなく、心理的あるいは社会経済的な問題を抱えている患者も少なくありません。公認心理師は心理の専門職として、心理学的視点に立って支援することが求められます。

医療現場における心理的問題は、精神科（精神障害）や心療内科（心身症）に限らず、心理的支援のニーズはあらゆる診療科で高まっています。例えば、**遺伝性疾患**に対する［**遺伝カウンセリング**］や後天性免疫不全症候群（AIDS）に対する［HIV カウンセリング］、**難病患者**への心理的支援、**がん患者**への［**緩和ケア**］など、心理職が関わる領域は多岐にわたります。したがって、それぞれの領域の特徴や心理職としての業務などを知っておくことが重要です。

91 精神科医療における心理社会的課題と必要な支援

医療の現場において、心理職が最も多く働いている場所は精神科領域です。精神保健福祉法や精神医学的知識に加え、精神科領域で求められる心理職の役割について理解しておきましょう。

◎ 精神保健福祉法

精神保健福祉法（精神保健及び精神障害者福祉に関する法律）は、以下の①〜③によって、[精神障害者] の福祉の増進および [国民] の精神保健の向上を図ることを目的とした法律です。

①精神障害者の医療および保護を行うこと

②障害者総合支援法とともに、精神障害者の社会復帰の促進、自立と社会経済活動への参加の促進のために必要な援助を行うこと

③精神疾患の発生の予防や、国民の精神的健康の保持、増進に努めること

● 精神保健福祉法制定の経緯（関係する法律の流れ）

1950（昭和 25）年	「精神衛生法」制定
1987（昭和 62）年	「精神衛生法」が改正され、「精神保健法」に改称、施行 ● きっかけは宇都宮病院事件
1993（平成 5）年 〃	「精神保健法」改正 「障害者基本法」成立 ● 精神障害者が障害者として法的に位置づけられた
1995（平成 7）年	「精神保健福祉法」制定 ● 障害者基本法の成立を受け、精神保健法が大幅に改正された ● 「自立と社会経済活動への参加」が目的に加えられた ● 精神障害者保健福祉手帳が創設された

● 精神障害者の定義

精神保健福祉法によると、精神障害者とは「**統合失調症、精神作用物質**による**急性中毒**又はその**依存症、知的障害、精神病質**その他の**精神疾患**を有する者」と定義され

ています。精神病質その他の精神疾患を有する者には、うつ病、双極性障害等の気分障害、てんかん、高次脳機能障害、発達障害（自閉症、学習障害、注意欠如多動症等）、ストレス関連障害等を含みます。

🔅 精神保健福祉センター

精神保健福祉センターは、精神保健福祉法第6条に基づき、**都道府県**と**政令指定都市**に設置されています。精神保健や精神障害者の福祉に関する知識の普及、調査研究、保健所などの技術指導、保健相談、精神医療審査会の事務や自立支援医療の支給要否の認定等を行う行政機関です。精神医療審査会の窓口でもあります。

🔅 精神医療審査会

精神保健福祉法第12条に基づき、都道府県および政令指定都市に設置されています。精神医療審査会は、人権擁護の観点に立つ第三者審査機関として、措置入院、医療保護入院の定期病状報告の**審査**、入院継続の可否、入院患者の退院や処遇改善請求の審査等を行います。

🔅 精神障害者保健福祉手帳

精神障害者保健福祉手帳に関することは、精神保健福祉法第45条および第45条の2によって規定されています。精神障害者保健福祉手帳は、一定の精神障害の状態にあることを証明するもので、精神障害者に対し**都道府県知事**（指定都市においては市長）が交付するものです。精神保健福祉法における障害者の定義には知的障害者が含まれますが、精神障害者保健福祉手帳の交付対象ではありません（**知的障害者は療育手帳**）。

障害の等級は、日常生活への制限に応じて1級から3級に区分されており、手帳は**2年ごと**に認定されます。**公共料金等の割引**や**住民税、所得税の控除等**の社会的援助を受けることができます。

🔅 精神保健福祉法による入院

措置入院、医療保護入院を行う精神病院は、常勤の［精神保健指定医］を置く必要があります。精神保健福祉法に基づく入院形態には、「任意入院」「医療保護入院」「応急入院」「措置入院」「緊急措置入院」の5種類があります。

入院形態	内容	同意	精神保健指定医の診察	入院措置の権限
任意入院	● 入院について本人の同意がある場合 ● 本人の申し出があれば退院可能 ● 精神保健指定医が必要と認めた場合、[72] 時間以内の [退院制限] が可能	患者本人	必要なし	
医療保護入院	● 自傷他害の恐れはないが、本人が入院を拒否しているなど、任意入院を行う状態にない場合 ● 入院施設は精神科病院	家族等※のうち、いずれかの者の同意	1名	精神科病院管理者
応急入院	● 任意入院を行う状態になく、急を要し、家族などの同意が得られない場合 ● 入院期間は [72] 時間以内 ● 入院施設は応急入院指定病院	不要	1名	精神科病院管理者
措置入院	● 入院させなければ [自傷他害の恐れ] がある場合 ● 警察官などからの通報、届出等により都道府県知事が精神保健指定医に診察をさせる ● 入院施設は、国等が設置した精神科病院と措置入院に関わる指定病院	不要	2名以上	都道府県知事
緊急措置入院	● 措置入院の要件に該当するが、急を要し、措置入院の手順を踏めない場合 ● 入院期間は [72] 時間以内	不要	1名	都道府県知事

※「家族等」とは、配偶者、親権者、扶養義務者、後見人、または保佐人のことを指す。該当者がいない場合等は、市町村長が同意の判断を行う。

第16章 健康・医療に関する心理学

🔅 入院患者の処遇

精神科病院の管理者は、入院患者の［医療］または［保護］のために欠かせない限度内で患者の行動を制限することができます（精神保健福祉法第 36 条 1 項）。しかし、［信書（手紙）の受け渡し］や行政機関の職員、患者の代理人である弁護士等との面会や電話などは制限することができません（第 36 条 2 項）。患者の［隔離］（12 時間を超える場合）や［身体的拘束］は、［精神保健指定医］が必要と認めた場合のみ可能です（第 36 条 3 項）。

なお、身体的拘束を行った場合は、身体的拘束を行った旨、身体的拘束の理由、開始と解除の日時等を、［精神保健指定医］が診療録に記載する必要があります。

◎ 精神科医療における心理職の役割

精神科領域で心理職に求められる役割は、患者に対する心理的アセスメントや心理療法が中心になります。治療の対象となる精神疾患は多様です。

🔅 心理職の専門業務

精神疾患患者に対する直接的な心理的支援として、心理アセスメントやカウンセリング、心理療法などを行います。カンファレンスなどでは、チーム医療の一員として、心理学的視点に立った見立てが求められます。

> ● **心理アセスメント**
>   問題の状況や患者が抱える課題等を面接や心理検査等によって明らかにし、自己理解や支援に役立てます。予診や初診、行動観察、周囲からの情報収集を行ったり、知能検査（ウェクスラー式知能検査や田中ビネー知能検査）、人格検査（バウムテスト、ロールシャッハ・テスト、TAT、YG 性格検査、MMPI、SCT）、発達検査（遠城寺式乳幼児分析的発達検査法、乳幼児精神発達診断法）、神経心理学的検査等を行います。
> ● **カウンセリング、心理療法**
>   カウンセリングや心理療法は、心理的な課題に対して、臨床心理学的な方法を支援することです。
>   心理療法は、認知行動療法や精神分析的心理療法、対人関係療法などの個人療法と集団認知行動療法や SST、デイケア等の集団心理療法があります。

92 周産期医療における心理社会的課題と必要な支援

周産期は、妊娠や出産といった喜びに満ちた時期であると同時に、様々なストレスによって心理的に負荷がかかりやすい時期です。周産期医療の特徴や周産期にみられるメンタルヘルスの問題、周産期医療における心理職の役割について説明します。

◎ 周産期医療の特徴

周産期とは、**妊娠後期**（妊娠 22 週以降）から**新生児早期**（生後 7 日未満）の期間を指します。周産期医療とは、この期間中の妊産褥婦と胎児・新生児を対象とし、産科と小児科の一貫した総合的な医療を意味します。つまり、「母親と子ども」「産科と小児科」という視点から成り立っていることが特徴といえます。

◎ 周産期母子医療センター

周産期における母親や胎児、新生児に対する高度で専門的な医療は、[**周産期母子医療センター**] が担っています。施設の基準によって、[**総合周産期母子医療センター**] と [**地域周産期母子医療センター**] があり、総合周産期母子医療センターには、母体・胎児集中治療管理室（**MFICU**）や新生児集中治療室（**NICU**）が設置されています。周産期医療の対象は、主に**ハイリスクの妊産婦**や NICU への入院が必要になる**ハイリスクの新生児**です。**周産期母子医療センター**では、臨床心理士等の臨床心理技術者を配置することが望ましいと定められているので、公認心理師もこの領域での活動が期待されます。

◎ 遺伝カウンセリング

周産期医療では、遺伝や**遺伝性疾患**に関する悩み、不安、疑問などを抱えている人に対して [**遺伝カウンセリング**] が行われています。遺伝カウンセリングでは、科学的根拠に基づく正確な医学的情報をわかりやすく伝えます。そして、相談者が納得できる**意思決定**を行うことができるよう支援します。遺伝カウンセリングは、臨床遺伝専門医や認定遺伝カウンセラー（日本遺伝カウンセリング学会と日本人類遺伝学会が

共同で認定している遺伝医療の専門家）が行います。

◎ 周産期にみられるメンタルヘルスの問題

　周産期のうつ病や産褥精神病は、**自殺**や**虐待**などの重要なリスク因子であることから、できるだけ早期に発見して適切に介入する必要があります。

◉ マタニティブルーと産後うつ病

　マタニティブルーは、出産直後から数日後までに現れる心身の不調のことを指します。比較的症状が軽く一過性の場合がほとんどであるため、治療の必要はありません。産後長期間にわたって心身の不調が続く場合、産後うつ病が疑われます。

　産後うつ病はマタニティブルーに比べて症状が重く、比較的持続するのが特徴です。重篤化すると自殺や子殺しなどに至ることも知られています。産後うつ病は、10〜20人に1人の割合（有病率：10〜15%）で、母親が子どもを産んだ後に体験するものです。その発生時期は出産後1〜2週間から数か月以内です。特に、マタニティブルーが重かった人や精神疾患の既往歴がある人は、産後うつ病になりやすい傾向があるといわれています。

◎ 周産期医療における心理職の役割

　周産期医療の現場では、予期せぬことが起こることも多く、これらによる母子やその家族の心理的負担はとても大きいといえます。心理職は、母親をはじめとする家族への心理的支援や他職種へのコンサルテーションなどが求められています。

◉ 心理職の専門業務

　妊娠中の外来通院や出産時の入院、退院後の育児生活が過ごしやすくなるように心理的支援を行います。NICUでは、子どもや母親、家族へ声をかけることが中心になります。NICUに入院している子どもの母親や家族は、自責の念を感じていたり、発達や育児への不安、現状へのとまどいなどを抱えていたりして、ストレス状態にあります。

　そのため、母親や家族の気持ちに寄り添い、その場を共有するような心理的支援が重要です。より良い支援や他職種へのコンサルテーションを行うためには、子どもと母親、家族の状況等について多角的な**アセスメント**を行うことも大切です。また、周産期医療の現場では、子どもが亡くなってしまうこともあります。その際は、喪失を経験した母親や家族に対して**グリーフケア**を行うこともあります。

93 緩和医療における心理社会的課題と必要な支援

緩和医療は、がん治療の分野で発展してきました。がん以外の疾患も緩和医療の対象ですが、ここではがん治療に対する緩和医療の特徴や緩和医療における心理職の役割について説明します。

◎ がん治療に対する緩和医療の特徴

[緩和ケア] とは、がん等の重い身体疾患を抱えるクライエントとその家族に対し、**身体症状、精神症状、社会経済的問題、心理的問題、スピリチュアル（実存）的問題**を包括的にアセスメントし、[生活の質 (QOL)] を改善するアプローチです。がんが進行してからだけではなく、がんと診断されたときから必要に応じて行われます。

◉ がん対策基本法

2007（平成19）年に**がん対策基本法**が施行され、がん対策推進基本計画に沿って様々ながん対策が行われています。2016（平成28）年12月には「**改正がん対策基本法**」が成立し、改正を受けて、2018（平成30）年3月に第3期がん対策推進基本計画が策定されました。

この計画では「がん患者を含めた国民が、がんを知り、がんの克服を目指す」というスローガンのもと、全体目標として、科学的根拠に基づくがん予防・がん検診の充実、患者本位のがん医療の実現、尊厳を持って安心して暮らせる社会の構築が挙げられています。また、この全体目標を実現するための分野別施策として、①がん予防、②がん医療の充実、③がんとの共生の3つが柱として掲げられています。

◉ 緩和ケアチーム

患者の社会生活や家族を含めたサポートを行うため、医師をはじめ看護師、薬剤師、栄養士、社会福祉士、理学療法士、作業療法士等様々な職種のメンバーが関与しています。公認心理師も緩和ケアチームに加わります。

がん患者にみられるメンタルヘルスの問題

がんであることがわかると、不安感や焦燥感、恐怖感、孤立感、怒り、無力感、絶望感、自責感、失望感、不甲斐なさ、罪悪感など様々な心理的反応が生じ、結果として抑うつ症状がみられることがあります。がん患者にみられるメンタルヘルスの問題としては、[うつ病] や [適応障害] が多く、これらは QOL の低下にもつながるため、適切な治療が必要になります。がん患者は「がん」であることを告知されてから最期を迎えるまで心理的状態も時期を追って変化していきます。

死の受容過程

アメリカの精神科医である [Kübler-Ross, E.] は、死を受容する過程を 5 段階に分けて患者が抱えている問題、心理的苦悩の把握を試みました。がん患者を例に考えると、以下のようになります。

● 死の受容モデル

① 否認	自分ががんになるなんて信じられない。「嘘ではないか？」と疑い、否定する段階
② 怒り	自分ががんであり、死ぬかもしれないことに対し、怒りを周りにぶつける段階
③ 取引	死なずに済むように取引をしようとする段階
④ 抑うつ	何もできなくなる段階
⑤ 受容	自分が死ぬことを受け入れる段階

緩和医療における心理職の役割

緩和医療の現場では、がん患者の心理的苦痛をやわらげ、がんと闘いながらも自分らしい生活を送ることができるよう支援することが心理職の役割です。また、がん患者の家族も心理的負担が増えるため、家族への支援も大切です。

緩和医療では、患者が抱える不安や恐怖、悲しみ等の感情を共感的に受けとめる [支持的精神療法] が基本になります。がんの進行度や患者の心理状態を正確にアセスメントすることも重要です。アセスメントは、他職種と**情報共有**を図りながら多面的に行います。

グリーフケア

喪失に対する悲嘆への心理的支援を [グリーフケア] といい、心理職に求められる家族（遺族）支援の 1 つです。ほとんどの悲嘆は、[6] か月以内に回復しますが、悲嘆反応が [6] か月以上続くこともあります。日常生活に支障をきたす場合を [複雑性悲嘆] といいます。

94 母子保健・学校保健

保健領域においては、心理職としての視点を活かしつつ保健師や福祉職といった他職種と協働しながら活動します。活動領域の特徴やそれぞれの活動領域で求められている心理職としての役割について理解しておくことが大切です。

◎ 母子保健

国や地域では様々な母子支援事業（育児ストレスや育児不安への対応、母子の孤立を防止する支援等）が行われています。

● 母子保健法

母子保健法は、[母性]と[乳幼児]の健康の保持・増進を目的に1965（昭和40）年に制定された法律です。母子保健法で規定されている主な内容は以下の通りです。

● 母子保健法の主な規定

保健指導 （第10条）	市町村は、妊産婦等に対して、妊娠、出産又は育児に関し、必要な保健指導を行い、又は保健指導を受けることを勧奨しなければならない
健康診査 （第12条・第13条）	● 市町村は満1歳6か月を超え満2歳に達しない幼児及び満3歳を超え満4歳に達しない幼児に対して健康診査を行わなければならない *いわゆる1歳6か月児健診、3歳児健診 ● 上記のほか、市町村は、必要に応じ、妊産婦又は乳児若しくは幼児に対して、健康診査を行い、又は健康診査を受けることを勧奨しなければならない
妊娠の届出 （第15条）	妊娠した者は、速やかに市町村長に妊娠の届出をしなければならない
母子健康手帳の交付 （第16条）	市町村は、妊娠の届出をした者に対して、母子健康手帳を交付しなければならない
低出生体重児の届出 （第18条）	体重が2,500g未満の乳児が出生したときは、その保護者は、速やかに、その旨をその乳児の現在地の市町村に届け出なければならない
養育医療 （第20条）	都道府県等は、未熟児に対し、養育医療の給付を行い、又はこれに代えて養育医療に要する費用を支給することができる

2017（平成29）年4月に施行された改正母子保健法では、「**子育て世代包括支援センター**」の設置が市町村の努力義務として位置づけられました。子育て支援機関や医療機関、保健所、児童相談所等の関係機関は子育て世代包括支援センターと連携をとりながら業務を行います。心理職も子育て世代包括支援センターと連携をとることになります。

● 母子保健領域における心理職の役割

心理職は、主に**乳幼児健診時**の［発達相談］や**心理相談**等に関わります。

◎ 学校保健

学校保健は、児童生徒や職員の健康の保持・増進を図り、生涯にわたる健康作りの推進等を行う活動です。学校保健の領域は、①保健教育、②保健管理、③組織活動の主に3つに分けることができます。**保健教育**は、健康に生きるために必要な基本的なことを見極め、それを身につける（保健指導）とともに、自分から健康を保持増進する方法を学び（保健学習）、心身のバランスがうまくとれるように支援をしていきます。**保健管理**は、施設・設備等を衛生的に整備し、健康診断や健康相談、疾病の管理と予防、感染症予防等、児童生徒の心身の活動をよりよいものにするために行うものです。そして**組織活動**は、保健教育や保健管理を支えるために行われる活動のことをいいます。スクールカウンセラーも組織の構成員として関わることがあります。

● 学校保健領域における心理職の役割

学校における児童生徒の心の問題には、教職員がチームを組んで支援をすることが必要です。

文部科学省はスクールカウンセラーの役割として7つの項目を挙げています。

● スクールカウンセラーの役割

①児童生徒に対する相談・助言
②保護者や教職員に対する相談（カウンセリング、コンサルテーション）
③校内会議等への参加
④教職員や児童生徒への研修や講話
⑤相談者への心理的な見立てや対応
⑥ストレスチェックやストレスマネジメント等の予防的対応
⑦事件・事故等の緊急対応における被害児童生徒の心のケア

出典：文部科学省「児童生徒の教育相談の充実について―生き生きとした子どもを育てる相談 体制づくり―（報告）」（2007年）より著者作成

95 産業保健

産業保健は、労働者の安全と健康の保持・増進を図り、生産性の向上などに寄与することを目的とした活動で、心理職へのニーズが高まっている領域の1つです。心理職としての役割について理解しておくことが大切です。

産業保健領域における心理職の役割

産業領域における心理職の役割は、心理学的視点から労働者の職場不適応の問題を理解し、支援していくことです。具体的には、労働者のカウンセリングや上司などへのコンサルテーション、[職場復帰支援]、予防教育（メンタルヘルス教育）、[自殺対策]などが挙げられます。

4つのケア

職場におけるメンタルヘルスケアは厚生労働省により策定されたガイドラインに則って進められています。2000（平成12）年には「事業場における労働者の心の健康づくりのための指針」が、2006（平成18）年には「**労働者の心の健康の保持増進のための指針（2015年改正）**」が策定されており、このガイドラインが基本となります。「労働者の心の健康の保持増進のための指針」では、4つのケアが具体的に示されており、これらが**継続的**かつ**効果的**に行われることが必要であるとされています。

心理職としては、「事業場内産業保健スタッフ等によるケア」や「事業外資源によるケア」において、心理の専門職として関わることが期待されます。

自殺対策

ストレスが増大し労働者の心理的負荷が大きくなると、最悪の場合は自殺に至ることがあります。そのため、職場における自殺対策は非常に重要です。職場における自殺対策は、厚生労働省より発行されている「**職場における自殺の予防と対応**」という、中央労働災害防止協会を中心に改訂、作成された**労働者の自殺予防マニュアル**を参考に行われます。自殺が起きる背景には、うつ病、統合失調症、アルコール依存症、薬物乱用、パーソナリティ障害等があることが圧倒的に多いといわれているため、このような状態を早期に発見し、医療機関へつなぐことなどが重要です。

96 地域保健

　地域保健活動とは、地域社会で展開される保健活動のことをいいます。近年では地域の精神保健福祉サービスで支援しようとするシステム作りが進んでいます。ここでは、認知症や依存症、ひきこもりへの支援を説明します。

◎ 地域保健法

　地域保健法は、[地域住民の健康] の保持と増進に寄与することを目的として作られた法律です。1947（昭和22）年に制定された保健所法が1994（平成6）年の改正で地域保健法となりました。地域保健法では、地域保健対策の推進に関する基本的な指針が定められています。この指針では、地域保健対策の推進の基本的な方向や、[保健所] や [市町村保健センター] の整備、運営に関する基本的事項などが定められています。

● 保健所

　保健所は、疾病の予防、健康の増進、環境衛生等の [公衆衛生活動] を行う中心機関（広域的、専門的かつ技術的拠点）であり、**都道府県**、**指定都市**（人口50万人以上の市）、**中核市**（人口20万人以上の市）、特別区、政令で定める市に設置されています。保健所は14の事業を中心に行っています。

● 保健所の事業

①地域保健に関する思想の普及と向上	⑨歯科保健
②人口動態統計などの統計業務	⑩**精神保健**
③栄養改善、食品衛生	⑪難病により長期療養を必要とする者の保健
④環境衛生	
⑤医事・薬事	⑫エイズ・結核・性病・伝染病などの予防
⑥保健師活動	
⑦公共医療事業の向上・増進	⑬衛生上の試験および検査
⑧**母性・乳幼児・老人の保健**	⑭**地域住民の健康の保持・増進**

● 市町村保健センター

市町村保健センターは、健康相談、保健指導、健康診査、その他の地域保健に関する必要な業務を行うためのより身近な施設であり、**市町村**ごとに設置されています。市町村保健センターは**母子保健**や**成人保健、老人保健**を担っています。

◎ 認知症の支援

［認知症高齢者］を支援するための取り組みは、地方自治体により異なりますが、認知症高齢者が住み慣れた土地で安心して暮らしていくためには、地域全体で認知症高齢者やその家族を見守り、支えていくことが大切です。そのためには、認知症に対する理解を深め、地域における様々な資源を活かしながら認知症高齢者の日常生活を支えるネットワークを構築していく必要があります。

保健・医療・福祉・介護の専門職だけでなく、認知症高齢者が関わる場面を想定し、できるだけ多くの人に参加してもらうことが望まれます。

◎ 依存症の支援

［依存症］（薬物、アルコール、ギャンブル等）は適切な治療と支援によって十分に**回復可能**な疾患です。しかし、治療を行うことができる医療機関の少なさや、相談支援体制の不十分さ、情報の不足等によって適切な治療を受けることができていない人が少なくありません。また、依存症に対する偏見も強いのが現状です。

偏見を取り除くためには、本人や家族だけでなく、地域住民に対しても依存症に対する正しい知識を伝え、病気を理解してもらうための［普及啓発］が必要です。

本人や家族の自助グループが地域に広がり、地域の中で自助活動が活発に行えるように、精神保健福祉センターや保健所、市町村が協力して環境を整備していくことが課題になります。

プラス+1

依存症対策
依存症対策については、厚生労働省のホームページが参考になるため、目を通しておくとよい。
https://www.mhlw.go.jp/stf/seisakunitsuite/bunya/0000070789.html

第 **16** 章　健康・医療に関する心理学

343

◉ ひきこもりの支援

　[ひきこもり] とは、厚生労働省によると「様々な要因の結果として社会的参加（義務教育を含む就学、非常勤職を含む就労、家庭外での交遊など）を回避し、原則的には **6 か月以上** にわたって概ね家庭にとどまり続けている状態（他者と交わらない形での外出をしていてもよい）を指す現象概念」と定義されています。

　ひきこもり支援は、保健や福祉、医療などの複数の専門機関による **多面的な支援** が必要です。また、当事者だけでなく、家族への支援も必要で、場合によっては [訪問支援]（アウトリーチ型支援）を行うこともあります。当事者とその周囲の状況も含めた全体的な評価に基づいて行うことが大切です。

● **ひきこもり支援の多次元モデル**

第1の次元	背景にある精神障害に特異的な支援
第2の次元	家族を含むストレスの強い環境の修正や支援機関の掘り起こしなど環境的条件の改善
第3の次元	ひきこもりが意味する思春期の自立過程の挫折に対する支援

◉ ひきこもり対策推進事業

　2009（平成21）年度より「ひきこもり対策推進事業」が創設されました。ひきこもり対策推進事業は、「ひきこもり地域支援センター設置運営事業」と「ひきこもり支援に携わる人材の養成研修・ひきこもりサポート事業（2013年度〜）」の2つからなります。

　[ひきこもり地域支援センター] は、ひきこもり状態にある本人や家族の相談先を明確にすることによって、より適切な支援に結びつきやすくすることを目的として設置されており、2021（令和3）年4月時点ですべての都道府県・指定都市に設置されています。センターには、社会福祉士、精神保健福祉士、臨床心理士（公認心理師）等の **ひきこもり支援コーディネーター** が配置されています。また、2018（平成30）年度からは、生活困窮者自立支援制度との連携強化、訪問支援等の取り組みを含め手厚い支援の充実、ひきこもり地域支援センターのバックアップ機能等の強化が図られており、国によるひきこもり対策が推進されています。

自殺対策（自殺予防）

97

自殺対策では、悩んでいる人に寄り添い、関わることで「孤立」を防ぎ支援することが重要です。ここでは、学校における自殺予防について解説します。

⚙ 自殺対策基本法

自殺対策基本法は、[自殺の防止] や [自死遺族への支援の充実] を図ることを目的に、議員立法として 2006（平成 18）年に制定された法律です。その後、2016（平成 28）年、[改正自殺対策基本法]（自殺対策基本法の一部を改正する法律）が成立しました。

改正自殺対策基本法では、自殺対策の理念が明確化され、さらに地域自殺対策推進の強化が盛り込まれました。自殺対策基本法では、基本的施策として 9 つが挙げられています。

また、自殺対策基本法に基づき、政府が推進すべき自殺対策の指針が [自殺総合対策大綱] として定められています。

● **自殺対策基本法における基本的施策**

①自殺の防止等に関する調査研究の推進並びに情報の収集、整理、分析および提供の実施並びにそれらに必要な体制の整備（調査研究の推進等）
②教育活動、広報活動等を通じた自殺の防止等に関する国民の理解の増進（国民の理解の増進）
　例：自殺予防週間（9 月 10 日～16 日）、自殺対策強化月間（3 月）の設置
③自殺の防止等に関する人材の確保、養成および資質の向上（人材の確保等）
　例：ゲートキーパーの養成
④職域、学校、地域等における国民の心の健康の保持に関わる体制の整備
⑤自殺の防止に関する医療提供体制の整備（医療体制の整備）
⑥自殺する危険性が高い者を早期に発見し、自殺の発生を回避するための体制の整備（自殺発生回避のための体制の整備）
⑦自殺未遂者に対する支援
⑧自殺者の親族等に対する支援
⑨民間団体が行う自殺の防止等に関する活動に対する支援（民間団体の活動に対する支援）

⚙ 自殺対策の基本理念

　自殺対策は、自殺を個人的な問題でなく社会的な問題としてとらえ、対策に取り組む必要があります。自殺が [多様かつ複合的] な原因、背景を有するものであることを踏まえ、[精神保健的観点] からのみならず、自殺の [実態] に即して実施することが重要です。また、自殺の各段階、①事前予防、②発生危機への対応、③発生後または未遂の事後対応に応じた効果的な施策として実施する必要があります。そして、国、地方公共団体、医療機関、事業主、学校、自殺の防止等に関する活動を行う民間の団体その他の関係する者の相互の [密接な連携] のもとに実施されることが望ましいです。

◎ 学校における自殺予防

　児童生徒の自殺予防については自殺対策基本法に基づいて取り組みを行います。また、2014（平成 26）年 7 月に文部科学省より発行されている「**子供に伝えたい自殺予防（学校における自殺予防教育導入の手引き）**」等を参考にします。

⚙ 子ども対象の自殺予防教育実施に当たっての前提条件

　「学校における自殺予防教育導入の手引き」によると、まず子どもを直接対象とした自殺予防教育を実施するに当たっては、① [関係者間の合意形成]、② [適切な教育内容]、③ [ハイリスクの子どもフォローアップ] といった 3 つの前提条件について十分に検討しておく必要性が示されています。

⚙ 関係者間の合意形成

　自殺予防教育を行う際には、**学校**、**保護者**、**地域**の精神保健の専門家といった関係者との間で自殺予防教育について共通認識を持っておく必要があります。

● 合意形成のために取り組む事項

学校	● 既存の教育相談、生徒指導、人権教育等の組織を活用し、自殺予防教育を推進する校内実施組織を構築する ● 校内実施組織では、①子ども対象の自殺予防教育の必要性、②子ども対象の自殺予防教育の実施計画、③子ども対象の自殺予防教育のプログラム、について検討する ● 実際の授業は校内実施組織での検討を経て学年単位で具体化し、担任教師主体で行われることが望ましい。その際、**スクールカウンセラー**等、校内のメンタルヘルスの専門家がサポートする ● 教師を対象に、子ども対象の自殺予防教育の実施に向けての研修を行い、合意形成を図る

保護者	● 保護者を対象に、子ども対象の自殺予防教育の実施に向けての研修を行い、実施の必要性や内容について事前に共有し、合意形成を図る ● 実施に当たっては、養護教諭や**スクールカウンセラー**等の校内のメンタルヘルスの専門家も関わっておくことが望まれる ● 身近な人を自殺で亡くしている児童生徒やもともと不安定で配慮が必要な児童生徒も存在するため、自殺予防教育プログラムは細心の注意をもって検討し、不安を持つ保護者とは十分時間をとって話し合う必要がある
地域	● 地域の医療、保健、福祉、司法・矯正の関係機関との協力関係につとめ、自殺予防教育を実施する際には、その既存のネットワークを活用するとよい ● 自殺予防教育を行う際には、地域の援助資源リストへの掲載やハイリスクの子どものフォローアップ、ゲスト講師としての協力等を依頼する。これらの依頼は、養護教諭や教育相談担当教員、スクールカウンセラーなどが窓口となって行うとよい

● 適切な教育内容

学校における自殺予防教育の目標は、「早期の問題認識（心の健康）」「援助希求的態度の育成」であるため、この目標を達成するために適切な内容である必要があります。「学校における自殺予防教育導入の手引き」で紹介されている自殺予防教育プログラムでは、**価値の押しつけ**を避け、**グループワーク**を重視することが特徴として挙げられています。

● ハイリスクの子どものフォローアップ

自殺予防教育を実施する前にアンケートなどを行い、身近な人の自殺を体験している児童生徒や配慮が必要な児童生徒をピックアップし、授業の参加方法について話し合っておくことが大切です。また、授業中の様子や終了後のアンケート等から配慮が必要だと思われる児童生徒はスクールカウンセラーが個別にケアを行うことが望まれます。

> 毎年、学校の長期休業明けにかけて児童生徒の自殺が増加する傾向があります。そのため、学校はこれらの期間において、（1）学校における早期発見に向けた取組、（2）保護者に対する家庭における見守りの促進、（3）学校内外における集中的な見守り活動、（4）ネットパトロールの強化といった取り組みを保護者や地域住民、関係機関等と連携し、集中的に実施することが求められています。（1）の学校における早期発見に向けた取組のひとつに、「SOS の出し方に関する教育」があります。

ひとこと

第16章 健康・医療に関する心理学

災害時等の心理的支援

大きな災害が起こった際、心のケアは重要な支援の1つです。災害時における心理的反応やサイコロジカル・ファーストエイド（Psychological First Aid：PFA）などについて理解しておくことが大切です。国家試験に当たっては、「災害時地域精神保健医療活動ガイドライン」や「サイコロジカル・ファーストエイド実施の手引き」に記載されている内容を確認しておきましょう。

災害時における心理的反応

災害に遭遇すると大きな心理的負荷がかかります。その影響は「異常な出来事に対する正常な反応」といえます。災害時における心理的反応にどのようなものがあるか理解しておくことが大切です。また、時期に応じた心理的支援を行います。

● 災害時における心理的反応

心的トラウマ	災害の体験や災害による被害、災害の目撃等、トラウマ体験の記憶が心に割り込んでくることがある。意欲の喪失や抑うつ、不安、不眠、食欲の低下、不注意による事故等が生じやすくなる
悲嘆、喪失、罪責、怒り	死別、行方不明、負傷、家財の喪失等による悲嘆がみられる。これにより、現実的・妥当な判断力が麻痺する。「自分だけが生き残った」「適切な対応ができなかった」という罪責感がうまれる。これは、[サバイバーズ・ギルト]（生存者の罪責）といわれ、自分に落ち度があるように感じたり、より適切な行動ができたのではないかと自分を責めたりしてしまうことがある。そして、その感情が周囲への憤り・怒りへとつながる
社会・生活ストレス	新しい生活環境がストレスになる。このストレスにより、心身の不調や不定愁訴、不眠、いらだち等が増加する。特に、避難生活が長期化した場合には、プライバシーの確保や生活環境の整備、感染症対策等が問題になる

🔹 初期（災害後から 1 か月まで）

　災害が起こった直後は、個人ごとに様々な症状がみられます。また、多くは一過性のものであるので、厳密な精神医学的診断を下す意義は乏しいと考えられています。回復の過程で、不安などによって二次被害が生じることもあります。そのため、心理的反応や回復過程について、広報等を通じて初期から十分な心理教育を行う必要があります。

⚫ 災害直後数日間にみられる心理的反応のパターン

現実不安型	災害被害の原因や規模、程度、援助の内容がわからないため、現実的な不安が先にくる。家族や知人などの安否が確認できないことや、今後の見通しが不透明なこと、食料等の不足も影響する。我慢して耐えていることが多く、他人にわかるような症状を示すことは少ない。その後の心理的反応を予防するためにも、現実的な不安をできるだけ軽減することが重要である **＜対応＞** 具体的にどのような被害にあい、何を必要としているのかを確認する
取り乱し型	強い不安により、落ち着きがなくなり、じっとしていることができなくなる。話し方や行動にまとまりがなくなる。動悸、息切れ、発汗がみられることもある。興奮して怒ったり、急に泣く等の感情的な乱れが生じたりすることもある **＜対応＞** 安静、安眠の確保が最も重要である
茫然自失型	予期しなかった恐怖、衝撃のために、一見すると思考や感情が麻痺または停止したかのように思われる状態。発話や行動が減り、質問に答えず、目の前の必要なことが手につかない。現実感が失われたり、言葉を言おうと思っても、なかなか口から出てこなかったり等の感覚を持つことがある **＜対応＞** 表面上そう見えなくても強い悲しみや恐怖を抱いていることがあるため、反応がない場合や落ち着きすぎている場合は注意が必要である

🔹 中長期（災害後 1 か月以降）

　少しずつ平常を取り戻していきます。しかし、特に心理的負荷の大きかった被災者は回復が遅れ、症状が慢性化し PTSD をはじめとする心理的な不調が長引くことがあります。この時期は、集団全体へのストレスやトラウマの軽減のための活動に加え、症状のある被災者に対する専門的な支援が必要になります。

災害時における地域精神保健医療活動

災害時には地域住民に様々な精神的な影響が出ることから、地方自治体、保健所、精神保健福祉センター等を中心とする地域精神保健医療上の対応が必要となります。

災害派遣精神医療チーム・心のケアチーム

災害が起きた際、被災地域に入り、精神科医療および精神保健活動の支援を行う専門的なチームを［災害派遣精神医療チーム］（DPAT：Disaster Psychiatric Assistance Team）、**心のケアチーム**といいます。チームは精神科医、看護師、業務調整員によって構成され、現地のニーズに合わせて、児童精神科医や薬剤師、保健師、精神保健福祉士、臨床心理技術者（公認心理師）等も派遣されます。

サイコロジカル・ファーストエイド（PFA）

災害発生後早期（直後～4週間程度）に推奨されている心理的支援を［PFA］（心理学的応急処置）といいます。PFA は、重大な危機的出来事に直面したばかりで苦しんでいる被災者に対する支援です。被災者に関わる全ての援助者に必要とされる基本的態度や心理的支援についてまとめたものです。治療を目的とした介入法そのものを指す言葉ではない点に注意が必要です。なお、ガイドラインとしては、アメリカ国立子どもトラウマティックストレス・ネットワークとアメリカ国立 PTSD センターによって発行された米国版と、WHO によって発行された WHO 版の2種類があります。

PFA の対象

PFA の対象は重大な危機的出来事にあったばかりで苦しんでいる人です。老若男女問わず対象となりますが、危機的出来事を経験した全ての人が支援を必要としているわけではありません。支援を望んでいない人に援助を押しつけることがないよう気をつける必要があります。緊急に専門的な支援を必要とする人（命にかかわる重傷を負い救急医療が必要な人、気が動転して自分自身や子どものケアができない人、自傷の恐れがある人、他の人を傷つける恐れがある人）に対しては、医療やほかの支援を優先します。

PFA を行う時期

PFA は重大な危機的出来事に直面した人とはじめて会ったときから行うことができます。一般的には、出来事の最中か直後の状況をさします。

● PFA を行う場所

PFA は安全なところであればどこでも行うことができますが、プライバシーへの配慮が必要です。相手の秘密を守り、尊厳を傷つけないようにしなければなりません。

● PFA の活動内容

PFA には 8 つの活動があります。必ずしも 1 から順番に行うというわけではなく、被災者の必要性や時間等を考慮し、必要な部分を組み合わせて行います。

● PFA の 8 つの活動内容（米国版）

1. 被災者に近づき、活動を始める
被災者の求めに応じる。あるいは、被災者に負担をかけない共感的な態度でこちらから手をさしのべる
2. 安全と安心感
当面の安全を確かなものにし、被災者が心身を休められるようにする
3. 安定化
動揺・興奮している被災者の混乱を鎮め、見通しがもてるようにする
4. 情報を集め、いま必要なこと、困っていることを把握する
周辺情報を集め、被災者がいま必要としていること、困っていることを把握する。そのうえで、その人にあった PFA を組み立てる
5. 現実的な問題の解決を助ける
いま必要としていること、困っていることに取り組むために、被災者を現実的に支援する
6. 周囲の人々とのかかわりを促進する
家族・友人など身近にいて支えてくれる人や、地域の援助機関とのかかわりを促進し、その関係が長続きするよう援助する
7. 対処に役立つ情報
苦痛をやわらげ、適応的な機能を高めるために、ストレス反応と対処の方法について知ってもらう
8. 紹介と引き継ぎ
被災者がいま必要としている、あるいは将来必要となるサービスを紹介し、引き継ぎを行う

出典：「サイコロジカル・ファーストエイド実施の手引き　第 2 版」（日本語版）

責任をもって PFA を行うとは、①安全や尊厳、権利を尊重する、②相手の文化を考慮して、それにあわせて行動する、③その他の緊急対応策を把握する、④自分自身のケアを行うことを意味します。

⊛ PFA の活動原則

WHO 版の PFA の基本的な活動原則は、「見る」「聞く」「つなぐ」です。

● PFA の活動原則

見る	**援助活動を開始する前に周囲を「見る」ことが重要である** ● 安全の確認 ● 明らかに急を要する、生きていくうえでの基本的ニーズがある人の確認 ● 深刻なストレス反応を示す人の確認
聞く	**相手の話を聞くことは、状況やニーズを理解し、適切な援助を行うために重要である** ● 支援が必要と思われる人たちに寄り添う ● 必要なものや気がかりなことについて尋ねる ● 耳を傾け、気持ちを落ち着かせる手助けをする
つなぐ	**被災者を実際に役立つ支援につなぐことが重要である** ● 生きていく上での基本的なニーズが満たされ、サービスが受けられるよう手助けする ● 自分で問題に対処できるよう手助けする ● 情報を提供する ● 大切な人や社会的支援と結びつける

災害等の危機の際にリスクが高く、特別な注意を必要とする可能性が高い人には、**子どもや健康上の問題がある人、障害がある人、差別や暴力を受ける恐れがある人、**などが含まれます。

⊛ PFA を提供する人のケア

PFA を提供する支援者も被災者とは異なる形のストレスが生じています。自分自身の健康の問題は自覚しにくく、また自覚したとしても使命感によって休息や治療を後回しにしてしまう傾向があります。しかし、最良の業務、援助を提供するためには、支援者が自分自身のストレスを軽減し、疲労を最小限に防ぐことが大切です。

支援者のストレス要因としては、「急性期における業務形態が慢性化することによる、疲労」「使命感と現実の制約とのあいだで生じる葛藤」「被災者から向けられる怒りなどの感情」「災害現場の目撃によるトラウマ反応」等があり、それによって生じる心理的反応としては、急性ストレス障害（ASD）や心的外傷後ストレス障害（PTSD）、適応障害、恐怖症等があります。これらを防ぐために、業務ローテーションと役割分担の明確化、援助者のストレスについての教育、心身のチェックと相談体制の整備、住民の心理的な反応についての教育、被災現場のシミュレーションなどの対策が行われます。

MEMO

99 福祉現場において生じる問題とその背景

　　わが国は、高度経済成長を経て、核家族化、少子高齢化、産業構造の変化など
の大きな社会構造の変化を経験してきました。こうした急激な社会構造の変化
は、児童・高齢者・障害者といったいわゆる社会的弱者に影響を与え、福祉政策
も社会的弱者への日本国憲法に規定された基本的人権を守るべく対策が取られて
きました。新型コロナウイルスの感染拡大は、福祉現場においても革新的な ICT
化の進歩をもたらした半面、従来の SNS 等でのいじめに加えて、「情報弱者」を
も作り出しています。こうした情報が錯綜し、ストレスフルな社会においては、
個人の問題だけでなく社会問題を含めた福祉的課題に対する心理的なアプローチ
が重要視されており、専門職を含めた関係者に対する公認心理師の果たす役割や
期待は大きいといえます。

◎ 福祉の基本理念

　わが国における福祉の基本理念は、[日本国憲法第 25 条] にある生存権を遵守するた
め、誰もが安心して暮らせる社会の構築（[地域共生社会] の実現）を目指すものです。
　基本理念の具現化には、[福祉サービス] の整備が必要となります。社会福祉法（第
3 条）には次のように定められています。

● 社会福祉法第 3 条

> 個人の尊厳の保持を旨とし、その内容は、福祉サービスの利用者が心身ともに
> 健やかに育成され、又はその有する能力に応じ自立した日常生活を営むことが
> できるように支援するものとして、良質かつ適切なものでなければならない。

　その他、児童福祉法や生活保護法など、対象や目的ごとにも基本理念が定められて
います。

⚙ 少子高齢化

内閣府「令和3年版高齢社会白書」によると、わが国の総人口1億2,571万人のうち、65歳以上人口は、3,619万人、高齢化率は、28.8％となっています。今後も長期の人口減少となり、2055（令和37）年には1億人を割って9,744万人となると推計されています。

背景には、未婚率の増加、出生率の低下や、医療の充実による平均寿命の延びがあります。特に出生数の減少は生産年齢人口に影響を及ぼし、2029（令和11）年に6,951万人と7,000万人を割り、2065（令和47）年には4,529万人となると推計され、将来の社会保障制度の崩壊が懸念されています。

⚙ 貧困

貧困とは、ある一定の水準に満たない生活状況を指し、[貧困率]で表されます。貧困率には、衣食住の生活必需品が欠乏する[絶対的貧困]と、社会全体の中でみると相対的に貧困層に属する[相対的貧困]がありますが、わが国では、OECD（経済協力開発機構）の基準に基づいて、所得中央値の一定割合（等価可処分所得の中央値の半分の「貧困線」）を満たせない者の割合である「相対的貧困」を用います。

厚生労働省の「2019年国民生活基礎調査」によると、貧困率は15.4％、[子どもの貧困率]は13.5％となっています。

特に、子どもの貧困率（**17歳以下**の子ども全体に占める、貧困線に満たない子どもの割合）は、貧困の状況にある子どもの進学率が比較的低い状況から、学習支援や給付金の活用など、貧困の連鎖を防止する福祉的課題の解決が求められています。

⚙ ひきこもりの人数

内閣府の「平成30年度生活状況に関する調査」によると、40〜64歳のひきこもりは全国で約61万人いるとされ、中高年のひきこもりが問題となっています。

性別は「男性」76.6％、「女性」23.4％であり、男性が4分の3を占めています。ひきこもりになったきっかけは「退職」が最多で、「人間関係、病気、職場になじめなかった」が続いています。外出頻度が低い人に行った質問では、ひきこもり始めた年齢は「25〜29歳」が最多で、ひきこもり期間は「3〜5年」が最多となっています。

ひきこもりの支援

ひきこもりの支援については、厚生労働省が公表している「ひきこもりの評価・支援に関するガイドライン」を参考にするとよい。「あまり長い面談にならないよう気をつけましょう」「一般に家族や当事者の了解を得たうえで訪問することが推奨されています」など留意すべき事項が記載されている。緊急性にもよるが、訪問する際には、原則は当事者による訪問支援の了解を得ようとすることが重要。支援の第一の窓口としては「ひきこもり地域支援センター」などを覚えておこう。

ひきこもりの定義（「ひきこもりの評価・支援に関するガイドライン」より）

様々な要因の結果として社会的参加（義務教育を含む就学、非常勤職を含む就労、家庭外での交遊など）を回避し、原則的には6か月以上にわたっておおむね家庭にとどまり続けている状態（他者と交わらない形での外出をしていてもよい）を指す現象概念である。

◎ 障害者（児）の心理社会的課題と必要な支援

　障害の有無にかかわらず、地域社会で個人が尊重され自立生活を行うためには、その障害や生きづらさに対して、必要な支援が行われなければなりません。例えば、障害者雇用促進法、障害者差別解消法など様々な法律は、国策としての支援を具現化するものとなっています。

⬤ 障害者施策の対象者（身体障害、知的障害及び精神障害）

　わが国の障害者施策は、[障害者基本法]に規定される[身体障害、知的障害、精神障害（発達障害を含む）]**のある者**が主な支援の対象です。また、[難病]や[障害児]といったこれまで制度のはざまにあり、生活に困難を生じながらも十分な支援が実施されなかった者に対しても近年、支援の対象に含める方向で制度改正が進んでいます。**障害者の自立や社会参加のための支援**を実施し、**共生社会を実現**するためには、心理的な支援や障害理解のための医学的側面からのアプローチや関係者への助言が欠かせません。

共生社会

　共生社会とは、障害のある人もない人も、互いに人格と個性を尊重し支え合い、その人らしさを認め合いながら、地域で安心して暮らせる社会のことです。障害者福祉サービスをはじめとする障害保健福祉施策を推進し、共生社会の実現を目指し、差別の禁止、障害者の自立と社会参加への支援を行っています。こうした取り組みにより、これまで必ずしも十分に社会参加できるような環境になかった障害者等が積極的に参加・貢献していくことができる社会を構築することが、重要な課題です。

ノーマライゼーション

　障害のある者とない者が同等に生きていける社会に改善していく試みのことであり、障害者本人の立場に立って地域生活の条件を、物理的にも心理的にも整備することを目的としています。そのための具体的な手法の1つに [ソーシャル・インクルージョン] がありますが、その際、障害者本人のニーズや選択が最大限尊重されます。

障害受容

　障害の受容過程は、5区分——①ショック期、②否認期（回復期待期）、③混乱期、④変容期、⑤適応期に区分できます。患者の心理的変化の過程には、年齢、受傷原因、重症度、性格、家族関係、経済状況等様々な要因が影響します。特に、不慮の事故による突然の障害を負った患者に対しては、その受容段階に応じた声かけや支援が大切となります。

Column

ヤングケアラー（子どもケアラー）

家族にケアを要する人がいる場合に、大人が担うようなケアの責任を引き受け、家事や家族の世話、介護、感情面のサポートなどを行う18歳未満の子どものことです。障害や病気のある親や祖父母の介護が主ですが、きょうだいを介護する場合もあります。

最近の中高生を対象とした調査（2021年、厚生労働省と文部科学省「ヤングケアラーの実態に関する調査研究」）の結果、日ごろ行っているケアについて「相談した経験がない」という生徒が6割を超えています。

現在の介護サービスは介護が必要な人に対するものが中心で、ケアラー（介護者）は支援の対象とされません。こうしたヤングケアラーが、適切な教育の機会の確保や自立が図られるよう「ケアラー支援条例」や「ケアラー支援法」の制定をはじめ、ケアラーを社会全体で支えていく仕組みを構築する必要があります。

プラス+1

ケアラー支援条例（埼玉県などで制定）

厚生労働省により、「市町村・地域包括支援センターによる家族介護者支援マニュアル～介護者本人の人生の支援～」（2018年）が示された。

こうした中、2020（令和2）年3月に制定された埼玉県のケアラー支援条例では、ケアラーを、高齢や障害、病気などで「援助を必要とする親族、友人その他の身近な人に対して、無償で介護、看護」などをする人と定義した。「全てのケアラーが個人として尊重され、健康で文化的な生活を営むことができるように」するため、県や県民、関係機関が連携しながら、県が推進計画を作ることなどを定めている。

Column

覚えておきたい条文

ここで紹介する条文は、社会保障制度の根幹となる大切な内容です。福祉系の国家試験でもよく出題されているので、要チェックです。

●日本国憲法（昭和二十一年憲法）第 25 条

第1項 すべて国民は、健康で文化的な最低限度の生活を営む権利を有する。
第2項 国は、すべての生活部面について、社会福祉、社会保障及び公衆衛生の向上及び増進に努めなければならない。

●社会福祉法（昭和二十六年法律第四十五号）第 1 条

この法律は、社会福祉を目的とする事業の全分野における共通的基本事項を定め、社会福祉を目的とする他の法律と相まつて、福祉サービスの利用者の利益の保護及び地域における社会福祉（以下「地域福祉」という。）の推進を図るとともに、社会福祉事業の公明かつ適正な実施の確保及び社会福祉を目的とする事業の健全な発達を図り、もつて社会福祉の増進に資することを目的とする。

福祉現場における
心理的課題と支援方法

福祉現場での要支援者は、経済的理由などから心理的に追い詰められていることが少なくありません。そのため、こうした要支援者に対して心理面接による包括的アセスメントや [リスクアセスメント]（「危険性または有害性」が発生することを事前に評価し、その予防を図ろうとすること）を行ったり、回想法等の治療的なアプローチを用いたりすることが求められています。特に教育現場やギャンブル依存の治療など幅広い領域の機関で、心理専門職の配置が進んでいます。福祉職（ケースワーカー等）と連携し、課題を抱えた要支援者本人の特性や関わり方などの情報を共有するといった福祉的な支援の重要性が増しています。

● 心的外傷後ストレス障害（PTSD）

心的外傷後ストレス障害（PTSD：Post Traumatic Stress Disorder）は、衝撃的な出来事に巻き込まれ、生死にかかわる危機に直面したり重症を負ったりした外傷的出来事の後に発症する障害です。強い恐怖や無力感・戦慄、悪夢など様々な症状が現れることが知られています。[夫婦間暴力（DV）] や虐待、犯罪、交通事故などの被害者にも心的外傷（トラウマ）が生じ症状が現れます。また、トラウマを直接体験した人だけではなく、その目撃者や遺族、話を聞いた**第三者**にも生じる可能性があります。主な症状として、①再体験症状群、②回避・麻痺症状群、③覚醒亢進症状群の3つが挙げられます。

● 誤学習

以前にうまく欲求を満たすことのできた経験から、その場にそぐわない間違ったコミュニケーションの取り方を覚えてしまい、望ましくない行動が強化されることを、誤学習といいます。例えば、「食事中大きな音を立てた結果、周囲が反応してくれた」や「外出先でおもちゃを寝転がってせがんだ結果、買ってもらえた」などの経験から、周囲の真意を理解せず、その後も同じ行動を繰り返します（強化）。福祉現場においては、自閉症児など障害者（児）の施設でよくみられますが、適切な行動を**再学習**することで、誤学習による問題行動を改善することができます。

◉ 衝動制御困難

　自分や他人に危害を与えるような衝動を抑えることが困難な障害を**衝動制御困難**といいます。例えば、境界性パーソナリティ障害は、情緒不安定性パーソナリティ障害とも呼ばれ、不安定な自己と他者のイメージ、感情・思考の制御不全、自傷、自殺などの衝動的な自己破壊行為などを特徴とする障害です。

◉ 感情調節困難

　誰にでも感情の浮き沈みがあり、自分なりに感情を調節して生活をしています。しかし、薬物治療や心理療法、個人の工夫による感情調節を試みても、おさえきれず「改善しない、または増悪する」ために生活に支障をきたす状態を**感情調節困難**といいます。障害の症状として、暴言、暴力、自傷、飲酒、薬物、危険な行動などの行動化などにより、周囲の人たち（周囲からの反応）に影響します。

◉ 解離

　解離とは、意識や記憶などに関する感覚をまとめる能力が一時的に失われた状態です。無意識的な防衛機制の1つとして、一時的に辛い体験などを意識から切り離すものも含まれますが、著しい苦痛や日常の生活に支障をきたすぐらい症状が深刻な場合は、［解離性障害］に分類されます。解離性障害群は、DSM-5 では、主に「解離性健忘」や「解離性同一性障害」「離人感・現実感消失症／障害」など3つに分類されます。

◉ 喪失

　家族や親しい人など、愛着あるいは依存する対象をなくす、または奪われる出来事を喪失といいます。特に、老年期は、ライフイベントとして、社会的基盤や家庭内での役割喪失などの年代特有の課題があり、社会からの孤立予防のために［アウトリーチ（多職種による訪問支援等）］などの取り組みが重要となります。

　また、**あいまいな喪失**というものもあります。これは、文字通り、喪失そのものがあいまいで、①身体的・物理的には依存しているが、心理的には存在していないように感じること（例：認知症のため家族として認識してもらえない）、②身体的・物理的には存在していないのに、心理的には彼らが存在していると感じること（例：災害により家族が行方不明）などが挙げられます。

◉ 二次障害

　二次障害は、本来抱えている疾病の結果、別の症状が生じることをいいます。例え

ば、発達障害児の場合、その特性が周囲に理解されないまま関わることで、いじめや生きづらさが強くなり、不登校といった、心の病気や行動に問題が生じるなど［二次障害］が出現することがこれにあたります。クライエントの障害特性に応じて、家庭や学校での対応法まで助言や支援を行うことによって、反抗挑戦性障害・行為障害、不安障害といった二次障害を予防します。

◎ 統合的心理療法

　特定の学派や技術によらず、クライエントの特性に応じて技法を柔軟に変更するなど、効果的な療法を統合的に提供することを、**統合的心理療法**といいます。複雑な問題が絡み合っている現代社会においては、個人の好みや得意とする分野の療法だけでなく、クライエントの利益を最優先に考え、総合的に心理療法を展開する取り組みが進められています。

◎ 心理教育

　心理教育とは、精神障害など、受容が困難な問題を持つ人やその家族に対して、正しい知識や情報を、心理面への影響も考慮しながら伝え、病気や障害によってもたらされる問題への対処法を身につけさせることです。インフォームド・コンセントのプロセスも、心理教育の一部ともいえ、当事者及び家族への正しい情報の提供は、疾病の再発予防に効果があるとされています。

● 受容の過程

　障害などを含む［危機］に直面した人の心理的過程や援助者の対応を示唆する理論を危機モデルといいます。代表的なものに、Kübler-Ross, E. や、Corn, N. 、Fink, S.L. などが挙げられます。各理論の段階をおさえておくことが重要です。特に、初期段階においては現実を受容できずに、自責や他責がみられることも少なくはありません。

死の受容	
Kübler-Ross の 5 つの段階	①否認、②怒り、③取引、④抑うつ、⑤受容
障害の受容	
Corn の 5 段階	①ショック、②回復への期待、③悲嘆、④防衛、⑤適応
Fink の 4 段階	①衝撃、②防御的退行、③承認、④適応と変化

　障害や危機の受容の期間や進退などには個人差があり、適応段階にいる人が必ずしも否認の気持ちがゼロなわけでもないことは、援助者も覚えておくことが肝要です。

児童・母子に対する支援

　わが国の子育てに関わる社会的状況や家庭環境、親子関係は、コロナ禍の現在においてますます密室化・複雑化しています。社会や地域、家庭における子育てに関わる現状と福祉的課題を理解するとともに、特別な配慮の必要な子育て支援について思考を深める必要があります。また、人は経験を通して成長しますが、特に児童期の保護者を基盤とする他者とのコミュニケーションの果たす役割は大きく、その影響は計り知れません。子どもの健やかな成長・発達・自立のためにも親を含めた家庭ごと支える福祉的な支援（働きかけも含む）が不可欠であり、「親子関係再構築支援」などを通じて家庭という子どもの環境づくりを支えることが重要です。

児童福祉法

　児童福祉法は、1947（昭和22）年の戦後の混乱の中、わが国が戦争孤児であふれていた時期に、児童の福祉的保障について定められた法律です。法律には、児童の定義や児童に関する福祉施設や資格に対する規定が定められています。資格には、保育所で働く**保育士**、児童相談所に配置される**児童福祉司**、市町村に配置される**児童委員**の3つの資格が規定されています。

児童福祉法による児童福祉施設

　児童福祉法では、以下の[12]の児童福祉施設が定められています。児童厚生施設や児童家庭支援センターを除く施設は、児童相談所、福祉事務所、市町村が入所を決定します。なお、児童相談所は、児童福祉法によって定められた児童福祉施設では**ありません**。

● 児童福祉法による児童福祉施設

助産施設	入院しての助産が必要で、生活保護受給世帯、市町村民税非課税世帯など、所得が一定以下の妊産婦が助産を受けられる施設
乳児院	乳児を入院させ、養育する施設。退院後の相談や援助を行う。必要があれば幼児の養育も可能
母子生活支援施設	［配偶者のない］女子やDV被害などを受けた女子、［監護すべき］児童などを入所させ、保護・自立の促進を援助する

保育所	保育園など、保護者が働いているなどの理由で、保育を必要とする児童を預かり、保育することを目的とする通所の施設
幼保連携型認定こども園	**幼稚園**と**保育所**の機能を併せ持った施設で、[都道府県知事] が認定する。入所は、利用者と施設との間で**直接の交渉**を行う
児童厚生施設	児童遊園や児童館など、児童に健全な遊びを与えて、その健全育成を図る目的で設置された施設
児童養護施設	保護者のない児童、[被虐待児]、[環境上養護を必要とする児童] を入所させて養護し、退所した者への相談や自立のための援助を行う施設
障害児入所施設	● 障害のある児童に、保護、日常生活の指導及び自活に必要な知識や技能の付与を行う施設 ● 福祉サービスを行う [福祉型] と、福祉サービスに併せて治療を行う [医療型] がある ● 児童相談所や市町村の保健センターや医師等により療育の必要が認められた児童を対象としており、手帳の有無は問われない
児童発達支援センター	日常生活における基本的な動作の指導や自活に必要な知識・技能の習得や集団生活への適応のための訓練を行う施設
児童心理治療施設	● [心理的問題] を抱え、日常生活に支障をきたしている子どもたちに、医療的な観点から生活支援を基盤とした心理治療を行う施設 ● 対象は心理（情緒）的、環境的に不適応を示している子どもとその家族。対象年齢は小・中学生を中心に 20 歳未満 ● 入所や通所は、[児童相談所長] が適当と認めた場合に措置として可能
児童自立支援施設	[不良行為] を行った、またはそのおそれがある児童や、家庭環境等の環境上の理由により生活指導が必要な児童を入所、または保護者の下から通わせて、必要な指導を行い、自立を支援することを目的とする施設
児童家庭支援センター	母子家庭や、その他の家庭、子ども、地域住民その他からの相談に応じ、必要な助言、指導を行い、あわせて児童相談所、児童福祉施設等との連絡調整その他厚生労働省令の定める援助を総合的に行うことを目的とする施設

● その他の児童福祉に関する施設

児童相談所	● [都道府県] と [指定都市] に設置が義務づけられている ● 児童の養育に関する専門的知識・技術が必要な [相談業務] や児童の [一時保護]、[市町村への助言] などを行う ● 所長、[児童福祉司]、[児童心理司]、医師、児童指導員、保育士、心理療法を行う者などが配置 ● 所長は、児童等の親権に係る [親権喪失]、[親権停止]、または [管理権喪失] の審判の請求や審判の取り消しが可能 ● 24 時間 365 日児童虐待や子育ての相談を受け付けており、虐待を受けたと思われる児童を発見した際は速やかに通告することが求められる。電話番号は 189 番（いち・はや・く）

里親制度 小規模住居型 児童養育事業 （ファミリーホーム）	● 里親制度は、[児童福祉法]の規定に基づき、児童相談所が要保護児童の養育を委託する制度 ● 4人以下の里親及びファミリーホームへの委託率（里親等委託率）は、全国平均で18.3％（2016（平成28）年）であるが、自治体間で差がある ● [養育]里親と[専門]里親について研修が義務づけられている。2017（平成29）年度から一貫した里親支援が都道府県（児童相談所）に業務として位置づけられている
自立援助ホーム	義務教育終了後、児童養護施設、児童自立支援施設を退所し、就職する児童に対し日常生活の援助や相談などを行う

子育て支援

　子育て支援に関しては、[児童福祉法]の中で、全ての児童は、心身の健やかな成長、発達、自立が図られることなど、福祉が等しく保障される権利を持つと明記されています。また、以下に示すように都道府県・国の役割と責務が明確化されています。

　しかしながら、児童虐待は依然として増加傾向にあり、さらに離婚によるひとり親家庭も増加し、子どもの貧困と経済格差の世代連鎖の拡大など問題は山積しています。こうした福祉的課題を子育ての面から心理的に支援することは有効です。

> **児童福祉法 第3条の3（一部抜粋）**
> **市町村（特別区を含む）**：基礎的な地方公共団体として、児童の身近な場所における児童の福祉に関する支援に係る業務を適切に行わなければならない。
> **都道府県**：市町村に対する必要な助言及び適切な援助を行うとともに、専門的な知識及び技術並びに各市町村の区域を超えた広域的な対応が必要な業務として、児童の福祉に関する業務を適切に行わなければならない。
> **国**：児童が適切に養育される体制の確保に関する施策、市町村及び都道府県に対する助言及び情報の提供その他の必要な各般の措置を講じなければならない。

子育て支援の関係機関

　身近な関係機関として、[市町村]の**保健センター**が、乳幼児健診や子育て相談などを行い、[都道府県]と[指定都市]設置の**児童相談所**が、児童虐待への対応を中心に行っています。虐待に関しては、**要保護児童対策地域協議会**や警察、保育所など関係機関の連携が求められ、**子育て世代包括支援センター**が、市町村に設置されています。

◉ 子育て世代包括支援センター

子育て世代包括支援センターは、単独で課題に対応する場ではありません。センターへ行けば何らかの支援につながる情報が得られる**ワンストップ拠点**として地域に定着するよう市町村に設置された、関係機関の連携と支援のための[連絡調整]の中枢のことです。これまで子育て支援ニーズが顕在化していないケースである**一般層**も支援対象となりました。その他の層として、一般的な子育て支援より手厚い支援が必要な**中間層**、虐待対応や予防に向けてより積極的・専門的な支援・介入、見守りが必要な**要介入支援層**があります。

◉ 児童相談所・児童心理司

児童相談所は、[都道府県]と[指定都市]に設置が義務づけられており、児童相談所には、児童指導員のほか、児童福祉司、児童心理司、医師、心理療法担当職員などの専門職が所属しています。児童心理司の任用要件は、心理に関する専門的な知識等を必要とする[指導]をつかさどる所員です。児童心理司には、医師または心理学を専修する学科等の課程を修めて卒業した者など要件があり、子どもだけではなく、保護者への対応なども行います。

児童相談所の所長は、児童等の親権に係る[親権喪失]、[親権停止]、または[管理権喪失]の審判の請求や、審判の取り消しが可能です。

● 連携が必要な関係機関[1]（根拠法）

子育て世代包括支援センター[2]（母子保健法第 22 条）
市町村が設置（努力義務）。母子保健に関する支援に必要な実情の把握等
児童家庭支援センター（児童福祉法）
1997（平成 9）年に新設された児童家庭福祉に関する地域相談機関
子ども家庭支援センター
市町村が設置。18 歳未満の子どもと家庭の問題に関する総合相談窓口
発達障害者支援センター
発達障害児（者）への支援を総合的に行うことを目的とした専門的機関。都道府県・指定都市自ら、または、都道府県知事等が指定した社会福祉法人、特定非営利活動法人等が運営
児童相談所（児童福祉法）
児童福祉法に基づく、18 歳未満の子どもに関する専門の相談機関。都道府県知事は、児童相談所のうち一つを中央児童相談所に指定することができる
福祉事務所（社会福祉法）
福祉六法（生活保護法、児童福祉法、母子及び父子並びに寡婦福祉法等）に定める援護、育成又は更生の措置に関する事務をつかさどる第一線の社会福祉行政機関

母子生活支援施設
主に母子世帯の支援を行う。DV から避難し、安全かつ安心できる生活を取り戻し、母子で自立した生活を送ることが生活課題
要保護児童対策地域協議会
関係機関の円滑な連携・協力を確保するために、市町村及び都道府県等に設置

※1：その他、児童福祉施設（児童養護施設、児童自立支援施設、乳児院、障害児入所施設等）だけでなく、保健所、保健相談所といった保健医療機関、地域の警察、社会福祉協議会、保育教育機関である、保育所、幼稚園、小学校、中学校、養護学校、教育委員会、児童館、学童クラブなども連携機関に含まれる。

※2：法律上の名称は「母子健康包括支援センター」。

◉ 要保護児童を抱える家族への支援

　児童等が困難を抱えている場合には、その保護者や家族も含めた包括的な支援が必要となります。

◉ 要保護児童

　要保護児童は、保護者のない児童、または虐待を受けている子どもを始めとする保護者に監護させることが不適当であると認められる児童のことをいいます。特に、児童虐待は、社会的、経済的、心理的背景など複雑な要因が絡み合って生じます。家庭内でのリスクの把握は、表面化までに時間がかかることが多いため、より身近な要保護児童対策地域協議会などを中心に保育園、学校、医療機関、警察など、児童相談所以外の関係機関との連携が重要となります。

◉ 愛着（アタッチメント）

　愛着は、イギリスの精神科医 Bowlby, J. が提唱した概念で「[特定の人] に対する情緒的なきずな」を持つことです。愛着の形成は、生理的な充足だけでは不十分であり、適切な時期に養育者との間にスキンシップ等の愛情を感じとれるような養育を受けることを通じて獲得していくものです。そのため、特に**幼少期に不適切な環境や関わり（マルトリートメント）**等により [愛着形成が阻害] されると後々の社会性の発達や人間関係に影響を及ぼすことが指摘されています。**愛着障害**は、主たる養育者との適切な愛着関係が形成できなかったことによる障害の総称として用いられる心理学用語です。

◉ 養育困難

　保護者の状況、子どもの状況、養育環境に何らかの問題を抱え、養育が困難な状態

を**養育困難**といいます。こうした養育困難な状況を放置することで、養育が困難な状況に陥る可能性がある家庭を、[要支援家庭] といいます。これには、保護者が自ら支援を必要と考えていない場合も含みます。また、虐待防止の観点から、若年妊娠を含む低所得の妊婦などの予期せぬ妊娠、すでに家庭内で母親へのDVが発生している家庭、誤った育児方針・信念、子どもの病気・障害・発達の遅れなど、児童虐待発生のリスクが指摘される家庭への支援が必要となります。

🔵 環境調整

環境は、人間の心身に重大な影響を与えており、人間は常に環境からの影響に対して、適応するなどの反応（相互作用）を行っています。人間が生命を維持し、疾病の予防や回復、健康の保持・増進をするためには、まず生活環境を整える必要があり、こうしたクライエントの利益のために支援者が環境を整えることを**環境調整**といいます。福祉的課題の解決には、クライエントの力だけでは介入しづらい環境を、課題解決のためにどのように整えるべきかといった視点で、環境調整を行うことが重要です。

🔵 社会的養護

社会的養護とは、厚生労働省の定義によると「保護者のない児童や、保護者に監護させることが適当でない児童を、公的責任で社会的に養育し、保護するとともに、養育に大きな困難を抱える家庭への支援を行うこと」です。さらに、「『子どもの最善の利益のために』と『社会全体で子どもを育む』を理念として」行われているとあります。制度としては [里親制度] や小規模住居型児童養育事業（ファミリーホーム）、[施設養護] などがあります。

🔵 里親

里親制度は、[児童福祉法] の規定に基づき、様々な事情で家族と離れて暮らす子どもを、自分の家庭に迎え入れ、温かい愛情と正しい理解を持って養育する制度です。[児童相談所] が要保護児童の養育を委託する制度であり、[養育里親]、[専門里親]、[養子縁組里親]、[親族里親] の4種類があります。里親になるためには、①要保護児童の養育についての理解及び熱意、児童に対する豊かな愛情を有していること、②経済的に困窮していないこと（親族里親は除く）、③本人またはその同居人が欠格事由に該当していないことなどの基本的要件のほか、養育里親と専門里親、養子縁組里親については、[研修] **が義務化**されています。また、2017（平成29）年度からは、里親の新規開拓から委託児童の自立支援までの一貫した里親支援が [都道府県（児童相談所）] の業務として位置づけられました。

種類	説明
養育里親	養子縁組を前提とせず、一定期間子どもを養育する
専門里親	専門的なケアを要する被虐待児、非行等の問題を有する子ども、障害児を養育する
養子縁組里親	戸籍上も自分の子どもとして、育てることを前提として養育する
親族里親	養育者の死亡などにより、民法に定められた扶養義務者と、その配偶者である親族が養育する

養子縁組（普通養子縁組・特別養子縁組）

　子どもは、できる限り家庭の中で育てられることが望ましいとの観点から、里親や養子縁組が進められています。養子縁組には、2種類の形態があります。［普通］養子縁組は、戸籍上において養親とともに実親が併記され、実親と法律上の関係が残る縁組形式のことです。［特別］養子縁組は、子の利益を積極的に確保する観点から、実親子関係を終了し、戸籍の記載が実親子とほぼ同様の縁組形式をとります。

　縁組の成立の形態としては、普通養子縁組が、年齢制限がなく養親と養子の同意により成立するのに対して、特別養子縁組は、養親が［家庭裁判所］に請求し、その決定により成立します。原則、養子が［15］歳に達していない者が対象となります。2019（令和元）年6月『民法等の一部を改正する法律』の改正により、養親の家庭裁判所での手続の負担軽減のため、児童相談所長による手続きの一部の申立てが可能となりました。

親子関係調整（親子関係再構築支援）

　児童養護施設など［社会的養護］の現場において、虐待等の理由で親子分離した子どもを再び親の養護下で生活できるよう、児童相談所を中心に、親に対して、接し方や生活環境の改善等の指導等の親支援プログラムを実施し、児童の早期の家庭復帰や家庭復帰後の虐待の再発防止を図ることです。親子分離など社会的養護の現場としては、児童養護施設や乳児院をはじめ、児童心理治療施設、児童自立支援施設、児童家庭支援センターなどで連携を図りながら関係調整が実施されます。

家族再統合

　家族再統合は、分離した子どもを親のもとに戻すための支援です。主に児童相談所においては、狭義の「保護児童の家庭復帰」を指すことが多かったのですが、近年、里親はもちろんのこと、社会的養護を受けながらの物理的・心理的距離の達成として、**面会**など家族の絆の確認までを含む広義の意味でも使用されています。

102 虐待に関する支援（児童・配偶者・高齢者・障害者）

虐待は、養護者など近親者による家庭内での虐待とケアを行う施設職員による虐待があります。虐待防止対策の根拠法となるのは、日本国憲法のほか、[社会福祉法]、[老人福祉法]、[児童福祉法]、[障害者基本法] です。具体的な支援については、対象者ごとに、[児童虐待防止法]、[高齢者虐待防止法]、[障害者虐待防止法]、[配偶者暴力防止法 (DV防止法)] に規定されています。

虐待の種類

虐待の種類は、主に以下の 5 つに大別されます。

● 虐待の内容と法的対象者

虐待の種類	内容	対象者
身体的虐待	殴る・蹴るなど身体に痣や痛みを与えること	児童・高齢者・障害者・配偶者
心理的虐待	脅迫・侮辱、無視・嫌がらせなど、心理的に不快感を与えること。本人と親しいものへの DV の目撃など心理的苦痛を与えること	
ネグレクト（放棄・放任）	外出制限、食事を与えない、おむつ交換を行わない、医療を受けさせないなど	
性的虐待	本人が同意しない性行為を強要、または意図的に見せる、わいせつな被写体にするなど	
経済的虐待	本人の同意なしに財産や金銭を搾取すること、必要な金銭の使用を認めないなど	高齢者・障害者・配偶者

プラス+1

児童への面前 DV

子どもの面前で両親の喧嘩や暴力、きょうだいへの虐待など、過度の心理的ストレスを与えるような現場を見せることは、心理的虐待にあたる。また、性行為を意図的に見せる行為は、心理的および性的虐待の要素を含む複合的な虐待にあたる。

● 虐待の対象者と関係法規

　虐待は、児童・高齢者・障害者・配偶者といったいわゆる社会的弱者に対して矛先が向けられることが多く、それぞれ虐待に関する関連法規（後述）によって必要な措置が講じられています。

● 虐待の支援の対象者

対象者	内容
虐待を受けた者（被害者）	一時保護など生命の保護や心身への外傷に対する治療
虐待加害者	親支援プログラムやカウンセリング、福祉サービスの提供
被害者を取り巻く関係者	学校関係者（教職員・児童・学生）、保育士、施設職員、家族等の心理的サポートと助言・情報提供

　虐待の加害者となり得る人は、家族など近親者（家庭内での虐待）のほかに、職員（ケアを行う施設等での虐待）などです。

◎ 児童虐待

　近年、[しつけ] を理由とする虐待死亡事件が後を絶ちません。そこで、2016（平成 28）年児童虐待防止法の改正において「[しつけ] を名目とした児童虐待の禁止」が明記されました。

　児童虐待は、深刻な結果をもたらすケースが少なくないため、虐待を疑われるケースを発見した場合は、速やかな**通告**および対策を講じることが重要です。

● 児童虐待の種類

　児童虐待防止法では、児童虐待について、[身体的虐待]、[性的虐待]、[ネグレクト]、[心理的虐待] の 4 種類に分類しています。児童に特徴的なものとしては、性的虐待として、ポルノグラフィの被写体とすることや、心理的虐待として、きょうだい間での差別的扱いをする、目の前で他の家族への暴力を目撃する、などがあります。これらを包括的に指している子どもに対する不適切な関わりや養育を [マルトリートメント] といいます。

　近年の児童に対する痛ましい虐待事案を受け、虐待に対する児童を取り巻く環境に対応した形で法令を整備するために、2016（平成 28）年に児童福祉法や児童虐待防止法が改正されました。今後も効果的な対策を実施するためにこの分野の法改正は、頻回に行われます。支援の方法だけでなく、改正の意図もあわせて理解しておくとよいでしょう。

👁 児童虐待の現状

　厚生労働省の「児童相談所での児童虐待相談の対応件数」によると、相談件数は年々増加しており、2016（平成28）年度調査以降、12万件を超えており、2020（令和2）年度の調査では20万件を超え、過去最多を更新しました。

　内容別件数の内訳は、2020（令和2）年度の速報値では、心理的虐待が12万1,325件（59.2%）、身体的虐待が5万33件（24.4%）、ネグレクトが3万1,420件（15.3%）、性的虐待が2,251件（1.1%）となっています。また、主たる虐待者は、実母が最も多く（52.4%）なっています。

👁 児童虐待防止法

　児童虐待防止法（児童虐待の防止等に関する法律）は、2000（平成12）年に制定された、児童と保護者の**自立支援措置**等を含めた児童虐待の防止推進を図る法律です。制定以前は、虐待された児童については要保護児童として児童福祉法の諸規定に基づき、**児童相談所**が対応していましたが、この法により、国や地方公共団体の責務が明記されました。近年、特に悪質な児童虐待の増加に伴い、虐待が児童の人権侵害であることや、子どもの心身の成長や人格形成に重大な影響を与えているといったことへの社会的認識が高まり、その後の課題や問題に対応するため、度々改正されています。

● 主な児童虐待の対策担当（児童虐待防止法による）

機関名	対策
児童相談所長、入所施設※の長	保護者に対して児童との面会、通信制限などの「接近禁止命令」
都道府県・政令指定都市	児童の保護者に対する出頭要求、自宅などへの立ち入り調査、出頭要求・立ち入り調査を拒否した場合の再出頭要求、臨検、捜索を行うことが可能
市町村	児童の安全の確認を行うための措置を講じなければならない

※児童養護施設、児童自立支援施設、障害児入所施設等

👁 児童虐待の対応

　厚生労働省「子ども虐待対応の手引き」第5章によると、一時保護の目的は子どもの**生命の安全確保**であり、単に生命の危険にとどまらず、現在の環境におくことが子どものウェルビーイング（子どもの権利の尊重・自己実現）にとって明らかに看過できないとされるときは、まず一時保護を行うべきとされます。「一時保護決定に向けてのアセスメントシート」や「一時保護に向けてのフローチャート」に沿って対応を検討するのが望ましいです。

プラス+1

一時保護に向けてのフローチャート

厚生労働省の「子ども虐待対応の手引き」の「第5章 一時保護」には、一時保護の目的や対応の流れ、アセスメントシートによる保護の要否判断などが記載されている。

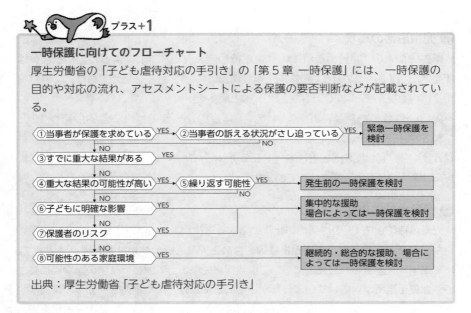

出典：厚生労働省「子ども虐待対応の手引き」

用語解説 一時保護

児童相談所長や都道府県知事等が必要と認める場合に、子どもを**一時保護所**に一時的に保護するか、あるいは**警察署**、**福祉事務所**、**児童福祉施設**、**里親**、児童福祉に深い理解と経験を有する適当な者（機関、法人、私人）に一時保護を**委託**する（委託一時保護）ことである。この一時保護において、保護者の同意は［不要］であり、その間の保護者等の面会を［制限］することができる。

⚫ 被虐待児

被虐待児が虐待によって抱えた愛着障害やトラウマは、その後の人間関係に影響を与えます。例えば、虐待の世代間連鎖の事例は数多く報告されており、物理的な保護と同時に公認心理師などによる積極的な判定と治療（介入）が必要です。また成長後も福祉・教育・医療・司法など様々な機関が連携し、本人が自身のリスクを把握した上で、地域も見守りを行い、定期的な治療機関とのつながりを継続していくことが大切です。

⚫ 被虐待児への心理療法

カウンセリングを通して治療・教育的ケアを行います。例えば、リラクセーションなど感情コントロールの方法を学んだり、ソーシャルスキルトレーニング（SST）で

望ましい対応を学んだりします。また、PTSD症状がある場合は、安全で支持的な環境で話をすることで、認知的、感情的な処理を進め、トラウマ症状からの脱却を目指すことも重要です。

　同時に、虐待を行う親自身も孤独や貧困など社会的問題によるストレスを抱えていることが多くあります。ペアレントトレーニングなどを勧めたり、精神科ソーシャルワーカー（PSW）など福祉専門職や自治体とも連携したりして、福祉的課題の解決も図りましょう。

🌸 家族支援

　虐待などの福祉的課題を持つ家族への支援には、虐待に至った加害者だけでなく、家族構成員に対して、福祉的な社会サービスによる支援と心理面への影響に対する支援を同時に行うなど、包括的な再発防止の支援を行うことが重要です。特に、児童や高齢者分野などの家族間暴力では、加害者の更生を図り、家族支援の実施による［親子関係調整］や［家族再統合］が期待されています。

児童虐待防止対策の強化に向けた緊急総合対策（2018（平成30）年）

児童相談所への虐待相談対応件数の増加に伴い、児童虐待とDVの特性や、これらが相互に関連していることをふまえ、すべての子どもが地域でのつながりを持ち、虐待予防と発生時の迅速な対応、被虐待児の自立支援等に至るまで、切れ目ない支援を受けられる体制の構築を目指している。

要保護児童対策地域協議会

地域に住む要保護児童の適切な保護のために、学校、保育所等と市町村、児童相談所等の関係機関が連携し、情報交換や支援内容の協議を行う。効率的な情報共有のため、ICTを活用したシステム整備がすすめられている。

親権

未成年の子を持つ父母が、その子を監護、養育し、財産を管理するなどの権利や義務の総称をいう。「親権喪失」は民法第834条、「親権停止」は民法第834条の2を確認しておこう。

警察や児童相談所などが連携し、訪問調査や一時保護などによって、速やかに、要保護児童等の安全を図ること。近年の児童虐待の事件では、児童相談所など専門機関とつながりながらも、「一時保護」や「社会的養育」など必要な支援が実施されていなかったケースが多い。こうした状況の背景として、児童相談所の抱える虐待対応件数が年々増加（2020（令和 2）年度に全国で対応件数はおよそ 20 万件：厚生労働省）していることや、専門の有資格者が少ないこと、会議などの通常業務が煩雑であることなどが指摘されている。

◉ 夫婦間暴力（DV、IPV）

1993 年に国連によって制定された、「女性に対する暴力撤廃に関する宣言」を契機に、配偶者暴力が、人権侵害にあたるという社会的な認識が高まりました。日本でも、2001（平成 13）年に、配偶者からの暴力を防止し被害者の保護等を図ることを目的として**配偶者暴力防止法**（配偶者からの暴力の防止及び被害者の保護に関する法律）いわゆる「DV 防止法」が公布・施行されました。2013（平成 25）年には、現在の法律名、「配偶者からの暴力の防止及び被害者の保護**等**に関する法律」に変更されました。さらに 2014（平成 26）年より生活の本拠を共にする**交際相手**からの暴力とその被害者も法律の対象となりました。

◉ 夫婦間暴力とは

ドメスティック・バイオレンス（**DV**：Domestic Violence）は、明確な定義はありませんが、内閣府男女共同参画局では「**配偶者や恋人**など親密な関係にある、又はあった者から振るわれる暴力」という意味で使用されることが多いとしています。家庭内暴力ともいわれ、夫から妻、妻から夫、親から子、子から親、きょうだい間の暴力など、家庭内の様々な形態の暴力と考えられ、**事実婚**、生活の本拠を共にする**交際相手**、また**離婚した者**（事実上の離婚を含む）からの暴力が含まれます。

また、パートナーなど親密関係にある 2 人の間でおこる暴力を「IPV（Intimate Partner Violence）」と呼びます。

◉ 配偶者暴力防止法（通称：DV 防止法）

配偶者暴力防止法（配偶者からの暴力の防止及び被害者の保護等に関する法律）は、2001（平成 13）年に施行された、**配偶者**からの暴力を防止し、被害者の保護等を図

ることを目的とする法律です。この法律の配偶者には、「配偶者であった者」「離婚又はその婚姻が取り消された場合」も含まれます。さらに、この法律の準用について、法律上の「被害者」「配偶者又は配偶者であった者」「離婚をし、又はその婚姻が取り消された場合」の読み替えが規定されています。しかしながら、**同居していない場合は対象外**であり、いわゆる「デート DV」（恋愛カップル間暴力）による被害者は、[刑法] や [ストーカー規制法] の適応の可能性を探らざるを得ず、課題が残っています。また、配偶者からの暴力を受けている者を発見した人は、その旨を [配偶者暴力相談支援センター] や警察に通報するよう努めることが求められています。

● 配偶者暴力相談支援センター

　被害者支援の新しい仕組みが強化され、被害者支援の専門相談機関として [都道府県] に設置（**市町村**は努力義務）されました。センターでは、①休日夜間の相談、②婦人相談所での一時保護、③相談に従事する職員への専門研修等を行っています。

◎ 高齢者虐待

　高齢者虐待の防止は、**高齢者虐待防止法**に規定されています。高齢者虐待防止法では、高齢者を 65 歳以上の者と定義し、さらに、加害者別に、① [養護者] による虐待、② [養介護施設従事者] による虐待に分類されています。**養護者**とは、高齢者を現に養護する者であって、②の養介護施設従事者に該当しない者を指します。例えば、同居の有無にかかわらず、身辺の世話や金銭の管理などを行う家族、親族、同居人、知人などが該当します。

　今日のわが国の晩婚化、核家族化といった社会構造は、家庭内介護に関するストレスを生じさせやすいといえます。高齢者は、今日までの日本の発展を支えてきた功労者でもあり、今後、長寿大国となっていくわが国の明るい未来のためにも、高齢者虐待を生まない社会の構築の整備が急務です。

● 高齢者虐待防止法

　高齢者虐待防止法（高齢者虐待防止、高齢者の養護者に対する支援等に関する法律）は、2006（平成 18）年に施行され、65 歳以上の高齢者の権利利益の擁護を目的に、虐待の防止と早期発見・早期対応の施策を、**国及び地方公共団体の責務**により促進するための法律です。私たち**国民**一人ひとりに、高齢者虐待を発見した場合に [通報義務] を課し（生命や身体への危険性が高い場合）、**福祉・医療関係者**には高齢者虐待の早期発見等への協力が求められています。

虐待の現状

　厚生労働省の 2019（令和元）年度の高齢者虐待防止関連調査・資料によると、**養介護施設従事者による虐待の相談・通報件数**は、2,267 件、そのうち虐待判断件数は、644 件で過去最多となっています。相談・通報者は、「当該施設職員」が 23.8％で最も多く、次いで「家族・親族」が 18.9％となっています。

　また、**養護者による虐待の相談・通報件数**は、3 万 4,057 件、そのうち虐待判断件数は 1 万 6,928 件と、前年より微減したものの、高止まりの傾向です。相談・通報者は、「介護支援専門員」が 27.5％で最も多く、次いで「警察」が 27.2％、「家族・親族」が 7.9％と続きます。また、養護者による虐待の種別は、「身体的虐待」が 67.1％と最も多く、「心理的虐待」が 39.4％、「介護等放棄」が 19.6％、「経済的虐待」が 17.2％、「性的虐待」が 0.3％となっています。

　虐待の事実が認められた事例を、施設・事業者別の種別でみると、「特別養護老人ホーム（介護老人福祉施設）」が 29.5％と最も多く、次いで、「有料老人ホーム」が 27.6％、「認知症対応型共同生活介護（グループホーム）」が 14.8％、「介護老人保健施設」が 11.2％の順となっています。

虐待の発生要因

　同調査によると、**養介護施設従事者による発生要因**では、「教育・知識・介護技術等に関する問題」が 366 件（56.8％）で最も多く、次いで「職員のストレスや感情コントロールの問題」が 170 件（26.4％）であり、「虐待を助長する組織風土や職員間の関係の悪さ、管理体制等」が 132 件（20.5％）、「人員不足や人員配置の問題及び関連する多忙さ」が 81 件（12.6％）など、職場環境も要因にありました。

　養護者による発生要因では虐待者の「性格や人格（に基づく言動）」が 9,178 件（54.2％）、被虐待者の「認知症の症状」が 9,037 件（53.4％）と多く、「介護疲れ・介護ストレス」も 8,183 件（48.3％）となっています。

障害者虐待

　障害者虐待防止法において障害者虐待とは、障害がある者に対して、①養護者、②障害者福祉施設従事者等、③使用者が虐待を行うことをいいます。

　この法でいう障害者とは、**障害者基本法**で定められた身体障害、知的障害、**精神障害（発達障害を含む）**、難病のある者を対象としています。

　対応にあたる公認心理師は、福祉サービスに関する相談援助を行う精神保健福祉士をはじめとするソーシャルワーカーなど、精神保健福祉医療を担う専門家との連携

が、ますます重要となっています。

🏵 障害者虐待防止法

障害者虐待防止法（障害者の虐待防止、障害者の養護者に対する支援等に関する法律）は、2012（平成24）年に施行されました。この法律では、障害者の虐待を防止し、障害者の自立と社会参加の促進に資するため、虐待の対象者や虐待の種類や国等の責務や通報の義務を定めたものです。例えば、障害者への虐待を発見した場合は、自治体等への［通報義務］が課せられています。

精神障害者が尊重されて社会生活を送るにあたり、ごく当たり前の生活が保障されるには、医療・保健・福祉・介護・居住支援が一体となった地域精神保健福祉施策が急務です。

🏵 虐待の状況

厚生労働省の「令和元年度都道府県・市区町村における障害者虐待事例への対応状況等」によると、2019（令和元）年に全国で受け付けた養護者による虐待の相談・通報件数は、5,758件であり、うち「市町村」が5,672件、「都道府県」が86件となっています。通報者は、「警察」が34.1％と最も多く、次いで「本人による届出」が15.9％、「障害者福祉施設・事業所の職員」が15.0％となっています。虐待の事実が認められた事例は1,655件であり、虐待の種類別では、「身体的虐待」が63.9％と最も多く、「心理的虐待」29.5％、「経済的虐待」が20.7％、「放棄・放置」が15.0％、「性的虐待」が3.9％となっています。

障害者福祉施設従事者等による虐待の事実が認められた事例は、533件であり、施設種別では、「障害者支援施設」が29.3％と最も多く、次いで「共同生活援助」16.5％、「生活介護」12.4％となっています。

103 高齢者に関する支援

少子高齢化や核家族化などに伴い、一人暮らしの高齢者が増加傾向にあるといわれています。また、社会の変化とともに、高齢者が抱える課題についても多様な変化がみられます。ここでは、主に介護に関する知識を深めていきます。

高齢者の心理

高齢になるにつれて、慢性疾患に罹患したり、身体的機能や認知的機能が低下したりすることは避けられません。しかしながら、加齢に伴うネガティブなステレオタイプは決して少なくなく、そのような意識を強く持つ高齢者は、循環器疾患や認知症に罹患しやすいことを示した研究もあります。

また、健康寿命を延ばすことや、[サクセスフル・エイジング] を目指そうという動きから、[エイジズム] のように高齢者に対するネガティブな態度や偏見が強められたり、高齢者自身がネガティブにとらえたりしてしまうことも少なくありません。

サクセスフル・エイジング (successful aging)	Rowe, J&W. & Kahn, R.L. の医学的なモデルでは、①疾患や障害がないこと、②高い認知機能や身体機能を維持していること、③社会参加していることの3要件を満たしている状態としている。しかしながら、このような医学モデルだけを個人差が大きい老年期を生きるための指標とすることは難しいともいわれている
エイジズム (ageism)	高齢であることに対する固定観念や、高齢を理由とした差別などのことを指し、高齢者の健康を損なうきっかけになるともいわれる。具体的には、年齢を理由とした退職や降格などが挙げられる

高齢期には様々な**喪失**を体験します。喪失の増加による精神的健康の低下は、身体的健康の低下や疾患の発症をもたらすことにもつながるといわれるため、高齢になることについての喪失や衰えに対して、どのように適応していくかを考えることが重要です。

こころの加齢モデル

　加齢に対して、（1）生物学的な加齢変化の抑制を試みる「**加齢予防のアンチエイジング**」と、（2）加齢に伴う喪失に対して補償プロセスを発達させることで、機能状態や精神的健康の維持を試みる「**適応のアンチエイジング**」とがあります。

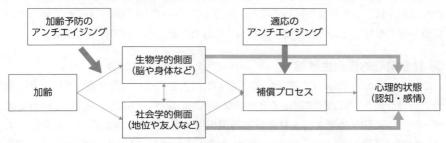

出典：権藤恭之 中川威 石岡良子『医学のあゆみ』261 巻 6 号 P.669 2017 年 医歯薬出版株式会社、権藤恭之『高齢者心理学』P.24 2018 年 朝倉書店 より著者改変

　加齢予防のアンチエイジングは、神経病理学的な変化が蓄積されているにもかかわらず認知機能を維持する能力である［認知の予備力］（cognitive reserve）などが一例として挙げられます。近年では、人生経験（教育程度や職業的地位、ライフスタイル）が豊富な高齢者が認知機能を高く保ち認知症を発症しにくいことや、規則的で健康的な食習慣や運動習慣の確立が認知の予備力を強化するともいわれており、健康行動の増進が重要となります。

　適応のアンチエイジングは、高齢期に体験する喪失にどのように適応したり回復したりするのかという問題と関連が深いとされます。具体的には、**選択最適化補償理論（SOC 理論）** や老年的超越理論、社会情動的選択性理論、レジリエンスなどの考え方があります。

選択最適化補償理論（SOC 理論）

　SOC 理論とは、Baltes, P. が提唱した高齢期の自己制御方略に関する理論で、**目標の選択**、**資源の最適化**、**補償** の 3 つの観点から、少しでも喪失の前の状態に近づこうとする方略のことをいいます。

喪失に基づく目標の選択 (Loss-based Selection)	これまでに可能だったことが喪失によって困難になった場合に、目標設定の見直しを行うこと
資源の最適化 (Optimization)	選択した目標に対して自分が持っている身体的資源や認知的資源を最適に割り振ること
補償 (Compensation)	これまでに使用していない補助的な機器や技術を利用したり、周囲などからの必要なサポートを得たりすること

⬤ 老年的超越理論 (gerotranscendence)

老年的超越理論は、Tornstam, L. が提唱した理論で、物質主義的で合理的な世界観から宇宙的、超越的、非合理的な世界観へ変化していくもので、高齢期に高まるとされています。具体的には、限られた人との深い関わりを重視することや、自己中心的な欲求が低下し他者を重んじること、宇宙とのつながりを認識することで死と生の認識が弱くなり、死の恐怖が受け入れやすくなること、などが挙げられます。

⬤ 社会情動的選択性理論

Carstensen, L. によって提唱された理論で、「人生の残り時間が少なくなると、自分の持つ資源を、**情動的に満足**できる目標や活動に注ぎこむようになる」というモチベーションに関する考え方を社会情動的選択性理論といいます。こうした変化により、認知の過程においてもポジティブな情報を好んで取り入れる（ポジティブ効果）ようになるとされています。

その他にも、喪失体験が多い高齢期においては、若年期よりも主観的な幸福感において差がなく、[心理的安定感] はむしろ高いという [エイジングパラドクス]（aging paradox）が生じることなど、高齢期の心理について様々な視点から考えることが高齢期の支援を行う上でも重要です。

◎ 高齢者の意思決定

厚生労働省「**人生の最終段階における医療・ケアの決定プロセスに関するガイドライン**」によると、人生の最終段階における医療・ケアは医師等の医療従事者から適切な情報の提供と説明がなされ、それに基づいて医療ケアを受ける本人が多職種の医療・介護従事者から構成される医療・ケアチームと十分な話し合いを行い、[本人による意思決定] を基本として進めることが重要な原則とされています。

本人の**意思は変化しうるもの**であることや、本人が**自分の意思を伝えられない**状態になる可能性があることから、家族等の信頼できる者も含めて、本人との話し合いが**繰り返し**行われることが重要です。医師の確認が困難な場合には、本人の状態に応じた専門的な医学的検討を経て、医師等の医療従事者から適切な情報の提供と説明がなされることが必要です。

家族等がいない場合や家族等が判断を医療・ケアチームに委ねる場合には、本人にとっての最善の方針をとることを基本とし、話し合った内容は**文書にまとめておく**ことが大切です。

高齢者の詐欺被害

警察庁「**特殊詐欺認知・検挙状況等（令和2年・確定値）**」によると、高齢者（65歳以上）の被害の認知件数は1万1,587件（昨年度比−2,513件、−17.8%）で法人被害を除いた総認知件数に占める割合（高齢者率）は85.7%（+1.8ポイント）です。特に、65歳以上の高齢女性の被害認知件数は8,923件で、法人被害を除いた総認知件数に占める割合は66.0%（+0.6ポイント）です。

手口別高齢被害者の割合（法人被害を除く）	合計		オレオレ詐欺		預貯金詐欺		架空料金請求詐欺		還付金詐欺		キャッシュカード詐欺盗		左記以外	
	男	女	男	女	男	女	男	女	男	女	男	女	男	女
	2,664	8,923	430	1,706	650	3,419	411	504	538	1,043	555	2,202	80	49
	19.7%	66.0%	18.9%	75.1%	15.7%	82.7%	20.5%	25.1%	29.8%	57.8%	19.5%	77.3%	17.9%	11.0%
	85.7%		94%		98.4%		45.6%		87.7%		96.7%		28.9%	

出典：警察庁「特殊詐欺認知・検挙状況等（令和2年・確定値）」

プラス+1

特殊詐欺

特殊詐欺とは、犯人が電話やハガキ（封書）等で親族や公共機関の職員等を名乗って被害者を信じ込ませ、現金やキャッシュカードをだまし取ったり、「医療費の還付金が受け取れる」などといってATMを操作させ、犯人の口座に送金させたりする犯罪（現金等を脅し取る恐喝や隙を見てキャッシュカード等をすり替えて盗み取る詐欺盗（窃盗）を含む）のことです。2020（令和2）年1月1日から、特殊詐欺の手口は10種類に分類されています。

● **特殊詐欺の手口**

> (1)オレオレ詐欺　(2)預貯金詐欺　(3)架空料金請求詐欺
> (4)還付金詐欺　(5)融資保証金詐欺　(6)金融商品詐欺
> (7)ギャンブル詐欺　(8)交際あっせん詐欺　(9)その他の特殊詐欺
> (10)キャッシュカード詐欺盗（窃盗）

出典：警視庁「特殊詐欺とは」

老人福祉法

　老人福祉法では、老人の福祉を図ることを目的としており、老人の福祉に関する事業やサービス、市町村や都道府県の業務、[老人福祉計画] について規定をしています。法律で規定している施設は以下があります。

● 老人福祉施設

老人デイサービスセンター	● 日中に通所（日帰り）にて、入浴、排泄、食事等の介護、生活等に関する相談および助言といった日常生活上の世話および機能訓練を提供する施設（介護保険法上は「通所介護事業所」と呼ばれる） ● 対象は、65 歳以上で、身体上または精神上の障害があるために、日常生活を営むのに支障がある者
老人短期入所施設	● 養護者の疾病などの理由により、居宅で介護を受けることが**一時的に困難**となった高齢者に対して、短期間入所させ、養護することを目的とする施設 ● 対象者は、「老人デイサービスセンター」と同じ
養護老人ホーム	● 行政による入所措置施設で、**経済的な理由**により、居宅で養護を受けることが困難な 65 歳以上の**自立者**を入所させ、養護することを目的とする施設 ● 介護保険施設ではないため、入所申込は市町村に対して行う
特別養護老人ホーム（特養）	● 入所者が可能な限り在宅復帰できることを念頭に、**常に介護が必要**な人の入所を受け入れ、入浴や食事などの日常生活上の支援や、機能訓練、療養上の世話などを提供する施設 ● **要介護 3〜5** のいずれかの要介護認定を受けている人が対象。ただし、要介護 1〜2 の場合であっても、認知症が重度の場合や家族による虐待があるような場合等やむをえない場合に特例入所が認められる
軽費老人ホーム	● 無料または低額な料金で、**60 歳以上の者**を入所させ、食事の提供など、日常生活上で必要なサービスを提供することを目的とする施設 ● 食事サービスのある A 型、自炊を前提とする B 型、食事や生活介護などが付帯するケアハウスがある
老人福祉センター	**無料または低額**な料金で、高齢者に関する各種の相談に応ずる。高齢者に対して健康の増進、教養の向上、レクリエーションのためのサービスを総合的に提供することを目的とする
老人介護支援センター	老人福祉に関する専門的な情報提供、相談、指導や、居宅介護を受ける高齢者・養護者などと老人福祉事業者との間の連絡調整などの援助を総合的に行うことを目的とする

地域包括支援センター

　地域包括支援センターは、介護・医療・保健・福祉などの側面から高齢者を支え、高齢者が自分の住み慣れた地域の中で生活できるようにサポートをすることを目的と

して、[市町村] ごとの人口規模や業務量、財源等の状況に応じて設置されています。

　地域包括支援センターには、保健師・社会福祉士・[主任介護支援専門員] 等が配置されており、主な業務は介護予防支援および包括的支援事業であり以下の４つが挙げられます。

> ①介護予防 [ケアマネジメント] 業務
> ②総合相談支援業務
> ③権利擁護業務
> ④包括的・継続的ケアマネジメント支援業務

　[地域ケア会議] では、多職種が話し合いを行い、利用者の生活機能や現状に合わせて**ケアプラン**の検討や見直しを行います。

介護保険法

　介護保険法は、超高齢社会の高齢者の介護を社会全体で支える仕組みとして、2000（平成 12）年に施行された「自立支援」「利用者本位」「社会保険方式」を基本的な枠組みとする社会保障法の１つです。市町村にある窓口が担当となり、要介護認定を受けることで、サービスの利用が可能となります。家族が介護を抱え込まず適切に社会サービスを受けることで、ストレスによる虐待の防止効果も得られることから、本法の存在意義は高いといえます。

要介護認定

　要介護認定とは、介護保険サービスの利用希望者に対して、どのような介護がどの程度必要かを判定することです。市町村の担当者や委託された認定調査員等が利用希望者のもとを訪問し、全国共通の認定調査票に基づいて、①身体機能・起居動作、②生活機能、③認知機能、④精神・行動障害、⑤社会生活への適応等について [聞き取り調査] や動作確認などによる認定調査を行い、主治医の意見書等の必要書類により、介護認定審査会が要介護認定区分の判定を行います。

　認定は介護を必要とする度合いによって、[要支援 1〜2] と [要介護 1〜5] に分かれ、区分によって受けられるサービスの内容や支給限度額が変わります。

サービスの利用

　介護保険のサービスを受けるには、まず月単位の利用計画書である**ケアプラン**を、

利用者が自作するか、介護支援専門員（ケアマネジャー）に依頼し作成する必要があります。また、ケアマネジメントは、［居宅（在宅）］の場合と［施設入所］に大別されます。介護認定の更新認定の有効期限は最大で［36］か月であり、一定の期間安定している場合は、認定審査プロセスの簡素化が可能となります。

● サービスの種類

介護保険のサービスは、要介護認定を受けた者が利用する［介護給付］と、要支援認定を受けた者が利用する［予防給付］があります。

● 指定・監督別サービスの種類を行うサービス

	都道府県・政令市・中核市	市町村
介護給付	居宅介護サービス	地域密着型介護サービス
	施設サービス	居宅介護支援
予防給付	介護予防サービス	地域密着型介護予防サービス 介護予防支援

● アドバンス・ケア・プランニング（ACP）人生会議

人生の最終段階における医療・ケアについて、前もって考え、家族や医療・ケアチーム等と繰り返し話し合い、共有する取り組みのことです。最後まで人間的な尊厳を持って生きるという地域包括ケアシステムの究極の最終目標に通じています。

患者や家族、医師をはじめとする医療従事者が患者にとって最善の医療とケアを作り上げるため、他職種連携と本人の自己決定が基本となります。

人生最終の医療ケアを受ける患者や認知症の方の意思決定支援には、医療ソーシャルワーカーなどの福祉的な支援とともに公認心理師などによる心を支える支援が重要です。

プラス＋1

成年後見制度

成年後見制度とは、判断能力が不十分なため契約等の法律行為を行えない人を後見人等が代理し、必要な契約等を締結したり財産を管理したりして本人の保護を図るものである。

［法定］後見制度：既に判断能力が不十分なときに、申立により家庭裁判所から選任された後見人等が、本人に代わって財産や権利を守り、本人を法的に支援する制度。本人の能力に応じて「後見」「補佐」「補助」の3つの区分が用意されている。
［任意］後見制度：将来、判断能力が不十分となったときに備えるための制度。本人が元気で判断能力のあるうちに、将来自らの判断能力が低下した場合に備えて任意後見人を選び、公正証書で任意後見契約を結ぶ。

認知症に関する支援

104

認知症とは、いったん正常に獲得・成立した脳の知的機能が何らかの後天的、器質的な障害によって慢性的に低下し、日常生活に支障をきたした状態のことをいいます。先天性あるいは発育期に知的障害が生じた場合には、精神発達遅滞として認知症とは区別します。

◎ 認知症

調査によると、認知症は介護が必要となった主な原因の第1位で17.6%を占めているとされています。認知症は、「老化による物忘れ」とは異なり、後天的な脳の障害によって認知機能が低下し、日常生活に支障をきたしている特有の症状や状態のことを指します。健常者と認知症の中間にあたる段階に[軽度認知障害]（MCI：Mild Cognitive Impairment）があります。日常生活に支障はなく、全体的な認知機能は正常ですが、説明できない記憶障害の訴えが本人や家族から認められる場合があります。

● 認知症の症状

認知症の症状は、記憶障害、見当識障害など認知機能障害である[中核症状]と、妄想、うつ状態など精神症状に表れる[行動・心理症状（BPSD）]があり、これらは、認知症の原因疾患、発症からの経過年数などによって大きく異なります。

中核症状	記憶障害、失語・失認、失行など理解・判断力の障害、実行機能障害、見当識障害
行動・心理症状（BPSD）	抑うつ、不眠、徘徊、妄想、幻覚、暴力、せん妄、人格変化、不潔行為等

また認知症は、介護を行う家族への介護負担が大きいことが指摘されており、認知症や介護必要度が高い場合に虐待の対象となる傾向があります。

● 認知症の種類

認知症の種類は、Alzheimer（アルツハイマー）型認知症、血管性認知症、Lewy（レ

ビー）小体型認知症をはじめとして、前頭側頭型認知症や、似た症状を有する正常圧水頭症、ハンチントン病などが挙げられます。

● 認知症の心理検査

心理検査は主に認知機能障害に対して、どのような症状を呈しているのか、その症状はどのくらい重篤なのかについて知るために実施されます。心理検査で得られた結果は、病気の診断やクライエントに対する適切な介護などの支援を考えていくために重要な情報となります。

一般的に認知症の診断は、心理検査をスクリーニング検査とし、その後に症状について詳しくみていくために様々な検査を組み合わせて診断に至ります。

心理検査には、[HDS-R]、[MMSE]、[CDR（Clinical Dementia Rating)]、CDT（時計描画検査）、ADAS（Alzheimer's Disease Assessment Scale)、FAB（Frontal Assessment Battery）などが挙げられます。

● 認知症検査

HDS-R (Hasegawa's Dementia Scale-Revised：改訂長谷川式簡易知能評価スケール)
● 年齢、見当識、単語の即時記銘と遅延再生、計算、数字の逆唱、物品記銘、言語流暢性の9項目からなる30点満点の認知機能検査 ● 20点以下が認知症の疑い ● 所要時間：6〜10分

MMSE (Mini-Mental State Examination：ミニメンタルステート検査)
● 時間の見当識、場所の見当識、単語の即時再生と遅延再生、計算、物品呼称、文章復唱、3段階の口頭命令、書字命令、文章書字、図形模写の計11項目から構成される30点満点の認知機能検査 ● 23点以下が認知症疑いで、27点以下は軽度認知障害（MCI）が疑われる ● 所要時間：6〜10分

CDR (Clinical Dementia Rating：臨床的認知症尺度)
● 認知機能や生活状況などについて、記憶、見当識、判断力・問題解決、社会適応、家庭状況・興味・関心、介護状況の「6」項目について、評価表に基づいて「健康（CDR0)」「認知症疑い（CDR0.5)」「軽度認知症（CDR1)」「中等度認知症（CDR2)」「重度認知症（CDR3)」の5段階で分類 ● 診察上の所見や家族など周囲の人からの情報に基づいて評価する「観察法」 ● 認知症の診断自体に用いるというよりは、各機能の障害の重症度を判定し、その後の生活支援などのプランを立てることに主に活用

プラス+1

統計によると、CDRで軽度認知機能障害（MCI）に相当する「認知症疑い（CDR0.5）」と評価された人の10〜15%は、1年間のうちに認知症に進行するとされる。また、「健康（CDR0）」であっても、必ずしも背景に認知症がないとは言い切れないため、患者の評価がCDR0〜0.5でも経過を追い、状態に応じた支援を行うことが大切。

検査を担当した心理職から、家族および関係者へ助言を行う際には、検査の総合点の増減を伝えるだけでは、実際の介護の場面では活かされません。「短期の記銘力が低下しているため、口頭の指示だけでなく、付き添ったほうがいい」「計算力が低下しているので、脳トレの計算は簡単なものを用いたり、比較的保たれている言語の課題を行ったりしたほうがいい（認知機能のリハビリテーションにおいては、その逆）」など、評価結果を用いた具体的な助言が、求められています。

自分が認知症になることへの不安や受け入れられない気持ちを抱く人は少なくありません。そこには、死への恐怖や、老いることへの不安、自分を無くしてしまうのではないかなど、様々な不安が入り混じっていることがあります。こうした不安を受け止めながら支援を行うことが、認知症の「**診断前後の支援**」として重要です。

認知症の人に対する心理支援

日本における認知症高齢者の数は年々増加し、2025（令和7）年には約700万人、65歳以上の高齢者の約5人に1人に達することが見込まれます。認知症は誰もが関わる可能性がある身近な病気といわれます。厚生労働省では、団塊の世代が75歳以上となる2025年を見据えて、認知症の人の意思が尊重され、できる限り住み慣れた地域で自分らしく暮らし続けられる社会の実現を目指し、認知症施策推進総合戦略（新オレンジプラン）を策定しています。こうした背景をふまえ、認知症の人に対する心理支援についても、高齢者の症状やニーズなどに合わせて効果的に用いることが重要です。

🔵 回想法

　介護保険施設などの高齢者施設において、認知症高齢者の治療や予防法として活用されています。過去の思い出を語る「回想」を通して過去の自分を思い出し、高齢者がこれまでの人生で歩んできた歴史、体験、こだわり、習慣をより深く理解することで、介護職など専門職が、日常のケアの中で回想法を活かしたコミュニケーションや［生活の中での治療］を行うことに意味があり、有効な支援を行うことが期待されます。

　回想法には、大きく２つ、グループを対象にした**グループ回想法**と、１対１で行う**個人回想法**があります。また、家族および夫婦を対象とした回想法も展開されています。

🔵 応用行動分析的アプローチ

　応用行動分析学では、「行動」には「きっかけ」があり、「行動」の後に起こる「結果」によって、その行動が繰り返されたり、その行動を避けたりするようになるといわれています。応用行動分析学の考え方は、BPSD（認知症の行動や心理状態）にも効果があるといわれています。BPSDそのものを抑え込むのではなく、より適応的で、健康的な代替行動にシフトさせることで結果として問題となる行動・症状を減らせるよう働きかけます。

🔵 ライフレビュー

　［ライフレビュー］は、個人が面接形式で実施し、積極的に自身の人生の振り返りを行う技法であり、治療を目的とした人生の評価や洞察を促進させる心理療法とされます。

🔵 認知リハビリテーション

　アメリカリハビリテーション医学会議は、［認知リハビリテーション］を「認知機能の改善を目的として行う体系的な一連の治療技術」と定義しています。治療は、過去に学習した行動パターンの再構築や、障害を受けた神経系を補うための新たな認知パターンの構築、外的補助手段や環境的な支援を利用できるよう新たな神経活動パターンの構築、生活の様々な局面を改善させ、生活の質を改善させるための自己の認知障害への適応を通して行われるとされています。

● 認知症のケアに用いる技法

回想法	Butler, R. によって提唱された。支援者が受容的に過去の思い出を共感しながら聴くことで、自己を再認識したりコミュニケーションを深めたり、不安を軽減したりするような効果が認められる。写真などを用いることもあるが、原則は道具を使わずに実施が可能である

動作法	成瀬悟策によって、1960年代に脳性麻痺児の訓練法として始まり、近年では、脳卒中後遺症や精神病の症状改善、障害者や高齢者への心理療法として効果があると注目されている。身体と心のつながりを意識することで、心身の活性化・健康維持に効果があるとされる
バリデーション	Feil, N. によって提唱された。高齢者に対し尊厳を持ち、高齢者の感情表出に受容的に関わることで、ストレスや不安の軽減や認知症の周辺症状の緩和、生きる希望を取り戻すなどの効果があるとされる
リアリティ・オリエンテーション	見当識障害（今が何月何日で、季節はいつであるのか、ここはどこであるか、など時間や今いる場所等がわからない）を解消するための訓練であり、不安の軽減などに効果があるとされる

認知症高齢者へのケアや被虐待児への心理的なケアは、一朝一夕には改善されません。穏やかで安心して過ごせる環境のもと、時間をかけた生活の中の治療を心がけることが大切です。

ひとこと

認知症の予防と共生

　近年では、認知症の発症を遅らせることや、認知症になっても進行を緩やかにすることの研究も行われています。臓器の機能が低下しても、その低下を補って一定のパフォーマンスを維持することができる能力を**予備能**といいますが、認知症の領域では、脳内に病的な変化を有していても、認知機能低下に抗ういくつかの概念が想定されており、[認知予備能] （cognitive reserve）、脳予備能（brain reserve）、脳の維持（brain maintenance）」などが挙げられます。こうした**認知機能の活性化**を図ることで、認知症を防ぐことも高齢者のウェルビーイングにとって重要です。認知症を発症した場合も、上記のようなケアを行いながら、高齢者自身の意思を尊重して生活できるような支援を考えていくことが大切です。

修道女に関する疫学調査であるナン・スタディ（Nun Study）によると、101歳で亡くなったシスター・メアリーは、101歳になった直後の認知機能テストでは素晴らしい成績をおさめた一方で、死後の脳は高度に萎縮するなどダメージを受けていました。それにもかかわらず、正常な認知機能を保つことができた理由として予備脳の説が挙げられています。

ひとこと

◉ 認知症の関係者に対する心理支援

　認知症の人は、病気やいまの状況への不安・違和感を覚えていることも少なくありません。認知症の初期では、介護保険サービスありきではなく、いまの生活を支える視点とこれからの**認知症の人と家族の生活を支える視点**が大切です。認知症の初期が疑われる場合では、できる限り早期に**専門外来を受診する**ための動機づけとなる方法を家族と一緒に考えていきましょう。

◉ 支援のポイント

　支援を行う際には、専門職が1人で抱えずに他の専門職と協力・分担・相談・情報交換することが前提です。その上で、認知症の人に対しても家族に対しても、受容的・支持的・共感的な理解に努めることが求められます。家族からは専門職に対して、「話を聞いてくれない」「生活の事情を考えてくれない」というような不満が出るともいわれます。専門職は、認知症に関して可能な限り最新の正しい知識を持つとともに、家族が認知症をどのようにとらえているかを知っておくことも重要です。

　家族は認知症の人に対して、できない部分ばかりを見てしまう場合があります。その際には、専門職から認知症という病気に対して正しく理解できるような情報の提供を行います。また、家族の抱える介護負担感に配慮することも必要です。家族は、認知症の人の行動の理解や対応に困難を感じ、将来起こるかもしれない介護上の課題に不安を持つことも少なくありません。**目が離せなくて気が休まらない、生活の仕方に悩む、社会活動への参加の減少、家事の増加、要介護者からの非難や拒絶の辛さ、本人の言うことがわからない**などは介護負担感に直結する問題です。こうした負担感などが**高齢者の虐待**につながることも少なくありません。

　専門職として、家族に理解できる適切な説明や情報提供ができること、家族の意思や状況を的確にアセスメントし受け止めることができること、利用可能なサービスが紹介できること、家族のレスパイト（一時的な休息）に配慮できることなども重要な関わりです。

教育現場において生じる問題

社会のグローバル化や多様化が進む中で、教育現場における子どもを取り巻く環境も、複雑・多様化しています。不登校やいじめ、校内暴力や児童虐待など、教育現場における問題の背景にもこうした社会の変化が大きく関わっているといえます。ここでは、現代の教育現場における問題への理解を深めていきましょう。

◎ いじめ

いじめとは、「児童等に対して、当該児童等が在籍する学校に在籍している等当該児童等と一定の人的関係にある他の児童等が行う心理的又は物理的な影響を与える行為（**インターネットを通じて行われるものを含む。**）であって、当該行為の対象となった児童等が心身の苦痛を感じているもの」と定義されており（いじめ防止対策推進法第2条）、いじめの起こった場所は学校の**内外を問いません**（いじめ防止対策推進法第3条）。

◎ いじめ防止対策推進法

2013（平成25）年に制定された**いじめ防止対策推進法**には、いじめの定義や、相談体制の整備、［いじめ防止対策組織］等について明記されています。その他に、同法の第4条「［児童等］は、いじめを行ってはならない」、第5条から第8条においては国、地方公共団体、学校設置者、学校、教職員のいじめの防止等の対策の責務、第9条には児童等がいじめを行うことがないように［保護者］が指導すること等が明記されています。

プラス+1

いじめ防止対策推進法の今後に向けた課題
いじめ防止対策推進法では、加害側に対する任意の処分は規定されているが、学校や教員への罰則は定められていない。一概に学校や教員だけの問題とはいえないが、いじめが放置されていることも少なくはないため議論が必要と考えられる。また、いじめ調査の実施は義務とされているが、その調査方法は具体的に定められていないため、地域によっていじめの認知数に差が出ている現状がある。

● **いじめ防止対策推進法の概要**

いじめの防止基本方針	地方公共団体は、学校、教育委員会、児童相談所、法務局、警察その他の関係者により構成される［いじめ問題対策連絡協議会］を置くことができる
基本的施策・いじめの防止等に関する措置	● 学校が講ずべき基本的施策として、①道徳教育等の充実、②［早期発見］のための措置、③相談体制の整備、④インターネットを通じて行われるいじめに対する対策の推進を定める ● 学校はいじめの防止等に関する措置を実効的に行うため、複数の教職員、心理、福祉等の専門家、その他の関係者により構成される［組織］を置く
重大事態への対処	重大事態に対処し、また同種の事態の発生の防止に資するため、速やかに、適切な方法により事実関係を明確にするための調査を行うものとする

☸ いじめの重大事態

　いじめの重大事態は、いじめ防止対策推進法第 28 条 1 項に「いじめにより当該学校に在籍する児童等の生命、心身又は財産に重大な被害が生じた疑いがあると認めるとき」（生命心身財産重大事態）や「いじめにより当該学校に在籍する児童等が相当の期間学校を欠席することを余儀なくされている疑いがあると認めるとき」（不登校重大事態）と定義されています。

プラス＋1

　いじめの重大事態への対応

　いじめの重大事態への対応へは、文部科学省「**いじめの重大事態の調査に関するガイドライン**」を参照するとよい。重大事態について、調査方法や調査結果の取り扱いや基本的な姿勢として、次のような内容が記載されている。

● 事実関係が［確定］した段階で重大事態としての対応を開始するのではなく、［疑い］が生じた段階で調査を開始しなければならない
● 被害児童生徒や保護者から、いじめられて重大事態に至ったという申立があったときは、重大事態が発生したものとして報告・調査等に当たること

なお、「生命心身財産重大事態」と「不登校重大事態」という言葉はガイドラインに明記されている。

☸ いじめの現状

　文部科学省「**令和 2 年度 児童生徒の問題行動・不登校等生徒指導上の諸課題に関する調査結果について**」によると、いじめの認知件数は約 51 万件であった（昨年度

は約 61 万件）。認知件数は平成 26 年度以降増加していたが、令和 2 年度は全校種で大幅に減少した。これは新型コロナウイルス感染症により、生活環境や児童生徒への関わり方などが変化したことの影響が考えられる。なお、最も認知件数が多い学年は［小学 2 年生］と昨年同様であった。

● 学年別いじめの認知件数

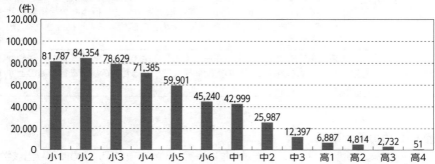

出典：文部科学省「令和 2 年度　児童生徒の問題行動・不登校等生徒指導上の諸課題に関する調査結果について」（2022（令和 3）年 10 月 13 日）をもとに著者作成

🌼 いじめの背景

　いじめの背景には、学校空間で子どもらの間に自然発生する［スクールカースト］（身分制度になぞらえた序列）なども見受けられます。そして、近年トラブルになりやすい［ネットでの誹謗中傷］は、学年が上がるにつれて［増加］傾向にあります。

　いじめの内容は、［冷やかし］や［からかい］、［悪口や脅し文句］等が多く、いじめの発見は［アンケート調査］での発見が最も多く（54.2%）、ついで本人からの訴え（17.8%）、学級担任が発見（10.4%）、当該児童生徒（本人）の保護者からの訴え（10.2%）が続いています。

　いじめられていることを言い出すことに抵抗や葛藤を持つ子どもも少なくはありません。話しやすいような環境や関係性の構築を日ごろから意識することや、教員や保護者などをはじめとした大人が、子どもの様子の変化に敏感であることも重要です。

「児童生徒の問題行動・不登校等生徒指導上の諸課題に関する調査」
文部科学省では、児童生徒の問題行動・不登校等について、今後の生徒指導の施策推進の参考とするため、毎年度標記調査を実施している。暴力行為、いじめ、出席停止、長期欠席、中途退学、自殺などについて、各年度の傾向をおさえておきたい。

◎ 不登校

　文部科学省では、年間に連続・または断続して[30]日以上欠席した者の中で、何らかの心理的、情緒的、身体的、あるいは社会的要因・背景により、児童生徒が登校しない、あるいはしたくてもできない状況にある者（**病気や経済的理由を除く**）を[不登校]としています。

　文部科学省は、不登校は「**どの児童生徒にも起こり得る**」とまとめており（「不登校児童生徒への支援の在り方について（通知）」より）、不登校には様々な背景や反応等があると考えられます。不登校を一律に問題行動ととらえ、単に登校できることを解決とせずに、児童生徒の状況に応じて個別の対応を検討することが求められます。

◉ 不登校の現状

　文部科学省「**令和元年度 児童生徒の問題行動・不登校等生徒指導上の諸課題に関する調査結果について**」によると、小中学校における不登校数は18万人に達し、過去最多を更新しています。学年ごとにみると、[中学3年生]が最も多くなっています。また、小学6年生から中学1年生では、最も増加件数が大きくなっており、これは環境の変化によるものと考えられます。

　不登校の要因として、学校に関わる状況では「いじめを除く[友人関係]をめぐる問題」が、本人に関わる要因は「不安」が多く挙げられていますが、学業不振や貧困問題、ネグレクトなどが背景にある場合も少なくはありません。

◉ 教育機会確保法

　2017（平成29）年には、不登校の子どもに、学校外での多様な学びの場を提供することを目的とした「**義務教育の段階における普通教育に相当する教育の機会の確保等に関する法律**（教育機会確保法）」が施行され、これまで学校復帰を前提としていた不登校対策を転換し、フリースクールなど学校外での学習の機会を確保することを、国や自治体の責務としました。また、2019（令和元）年10月には、文部科学省から「不登校児童生徒への支援の在り方について（通知）」が出され、従来の学校復帰を前提とした支援のあり方が見直されています。

　市町村や都道府県に設置された[適応指導教室（教育支援センター）]でも児童生徒の支援を行っていますが、相談や指導を受けていない児童生徒は約29.6%いるとされます（「令和元年度 児童生徒の問題行動・不登校等生徒指導上の諸課題に関する調査結果について」）。

◉ 子どもの自殺

「令和元年度 児童生徒の問題行動・不登校等生徒指導上の諸課題に関する調査結果について」によると、2019（令和元）年度に小学校から高校までの児童・生徒の自殺者数は 317 人（前年度は 332 人）となっています。1986（昭和 61）年以降で最多となったのは 2018（平成 30）年の 332 人でした。特に、**高校生**が 227 人（前年度は 160 人）と最も多い結果でした。

● 自殺した子どもの置かれていた状況

子どもたちが亡くなる前に置かれていた状況としては、「家庭不和」が 33 人（10.4%）、［父母等の叱責］が 31 人（9.8%）、「進路問題」が 32 人（10.15%）などが挙げられています。しかし、遺書などの書き置きを残さなかったため自殺理由が「不明」の児童・生徒は**最も多く**、188 人（59.3%）でした。

● 自殺総合対策大綱

自殺対策基本法に基づき 2007（平成 19）年に策定された**自殺総合対策大綱**は、2012（平成 24）年より 5 年を目処に改定されています。2017（平成 29）年に閣議決定された大綱では、子どもや若者の自殺対策として、いじめを苦にした子どもの自殺の予防、学生・生徒への支援充実、**SOS の出し方に関する教育の推進**、子どもへの支援の充実、若者の特性に応じた支援の充実などが重点施策として挙げられています。

● 子どもの自殺予防への取り組み

近年では、人目につかない SNS に、自殺願望を投稿する人も少なくありません。都道府県教育委員会等では［ネットパトロール］を強化するなど、危機を未然に防ぐための取り組みも行われています。

プラス+1

学校における自殺予防の取り組み

2014（平成26）年7月に文部科学省より「**子供に伝えたい自殺予防（学校における自殺予防教育導入の手引き）**」が発行されており、学校における自殺予防の取り組みに関する事項がまとめられている。学校における自殺予防の取り組みについては、第2回試験でも出題されており、具体的な取り組みについては一読をしておくことが望ましい。

Column　SNSを用いた相談の拡大

近年 LINE を用いた相談への需要が高まっています。その先駆けとして、長野県で実施された相談事業「ひとりで悩まないで@長野」では、2017（平成29）年9月の2週間の期間に各日17時から21時にかけて長野県内の約12万人の中学生・高校生を対象に悩み相談を実施しました。その結果、LINE 相談には、2週間で1,579件のアクセスがあり、その3分の1に相当する547件の相談に対応がされており、これは同県の前年度1年間の電話相談259件を大きく上回りました。

総務省の統計においても、子どもたちのコミュニケーションは、電話やメールよりも SNS が上回っています。コミュニケーションの手段に応じた相談体制の整備などが求められており、SNS 相談を実施する自治体や団体が増えてきています。

学級崩壊

学級崩壊は、子どもたちが教室内で勝手な行動をして教師の指導に従わず、授業が成立しない等、集団教育という学級機能が成立しない学級の状態が一定期間継続し、学級担任による通常の方法では問題解決ができない状態に立ち至っている状況を指します。

文部科学省「いわゆる「学級崩壊」について〜『学級経営の充実に関する調査研究』（最終報告）の概要〜」では、このような学級機能が成立しない状態について、具体的には次のような状況を挙げています。

● 学級機能が成立していない状態（一部）

- 就学前教育との連携・協力が不足している
- 特別な教育的配慮や支援を必要とする子どもがいる
- 必要な養育を家庭で受けていない子どもがいる
- 授業の内容と方法に不満を持つ子どもがいる
- いじめなどの問題行動への適切な対応が遅れた
- 校長のリーダーシップや校内の連携・協力が確立していない

これらの状況に対応するにあたっては、多様化する個々の児童生徒を理解し、保護者等と連携しながら、学校全体で取り組んでいくことが重要です。

● 学級経営

担任と子どもらとの相互教育作用を通して、学習や学校生活の基盤となる望ましい学級を築きあげていく実践活動を、**学級経営**といいます。その際、子どもたちの学校生活における満足度と意欲、さらに学級集団の状態を調べることができる「**Q-U**」なども活用できます。

プラス+1

構成的グループエンカウンター
集団学習体験を通して、自己発見による行動の変容と人間的な自己成長をねらい、本音と本音の交流や感情交流ができる親密な人間関係づくりを援助するための手法。学習活動で取り扱う課題には、次の6つのねらいが組み込まれている。

①自己理解 ②他者理解 ③自己主張
④自己受容 ⑤信頼体験 ⑥感受性の促進

◎ 非行・暴力

非行は、広い意味では社会的規範を逸脱するような行為のことを指します。具体的には、飲酒、喫煙、恐喝、万引きなどとして顕在化します。

非行の背景には、家庭環境など様々な要因が潜んでいる可能性も少なくありません。非行自体には毅然とした対応を行う一方で、子どもの心情等に寄り添う姿勢も重要です。

暴力行為の現状

文部科学省「**令和元年度 児童生徒の問題行動・不登校等生徒指導上の諸課題に関する調査結果について**」によると、小・中・高等学校における、暴力行為の発生件数は、7万8,787件（前年度7万2,940件）で、児童生徒1,000人あたりの発生件数は6.1件（前年度5.5件）と［増加］傾向にあります。その内訳は、小学校4万3,614件（前年度3万6,536件）、中学校2万8,518件（前年度2万9,320件）、高等学校6,655件（前年度7,084件）です。

● 暴力行為の発生件数内訳

対教師暴力	9,849件（前年度9,134件）
生徒間暴力	5万5,720件（前年度5万1,128件）
対人暴力	1,186件（前年度1,336件）
器物破損	1万2,032件（前年度1万1,342件）

◎ 出席停止

児童生徒の出席停止については、［学校教育法］によって定められています。出席停止制度は、本人の懲戒という観点からではなく、**学校の秩序を維持**し、他の児童生徒の義務教育を受ける権利を保障するという観点から設けられています。

出席停止は、児童生徒本人ではなく［保護者］に対して命じるものとされていて（学校教育法第35条）、出席停止を命ずる場合には、**あらかじめ保護者の意見を聴取する**とともに、**理由、期間を記載した文書を交付**しなければなりません。

［公立小学校］や［中学校］において、学校が最大限の努力をもって指導を行ったにもかかわらず、性行不良であって他の児童生徒の教育の妨げがあると認められる児童生徒があるときは、市町村教育委員会が、その保護者に対して、児童生徒の出席停止を命ずることができると定められています（同法第35条・第49条）。

その他、出席停止制度の運用については、文部科学省通知の「**出席停止制度の適切な運用について**」にまとめられているので、出席停止適用の要件や、どのような対応が重要なのかをおさえておきましょう。

ひとこと

学業不振

　学習面での困難や不安、遅れを抱え、学習上の成果が期待される目標水準に達しないことを**学業不振**といいます。周囲からは「やる気がない」「怠けている」などと認識されることも少なくはありませんが、その背景には［知的障害］（学業遅滞）や［学習障害］、学習環境など、個々の事情や要因等が考えられるため、学業不振の背景にある要因をよく検討することが重要です。

　学業不振は、不登校や非行などの問題につながることもあるため、本人の状況に応じて、家族、友人、学校など環境面のサポートも視野に入れながら、［チーム学校］による包括的支援が重要です。

学習障害（限局性学習症、LD）

　学習障害は、発達障害の１つで、知的な遅れや視覚や聴覚に障害がなく、教育環境が整っており、本人も努力をしているにもかかわらず、読字障害（読みの困難）、書字表出障害（書きの困難）、算数障害（算数、推論の困難）、自分の考えを話すのが苦手、聴くのが苦手等、［特定の分野］で学習の遅れや困難がみられる状態を指します。

　軽度の知的障害や高機能自閉症と間違われることもあるため、個々のアセスメントが重要です。必要に応じて、**特別支援教育**の中で、個別の支援計画を立てていくことも検討します。

アンダーアチーバー

　標準学力調査と偏差知能指数を比較して、後者の数値に比べて示す学力が低いものを**アンダーアチーバー（underachiever）**といいます。例えば、知能指数は高いが、学力が向上しないという状況などが挙げられます。

　アンダーアチーバーが続くことで、自己評価の低下、問題行動、自暴自棄などにつながる場合もあるため、まずは個々の子どもの状況を丁寧に観察することが重要です。

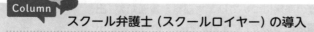

Column

スクール弁護士（スクールロイヤー）の導入

2019（令和元）年９月、学校現場でのいじめや虐待に対して法律の専門家である弁護士が対応できるように、文部科学省は「スクールロイヤー」と呼ばれる専門の弁護士を全国に約300人配置する方針を固めました。各地の教育事務所などに拠点を置き、①法的側面からのいじめの予防教育、②学校における法的相談への対応、③法令に基づく対応の徹底等を行い、いじめの防止、教員の校務の効率化・負担軽減を目指します。

106 教育現場において生じる問題の背景

教育現場において生じる問題の背景には、様々な要因が複雑に絡んでいることも少なくありません。ここでは、特に心理的なメカニズム等について学んでいきましょう。

🔵 動機づけ（motivation）

動機づけとは、欲求となる動機によって行動が引き起こされたり、持続されたりする過程のことを指します。動機づけは、飢えや渇きなどの生理的欲求などの人の内部にある要因から行動を起こそうとする**動因**と、外部からの要因によって行動が引き起こされる**誘因**から成立しています。

内発的動機づけによって得られた知識は、外発的動機づけによって得られた知識より記憶に残りやすいといわれており、内発的動機づけを考慮し学習意欲を高めるような関わりが重要です。

また、内発的に動機づけられた行動に対し、報酬等外発的要因を与えると、内発的動機づけが低下することを［アンダーマイニング効果］といいます。「自分がやる気を持って取り組んでいたことに、お金をもらうなどの報酬が発生するとやる気がなくなる」というものです。逆に、報酬を得ることによって、やる気が上がることを、**エンハンシング効果**といいます。

> ［内発的動機づけ］：自分自身の内的な要因（好奇心や趣味、関心）や条件によって誘発されるもので、「したいからする」など、そこで引き起こされる行動自体が目標となる場合もある
> ［外発的動機づけ］：本人以外の外的な要因（賞や罰、ご褒美など）や条件によって誘発されるもので、行動は手段的な行動となり、他律的または依存的な傾向を強める可能性もある

自己効力感（セルフエフィカシー）

　[Bandura, A.] は、「**ある課題や行動を遂行できる**」と、自分の可能性を認識できることを [自己効力感] と提唱しました。自己効力感は、学習における動機づけや、効果的な学習方法の採択との関連がみられるといわれています。

　内発的動機づけを意識して、[達成感] を得られるような経験を重ねることや、自分以外の他者が達成している様子を見て「あの人にできるなら自分にもできるはずだ」と思う**代理経験**、周囲から励まされる・評価される（**言語的説得**）などによって自己効力感は高められるといいます。

Column

日本の子どもの自己効力感

日本青少年研究所の「中学生・高校生の生活と意識」という国際調査において、日本の中高生は、他の国と比較して、自分の能力に対する信頼や自信に欠けているという結果が示されており、自己効力感を高める教育のあり方を考えていくことが重要です。

学習性無力感

　[Seligman, M.E.P.] は、失敗などの嫌な経験から「**何をしても結果を変えられない**」とやる気を消失し、あきらめて無気力になる状態を**学習性無力感**と呼びました。

イヌを使った学習性無力感の実験

　第 1 段階で、一方のイヌ A には特定の行動をすると電撃を制御できるということを学習させ、もう一方のイヌ B にはどんなことをしても電撃が制御できないことを学習させます。このとき制御可能なイヌ A が電撃を受けるときは、イヌ B も電撃を受け、制御可能なイヌ A が電撃を停止するときは、イヌ B の電撃も解除されます。

　第 2 段階では、両方のイヌに電撃の回避条件づけの訓練を行います。両方のイヌをそれぞれ新しい部屋に入れます。電撃が流れるごとに音が鳴らされ、その音が聞こえたらすぐに壁を飛び越え、分けられた部屋に移れば電撃を受けることはありません。

　この結果、第 1 段階での制御可能な条件にいたイヌ A は、この回避反応をすぐに学習しましたが、イヌ B は、壁を越えようとする様子もなく、しばらくすると無気力状態に陥ります。

つまり、無力感や無気力な状態に陥る際には、こうしたネガティブな状況をどのように認知し、原因を帰属させるかなどの**認知的な要因**の影響も大きいことがわかります。

● イヌを使った学習性無力感の実験

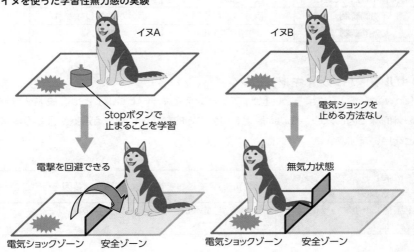

イヌA
Stopボタンで
止まることを学習

電撃を回避できる

電気ショックゾーン　安全ゾーン

イヌB
電気ショックを
止める方法なし

無気力状態

電気ショックゾーン　安全ゾーン

　また、**学習性無力感**は、虐待やいじめなど強いストレスが長期間続くことでも生じ、その結果として、不登校等につながることもあります。

　したがって、学習性無力感の背景として、児童生徒1人ひとりがどのような状況を経て今の状態にあるか等を考えながら、個別性を尊重した包括的な支援が重要となります。

◎ 原因帰属

　出来事や結果の原因が、どこにどの程度あるのかを推測する過程を**帰属過程**といいます。また帰属過程に関する理論は［Heider, F.］が**帰属理論**と提唱したといわれています。

● 原因帰属理論

　［Rotter, J.B.］は、原因を自身の内的要因に求めるか、環境など外的要因に求めるのかを**統制の所在**と呼び、自分の意思や能力によるとみなすことを［**内的統制**］、状況や運などの要因とみなすことを［**外的統制**］と呼びました。また、［Weiner, B.］ら

は原因帰属を、統制の所在と安定性、統制可能性の3つの観点から分類すると考えました。

● テストの点数が悪かったときの原因帰属の考え方

統制の所在 / 安定性	安定	不安定
内的統制	自分の頭が悪い	自分が勉強しなかった
外的統制	問題が難しい	ヤマが外れた

❇ セルフ・ハンディキャッピング

[Edward, E.J.] によると、[セルフ・ハンディキャッピング] とは、失敗を自分以外の外的な要因に求め、成功の原因を自分の内的な要因に求める選択や行動の概念のことをいいます。

[獲得的] セルフ・ハンディキャッピング	試験前にあえて掃除をする等、自ら妨害要因を行うこと
[主張的] セルフ・ハンディキャッピング	「全然勉強してない」とあらかじめ自らのハンディキャップを言い訳しておくこと

❇ その他の帰属理論

Kelley, H.H. の**共変動モデル**は、行動の原因を**共変原理**（原因は、その事象が生じるときに存在し、生じないときには存在しない）で考える理論です。

また **Bem, D.J.** の**自己知覚理論**は、自己知覚が他者知覚と同様のプロセスをもっているという考え方で、他者の行動などから他者の感情や態度を推測するのと同様に、自分の感情を理解する際にも、自分の行動等を手がかりにしているという考え方です。

◎ 社会的学習理論

自分が直接に見聞きした経験（直接経験）ではなく、他人の経験を見聞きした経験（代理経験）を手がかりにしたり、模倣したりすることで学習することを、**社会的学習**といいます。[Bandura, A.] は、学習をする人が、モデルである他者の行動などを観察することによって、その行動を学習することを**観察学習（モデリング）**と呼んでいます。

● 観察学習の流れ

注意過程：モデルの行動に**注意**を向け観察する

↓

保持過程：観察したモデルの行動を**記憶**する

↓

運動再生過程：記憶したモデルの行動を**再生**する

↓

動機づけ過程：再生した行動を**強化**していく

セルフ・モニタリング

セルフ・モニタリングとは、Snyder, M. が提唱した概念で、自分の行動や考え、感情を自分で観察したり、記録したりすることを指します。認知行動療法や行動療法等も取り入れられており、問題や課題への対応として、自分自身の行動を維持したり、変更したりすることが、セルフマネジメントのスキルにもつながります。

適性処遇交互作用

Cronbach, L.J. は、学習者の［適性］（学力、知識、性格、興味、関心等）と［処遇］（指導法、課題、カリキュラム、学習環境等）が相互に影響を与え、学習成績を規定するという関係性を表す概念を［適性処遇交互作用］と提唱しました。

これは、学習者の**適性**の水準の違い（学力の違い等）によって、**処遇**の種類（指導方法など）が成績に与える影響が異なるという考え方で、学習課題の困難さや容易さは考慮しません。

プラス+1

期待による効果

Rosenthal, R. は、教師の期待により学習者の成績が向上することを［ピグマリオン効果］と呼び、一方で、教師が期待しないことによって学習者の成績が下がることは［ゴーレム効果］と呼んだ。しかし、近年では、ピグマリオン効果は再現性に乏しいなど心理学的な因果関係はないという批判も少なくない。

107 教育現場に関する法律や制度

　戦後の荒廃の中で、民主的で文化的な国家を建設して、世界の平和と人類の福祉に貢献しようとする憲法の理想の実現を教育の力に託し、新しい日本の教育の基本を確立するため、当時の文部省により 1947（昭和 22）年 3 月に教育基本法が制定されました。

　ここでは、教育基本法をはじめとした学校教育に関連する法律や制度を学んでいきましょう。

教育基本法

　教育基本法は 1947（昭和 22）年に制定され、2006（平成 18）年に大幅な改正が行われました。教育基本法により日本における教育の理念が定められています。

● 第 1 条　教育の目的

> 教育は、人格の完成を目指し、平和で民主的な国家及び社会の形成者として必要な資質を備えた心身ともに健康な国民の育成を期して行われなければならない。

● 第 2 条　教育の目標

> 1　幅広い知識と教養を身に付け、真理を求める態度を養い、豊かな情操と道徳心を培うとともに、健やかな身体を養うこと。
> 2　個人の価値を尊重して、その能力を伸ばし、創造性を培い、自主及び自律の精神を養うとともに、職業及び生活との関連を重視し、勤労を重んずる態度を養うこと。
> 3　正義と責任、男女の平等、自他の敬愛と協力を重んずるとともに、公共の精神に基づき、主体的に社会の形成に参画し、その発展に寄与する態度を養うこと。
> 4　生命を尊び、自然を大切にし、環境の保全に寄与する態度を養うこと。
> 5　伝統と文化を尊重し、それらをはぐくんできた我が国と郷土を愛するとともに、他国を尊重し、国際社会の平和と発展に寄与する態度を養うこと。

その他、教育機会の均等（第4条）や義務教育（第5条）などが定められており、2006（平成18）年の改正では、教育の目的や目標の明確化、教育の施策に関する基本的な事項（義務教育、学校教育、大学の規定など）が見直されました。

◉◉◉ 学校教育法

　学校教育法は、1947（昭和22）年に制定され、2007（平成19）年と2018（平成30）年に改正が行われました。
　学校教育法は、憲法と教育基本法の理念に基づき、学校教育の制度について、内容と基準を具体的に示した法律です。

● **第1条　学校とは**

> 学校とは、**幼稚園、小学校、中学校、義務教育学校、高等学校、中等教育学校、特別支援学校、大学及び高等専門学校**とする。

　学校教育法では、主に学校の設置、教員の配置、［体罰の禁止］、義務教育を受けさせる［就学義務］、各校種における目標等について定められています。

● **第11条　体罰の禁止**

> 校長及び教員は、**教育上必要があると認めるときは、文部科学大臣**の定めるところにより、児童生徒及び学生に**懲戒を加えることができる**。ただし、**体罰を加えることはできない**。

　学校教育法は2018（平成30）年に改正され、2019（平成31）年4月より施行されています。現在、小学校、中学校、高等学校等においては、教科書として**文部科学大臣**の検定を経たもの、あるいは文部科学省が著作の名義を有するものを使用しなければならないこととなっていますが、今回の法律改正では、「**情報通信技術の進展**等に鑑み、**児童生徒の教育の充実**を図るため必要があると認められる教育課程の一部において、また、障害のある児童生徒等の**学習上の困難**の程度を低減させる必要があると認められるときは、教育課程の全部または一部において、これらの教科用図書に代えてその内容を記録した**電磁的記録**である教材を使用することができることとする等の措置」（文部科学省「学校教育法等の一部を改正する法律の公布について（通知）」より）を検討することとなりました。

◉ 学校保健安全法

学校保健安全法は、1958（昭和33）年に**学校保健法**として制定され、2008（平成20）年に学校保健や学校安全の充実を図り、**学校保健安全法**が公布され、名称が変わりました。その後、2015（平成27）年に改正されました。

学校保健安全法は、「学校における児童生徒等及び職員の健康の保持増進を図る」ことを目的としています（第1条）。

● 学校保健安全法の概要

学校保健	● **保健指導**の充実・明確化 ● 地域の医療関係機関等との**連携** ● 健康診断や環境衛生検査など、**学校保健計画**の策定 ● **保健室の役割**の明確化 　（健康診断、健康相談、保健指導、救急処置等） ● 感染症の予防出席停止
学校安全	● 総合的な「**学校安全計画**」の策定及び実施 ● 学校環境の**安全確保** ● **危険等発生時**対処要領の策定による的確な対応の確保 　（事件や事故、自然災害など） ● 地域の関係機関との連携による**学校安全体制の強化**

プラス+1

学校保健安全法
学校における保健管理と児童生徒等の安全確保のために以下等が定められている。
● 就学時の健康診断は、**市町村の教育委員会**が原則として就学から**4か月前**に実施
● 健康診断の結果は**21日以内**に保護者・学生に通知し、結果は**5年間の保存義務**がある
● **学校医・学校歯科医・学校薬剤師**の設置が定められている

◉ 教育相談

教育委員会が設置する教育相談機関のことを**教育相談室**と呼びます。教育委員会は、各都道府県に教育相談室を設けており、都道府県によっては市町村に設置している場合もあります。教育委員会の設置する教育相談室は、各教育委員会の条例や規則等によって定められており、相談のシステムや相談員の構成等は、各相談室によって

異なります。

　教育委員会は、教育に関する相談（いじめ、不登校など）の対応窓口として［教育相談所］や、不登校児童生徒の集団活動への適応、情緒の安定、基礎学力の補充、基本的生活習慣の改善等のための相談、適応指導を行うための［教育支援センター］（適応指導教室）を設置しています。また、教育機会確保法では、教育支援センターを学校外で教育機会を提供する公的機関に位置づけています。

● 教育支援センターの実態

　文部科学省の「平成29年度教育支援センター（適応指導教室）に関する実態調査」（2019（令和元）年5月13日）によると、約［63］％の自治体で教育支援センターが設置されており、設置していない理由としては「教育支援センターを運営する予算、場所の確保が困難なため」が36.5％と最も多くなっています。都道府県での設置数は約2％であり、市町村による設置が大半を占めています。

　小学校・中学校・高等学校のいずれの校種でも6か月以上の平均在籍期間がある施設が50％を超えており、特に中学校では約73％に達しています。校種別の学校復帰者数は、小学校約42％、中学校約35％、高校約43％です。

　資格を有する職員の約82％が教員免許保持者であり、スクールカウンセラーが設置されている施設は約29％、スクールソーシャルワーカーが設置されている施設は約19％です。多くの施設で学習支援や相談・カウンセリングが提供され、約36％の施設では家庭訪問を実施し、その他に、学校との連携や教育委員会との連携等も行っています。

◉ 特別支援教育

　文部科学省は、［特別支援教育］とは「障害のある幼児児童生徒の自立や社会参加に向けた主体的な取組を支援するという視点に立ち、幼児児童生徒一人一人の教育的ニーズを把握し、その持てる力を高め、生活や学習上の困難を改善または克服するため、適切な指導及び必要な支援を行うもの」と定めています。

　特別支援教育は2007（平成19）年から、学校教育法の中に位置づけられ、第72条で以下のように定められています。

> 特別支援学校は、視覚障害者、聴覚障害者、知的障害者、肢体不自由者又は病弱者（身体虚弱者を含む。以下同じ。）に対して、幼稚園、小学校、中学校又は高等学校に準ずる教育を施すとともに、障害による学習上又は生活上の困難を克服し自立を図るために必要な知識技能を授けることを目的とする。

● 特別支援学級

小学校、中学校、高等学校および中等教育学校には、次のいずれかに該当する児童および生徒のために**特別支援学級**を置くことができると定められています（学校教育法第81条）。

1. 知的障害者
2. 肢体不自由者
3. 身体虚弱者
4. 弱視者
5. 難聴者
6. その他障害のある者で、特別支援学級において、教育を行うことが適当なもの

● 通級

通級による指導は、学校教育法施行規則第140条や第141条に基づき、小・中学校の通常学級に在籍していて、次のいずれかに該当し、当該障害に応じた特別の指導を行う必要がある場合に、各教科等の授業は通常の学級で行いつつ、障害に応じた特別の指導を「通級指導教室」という特別の指導の場で行う特別支援教育の1つの形態をいいます。指導に際しては、対象となる各障害の状況や個人の障害の程度に応じた指導内容を検討することが重要です。

● 通級の対象者

- 言語障害者
- 自閉症者
- 情緒障害者
- 弱視者
- 難聴者
- 学習障害者
- 注意欠陥多動性障害者
- その他障害のある者で、この条の規定により特別の教育課程による教育を行うことが適当なもの

● 特別支援教育に関する校内委員会の設置

各学校においては、**校長**のリーダーシップのもと、全校的な支援体制を確立し、発達障害を含む障害のある幼児児童生徒の実態把握や支援方策の検討等を行うため、校内に特別支援教育に関する委員会を設置することが定められています。委員会は、校長、教頭、学年主任、担任、[特別支援教育コーディネーター]、通級指導教室担当教員、養護教諭などの必要と思われる者で構成します。**特別支援教育コーディネーター**は、障害のある幼児児童生徒の特別支援をするための教育機関や医療機関への連携、保護者に対する窓口などの役割を担う教員のことをいいます。

保護者とも十分に話し合い、必要に応じて医療機関等の外部機関とも連携を行いながら、実態把握や**個別の指導計画**の作成等必要な支援を着実に行うことが重要です。

108 現代における学校

　経済のグローバル化の進展や、産業構造・就業構造の変化、少子・高齢化の進展に伴う労働力人口の減少など、経済・社会の構造が大きく変化する中、教育のあり方にも多様化が求められています。ここでは、現代の教育現場への理解を深めていきましょう。

◎ 学習指導要領

　学習指導要領は、全国のどの地域で教育を受けても、**一定の水準**の教育を受けられるようにするため、小学校、中学校、高等学校、特別支援学校などの各学校が各教科で教える内容を、学校教育法施行規則の規定を根拠に定めたものです。

　2020（令和2）年度から始まった新しい学習指導要領では、子どもたちの［生きる力］を育み、社会の変化を見すえ新たな学びへと進化を目指すことが目標とされています。

　そのためにも、学校教育の効果を検証し教師が複数の教科や地域と連携を図りながらよりよい学校教育を目指す［カリキュラム・マネジメント］が重要となります。

● 新しい学習指導要領の取り組み

- **主体的・対話的な深い学びの実現**を目指した［アクティブ・ラーニング］
- 英語教育、理数教育の強化
- ［道徳］の教科化
- ［ICT（Information Communication Technology）］の活用やプログラミング教育
- 防災安全やキャリア教育
- 特別支援教育の推進等

◎ 学習方略（learning strategy）

　学習の効果を高めることを目指して、意図的に行う心的操作、あるいは活動を**学習方略**といいます。学習方略は、認知心理学の影響を受けており、Weinstein & Mayer によると、具体的な方法として**リハーサル**、**精緻化**、**体制化**、**理解監視**、**情緒的**の5つのカテゴリーに分けることができます。

学習到達度調査

学習到達度調査 (PISA：Programme for International Student Assessment) とは、経済協力開発機構（OECD）による国際的な生徒の学習到達度調査であり、2000 年から 3 年ごとに実施されていて、日本では 15 歳（主に高校 1 年生）を対象としています。

PISA は、[読解力]、[数学的リテラシー]、[科学的リテラシー] の 3 分野で構成されていて、2018 年の日本の順位は、読解力が 15 位（前回 8 位）、数学的リテラシーは 6 位（前回 5 位）、科学的リテラシーが 5 位（前回 2 位）であり、学習指導要領の改定の際に参考にされています。

学習指導方法

教育現場においては、様々な学習指導方法に関する理論があります。代表的なものをいくつか見ていきましょう。

プログラム学習

一斉授業のもとでは、学級の多くの児童生徒は、教師の講義を真に理解していない場合も少なくなく、近年では 1 人ひとりの児童生徒に学習を成立させることを目標にプログラム学習を取り入れています。

プログラム学習は、[Skinner, B.F.] が提唱した学習指導方法で、オペラント条件づけの原理を応用した教育方法です。学習の到達目標までのステップを段階的に設定し、児童生徒の反応に対して即座にフィードバックを行いながら、1 人ひとりに適したペースで指導を行っていく、というもので、[即時確認の原理] によって結果を知ることが、学習効果を高めるといわれています。

問題解決学習

[Dewey, J.] は、経験活動を重視しており、日常生活の中で遭遇する問題に対して、子どもたちが興味や関心を持って課題に取り組み、思考力や想像力、問題解決能力が身につけられる学習の仕方を**問題解決学習**と呼びました。

発見学習

発見学習は、[Bruner, J.S.] が提唱しました。教師による一方的な知識や技能の教え込みをするのではなく、児童生徒が結論を導くまでの過程に参加し探求していくことで、学問の構造として新しい知識体系や概念を習得し、結論を見出し、問題解決方法などを発見し、学んでいくという学習方法です。

● 完全習得学習

完全習得学習は、Bloom, B.S. が提唱した理論です。全ての子どもが教育内容を完全に習得することができるという前提で、教育目標を明確に設定し、段階的に分類して学習過程を細かく評価（**形成的評価**）します。その評価に応じた指導を個別に行うことで、完全な習得を目指すことができるという学習方法です。

プラス+1

その他の学習指導方法
Ausubel, D.P. の**有意味受容学習**（講義形式の授業が効果的に実施された際には、学習者の認知構造において学習した内容が選択的に関連づけられる、いわば能動的な過程である）等があります。それぞれの提唱者や指導方法の違いをおさえておきましょう。

◉ 教育評価

教員の指導の効果や、児童生徒の学習の成果を評価し、今後の指導に生かすことを通して、児童生徒が授業の内容の理解をしていくために、教育現場では様々な評価活動を行っており、あらかじめ定められた評価基準に則って評価をする**絶対評価（到達度評価）**や、子どもの属する集団の成績水準に基づいた**相対評価、適性処遇交互作用**を用いた評価等があります。

● 評価の段階

評価を学習指導のどの段階で行うかによって、［診断的評価］、［形成的評価］、［総括的評価］の３つの評価があります。

診断的評価	教育活動が始まる前に、学力等を図る評価を指す
形成的評価	● **教育活動途上**における所期の目標達成状況や計画・活動の修正の必要性を把握するための評価のことを指す ● この評価は、単に個人の学力の評価ではなく、教育活動の「目標」や「内容」「方法」の適否などを把握するために行う
総括的評価	教育活動が終了した時点で、どの程度学力が形成されたかを把握する評価を指す

教育場面における評価

ルーブリック	子どもの学習到達状況を評価するために用いられる評価基準
ポートフォリオ	テストの点数や偏差値などでは評価しきれない能力を正確に評価する方法で、児童・生徒が作成した作文、レポート、作品、テスト、活動の様子がわかる写真などをファイルに入れて保存する方法
ドキュメンテーション	児童生徒の毎日の活動を写真や文書で記録していく方法

生徒指導

　日本における学校教育は、**教育課程**と**生徒指導**の相補性によって実施されています。

　生徒指導においては、全ての児童生徒1人ひとりの人格を尊重し個性の伸長を図りながら社会的資質や行動力を高めることを目指して行われるものであり、時代の変化にも対応しながら、学校段階に応じた生徒指導を進めていくことが求められます。

　学習指導要領にも、生徒指導に関する規定が置かれており、生徒指導の課題などが示されています。生徒指導を含めた［教師─生徒の関係］は、一方的な上下関係ではなく、個々を尊重し、ときには寄り添うような関わりが求められます。そのためにも、担当教員が1人で抱え込むのではなく、1人ひとりの児童生徒に対して様々な視点から包括的に関われるような［**チーム学校**］としての取り組みが重要となってきます。

生徒指導提要

　生徒指導提要とは、生徒指導の実践に際し、教員間や学校間で教職員の共通理解を図り、組織的・体系的な生徒指導の取り組みを進めることができるよう、生徒指導に関する学校・教職員向けの基本書として、小学校段階から高等学校段階までの生徒指導の理論・考え方や実際の指導方法等を、時代の変化に即して網羅的にまとめたものです。

　生徒指導提要の第5章では、問題行動に対する指導や、学校・学級の集団全体の安全を守るために管理や指導を行う部分は「**生徒指導**」、指導を受けたことを自分の課題として受けとめ、問題がどこにあり今後どのように行動すべきかを主体的に考えさせ、行動につなげるようにするには「**教育相談**」が重要な役割を示しており、「生徒指導の一環」として教育相談を位置づけています。

🔵 生徒指導主事

校長の監督を受け、生徒指導に関する事項をつかさどり、連絡調整および指導、助言にあたる職を**生徒指導主事**といいます。

生徒指導主事は、義務教育学校、中学校、高等学校、中等教育学校、特別支援学校の中学部・高等部に原則として置くものとされています（小学校には配置の規定はない）。

🔵 教員のメンタルヘルス

近年教育現場における様々な課題に対する対応を求められ、精神疾患による教員の病気休職者数は増加傾向にあります。文部科学省「令和元年度**公立学校教職員の人事行政状況調査について**」（2020（令和2）年12月22日）によると、5,478人（0.59%）が精神疾患によって病気休職をしており、2007（平成19）年度以降5,000人前後で推移しています。

🔵 教育職員の精神疾患による病気休職者数の推移（平成21年度〜令和元年度）

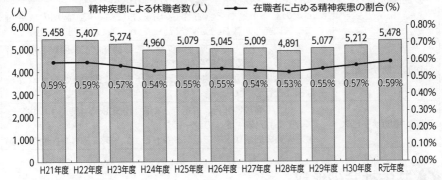

出典：文部科学省「令和元年度公立学校教職員の人事行政状況調査について」（2020（令和2）
　　　年12月22日）

休職者の割合としては、学校の種類は[小・中学校]や[特別支援学校]が高い割合を占めています。その背景には、業務量の増加や複雑化等による[残業時間]の増加や、[職場環境]、[人間関係]などが挙げられており、組織的な対応が求められます。

また、[バーンアウト（燃え尽き）]や[感情労働]等によるストレスを抱える教員も少なくはないため、同僚からのサポートが得やすいようチーム学校としての体制を整え、包括的に業務を行っていくことが重要です。

学校現場における支援

これまでに学んできたように、社会の変化に伴って、現代の学校現場では問題のあり方も多様化・複雑化している現状があります。こうした中で、心理支援を含めてどのような支援が学校現場では行われているかを学んでいきましょう。

心理教育的援助サービス

教育現場には、以下の3種類のサービスがあるとされます。

一次的援助サービス	● [全ての] 児童生徒を対象に行う予防的なサービス ● 学校不適応を予測して課題に取り組む上で必要なスキル (SST、ストレスマネジメント、自殺予防など) の提供を行う ● 障害のある子どもを含む全ての子どもに対して、個別の教育的ニーズにあった教育的支援を行うことが望ましい
二次的援助サービス	● 登校のしぶり、意欲の低下、クラスでの孤立など、困難を抱え始めている [一部の] 児童生徒へのサービス ● 多くの援助者の目から生徒児童の様子に早く気づき、タイムリーな援助を行う
三次的援助サービス	● いじめ、不登校、非行、虐待など問題状況にある [特別な援助ニーズのある] 児童生徒へのサービス ● 生徒児童の問題状況をアセスメントし、ニーズに応じた援助を行う

共生社会の形成

文部科学省中央教育審議会初等中等教育分科会の報告書によると、「共生社会」とは次のように明記されています。

> 共生社会とは、「これまで必ずしも十分に社会参加できるような環境になかった障害者等が、積極的に参加・貢献していくことができる社会である。それは、誰もが相互に人格と個性を尊重し支え合い、人々の多様な在り方を相互に認め合える全員参加型の社会である。このような社会を目指すことは、我が国において最も積極的に取り組むべき重要な課題である。」

出典：文部科学省「共生社会の形成に向けたインクルーシブ教育システム構築のための特別支援教育の推進」

● インクルーシブ教育

　共生社会の形成に向けて、障害者の権利に関する条約に基づくインクルーシブ教育システムの理念が重要であり、その構築のため、特別支援教育を着実に進めていく必要があると考えられます。

　障害者の権利に関する条約第24条によると、**インクルーシブ教育システム** (inclusive education system) の目的は、人間の多様性の尊重等の強化、障害者が精神的、身体的な能力等を可能な最大限度まで発達させ、自由な社会に効果的に参加することを可能とするというものです。この目的のもとに、障害のある者と障害のない者がともに学ぶ仕組みを作り、障害のある者が**教育制度一般** (general education system) から排除されないこと、自己の生活する地域において初等中等教育の機会が与えられること、個人に必要な「合理的配慮」が提供されること等が必要とされています。

 プラス＋1

具体的なインクルーシブ教育の取り組み
基本的な環境の整備や**合理的配慮**として次のようなことが挙げられる。
- 車いすで移動がしやすいように、校内の段差を減らしたり、スロープやエレベーターを設置したりする
- 「廊下は走らない」「チャイムが鳴る1分前に着席」などルールを明確にする
- 教員が指示を出すときに、口頭だけではなく、文字や絵でも視覚的に伝える

● 学校における4種類のヘルパー

　学校心理学では、教育現場において、子どもたちには以下の4種類のヘルパーが必要とされています。

ボランティア的ヘルパー	● 友人や地域住民等による援助者 ● 職業上や家庭としての役割は関係ない
役割的ヘルパー	保護者や家庭など役割として援助を行う者
複合的ヘルパー	教師など職業上の役割に関連させながら総合的な援助を行う者
専門的ヘルパー	生徒指導、養護教諭、スクールカウンセラーなど専門職として援助を行う者

スクールカウンセラー（スクールカウンセリング）

　スクールカウンセラーは、教育現場において、児童生徒、保護者、教員等に心理支援や助言・指導を行う者です。1995（平成7）年にいじめや不登校などの対策として、制度が開始されました。スクールカウンセラー等活用事業実施要領によると、実施の主体は［都道府県］、［指定都市］とされています。

　文部科学省「スクールカウンセラー等配置箇所数、予算額の推移」によると、2019年度のスクールカウンセラー等活用事業について、都道府県や政令指定都市に対する補助金は［補助率3分の1］となっています。また、スクールカウンセラーの配置方式は、次の4種類があります。

> ①単独校方式　②拠点校方式（小中連携）　③拠点校方式（小小連携）
> ④巡回方式

　児童生徒との1対1の面接や、保護者との1対1の面接だけではなく、児童生徒と保護者の同席面接や、担任とスクールカウンセラーと保護者での面接等のような1対多数の面接を行うことや、担任とスクールカウンセラーと養護教諭が児童生徒とその保護者と面接をするなど、多数対多数の面接を行う場合もあります。

スクールカウンセラーの業務

　文部科学省では、スクールカウンセラーの役割について次のように掲げています。

● スクールカウンセラーの役割

> ① 児童生徒に対する相談・助言
> ② 保護者や教職員に対する相談（カウンセリング、コンサルテーション）
> ③ 校内会議等への参加
> ④ 教職員や児童生徒への研修や講話
> ⑤ 相談者への心理的な見立てや対応
> ⑥ ストレスチェックやストレスマネジメント等の予防的対応
> ⑦ 事件・事故等の緊急対応における被害児童生徒の心のケア

スクールカウンセラーに求められるコンサルテーション

　［コンサルテーション］は、あるケースについて、その見方、取り扱い方、関わり方などを検討し、的確なコメント、アドバイスなどを行うものです。

　カウンセリングよりも指示的な意味合いが強く、したがって対象に対する何らかの見方、意見、コメント等を、コンサルタントであるカウンセラーが提示しなければな

りません。コンサルテーションとカウンセリングを混同して、コンサルテーションの場面でただ受容的な傾聴に徹するとしたら、教職員から「なんのアドバイスももらえない」という不満が出てくることもあるので、必要に応じた使い分けが必要です。

具体的なコンサルテーションとして、次のような例が考えられます。

● **具体的なコンサルテーション**

- 不登校をどう理解するか、およびそれへの対応の仕方、フリースクールの意味、必要性、是非等
- その他の問題行動や症状の理解の仕方、およびそれへの対応の仕方
- 生徒指導上の問題に関する心理学的観点からの助言
- 発達上の課題に対する理解の仕方、およびそれへの対応の仕方
- 学級、学年、学校が崩壊状態になっている場合のその事態の理解の仕方、対処の仕方
- 虐待の理解の仕方、被虐待児への対処の仕方
- 災害、事件、事故等への危機対応、心のケアの行い方、PTSD の理解の仕方
- 教職員のメンタルヘルスに関する管理職の相談

● その他に求められること

面接以外には、校内や地域との [ケースカンファレンス] や、教員や児童生徒、保護者向けの [研修] や [講話]、[ストレス状況の調査]、全員面接、危機対応等、各対象や予防段階に応じた対応が幅広く求められます。

児童生徒の [アセスメント] を行う際には、知能検査などだけではなく、児童生徒の面談の様子、学校や家庭での様子、人間関係、学習状況などの情報を関係者から幅広く収集したり、授業時の [行動観察] 等を行ったりしながら、多角的な視点で見立てを行います。

相談内容は厳しく守秘されることが原則ですが、学校や児童生徒を危機に導く危険性のある相談内容については、危機の発生を防ぐために、必要に応じた関係者に状況を報告しなければならない（集団守秘義務）とされます。

● スクールソーシャルワーカー (SSW: school social worker)

文部科学省の「**スクールソーシャルワーカー活用事業**」によると、スクールソーシャルワークとは「問題を抱えた児童生徒に対し、当該児童生徒が置かれた環境へ働きかけたり、関係機関等とのネットワークを活用したりするなど、多様な支援方法を用いて、課題解決への対応を図っていくこと」を指すといわれています。

子どもたちが抱えるいじめや不登校、虐待、貧困、学校生活や日常生活における問

題に直面する子どもを支援するために、子ども本人だけでなく、家族や友人、学校、地域など周囲の環境に働きかけて、問題解決を図っていきます。

具体的には、児童生徒が置かれた［環境への働きかけ］や、関係機関等との［ネットワーク］の構築や連携、［チーム支援体制構築］の支援、［研修活動］等を行います。

◉ 学生相談

日本学生相談学会が発行する「学生相談機関ガイドライン」によると、大学などの高等教育機関においては、**学生相談の役割**として、①個別の心理的援助、②発達促進的、予防教育的役割、③教育環境整備への貢献、④危機管理活動への貢献を挙げています。また、学生生活には発達段階があるとされ、学生生活サイクルは、**入学期**、**中間期**、**卒業期**、そして**大学院期**の4つの段階から成り立つとされ、それぞれの時期に特有の心理的課題に応じた悩みが見受けられます。

個々の学生のカウンセリングや、教職員、保護者へのガイダンス、コンサルテーションをはじめとし、それらで構成されるコミュニティへの支援や広報活動や調査・研究など幅広い活動が求められます。

◉ 学校危機支援・危機管理

学校における児童生徒等の安全については、過去に発生した事故や事件、自然災害などをふまえて様々な取り組みが行われています。学校における危険とは、体育や運動部活動での事故などの「**日常的な学校管理下における事故等**」や不法侵入等の「**犯罪被害**」、登下校中の「**交通事故**」、地震や津波などの「**災害**」、学校への「**犯罪予告**」「**死亡事故**」などがあります。

事前・発生時・事後の三段階の危機管理を想定して、危機管理マニュアルを作成して役割を整理し、安全管理と安全教育の両面から取り組みを行うことが重要です。また、家庭や地域、関係機関と連携して児童生徒等の安全を確保する体制を協働して整備することが求められます。危機発生後には急性ストレス障害（ASD）などにつながることもあるので、このような事故に遭遇したときに、悲しみや怒りが出てくることは正常で、時間とともに回復していくことを伝えて［安心させる］などの「心のケア」を実施することが大切です。

◉ チーム学校

新しい時代に求められる資質・能力を育む教育課程を実現するための体制や、子どもと向き合う時間確保等の体制の整備の必要性が高まる中で、いじめや不登校、特別

支援教育、貧困など、学校の抱える課題は**複雑化・多様化**しています。

　こうした中で、学校や教員だけでは十分に解決することができない問題が増え、教員1人ひとりに求められる役割や業務の負担は増加し、教員のメンタルヘルス不調にもつながっているなどの課題があります。

　そこで、2015（平成27）年の中央教育審議会の「**チームとしての学校の在り方と今後の改善方策について（答申）**」で、校長、教員は、スクールカウンセラーやスクールソーシャルワーカーなど多様な専門性を持つ職員や、家族、地域社会、医療などの外部機関とともに、[連携]・[協働]し、「**チームとしての学校**」の体制を整備していくことで、自らの専門性を発揮し、課題解決に求められる専門性や経験を補い、教育活動を充実させていくことが期待されています。

● **チーム学校のイメージ**

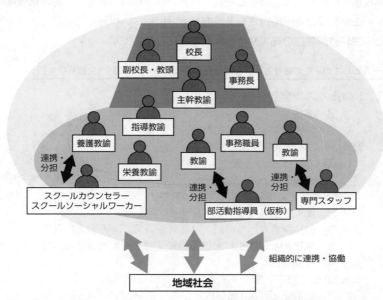

出典：文部科学省「チームとしての学校の在り方と今後の改善方策について（答申）」

チーム学校を実現するための具体的な改善方法

　「**チームとしての学校の在り方と今後の改善方策について（答申）**」では、「**チームとしての学校**」を実現するための具体的な方法として、①専門性に基づくチーム体制の構築、②学校の[マネジメント機能の強化]、③教員一人ひとりが[力を発揮できる環境の整備]の3点が挙げられています。

①専門性に基づくチーム体制の構築

　教育の専門性を有する教職員に加え、地域とも連携しながら、多様な職種の専門性を有するスタッフを学校に置き、校長のリーダーシップのもと、それらの教職員や専門スタッフが自らの専門性を十分に発揮し、「チームとしての学校」の総合力、教育力を最大化できるような体制を構築することが重要です。

②学校のマネジメント機能の強化

　学校が家庭、地域とも連携・協働しながら、1つのチームとして機能するように、学校のリーダーシップ機能や学校の企画・調整機能、事務体制を強化するとともに、学校に関わる全ての職員がチームの一員であるという意識を共有していくことが重要です。

　そのためには、校長がリーダーシップを発揮し、学校の教育力を向上させていくため、副校長の配置や教頭の複数配置等、校長の補佐体制を強化する等の**管理職の適材確保**や、主幹教諭が本来期待される役割を十分に担い、校長、副校長、教頭を補佐するための**主幹教諭制度の充実や事務体制の強化**が必要です。

● 「チームとしての学校の在り方と今後の改善方策について（答申）」（文部科学省）

> 1. 教職員の指導体制の充実
> 　　　ア　教員　　イ　指導教諭　　ウ　養護教諭
> 　　　エ　栄養教諭・学校栄養職員
> 2. 教員以外の専門スタッフの参画
> 　　1）心理や福祉に関する専門スタッフ
> 　　　ア　スクールカウンセラー　　　イ　スクールソーシャルワーカー
> 　　2）授業等において教員を支援する専門能力スタッフ
> 　　　ア　ICT支援員　　イ　学校司書
> 　　　ウ　英語指導を行う外部人材と外国語指導助手（ALT）等
> 　　　エ　補習など、学校における教育活動を充実させるためのサポートスタッフ
> 　　3）部活動に関する専門スタッフ
> 　　　ア　部活動指導員（仮称）
> 　　4）特別支援教育に関する専門スタッフ
> 　　　ア　医療的ケアを行う看護師等　　　イ　特別支援教育支援員
> 　　　ウ　言語聴覚士（ST）、作業療法士（OT）、理学療法士（PT）等の外部専門家
> 　　　エ　就職支援コーディネーター
> 3. 地域との連携体制の整備
> 　　　ア　地域連携を担当する教職員

③教員1人ひとりが力を発揮できる環境の整備

「チームとしての学校」において、教職員1人ひとりが力を発揮できるように、**人材育成の推進、業務環境の改善、教育委員会等による学校への支援の充実**の取り組みを進めることが重要であるといわれています。

◉ 保護者との連携・支援

児童生徒の支援を行っていくにあたって、家庭と学校がそれぞれの役割を果たし、相互連携を行うことは重要です。児童生徒の問題の背景には、[保護者] の要因が絡んでいる場合もありますが、保護者を責め立てたり指導しようとしたりするのではなく、まずは保護者自身の気持ちなどを [共感的] に受けとめ、信頼関係を築くことが重要です。

◉ 関係外部機関との連携

いじめや不登校等の問題支援には、[サポートチーム] の編成など、学校と関係する外部の機関との連携も重要になります。

具体的に想定される関係機関としては、家庭、地域社会、PTA、警察、医療機関、児童相談所、法務局、福祉サービス、問題に応じた各種相談窓口や民間団体などが挙げられます。

また、学校と地域住民等が力をあわせて学校の運営に取り組む「地域とともにある学校づくり」への転換を図るための仕組みとして、[コミュニティ・スクール(学校運営協議会制度)] が挙げられます。さらに、2017(平成29)年には、教育委員会に対して [学校運営協議会] の設置が**努力義務**化されており、協議会は、学校運営について教育委員会や校長に意見を述べたり、教職員の任用に関して教育委員会に意見を述べたりすることが可能です。

このように学校だけが児童生徒の教育を担うのではなく、家庭や地域を含めて包括的に子どもを支援していこうということが、これからの学校現場の支援においては重要な姿勢として求められてきます。

◉ キャリア教育と進路指導

[進路指導] とは、一般的に学習指導要領において中学校及び高等学校に限定された教育活動のことを指します。しかし、近年の社会構造の変化等により、就学前段階から初等中等教育・高等教育を通して行われる [キャリア教育] の重要性が高まっています。

キャリア教育とは、「一人一人の**社会的・職業的自立**に向け、必要な基盤となる能

力や態度を育てることを通して、キャリア発達を促す教育」のことを指し（中央教育審議会答申「今後の学校におけるキャリア教育・職業教育の在り方について」）、学校教育において、子どもの発達段階等に応じて行う重要な課題とされています。自身のこれからの希望や適性、能力などを子どもら一人ひとりが把握し、職業選択を含めた人生設計を明確にするための**キャリアガイダンス**を行うことが求められています。その際には、学年に応じたキャリア教育を行うことが大切です。

● **学年に応じたキャリア教育**

- **低学年**：自分のことは自分で行うようになる
- **中学年**：計画作りの重要性に気づき作業の手順がわかる
- **高学年**：将来の夢や希望を持ち、実現を目指して努力する

プラス+1

教員の働き方改革

働き方改革が進められる中で、教員の働き方についても議論がされるようになった。2017（平成29）年中央教育審議会に「学校における働き方改革特別部会」が設置され、同年12月にはガイドラインとして「学校における働き方改革に関する緊急対策」が出された。内容としては、「業務の役割分担・適正化を進めるための取組」「学校が作成する計画等・組織運営に関する見直し」「勤務時間に関する意識改革と時間外勤務の抑制のための必要な措置」「学校における働き方改革の実現に向けた環境整備」などが挙げられている。

MEMO

110 少年非行と少年司法制度

[犯罪] とは一般的に「構成要件に該当し、違法かつ有責な行為」を指します。ここでは少年が問題行動を起こす [少年非行] と少年司法制度に関する諸問題について整理していきます。

◉ 非行少年

非行少年の司法手続きの根拠となるのは [少年法] で、刑罰でなく**保護主義**が基本となっています。**非行少年**は、[犯罪少年]、[触法少年]、[虞犯少年] に分類され、特に [14] 歳が分かれ目となります。虞犯少年は、「虞（おそ）れ」という由来で命名されています。

● 非行少年の種別

種別	定義
犯罪少年	14歳以上20歳未満で罪を犯した少年
触法少年	14歳未満で刑罰法令に触れる行為をした少年
虞犯少年	20歳未満で将来罪を犯すおそれのある少年

 用語解説 **少年法**

少年法は1949（昭和24）年に施行された非行少年の基本的な取り扱いを定めた法律である。法第1条には「この法律は、少年の健全な育成を期し、非行のある少年に対して性格の矯正及び環境の調整に関する保護処分を行うとともに、少年の刑事事件について特別の措置を講ずることを目的とする」とある。

◉ 少年事件の司法手続き

少年事件の司法手続きでは、基本的にいずれかの段階ですべての少年が家庭裁判所に送られる [全件送致主義] をとっています。触法少年と14歳未満の虞犯少年は家庭裁判所より先に児童相談所に送られ、14歳以上の虞犯少年は直接、家庭裁判所に

送られます。犯罪少年は検察庁を経るか直接、家庭裁判所に送られます。犯罪少年のうち刑事処分相当と認められる場合は検察庁への［逆送］となります。［14歳未満］の少年は刑事責任を問われません。故意に被害者を死亡させた事件で16歳以上の少年は原則検察庁に送致されます。

● 少年事件の司法手続きの流れ

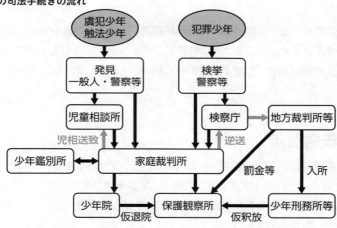

家庭裁判所と調査官

家庭裁判所とは、家事事件と少年事件を扱う施設のことをいい、［家庭裁判所調査官］は、家庭裁判所で取り扱う家事事件や少年事件などについて調査を行うのが主な仕事です。

家事事件では、紛争当事者や紛争の最中にいる子どもに面接をし、問題の原因や背景を調査し、必要に応じ社会福祉や医療などの関係機関との連携・調整を行い、当事者や子どもに最もよい解決法を検討して裁判官に報告します。悩みごとを抱える当事者にはカウンセリングを行うこともあります。

刑事事件では、非行少年や保護者に事情を聴き、動機、原因、生育歴、性格、生活環境等を調査し、必要に応じ心理テストを実施し、少年鑑別所等の関係機関と連携しつつ、少年の更生への施策を検討して裁判官に報告します。

家庭裁判所調査官になるには、家庭裁判所調査官補として採用後、約2年間の研修を受ける必要があります。

111 非行少年を処遇する施設

非行少年を処遇する施設には、少年鑑別所、少年院、保護観察所、児童自立支援施設があります。ここでは順に各施設のポイントを紹介していきます。それぞれの施設の根拠法について用語説明で述べていますので、おさえておきましょう。

◎ 少年鑑別所

少年鑑別所には、3つの役割――①家庭裁判所の求めに応じ、非行少年の資質の［鑑別］を行うこと、②［観護措置］が執られて少年鑑別所に収容される非行少年に、健全な育成のための支援を含む観護処遇を行うこと、③地域社会における非行および犯罪の防止に関する援助を行うことがあり、［法務技官］と［法務教官］が指導・援助を行います。

鑑別とは鑑別面接や心理検査を実施することで、医学や心理学など専門的知識や技術に基づき、鑑別対象者について、その非行等に影響した資質上、また環境上問題となる事情を明らかにし、その事情改善に寄与するための適切な処置を示すことです。また、観護処遇は、在所中の処遇全般を指します。

 少年鑑別所法

2015（平成27）年に施行された**少年鑑別所法**には、少年鑑別所の管理運営、鑑別対象者の鑑別、適切な観護処遇、並びに非行および犯罪の防止に関する援助について明記されている。

◎ 少年院

少年院は、家庭裁判所から**保護処分**として送致された少年に対して、矯正教育、社会復帰支援などを行う法務省所管の施設です。少年院の矯正教育は、①生活指導、②

職業指導、③教科指導、④体育指導、⑤特別活動指導の5つで構成されます。

　少年院の種別は、第1種少年院から第4種少年院まであり、[対象年齢]、保護処分の執行を受けるかどうか、[心身に著しい障害]があるかどうか、[犯罪傾向]が進んでいるかどうかという観点から区別して収容されています。第4種少年院は、刑の執行前の少年が収容される施設です。また、少年院は[施設内処遇]となります。

　生活指導には特定生活指導があり、被害者の視点を取り入れた教育、薬物非行防止指導、性非行防止指導、暴力防止指導、家族関係指導、交友関係指導の6種類を在院者個々の事情に応じて指導します。

　少年院の社会復帰支援は、①適切な住居その他の宿泊場所を得ること、当該宿泊場所に帰住することを助けること、②医療および療養を受けることを助けること、③修学または就業を助けること、とされます。

● 少年院の種別

種別	対象年齢	保護処分	著しい障害	犯罪傾向
第1種	12〜23歳	○	×	低
第2種	16〜23歳	○	×	高
第3種	12〜26歳	○	○	低
第4種	少年院で刑の執行を受ける者			

※ 2015（平成27）年改正少年院法に基づく

 用語解説　少年院法

少年院法は、2014（平成26）年に全面的に改正され、2015（平成27）年に施行された。ポイントは少年鑑別所について独立した法律を制定し、再非行防止に向けた取り組みの充実（矯正教育等）、適切な処遇の実施、社会に開かれた施設運営の推進である。

🔵 保護観察所

　保護観察所では、[保護観察官]と[保護司]が、罪を犯した人や非行少年に対し、社会の中で指導や支援を行います。[施設内処遇]に対して、[社会内処遇]といいます。

　保護観察制度とは、犯罪をした人または非行のある少年が、社会の中で更生するように、保護観察官や保護司による指導と支援を行うものをいいます。1年に保護観察を受けるのは85,000人ほどです。

● 保護観察の対象者

	種別	内容	保護観察期間	人数
少年	保護観察処分少年	非行により家庭裁判所から保護観察の処分を受けた少年	20歳までまたは2年間	約4万1,000人
	少年院仮退院者	非行により家庭裁判所から少年院送致の処分を受け、その少年院から仮退院となった少年	原則として20歳に達するまで	約8,000人
成人	仮釈放者	懲役または禁錮の刑に処せられ、仮釈放を許された者	残刑期間	約2万1,000人
	保護観察付執行猶予者	刑の執行とあわせて保護観察付の言渡しを受けた者	執行猶予の期間	約1万5,000人

出典：法務省ホームページ (http://www.moj.go.jp/hisho/seisakuhyouka/hisho04_00040.html) をもとに著者作成

保護観察官と保護司

保護観察官は、国家公務員であり、保護観察を中心とした［更生保護］の責任者です。保護観察官には、司法犯罪に関する法的知識や心理学を中心とした専門的知識が求められます。それと同時に、犯罪をした人や非行少年の社会復帰を円滑に進めるためには、民間ボランティアや関係諸機関との効果的な連携が重要となるので、地域社会でネットワークを形成して、それを維持・活用する能力も求められます。

一方、**保護司**は、［法務大臣］から委嘱を受けた非常勤の国家公務員ですが、実質的には［民間ボランティア］であり、保護観察官と協力して保護観察、生活環境調整、犯罪予防活動といった更生保護の職務にあたります。保護司には地域の事情に詳しい民間の人々が適任ですが、これは更生保護が地域の中で行われるため、犯罪をした人や非行少年を取り巻く地域社会の事情をよく理解している必要があるからです。

● 保護観察官と保護司の役割

保護観察官の役割（例）	● 保護観察実施計画の策定 ● 対象者の遵守事項違反、再犯その他危機場面での措置 ● 担当保護司に対する助言や方針の協議 ● 専門的処遇プログラムの実施　等
保護司の役割（例）	● 対象者との日常的な面接による助言・指導 ● 対象者の家族からの相談に対する助言 ● 地域の活動や就労先等に関する情報提供や同行　等

出典：法務省ホームページ (http://www.moj.go.jp/hisho/seisakuhyouka/hisho04_00040.html)

用語解説　更生保護法

更生保護法は、2008（平成20）年に施行された更生保護の新たな基本法であり、犯罪者や非行少年への社会内処遇の実施、再犯等の防止、社会的自立や更生を促す制度を規定している。更生保護の内容は、①保護観察、②生活環境調整、③仮釈放・少年院からの仮退院、④更生緊急保護、⑤恩赦、⑥犯罪予防活動の6つである。

⚫ 児童自立支援施設

　1998（平成10）年の［児童福祉法］改正で、**児童自立支援施設**は社会的養護の観点から、①犯罪などの不良行為をした児童（子ども）、②犯罪などの不良行為をするおそれのある児童（子ども）、③家庭環境等の事情により生活指導等を要する児童（子ども）を入所または通所させて、自立を支援する施設とされました。

用語解説　家事事件

家事事件の種類は、夫婦の離婚、子どもの養育費や親権、養子縁組、扶養、親族、相続、遺産分割、遺言、戸籍および氏名、成年後見、医療観察法に基づく手続における保護者選任、行方不明者等の問題と非常に多岐にわたる。

家事手続案内とは、家族で生じている問題が家庭裁判所の手続を利用できるものかどうか相談できる窓口である。

家事事件は「審判事件」「調停事件」の2つがある。審判とは、家庭に関する紛争のうち、家庭裁判所の裁判官が調査結果の資料に基づいて判断を決定する手続である。調停とは、裁判官1名と調停委員2名による調停委員会が、当事者双方から事情や意見を尋ね、双方が納得の上で問題解決できるよう、助言やあっせんを図る手続のことである。

警察の少年サポートセンターの活動

各都道府県警察に設置され、主に少年補導員が非行対策を行っている。活動内容は、少年相談、街頭補導、継続補導・立ち直り支援、広報啓発活動、関係機関・団体との連携確保などである。

犯罪捜査場面における心理学

ここでは犯罪捜査場面における心理学について解説していきます。日本の犯罪捜査は、海外の捜査機関による手法を取り入れつつも、特に科学的根拠をもとにした方法を重視して、実際の捜査や取り調べが実施されています。

犯罪者プロファイリング

犯罪者プロファイリングとは「犯行現場の状況、犯行の手段、被害者等に関する情報や資料を、統計データや心理学的手法等を用い、また情報分析支援システム等を活用して分析・評価することにより、犯行の連続性の推定、犯人の年齢層、生活様式、職業、前歴、居住地等の推定や次回の犯行の予測を行うもの」（令和３年警察白書）と定義されています。プロファイリングの方法のうち、**FBI 方式**と**リヴァプール方式**の２つが主流となっています。

FBI 方式のプロファイリング

1970 年代のアメリカではさまざまな猟奇的な連続殺人事件が発生しており、米国連邦捜査局（FBI）は収監中の連続殺人犯や大量殺人犯 50 名に関する調査を実施しました。ここで作成されたデータベースは凶悪犯逮捕プログラム（VI-CAP）の基礎となっています。**FBI 方式**の推定プロセスは、①犯罪現場の情報を分析し、②犯罪現場の分類を行い、③犯人の属性を抽出し、④犯人の属性の構成を行うという４つの段階を経て行われます。

リヴァプール方式のプロファイリング

リヴァプール方式とは、当時リヴァプール大学に所属していた Canter, D. が客観性と再現性を重視した、より科学的な手法をプロファイリングに取り入れた手法のことを指します。このアプローチは、Guttman, L. が提唱した、デザイン、分析、理論の３つの要素から構成される**ファセット理論**を背景としています。リヴァプール方式は、多変量解析によって**犯行テーマ**を見い出し、犯人像を推定する前段階にあたる**事件リンク分析**で利用されます。またリヴァプール方式でもう１つ重要なものに、**地**

理的プロファイリングで用いられる犯罪者の犯行地選択と居住地の関係につ.いて図で示した**サークル仮説**があります。この図は、連続犯行の犯行地点を地図上にプロットして、その中の最も離れた２点を結ぶ円を描き、その円の中あるいはその周辺に犯人の拠点があると推測する仮説です。

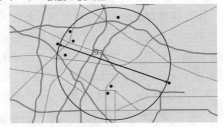

● サークル仮説の模式図

●…連続犯行の犯行地点
會…犯人の拠点

捜査面接法

　捜査面接法には、被疑者から適切に自供を得るための面接と、事件や事故の被害者や目撃者から捜査に必要な情報を収集するための面接があります。被疑者に対する取り調べでは、被疑者の記憶の過程（記銘、保持、想起）にさまざまな要因が影響を与えていることを考慮しつつ、被疑者本人の言葉で体験内容を語ってもらうことが必要です。そのためには、被疑者が記憶内容を報告しやすい関係づくりや聴き方に配慮することが重要です。被疑者をある方向に誘導するような発問方法や態度で事件に関する情報が示されることにより、虚偽自白が生じるリスクがあります。虚偽自白には、自発型、強制・追従型、強制・内面化型があります。

　また、被害者や目撃者への面接では、Fisher, R.P. と Geiselman, R.E. の**認知面接**が有効です。この面接法は下の表のように、目撃者の記憶喚起を促進して、面接者と目撃者のコミュニケーションを最大化し、情報を最大限に引き出すメカニズムが特徴となっています。

● 認知面接の流れ

段階	具体的内容
導入段階	ラポール（信頼関係）の形成
事件について自由にしゃべらせる段階	目撃者がどのような形で記憶しているのか、目撃者の頭の中の記憶構造を把握
必要な情報を収集する段階	捜査官が知りたいことを直接質問
さらに記憶を喚起する段階	目撃者が思い出せなかった記憶を喚起
まとめの段階	正確な情報を収集できたか、目撃者が他に付け足す情報がないか確認
最終段階	他に思い出したことがあれば言うように教示

出典：渡辺昭一（編）『捜査心理ファイル』P.47 2005 年 東京法令出版

🔵 ポリグラフ検査

ポリグラフ検査は複数の生理反応を同時に記録して、被検者の事件に対する記憶の真偽を鑑定する方法です。具体的には、犯人しか知りえない犯罪事実に関する認識の有無を、生理反応をもとに推定します。ポリグラフ検査は、**隠匿情報検査法**（Concealed Information Test：CIT）あるいは**有罪知識検査法**（Guilty Knowledge Test：GKT）等、いくつかの名称で呼ばれています。

そして実際の検査では、犯罪事実である**裁決質問**と複数の中立な**非裁決質問**からなる多肢選択質問を使用し、以下の表のような質問について順番を変えて３試行以上呈示して、裁決質問での生理反応に特異性がないか注目します。

● 被害品が指輪である場合の検査イメージ

「盗まれたのは時計ですか？」（非裁決質問）

「盗まれたのは指輪ですか？」（裁決質問）

「盗まれたのはブローチですか？」（非裁決質問）

「盗まれたのはイヤリングですか？」（非裁決質問）

「盗まれたのはペンダントですか？」（非裁決質問）

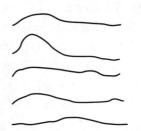

 プラス+1

犯罪予防・再犯予防

[犯罪予防] は、警察が取り組む街頭パトロールや、学校で行われる防犯教室などの防犯教育活動、少年の健全育成のための社会参加活動や街頭補導活動など、さまざまな活動が含まれる。[再犯予防] は、犯罪者や非行少年に対する介入を行うものをいう。特に非行少年が矯正施設に収容されて**施設内処遇**を受けたり、保護観察などの**社会内処遇**を受けたりしている場合は、個別に再犯予防のための介入が行われる。

113 刑事司法制度

成人における刑事司法制度は少年における流れとは異なり、検察官による起訴を経て裁判所の判決によって懲役などの処分が下されます。また、職業裁判官の判決に対して市民感覚を反映させるために裁判員裁判制度が導入されており、その概要も解説します。

🎯 成人の刑事事件の手続き

成人の刑事事件の場合、被疑者は検挙した警察から検察庁に送られます。検察官は事件の調査に基づいて起訴か不起訴処分を下します。起訴の場合は裁判所で裁判が行われ、有罪判決で懲役等の場合は刑務所等に入所します。保護観察付執行猶予の場合は保護観察所、補導処分の場合は婦人補導院に入院となります。

● 成人の刑事事件の司法手続き

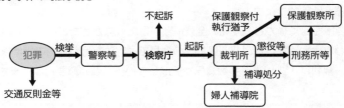

出典：検察庁ホームページをもとに著者作成

 プラス+1

刑法において犯罪が成り立つ3要件

刑法とは、犯罪に該当する行為とはどのような基準で決まり、それにどの程度の罰が科せられるかを国家が定めた法律である。基準には主に次の3つの要件がある。

構成要件該当性	刑法で類型的に取り上げる殺人、窃盗など社会的な有害行為に当てはまること
違法性	正当防衛など法律上許されている場合を除き、違法な行為であること
有責性	行為者が、行為の是非を弁別できる能力があり、故意または過失という責任条件を備え、それ以外の適法行為に出ることが期待可能であった場合

用語
解説 **刑法**

刑法は 1908（明治 41）年に施行され、刑法第 1 条には、「この法律は、日本国内において罪を犯したすべての者に適用する」とある。いわゆる刑事事件において適用される法律である。

裁判員裁判

2004（平成 16）年「裁判員の参加する刑事裁判に関する法律（裁判員法）」が成立し、裁判員裁判が 2009（平成 21）年より開始されました。

裁判員裁判は、［職業裁判官 3 名］と［裁判員 6 名］の人数構成となっており、殺人や強盗致死傷などの刑事事件で実施されます。また、［地方裁判所］で行われる刑事事件が対象になり、刑事裁判の控訴審・上告審や民事事件、少年審判等は裁判員裁判の対象になりません。

裁判員は、裁判員候補者名簿をもとに事件ごとに、［くじ］で候補者が選ばれます。裁判員に選ばれたら、刑事事件の法廷に立ち会い、判決まで関わることになります。裁判員は「評議の秘密その他の職務上知り得た秘密を漏らしてはならない」（裁判員法第 9 条 2 項）と規定されており、判決以降も評議の状況を外部に漏らすことは禁じられていると解釈できます。

9 名で評議を尽くしても、意見の全員一致が得られなかったとき、評決は、多数決により行われます。ただし、裁判員だけの意見では判決を行うための判断をすることはできず、裁判官 1 人以上が多数意見に賛成していることが必要となります。

用語
解説 **ストーカー規制法（ストーカー行為等の規制等に関する法律）**

1999（平成 11）年の桶川ストーカー事件を受けて、ストーカー行為等の規制等に関する法律（**ストーカー規制法**）が、2000（平成 12）年に施行された。同法第 2 条の 8 項目でつきまとい等をして不安を覚えさせることの禁止について明記され、2013（平成 25）年に電子メール送信行為の規制も追加された。

司法における
精神障害者の処遇

114

成人の司法手続きでは、裁判所の判決によって懲役等が科されますが、精神疾患を抱えた人が罪を犯した場合、刑法に基づいてそれを罪としない、あるいは軽減するなどの措置がとられるのと同時に、適切な処遇がなされます。

医療観察制度

医療観察制度は 2003 (平成 15) 年に成立した「心神喪失等の状態で重大な他害行為を行った者の医療及び観察等に関する法律 (通称：心神喪失者等医療観察法)」に基づく制度です。[心神喪失] とは、精神障害などのため、善悪を判断して行動することが全くできない状態を指し、刑法第 39 条では心神喪失者の不法行為は「罰しない」とされています。[心神耗弱] とは、善悪の判断が著しく低下している状態を指し、刑法第 39 条では心神耗弱者の行為は「その刑を減軽する」と規定されています。心神喪失者等医療観察法の制定によって、司法システムと医療行政システムの連携が実現しました。裁判所の関与によって、精神保健審判員 1 名と裁判官 1 名の合議体を中心に、指定入院機関の管理者、保護観察所の長、指定通院機関の管理者が連携します。この合議体の連携によって、鑑定、入院の継続、退院の許可、処遇の延長または通院期間の延長、再入院が審議されます。**精神保健福祉士**は、精神保健参与員、社会復帰調整官としてこれらのプロセスに関わります。

心神喪失者等医療観察法

2001 (平成 13) 年の池田小事件を契機に、2003 (平成 15) 年に成立、2005 (平成 17) 年に施行された。心神喪失者等医療観察法は、心神喪失または心神耗弱の状態で、重大な他害行為を行った人に、適切な医療を提供し、社会復帰を促進する目的の法律である。

この法律の目的は、心神喪失または心神耗弱の状態で [重大な他害行為] (殺人、強盗、傷害、放火、強制性交等、強制わいせつ) を行った者に対して、継続的かつ適切な医療並びにその確保のために必要な観察及び指導を実施し、症状改善、再発防止、社会復帰を促進させることである (第 1 条)。

● 医療観察制度の仕組み

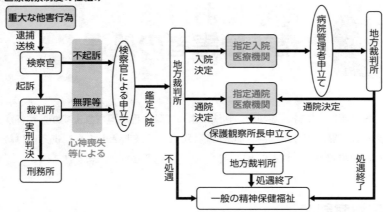

出典：厚生労働省ホームページ (https://www.mhlw.go.jp/stf/seisakunitsuite/bunya/
hukushi_kaigo/shougaishahukushi/sinsin/gaiyo.html) より著者一部改変

 用語解説 **成年後見制度**

成年後見制度は、認知症、知的障害、精神障害などの理由で判断能力の不十分な人々を
保護し、支援する制度である。家庭裁判所が成年後見人を選任する [法定後見制度] と、
本人が十分な判断能力があるうちに任意後見人を決めておいて代理権を与える [任意後見制度] の2種類がある。法定後見制度には、本人の判断能力の残存状況によって、判断能力が全くない [後見]、判断能力が著しく不十分な [保佐]、判断能力が不十分な [補助] と3つの種類がある。具体的には、家庭裁判所が選任した成年後見人等が、本人の利益を考えながら、本人を代理して契約などの法律行為をしたり、本人または成年後見人等が、本人がした不利益な法律行為を後から取り消したりできる。ただし、自己決定の観点から、日用品の購入など「日常生活に関する行為」は取り消しの対象にならない。

 **プラス+1**

刑法第39条
精神障害などの生物学的要件ゆえに、自己の行為の是非善悪を弁識する能力が欠如している、またはこの弁識に従って行動する能力がない場合を [心神喪失] (責任無能力) といい、この能力が著しく劣っているものを [心神耗弱] (限定責任能力) という。刑法は犯罪行為者が刑法上の責任を負えるだけの能力を持っている者 (責任能力者) であることを要件とする。すなわち刑事事件の場合、心神喪失の場合には罪を犯していることが証明されても、不起訴処分または無罪となり刑罰を免れ、心神耗弱の場合は罪を軽減される。

犯罪被害者支援

犯罪被害者の保護は警察や民間の犯罪被害者支援センター、裁判所等で行われています。その根拠法は犯罪被害者等基本法です。

◉ 犯罪被害者支援の活動

犯罪被害者支援は、各都道府県警察で被害相談窓口を設置し、一定の重大事件を対象に被害者連絡制度を設け、心理学的専門性を持つ職員が精神的被害の回復支援を実施しています。また、公益社団法人の全国被害者支援ネットワークのもとに民間の［被害者支援センター］が全国にあり、ここで犯罪被害者や家族・遺族に、電話・面接相談、生活支援、関係機関との連絡・調整、カウンセリング、直接的支援、法律相談等の活動を行っています。

◉ 裁判所における被害者保護施策

少年事件では、家庭裁判所に対し、記録の閲覧・コピー、心情や意見の陳述、審判の傍聴、審判状況の説明、審判結果等の通知を申し出ることができます。

成人の刑事事件では、証人の負担を軽くする措置、被害者等による意見の陳述、検察審査会への審査申し立て、裁判手続きの傍聴のための配慮、訴訟記録の閲覧・謄写、民事上の争いについての刑事訴訟手続における和解などが扱われます。

◉ 犯罪被害者等基本法

2005（平成17）年に**犯罪被害者等基本法**が施行され、国・地方公共団体に総合的施策を講じることが義務づけられました。犯罪被害者支援の基本理念は、個人の尊厳が重んじられ、それにふさわしい処遇を受けられること、必要な支援が受けられることです。犯罪被害者等基本法第1条には、目的として「この法律は、犯罪被害者等のための施策に関し、基本理念を定め、並びに国、地方公共団体及び国民の責務を明らかにするとともに、犯罪被害者等のための施策の基本となる事項を定めること等により、犯罪被害者等のための施策を総合的かつ計画的に推進し、もって犯罪被害者等の権利利益の保護を図ること」とあります。

116 面会交流

　親が離婚した場合、多くの子どもは母親が [親権] を得ますが、父親には養育費の支払い義務があるだけでなく、同居していなくても親として子どもと [面会交流] する権利があるという考え方をします。

◉ 面会交流

　面会交流は、離婚後に子どもを養育・監護していない親によって行われる子どもとの面会および交流のことをいいます。子どもとの面会交流は、子どもの健全な成長を助けるものである必要があります。[監護権] とは、親権に含まれ、子どもとともに生活をして日常の世話や教育を行う権利のことをいいます。

　父母による話し合いで面会交流の方法が決まらない場合は、家庭裁判所に [調停手続] を申し立て、あくまでも子どもに負担をかけないことを最優先に、父母等の注意点について助言等が与えられます。調停が不成立になった場合は、審判手続きが開始され、裁判官が一切の事情を考慮して、面会交流の方法について審判をすることになります。

◉ ハーグ条約

　ハーグ条約は、1980（昭和 55）年にオランダのハーグ国際私法会議で採択された条約で、正式には「**国際的な子の奪取の民事上の側面に関する条約**」といいます。

　その目的は、①子を元の居住国へ返還することが原則であること、②親子の面会交流の機会を確保すべきこと、の 2 点です。第 4 条には「この条約は、子が 16 歳に達した場合には、適用しない」とあり、対象となるのは **16 歳未満の子ども**であることが明記されています。

　2019（令和元）年 10 月時点で、日本を含む世界 101 か国が条約締約しています。日本での発効は 2014（平成 26）年と最近になってからです。

117 非行・犯罪の理論

　犯罪の古典的研究には、生まれながらにして犯罪者になるべく運命づけられた人がいるとする [Lombroso, C.] の [生来性犯罪者説] がありますが、これは多くの批判を浴びるものでした。その後、社会的要因や心理的要因を中心に非行・犯罪理論が提唱されています。

◎ 犯罪の社会的要因

　社会学者の [Durkheim, E.] は、社会規範の混乱や弱体化が犯罪の原因であるとする [アノミー理論] を提唱しました。人は社会生活が順調にいかないとき、犯罪に向かうという考え方があります。これは犯罪の社会的要因を重視する立場です。

◉ 緊張理論

　緊張理論では、不平等な社会的緊張から個々人の心理的葛藤が高まり、非行や犯罪を促進する一因になると考えます。まず [Merton, R.K.] は、社会構造がある種の人々に**逸脱行動**に向かわせるような緊張をもたらすという仮説を立てました。低い階級の人たちは、社会の目標を達成するための機会が限定されているため、逸脱行動が生じるとされたのです。これを [機会限定理論] といいます。機会が限定された人々の間に疎外感が生じ、犯罪に動機づけがされたと考えます。

　その後、[Agnew, R.] は、逸脱に至る経路の中での社会階級の役割を低く見積もり、家庭、学校、職場でのフラストレーションや困難が緊張と犯罪を結びつける指標だと主張し、自らの考えを [一般的緊張理論] と呼びました。一般的緊張理論は犯罪に対してより心理学的な説明を重視する立場をとっています。

◉ 分化的接触理論

　[Sutherland, E.H.] は、個人が犯罪的文化（反社会的規範や反社会的行動パターン）を持つ集団に接触する度合いや頻度を重視し、法を破ることに対する望ましくない意味づけが、望ましい意味づけを超えるとき、人は非行に走ると考え、これを**分化的接触理論**と呼びました。この理論では、犯罪指向的な交友を重視します。

非行下位文化（サブカルチャー）理論

[Cohen, A.K.] は、所属集団を求める人間の欲求は基本的なものであるとし、個人は集団に対して物質的資源と社会的受容を求めつつ、集団の中で一定の役割を果たして存在感を得たいと願うと考え、それによって非行や犯罪行動に向かうと考えました。これを**非行下位文化（サブカルチャー）理論**といいます。

◉ 犯罪の統制理論

統制理論では、非行や犯罪の原因を探るのではなく、「なぜ多くの人は犯罪や非行を行わないのか」に注目しました。[Hirschi, T.] は、社会的絆を通じた日常生活での結びつきが向社会的行動につながると考え、それを [一般統制理論] と呼びました。Hirschi が考えた社会的絆要因は以下の 4 つです。

● 4 つの社会的絆

社会的絆	内容
愛着	家族、恋人、友人、教師など身近な人たちに対する心情的な結びつき
コミットメント	合法的生活を維持するために人々が多くの時間とエネルギーを費やしていること（投資）
没入	学業、仕事、育児などで多忙な生活をしている人に、犯罪を行う時間も余裕もないこと
規範信念	善悪の判断、違反を良くないとする認識、違反しないように自己規制すべきという規範意識の強さ

> 非行・犯罪の理論を概観してきて、人はなぜ罪を犯すのかという命題に対するさまざまな考え方があることがわかりました。非行少年や犯罪者が生まれつき罪を犯す素質を持っているのか、生まれた後の環境によって左右されるのか、心理学で長く議論されてきた遺伝と環境論が大きく影響しているといえるでしょう。
> 多くの理論は非行少年や犯罪者の資質に問題があるという視点をとる一方で、統制理論は異なる視点に基づいています。多くの人はなぜ罪を犯さないで適応的に社会生活を送れているのか、という視点です。こうした視点は、非行少年の矯正教育を行う上で、彼らに何が足りないのか、そこを支援する手がかりを与えてくれる意味で、有効な理論であるといえるでしょう。

ひとこと

118 非行・犯罪の
アセスメント

非行・犯罪におけるアセスメントは、基本的に一般の心理臨床場面で用いられるものも多いですが、独自に開発されたツールもあります。司法・犯罪領域ならではの考え方に基づいたものも多くなっています。

🔵 アセスメントの方法とプロセス

［非行・犯罪のアセスメント］は、犯罪者や非行少年の再犯・再非行防止や立ち直りを視野に入れ、犯罪や非行に至った原因や再犯防止について科学的エビデンスに基づいて評価し、適切な介入方法を提示し、事後的に検証することが求められます。

一例として、下図は少年鑑別所による**収容審判鑑別**のプロセスを図式化したものです。収容審判鑑別とは、審判鑑別のうち、観護措置の決定により少年鑑別所に収容されている者に対して行う鑑別のことをいいます。大きく分けて、**面接、心理検査・各種評価ツール、行動観察、健康診断・精神科診察等、外部情報の収集、アセスメントレポートの作成**等のポイントがあります。ここではこの後、心理検査・各種評価ツールに絞って詳しく説明していきます。

● 鑑別の流れ

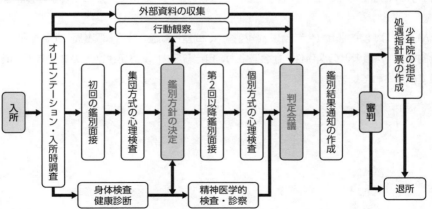

出典：法務省「犯罪白書」(http://hakusyo1.moj.go.jp/jp/65/nfm/n65_2_3_2_3_3.html) をもとに著者作成

◎ 心理検査・各種評価ツール

　司法・犯罪領域の矯正施設では、さまざまな心理検査や各種評価ツールが用いられますが、主には、スクリーニング目的で対象者全員に行う集団検査と、アセスメントの仮説検証や対象者の問題性を踏まえて付加的に実施する個別検査があります。用いられる心理検査は一般の心理臨床場面で用いられるものも多いですが、ここでは司法・犯罪領域に特有のものを紹介していきます。

◉ CAPAS 能力検査

　CAPAS 能力検査は、IQ 相当値把握等のため刑事施設で用いられている心理測定検査です。それまで用いられていた田中 B 式検査が成人を対象としていなかったことなどから、受刑者を母集団として受刑者のために作成され、1988（昭和 63）年から使用されています。

◉ 法務省式ケースアセスメントツール

　再犯・再非行防止に向けて効果的な処遇を行う上で、［リスク原則］、［ニーズ原則］、［レスポンシビティ（処遇応答性／処遇反応性）原則］という考え方が重視されています。これらは頭文字をとって［RNR 原則］と呼ばれ、誰に対して、何を目標として、どのような形で処遇を実施することが効果的であるかを研究する中で導き出されたものです。**法務省式ケースアセスメントツール（MJCA：Ministry of Justice Case Assessment tool）**は、この RNR 原則に従って開発されたツールです。

　MJCA の特徴としては、実務経験を踏まえて開発した法務省独自のツールであること、再非行の予測等に係る妥当性等が検証されていること、広範なデータ収集や統計的分析を経ていること、外部専門家・有識者の助言等を得ていることが挙げられます。

　MJCA は、静的領域（生育環境、学校適応、問題行動歴、非行・保護歴、本件態様）、動的領域（保護者との関係性、社会適応力、自己統制力、逸脱親和性）の 2 領域 52 項目で構成されています。

● 法務省式ケースアセスメントツールの運用の流れ

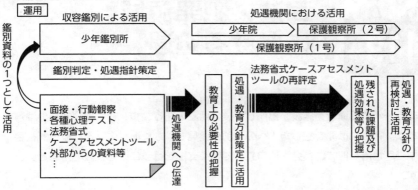

出典：法務省資料

注：保護観察所（1号）とは、家庭裁判所の決定により保護処分に付された者に対する保護観
　　察（更生保護法第48条1号）、保護観察所（2号）とは、委員会の決定により少年院から
　　の仮退院を許された者に対する保護観察（更生保護法第48条2号）。

プラス+1

RNR原則

RNRとはRisk-Need-Responsivityの略である。**RNR原則**において、

①**リスク原則**とは、犯罪行動の予測や治療サービスのレベルを犯罪者のリスクレベルに合わせるという意味である。

②**ニーズ原則**とは、犯罪者が犯罪につながりやすいニーズ（仕事がない、住む場所がないなど）を抱えており、これを解決するような介入を行うことを指す。

③**レスポンシビティ原則**とは、犯罪者の能力や学習スタイルに適切な治療プログラムを提供することをいう。

用語
解説　**本件態様と逸脱親和性**

MJCAにおける本件態様とは、対象者が現在、指導・監督を受けている期間中の再非行であるといった内容のこと。また、逸脱親和性とは、法律を軽視しているとか、犯罪性のある人と仲がよい、といった内容である。

司法・犯罪領域における処遇

非行少年や犯罪者が施設を出所した後、再犯を防ぎつつ、社会復帰するのは重要です。社会には罪を犯した人への差別や偏見も少なくありません。彼らが社会の中で居場所を得て、社会的に自立していく支援を行うことを社会内処遇といいます。

施設内処遇と社会内処遇

施設内処遇とは、少年院に収容された少年や受刑者に対する、少年院または刑務所内の矯正的処遇のことをいいます。懲役刑や禁錮刑など受刑者の自由を奪う形の**自由刑**の執行において、受刑者の改善更生を目的として処遇がなされます。**社会内処遇**とは、施設外、つまり社会の中で処遇を行うものであり、[保護観察制度]によって地域社会の協力を得ながら出所者の社会的自立を促すための処遇のことをいいます。

保護観察制度

保護観察制度は、犯罪をした人または非行のある少年が、社会の中で更生するように、保護観察官と保護司による指導と支援を行うものをいいます。

更生保護施設

更生保護施設は、主に保護観察所から委託を受けて、住居がなかったり頼るべき人がいなかったりなどの理由で、直ちに自立することが難しい保護観察または更生緊急保護の対象者を宿泊させ、食事を供与するほか、就職援助、生活指導等を行う施設です。

2019（令和 1）年 6 月時点で、全国に 103 の施設があり、更生保護法人により100 施設が運営されているほか、社会福祉法人、特定非営利活動法人、一般社団法人により、それぞれ 1 施設が運営されています。その内訳は、男性の施設 88、女性の施設 7、男女施設 8 です。収容定員の総計は 2,392 人であり、男性が成人1,886 人と少年 321 人、女性が成人 134 人と少年 51 人です。

地域生活定着支援センター

2009（平成 21）年度より、高齢または障害により支援を必要とする矯正施設退所

者に対して、矯正施設や保護観察所と協働し、退所後直ちに福祉サービス等につなげる**地域生活定着支援センター**の整備が実施されました。2011（平成23）年度末に全国47都道府県への整備が完了し、2012（平成24）年度からは全国での広域調整が可能になりました。地域生活定着支援センターでは、①入所中から帰住地調整を行うコーディネート業務、②福祉施設等へ入所した後も継続的に支援するフォローアップ業務、③地域に暮らす矯正施設退所者に対して福祉サービスの利用等に関する相談支援業務を実施することなどを行っています。

児童自立支援施設

　児童自立支援施設は、子どもの行動上の問題、特に非行問題を中心に対応する施設です。1997（平成9）年の児童福祉法改正により「教護院」から名称変更し、「家庭環境その他の環境上の理由により生活保護等を要する児童」も対象に加えられました。少年法に基づく家庭裁判所の保護処分等により入所する場合もあります。都道府県等に設置義務が課せられており、2021（令和3）年現在、全国に［58］か所設置されています。

プラス+1

児童自立支援施設の法的根拠
児童福祉法44条が法的根拠となっており、「児童自立支援施設は、不良行為をなし、又はなすおそれのある児童及び家庭環境その他の環境上の理由により生活指導等を要する児童を入所させ、又は保護者の下から通わせて、個々の児童の状況に応じて必要な指導を行い、その自立を支援し、あわせて退所した者について相談その他の援助を行うことを目的とする施設とする」とある。

自立更生促進センター

　自立更生促進センターは、「親族や民間の更生保護施設では円滑な社会復帰のために必要な環境を整えることができない刑務所出所者等を対象として、国が設置した一時的な宿泊場所（保護観察所に併設）を提供するとともに、保護観察官が直接、濃密な指導監督と手厚い就労支援」を行っている施設です（法務省HP）。自立更生促進センターは、特定の問題を抱えた人に専門的な社会内処遇を行う施設ですが、農業などの職業訓練を行う施設として**就業支援センター**などもあります。

120 反抗挑発症／反抗挑戦性障害、素行症／素行障害、反社会性パーソナリティ障害

　非行や犯罪を行いやすい人はなんらかの精神疾患や人格の偏りがあることもあります。ここでは主に［DSM-5（米国精神医学会による精神疾患の分類と診断の手引）］に基づいて、いくつかの精神障害を紹介していきます。

◎ 反抗挑発症／反抗挑戦性障害

　反抗挑発症／反抗挑戦性障害は、怒りっぽく、権威ある人物や大人と口論になり、挑発的な行動を持続させ、執拗に仕返しを繰り返す特徴があり、初発症状は通常は［就学前］に現れ、青年期早期以降の発症はまれであるとされています。

● DSM-5における反抗挑発症／反抗挑戦性障害の診断基準

A. 以下のうち4つ以上が6カ月間、同胞以外の1人以上とのやりとりでみられる
＜怒りっぽく／易怒的気分＞ ①しばしばかんしゃく　　　　②しばしば神経過敏、イライラ ③しばしば怒り、腹を立てる
＜口論好き／挑発的行動＞ ④しばしば権威ある人、大人（子ども、青年）と口論 ⑤しばしば権威ある人の要求、または規則に従うことに積極的に反抗または拒否する ⑥しばしば故意に人をいらだたせる ⑦しばしば自分の失敗、または不作法を他人のせいにする
＜執念深さ＞ ⑧過去6カ月間に少なくとも2回、意地悪で執念深かったことがある
B. 苦痛と生活に否定的影響
C. 他の精神疾患で説明できないこと

出典：米国精神医学会による『DSM-5 精神疾患の診断・統計マニュアル第5版』をもとに著者作成

◎ 素行症／素行障害

　素行症／素行障害は、反抗挑発症／反抗挑戦性障害の子どもの一部が成長とともにその状態を呈することがあり、いじめや脅迫行為、強姦、武器を使用した重大な身体的攻撃、動物に対する残虐行為、故意による建物などの放火や破壊、窃盗、虚偽などを引き起こす特徴があります。

素行症／素行障害の症状は通常は小児期または青年期に現れており、[16歳以降の発症はまれ] であるとされています。なお、[素行症／素行障害] は DSM-5 の診断名であって、ICD-10 では [行為障害] とされています。

● **DSM-5 における素行症／素行障害の診断基準**

A. 主要な社会的規範または規則の侵害 　　3つ以上が過去12カ月、1つ以上が過去6カ月		
＜人および動物への攻撃性＞		
①しばしば他人をいじめる、脅迫、威嚇	②しばしば取っ組み合いの喧嘩	
③凶器使用	④人に対して残酷	⑤動物に対して残酷
⑥被害者の目前で盗み	⑦性行為の強要	
＜所有物の破壊＞		
⑧故意に放火	⑨故意に他人の所有物を破壊	
＜虚偽性や窃盗＞		
⑩他人の住居、建造物、車に侵入		
⑪物や好意を得るため、義務逃れのため嘘をつく		
⑫被害者の面前でなく、物を盗む		
＜重大な規則違反＞		
⑬親が禁止しても夜間外出（13歳未満～）	⑭一晩中家を空ける（2回）、長期家出（1回）	
⑮学校を怠けること（13歳未満～）		
B. 生活に支障		
C. 18歳以上で反社会性パーソナリティ障害の基準を満たさない		

出典：米国精神医学会による『DSM-5 精神疾患の診断・統計マニュアル第5版』をもとに
著者作成

◉ 反社会性パーソナリティ障害

反社会性パーソナリティ障害は、他人の権利を無視し侵害する偏ったパーソナリティの障害であり、症状自体は15歳以降にみられます。また、診断名がつくのは少なくとも18歳以降で、以下の①～⑦に3つ以上当てはまり、B、C、Dを満たすと診断されます。

● **DSM-5 における反社会的パーソナリティ障害（反社会性パーソリティ障害）の診断基準**

A. 他人の権利を無視・侵害し、15歳以降に起こり、以下のうち3つ以上（またはそれ以上）によって示される		
①法を破り何度も逮捕される	②虚偽性	③衝動性
④いらだたしさ及び攻撃性	⑤自他の安全を考えない無謀さ	
⑥一貫して無責任であること	⑦良心の呵責の欠如	
B. 少なくとも18歳以上	C. 15歳以前に素行症／素行障害の証拠	
D. 他の精神疾患で説明できないこと		

出典：米国精神医学会による『DSM-5 精神疾患の診断・統計マニュアル第5版』をもとに
著者作成

司法領域の面接技法

司法・犯罪領域では、対象者が非行少年や犯罪者であることから、特殊な面接の技法が用いられます。主に再犯防止を目的としたものと、子どもを対象に体験した出来事の証言を得るための方法があります。

◎ 動機づけ面接法

動機づけ面接法は矯正施設などで義務として参加させる支援プログラムで、クライエントが「変化を語り」始め、実際に変わっていく対話を出発点とします。

動機づけ面接法は、非行少年や犯罪者がクライエントであるため、彼らの主訴を心理的に援助するというよりも、変化を促すために働きかける面接技法であるといえます。

● 動機づけ面接法の定義のポイント

> ① [クライエント中心主義] 的で、その人の関心やものの見方に焦点を当てる
> ②意識的に変わる方向を支持する点では、Rogers, C.R. の技法と異なる
> ③動機づけ面接法は技法というより、[コミュニケーションの方法] である
> ④心の中にある変化への動機を引き出すことに焦点を当てる
> ⑤変化を引き出す鍵として、その人個人のアンビバレンスを探索し、解決することに焦点を絞る

[チェンジトーク] とは、クライエントが「変わること」について話すことをいいます。支援者は、**開かれた質問**、**是認・確認**、**聞き返し**、**要約**などを行います。

● チェンジトークの4分類

①現状維持の [不利益]	現在の状態や行動の、望ましくない点に対する認識
②変化の [利益]	変化が有利であると理解していることであり、変化を通じて手に入るものを強調する
③変化への [楽観的態度]	変わる能力に対する自信と希望、楽観的な気持ちを表す
④変化への [決意]	アンビバレンスの平衡状態が、変化の方向へ傾いたとき、人は変わることへの決意・希望・自発性・確実な決意を表現する

司法面接

司法面接とは、子どもに与える負担をできる限り少なくしながら、虐待を受けた子どもなどからの聞き取りを行う面接法です。イギリスのガイドライン「よき実践のためのメモ」（Memorandum of Good Practice）とその後継版「最良の証拠を得るために」（Achieving Best Evidence）、アメリカ児童虐待専門家協会（APSAC）によるAPSACプロトコル、アメリカの国立小児保健・人間発達研究所（NICHD）で開発されたNICHDプロトコルなど司法面接には様々な種類があります。

司法面接の特徴

司法面接では、子どもからの聞き取りが、面接者の誘導によるものにならないよう細心の注意を払うようにします。また、子どもの関わった事件が虚偽の話ではなく、実際にあった出来事であるかどうかを確認できる情報を得ることを心がけます。

事実確認が目的なので、心理的ケアを行うことはありません。まずは対象となる子どもとの信頼関係構築を重視します。

面接は、子どもに圧力をかけたり、誘導・暗示を与えたりすることがないように、自由報告を主とするゆるやかに構造化された方法を用います。［開かれた質問］（「何かお話しして」など）をうまく用いて話を聴くようにします。面接は60分程度で［原則1回］とし、［ビデオ録画］することで、子どもが何度も面接を受けなくても済むようにします。録画することによって共有することができ、複数の機関が連携する多職種連携が可能になります。

プラス+1

子どもから情報を引き出すコツ

司法面接を行うとき、「いつ」「どこで」など5W1Hに関する質問は子どもにとって、かなりハードルが高い答えにくい質問である。さらに、子どもの語りが面接者の質問に限られてしまう。このため、子どもの語った言葉を手がかりにして「それから？」「そのことについてもう少し話してくれる？」といったように聴き方を工夫するのがよい。重要なことは、被面接者である子どもが話したいことをすべて話してくれるよう面接者が心がけることである。ただし、得たい情報のうち面接の中で自然に語りが得られなければ、開かれた質問（5W1H）か閉じられた質問で最後に確認することが重要である。

● 司法面接の流れ

①導入の段階
挨拶を行い、**グラウンドルール**（本当のことを話すことの大切さ、わからない・知らないといってよいこと、面接者が間違っているといってよいことなど）の説明をします。そしてリラックスして話ができる関係性を築きます（**ラポールの形成**）。その後、出来事を思い出して話す練習として、朝起きてからあったことを話します。

②自由報告と質問
子どもから問題となっている出来事についての報告を得るようにします。その際、開かれた質問により出来事の頻度などを分割して詳細な報告を得ます。

③ブレイクと質問
子どもにお礼をいった後で、いったん退室し、隣室のスタッフに欠けている情報を確認し、[閉じられた質問]（Yes か No で答える質問）を行います。

④クロージング
子どもに報告してくれたことのお礼をいい、子どもから質問があれば受け、必要に応じて適切な応答を行います。

122 被害者の視点を取り入れた教育

非行少年や犯罪者は、被害を与えた人の心の痛みや苦しみをうまくイメージできていないことがあります。自分が犯した罪を振り返ることや、再犯を防ぐためにも、被害者がどのような心情であったか学ぶことが重要になります。

被害者の視点を取り入れた教育

被害者の視点を取り入れた教育とは、刑事施設における、以下の表に示すように特定の事情を有することによって改善更生、円滑な社会復帰に支障が認められる受刑者を対象とした**特別改善指導**のことをいいます。指導目標は、自らの犯罪と向き合い、罪の大きさや被害者・遺族等の心情を認識して誠意を持って対応し、再び罪を犯さない決意につなげることです。

● 被害者の視点を取り入れた教育の概要

対象者	被害者の命を奪い、またはその身体に重大な被害をもたらす犯罪を行い、被害者やその遺族等に対する謝罪や賠償等について特に考えさせる必要がある者
指導者	刑事施設の職員（法務教官、法務技官、刑務官）、民間協力者（被害者やその遺族等、被害者支援団体、被害者問題の研究者、警察や法曹関係者等）
指導方法	ゲストスピーカーによる講話、グループワーク、課題図書、役割交換書簡法など
実施頻度等	1単元50分で12単元。標準実施期間は3～6か月

非行少年や犯罪者は、罪を犯した自身を振り返り、被害を受けた人々の心情を理解することで、再び罪を犯さないよう矯正教育を受けることになります。講義やグループワークなど多様な学びによって、再犯防止の効果が期待されています。

● カリキュラム

項目	指導内容	方法
オリエンテーション	受講の目的と意義を理解させる（カリキュラムの説明、動機づけ）	講義
命の尊さの認識	命の尊さや生死の意味について、具体的に考えさせる	講話、グループワーク、課題読書指導
被害者（その遺族等）の実情の理解	被害者及びその遺族等の気持ちや置かれた立場、被害の状況について、様々な観点から多角的に理解させる ①精神的側面 ②身体的側面 ③生活全般	講話、視聴覚教材視聴、講義、課題読書指導
罪の重さの認識	犯罪行為を振り返らせ、客観的に自分が犯した罪の重さ、大きさを認識させる	課題作文、グループワーク
謝罪及び弁償についての責任の自覚	被害者及びその遺族等に対して、謝罪や弁償の責任があるということについて自覚させる	グループワーク、役割交換書簡法、講話
具体的な謝罪方法	具体的な謝罪の方法について自分の事件に沿って考えさせる	グループワーク、課題作文
加害を繰り返さない決意	再加害を起こさないための具体的方策を考えさせるとともに、実行することの難しさを自覚させる	グループワーク、視聴覚教材の視聴、講義

出典：法務省資料「刑事施設における特別改善指導　被害者の視点を取り入れた教育」

123 働く人を支える関係法規

　日本では、いまだに年間で2万人を超える自殺者がおり、働く人のメンタルヘルスについては課題も多い現状があります。本章では産業・労働の分野における心理支援を中心に扱っていますが、まずは、日本における労働に関する法律や制度から学びます。法律や制度は、その背景にある課題を解決するために制定されているので、どのような課題を抱えているかを理解しながら、学習を進めていきましょう。

◎ 労働三法

　近代以降において、雇用者と労働者の間には、力関係が顕著にみられ、低賃金、長時間労働など、労働者が不平等で劣悪な労働条件下で働くことを強いられる状況がありました。こうした背景から、労働者の人権を守るために生まれたのが労働法です。日本の労働法の中で、[労働基準法]、[労働組合法]、[労働関係調整法] の3つを**労働三法**といいます。

◎ 労働基準法

　労働基準法は1947（昭和22）年に制定された労働者の [保護] を目的とする法律で、賃金、労働時間、休憩、休日、時間外・休日労働、深夜労働、年次有給休暇、解雇の制限などについて規定しています。この法律は国家公務員等の一部職を除き、原則 [全ての] 労働者に適用されます。

　労働基準法第1条では、「労働条件は、労働者が人たるに値する生活を営むための必要を充たすべきものでなければならない」と明記されています。これは、**最低限の保障**を法的に定めたもので、労働基準法の第1条2項で示されているように、この基準は、①**労働条件の最低基準**のものであり、②**この基準を理由として労働条件を低下させてはならず**、③**労働条件の向上を図るように努めなければならない**とされています。

　効力の優先順位は、労働基準法、労働協約、就業規則、労働契約の順であり、労使

間で労働契約が結ばれていたとしても、労働基準法に反するようなものであれば、**認められません**。例えば、賃金が最低賃金法で定められた最低賃金を下回るような場合には、労働基準法違反となるので最低賃金法で定める最低基準に置き換えられます。

● 労働基準法のポイント

第3条 均等待遇	[国籍]、[信条] または [社会的身分] を理由とした待遇の差別的取扱いの禁止
第4条 男女同一賃金の原則	賃金について女性であることを理由とした男性との差別的な取扱いの禁止
第5条 強制労働の禁止	[精神的]、[身体的] な自由を不当に拘束することでの労働の強制の禁止
第6条 中間搾取の排除	法律によって許される場合以外、他人の就業に介入して利益を得てはならない
第19条第1項 解雇制限	業務上の受傷や疾病の休業のための期間とその後 **30日**、産前産後の女性の第65条規定での休業とその後 **30日**は原則として解雇禁止
第34条第1項 休憩	[6] 時間を超える場合は少なくとも [45] 分、[8] 時間を超える場合は少なくとも [1] 時間の休憩を与えなければならない

● 労働時間

第32条1項	休憩時間を除き、1週間について [40] 時間を超える労働の禁止を規定
第32条2項	1日の労働時間として休憩時間を除く8時間労働を超えることは禁止されている
第35条	毎週少なくとも [1] 回の休日を与えることが定められている

最低年齢

第56条の最低年齢では、満 [15] 歳に達した日以後の最初の3月31日が終了（中学卒業）するまで児童の労働を禁止しています。しかし、一部特殊な場合も存在するので第56条2項で、①法律の別表第1号から第5号（製造、鉱業、土木など工業的事業）までに係る事業以外で（従事職種の制限）、②児童の**健康及び福祉に有害性がなく**、③**労働が軽易**である場合には、**行政官庁の許可**を受け、満13歳以上の児童でもその者の修学時間外に労働可能としています。

また、例外的に13歳未満であっても**映画の製作**または**演劇の事業**であれば、行政庁の許可があり、修学時間外であれば労働可能としています。

36協定

時間外・休日労働は、労働基準法により禁じられていますが、労使協定を結び、行政官庁に届けた場合には、協定の定めにより、時間外・休日労働をさせることが可能

となります。これを労働基準法**第36条**に基づくことから［36（さぶろく）］協定と呼びます。

🔘 労働組合法

労働組合法は、1945（昭和20）年に制定、1949（昭和24）年に全面改正がされました。労働者が使用者との交渉において対等の立場に立つことを促進し、労働者の地位の向上を図ることを目的とした法律です。

［労働三権］（団結権、団体交渉権、団体行動権）を保障し、労働組合、不当労働行為、労働協約、労働委員会などについて規定しています。

● 労働三権

団結権	労働者が、雇用側と対等な立場で話し合うために、労働組合をつくる権利、また、組合に加入できる権利
団体交渉権	労働組合が、雇用側と労働条件などを交渉し、文書などで約束を交わすことができる権利
団体行動権	労働条件改善のため、仕事をせず、団体で抗議（ストライキ）する権利

● 労働組合法　第1条

> この法律は、労働者が使用者との交渉において対等の立場に立つことを促進することにより労働者の地位を向上させること、労働者がその労働条件について交渉するために自ら代表者を選出することその他の団体行動を行うために自主的に労働組合を組織し、団結することを擁護すること並びに使用者と労働者との関係を規制する労働協約を締結するための団体交渉をすること及びその手続を助成することを目的とする。

🔘 労働関係調整法

労働関係調整法は、1946（昭和21）年に制定された法律で、労働関係の公正な調整を図り、労働争議を予防したり、解決したりすることを目的とする法律です。

労働争議については、自主的解決を原則としていますが、労働委員会による調整方法として［斡旋］、［調停］、［仲裁］、［緊急調整］の4種や、争議行為の制限・禁止などを規定しています。

● 労働関係調整法　第 1 条

> この法律は、労働組合法と相俟つて、労働関係の公正な調整を図り、労働争議
> を予防し、又は解決して、産業の平和を維持し、もつて経済の興隆に寄与する
> ことを目的とする。

⬡ 労働契約法

　労働契約法は、2008（平成 20）年に施行、2013（平成 25）年に改正された法律
で、個別の労働関係紛争が防止され、労働者の保護を図りつつ、個別の労働関係の安
定に資することを目的とする法律です。

● 労働契約法　第 1 条

> この法律は、労働者及び使用者の自主的な交渉の下で、労働契約が合意により
> 成立し、又は変更されるという合意の原則その他労働契約に関する基本的事項
> を定めることにより、合理的な労働条件の決定又は変更が円滑に行われるよう
> にすることを通じて、労働者の保護を図りつつ、個別の労働関係の安定に資す
> ることを目的とする。

◉ 安全配慮義務

　労働者が安全で健康に働けるよう配慮することを**安全配慮義務**といい、労働契約法
の第 [5] 条において「使用者は労働契約に伴い、労働者がその生命、身体等の安全を
確保しつつ労働することができるよう、必要な配慮をするものとする」と定められて
います。それまで判例で認められていた使用者の安全配慮義務が明文化されたものと
なります。

　具体的には、**安全衛生管理体制**や**安全装置**の整備、**健康診断の実施**、**労働時間の管
理**、**ハラスメント対策**、**メンタルヘルス対策**などが挙げられます。

　安全配慮を怠り、長時間労働から脳・心臓疾患の発症につながったり、大きな事故
が発生したり、死に至るような場合もあり、訴訟などの問題になる場合も少なくあり
ません。

プラス+1

　自己保健義務
　法令には明文されていないが、労働者には**安全と健康に対して主体的に取り組み、
様々な義務を果たす**［自己保健義務］がある。安全で健康に働くためには、労働者
自身が自分の健康を守るために主体的に取り組んでいく努力も必要である。

相談者からの相談には、守秘義務が課せられ秘密を守ることが求められています。相談者の情報を共有する際には、原則的に［労働者の同意を得る］ことが求められます。しかし、命の危険性があるなど、安全配慮義務と守秘義務の間に挟まれる場面も想定されます。まずは、労働者の同意を得ることに努めつつ、命を救うべくリスク対応を行いましょう。

ひとこと

🎨 労働契約法の改正

2013（平成 25）年の改正では、以下の 3 つがポイントとなりました。

無期労働契約への転換（18 条）
通算［5］年を超える有期労働契約を結んだ有期契約労働者が申し込みを行うと、**無期労働契約**に転換することができるようになった
雇止め法理の法定化（19 条）
雇用主が更新を行わないと判断し、契約期間の満了により雇用契約が終了することを**雇止め**という。「**客観的に合理的な理由**を欠き、**社会通念上相当である**と認められ**ないとき**」、雇止めの無効が認められる
不合理な労働条件の禁止（20 条）
有期契約労働者を理由に、無期契約労働者と比べて不当な労働条件のもと働かされることを禁止したもの。具体的には、仕事の内容や賃金だけでなく、手当、災害補償や服務規律、福利厚生なども含まれる

● 無期労働契約への転換

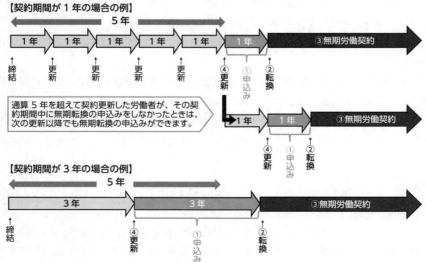

出典：厚生労働省「労働契約法改正のあらまし」

労働安全衛生法

労働安全衛生法は 1972（昭和 47）年に、職場における労働者の安全と健康を守り、快適な職場環境を形成する目的で制定された法律です。もともとは、労働基準法の第 5 章「安全と健康の確保」に定められていましたが、独立して労働安全衛生法として制定されており、労働基準法を補完する位置づけにあります。近年では、化学物質のリスクアセスメントの義務化、受動喫煙防止措置の努力義務化、**ストレスチェック実施の義務化**、**長時間労働者の面接義務化**、など改正がされています。法改正の内容は、適宜確認していきましょう。

● **労働安全衛生法の概要**

> ① 労働災害の防止と快適な作業環境づくり
> ② 労働災害防止計画の策定と実施
> ③ 自主的な安全衛生管理体制の組織と権限
> ④ 労働者の危険や健康阻害を防止する義務
> ⑤ 危険防止のための規制
> ⑥ 就業のために事業者がすべき措置
> ⑦ 作業環境の維持
> ⑧ 安全衛生改善計画の作成

労働安全衛生法第 3 章「安全衛生管理体制」によると、事業者は安全衛生の管理や推進の中心となる人を以下のように決め、安全衛生に関して審議を行い、意見を聞く場を設けることが求められています。

● **安全衛生管理体制**

総括安全衛生管理者	衛生管理者等を指揮する
安全管理者	安全に係る技術的事項を管理する
衛生管理者	衛生に係る技術的事項を管理する
安全衛生推進者	安全教育、労災防止等を担当する
産業医	労働者の健康管理等を行う
安全委員会	労災防止、再発予防のための委員会
衛生委員会	健康障害の防止、健康の保持増進等のための委員会

衛生委員会・安全委員会

健康障害の防止等は ［労働安全衛生法］ に基づき**衛生委員会**で審議をします。

衛生委員会は常時［50］人以上の労働者の全ての事業所に設置が義務づけられています。衛生委員会は、統括管理者1名（議長）、衛生管理者（資格者）1名以上、産業医1名以上、衛生経験者1名以上、労働組合の構成員などで構成されています。

安全委員会は、業種によって設置する事業場に違いがあります。林業、建設業、化学工業、自動車整備などの場合は、従業員［50］人以上、小売業、電気業、水道業、旅館業などの場合は、従業員［100］人以上の場合に設置が必要です。安全委員会は、統括に関する管理者1名、安全管理者1名、安全に関する経験を有する労働者などで構成されています。

安全委員会と衛生委員会の両方を設けなければならない場合は、［安全衛生委員会］としての設置をすることも可能です。

◉ 産業医

産業医は、①医師であること、②労働者の健康管理等を行うのに必要な医学に関する知識について厚生労働省で定める要件を備えた者（労働安全衛生法第13条2項）と定められています。

労働者数［50］人以上〜［3,000］人以下の事業場は産業医を［1］名選任、3,001人以上の事業場は産業医を［2］名以上選任しなくてはなりません。

また、常時［1,000］人以上の労働者を使用する事業場や［有害業務］に常時［500］人以上が従事している事業場は［専属産業医］の選任が必要となります。

［小規模事業場］（労働者数50人未満）においては、産業医の選任義務はありませんが、労働者の健康管理を医師等に行わせるよう努めなければなりません。

◉ 保健師・看護師・衛生管理者・衛生推進者

保健師や看護師は労働者数にかかわらず選任義務は**ありません**。

衛生管理者は労働者が［50］人以上いる事業場は選任しなければならず、衛生推進者は常時［10］人以上［50］人未満の労働者を使用する事業場には選任が必要です。

◉ 長時間労働者への面接指導

2005（平成17）年の労働安全衛生法の改正で、長時間労働者への医師による面接指導が義務化されました。面接指導の方法や体制は衛生委員会等で審議がされます。また、2019（平成31）年の改正では、①**面接指導の要件**と②**労働時間の把握**について定められました。

１．労働者の面接指導の要件が変わります 100時間超から80時間超へ

週の実労働時間が40時間を超えた時間が

| １月当たり 80時間を超えている | ＋ | 疲労の蓄積が 認められる | ＋ | 当該労働者からの 申出がある | ➡ | 面接指導 （罰則なし） |

＊研究開発業務に従事する労働者、高度プロフェッショナル制度の対象者を除く

２．労働者に労働時間に関する情報の通知をしなければなりません （罰則なし）

| １月当たり80時間を超えた場合 | 事業者が | 当該 労働者に | 速やかに | 超えた時間に 関する情報の通知 |

産業医に情報の提供

＊超えた時間の通知方法等については、 後日通達で示されます

出典：東京労働局「改正労働安全衛生法のポイント」

　面接指導を実施するため労働者の労働時間状況の把握は［客観的］に把握するように定められています。具体的には、タイムカードや、PCのログインからログアウトまでの記録などが想定されます。この記録は［3］年間保存することが義務づけられています。

　また、労働者が医師による面接を申し出たことによって、事業者は［不利益］な取り扱いをしてはいけないと定められています。

● ストレスチェックの義務化

　2015（平成27）年12月の労働安全衛生法の改正により、事業者による労働者のストレスの程度の把握、労働者自身のストレスへの気づき、働きやすい職場づくりなど、労働者のメンタルヘルス不調の未然防止（1次予防）を目的とした**ストレスチェック**が［義務化］されました。

　また、2018（平成30）年8月の労働安全衛生規則の一部を改正する省令により、公認心理師がストレスチェックの［実施者］となることが可能となりました。

◎ 働き方改革関連法

　働き方改革関連法（働き方改革を推進するための関係法律の整備に関する法律）は、2018（平成30）年に成立した法律で、**労働施策総合推進法**（雇用対策法を改正）、労働基準法、労働時間等設定改善法、労働安全衛生法、じん肺法、パートタイム・有期雇用労働法（パートタイム労働法を改正）、労働契約法、労働者派遣法等の労働法を中心とした諸法の改正を行う法律です。

第20章　産業・組織に関する心理学

● 働き方改革関連法の概要

改正法	改正内容	施行時期
労働基準法	● 時間外労働の上限規制（大企業）＜義務＞ ● 年次有給休暇の年5日取得＜義務＞ ● 高度プロフェッショナル制度 ● フレックスタイム制の清算期間を最長 [3] か月に	2019 年 4 月
労働安全衛生法	● 労働時間の客観的な把握＜義務＞ ● 産業医や産業保健機能の強化＜義務＞	
労働時間等設定改善法	● 勤務間インターバル制度の導入促進＜努力義務＞	
労働基準法	● 時間外労働の上限規制（中小企業）＜義務＞	2020 年 4 月
労働契約法、パートタイム・有期雇用労働法	● 雇用形態にかかわらない公正な待遇の確保として「同一労働同一賃金」（[大] 企業）＜義務＞	
労働者派遣法	● 派遣労働者への待遇改善の措置＜義務＞	
労働契約法、パートタイム・有期雇用労働法	● 雇用形態にかかわらない公正な待遇の確保として「同一労働同一賃金」（[中小] 企業）＜義務＞	2021 年 4 月
労働基準法	● 月60時間を超える時間外労働に対する割増賃金率を20％から [50]％に引き上げ（中小企業） ※大企業は 2010 年より適用	2023 年 4 月

● 働き方改革　2019 年 4 月の改正のポイント

＜時間外労働＞
　時間外労働の上限は月 [45] 時間、年 [360] 時間を原則とし、特別な事情の場合、年 [720] 時間・単月 [100] 時間未満（休日労働含む）、複数月の平均 [80] 時間（休日労働含む）を限度としている。2019 年 4 月は大企業、2020 年 4 月からは中小企業がその対象となっている。

＜有給休暇＞
　年間 [10] 日以上の有給休暇を付与される従業員（管理監督者等を含む）、パート、アルバイトを対象に、企業には年休を付与した日を基準日として 1 年以内に [5] 日以上の有給休暇を取得させることが [義務] づけられた。また、[年次有給休暇管理簿] を作成し管理することも義務化された。

＜フレックスタイム制＞
　フレックスタイム制の見直しでは、清算期間がこれまでの 1 か月から [3] か月に延長された。

<**高度プロフェッショナル制度**>

　高度プロフェッショナル制度とは、年収 [1,075] 万円以上の一部の専門職に対し、労働時間規制や時間外労働の割増賃金支払い規定の対象外とするという制度。高度プロフェッショナル制度を適用された従業員は、勤怠管理の対象外となるが、[健康確保措置] が義務化される。具体的には、年 [104] 日の休日取得に加え、①**働く時間の上限設定**、②終業から翌始業まで一定の休息時間の確保 (**勤務間インターバル**)、③連続 2 週間の休日取得、④残業 80 時間以上での健康診断などからいずれかを実施する必要がある。

<**その他**>

　その他、雇用形態にかかわらない公正な待遇の確保として、正規雇用者と非正規雇用者の間の給与などでの不合理な待遇差禁止や待遇に関する説明義務の強化 (同一労働同一賃金)、などを企業に課している。

労働者派遣法

　労働者派遣法 (労働者派遣事業の適正な運営の確保及び派遣労働者の保護等に関する法律) は、1985 (昭和 60) 年に、派遣労働者の雇用の安定など労働者の派遣事業を安定的に運営していくために作られた法律です。

　制定以前には、人材派遣が認められていませんでしたが、最初は 13 業務、1996 (平成 8) 年に 26 業務、1999 (平成 11) 年に業種は原則自由となり、2000 (平成 12) 年には派遣社員から正社員への登用の流れの整備、2004 (平成 16) 年には製造業や専門家業務が解禁、2006 (平成 18) 年には医療機関への派遣が一部解禁、2007 (平成 19) 年には製造業への派遣が最長 1 年から 3 年に延長されました。

労働者派遣法の大幅な改正

　2012 (平成 24) 年の改正では、法律名が「労働者派遣事業の適正な運営の確保及び派遣労働者の就業条件の整備等に関する法律」から「労働者派遣事業の適正な運営の確保及び**派遣労働者の保護**等に関する法律」に改正され規定されました。

　[30] 日以内の日雇派遣の原則禁止、派遣料金と派遣賃金の [情報公開] 義務化、派遣先社員との賃金等の [均衡] の配慮、[待遇説明] の必須化、有期雇用から [期間の定めのない雇用] への転換、などが改正されました。

　2015 (平成 27) 年の改正で、労働者派遣業の [許可制]、派遣期間の原則期間を [3] 年とすること、雇用安定やキャリアアップの措置の実施、均衡待遇の推進などが

定められました。

2019（平成31）年の改正では、比較対象労働者の待遇情報の提供、FAXやメール、SNSなど労働者の要望に沿った［労働条件の明示］の方法の見直しなどの改正がされています。

◎ 障害者雇用促進法

1960（昭和35）年に身体障害者雇用促進法が制定され、その後、数回の改正を経て、障害者の雇用の促進と安定を目的として**障害者雇用促進法**（障害者の雇用の促進等に関する法律）が制定されました。障害者に対する［差別的取扱いの禁止］、［合理的配慮］の提供の義務化や、障害者の雇用促進のための措置や雇用の機会や待遇の確保、職業生活の自立促進などを定めています。

● **障害者雇用促進法　第1条**

> この法律は、障害者の雇用義務等に基づく雇用の促進等のための措置、雇用の分野における障害者と障害者でない者との均等な機会及び待遇の確保並びに障害者がその有する能力を有効に発揮することができるようにするための措置、職業リハビリテーションの措置その他障害者がその能力に適合する職業に就くこと等を通じてその職業生活において自立することを促進するための措置を総合的に講じ、もつて障害者の職業の安定を図ることを目的とする。

● **差別禁止と合理的配慮の例**

差別的取扱いの禁止	● 障害者であることを理由として、障害者を募集または採用の対象から排除すること ● 募集または採用に当たって障害者に対してのみ不利な条件を付すこと ● 採用の基準を満たす人の中から障害者でない人を優先して採用すること
合理的配慮	● 募集内容について、音声などで提供すること（視覚障害） ● 面接を筆談などにより行うこと（聴覚・言語障害） ● 机の高さを調節することなど作業を可能にする工夫を行うこと（肢体不自由） ● 本人の習熟度に応じて業務量を徐々に増やしていくこと（知的障害） ● 出退勤時刻・休暇・休憩に関し、通院・体調に配慮すること（精神障害ほか）

2018（平成30）年の改正では、障害者の［雇用義務］に身体障害者、知的障害者に加えて、精神障害者（発達障害やてんかん含む）が追加されました。

事業主の経済的負担の調整としては、**納付金制度**が整備されています。

● 納付金制度

障害者雇用納付金	不足 1 人につき月額 5 万円徴収
障害者雇用調整金	超過 1 人につき月額 2 万 7 千円支給
障害者を雇い入れるための施設の設置など	助成金の支給

 ## 男女雇用機会均等法

　1972（昭和 47）年に制定された勤労婦人福祉法が改正され、1985（昭和 60）年に「雇用の分野における男女の均等な機会及び待遇の確保を図るとともに、女性労働者の就業に関して妊娠中及び出産後の健康の確保を図る等の措置を推進することを目的」（第 1 条）として**男女雇用機会均等法**（雇用の分野における男女の均等な機会及び待遇の確保等に関する法律）が制定されました。

● 男女雇用機会均等法のポイント

- 性別を理由とする差別の禁止
  - →雇用管理の各ステージにおける性別を理由とする差別の禁止
  - →間接差別の禁止
  - →女性労働者に係る措置に関する特例
- 婚姻、妊娠・出産等を理由とする不利益取り扱いの禁止等
- セクシュアルハラスメントおよび妊娠・出産等に関するハラスメント対策
- 母性健康管理措置
- 派遣先に対する男女雇用機会均等法の適用
- 深夜業に従事する女性労働者に対する措置
- 事業主に対する国の援助　　など

出典：厚生労働省「男女雇用機会均等法のあらまし」より著者作成

Column

労務管理のコンサルテーション

従業員の労働条件の管理や労働環境の整備を管理する業務を［労務管理］といいます。これまでに挙げたような法律の中で私たちは労働を行っているため、労働者本人や事業主への支援（組織支援）において必要な法律をおさえておきましょう。「**労働時間の適正な把握のために使用者が講ずべき措置に関するガイドライン**」「**やさしい労務管理の手引き**」などには、具体的な内容も明示されているので、専門職の視点として労働者の支援を行う際にはこういったガイドラインを頭に入れておくことが肝要です。また、私たち心理職も労働者の 1 人です。過度な感情労働などにならないように自身の働き方についても考えながら働いていきましょう。

職場における問題

124

近年、長時間労働や過重労働、ハラスメント、待遇の格差など、様々なストレスが労働者の心身の健康に影響を与えている現状があります。ここでは、**職場のメンタルヘルス**について、どのような問題を抱えているかを学んでいきましょう。

過労死（karo-shi）

2002（平成14）年の「**過重労働による健康障害防止のための総合対策**」において、長時間にわたる過重な労働は、**疲労の蓄積**をもたらす最も重要な要因と考えられ、さらには、**脳や心臓疾患**の発症との関連性が**強い**という医学的知見が得られました。このため、労働者に疲労の蓄積を生じさせないよう、労働者の健康管理に係る措置を適切に実施することが重要であるとされています。

2006（平成18）年に新たに策定された総合対策では、長時間労働者への面接指導、時間外・休日労働時間の削減、年次有給休暇の取得促進、労働者の健康管理に係る措置の徹底などが定められました。

労働安全衛生法では、時間外・休日労働時間が［1］か月当たり［80］時間を超える労働者で疲労の蓄積が認められる者は、本人の申請により、医師による面接指導を確実に実施すると定められています。

過労自殺

日本の自殺者数は、1998（平成10）年以降14年間連続して3万人を超えていましたが、2010（平成22）年以降減少が続き、2019（令和元）年は2万169人でした。その中で、勤務問題を原因・動機の1つとする自殺者の数（過労自殺）は、2012（平成24）年以降減少傾向にあり、2019（令和元）年は前年比69人減少の1,949人でした。また、自殺者数総数に対する「勤務問題を原因・動機」の1つとする自殺者の割合は2007（平成19）年以降の推移をみると、おおむね増加傾向にあり、2019（令和元）年は9.7%でした。

プラス+1

勤務問題の詳細

勤務問題を原因・動機と推定される自殺の詳細をみると、勤務問題のうち「仕事疲れ」が約3割を占め、次いで「職場の人間関係」「仕事の失敗」「職場環境の変化」が挙げられる。職業別では、「被雇用者・勤め人」が8割以上を占め、次いで「無職者」「自営業・家族従業者」の順で割合を占めている。

● 過労死等防止対策推進法

2014（平成26）年に制定された**過労死等防止対策推進法**によって、過労死等とは「業務における過重な負荷による**脳血管疾患**若しくは**心臓疾患**を原因とする死亡若しくは業務における**強い心理的負荷による精神障害**を原因とする自殺による死亡又はこれらの脳血管疾患若しくは心臓疾患若しくは精神障害をいう」と定義されました。

過労死は、1980年代後半から社会的注目を集めていて、海外でも「karo-shi」として認知されている現状があります。

● 労働災害（労災）の認定

近年、精神障害の労災請求件数が大幅に増加しており、認定の審査には平均約8.6か月（厚生労働省労働基準局労災補償部平成23年12月26日資料より）を要していました。このため、審査の迅速化や効率化を図るための労災認定のあり方について、医学・法学の専門家による検討が行われ、2011（平成23）年には [心理的負荷による精神障害の認定基準] が発表されました。

● 心理的負荷による精神障害の認定基準のポイント

> ① わかりやすい心理的負荷評価表（ストレスの強度の評価表）
> ② いじめやセクシュアルハラスメントのように出来事が繰り返されるものについては、その開始時からの全ての行為を対象として心理的負荷を評価する
> ③ これまで全ての事案について必要としていた精神科医の合議による判定を、判断が難しい事案のみに限定

プラス+1

心理的負荷が「強」とされるもの

心理的負荷が「強」とされることの中には「発病直前の1か月に約160時間を超える、あるいは同程度の時間外労働があった」「会社で起きた重大な事故、倒産を招きかねないなどの事件について責任を問われ事後対応に多大な労力を費した」「退職の強要や、（ひどい）いやがらせ、いじめ、暴行、などがあった」こと等が挙げられる。

第20章 産業・組織に関する心理学

厚生労働省の2020（令和2）年度の「過労死等の労災補償状況」調査によると、脳・心臓疾患に関する労災補償の請求件数は784件で前年度比152件減となっています。「運輸業・郵便業」158件、「卸売業・小売業」111件、「建設業」108件の順でした。また、支給決定件数の総数は194件で、昨年度比22件減となっています。業種別（大分類）の支給決定件数は、「運輸業・郵送業」58件、「卸売業・小売業」38件、「建設業」27件の順に多くなっています。

● 脳・心臓疾患に関する「業種別」労災補償の件数

業種	請求件数	支給決定件数
農業・林業・漁業など	11	5
製造業	92	17
建設業	108	27
運輸業・郵便業	158	58
卸売業・小売業	111	38
金融業・保険業	13	0
教育・学習支援業	13	2
医療・福祉	67	8
情報通信業	23	2
宿泊業・飲食サービス業	42	15
その他	157	22

出典：厚生労働省「過労死等の労災補償状況」（2020（令和2）年度）

● 脳・心臓疾患に係る労災支給決定（認定）件数推移

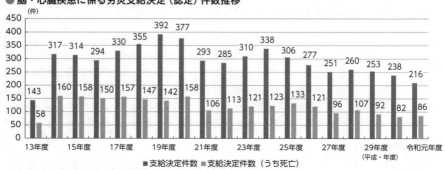

（資料出所）厚生労働省「過労死等の労災補償状況」
（注）労災支給決定（認定）件数は、当該年度内に「業務上」と認定した件数で、当該年度以前に請求があったものを含む。

出典：厚生労働省「令和2年版過労死等防止対策白書」

● 精神障害に関する「業種別」労災補償の件数

業種	請求件数	支給決定件数
農業・林業・漁業など	8	8
製造業	326	100
建設業	89	43
運輸業・郵便業	202	63
卸売業・小売業	282	63
金融業・保険業	64	12
教育・学習支援業	77	11
医療・福祉	488	148
情報通信業	111	27
宿泊業・飲食サービス業	92	39
その他	312	94

出典：厚生労働省「過労死等の労災補償状況」(2020 (令和2) 年度)

　精神障害に関する労災補償の請求件数は 2,051 件で前年度比 9 件減となっています。業種別 (大分類) の請求件数は、「医療・福祉」488 件、「製造業」326 件、「卸売業・小売業」282 件の順でした。また、支給決定件数の総数は 608 件で昨年度比 99 件増となっています。業種別 (大分類) の支給決定件数は、「医療・福祉」148 件、「製造業」100 件、「運輸業・郵便業」と「卸売業・小売業」63 件の順に多くなっています。

● 精神障害に係る労災支給決定 (認定) 件数推移

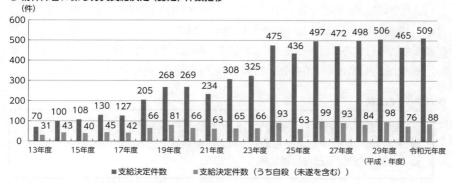

(資料出所) 厚生労働省「過労死等の労災補償状況」
(注) 労災支給決定 (認定) 件数は、当該年度内に「業務上」と認定した件数で、当該年度以前に請求があったものを含む。

出典：厚生労働省「令和2年版過労死等防止対策白書」

過去の試験問題（第1回追試試験問23）では、過労死等の労災補償状況のうち、脳・心臓疾患に関する事案で支給決定数の最も多かった業種を問う問題が出題されています。労災の請求件数や支給決定件数は年度によっても入れ替わりがみられます。「過労死等防止対策白書」や「過労死等の労災補償状況」などが各年度で発行されているので、直近の傾向や近年のデータの推移などは確認しておくようにしましょう。

ひとこと

職場におけるハラスメント（パワハラ・セクハラ・マタハラ）

　ハラスメント（Harassment）は、様々な場面における**いじめや嫌がらせ**のことを指します。職場における代表的なハラスメントとして、パワハラ、セクハラ、マタハラがあります。

パワーハラスメント（パワハラ）

　2019（令和元）年の労働施策総合推進法の改正により、2020（令和2）年6月より職場におけるパワーハラスメント（パワハラ）の防止対策が義務づけられました。それまではパワハラを規制する法律はありませんでしたが、本改正により法律に則ったパワハラ対策が求められるようになりました。パワハラ防止のための措置の義務づけは、[労働施策総合推進法]（労働政策の総合的な推進並びに労働者の雇用の安定及び職業生活の充実等に関する法律）において一部定められたため、本法は[パワハラ防止法]とも呼ばれます（中小企業では、2022（令和4）年までは努力義務）。

● パワハラの定義

> 「職場において行われる優越的な関係を背景とした言動であって、業務上必要かつ相当な範囲を超えたものによりその雇用する労働者の就業環境が害されること」（労働施策総合推進法第30条の2）

　職場のパワハラのポイントは、①**優越的な関係を背景とする**こと、②**業務上必要かつ相当な範囲を超えた言動**であること、③**労働者の就業環境が害される**こと、が挙げられます。パワハラといえば、上司が部下に対して行う行為というイメージが強い

ですが、「優越的な関係」とは、業務上必要な知識や経験を有していて、当該者の協力を得なければ業務の円滑な遂行を行うことが困難なような場合も含まれます。したがって、経験豊富な部下が着任したばかりの不慣れな上司に対して行う場合も、パワハラに該当することも考えられます。

● **パワハラの6類型（職場のパワーハラスメント予防・解決に向けた提言）**

身体的な攻撃	暴行・障害
精神的な攻撃	脅迫・名誉毀損・侮辱・ひどい暴言
人間関係からの切り離し	隔離・仲間外し・無視
過大な要求	業務上明らかに不要なことや遂行不可能なことの強制・仕事の妨害
過小な要求	業務上の合理性なく、能力や経験とかけ離れた程度の低い仕事を命じることや仕事を与えないこと
個の侵害	私的なことに過度に立ち入ること

　防止のための具体的な措置については、2019（令和元）年12月に厚生労働省から指針が示されており、企業等は就業規則でパワハラを禁止することや、相談窓口の設置などが求められています。

● **事業主が講じるべき措置**

1. **事業主の方針の明確化及びその周知・啓発**
2. **相談（苦情を含む）に応じ、適切に対応するために必要な体制の整備**
   - 相談窓口の設置と労働者への周知、相談対応者の対応力の強化
3. **職場におけるパワーハラスメントへの事後の迅速かつ適切な対応**
   - 事実関係の迅速かつ正確な把握
   - 被害者に対する配慮のための措置や行為者に対する措置
   - 再発防止措置
4. **併せて講ずるべき措置**
   - 相談者・行為者等のプライバシー保護に関わる措置
   - 相談者や協力者等への解雇その他不利益な取扱いの防止措置

❀ セクシュアルハラスメント（セクハラ）

　セクハラは、労働者の意に反する性的な言動が行われ、それを拒否したことで解雇、降格、減給などの不利益を受けること（対価型セクシュアルハラスメント）や、性的な言動が行われることで職場の環境が不快なものとなったため、労働者の能力の発揮に大きな悪影響が生じること（環境型セクシュアルハラスメント）をいいます。
　1997（平成9）年の［男女雇用機会均等法］の改正によって事業主にセクハラへの配

慮義務が課され、2006（平成18）年の改正では、防止措置が［義務］化されました。

　事業主が講ずべき措置は厚生労働大臣より以下の10項目が指針として定められています。

● セクハラ防止のために事業者が講ずべき事項

1　事業主の方針の明確化及びその周知・啓発
　(1) 職場におけるセクシュアルハラスメントの内容・セクシュアルハラスメントがあってはならない旨の方針を明確化し、管理・監督者を含む労働者に周知・啓発すること。
　(2) セクシュアルハラスメントの行為者については、厳正に対処する旨の方針・対処の内容を就業規則等の文書に規定し、管理・監督者を含む労働者に周知・啓発すること。

2　相談（苦情を含む）に応じ、適切に対応するために必要な体制の整備
　(3) 相談窓口をあらかじめ定めること。
　(4) 相談窓口担当者が、内容や状況に応じ適切に対応できるようにすること。また、広く相談に対応すること。

3　職場におけるセクシュアルハラスメントに係る事後の迅速かつ適切な対応
　(5) 事実関係を迅速かつ正確に確認すること。
　(6) 事実確認ができた場合には、速やかに被害者に対する配慮の措置を適正に行うこと。
　(7) 事実確認ができた場合には、行為者に対する措置を適正に行うこと。
　(8) 再発防止に向けた措置を講ずること。（事実が確認できなかった場合も同様）

4　1から3までの措置と併せて講ずべき措置
　(9) 相談者・行為者等のプライバシーを保護するために必要な措置を講じ、周知すること。
　(10) 相談したこと、事実関係の確認に協力したこと等を理由として不利益な取扱いを行ってはならない旨を定め、労働者に周知・啓発すること。

出典：厚生労働省「雇用の分野における男女の均等な機会及び待遇の確保等に関する法律（抄）」より著者作成

マタニティハラスメント（マタハラ）

　女性労働者の婚姻、妊娠、出産を理由に不利益な取り扱いをすることを［マタハラ］といい、2016（平成28）年の［男女雇用機会均等法］の改正により、防止措置が義務化されました。

　マタハラ防止対策の指針では、職場における妊娠、出産等に関するハラスメントの内容として、①［制度等の利用への嫌がらせ型］、②［状態への嫌がらせ型］の2種

類があると定義しています。

　事業主が講ずべき措置の内容としては、以下が挙げられています。

● マタハラ防止のために事業者が講ずべき事項

> (1) 事業主の方針等の明確化及びその周知・啓発
> (2) 相談（苦情含む）に応じ、適切に対応するために必要な体制の整備
> (3) 職場における妊娠、出産等に関するハラスメントに係る事後の迅速かつ適切な対応
> (4) 職場における妊娠、出産等に関するハラスメントの原因や背景となる要因を解消するための措置
> (5) 上記とあわせて講ずべき措置として、相談者・行為者等のプライバシーを保護するために必要な措置を講じていることや、不利益な取扱いを行ってはならない旨を定め、労働者にその周知・啓発することについて措置を講じていること

出典：厚生労働省「職場のパワーハラスメント防止対策についての検討会報告書（平成30年3月）」より著者作成

● セクハラやマタハラの防止の具体的な取り組み

> ● 雇用管理の各ステージにおける性別を理由とする差別の禁止──募集、採用、配置、昇進、降格など
> ● 間接差別の禁止──身長・体重・体力、転居を伴う転勤を募集・採用の要件とすること
> ● 婚姻・妊娠・出産等を理由とする不利益取扱いの禁止
> ● 母性健康管理措置──妊娠中等の保健指導など
> ● 派遣先に対する適用──派遣先でも同様
> ● 事業主への国の援助──格差解消のための取り組み

 プラス+1

ワーク・コミットメント（仕事に関わる関与や思い入れなど）

> ● 規範的コミットメント：組織に関与することが自身にとって道徳的に望ましいから留まるというコミットメント
> ● 行動的コミットメント：組織のために働いているという自分自身の行動を見て、それに整合していくコミットメント
> ● 情緒的コミットメント：組織に対する好意的な感情があるから留まるというコミットメント
> ● 存続的コミットメント：現時点で組織を離れることは自分にとって損失となるから留まるというコミットメント
> ● 態度的コミットメント：組織の目標や価値についてのコミットメント

125 組織における人の行動と心理

　産業・労働の分野における支援では、「組織に属している個」への支援という視点も重要です。また、組織自体への支援や介入を行うこともあります。組織とはどのようなものかを理解した上で支援を行うことが肝要です。そこで、ここでは、組織における人の行動や心理に関する知識を学びます。

動機・動機づけ

18 章の動機づけに関する理論とあわせて、様々な理論を確認しておきましょう。

内発的動機づけ	自分自身の内的な要因(好奇心や趣味、関心)や条件によって誘発されるもので、「したいからする」など、そこで引き起こされる行動自体が目標となる場合もある。
外発的動機づけ	本人以外の外的な要因(賞や罰、ご褒美など)や条件によって誘発されるもので、行動は手段的な行動となり、他律的、または依存的な傾向を強める可能性もある。
達成動機	McClelland, D.C. は、欲求理論において従業員の行動の動機を「達成動機」「親和動機」「権力動機」「回避動機」の4つに分類し、回避動機によって動機づけは高まると考えている。
目標設定理論	Locke, E.A. の理論では、明確で具体性を持った目標の場合、あいまいな目標の場合よりも動機づけが高まるとされる。
認知的評価理論	Deci, E.L. の理論では、元々内発的に動機づけられていた行動であったとしても、外発的な報酬が与えられることで内発的動機づけは低下するとされる。
二要因理論	Herzberg, F. の理論では、人事労務管理に必要な要素を「動機づけ要因」「衛生要因」の2種類に分けて考えるべきとされる。ただし、衛生要因は「整備されていないと不満を感じるもの」ではあるが「整備されている」としても、動機づけは高まらないとしている。
期待理論	Vroom, V.H. の理論では、目標達成後の報酬が得られる確信があれば、動機づけは高まるとされる。

● 欲求と過程

欲求説は、人は何によって行動することが動機づけられるかという考え方のことを指します。[Maslow, A.H.] は、生理的欲求、安全欲求、所属と愛の欲求、承認欲求、自己実現欲求の順に 5 段階で構成される [欲求階層説] を唱えました。また、[Alderfer, C.] は、欲求は、Existence（生存欲求）、Relatedness（関係欲求）、Growth（成長欲求）の 3 次元の欲求があるという [ERG 理論] を提唱しました。

Maslow の欲求階層説は、高次の欲求が活性化されるには、低次の欲求が充足されていることが必要である一方で、ERG 理論では、高次の欲求と低次の欲求が同時に活性化される可能性を肯定しています。

● **Maslow の欲求階層説と Alderfer の ERG 理論**

過程説は、人はどのように行動することが動機づけられるかという考え方です。努力の結果が公平に評価されることが動機づけを高めるとした Goodman, P. らの公平説や、報酬によって行動が強化されるという Luthans, F. の強化説などがあります。Herzberg, F. は、人間の仕事における満足度は、「満足」にかかわる要因（動機づけ要因）と「不満足」にかかわる要因（衛生要因）は別のものであるとする、[二要因理論] を提唱しました。

◉ ポジティブ心理学

ポジティブ心理学は、[Seligman, M.E.P.] が提唱しました。Seligman はウェルビーイングの概念として **PERMA** を考案しました。PERMA は Positive emotion（ポジティブな感情）、Engagement（関わり）、Relationship（他者との関係）、Meaning（人生の意義）の自覚であり、治療的なことよりも人生をより充実したものにするために、個人や社会の長所や強みを研究する心理学の一分野のことを指します。

Csikszentmihalyi, M. は、内発的に動機づけられ、完全に集中して対象に入り込んでいる精神的な状態を [フロー] と呼び、フロー状態のときには高い集中力を発揮するといわれています。

◎ レジリエンス

レジリエンス（Resilience）は「回復力」「復元力」あるいは「弾力性」「しなやかな強さ」などと訳されます。初期の研究では紛争地域やスラムに暮らす子どもを対象としたものが多く、近年は災害や人を苦境に陥れる困難な状況から「立ち直る力」として注目を集めています。レジリエンスの要素としては、**自尊感情、感情のコントロール、楽観性、人間関係、自己効力感**などが挙げられます。

◎ 安全文化

　組織の構成員が安全の重要性を認識し、事故等の防止を含めた様々な対策を積極的に実行する姿勢や仕組みなどのあり方を［安全文化］といいます。安全文化において、Reason, J.T. は、①**報告する文化**、②**正義の文化**、③**学習する文化**、④**柔軟な文化**が重要であると指摘しました。

報告する文化	自分自身のミスやエラーなど、自分に不利になる事柄も報告する文化
正義の文化	意図的で悪意の感じられる不安全行動に対して厳しく罰する文化
学習する文化	過去の事故やニアミス事例に対応して頻繁に変化する文化
柔軟な文化	予想し得ない事態に直面した場合にマニュアルに頼らず臨機応変に対応できる組織の文化

　組織における事故の多くは［ヒューマンエラー（人的ミス）］といわれています。エラーには、実行すべき事項を怠った結果起こるミスである［オミッション・エラー］と、実行したが正しく遂行されず起きたミスの［コミッション・エラー］などがあります。

● 事故の予防

　重大な事件に至る危険のあった事件を**インシデント**といい、インシデントの予防には、事故等の危険性や有害性の特定、リスクの見積もり（リスクアセスメント）、優先度の検討や除去、低減する［リスクマネジメント］が重要となります。

　注意を払うべき対象に一連の動作を行うことでミス等の発生を下げる［指差呼称］や、事故には至らなくても場合によっては事故に直結したかもしれないエピソードの［ヒヤリハット］の確認など、KY（危険予知）活動が求められます。

　危険予知は、安全管理や事故防止対策のために導入されているものです。作業開始前に行い、当日の作業に対する危険を予知し、安全確保上のポイントや対策を周知し、安全の徹底を図るものです。**危険予知訓練（KYT）**は、事故や災害を未然に防ぐこと

を目的に、その作業に潜む危険を予想し、指摘し合う訓練のことを指します。

● 事故の発生の分析

ハインリッヒの法則	1つの重大事故の背景には29の軽微な事故があり、さらにその背景には300のインシデントが存在するという法則
スノーボールモデル	軽微なミスや勘違いが思わぬ方向に波及し、雪玉のように段々と危険が大きく膨れ上がってしまうという考え方
スイスチーズモデル	事故は単独で発生するのではなく複数の事象が連鎖して発生するという考え方
4M-5E マトリックスモデル	人的 (Man)、機械的 (Machine)、環境 (Media)、管理 (Management) の4つの視点 (4M) で要因を分析し、教育 (Education)、技術 (Engineering)、強化 (Enforcement)、模範 (Example)、環境 (Environment) の5つの視点 (5E) で対策を実施する考え方
VTA (Variation Tree Analysis)	ある事故につながる行為や判断を時系列で追い、事故の発生過程や事故要因を明らかにする手法
SHEL モデル	ヒューマンエラーは、中心のL (Liveware：当事者) と、周囲のS (Software：手順など)、H (Hardware：設備など)、E (Environment：環境)、L (Liveware：同僚など) が影響し合い発生するという考え方

◎ 組織風土

組織風土は、労働者間で共通の認識とされるような他の組織とは区別される[独自の規則]や[価値観]などのことを指します。具体的には、顧客至上主義、成果を上げた分だけ社員に還元する、といったものを指します。組織風土は、労働者の動機づけや考えなどに影響をおよぼすもので、影響を与える要素は、経営理念、人事制度、就業規則などが挙げられます。

◎ 組織文化

組織文化とは、従業員間で共有されている信念や前提条件、ルールのことを指し、組織の構成員の仕事の仕方に直接的な影響を与えます。具体的には、個人主義／チームワーク主義、成長志向／安定志向、年功序列／成果主義、トップダウン／ボトムアップ、褒めて育てる／厳しく叱るなどのことをいいます。

組織風土や組織文化は言葉の定義が異なるため、誤解を招かない注意が必要です。[組織風土] は、労働者の動機づけにかかわるもので、外からの影響を受けにくく変化しにくいといわれ、一方、[組織文化] は、仕事のやり方にかかわるもので、外からの影響を受けながら少しずつ形成され、変化していくものとされます。

組織に関する課題を解決する際には、解決したい課題が、組織風土に基づくのか、組織文化に基づくのかを検討することが重要です。

◉ リーダーシップ

リーダーの影響力の基盤を**社会的勢力**といい、社会的勢力は受け手のメンバーがどのように認知するかにも依存するといわれています。リーダーシップのあり方は組織の成否や方向性を左右するものであり、リーダーシップの考え方には様々な理論があります。

◉ 特性論

有能なリーダーが生まれながらにして、どのような特性を有しているかという考え方を**特性論**といいます。

Stogdill, R.M. の特性論	優れたリーダーの特性として、「知能」「素養」「責任感」「参加性」「地位」を見出す
Judge, T.A. と Bono, J.E. の特性論	リーダーシップと Goldberg, L.R. が提唱した 5 因子モデルの間には関連があるとした
House, R.J. の特性論	カリスマ的リーダーは「支配欲」「自信」「影響力の要求」「自己価値への信念」があるとした

◉ 行動論

リーダーシップは天性のものではなく、行動によって発揮されるものとし、観察可能な行動に焦点を当てた考え方を**行動論**といいます。

代表的な理論に、三隅二不二の [PM 理論] があります。PM 理論では、リーダーの行動パターンを**目標達成機能**（P 機能）と**集団維持機能**（M 機能）の 2 つの機能として考えています。これらの機能の高低を大文字と小文字で表現しリーダーのタイプを表現しています。

◉ マネジリアル・グリッド理論

Blake, R.R. らの**マネジリアル・グリッド理論**は、「業績に関する関心」と「人間に

対する関心」の２次元でリーダーの行動をとらえています。

　PM理論はメンバーがリーダーの行動を評価するのに対し、マネジリアル・グリッド理論ではリーダーが自らのスタイルを評価しています。また、PM理論は高低２水準で４つに類型化するのに対し、マネジリアル・グリッド理論では４つの類型に加えて、中間型が設定されています。

● マネジリアル・グリッド

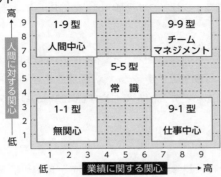

　その他にも、Lewin, K. や Lippitt, R. らは、リーダーシップのスタイルを［専制型］・［民主型］・［放任型］の３つに分類しています。

● リーダーシップのスタイル

専制型	集団活動の全てをリーダーが決定するスタイル
民主型	集団活動の意思決定をメンバーが行い、リーダーがそれをサポートするスタイル
放任型	集団活動にリーダーは積極的にかかわらず、メンバーに任せるスタイル

　専制型はリーダーによる統制は強いが、長期的に実施するとメンバーの不満が高まりやすい。民主型は仕事の量や質に優れており、雰囲気が良くチームのまとまりは良いが、関係性を構築していくため短期的な達成にはやや不向きです。放任型では個々の力は発揮しやすいですが、まとまりに欠けがちです。

状況即応理論（コンティンジェンシー理論）

　絶対的なリーダーシップというものはなく、様々な状況要因によって変化するという考え方を**状況即応理論**（コンティンジェンシー理論）といいます。

　フィードラー理論（Fiedler, F.E.）では、今まで一緒に働いた中で最も苦手な人を評

価する［LPC（Least Preferred Co-worker）］評価の得点の高低でリーダーを**対人関係型**や**課題志向型**に分類しました。LPC得点が高い場合は、対人関係を重視する対人関係型、LPC得点が低い場合は、課題の達成を重視する課題志向型であるとされます。

House, R. の［**パス・ゴール**］理論では、メンバーの欲求を理解し組織の目標と関連づけ、指示や指導を行うことでパス（道筋）を明らかにすることを目的としています。

本理論にはその他にも、効果的なリーダーシップはメンバーの仕事における成熟度によって異なるというライフサイクル理論（Hersey, P. ら）などが挙げられます。

認知論

メンバーからリーダーへの認知や評価を重視したのが**認知論**です。リーダーは集団の目標実現に効果的な行動を選択するという「目標設定理論」や、リーダーシップのおかげで業績が良好であると先入観を持ちやすい「暗黙のリーダーシップ」などが挙げられます。

コンセプト理論

状況即応理論をもとに、具体的な場面を想定して、環境や状況によって適材適所のリーダーシップを研究したのが**コンセプト理論**であり、近年注目を集めています。次のようなものがあります。

変革型リーダーシップ	行動や発想など強力な力で組織を牽引して、組織を変革的に発展させるリーダー行動に焦点を当てるスタイル
サーバントリーダーシップ	サーバントは「奉仕者」などの意味を持ち、ワンマンではなく部下に奉仕し、支援する役割を担うスタイル
オーセンティックリーダーシップ	オーセンティックとは「本物の」などの意味を持ち、自分の心情や価値を知り、その心情や価値のままに行動するリーダーのスタイルで高い倫理観や道徳観がリーダーには必要とされるというスタイル
トランザクショナルリーダーシップ	飴と鞭で部下を管理・統括するスタイル
E リーダーシップ	ICT の知識や経験を持つスタイル

126 職場のメンタルヘルスと支援

産業・労働の分野において心理職は、産業医や保健師、人事や管理職など多職種とともに、その組織で働く労働者の心身の健康の保持増進のために働いていきます。ここでは、職場のメンタルヘルスに関連して、組織における支援について学んでいきましょう。

◎ 産業心理学

産業心理学は産業場面における労働環境や作業効率、組織内における人間関係などを幅広く扱う学問です。Taylor, F.W. の [科学的管理法] や Mayo, G.E. の [ホーソン研究] が有名です。Mayo の研究では、照明条件や作業時間などの環境要因よりも、[労働者間の人間関係] が作業士気を高め、生産性に影響を与えることが明らかとなりました。

◎ THP（トータル・ヘルス・プロモーション）

1988（昭和 63）年の労働安全衛生法の改正により、企業は労働者に対する健康教育や健康相談など、労働者の健康保持増進に必要な措置を講ずるよう努めなければならないとして、企業に努力義務を課しました。働く人の心身の健康の保持・増進のために、厚生労働省が 1988（昭和 63）年に策定したのが、[THP] です。

THP は、厚生労働省が策定した「事業場における労働者の健康保持増進のための指針」（メンタルヘルス指針）に沿って実施されるもので、全ての働く人を対象とした、総合的な「心とからだの健康づくり運動」のことをいいます。

● 4 つのケア

メンタルヘルス指針では、**4 つのメンタルヘルスケア**が継続的かつ効果的に行われることが必要といわれています。

セルフケア	労働者自身が自発的にストレスやメンタルヘルスへの理解を深め、相談をしたり、ストレスへの対処をしたりすること
ラインケア	管理監督者による部下への相談対応のこと 例：職場環境の把握・改善、職場復帰支援　等
[事業場内] 産業保健スタッフによるケア	産業医、保健師、心理支援職（公認心理師、精神保健福祉士、臨床心理士など）など社内の専門家が、相談対応や助言・指導などを行うことで、セルフケア、ラインケアが効果的に実施されるための支援や実施計画の立案なども含まれる
[事業場外] 資源によるケア	外部の医療機関や外部 EAP など専門家を活用したケアを指す 例：事業場外資源とのネットワークづくり、各種サービス提供　等

● ストレスチェック

　ストレスチェックは、常時 [50] 人以上の労働者を使用する事業場で年 [1] 回の実施が義務とされており、50 人未満の場合は [努力義務] となっています。ただし、ストレスチェックの実施義務は事業者にあり、労働者自身に受検義務は [ありません]。

　ストレスチェックについては、厚生労働省資料「**改正労働安全衛生法に基づくストレスチェック制度**」などにも目を通しておきましょう。

● ストレスチェックの実施

　ストレスチェックの際に用いる調査票の指定はありませんが、[職業性ストレス簡易調査票]（57 項目）の使用が推奨されています。同調査では、①ストレス要因、②ストレス反応、③周囲のサポートの 3 つの領域で質問が構成されており、回答を点数にして評価します。

　また、仕事にやりがいを感じ、仕事に熱心に取り組むことができており、仕事から活力を得て生き生きしている状態を指す [ワーク・エンゲイジメント] や職場の一体感を指す [ソーシャルキャピタル] が近年注目を集めています。

　新職業性ストレス簡易調査票（80 項目）では、職業性ストレス簡易調査票の 57 項目に加えて、ソーシャルキャピタルや職場のハラスメント、ワーク・エンゲイジメントなどを測定することが可能であり、こちらを用いて職場の集団分析を行うことは有意義であると考えられます。

● ストレスチェックの実施体制

　ストレスチェックの実施に関する実施計画や評価方法、高ストレス者の基準などは [衛生委員会] で審議されます。

ストレスチェックの実施者は、[医師]、[保健師]、一定の研修を受けた[歯科医師]、[看護師]、[精神保健福祉士]、[公認心理師]に限られています（2019 年 11 月時点）。

　実施者の役割は、調査票の選定や結果の送付、高ストレス者や面接指導の必要性の判断などが挙げられます。また、[実施事務従事者]は、調査票の回収や面接指導の推奨などを行う役割です。資格の要件はありませんが、実施者と同様に、労働者の解雇や昇進などの権限を持つ立場の者はなれないとされます。しかし、事業によっては実施者が経営に絡んでいる立場にいるなどして、正直に答えにくいという現状も課題としてあります。記入された調査票の回収、データ入力、結果の通知などが可能です。未受検者に対しての[受検勧奨]や、実施計画の通知などは、人事に関する直接の権限を持つ者も従事可能です。

🔵 ストレスチェックの結果

　ストレスチェックの個人結果は、受検者の[同意]なく事業者に通知することはできません。個人結果は、個人のストレス程度、高ストレスに該当しているかの有無、面接指導の必要性などが受験者本人に通知されます。実施の仕方によっては、高ストレスの該当の有無にかかわらず、何か相談をしたい場合の連絡先などを掲載しているところもあります。

🔵 高ストレス者への対応

　高ストレス者として選定される者として、職業性ストレス簡易調査票で「**心身のストレス反応の評価点数が高い者**」や「**心身のストレス反応の評価点数の合計が一定以上の者**であって、かつ、**仕事のストレス要因、及び、周囲のサポートの評価点数の合計が著しく高い者**」などが挙げられています。

　また、[補足的面接]として、医師、保健師、看護師、精神保健福祉士、あるいは産業カウンセラー、臨床心理士等の**心理職**が労働者と面談を行い、その結果を参考として選定する方法もあります。

　ストレスチェックの結果、高ストレス者に該当するなどの一定の要件に該当する労働者から申出があった場合、[医師による面接指導]を実施することが**事業者**の[義務]となります。また、申出をしたことを理由とする不利益な取り扱いは禁止されています。

　さらに、面接指導の結果に基づき、医師の意見を聴き、必要に応じ[就業上の措置]を講じることが事業者の[義務]となります。

プラス+1

不利益とは？

不利益とは、具体的に、①解雇、②契約の更新をしない、③退職勧奨、④不当な配置転換や職位（役職）の変更、などのことをいう。

🔅 ストレスチェックの実施後の対応

ストレスチェックの結果報告書は、所轄の［労働基準監督署長］に提出します。また、医師による面接指導の記録は、［5］年間の保存義務があります。

加えて、ストレスチェック実施後には、部署等の［集団］ごとの集計・分析（集団分析）や、その結果を踏まえた必要な措置をとることが、［努力義務］とされています。

Column

派遣社員はストレスチェックの対象か？

ストレスチェックの対象者は「**常時使用する労働者**」とされており、一般定期健康診断と同様です。派遣労働者に対するストレスチェックと面接指導については、労働安全衛生法に基づき、［派遣元］事業者が実施をします。派遣先事業者は、ストレスチェックと面接指導を受けることができるよう、派遣労働者に対し、必要な配慮をすることが重要です。

集団分析については、職場単位で実施する必要があることから、派遣労働者も含め［派遣先］事業者において分析することが適当です。

つまり、そのためには、派遣先事業者において派遣労働者に対してストレスチェックを実施することが望ましいといえます。

Column

面接指導はオンラインでも OK ？

医師による面接指導については、**情報通信機器**を用いることが認められています。要件としては、面接指導を行う医師と労働者とが相互に表情、顔色、声、しぐさ等を確認できること、映像と音声の送受信が常時安定し、かつ円滑であること、情報セキュリティが確保される、などが挙げられています。

⚙️ EAP（従業員支援プログラム）

EAP（Employee Assistance Program）は、1940 年代のアメリカで［アルコール依存者］のケアから始まりました。現代では人間関係など心理的問題、ストレス対処、

家族問題、経済的問題など労働者の多岐にわたる問題に対応しています。

EAPは、事業場内にある［内部EAP］と事業場外の［外部EAP］に分けられ、いずれも組織の生産性や労働者のパフォーマンスの向上に寄与する支援を提供します。

主なEAPの機能には以下の3点が挙げられます。

①組織に対する職業性ストレスの評価・短期的カウンセリング

②労働者の心の健康問題の評価や適切な医療機関等へのリファー（紹介）

③管理監督者や人事労務管理スタッフへのコンサルテーション　など

● **EAPが提供するサービス**

- 対面カウンセリング、電話カウンセリング、メールカウンセリング
- 管理職へのマネジメントコンサルテーション、訪問カウンセリング
- 産業保健スタッフとのコンサルテーション、研修
- 復職支援、ハラスメント加害者へのコーチング
- 従業員の死や重大な事故、合併や閉鎖などの緊急支援
- 専門機関へのリファー、ストレスチェック　など

職場復帰支援

職場復帰については、厚生労働省の「心の健康問題により休業した労働者の職場復帰支援の手引き」を参考に、［5］つのステップに沿って、組織や労働者の状況に応じた連携を取りながら支援を行うことが望ましいです。うつ病で休職した労働者は、40〜60％が再発・再休職を経験しており、休職期間は回を重ねるごとに長期化しがちです。復職をする際には、単に症状の緩和を目指すだけではなく、就労に耐え得る機能性の回復を含めて、状態を整えていくサポートをすることが肝要です。

> **Column**
> ### 休職に入りたての頃の過ごし方
>
> 第1ステップにおいては、労働者本人も疲弊していたり、症状に苦しんでいたり、今後の不安の渦中にいたり、混乱していることも少なくはないため、事務的な手続きや今後の方向性などの把握が難しいことも少なくありません。労働者の体調等に応じて適当なサポートを、主治医や産業医、人事など関係者と検討しながら実施していきましょう。また、休職中にどのように過ごしていいかわからないという方も少なくありません。労働者の症状などを踏まえて、休職中の過ごし方を一緒に組み立てていくことも心理職の重要な役割といえます。

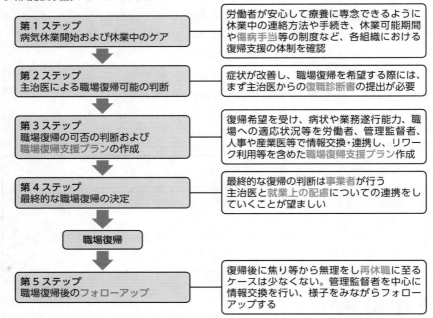

● 職場復帰支援の5つのステップ

第1ステップ 病気休業開始および休業中のケア	労働者が安心して療養に専念できるように休業中の連絡方法や手続き、休業可能期間や傷病手当等の制度など、各組織における復帰支援の体制を確認
第2ステップ 主治医による職場復帰可能の判断	症状が改善し、職場復帰を希望する際には、まず主治医からの復職診断書の提出が必要
第3ステップ 職場復帰の可否の判断および 職場復帰支援プランの作成	復帰希望を受け、病状や業務遂行能力、職場への適応状況等を労働者、管理監督者、人事や産業医等で情報交換・連携し、リワーク利用等を含めた職場復帰支援プラン作成
第4ステップ 最終的な職場復帰の決定	最終的な復帰の判断は事業者が行う 主治医と就業上の配慮についての連携をしていくことが望ましい
職場復帰	
第5ステップ 職場復帰後のフォローアップ	復帰後に焦り等から無理をし再休職に至るケースは少なくない。管理監督者を中心に情報交換を行い、様子をみながらフォローアップする

🔵 復職支援のポイント

　復職段階にはないが、周囲への迷惑や自身のキャリアのこと、金銭問題など様々な理由で復帰に焦る気持ちを抱く人は少なくありません。そのような気持ちを受容的に受け止めることは休職中の労働者への対応としては重要ですが、一方で、再休職のリスクなどを考慮しながら、**試し出勤**、生活リズムの改善や外出の可否、満員電車や人が集まる場所への外出、情報のインプットやアウトプットが十分に行えるかなどの**働く上での機能の回復**のアセスメントを行うことも重要です。

🔵 リワーク（return-to-work）

　［リワーク］とは、うつ病などの精神疾患で休職している労働者がある程度まで回復した際に行われる職場復帰に向けたリハビリテーションプログラムのことをいいます。就業を想定し、決まった時間に決まった機関へ通うことで通勤を想定した訓練を行います。プログラムは機関によって異なりますが、仕事を想定した**オフィスワーク**や**軽作業**、**グループワーク**、軽い運動、**マインドフルネス**や自律訓練法、筋弛緩法などがあります。

また、復職後にうつ病を再発しないための心理教育、**認知行動療法**、ソーシャルスキルトレーニング（SST）やアサーショントレーニングといった心理療法などを行う機関もあります。

プログラムによって長い期間のものもありますが、3か月〜半年程度の期間が平均的です。中には復職後のフォローを行う機関もあり、プログラムを含めて各機関による特色もあります。リワークを運営する団体によって、事前説明会の予約を要するなど、特色も異なるため、利用者に適した機関選びが重要となります。

● **リワークの種類**

医療系	● ［病院］やクリニックが運営。専門医がいる ● 施設の利用は有料（保険適用） ● ［主治医］が異なる場合は、主治医の変更が必要な場合もあり
行政系	● ［障害者職業センター］など行政が運営 ● 施設の利用は［無料］ ● 失業中、国や地方公共団体等に勤務している場合に対象外の場合がある
民間系	● 民間企業やNPO法人などが運営 ● 費用、利用対象者などは運営団体によって異なる
職場系	● 企業やEAPなどが運営 ● 費用は企業が負担する場合が多い ● 所属従業員が利用可能 ● 職場内での連携が取りやすいことも特徴である

🔆 障害者の就労支援

障害者の就労に関する支援は、［障害者総合支援法］（障害者の日常生活及び社会生活を総合的に支援するための法律）に基づいて行われます。**障害者総合支援法**は、障害者自立支援法の改正法として2012（平成24）年に成立し、地域社会で健常者と障害者が分け隔てなく生活できるようにしようとしたとき、必要となる各種サービス等を充実させ、障害者の日常生活や社会生活を総合的に支援することを目的としています。

仕事の能力を身につけるトレーニングの提供や就職のサポート等を［就労支援］と呼び（就職先の検索のサポートや面接練習、就職後のフォローなどを含む）、就労支援には［就労移行支援］と［就労継続支援］の2種類があります。

	就労移行支援	就労継続支援 A 型	就労継続支援 B 型
目的	● 生産活動、職場体験等の機会の提供 ● 知識や能力向上のための訓練や支援 ● 適性に応じた職場の開拓 ● 定着のための相談等	● 就労の機会の提供 ● 生産活動の機会の提供 ● 知識や能力向上のための訓練や支援	
対象者	通常の事業所に雇用が[可能]と見込まれる者で、就労を希望する者	● 通常の事業所に雇用が[困難]であり、[雇用契約]に基づく就労が[可能]である者 ● 移行支援利用や特別支援学校を卒業し、雇用に結びつかなかった者 ● 就労経験があり、雇用関係にない者	● 通常の事業所に雇用が[困難]であり、[雇用契約]に基づく就労が[困難]である者 ① 就労経験があり、年齢や体力面で雇用が困難 ② [50]歳に達している、または障害基礎年金 1 級受給者など ①や②に該当しない者で、アセスメントにより就労面に課題等の把握が行われている者
年齢制限	[18]歳以上[65]歳未満 (平成 30 年 4 月から[65]歳以上も条件により可能)		なし
利用期間	標準 2 年 (最大 1 年更新可能)	制限なし	制限なし
雇用契約	[なし]	[あり]	[なし]
工賃	原則なし ※工賃が支払われる場合もある	あり	あり
平均月収		76,887 円 (平成 30 年度)	16,118 円 (平成 30 年度)

プラス+1

障害者の雇用義務

従業員を一定数以上雇用している事業主は、従業員に占める身体障害者・知的障害者・精神障害者の割合を「法定雇用率」以上にすることが求められている（障害者雇用促進法 43 条第 1 項）。

● 法定雇用率

民間企業	2.3%（2021（令和 3）年 3 月以降）
国、地方公共団体	2.6%（2021（令和 3）年 3 月以降）
都道府県等の教育委員会	2.5%（2021（令和 3）年 3 月以降）

127 これからの働き方

これまでに見てきたように、働く人のメンタルヘルスに関しては様々な課題がある一方で、そうした課題を解消するために様々な法律や制度の改正などが行われています。本項では、働き方を考える上で重要となるキャリア理論や、ワーク・ライフ・バランス、ダイバーシティなど近年取り組まれている内容をおさえましょう。

◉ キャリア支援

キャリア (career) という言葉は、日常において、①職業上の地位の上昇 (公務員のキャリア組など)、②人が経験した仕事の系列 (職務経歴など)、③職業に限らない生涯を通じた役割や生き方 (ライフ・キャリア) など様々に用いられています。

特に、キャリア・カウンセリングは、どのように働くかという [職業選択] や [キャリアの形成] など、仕事を中心に具体的な目標達成を目指す側面が強いと取られがちですが、仕事を含めその人がどのように生きていくかの支援を行うものです。

キャリアコンサルタント国家資格

キャリアコンサルタントは、2016 (平成 28) 年に国家資格になりました。学科試験と実技試験の両方に合格し、キャリアコンサルタント名簿に登録することにより「キャリアコンサルタント」として名乗ることが可能となります。キャリアコンサルタントは、登録制の名称独占資格で、守秘義務・信用失墜行為の禁止義務が課されています。

◉ キャリア・カウンセリング

キャリアに関するカウンセリングやコンサルテーションでは、特性因子理論や認知行動的アプローチ、アサーション、ソーシャルスキルトレーニング (SST) など様々なアプローチを用いて、「現状把握」や「目標設定」「課題抽出」などの具体的な実践

プロセスで、相談者の自己実現を図ります。

　キャリアに関する理論としては、Parsons, F. の［職業選択］や Holland, J.L. の六角形理論（RIASEC）や［VPI 職業興味検査］、Super, D.E. の［キャリア発達段階］、Gelatt, H.B. の［意思決定論］、Schein, E.H. の［個人と組織の相互作用］、Savickas, M.L. の［キャリア構築理論］などが挙げられます。

● 様々なキャリアに関する理論

キャリア・ラダー	ラダーははしごを意味しており、組織で働く従業員がはしごを順々に登るように、その専門性を磨き、キャリアアップできるようにしたシステム
キャリア・アンカー	アンカーは錨を意味しており、キャリアを選択する際に、個人が最も大切にする価値観や欲求のこと
キャリア・プラトー	プラトーは高原を意味しており、ある程度までキャリアを進めた労働者が、それ以上の役職にステップアップすることの期待ができなくなりモチベーションが下がる状態を指す。中堅社員以降において起こりやすい
キャリア・アダプタビリティ	Savickas によって提唱。アダプタビリティは適合を意味する。キャリア・アダプタビリティには、関心度、コントロール、興味、自信の 4 次元があり、変化に直面したときに、その変化を受け入れて、適応できる能力が重要であるとされる
ライフ・キャリア・レインボー	Super によって提唱。キャリア＝職業と考えずに、人生を虹にたとえ、年齢や人生の場面によって様々な役割や経験を重ねて、自身のキャリアが形成されるという考え方

40 代は「**中年の危機**」と呼ばれ、壁にぶつかりやすく、なかなか乗り越えるのは容易でないとされる年代です。そのため、今後の職階上の昇進可能性が非常に低いキャリア上の地位である［キャリア・プラトー］に陥る人も少なくないといわれます。

ひとこと

● Schein のキャリア理論

　Schein, E.H. は、組織内のキャリア発達を Erikson, E.H. の生涯発達理論を参照して、それぞれの発達段階に特有の発達課題と危機を設定しています。

　個人のキャリア形成は、組織と個人の相互作用の中で行われており、［外的］キャリア（経歴や実績など）と［内的］キャリア（個人の感じ方や興味など）の 2 つの軸からキャリアをとらえると考えました。また、人の生きる領域は、生物・社会学的サイ

クル、家族におけるサイクル、仕事・キャリアにおけるサイクルがあり、相互に影響を与えているというようにとらえます。

組織や環境の影響によらない仕事への自己イメージを[キャリア・アンカー]と呼び、①専門的コンピテンス、②全般管理コンピテンス、③自律と独立、④保障・安定、⑤起業家的創造性、⑥奉仕・社会献身、⑦純粋な挑戦、⑧生活様式の8つに分類しました。

◎ ワーク・ライフ・バランス

現代において、人々の働き方に関する意識や環境は、社会経済構造の変化に必ずしも適応しきれず、仕事と生活が両立しにくい現実に直面している人は少なくありません。

仕事と家庭（プライベート）の両立について、具体的には、**仕事と介護、仕事と子育て、仕事と治療**などの両立を図っていくことを、**ワーク・ライフ・バランス**といい、[仕事と生活の調和（ワーク・ライフ・バランス）憲章]や[仕事と生活の調和推進のための行動指針]などに基づいて国や地方公共団体、企業等は、[両立支援]を行うことが求められています。

プラス+1

ワーク・ファミリー・コンフリクト
仕事と家庭の役割が同時に生じていて、その役割間における相互に両立しがたいプレッシャーの葛藤のことを指す。ワーク・ライフ・バランスのネガティブな面をさしている状態ともいえる。[スピルオーバー]とは個人の経験したストレス反応が、個人内の生活のある領域から別の領域（例：仕事から家庭）へと、領域を超えて伝播することをいう。

◉ 仕事と生活の調和（ワーク・ライフ・バランス）憲章

ワーク・ライフ・バランス憲章は、2007（平成19）年に「**誰もがやりがいや充実感を感じながら働き、仕事上の責任を果たす一方で、子育て・介護の時間や、家庭、地域、自己啓発等にかかる個人の時間を持てる健康で豊かな生活ができる**」社会の実現を目標として制定されました。こうした社会の実現に向けて、以下に関して2020（令和2）年の目標数値が設定されています。

①就労による経済的自立が可能な社会
②健康で豊かな生活のための時間が確保できる社会
③多様な働き方・生き方が選択できる社会　など

　長時間労働の解消や、家庭との両立のために、「育児・介護休業法」や「男女雇用機会均等法」などにおいて、多様な働き方の実現を目指した法改正が行われています。

育児・介護休業法

　育児や介護を行う労働者が、仕事と両立できるように配慮し、働き続けられるよう支援する制度として、1995（平成7）年に育児休業法が改定され、**育児・介護休業法**（育児休業、介護休業等育児又は家族介護を行う労働者の福祉に関する法律）が定められました。

　近年では［介護離職］が問題となっており、仕事と介護の両立の支援体制の構築が重要な課題です。こうした要介護状態にある家族を介護するための休みを取得する制度として「介護休暇」と「介護休業」があります。

● 介護休暇と介護休業

	介護休暇	介護休業
取得できる日数	● 対象家族1人につき1年度で［5］日 （2人以上の場合は1年度で10日） ● 2021（令和3）年1月1日より［1］日または、［時間単位］の取得が可能	● 対象家族1人につき［93］日まで ● ［3］回まで分割取得が可能
賃金・給付金	賃金は原則無給 （会社によって支給の場合もあり）	● 賃金は原則無給 ● 条件を満たせば雇用保険の介護休業給付金制度の利用が可能（休業開始時賃金日額×支給日数×67%）
申請方法	当日申請も可能	開始日の2週間前までに書面で申請
制度利用対象者	● 雇用期間が6か月以上 ● 要介護状態にある対象家族を有する	● 同一事業主に1年以上雇用 ● 介護休業開始予定日から数えて93日経過しても、半年は雇用契約が継続する ● 要介護状態にある対象家族を有する

　2021（令和3）年6月の改正では、「父親・母親が希望すれば仕事や育児を両立するために柔軟に休業することができる状態をつくる」ことを目的に、次の点などが改正され、2022（令和4）年4月から段階的に施行されます。

① 男性の育児休業取得促進のための子の出生直後の時期における柔軟な育児休業の枠組みの創設
② 育児休業を取得しやすい雇用環境整備及び妊娠・出産の申出をした労働者に対する個別の周知・意向確認の措置の義務付け
③ 育児休業の分割取得
④ 育児休業の取得の状況の公表の義務付け
⑤ 有期雇用労働者の育児・介護休業取得要件の緩和

● 出生直後の育児休業取得の柔軟化

	新制度（現行制度とは別に取得可能）＋	現行育休制度
対象期間 取得可能日数	子の出生後 8 週間以内に 4 週間まで 取得可能	原則子が 1 歳（最長 2 歳）まで
申出期限	原則**休業の 2 週間前まで**	原則 1 か月前まで
分割取得	分割して 2 回取得可能	原則分割不可 （今回の改正で分割して 2 回まで取得可能）
休業中の就業	労使協定を締結している場合に限り、 **労働者が合意した範囲で休業中に就業する** **ことが可能**	原則就業不可

出典：厚生労働省「育児・介護休業法 改正ポイントのご案内」

● 育児休業の改正のポイント

	改正前	改正後
育児休業の 分割取得	● 原則不可 ● 1 歳以降に育休を延長する場合、育休開始日は 1 歳、1 歳半時点に限定	● 分割して [2] 回まで取得可能 ● 1 歳以降に延長する場合について育休開始日を柔軟化 ※施行日：公布後 1 年 6 か月以内の政令で定める日
有期雇用労働者の育児休業取得要件	(1) 引き続き雇用された期間が 1 年以上 (2) [1] 歳 [6] か月までの間に契約が満了することが明らかでない	(1) の要件を撤し、(2) のみとなる ※無期雇用労働者と同様の取り扱い ※施行日：2022（令和 4）年 4 月 1 日
育児休業 取得状況の公表		従業員 1000 人超の企業は、育児休業等の取得状況を公表することが義務付けられる ※施行日：2023（令和 5）年 4 月 1 日

プラス+1

育児・介護休業法の改正

育児・介護休業法は、2022（令和4）年の改正以前に、2016（平成28）年
や2017（平成29）年などにも改正されている。公認心理師第2回試験では、
2009（平成21）年の改正ポイントが中心に出題されているので、最新の改正ポイ
ントだけでなく、厚生労働省の各年度の「改正の概要」などを参考に、これまでの
改正のポイントも整理しておくことが重要。

● 2016（平成28）年の改正のポイント

介護	● 介護休業「93」日の分割取得が「3」回まで可能 ● 介護休暇の「半日」単位の取得 ● 介護のための「所定労働時間」の短縮措置等 ● 介護のための残業などの「所定外労働」や深夜業の免除 ● 有期契約労働者の介護休業の取得要件の緩和
育児	● 子どもの看護休暇の「半日」単位の取得 ● 有期契約労働者の育児休業の取得要件の緩和 ● 育児休業等の対象となる子どもの範囲の追加 ● 妊娠・出産・育児休業・介護休業をしながら継続就業しようとする男女労働者の就業環境の整備

● 2017（平成29）年の主な改正のポイント

育児	● 子どもが「1」歳「6」か月時点でも、預け先が確保できない場合には、育児休業［延長］の追加申請により、子どもが［2歳］になるまでの延長が認められた ● 事業主は、労働者又はその配偶者が妊娠・出産した場合、家族を介護していることを知った場合に、当該労働者に対して、個別に育児休業・介護休業等に関する定めを周知するように努めることが規定された

● 2019（令和元）年の主な改正のポイント

育児・介護	● 子の看護休暇・介護休暇が2021（令和3）年1月より、「時間単位」での取得が可能となった ● 1日の所定労働時間が「4」時間以下の労働者は取得ができなかったが、2021（令和3）年1月より全ての労働者が取得可能となった

ダイバーシティ・アンド・インクルージョン

ダイバーシティは［多様性］と訳され、属性として、性別、年齢、国籍、人種や民族、
出身地、性的指向や性自認などのセクシュアリティ、介護、病気、子育て、障害、職歴、
雇用形態、収入、親の職業、婚姻状況、趣味、価値観、パーソナリティ、宗教、外見、
身体的能力など、様々挙げられます。

近年、少子高齢化に伴う生産年齢人口の減少、育児や介護と仕事の両立など、働く
人のニーズも多様化しており、それぞれの事情に応じ、**ワーク・ライフ・バランス**を

意識した多様な働き方を選択できる社会の実現が求められています。特に、多様な考え方や価値観を尊重し、互いに受け入れていく［ダイバーシティ・アンド・インクルージョン（D&I：Diversity & Inclusion)］という考え方が増えてきており、様々な企業で取り組みが始められています。

> **Column**
>
> ## 疾患を抱える従業員（がん患者など）の就業継続
>
> 近年、労働環境の変化などにより脳・心臓疾患や精神疾患などを抱える従業員が増加していることや、医療技術の進歩によりこれまで予後不良とされてきた疾患の生存率が向上していることなどを背景に、治療をしながら仕事を続けることを希望する従業員のニーズが高くなってきています。
>
> 特に近年、がん患者の方の就業継続の問題がクローズアップされています。しかし、疾患を抱える従業員に働く意欲や能力があっても、治療と仕事の両立を支援する環境が十分に整っておらず、就業の継続や休職後の復職が困難な状況にあります。
>
> 治療と仕事の両立を推進していくためには、事業主、産業医・産業保健スタッフ、医療機関、労働者、行政のそれぞれの取り組みと相互の連携が必要であり、特に、事業主においては必要な取り組みを行うことが期待されています。厚生労働省「事業場における治療と仕事の両立支援のためのガイドライン」を参照し、事業場における取り組みについて整理しておきましょう。

❋ ダイバーシティ・アンド・インクルージョン（D&I）の取り組み

　Ｄ＆Ｉの取り組みは、［働き方改革関連法］、［ダイバーシティ2.0 行動ガイドライン］や［性同一性障害特例法（性同一性障害者の性別の取扱いの特例に関する法律)］、［育児・介護休業法］、職業安定法等、関連した法や制度に基づいて対応が求められます。多様性を促進・活用し、パフォーマンスを向上させる環境を創る組織的プロセスである**ダイバーシティ・マネジメント**に取り組む企業も近年増加しています。

プラス+1

ポジティブアクション、アファーマティブアクション
内閣府の男女共同参画局によると、ポジティブアクションとは、社会的・構造的な差別によって不利益を被っている者に対して、一定の範囲で特別の機会を提供することなどにより、実質的な機会均等を実現することを目的として講じる暫定的な措置のことである。アファーマティブアクションは、**積極的格差是正措置**とも訳され、ポジティブアクションと同義で用いられることもある。

● ダイバーシティの取り組み例

- 外国人労働者へ年に 1 回の里帰りを補助
- 女性管理職候補へのキャリアサポート
- IT を活用したリモートワークの推進
- 手話講習などコミュニケーションフォロー　など

性的マイノリティ（LGBTQ など）

　性的マイノリティを代表する言葉として ［LGBTQ］ という言葉が用いられます。L は ［レズビアン］、G は ［ゲイ］、B は ［バイセクシュアル］、T は ［トランスジェンダー］ の頭文字から成り立ちます。Q は **クィア** や **クエスチョニング** などの Q とされ、その他にも LGBT ＋などの表記が様々に存在します。

　一般的に、LGB は恋愛や性愛などの方向性である ［性的指向］ が同性や両性の人をいい、T は生まれた際に割り当てられた性別と、自分自身の性別の認識である ［性自認］ や生活したい性別等の間に違和感を抱くなどの人のことをいいます。

　しかし、L/G/B/T に含まれない **パンセクシュアル** や **エイセクシュアル**、**X ジェンダー** なども性的マイノリティとされることがありますし、また、セクシュアリティのとらえ方には個人差があるので、自分の主観を押しつけないような意識も大切です。

性同一性障害

　日本では **性同一性障害** という疾患概念が知られていますが、必ずしもトランスジェンダーとイコールではありません。また、近年は性同一性障害ではなく、DSM-5 では gender dysphoria（性別違和）、ICD-11 では gender incongruence（性別不合）という名称が用いられ始めています。

　2004（平成 16）年に、［性同一性障害特例法］ が施行され、次の要件を満たせば、家庭裁判所の審判を経て戸籍上の性別を変更できることが定められています。

● 戸籍上の性別を変更できる要件

① 20 歳以上
② 結婚していない
③ 未成年の子どもがいない
④ 生殖腺がないか生殖機能を永続的に欠いている
⑤ 変更したい性別の性器に近い外観を備えている　等

SOGI (Sexual Orientation Gender Identity) ハラスメント

性的指向や性自認に関するハラスメントのことを SOGI ハラ（ソジハラ）と呼ぶ。今後策定予定のパワハラ対策指針には、**SOGI ハラ**や**アウティング**の防止が盛り込まれる見込みである。アウティングとは「性的指向や性自認について、本人の望まない形で周囲に暴露すること」を指している。

また、2016（平成 28）年に改正された「事業主が職場における性的な言動に起因する問題に関して雇用管理上講ずべき措置についての指針」では、**LGBT**（レズビアン、ゲイ、バイセクシュアル、トランスジェンダー）など性的マイノリティも、セクハラの被害から守るべく事業主が措置を講ずべき対象であると明文化された。

性的マイノリティの職場支援

男女雇用機会均等法や**労働施策総合推進法**の改正により、同性間においてもセクシュアルハラスメントが成立することが明文化されるなど、性的マイノリティであることを理由として、ハラスメント等の被害にあうことを予防するための措置を講ずることが事業主にも求められるようになってきています。

トランスジェンダーの人の制服やトイレについても、個々の要望が異なる場合もあります。また、物理的な環境を整えるには時間を要する場合もあります。まずは、個々の気持ちに沿って、対応を一緒に考えていくような姿勢が重要です。

また、自分のセクシュアリティを公にする（カミングアウト）人もしない人も、また性的マイノリティの人だけではなく、全ての人が働きやすい環境を作っていくことが性的マイノリティに限らない、D & I につながります。

128

解剖学・生理学①
細胞・組織・器官、血液・リンパ、内分泌系

人体は、膨大な数の細胞から成り立っています。細胞に栄養素や酸素を補給したり、不要物を運び出したりしているのは体内を循環している体液です。体液は、細胞内液（細胞内に含まれる水分）と細胞外液（血液の液状成分、リンパ液、組織液など）の総称であり、人体の約60%を占めています。

◎ 細胞・組織・器官

1つの受精卵が［分裂］を繰り返し、［分化］によって200種類以上の**細胞**が作られます。**組織**は同じ形態と機能を持つ細胞が集まったものです。異なる組織が集合して特定の機能を有する**器官**が形成され、各器官が連係して機能する**器官系**を形成しています。

◉ 細胞

細胞は**細胞質**と**核**に分かれます。核はタンパク質の合成に重要な役割を果たし、細胞の成長、再生、増殖などに関与しています。

◉ 組織・器官

人体の主要な組織は、**上皮組織、支持組織、筋組織、神経組織**です。胃や心臓等の器官は、これらの組織の組み合わせによって形成されています。

器官系には、**内分泌系、筋骨格系、神経系、呼吸器系、循環器系（心血管系、リンパ系）、消化器系、泌尿器系、生殖器系**等があります。

● 器官を構成する四大組織

上皮組織	皮膚の表面や消化管の内壁を被って内部を保護し、物質交換の役割を果たす
支持組織（結合組織）	組織や器官の間を埋めることによって、それらを支持・保護する
筋組織	人体構造を動かすために必要な力を作る
神経組織	体の各部の情報を脳に伝え、また脳からの指令を各部に伝達する

◉ 血液・リンパ

血液は体内を循環して種々の物質を運搬します。肺から取り入れた［酸素］を組織に、組織で生じた［二酸化炭素］を排出するため肺外へ、さらに消化管で吸収された［栄養物質］を組織に、［老廃物］を腎臓へ輸送します。回収しきれなかった老廃物は、**リンパ液**（毛細血管に吸収されない過剰な水分）と一緒に**リンパ管**に入り、**リンパ節**を経由して最後は静脈に戻ります。

◉ 血液

血液の成分は、細胞成分の**血球**（赤血球、白血球、血小板）と液体成分の**血漿^{けっしょう}**からなっています。

● 血液の成分と役割

55%	血漿	電解質に加え、**アルブミン**（血液の浸透圧の維持や様々な物質の運搬）、**免疫グロブリン**（病原体等に抵抗）、多種の**血液凝固因子**（血を止めるタンパク質）を含む	
45%	血球	赤血球	**血色素（ヘモグロビン）**を含み、身体の各組織に酸素を送り届けるとともに、各組織でできた炭酸ガスを肺に持ち帰る働き
		白血球	体内に侵入してきた細菌、ウイルス、有害物等を取り込んで食べる働き（貪食作用）、免疫と関係
		血小板	出血を抑える働き（止血作用）、血液凝固に関与

◉ リンパ

リンパとは、リンパ管、リンパ液、リンパ節の総称です。リンパの役割には、体内の老廃物の回収と運搬を行う［排泄］機能のほか、体内に侵入してきた病原体（細菌やウイルスなど）を攻撃して排除する［免疫］機能があります。

リンパ球は白血球の一部で、**B細胞**（Bリンパ球）、**T細胞**（Tリンパ球）、**NK細胞**（ナチュラルキラー細胞）などに分類できます。これらが免疫系を構成して、［抗体］（リンパ球から分泌される液性免疫）を産出したり、［抗原］（体内に害を及ぼす異物）を破壊したりして、免疫システムの重要な役割を担っています。

● リンパ球

B細胞	細菌やウイルスなどの病原体が侵入すると抗体を作る
T細胞	細胞性免疫（細胞成分）を介して抗原を攻撃して排除する
NK細胞	生まれつき備わっている免疫細胞。病原体に感染した細胞を攻撃する

内分泌系

内分泌系とは、身体のさまざまな機能を調整しているホルモンを分泌するシステムです。**ホルモン**は特定の臓器において産出される化学物質で、内分泌腺や細胞から血液中に分泌され、目的とする組織または器官の働きの調節に関与しています。

下垂体は脳の視床下部から下方に突出している内分泌腺で、多くのホルモンを分泌しています。下垂体前葉ホルモンの分泌は［視床下部］で産出されるホルモンによって制御されます。一方、下垂体後葉ホルモンは視床下部の神経細胞で産生され、視床下部のニューロンの一部が下垂体後葉に軸索を送り、その末端から分泌されます。

● 主なホルモンの種類と働き

内分泌器官	ホルモン	主な働き
下垂体前葉	成長ホルモン（GH）	組織の成長の促進、代謝のコントロール、血糖値上昇作用
	乳腺刺激ホルモン（プロラクチン：PRL）	乳汁生成と分泌、授乳期の排卵抑制
	甲状腺刺激ホルモン（TSH）	甲状腺ホルモンの分泌促進
	副腎皮質刺激ホルモン（ACTH）	副腎皮質ホルモンの分泌促進
	性腺刺激ホルモン ● 卵胞刺激ホルモン（FSH） ● 黄体形成ホルモン（LH）	FSH：エストロゲンの分泌促進 LH：プロゲステロンの分泌促進
下垂体後葉	抗利尿ホルモン（バソプレシン：ADH）	腎臓で水分の再吸収促進、尿量の調節
	オキシトシン（OXT）	出産時の子宮収縮、分娩後の射乳
甲状腺	甲状腺ホルモン ● サイロキシン ● トリヨードサイロニン	基礎代謝の促進、血糖値上昇作用、熱の産出、発育と成熟の促進、心機能亢進、交感神経増強作用
膵臓ランゲルハンス島A（α）細胞	グルカゴン	血糖値上昇作用
膵臓ランゲルハンス島B（β）細胞	インスリン	［血糖値低下作用］
副腎皮質	副腎皮質ホルモン ● 糖質コルチコイド（コルチゾールなど） ● 電解質コルチコイド（アルドステロン）	コルチゾール：免疫抑制作用、抗炎症作用、［血糖値上昇作用］、脂質代謝、［ストレス応答］に関連 アルドステロン：体液量の調節、［血圧維持］
副腎髄質	副腎髄質ホルモン ● アドレナリン ● ノルアドレナリン	アドレナリン：［交感神経］に作用、血糖値上昇作用 ノルアドレナリン：血圧上昇作用

129

解剖学・生理学②
筋骨格系、神経系、脳・脊髄

骨には筋肉とともに人体を支え（支持作用）、内臓を保護する働き（保護作用）があります。骨と骨をつなぐ筋肉の収縮により、可動性のある関節を支点として運動が行われます。

◎ 筋骨格系

約 200 個の骨が互いに結合して、頭蓋骨、脊柱、胸郭、骨盤、上肢骨、下肢骨の**骨格**を形成しています。

◉ 骨

骨は**骨膜**に包まれており、内部はスポンジ状になっています。外表面の緻密で硬い部分が**緻密質**、内部の小孔と網目状の骨梁からなる部分が**海綿質**です。骨の中心部にある髄腔という空洞を満たす組織が**骨髄**であり、[造血器官] として、赤血球、白血球、血小板を作っています。

◉ 関節

関節は骨と骨をつなぐ連結部で、**関節腔、関節包、滑膜、靭帯**などから構成されます。関節には［可動性］（動くこと）と［支持性］（ぐらつかないこと）の２つの働きがあり、運動性のない**不動結合**と、比較的自由に動ける**可動結合**があります。

◉ 筋肉

筋系は、骨格筋、心筋、平滑筋の３つに大別されます。**骨格筋**は関節をまたぐ筋であり、骨の表と裏に付き、随意運動や姿勢の維持に働きます。**心筋**は心臓壁を構成し、**平滑筋**は血管や内臓の壁を構成しています。

骨格筋は意思によって動かすことができる［随意筋］ですが、心筋と平滑筋は意思では動かせない［不随意筋］です。中枢性の刺激がなくても自発的に収縮し、その収縮の度合いは自律神経によって調節されています。

用語解説 脊柱

脊柱は上から順に、頸椎7個、胸椎12個、腰椎5個、仙椎5個、尾椎3～5個の椎骨が連なっている。仙椎と尾椎はそれぞれ癒合しており、仙骨、尾骨と呼ばれている。

神経系

神経系は、**中枢神経系**と、中枢神経系と身体各部を結ぶ**末梢神経系**から構成されます。末梢神経系は身体の隅々に至るまで分布しており、各部の情報を中枢神経系に伝えます。

中枢神経系

中枢神経系は**脳**と**脊髄**からなっています。脊髄は脊柱管内にあり、対応する脊椎によって、頸髄、胸髄、腰髄、仙髄、尾髄に区別されます。

末梢神経系

末梢神経系は、解剖学的に分類すると**脳神経**（脳に出入りする12対の神経）と、**脊髄神経**（脊髄に出入りする31対の神経）からなっています。

機能的に分類すると、感覚神経や運動神経等の**体性神経**と、意思とは関係なく呼吸や血圧、心拍、体温等の機能に関する**自律神経**に区分されます。

自律神経は、身体を［緊張・興奮状態］にさせる**交感神経**と、［リラックス状態］にさせる**副交感神経**の2系統があり、多くの臓器に対して拮抗して働きます。

● 神経系の解剖学的分類

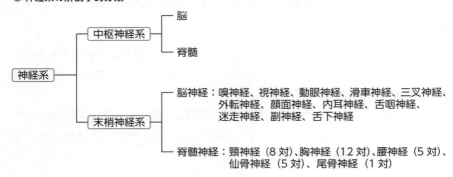

● 交感神経系と副交感神経系

交感神経系	優位になると、血管が収縮、血圧が［上昇］、心拍数が増加、瞳孔が散大、発汗が［促進］されて、身体を活動や攻撃などの方向に向かわせる
副交感神経	優位になると、血管が［拡張］、血圧が下降、心拍数が減少、瞳孔が縮小、消化管運動が［亢進］されて内臓の働きを高め、身体を休める方向に向かわせる

❂ 神経細胞と神経伝達物質

　神経系を構成する細胞は、**神経細胞**（**ニューロン**）と、神経細胞を支えるための**神経膠細胞**（**グリア細胞**）です。神経細胞は細胞体、核、樹状突起、神経線維（軸索、髄鞘、シナプス）からなります。

　神経細胞と軸索では表面の電位を使って情報を伝達し、［シナプス間隙］ではアセチルコリン、ドパミン、セロトニンなどの**神経伝達物質**を使って情報を伝達します。

● 神経細胞

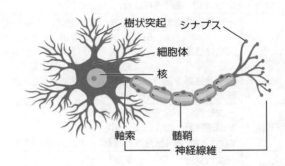

◎ 脳・脊髄の構造と機能

　脳は、**大脳**、**間脳**、**小脳**、**脳幹**（中脳、橋、延髄）に区別されます。

● 脳の構造

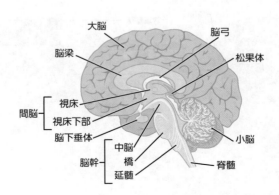

✹ 大脳

　大脳は左右の大脳半球が結合したもので、脳全体の約 80％の重さを占めています。大脳の働きは、情報を識別して、それに応じた運動を指令することです。

　大脳の表面を覆っている**大脳皮質**は、前頭葉、頭頂葉、側頭葉、後頭葉に分けられます。大脳皮質は部位によって異なった機能が備わっており、これを［機能局在］といい、知・情・意の高度な精神的活動を受け持っています。

　大脳半球の内側面にある**大脳辺縁系**は、［本能的行動］や［情動］、［嗅覚］に関わっており、**海馬や扁桃体、帯状回**は記憶に関係していると考えられています。

● 大脳皮質の機能

大脳皮質	前頭葉	**一次運動野**：随意運動に関与。全身の筋に運動を指令する **高次運動野**：運動の随意的な選択・準備・切り替えに関与 **前頭眼野**：眼球の随意運動に関与 **前頭連合野**：思考や創造、判断に関与、複雑な行動を計画する Broca 野（運動性言語野）：発話に関与
	頭頂葉	**一次体性感覚野**：皮膚感覚、深部感覚、内臓感覚に関与。全身の感覚器から情報が伝えられる **二次体性感覚野**：一次体性感覚野から受けた情報のうち、運動制御に必要なものを伝達する **頭頂連合野**：空間認識に関与。感覚情報を統合する **味覚野**：味覚情報の処理に関与
	側頭葉	**一次聴覚野**：聴覚情報の処理に関与 **側頭連合野**：物体認識に関与 Wernicke 野（感覚性言語野）：言語理解に関与
	後頭葉	**一次視覚野**：パターン認識に関与 **後頭連合野**：視覚情報の処理に関与

● 大脳皮質の主な機能

`外側面`

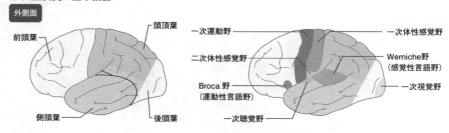

🔵 間脳

間脳は、大脳半球の間にある灰白色の塊です。**視床、視床上部、視床下部**などに分けることができます。

● 間脳

視床	全ての感覚情報（嗅覚を除く）は視床で中継され、大脳皮質へ伝えられる
視床上部	視床上部に存在する**松果体**が、[概日リズム]（サーカディアンリズム）を調整し、[睡眠を促進]するホルモン（メラトニン）を分泌
視床下部	自律神経系のコントロールと内分泌の中枢。体温、血圧、体液の浸透圧等を調節するとともに、生体リズム、性行動、情動行動、摂食・飲水行動を調節する働きも担っている。体内環境の[恒常性]（ホメオスタシス）の維持に関与

用語解説　ホメオスタシス

生体の内部や、環境因子の変化にかかわらず、生体の状態が一定に保たれるという性質、あるいはその状態をいう。

🔵 脳幹

脳幹は、**中脳、橋、延髄**から構成されています。脳幹に網目状に分布している神経線維を[脳幹網様体]といい、[意識水準の維持]に関わっています。

● 脳幹

中脳	眼球運動や瞳孔の調節、姿勢保持等に関する中枢
橋	味覚、聴覚、顔の筋肉の動き等の神経核
延髄	生命維持に欠かせない[呼吸運動]、循環器系の調節に関わる[血管運動]、消化、嚥下、[唾液分泌]等に関する中枢

🔵 小脳

小脳の働きは、身体の平衡を保ち、姿勢を維持して、随意運動を円滑にできるように調節することです。

🔵 脊髄

脊髄は脳と脊髄神経の伝導路で反射の中枢です。上は延髄につながり、下は第一腰椎の下端まで伸びています。[錐体路]が運動指令を脊髄に伝えることで機能します。

　　各器官の構造（解剖学）は、機能（生理学）を結びつけて学習すると、理解を深めることができます。

◎ 呼吸器系

　呼吸器系は、**気道**（鼻腔、咽頭、喉頭、気管、気管支）と**肺**で構成されています。呼吸とは体内に酸素を取り入れ、人体各器官の細胞に供給し、細胞から二酸化炭素を除去することです。呼吸には、［内呼吸］と［外呼吸］があります。

⬢ 気道

　気道は、吸い込まれた空気を肺に運ぶ器官です。口鼻から吸い込んだ空気は、喉頭、気管を通り、左右の気管支に分かれて肺に至ります。そのほかに、空気の清浄化、嗅覚器（鼻腔）、発声器（喉頭）としても働きます。

⬢ 肺

　肺は心臓を囲み左右に1対あり、右は［3肺葉］（上葉、中葉、下葉）、左は［2肺葉］（上葉と下葉）に分かれます。その中で**細気管支**が枝状に分かれ、さらに分岐して**肺胞**となります。

⬢ 内呼吸

　内呼吸とは、血液と組織細胞間で行われるガス交換のことです。酸素は、毛細血管の血液から供給されて細胞内に拡がり、二酸化炭素は、細胞から毛細血管へと拡がって血液により運ばれます。

⬢ 外呼吸

　外呼吸とは、外気を換気運動により肺胞に取り込み、肺胞内の空気と血液間で行われるガス交換のことです。

● 呼吸器系の構造

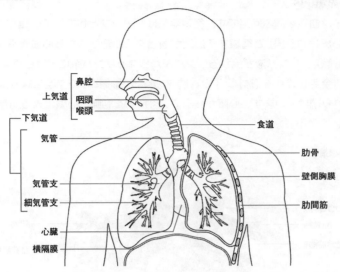

上気道
　鼻腔
　咽頭
　喉頭

下気道
　気管
　気管支
　細気管支

心臓
横隔膜

食道
肋骨
壁側胸膜
肋間筋

● 内呼吸と外呼吸

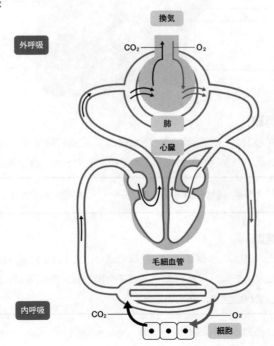

換気

外呼吸

CO_2　　O_2

肺

心臓

毛細血管

内呼吸

CO_2　　O_2

細胞

◎ 循環器系

　循環器系は血液を運ぶ回路です。循環器系は、ポンプとして働く**心臓**（左心室、右心室、左心房、右心房）と循環する血液が通過する血管からなる**心血管系**（動脈、毛細血管、静脈）、リンパ液が流れるリンパ管からなる**リンパ系**に分けられます。

　血液は、全身をめぐる［体循環］と、肺をめぐる［肺循環］を交互に繰り返しながら体内をめぐり続けています。心臓から出ていく血管を**動脈**、心臓に入る血管を**静脈**といいます。

● **循環器の構造**

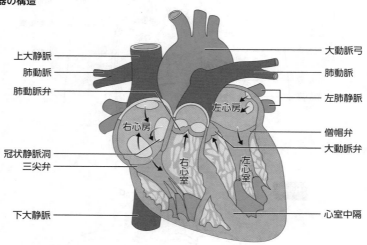

上大静脈	大動脈弓
肺動脈	肺動脈
肺動脈弁	左肺静脈
	左心房
右心房	僧帽弁
冠状静脈洞	大動脈弁
三尖弁	
右心室	左心室
下大静脈	心室中隔

⊛ 体循環（大循環）

　血液は心臓の左心室から大動脈に送り出されて、全身に酸素や栄養分を運びます。代わりに二酸化炭素や老廃物を受け取り、大静脈に集められ、右心房に帰ってきます。

> 左心室　→　大動脈（動脈血）　→　全身　→　大静脈（静脈血）　→　右心房

⊛ 肺循環（小循環）

　体循環を終えた血液は、右心室から肺動脈に送り出されて肺へ回り、二酸化炭素と酸素を取り換えるガス交換が行われます。ガス交換を終えた血液は、肺静脈を経て左心房に戻り、左心室から全身に送られます。

> 右心室　→　肺動脈（静脈血）　→　肺　→　肺静脈（動脈血）　→　左心房

動脈と静脈は心臓を基準に定義されますが、動脈血と静脈血は肺を基準に定義されています。肺から出ていく血液が動脈血（酸素が多い血液）、肺へ向かう血液が静脈血（酸素が少ない血液）です。したがって、肺静脈の中の血液は、肺で酸素を取り込んだ後の酸素濃度の高い動脈血ですので注意しましょう！

◎ 消化器系

　口から食べたものが消化されるまでの器官が消化器系です。消化器系は**消化管**（口腔、咽頭、食道、胃、小腸、大腸、肛門）と、消化液を分泌する**消化腺**（**肝臓、胆嚢、膵臓**）に区別されます。

◉ 消化管

　消化管は食物を低分子の栄養素に分解し、細胞が利用できる形に変えます。口の中で食物を噛み砕き、唾液と混ぜ合わせ、胃液、膵液などで消化された栄養素は腸を通って吸収され、不要となった排泄物が直腸から肛門に達して排泄されます。

　消化管の内腔は粘膜で覆われていて、その外側を**平滑筋**という筋肉が包んでいます。消化活動に必要な［消化液］の分泌や、律動的に収縮する［蠕動運動］を行います。

● 小腸と大腸

小腸	● 十二指腸、空腸、回腸に区分される ● ［腸絨毛］によって、栄養素を効率よく消化・吸収する
大腸	● 小腸に続く消化管で、盲腸、虫垂、上行結腸、横行結腸、下行結腸、S字結腸、直腸に区分される ● 小腸の残りカスから水分や電解質を吸収し、糞便を形成・排泄する

小腸から大腸にかけて、多種多様な腸内細菌が生息しています。これらは腸内フローラ（腸内細菌叢）と呼ばれ、腸内環境を良い状態に保つことが健康の維持や免疫細胞の活性化等に大きく関わっていることがわかってきました。

第21章 人体の構造及び機能及び疾病

511

消化腺（肝臓、胆嚢、膵臓）

　肝臓は隔膜直下に位置します。肝臓は［代謝］の中心的役割を担っているほか、毒素や細菌、薬物などを無毒化する［解毒］や、脂肪の消化吸収や胃や腸の働きを助ける［胆汁］の分泌を行います。

　胆嚢は肝臓の下面にあり、胆汁を蓄え濃縮します。

　膵臓は胃の後にあって後腹膜に癒着しており、十二指腸に接しています。膵臓には消化器官の役割と、内分泌器官の役割があります。消化器官としての役割は、［膵液］の分泌です。アミラーゼやリパーゼ等の消化酵素が、でんぷん（糖類）や脂肪を分解・消化します。内分泌器官の役割として、膵臓にある［ランゲルハンス島］のβ細胞から血糖値を下げるホルモン（インスリン）を分泌します。

● **消化器系図**

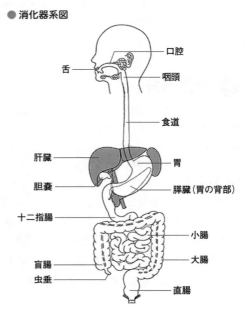

口腔
咽頭
舌
食道
肝臓
胃
胆嚢
膵臓（胃の背部）
十二指腸
小腸
大腸
盲腸
虫垂
直腸

泌尿器系

　不要となった体内の水分や電解質、老廃物を、尿として身体の外に排出するための器官が泌尿器系です。泌尿器には、尿を生成する**腎臓**と、体外に排出する**泌尿器官（尿管、膀胱、尿道）**が含まれます。

腎臓

　腎臓は、腰の辺りに左右に１つずつあります。腎臓は、体液の恒常性を維持する働きのほか、［濾過器］の働きもあります。タンパク質やアミノ酸の代謝過程で生じたアンモニアは、肝臓で尿素に変化して腎臓から排出されます。

泌尿器官（尿管、膀胱、尿道）

　腎臓で生成された尿は、尿管を通って膀胱に蓄えられ、尿道から排出されます。尿道の長さが男女で異なり、男性に比べて女性の尿道が短い特徴があります。

加齢（身体、心理、精神機能の変化）

加齢に伴う心身の変化（老化）は、誰にでも生じる現象です。加齢によって、身体機能や精神機能に変化がみられるようになりますが、その程度には個人差があります。高齢者にみられる個人差は、生得的な要素と、生まれた後に獲得した学習的な要素の両方に影響されています。

身体機能の変化

身体機能の老化は、見た目に現れる**形態的な変化**と、生理的機能に現れる**機能的な変化**の複合です。

● 身体機能の老化

感覚機能	感覚（視覚、聴覚、味覚、嗅覚、皮膚感覚）全般が鈍化する
免疫機能	細菌などの病原体から人体を守る免疫機能が低下する
咀嚼機能	歯の摩耗や喪失、歯周病、唾液分泌量の減少、咬筋力の低下などにより咀嚼機能が低下する
嚥下機能	嚥下するときの喉頭挙上が不十分になり、喉頭閉鎖が弱まることで誤嚥をしやすくなる
消化・吸収機能	消化酵素の減少、胃壁の運動や腸管の蠕動運動の低下などにより、便秘や下痢を起こしやすくなる
循環器の機能	高血圧になりやすく、不整脈の頻度が増加する

精神機能の変化

身体機能の衰えと比べて、精神的老化はゆるやかに起こる傾向があります。高齢期では身体機能と知的能力の関係が密接になるため、身体の健康は知能を維持する重要な要因と考えられています。

● 知能

健康な高齢者の場合、加齢のみの原因で知能が著しく低下することはないと考えられています。知能には**流動性知能**と**結晶性知能**があり、これまでの経験と知識に結び

つく結晶性知能が［比較的良好に維持］されるのに対して、新しい情報を獲得して処理する流動性知能は、60歳頃から低下し始め、70歳代では急激に低下します。加齢とともに、新しいことの学習や新しい環境への適応が苦手になりやすいのはこのためです。

● 流動性知能と結晶性知能

	［流動性知能］	［結晶性知能］
能力	● 新しいことを学習したり、新しい環境に適応したりする能力 ● 新しい知識、それに対する反応の速さ・正確さ等、情報処理と［問題解決］の基本能力	● これまでの経験と知識に結びつく能力 ● 人生を通じて学習されたものを発揮する能力
特徴	生まれつきの能力と強く関係している	［学校教育］や社会経験と深く結びついて育っていく

記憶

　健康な高齢者の場合、年齢とともに物忘れが増えていく傾向があっても、日常生活には支障をきたすことはありません。単なる物忘れと、認知症のような脳の器質的な病変による記憶障害は異なります。

　意味記憶（物の名称などの一般的な情報に関する記憶）と**手続き記憶**（泳ぎ方などの動作に関する身体的反応の記憶）は加齢の影響を受けにくいと考えられていますが、新しい経験や最近の出来事に関する**エピソード記憶**や、**ワーキングメモリ**には加齢の影響が顕著であることが指摘されています。

● 生理的物忘れと認知症の記憶障害の違い

生理的物忘れ	認知症
一部の体験を忘れる	体験全体を忘れる
自覚がある（再認できる）	［自覚がない］
進行しない	進行性で悪化する
見当識は**正常**	［見当識に障害］
行動上の問題ない	［行動・心理症状（BPSD）］
生活に支障ない	生活に支障ある

◉ 心理的な変化

　加齢に伴い、心理的な変化もみられるようになります。心理的な変化に影響をおよぼす要因には、**身体的要因**や**社会環境的要因**が考えられます。

◉ 身体的要因

　身体機能が低下すると、生活が不活発になり、生活全体への意欲低下につながることもあります。若いときには外向的だった人が内向的になったり、抑うつ的になったりして、[パーソナリティ特性] にも変化がみられる場合もありますが、急激な人格の変化がみられる場合には脳疾患などを疑う必要があります。

◉ 社会環境的要因

　高齢期には、様々な**喪失体験**が生じます。定年退職を境にこれまでの社会的地位を喪失すると、それによって、収入、社会とのつながり、[生きがい] も喪失してしまい、とまどいや孤立、[自尊心] の低下を招く場合もあります。

　家庭内においても、子どもの独立や配偶者の死などによる**役割の変化**や**家族関係の変化**、転居などの**生活環境の変化**も、高齢者の心理に影響をおよぼします。

● 身体的要因と社会環境的要因

身体的要因	● 身体機能の低下、身体の疾患 ● 脳の老化、脳疾患 ● 視力、聴力等の感覚機能の低下 ● 運動力、活動性の低下
社会環境的要因	● 喪失体験 ● 家族関係の変化 ● 生活環境の変化

高齢者の心理に影響を及ぼす要因は、うつ病の危険因子にもなります。高齢者の自殺の動機には健康問題、経済・生活問題、家庭問題がありますが、その背景にはうつ病などの精神疾患が存在していることが多いと指摘されています。

ひとこと

132 主要な症候

症候とは、心身に現れた病的変化のことです。本人が主観的に感知するものを**自覚的症候**（症状）といい、それに対して、他人が客観的に検知できるものを他**覚的症候**（徴候）といいます。主要な症候は、考えられる原因疾患とともに整理しておきましょう。

◎ めまい

めまいには、目が回るような**回転性**のめまい、身体がふらふらする動揺感を伴う**浮動性**のめまい、目の前が真っ暗になるような**立ちくらみや失神**を伴うめまいがあります。

● めまいの症状と原因疾患

症状	原因疾患
回転性のめまい	メニエール病、良性発作性頭位めまい症
動揺感を伴う浮動性のめまい	脳動脈硬化、脳梗塞の発作直後
立ちくらみや失神を伴うめまい	降圧剤の過量投与による低血圧、心不全による低血圧、不整脈による血流低下、一過性の低血圧　等

◎ だるさ・倦怠感

だるさや倦怠感は、過度な運動や労働が原因になることもあれば、何らかの疾患が関係している場合もあります。糖尿病、肝炎、慢性腎臓病（CKD）、甲状腺機能低下症、不整脈、低血圧、更年期障害、貧血等のほか、うつ病や不安障害、睡眠時無呼吸症候群などの睡眠障害も原因になります。

◎ 息切れ・息苦しさ（呼吸困難）

心不全や呼吸不全のように、心臓と肺の両方の働きに関連した症状です。心臓と肺は異なる機能を持っていますが、あわせて［心肺機能］と表現されることもあります。

過呼吸症候群や肥満、貧血などが原因で生じることもありますが、命に関わる疾患の可能性もあります。

● 心不全・呼吸不全と原因疾患

	状態	原因疾患
心不全	心臓のポンプ機能が低下し、血液をうまく押し出せず、必要な血液量を全身に供給できない状態	虚血性心疾患、高血圧性心疾患、心臓弁膜症、拡張型心筋症、不整脈、ストレス、疲労、肥満　等
呼吸不全	肺胞が破壊されたり、伸び縮みが悪くなったりして、老廃物の炭酸ガス（二酸化炭素）と大気中の酸素をうまくガス交換できない状態	慢性閉塞性肺疾患（COPD）、肺塞栓症、気管支喘息、肺炎、肺がん、喫煙習慣　等

むくみ（浮腫）

むくみとは何らかの理由で、皮下組織に水分が溜まった状態です。肥満は脂肪分が増えることですが、むくみは体内の水分（細胞と細胞の間の水）が異常に増加した状態であり、むくんでいる部分を強く指で押すと指の形にへこみができます。

長時間同じ姿勢のままでいたり、水分や塩分を摂りすぎたりすると、むくむことがありますが、これは一過性のもので問題はありません。すぐに治らない場合には、**心臓病、腎臓病、肝臓病**、甲状腺などの**ホルモン異常、血管の疾患**（静脈瘤等）によるむくみの可能性もあります。がん治療においてリンパ節を切除した場合や、ウイルス感染によってリンパ節が腫れてリンパ液の流れが滞る場合にもむくみが起こります。

頭痛

頭痛には、**一次性頭痛**と、**二次性頭痛**があります。頭痛持ちの人の頭痛は一次性頭痛ですが、いつもと様子の異なる頭痛や、頻度や程度が増していく頭痛は、何らかの疾患が関係している二次性頭痛を疑うサインになります。

● 一次性頭痛と二次性頭痛

一次性頭痛	**片頭痛（偏頭痛）**：頭の片側にズキンズキンという拍動性の痛みがある **緊張型頭痛**：肩こりや緊張に伴い、頭が締めつけられる痛みがある **群発頭痛**：片方の目の奥に激痛が起こる
二次性頭痛	くも膜下出血や脳腫瘍等の脳の病気によるもの、髄膜炎、脳炎、高血圧、低酸素血症、顎・耳・目・鼻・歯・口の病気によるもの　等

がんは日本人の死因の上位を占めている三大生活習慣病の1つで、[肺がん]と[大腸がん]による死亡率が上昇傾向にあります。

● がん

がん（悪性腫瘍、悪性新生物）とは、複数の遺伝子異常が積み重なって、細胞が自律的に無限に増殖する能力を獲得したもののことです。周辺の組織に[浸潤]し、遠くの臓器に[転移]して、他の正常細胞が摂取しようとする栄養を奪い、身体を衰弱させます。

上皮細胞から発生するがんが全体の80%以上を占めており、骨や筋肉などの非上皮細胞から発生するものを**肉腫**と呼びます。

● 発生部位によるがんの分類

造血器から発生するがん	白血病、悪性リンパ腫、骨髄腫　等
上皮細胞から発生するがん	肺がん、乳がん、胃がん、大腸がん、子宮がん、卵巣がん、喉頭がん、咽頭がん、舌がん　等
非上皮細胞から発生する肉腫	骨肉腫、軟骨肉腫、横紋筋肉腫、平滑筋肉腫、線維肉腫、脂肪肉腫、血管肉腫　等

● 難病

[原因不明]で、治療方法が確立していない希少な疾患です。経過が慢性で、長期にわたり療養を必要とします。ベーチェット病、多発性硬化症、潰瘍性大腸炎、クローン病等があります。

● 後天性免疫不全症候群（AIDS）

[ヒト免疫不全ウイルス（HIV）]が免疫細胞に感染して起こる免疫機能の障害です。主な感染経路は、性的接触、血液媒介感染、母子感染です。感染するとリンパ球が破

壊されて免疫不全を起こし、発熱、下痢、体重減少、全身倦怠感などが現れ、合併症を発症します。

感染しても免疫不全が起きていない状態は、[HIV 感染者] と呼ばれます。HIV 感染者は、免疫機能障害（内部障害）として身体障害者手帳を取得し、医療費の助成を受けることができます。

◉ 遺伝性疾患

遺伝性疾患には、**遺伝病**と**染色体異常**があります。

◉ 遺伝病

遺伝病は [遺伝子] が関与していると考えられる疾病の総称で、**常染色体性優性遺伝病**、**常染色体劣性遺伝病**、**伴性劣性遺伝病**等があります。

◉ 代表的な遺伝病

ハンチントン病 （常染色体優性遺伝病）	成人になってから発症する進行性の神経変性疾患。主な症状は、四肢等不随意運動（舞踏様運動）、精神症状、認知障害　等
フェニルケトン尿症 （常染色体劣性遺伝病）	先天性のアミノ酸代謝異常による乳幼児の疾患。精神発達が阻害されるため、早期に療法を開始する必要がある
血友病 （伴性劣性遺伝病）	先天的な血液凝固因子の欠損による疾患。出血しやすく、止血の困難をきたす。男性のみに発病する
デュシェンヌ型 筋ジストロフィー症 （伴性劣性遺伝病）	筋肉が次第に変性・萎縮する遺伝性の筋疾患。進行性筋ジストロフィーの代表的な型。幼児期に発病することが多い。主症状は筋力低下（筋脱力）と筋萎縮。男性のみに現れる

◉ 染色体異常

代表的なものに、ダウン症候群、ターナー症候群、クラインフェルター症候群等があります。**ダウン症候群**は 21 トリソミーと呼ばれ、21 番目の常染色体が 3 本になる染色体異常で、母親の年齢が高齢になるほど発症頻度が上昇します。特有の顔貌や心疾患、歯の発達の遅滞、知的障害を伴います。**ターナー症候群**は X 染色体の全体または一部の欠失による疾患で女性のみに発病し、卵巣機能不全による二次性徴、月経異常が主な症状です。**クラインフェルター症候群**は男性の性染色体に X 染色体が 1 つ以上多いことで生じる疾患で男性のみに発病し、思春期来発遅延、精巣萎縮、無精子症などが主な症状です。

心理的支援が必要な主な疾病②
脳血管疾患、循環器系疾患、内分泌代謝疾患

脳血管疾患と心疾患、そしてがんは三大生活習慣病と呼ばれています。この3つで日本人の死因の半分以上を占めています。

◎ 脳血管疾患

　脳血管疾患は脳の血管に障害が生じる疾病です。脳血管疾患は、血管が詰まる**脳梗塞**と、血管が破けて出血する**頭蓋内出血**（脳出血）に分けられ、これらを総称して［脳卒中］と呼びます。

　主な症状は頭痛、嘔吐、意識障害、麻痺、しびれ等があり、**後遺症**には下肢の運動麻痺、顔面麻痺、上肢の麻痺、失語、感覚麻痺、認知症等がみられます。

◉ 脳梗塞（脳血栓、脳塞栓）

　脳梗塞の原因によって、**脳血栓**と**脳塞栓**に分類されます。［ラクナ梗塞］と呼ばれる小さな脳梗塞が多発した状態を、**多発性脳梗塞**といいます。

● 脳梗塞

脳血栓	［脳動脈硬化］から血栓が形成され、血流が詰まる。休息時に起こることが多く、ゆっくりと症状が進行する
脳塞栓	［心房細動］等のために心臓内にできた血栓が脳血管へ運ばれて、血流が詰まる。急に発症して、数分で症状が現れる
多発性脳梗塞	ラクナ梗塞によって、脳の小さな血管が詰まる

◉ 頭蓋内出血（脳出血）

　頭蓋内出血（脳出血）とは、頭蓋内にみられる全ての出血の総称です。脳内への出血には**脳内出血**、脳周囲への出血には**くも膜下出血**、**硬膜外出血**、**硬膜下出血**等があります。塊状の出血の場合は、**血腫**と呼ばれます。

● 頭蓋内出血（脳出血）

脳内出血	脳の内部の血管が破れて出血することにより発症。意識障害が急速に進行する。高血圧が原因であることが多い
くも膜下出血	脳の外側を覆っているくも膜と軟膜の間の脳動脈が破れて出血することにより発症。激烈な痛みと嘔気・嘔吐が特徴。[脳動脈瘤]の破裂が原因
硬膜外出血 硬膜下出血	硬膜の血管あるいは脳表血管の破綻により発症 **＜急性＞**骨折や脳挫傷などの頭部外傷が原因で、急性に症状が現れる **＜慢性＞**軽微な頭部外傷をきっかけに徐々に症状が現れる

循環器系疾患

虚血性心疾患とは、心筋への血液供給を行う冠動脈の狭窄や閉塞による冠血液量の不足、または停止による病態です。数分以内の[一過性の心筋虚血]である**狭心症**と、30分以上の虚血の結果、心筋が[壊死]に陥る**心筋梗塞**があります。

● 狭心症

冠動脈に狭窄が生じて、内腔が狭くなることによって、心筋が一過性に虚血に陥った状態です。胸部に不快感、圧迫感、締めつけられるような痛みなどが急激に起こりますが、症状は[数分以内]で治まります。[ニトログリセリン]の舌下投与で軽快します。狭心症には、誘因によって**労作狭心症**と**安静狭心症**があります。

● 労作狭心症と安静狭心症

労作狭心症	体動や運動等の労作により心筋酸素需要増大時に狭心症発作が発生する。主な原因は、冠状動脈硬化による重度の冠動脈狭窄
安静狭心症	労作と無関係に発作が発生する。主な原因は、冠動脈攣縮や冠動脈血栓

● 心筋梗塞

冠動脈の一部分が閉塞することにより発症します。血流が止まり、心筋細胞が壊死して心臓が正常に働かなくなった状態です。強烈な胸部の痛みが特徴的で、発作が起こると動くことはできません。発作の持続時間は[30分以上]で、ニトログリセリンの舌下投与は無効です。胸痛軽減には[モルヒネ]が用いられます。

内分泌代謝疾患

内分泌代謝疾患は、ホルモン分泌の異常、またはホルモン作用の異常による疾患です。代表的な内分泌代謝疾患には、**糖尿病**と**甲状腺機能異常**があります。

🔅 糖尿病

糖尿病は[インスリン]の分泌不足、または作用不足から生じる慢性的な高血糖を特徴とする代謝疾患です。比較的若年層に多い **1 型**と、壮年・高齢者に多い **2 型**があります。日本人の糖尿病全体に対し 90％以上を占めているのは 2 型糖尿病です。

特徴的な症状は口渇、多飲、多尿、体重減少、倦怠感などで、[低血糖発作]では四肢脱力感、意識障害、顔面蒼白、発汗等がみられます。糖尿病が長くなると、血液中の糖が増えすぎて、血管を傷めることで合併症を起こします。糖尿病の[三大合併症]は、腎症、網膜症、神経障害です。

● 1 型糖尿病と 2 型糖尿病

1 型糖尿病 （インスリン依存型）	膵臓のランゲルハンス島のβ細胞破壊によりインスリンが分泌されなくなる。インスリン注射を必要とする
2 型糖尿病 （インスリン非依存型）	インスリンの分泌低下と作用不足が混在している。日常の生活習慣が関与。食事療法や運動療法、経口糖尿病薬を使用する

● 糖尿病の三大合併症

糖尿病性腎症	腎臓の糸球体が傷ついて腎症になる。重症化すると、腎不全から透析導入や腎移植が必要になる
糖尿病性網膜症	網膜の血流が低下することで視力が低下する。重症化すると、失明の危険がある
糖尿病性神経障害	末梢神経が障害されると四肢末端の知覚障害、しびれ、疼痛等、自律神経が障害されると起立性低血圧、排尿障害等が生じる。重症化すると壊疽による下肢切断や突然死の危険がある

🔅 甲状腺機能異常

甲状腺機能異常には、甲状腺ホルモンの分泌が過剰になる**甲状腺機能亢進症**と、分泌が低下する**甲状腺機能低下症**があります。

● 甲状腺機能異常

甲状腺機能亢進症 （バセドウ病）	甲状腺ホルモンの分泌が過剰になることにより、動悸、頻脈、高血圧、下痢、体重減少、発汗、イライラなどの症状や、甲状腺の腫大、[眼球突出]が特徴。若い女性に多く発症する
甲状腺機能低下症 （橋本病）	甲状腺ホルモンの分泌が低下することにより、徐脈、低血圧、便秘、体重増加、浮腫（粘液水腫）、行動の緩慢等の症状や[傾眠傾向]、うつ状態がみられる。中高年女性に多く発症する

135 依存症（薬物、アルコール、ギャンブル等）

代表的な依存の対象には、薬物、アルコール、ギャンブル等があります。

◉ 依存症

特定の物質の使用や行動に関して、自分で自分の欲求をコントロールできなくなる状態が依存です。依存症は「**否認の病気**」といわれるように、本人が病気を認めたがらない傾向があり、依存を自覚することが困難です。依存症からの回復には、薬物使用や飲酒、ギャンブルをやめ続けることが必須であり、専門医療機関での医療的治療や、ダルク（DARC）やアルコホリック・アノニマス（AA）などの[自助グループ]への参加、家族を含めた周囲からのサポートなどが不可欠です。

◉ 薬物依存症

依存性薬物（麻薬、覚醒剤、シンナーなど）の乱用を繰り返した結果、薬物による快感を求める精神的依存が生じます。[麻薬]は身体的依存も同時に引き起こし、薬物がなくなると不快な[離脱症状]（不眠、過眠、抑うつ、不安、焦燥、幻覚、けいれん発作、異常な発汗など）や[耐性]（同じ効果を得るためにより多く摂取することが必要になる）がみられます。

◉ アルコール依存症

アルコール依存症は、大量のアルコールを長期にわたって飲酒することで、アルコールに対する身体と精神の依存が生じた状態をいいます。飲酒に伴う多幸感や陶酔感などの精神的効果を得るために、あるいは、離脱症状（[幻視]、けいれん等）を避けるために飲酒への強い欲求と飲酒行動異常がみられるようになります。

◉ ギャンブル等依存症

ギャンブル等依存性は、スリルや興奮を繰り返し得ようとして、経済的、社会的、精神的な問題が生じていてもギャンブルをやめることができない状態です。ギャンブルの資金を作るために借金をしたり、周囲との人間関係に問題が生じたりして、虐待、自殺、犯罪などの社会的問題と密接に関連しています。

136 移植医療、再生医療

　臓器の提供は、書面による本人の意思表示によって決定されます。改正臓器移植法が2010（平成22）年に全面施行され、本人の意思が不明な場合（15歳未満も含む）は家族の判断で提供できるようになりました。

◎ 移植医療

　移植医療とは、病気や事故によって失われた［臓器］や［組織］を他の人から移植して、その機能を回復するための医療のことです。臓器の提供は、［ドナー］（提供する側）の状態によって2つに分類されます。1つは**脳死移植**（あるいは**心停止後移植**）で亡くなった人からの提供と、もう1つは**生体移植**で生きている人からの提供です。

　いずれの方法においても、ドナーや［ドナーファミリー］（提供者の家族）、［レシピエント］（提供される側）への心理的なケアや支援が求められます。

臓器移植	**脳死移植**：腎臓、肝臓、心臓、肺、膵臓、小腸 **心停止後移植**：腎臓、膵臓 **生体移植**：肺、肝臓、腎臓、膵臓、小腸
組織移植	角膜、皮膚、心臓弁、内耳、骨など

◎ 再生医療

　再生医療とは、先天的あるいは後天的に欠損損傷した臓器や組織を、細胞を用いて修復し、機能を再生させる医療技術のことです。再生医療に用いる**幹細胞**には［自己複製能］と［多分化能］という特徴があり、幹細胞が分裂して2つの細胞が生じた際、1つは増殖せずに幹細胞自身を複製し、もう1つは多種類の細胞に成長（分化）します。幹細胞には、人間の体内に存在する**組織幹細胞**（造血幹細胞、骨髄幹細胞、脂肪幹細胞、歯の幹細胞など）と、人工的に作られた**多能性幹細胞**（［ES細胞］と［iPS細胞］）があります。

プラス+1

　2014（平成26）年に**再生医療等の安全性の確保等に関する法律**が施行され、再生医療等の安全性の確保に関する手続きや、細胞培養加工の外部委託ルール等が定められました。

137 サイコオンコロジー、緩和ケア、終末期ケア、グリーフケア

緩和ケアに関しては、第16章「健康・医療に関する心理学」で詳しく説明しています。ここでは、がん患者への心理学的支援について整理します。

◎ サイコオンコロジー（精神腫瘍学）

心理学（Psychology）と腫瘍学（Oncology）を組み合わせた学問であり、がん（悪性腫瘍）が患者やその家族の精神面に与える影響を研究し、精神的ストレスをやわらげ、[QOL] の向上を目指すと同時に、心理的・社会的因子ががんの発症や再発、治療経過などに与える**影響を研究**することを目的としています。

精神腫瘍医は、がん医療において、患者やその家族に対して精神的なサポートと医学的なサポートを提供する専門家です。

◎ 緩和ケア

治癒不可能な疾患からくる**全人的苦痛**（身体的、精神的、社会的、スピリチュアル）に直面している患者とその家族に対して、医師、看護師、薬剤師、栄養士、心理師、ソーシャルワーカーなどの専門家によるチームがケアを行います。

がん医療における緩和ケアとは、がんに伴う身体と心の痛みをやわらげ、生活やその人らしさを大切にして、生きていることに意味を見いだせるようなケア（**スピリチュアルケア**）を提供します。

以前は、がんに対する治療終了後に行われるものとして考えられていましたが、現在では、がんに対する治療と**並行して**緩和ケアを行い、状況に合わせて治療と緩和ケアの割合を変えていく考え方が主流です。

● がんの療養経過中に直面する問題と緩和ケア

- 診断直後の不安や落ち込みへのケア
- 治療前からの痛みへのケア
- 治療中の不快な身体症状（放射線や抗がん剤の副作用）へのケア
- 手術後の痛みへのケア
- 再発や転移による痛み・不安や落ち込みへのケア　　　　等

終末期ケア（ターミナルケア）

　積極的な治療によって治癒を見込めない終末期では、がん患者の［全人的苦痛の緩和］を優先します。終末期は全身状態が急速に変化して、症状が不安定になり、家族にも不安や動揺がみられることもあります。患者本人だけでなく、その家族への心理的な支援も大切になります。

　あらかじめ終末期をふまえた今後の方針について、患者や家族が医療職や介護職と一緒に話し合い、意思決定ができなくなったときに備えて、意思決定をする人を決めておくことを**アドバンス・ケア・プランニング**（ACP）といいます。

グリーフケア

　がん患者の家族への心理的支援は、患者の療養中だけでなく、死別後も継続していくことが求められます。**グリーフケア**は、死別体験者（遺族）に対する心理的支援です。死別によって遺族が抱くグリーフ（悲観）がストレッサーとなり、心と身体に様々な反応が生じたり、日常生活や行動が変化したりします。免疫機能が低下することにより、様々な病気に対する抵抗力が弱まることもわかってきました。

　死別を体験すると、大切な人を喪失したことによる悲しみ、絶望、失意等の感情と、死別という現実に対応しようとする思いの間で揺れ動き、遺族は不安定な状態にあります。このような状態から再生へと向かうための作業のことをグリーフワーク（喪の作業、悲しみを癒す作業）といいます。その人にあった方法で、時間をかけてグリーフワークが行えるように支援することが大切です。

● **グリーフ（悲観）によって引き起こされる反応**

精神的な反応	ショックによる感情の麻痺、怒り、恐怖に似た不安、孤独、寂しさ、思慕、やるせなさ、罪悪感、自責感、後悔、無力感　等
身体的な反応	睡眠障害、食欲障害、体力の低下、疲労感、頭痛、肩こり、めまい、動悸、胃腸不調、血圧の上昇、白髪の急増、自律神経失調症、体重減少　等
日常生活や行動の変化	ぼんやりする、涙があふれてくる、落ち着きがなくなる、より動き回って仕事をしようとする、ひきこもる　等

138 主な症状と状態像（抑うつ、不安、恐怖、幻覚、妄想等）

精神科的な症状と状態像についての分類や定義には様々な歴史や医師による解釈の違いがあり、全ての症状や状態像が明確に定義されているわけではありません。操作的診断基準（ICD や DSM）の導入によって、病名診断の信頼性（評価者間一致率）は向上しましたが、妥当性（その診断が本当に病態を表現しているか）にはいまだに限界があります。ここでは、一般的に理解されている主な症状と病態について簡略にまとめます。

症状と状態像

症状（symptom）とは、患者が訴える、あるいは感じている ［主観的］ 体験です。通常症状は本人にしかわからないので、面接（問診）によって丁寧に聴き取ることによって把握する必要があります。精神疾患においては、患者が自分の状態を自覚しているとは限らないので、行動や表情などの観察、家族からの聴き取り、各種の検査等によって患者の ［客観的］ な**状態像**を把握することが必要となります。これらの多元的な情報を総合して診断を推定または確定し、治療方針を策定することが、精神疾患に対する診療の基本的な流れとなります。

抑うつ

抑うつ（depression）は、通常、感情の異常として定義され、気分（mood）や情動（emotion）の変化として理解されます。抑うつの中核は「気分が落ち込むこと」ですが、多くの場合「興味・関心の減退」「活動性の減少」「悲哀感・絶望感」などを伴います。［一時的］ で生活に大きな支障をきたさない抑うつ気分は、人間にとっての自然現象であり、抑うつの全てが病的であるわけではありません。

不安と恐怖

不安（anxiety）は、DSM-5 では「将来の脅威に対する予期」と定義されています。元来は危険な対象や状態を察知してそれを効率的に避けるための正常な反応ですが、客観的な危険がない状況でもそれが生じたり持続したりして、［生活や機能］ に影響

を与えるときにはじめて症状として問題になります。

恐怖 (fear) は、DSM-5 では「現実の、または切迫していると感じる脅威に対する情動反応」と定義されています。不安と恐怖の 2 つの状態は明らかに重複していますが、恐怖は逃走あるいは闘争行動の準備状態としての自律神経系の緊張の高まりを伴うのに対して、不安は将来の危険に対処するための筋緊張および覚醒状態や、警戒行動や回避行動と関連しています。

❀ 幻覚

幻覚 (hallucination) は、DSM-5 では「[外的刺激] がないにもかかわらず起きる知覚様の体験」と定義されます。幻覚は 5 つの知覚の様態 (視覚、聴覚、触覚、嗅覚、味覚) の全てにおいて生じ、幻視、幻聴、幻臭などと呼ばれます。幻聴は特に統合失調症に特徴的であるとされてきましたが、現在では、幻覚は複数の病態 (薬物使用、PTSD、認知症、せん妄など) において生じる [非特異的] な症状であると理解されています。

❀ 妄想

妄想 (delusion) は思考の障害の一種であり、DSM-5 では「相反する証拠があっても変わることのない固定した信念」と定義されています。その信念には、被害、関係、身体、宗教、誇大などの多様な主張が含まれます。統合失調症や妄想性障害の特徴的症状の 1 つとされていますが、多くの他の病態においても出現します。その信念が「誤っているかどうか」の判定が困難な場合もあり、臨床上の取り扱いが難しい場合も少なくありません。

プラス+1

妄想に関連した概念
妄想に関連した概念には次のものがある。

● **心気妄想**：自分が重病にかかっていると確信する妄想。[うつ病] に多い。
● **迫害妄想**：自分が迫害されていると確信する被害的内容の妄想。[統合失調症] に多い。
● **貧困妄想**：自分の財産がなくなったと確信する妄想。[うつ病やうつ状態] に多い。
● **妄想気分**：周囲の全てが新たな意味を帯び、不気味で、何かが起ころうとしているという不安緊迫感。[統合失調症] にみられる。
● **世界没落体験**：妄想気分から発展して「世界が破滅する」と感じるような体験。[統合失調症] の急性期や再発時にみられる。

139 精神疾患の診断分類・診断基準 <ICD-10、DSM-5>

精神医学は、患者が被っている精神・心理的な問題を「精神疾患」として理解し、特定の患者がどのような精神疾患であるかどうかを判断することを診療の出発点とします。診断とは「疾患カテゴリーの中に個別の患者を位置づけること」と定義することができます。それゆえ、様々な精神疾患の診断のためには、疾患のカテゴリー分類が確立していることが前提条件となります。

◎ 精神疾患の診断分類・診断基準

精神医学における疾患の分類は、精神病理学的診断分類と操作的診断基準に分けることができます。従来の**精神病理学的診断分類**では、疾患の原因を外因性、内因性、心因性の３つに分ける考え方が主流でした。**外因性**とは、脳に直接侵襲をおよぼす身体的病因による場合をいい、器質性精神病、症状性精神病、中毒性精神病の３種を含みます。**心因性**とは、性格や環境からのストレスなどの心理的要因によって生じる精神障害で、神経症や適応障害を含みます。**内因性**とは外因性でも心因性でもない、いわゆる原因不明ですが、遺伝的要因が背景にあると想定されている疾患で、統合失調症と躁うつ病が二大内因性精神病といわれてきました。

操作的診断基準は、科学的概念はそれが作られた具体的操作を明らかにすることによってのみ正しく客観化されるという考えによって作られています。言葉を変えれば操作的診断基準とは、「共有された方法によって作られた基準＝どのように作られたかが明示化された約束事」であり、最も重視されるのは診断の［信頼性］を確保することです。

精神病理学的な診断基準の大きな問題点は、診断における十分な信頼性が確保されない可能性があることです。つまり、同じ病態に対する診断が、評定者（医師）によってくいちがってしまうことがありえます。

● DSM と ICD

　精神疾患の診断に操作的診断基準が用いられたのは 1970 年代に始まりますが、それが世界的に影響を持つようになったのは、1980 年に発表された［米国精神医学会（APA）］の『**精神疾患の診断・統計マニュアル**第 3 版』（DSM-Ⅲ）以来です。その後 DSM-Ⅳ、DSM-Ⅳ-TR を経て、2013 年以降は **DSM-5** が使用されています。

　一方で、［**WHO（世界保健機構）**］の『**国際疾病分類**』（**ICD**）においては、第 10 版（ICD-10）以降、精神疾患についての操作的診断基準を備えるようになりました。

プラス+1

ICD-11

ICD は改訂作業が進められ、2018（平成 30）年には **ICD-11** が公表された。日本語版は作成中であるが、第 6 章「精神、行動又は神経発達の障害」については訳が公表されている。2022 年には ICD-11 は発効され、各国で順次移行する予定である。現時点での日本では公式統計、保険診療、医師国家試験の出題には ICD-10 の基準（F0〜F9 および G40）が使用されているが、ICD-11 の正式発効によって変更されることになるだろう。一方で、ICD-11 の精神疾患の診断分類は、DSM-5 との整合性を確保することが確約されている。したがって、現時点での公認心理師教育や資格試験への対策については、ICD-10 と DSM-5 に準拠した理解が推奨される。

　DSM-5 の診断分類を理解する前提として最も重要なことは、そもそも患者を「精神疾患」と診断するための基本となる基準です。いくつかの症候が揃っていれば自動的に精神疾患と診断されるわけではないという理解が重要です。

● DSM-5 による精神疾患の定義

> 「精神疾患とは、精神機能の基盤となる心理学的、生物学的、または発達過程の機能不全を反映する個人の認知、情動制御、または行動における臨床的に意味のある障害によって特徴づけられる症候群である。精神疾患は通常、社会的、職業的、または他の重要な活動における意味のある苦痛または機能低下と関連する。よくあるストレス因や喪失、もしくは文化的に許容された反応は精神疾患ではない。社会的に逸脱した行動（例：政治的、宗教的、性的に）や、主として個人と社会の間の葛藤も、上記のようにその逸脱や葛藤が個人の機能不全の結果でなければ精神疾患ではない」

出典：日本精神神経学会監修『DSM-5 精神疾患の診断・統計マニュアル』P.20 2014 年 医学書院

第 22 章　精神疾患とその治療

1. 神経発達症群／神経発達障害群

2. 統合失調症スペクトラム障害および他の精神病性障害群

3. 双極性障害および関連障害群

4. 抑うつ障害群

5. 不安症群／不安障害群

6. 強迫症および関連症群／強迫性障害および関連障害群

7. 心的外傷およびストレス因関連障害群

8. 解離症群／解離性障害群

9. 身体症状症および関連症群

10. 食行動障害および摂食障害群

11. 排泄症群

12. 睡眠－覚醒障害群

13. 性機能不全群

14. 性別違和

15. 秩序破壊的・衝動制御・素行症群

16. 物質関連障害および嗜癖性障害群

17. 神経認知障害群

18. パーソナリティ障害群

19. パラフィリア障害群

20. 他の精神疾患群

21. 医薬品誘発性運動症群および他の医薬品有害作用

22. 臨床的関与の対象となることのある他の状態

140 症状性を含む 器質性精神障害
(F0、ICD-10 のコード番号)

ICD-10 の F0 に分類される精神障害には、認知症（F00〜F03）、薬物によらない器質性の精神障害（F04〜F09）が含まれます。このうち重要な障害は、認知症とせん妄（F05）です。

◎ 認知症

　認知症（dementia）とは、「いったん正常に発達した認知機能や精神機能が後天的な脳の障害により低下し、日常生活・社会生活に支障を来している状態」と定義されます。DSM-5 では、[神経認知障害群]（neurocognitive disorders）にまとめられ、下位分類として、せん妄、認知症（DSM-5）、軽度認知障害（DSM-5）が含まれることになりました。

　DSM-5 での認知症の診断は、「[1] つ以上の認知領域において機能が病前より低下していること」「その認知機能の低下が機能的に毎日の [生活の自立] を阻害するほど重篤であること」をその条件としています。軽度認知障害は認知機能の低下が認められるが、日常生活の自立が損なわれていない状態とされています。

　認知症は単一の疾患ではなく、様々な原因による疾患の集合体ですが、最も多いのは [Alzheimer 型認知症] です。他の代表的病態として、Lewy 小体型認知症（レビー小体病）、前頭側頭型認知症（前頭側頭葉変性症）、血管性認知症があります。他にプリオン病、外傷性脳損傷、特発性正常圧水頭症、医薬品誘発性、アルコール性など、多様な病態が認知症を引き起こします。

● 認知症の分類

| Alzheimer（アルツハイマー）型認知症（認知症全体のおよそ 35%。血管性認知症との混合でおよそ半分を占める） | 脳の病的萎縮が特徴の病気で、原因不明。[海馬] の形態学的な萎縮が早期より起こる。後期には前頭葉、側頭葉全体が萎縮。**血流低下**（頭頂側頭連合部、楔前部、後部帯状回）がみられる。[老人斑（βアミロイド）]、[神経原線維変化（リン酸化タウタンパク）] が脳に沈着。失見当識、遅延再生が早期から障害される |

血管性認知症 （およそ 10%）	脳の血管障害（脳卒中や脳梗塞）が原因で起こる認知症で、比較的急激に発症。まだら状に症状が現れ、階段状に進行していく（まだら認知症）。多発梗塞性認知症、戦略的重要部位脳梗塞、皮質下血管性認知症（ラクナ梗塞による）などがある。**歩行障害や尿失禁が出現しやすい**
Lewy（レビー）小体型認知症 （およそ 15%）	［レビー小体（αシニュークレイン）］が大脳表面に出現して起こる病気で、はっきりとした［幻視］が出現し、［パーキンソン症状］を合併して、1 日のうちで**症状が変動**する。随伴症状として、①［レム睡眠行動障害］、②［抗精神病薬に過敏］、バイオマーカーとして③ PET で基底核でのドパミントランスポータの減少、④［MIBG 心筋シンチグラフィ］の取り込み低下がある。さらに転倒と失神、**自律神経障害、意識障害、うつ、妄想などを認める**
前頭側頭型認知症ないし 前頭側頭葉変性症 （およそ 5%）	脱抑制や常同行動などを特徴とする［行動障害型前頭側頭型認知症］（bv FTD、［Pick（ピック）病］が代表）と、言語障害を特徴とする意味性認知症および進行性非流暢性失語に大別される。脳の**前頭葉と側頭葉が限局して萎縮する**タイプの認知症。物忘れよりも、［人格変化］、［抑制の欠如が主体］。［常同行動］が多くそれを邪魔されると興奮。**うつ、不安、自殺念慮、執着観念**、進行性の発語の減少、常同言語などが出現する。空間認知と習慣は保たれる
プリオン病 （3%未満）	脳内に感染性の異常タンパク質（プリオン）が蓄積し脳がスポンジ状に変性。**Creutzfeldt-Jakob（クロイツフェルト・ヤコブ）病**、クールー、狂牛病などがある
特発性正常圧水頭症 （2.5%）	**歩行障害、認知障害、排尿障害（尿失禁など）**の 3 つが主症状。原因不明で脳室の拡大著明だが脳脊髄液は正常。治療で完全に［回復可能］な唯一の認知症でシャント手術を行う
若年性認知症	65 歳未満で発症する認知症。厚生労働省の「若年性認知症の実態等に関する調査結果の概要及び厚生労働省の若年性認知症対策について」（2009（平成 21）年）では、原因となる疾患として血管性認知症が 40% で最も多く、次いで Alzheimer 病で 25% としている。

※認知症全体における各認知症の割合は、Mendez et al: Dementia: A Clinical Approach, 2003 によるもの

◎ 認知症の症状

　認知症の症状は、認知機能の障害による［中核症状］と、**周辺症状**（行動・心理症状、BPSD：behavioral and psychological symptoms of dementia）に分けられます。**中核症状**は認知機能の低下による症状で、6つの領域（①複雑性注意、②実行機能、③学習および記憶、④言語、⑤知覚―運動、⑥社会的認知）のどれかあるいは複数の機能が低下するものとされています。

　BPSDは、一次的要因が先にあり、それに身体的要因や心理社会的要因、環境要因などが作用して起こるもので、認知症患者への対応やケアにあたって中心となる課題です。BPSDに含まれる症状としては、幻覚、妄想、抑うつ、不安、易怒性・脱抑制、睡眠障害、食行動の変化、強迫・常同行動、徘徊などがあります。BPSDの症状は多彩であり、環境やその人が生きてきた文脈などによって大きく影響されます。「物盗られ妄想」や「夕暮れ症候群」などがその例です。

 プラス+1

認知症の記憶障害
認知症の記憶障害の初期の特徴は、比較的最近経験した出来事を想起できない［近時（短期）記憶］の障害、あるいは新しい出来事の経験や学習を記憶できない［エピソード記憶］の障害である。それに対して長期記憶や手続き記憶は比較的保たれている。記憶障害以外の認知機能障害による症状は病型や個人によって様々であるが、認知症の進行に従って徐々に障害がはっきりしてくる。

Column
　　　　認知症の治療

認知症への治療には薬物療法と非薬物療法があります。現時点で認知症に適応のある薬は、コリンエステラーゼ阻害薬とNMDA受容体拮抗薬です。軽度認知機能障害への有効性が証明されている薬物は現在のところありません。BPSDに対しては症状に応じて種々の向精神薬が用いられますが、副作用の問題もあり、中心的な治療にはなりえません。
個々の患者の状態やケアのニーズに対応する非薬物療法は、認知症のケアに極めて重要な役割を果たします。患者中心のケア（person centered care）、バリデーション・セラピー（Validation therapy）、［ユマニチュード］（humanitude）などが、支援者と患者の適切な関わりを重視した方法として提唱されています。また回想法、芸術療法、デイケアなどが、集団、または個人リハビリテーションの文脈において行われています。

● 神経心理学的検査と治療

神経心理学的検査としては多数のものがあります。スクリーニングテストとして代表的なものとして、**ミニメンタルステート検査**（**MMSE**：Mini-Mental State Examination）、**改訂長谷川式簡易知能評価スケール**（**HDS-R**）、Montreal Cognitive Assessment の日本語版（MoCA-J）などが用いられます。

◉ せん妄

せん妄（delirium）は、一過性の見当識障害、認知機能低下や錯乱、幻視などの精神病様症状を伴う意識水準の低下です。活動が亢進するタイプと低下するタイプがあり、後者はうつ状態と誤診されることがあります。高齢者に多く、[男性] に多く出現します。せん妄は [認知症] に合併する場合もあり、鑑別が難しい場合もありますが、せん妄の状態は変動が激しいことから認知症と区別しえます。原因は多様ですが、一番多いのは全身状態に影響する重篤な疾患や手術などの [器質的な身体要因] の影響、環境の変化（入院や施設入所、集中治療室への入院など）、薬物の影響などです。臨床現場では、様々な心理的病態や精神症状との鑑別が重要になります。

せん妄への薬物治療は、近年有効性に疑問が呈されており、むしろ全身状態や環境の改善、安心できる環境でのケアなどが重要とされます。

> 医療現場では高頻度に経験される病態ですが、往々にして他の精神状態と誤診されてしまいます。公認心理師に要請される鑑別診断の知識としての重要性が高く、試験に出題されることも多いのでしっかりと理解しておきましょう。

ひとこと

● せん妄（意識障害）と認知症の違い

	せん妄	認知症
発症	急激	ゆるやか
日内変動	夜間や夕刻に悪化	乏しい
初発症状	錯覚、幻覚、妄想、興奮	記憶力低下
持続	数時間〜1週間	[永続的]
知的能力	動揺性	変化あり
身体疾患、環境の関与	基本的にあり	時にあり

141 精神作用物質使用による精神および行動の障害 (F1)

ICD-10 の F1 に分類される精神障害は、いわゆる中毒や依存症と呼ばれる病態群です。依存 (dependence) は、人間にとって極めてありふれた現象です。依存症をめぐる概念や診断基準は、精神医学領域においてきめ細かく定義、分類されていますが、その概念は複数の診断基準（例えば ICD と DSM）によっても異なり、さらに基準の改訂（DSM-Ⅳ-TR から DSM-5）によってもしばしば変遷しています。

いわゆる物質依存症の一般的事項

摂取すると認知や情動などの精神機能に影響を与える物質を**精神作用物質**と呼びます。アルコール、アヘン、大麻、コカイン、覚醒剤、有機溶剤、睡眠薬・抗不安薬などが代表的なものです。精神作用物質がもたらす人体への作用としては、身体依存、精神依存、耐性、離脱、急性中毒などがあります。**依存**とは精神作用物質を繰り返し使用することにより、精神的に薬物欲求が生じたり、中断時に不快な症状が出現したりすることにより物質使用をやめられない状態となることです。

精神依存

精神依存とは「自分の意思では使用を制御できなくなる状況」です。この機序としては、精神作用物質が中脳被蓋野から大脳辺縁系に至る［ドパミン作動性神経系］を中心とする「脳の報酬系」に作用して快感を生じるための結果として説明されています。このために物質使用へのさらなる欲求（**渇望**）が生じ、反復使用に至ります。離脱時には様々な手段を通じて強迫的に物質を入手しようとする［薬物探索行動］が出現します。

⚬ 身体依存

身体依存は以下のような機序として説明されます。

> ある量以上の物質が常時体内に存在するとき、生体が物質の存在に適応するため、物質の効果が減弱し「**耐性**」が生じる。このような適応が生じているときに物質使用量が急激に減量されたり中止したりすると生体が不均衡状態に陥り、**離脱症状**あるいは**退薬症状**と呼ばれる不快な症状が出現する。これを避けるために一層その物質を求めるようになる。

　身体的、社会的な問題になるような精神作用物質の不適切な使用は、ICD-10 では有害な使用、DSM-Ⅳ-TR では**乱用**、DSM-5 では**物質使用障害**の 1 つとされています。自発的な物質の使用において、使用目的が本来の目的以外の使用であったり、使用法・容量が常識を逸脱したりしているような場合です。

⚬ 中毒

　精神作用物質の使用後に有害作用が発現している状態を**中毒**（intoxication）といいます。物質が生体内に過剰に存在しているための症状ですから、その物質の薬理作用に特異的な症状が出現します。原則として、体内から物質が排泄されることにより、症状は消失します。

⚬ 精神病性障害

　精神作用物質の使用中または使用後 2 週間以内に発現し、急性中毒に伴う一過性の薬理作用では説明がつかず、離脱症状の一部でもない精神病様症状を（物質使用による）**精神病性障害**と呼びます。この障害は、幻覚、知覚変容、妄想、精神運動障害、昏迷、激しい異常な情動など、あらゆる精神症状が出現しえます。精神作用物質の使用に関連して長期に持続したり、遅発性に生じたりする症状を**後遺症**と呼びます。フラッシュバックや人格変化、残遺性感情障害、認知症、残遺性精神病が含まれます。

⚬ 薬物依存の現況と対応

　DSM-5 では、物質関連障害群の薬物を 10 種類に分類しています。それらは、アルコール、カフェイン、大麻、幻覚薬、吸入剤（有機溶剤など）、オピオイド、鎮静薬・睡眠薬・抗不安薬、精神刺激薬、タバコ、その他です。これらの物質を作用機序から 3 つに分けると、中枢神経抑制薬（いわゆるダウナー系：アルコール、鎮静薬・睡眠薬・抗不安薬、オピオイド、大麻など）、中枢神経刺激薬（いわゆるアッパー系：覚

醒剤（アンフェタミン、メタンフェタミン）、コカイン、カフェイン、ニコチンなど）、幻覚薬 (LSD やマジック・マッシュルーム、MDMA（エクスタシー）、一部の危険ドラッグなど）があります。

● 主な薬物の依存と耐性形式（＋－は有無および相対的強さを表す）

	精神依存	身体依存	耐性
アルコール	＋＋＋	＋＋	＋
アヘン	＋＋＋	＋＋＋	＋＋＋
抗不安薬・睡眠薬	＋＋	＋＋＋	＋＋
コカイン	＋＋＋	－	－
大麻	＋＋	－	－
覚醒剤	＋＋＋	－	＋＋
幻覚薬	＋	－	＋＋

出典：大熊輝雄『現代臨床精神医学 第 12 版』P.253 2013 年 金原出版をもとに著者作成

　日本における薬物依存の臨床における 1 つの特徴は、薬物使用経験者の数が米国などに比べて圧倒的に少ないことです。米国では、疼痛緩和に用いられる医療用オピオイドの不適切使用による薬物依存の増加が近年大きな問題になっており、日本でも今後この問題が増加することが懸念されています。逆に日本での大きな問題は、覚醒剤使用が多いこと、ベンゾジアゼピンを中心とする精神科領域の処方薬物による薬物依存の頻度が高いことです。

🔵 アルコール離脱

　アルコール依存症の離脱症状は、飲酒中断後 24〜36 時間をピークに発症する［小離脱］と、72〜96 時間をピークとする［大離脱（振戦せん妄)］があるとされてきました。しかし DSM-5 ではこのような区別はされていません。

　DSM-5 では大量かつ長期間にわたっていたアルコール使用の中止（または減量）後数時間から数日以内に、発汗・頻脈などの自律神経過活動、手指振戦、不眠、嘔気嘔吐、幻視幻触、精神運動興奮、不安、全般性強直間代発作などの症状が出るものをアルコール離脱とし、それにせん妄が加わったものを［アルコール離脱せん妄］としています。

● ハーム・リダクション

　薬物依存に対する公衆衛生上の政策については、世界的な流れは大きく変化してきています。その最も大きな流れは、薬物（特に非合法薬物）に対する「厳罰主義」から[ハーム・リダクション]（被害低減・被害最小化）への流れです。ハーム・リダクションとは、NGO の Harm Reduction International によると、「ドラッグの使用、政策、薬物法に関連する、健康、社会、法律への悪影響を最小限に抑えることを目的とする政策、プログラム、実践」と定義されています。

自己治療仮説
物質依存が生じるメカニズムは、快感を求める「正の強化」ではなくて、先行する苦痛を減弱するために役立つ「負の強化」によるものではないかという「自己治療仮説」が主張されている。負の強化は、正の強化に比べると、「慣れ」が起こりにくい。この仮説に従えば、物質依存への治療や支援の目標は、「物質の使用という行動」を直接的に減少させようとすることではなく、むしろ先行状況にある「苦痛」を取り除くことが目指されるということになる。

薬物依存症の公衆衛生対策
次の3つが提唱されている。
① [サプライ・リダクション]（供給の低減）とは、危険な薬物に対する規制強化、取り締まり強化のことである。
② [ディマンド・リダクション]（需要の低減）とは、薬物再濫用防止対策、薬物依存症の治療のことをいう。
③ ハーム・リダクション（被害低減・被害最小化）とは、止めることができないことを受け入れるコミュニティの整備、犯罪者扱いしない、清潔な注射針の提供などにより二次被害を減らすことをいう。

身体依存や耐性を生じない物質
● コカイン、大麻、覚醒剤、幻覚薬では、身体依存は生じないとされる
● コカインと大麻は耐性も生じないとされる
このような理由もあり、大麻を医療用に限って使用を認めるべきだという議論がある。さらにコカインの類似物質のリドカインは局所麻酔薬や抗不整脈薬に使用されている。

142
統合失調症、統合失調型障害および妄想性障害（F2）

ICD-10 の F2 に分類される精神障害は、統合失調症のよくみられる諸種、一部のそれほどよくみられない諸種、および密接に関連した諸障害です。DSM-5 では、これらの一群の病態が「**統合失調症スペクトラム障害および他の精神病性障害群**」としてまとめられています。

◎ 統合失調症の一般的事項

統合失調症は［青年期］に発症し、約 120 人に 1 人が罹患する精神疾患です。知覚、思考、感情、意欲など多くの精神機能領域の障害として現れ、幻覚、妄想、自我障害などの［陽性］症状と、感情鈍麻、自発性減退、社会的ひきこもりなどの［陰性］症状からなる特有の症候群です。［急性］の精神病エピソードを繰り返しながら、［慢性］に経過しますが、約半数は完全にあるいは軽度の障害を残して回復します。

統合失調症の原因は、現時点では不明ですが、［脆弱性－ストレスモデル］（統合失調症への脆弱性を持つ個体に、ストレスが加わることによって精神病エピソードが生じると考える仮説）、**神経発達障害仮説**（統合失調症は一種の神経発達障害であるという仮説）、**ドパミン仮説**（統合失調ではドパミン神経伝達が過剰であるために精神病症状が生じるという仮説）などが提唱されています。

陽性症状と陰性症状には以下のようなものがあります。

● 陽性症状（シュナイダーの 1 級症状が有名）

［考想化声］	自分の考えが声になって聞こえてくる
［考想伝播］	喋っていないのに考えが他人に伝わる
対話と話しかけの幻聴	コメントする声が聞こえる
［思考吹入］、**思考奪取**	考えが外から入ってくる、考えが抜き取られる
させられ体験	操られている
妄想知覚	実際の知覚に特別な意味づけ
自分の行為を批評する幻聴	コメントする声

● 陰性症状（ブロイラーの 4A が有名）

［連合弛緩］	会話のまとまりが悪い
［感情鈍麻］	感情の働きが鈍い
自閉	ひきこもり
両価性	相反する感情の発露

統合失調症の診断基準

　従来の統合失調症の診断には陽性症状としてはシュナイダーの 1 級症状、陰性症状としてブロイラーの 4A が用いられていました。ICD-10 ではまだ重視されていますが、DSM-5 ではそれらの意義は縮小しています。DSM-5 による統合失調症の診断基準の概要は以下の通りです。

> ● 妄想、幻覚、まとまりのない発語（例：頻繁な脱線または脱落）
> ● ひどくまとまりのない、または緊張病性の行動、陰性症状（情動表出の減少、意欲欠如）のうち少なくとも 2 つ（そのうちの 1 つは幻覚か妄想である）が［1］か月間ほとんどいつも存在する
> ● 仕事、対人関係、自己管理などの著しい機能低下がある。これらの徴候は少なくとも［6］か月以上存在している

　上記を［全て］満たし、薬物の影響あるいは他の医学的疾患が否定される場合に、統合失調症と診断されます。なお、自閉スペクトラム症や小児期発症のコミュニケーション症の病歴がある場合は、統合失調症の追加診断はより慎重に行います。

> 元来統合失調症は精神病の 1 つの典型例であると考えられてきましたが、実は統合失調症にみられる認知・行動・情動の機能障害のどれ 1 つとっても統合失調症という疾患に特徴的なものではないことが明らかにされてきました。DSM-5 では統合失調症とは不均一な臨床症候群であると理解されており、類縁の病態と明確に線引きできないことから、統合失調症スペクトラムという概念が導入されたものです。

ひとこと

統合失調症の治療

　急性期の陽性症状に対する治療としては、主として薬物療法が行われます。ほとんどの抗精神病薬は［ドパミン D₂ 受容体遮断作用］を持ち、受容体への親和性が臨床

効果と相関します。定型抗精神病薬（フェノチアジン、ハロペリドールなど）、非定型抗精神病薬（リスペリドン、オランザピンなど）が用いられますが、現代では［副作用］の少ない後者がよく用いられます。近年、非薬物治療としてのオープンダイアローグが急性期の治療に有用であるという知見が注目されています。

　回復期や社会復帰期には、心理社会的支援が有用であり、認知行動療法、SST（ソーシャルスキルトレーニング）、その他の支持的心理療法などが行われます。デイケアなどの社会的支援も有用です。

● 統合失調症以外の統合失調症スペクトラムと他の精神病性疾患

統合失調型 （パーソナリティ）障害	DSM-5 ではパーソナリティ障害群の 1 つとして記載されている
妄想性障害	持続的な妄想が 1 か月以上続くもの。人格水準は保たれており、幻覚は目立たない
短期精神病性障害	幻覚・妄想などの精神病症状が出現するが 1 か月以内に完全に消失するもの
統合失調症様障害	幻覚・妄想などの精神病症状が 1 か月以上 6 か月未満持続するもの
統合失調感情障害	統合失調と感情障害（双極性障害、抑うつ性障害）の症状を併せ持つもの
緊張病（カタトニア）	昏迷、カタレプシー、蝋屈症（ろうくつしょう）、無言症、拒絶症など 12 個の症状のうち 3 個またはそれ以上の症状を持つ。他の精神疾患に関連するもの、他の医学的疾患によるもの、特定不能のものがある

プラス+1

統合失調症の病型分類（ICD-10）
分類不能も多く DSM-5 では廃止された。
- **妄想型**（paranoid type）：幻覚妄想を主とするタイプで予後良好
- **破瓜型**（hebephrenic type）：思考形式障害と感情の障害を主とするタイプで予後不良
- **緊張型**（catatonic type）：緊張病症候群を呈し予後良好
- **単純型**（simple type）：陰性症状主体で幻覚妄想ははっきりしないタイプ
- **統合失調症後抑うつ**（post-shizophrenic depression）：統合失調症を薬物療法で治療し症状が落ち着いてくると抑うつ状態を呈することが少なくない

143 気分(感情)障害(F3)

ICD-10 の F3 に分類される精神障害は、気分(mood)と感情(affection)の障害です。ここでは、双極性障害(躁うつ病)とうつ病性障害が重要な疾患ですが、DSM-5 では、「双極性障害および関連障害群」と、「抑うつ障害群」として別々のカテゴリーに独立して分類されています。

◎ 双極性障害

双極性障害は、大きく双極Ⅰ型障害と双極Ⅱ型障害の2つに分けられます。遺伝的訴因や自殺のリスクは大うつ病より高いとされています。

双極Ⅰ型障害は、19世紀に記述された古典的な躁うつ病または感情精神病の現代版に該当します。双極Ⅰ型障害と診断するためには、典型的な[躁病エピソード]を経験している必要があり、多くは[躁病エピソード]と[抑うつエピソード]を交代しながら繰り返します。抑うつエピソードにおいては、大うつ病との鑑別は困難です。

双極Ⅱ型障害の患者は、第一に診断基準を満たす[抑うつエピソード]を体験していなくてはなりません。第二に、少なくとも1回の明らかな[軽躁病エピソード]を体験していなくてはなりません。第三に、完全な躁病エピソードを体験していては**なりません**(その場合は双極Ⅰ型障害と診断される)。軽躁病エピソードは見逃されやすく、[大うつ病]と誤診されやすいことが特徴です。

● 双極性障害の治療

双極性障害の治療には、[気分安定薬(リチウムなど)]が第一選択です。抑うつエピソードにおいて抗うつ薬を単独で使用することは、躁転の危険性を高めるので避けるべきです。

〈躁病エピソード〉

躁病エピソードでは、気分が異常かつ持続的に高揚し、開放的または易怒的となります。加えて、異常にかつ持続的に亢進した目標指向性の活動または活力が少なくとも[1]週間、ほぼ毎日、1日の大半において持続します。自尊心の肥大、睡眠欲求の減少、**観念奔逸**(イメージが次々と湧き、話題が飛ぶような状態)などが特徴です。

軽躁病エピソードは、躁病エピソードほど重くありませんが、気分の高揚、過剰な自信、次々と話される冗談、高まったエネルギー、目標志向的な人間関係、睡眠と休息欲求の低下などを示し、臨床上著しい機能障害や苦痛をもたらさず、入院を必要としません。

◎ 抑うつ性障害

　DSM-5 では、大うつ病性障害、持続性抑うつ障害（気分変調症）、重篤気分調節症、月経前不快気分症などが抑うつ障害群に分類されていますが、古典的なうつ病エピソードを示す病態は、［うつ病］（DSM-5）あるいは［大うつ病性障害］と呼ばれています。

● うつ病（抑うつエピソード）の診断基準（DSM-5）

> 　うつ病の診断基準は、以下の症状のうち 5 つ（またはそれ以上）が同じ 2 週間の間に存在し、病前の機能からの変化を起こしていることである。そのうちの少なくとも 1 つは①または②であることが必要である。
> 　①ほとんど一日中、ほとんど毎日の抑うつ気分。
> 　②ほとんど一日中、ほとんど毎日のすべての活動における興味、
> 　　喜びの著しい減退。
> 　③有意の体重減少または増加。
> 　④ほとんど毎日の不眠または過眠。
> 　⑤ほとんど毎日の精神運動焦燥または制止。
> 　⑥ほとんど毎日の疲労感、または気力の減退。
> 　⑦ほとんど毎日の無価値感、または過剰な罪責感。
> 　⑧思考力や集中力の減退または決断困難。
> 　⑨死についての反復思考。

　持続性抑うつ障害（気分変調症）は、抑うつは必ずしも抑うつエピソードを満たしませんが、2 年以上慢性的に続くタイプをいいます。

● うつ病の原因と治療

　うつ病の原因は現在のところ不明ですが、環境要因（ストレス、人間関係など）、遺伝的要因（脆弱性、回復力など）、認知的要因（自動思考、ぐるぐる思考など）、脳機能の生物学的変化（脳内伝達物質の量的変化、シナプス可塑性など）、医原的要因などの複数の要因の**相互関連**からなる症候群であると考えられています。

　治療としては、［薬物療法］（古典的抗うつ薬、選択的セロトニン再取り込み阻害薬〈SSRI〉など）が半数以上に有効です。心理療法としては［認知行動療法］のエビデンスが最も頑健ですが、他の複数の心理療法も有効性が実証されています。

144 神経症性障害、ストレス関連障害および身体表現性障害 (F4)

ICD-10 の F4 に分類される精神障害は、古典的な神経症あるいは心身症に分類される疾患を含んでいます。DSM-5 では、神経症 (neurosis) という概念は使用されておらず、「不安症群」「強迫症および関連症群」「心的外傷およびストレス因関連障害群」「解離症群」「身体症状症群および関連症群」に細分類されています。これらには、精神医学的に重要な病態が多数含まれているので、本節では DSM-5 の分類に沿って主な病態を整理していきます。

◉ 不安症群

不安症群には、過剰な恐怖および不安と、それに関連する行動障害を特徴とする病態が含まれています。

◉ 分離不安症／分離不安障害

家または愛着を持っている人物からの分離に関する過剰な恐怖または不安を示す病態です。その不安は、その人の［発達水準］からみて予測される状態をはるかに超えていなければなりません。

◉ 選択性緘黙

他の状況では話しているにもかかわらず、話すことが期待されている［特定の社会状況］（例：学校）において、一貫して話すことができない病態です。

◉ 限局性恐怖症

特定の対象または状況（例：飛行すること、高所、注射されること、血を見ることなど）への顕著な恐怖と不安を示す病態です。そのため、その特定の対象または状況は積極的、持続的に回避されます。［子ども］の 5％前後に認められるとされており、疾患と正常の線引きはしばしば困難です。

> ＜治療＞行動療法による曝露法の有効性が実証されている。

🔵 社交不安症／社会不安障害

　他者の注視を浴びる可能性のある 1 つ以上の社交場面に対する、著しい恐怖または不安を示す病態です。例えば、［社交的やりとり］（例：雑談すること、よく知らない人に会うこと）、みられること（例：食べたり飲んだりすること）、他者の前で何らかの動作をすること（例：談話をすること）などが含まれます。

　社交不安症の本質的特徴は、他者によって注視されるかもしれない社交状況に関する著明、または強烈な不安です。有病率は国によって異なりますが、人口の 0.5〜7％とされており、文化差が大きくなっています。正常な内気との鑑別はしばしば難しいとされます。

> ＜治療＞［選択的セロトニン再取り込み阻害薬（SSRI）］、［認知行動療法］の有用性が実証されている。

🔵 パニック症／パニック障害

　繰り返される予期しないパニック発作によって特徴づけられる病態です。**パニック発作**とは、突然、激しい恐怖または強烈な不快感の高まりが数分以内でピークに達し、その間に次の 13 の身体・精神症状のうち 4 つ以上を体験するものです。

> ①動悸、心気亢進、または心拍数の増加、②発汗、③身震いまたは震え、④息切れ感または息苦しさ、⑤窒息感、⑥胸痛または胸部の不快感、⑦嘔気または腹部の不快感、⑧めまい感、ふらつく感じ、頭が軽くなる感じ、または気が遠くなる感じ、⑨寒気または熱感、⑩異常感覚（感覚麻痺またはうずき感）、⑪現実感消失（現実ではない感じ）または離人感（自分自身から離脱している）⑫抑制力を失うまたは"どうかなってしまう"ことに対する恐怖、⑬死ぬことに対する恐怖

　パニック発作の症状は短時間で完全に消失しますが、発作が予期せず繰り返し起こることによって、発作への予期不安と、発作を避けるための回避行動のために生活が制限されます。［広場恐怖症］が合併すると生活への影響が大きくなります。

> ＜治療＞［SSRI］による薬物療法、［認知行動療法］を中心とする心理療法の有効性が実証されている。［抗不安薬］もよく使用されるが、依存性の問題があり、長期間の投与は避けるべきである。

● 広場恐怖症

　多様な状況に実際に曝露またはそれが予期されることがきっかけで起きる著明な恐怖または不安です。恐怖の対象となる状況としてよくみられるのは、自動車、バスなどの乗り物、駐車場、市場、橋などの広い場所、店、劇場、映画館などの囲まれた場所、列に並ぶこと、群衆の中にいること、家の外に１人でいることなどです。パニック発作など何か恐ろしいことが起こったときに、そこから脱出することができないことに対する［予期不安］があり、その結果、そのような場所や状況を積極的に回避するようになり、生活機能が制限されます。

> ＜治療＞認知行動療法、特に［曝露法］が有効。

● 全般不安症／全般性不安障害

　多数の出来事または活動に対する過剰な不安と心配が［6］か月以上続くことを特徴とする病態です。正常な心配との鑑別としては、心配の程度が明らかに過剰であること、不安の対象が広範で、顕著で苦痛の程度が強く、持続時間が長いことなどです。症状として、落ち着きのなさ、疲労しやすい、集中困難、易怒性、筋緊張、睡眠障害などがあります。

◎ 強迫症および関連症群

　DSM-5 によるこの分類には、強迫症、醜形恐怖症、ためこみ症、抜毛症、皮膚むしり症などが含まれます。この障害を特徴づけるのは、強迫観念と強迫行為です。

● 強迫症／強迫性障害

　［強迫観念］、［強迫行為］、またはその両方が存在する病態です。強迫観念または強迫行為は時間を浪費させ（１日１時間以上かける）、臨床的に意味のある苦痛、または社会的、職業的、または他の重要な領域における機能の障害を引き起こします。
　強迫症は人口の［1］％前後にみられます。

> ＜薬物治療＞［SSRI］の有効性が実証されている。
> ＜心理療法＞［曝露反応妨害法］を含む［認知行動療法］の有効性が確立している。

強迫観念

強迫観念とは、繰り返される持続的な思考、衝動、またはイメージ（例：何かに汚染されたのではないか？　他者を傷つけてしまう（しまった）のではないか？　など）のこと。それは障害中の一時期には侵入的で不適切なものとして体験されており、たいていの人において強い不安や苦痛の原因となる。その人はその思考、衝動、またはイメージを無視したり、抑え込もうとしたり、または何か他の思考や行動（例：強迫行為を行うなど）によって中和しようとする。

強迫行為

強迫行為とは、繰り返しの行動（例：手を洗う、順番に並べる、確認する）、または心の中の行為（例：祈る、数える、声を出さずに言葉を繰り返す）のこと。強迫観念に対応して、あるいは厳密な決まりに従ってそれらの行為を行うように駆り立てられているとその人は感じている。その行動と心の中の行為は、不安や苦痛を避けるか、緩和すること、または何か恐ろしい出来事や状況を避けることを目的としている。その行動や行為は、避けようとしていることとは現実的な意味ではつながりをもたず、明らかに過剰である。

● 醜形恐怖症

１つまたは、それ以上の知覚された身体上の外見の結果や欠陥にとらわれているが、それは他人には認識できないか、できても些細なものに見えるという病態です。その人は、外見上の心配に反応して、繰り返し鏡による確認、過剰な身づくろい、皮膚むしり、安心希求行動などを行います。あるいは他人の外見と自分の外見を比較する、といった［精神的行為］を行います。

● ためこみ症

所有物の実際の価値とは関係なく、捨てる、あるいは手放すことの困難が持続する病態であり、多くの場合、過剰収集を伴います。

● 抜毛症

繰り返し体毛を抜き、その結果体毛を失う病態です。抜毛は体毛の生えうる身体のいかなる部分にも起こりえます。抜毛症のある人は体毛を抜くことを減らす、または

やめようと繰り返し試みるがうまくいきません。そのために臨床的に意味のある苦痛を生じます。

● 皮膚むしり症

自身の皮膚を繰り返しむしる病態です。場所として多いのは顔、上肢、手などですが、皮膚をむしる人はその行為を減らす、またはやめようと繰り返し試みているがうまくいきません。そのために苦痛を感じています。

● 心的外傷およびストレス因関連障害群

DSM-5 のこの項目には、心的外傷（トラウマ）となるような、またはストレスの強い出来事への曝露が診断基準の 1 つとなっているような障害が集められています。反応性アタッチメント障害、脱抑制型対人交流障害、心的外傷後ストレス障害、急性ストレス障害、および適応障害が含まれます。

● 反応性アタッチメント障害

［社会的ネグレクト］（小児期の適切な養育の欠如）を経験した小児にみられる、大人の養育者に対する抑制され情動的にひきこもった行動の一貫的様式と、持続的な対人交流と情動の障害です。自尊感情の低さを特徴とし、認知と言語の遅れを伴って発症しますが、発達障害とはされていません。子どもはめったに、または最小限にしか、安楽、支え、保護、愛情を込めた養育のためのアタッチメントを進んで求めることがありません。

● 脱抑制型対人交流障害

［社会的ネグレクト］を経験した小児にみられる、見慣れない大人に積極的に近づき交流する子どもの交流形式です。この過度に馴れ馴れしい行動は、その文化の社会的規範を逸脱しています。認知や言語の遅れを伴って発症しますが、発達障害とはされていません。

● 心的外傷後ストレス障害（PTSD）および急性ストレス障害

PTSD の本質的特徴は、1 つまたはそれ以上の心的外傷的出来事（トラウマ）に曝露された後に生じる特徴的かつ多彩な症状の発現です。

PTSD の診断のためには、［強いトラウマ］に曝露されたことが必須ですが、ここでいうトラウマとは、実際にまたは危うく死ぬ、重症を負う、性的暴力を受ける出来事を指し、以下のいずれか 1 つ以上への曝露が必須条件となります。

①心的外傷的出来事を直接体験する
②他人に起こった出来事を直に目撃する
③近親者または親しい友人に起こった心的外傷的出来事を耳にする
④心的外傷的出来事の強い不快感をいだく細部に、繰り返しまたは極端に曝露される体験をする（例：遺体収集など）

PTSD の臨床症状は極めて多彩です。診断基準となる臨床症状としては、心的外傷的出来事の後に始まる、その出来事に関連した、① [侵入症状]（フラッシュバックや鮮明な悪夢）、②心的外傷的出来事に関連する刺激の持続回避、③心的外傷的出来事に関連した認知と気分の陰性の変化、④心的外傷的出来事に関連した、覚醒度と反応性の著しい変化があります。これらの症状の持続が [1] か月以上で、その障害が、臨床的に意味のある苦痛、または機能の障害を引き起こしている場合に PTSD と診断されます。

予見できる愛する人の喪失、離婚、解雇、放校などの人生における通常の大きなストレス因子は該当しません。一方で極度のストレスに遭遇した後には、ほとんど誰もが PTSD に似た症状のいくつかを体験しますが、これは正常な反応です。急性ストレス障害は、曝露後 3 日から 1 か月以内に PTSD の症状が持続したものです。[1〜3] か月持続したものは PTSD（急性）、[3] か月以降持続したものは PTSD（慢性）と診断されます。

＜治療＞ PTSD そのものに効果が実証された薬物はないが、諸処の症状に対して [SSRI] の投与が推奨されている。
＜心理療法＞ PTSD の治療において早期の外傷的記憶に踏みこむことは、治療的ではない。トラウマ焦点型の [認知行動療法]、[EMDR]（眼球運動による脱感作および再処理法）の効果が実証されているが、他のいくつかの心理療法についても有効性が報告されている。

● 複雑性 PTSD（ICD-11 より収載）
家庭内暴力、性的虐待、拷問のような長期にわたる [慢性反復性] の外傷的出来事に起因する PTSD のことです。感情コントロールの障害、ストレス下での解離症状、情動の麻痺、無力感、恥辱感、挫折感、自己破壊的行動など、より広範な症状を呈するとされています。

● 適応障害
適応障害とは、はっきりとした生活上のストレスへの反応の結果、臨床的に著しい

苦痛または機能障害を生じるほどの症状が現れるが、他のいずれの精神疾患の診断基準を満たすほどの顕著な症状を呈していない病態をいいます。抑うつ気分を伴うもの、不安を伴うもの、**不安と抑うつの気分の混合を伴うもの**、素行の障害を伴うもの、情動と素行の障害の混合を伴うものなどの下位分類があります。

◉ 解離症群

　解離症群は、意識、記憶、同一性、情動、知覚、身体表象、運動制御、行動の正常な統合における破綻または不連続と定義されています。DSM-5 の解離症群には、解離性同一症、解離性健忘、離人感・現実感消失症、他の特定される解離症などが含まれています。

◉ 解離性同一症

　2 つまたはそれ以上の、他とははっきりと区別されるパーソナリティ状態によって特徴づけられた同一性の破綻で、文化によっては憑依体験と記述されます。同一性の破綻とは、自己感覚や意志作用感の明らかな不連続を意味し、感情、行動、意識、記憶、知覚、認知、および／または感覚運動機能の変容を伴います。これらの徴候や症状は他の人により観察される場合もあれば、本人から報告される場合もあります。日々の出来事、重要な個人的情報、および／または心的外傷的な出来事の想起についての空白の繰り返しであり、それらは通常の物忘れでは説明がつきません。

◉ 解離性健忘

　重要な自伝的情報で、通常、心的外傷的またはストレスの強い性質を持つものの想起が不可能であり、通常の物忘れでは説明ができない病態です。解離性健忘のほとんどは、特定の 1 つまたは複数の出来事についての限局的または選択的健忘、または同一性および生活史についての全般性健忘です。

◉ 離人感・現実感消失症

　離人感、現実感消失、またはその両方の持続的または反復的体験が存在する病態です。**離人感**とは、自らの考え、感情、感覚、身体、または行為について、非現実、離脱、または外部の傍聴者であると感じる体験（例：知覚の変化、時間感覚のゆがみ、非現実的なまたは存在しない情動的および／または身体的な麻痺）です。**現実感消失**は、周囲に対して、非現実的または離脱の体験（例：人または物が非現実的で、夢のような、霧がかかった、生命を持たない、または視覚的にゆがんでいる、と体験される）です。

◉ 他の特定される解離症

　混合性解離症の慢性および反復性症候群、長期および集中的な威圧的説得による同一性の混乱（洗脳、カルト勧誘など）、ストレスの強い出来事に対する急性解離反応（典型的には 1 か月未満、時には数時間〜数日で消失する）、解離性トランス、などがあります。

◎ 身体症状症および関連症群

　DSM-5 のこの分類には、身体症状症、病気不安症、変換症／転換性障害（機能性神経症状症）、作為症／虚偽性障害が含まれます。DSM-Ⅳにおける身体表現性障害の概念が整理されたものです。

◉ 身体症状症

　1 つまたはそれ以上の、苦痛を伴う、または日常生活に意味のある混乱を引き起こす身体症状を持ち、身体症状、またはそれに伴う健康への懸念に関連した過度な思考、感情、または行動で、以下のうち少なくとも 1 つによって顕在化する病態をいいます。

> ①自分の症状の深刻さについての不釣り合いかつ持続する思考
> ②健康または症状についての持続する強い不安
> ③これらの症状または健康への懸念に費やされる過度の時間と労力

　これらの症状のある状態は（典型的には）[6] か月以上持続します。
　主たる身体症状が痛みである場合、従来は疼痛性障害に該当していましたが、DSM-5 では、疼痛が主症状の身体症状症に分類されます。

◉ 病気不安症

　病気不安症は、「その人には、重い病気である、または病気にかかりつつあるというとらわれがある」という特徴があります。身体症状は存在しないか、存在していてもごく軽度であり、他の医学的疾患が存在しているか発症の危険度が高い場合でも、とらわれは明らかに過度です。健康についての強い不安があり、かつ健康状態について容易に恐怖を感じます。過度の健康関連行動（頻回に異常がないかチェックする、病院を受診するなど）を行うか、あるいは不適切な回避（病院を避けるなど）行動をとります。病気へのとらわれは通常 [6] か月以上続きます。

● 変換症／転換性障害（機能性神経症状症）

精密な神経学的検査を行っても説明できない神経症状を呈します。特に多いのは、（失神・けいれんなどの）発作、麻痺、歩行障害、視覚・聴覚障害、会話または嚥下の困難などです。症状の多くはストレスの多い出来事の [後] に起きるか、心理的葛藤を示すか、[疾病利得] をもたらします。古典的にヒステリーと呼ばれたものに相当し、症状は [流行] することがあり、多数の人に同時に現れることもあります。

● 作為症／虚偽性障害

この疾患には、自らに負わせる作為症（ミュンヒハウゼン症候群）と他者に負わせる作為症（代理によるミュンヒハウゼン症候群）の2種類があります。

自らに負わせる作為症（ミュンヒハウゼン症候群）は、身体的または心理的な徴候または症状のねつ造、または疾病の意図的な誘発で、確認されたごまかしと関連しています（偽性下痢、偽性発熱など）。患者は自分自身が病気、障害、または外傷を負っていると周囲に示します。[病者役割] を求める心理要因が関与していると考えられ、明らかな外的報酬を求める [詐病] とは区別されます。**他者**に負わせる作為症（代理によるミュンヒハウゼン症候群）は、他者（多くは [子ども]）に同様の作為的な疾病のねつ造を行うものです。

● 更年期障害

女性の更年期とは、閉経のおおむね前後5年ずつを指します。更年期障害には、めまいやほてり、倦怠感など多様な症状が認められています。

エストロゲンの分泌低下による様々な症状を特徴とします。ゴナドトロピンの [増加]、不眠、発汗、ほてり（ホットフラッシュ）、肩こり、腰痛などがあります。

● 慢性疲労症候群

慢性疲労症候群（CFS）は、日常生活が著しく損なわれるほどの強い全身倦怠感が、休息しても改善せず6か月以上持続する状態で診断され、診察や検査で異常を [認めない] のが特徴です。原因は不明ですが、ストレス因が深く関与していると推定されています。

厚生労働省の診断基準では、症状として上記の前提のほか、次のうち5つ以上を認めることが条件です。

①労作後疲労感、② [筋肉痛]、③ [多発性関節痛]、④頭痛、⑤咽頭痛、⑥睡眠障害、⑦思考力・集中力低下、⑧ [微熱]、⑨頸部リンパ節腫脹、⑩筋力低下

20代〜50代の女性に多いとされています。

145 生理的障害および身体的要因に関連した行動症候群 (F5)

ICD-10 の F5 に分類される精神障害は、摂食障害 (F50)、非器質性睡眠障害 (F51)、性機能不全 (器質性の障害あるいは疾患によらないもの) (F52)、産褥に関連した精神行動の異常 (他に分類できないもの) (F53) です。これらの多くは DSM-5 では、食行動障害および摂食障害群、睡眠−覚醒障害群、性機能不全群に該当する疾患に分類されます。以下 DSM-5 に沿ってまとめていきます。

食行動障害および摂食障害群

DSM-5 のこの分類には、**異食症、反芻症、回避・制限性食物摂取症、神経性やせ症、神経性過食症、過食性障害**の診断基準が含まれます。このうち重要なものは、神経性やせ症と神経性過食症です。

神経性やせ症／神経性無食欲症

この病態には 3 つの必須の特徴があります。それは、①持続性のカロリー摂取制限、②体重増加または肥満になることへの強い恐怖または体重増加を阻害する行動の持続、③体重および体型に関する自己認識の障害です。

必要量と比べてカロリー摂取を制限し、年齢、性別、成長曲線、身体的健康状態に対する**有意に低い体重**に至ります。有意に低い体重とは正常の下限を下回る体重で、子どもや青年の場合には、期待される最低体重を下回ることと定義されています。また、低い体重であるにもかかわらず、体重増加や肥満になることに対する強い恐怖、または体重増加を妨げる持続した行動があります。そして、自分の体重や体型を現実とは異なるように体験しており、自己評価に対する体重や体型の不相応な影響、あるいは現在の低体重の深刻さに対する認識の持続的欠如が認められます。

多くの場合、客観的にはやせているにもかかわらず、「自分は全体に太りすぎている」と感じています (ボディイメージの障害)。自分がやせていることは認識していても、身体の特定の部分 (腹部、臀部、四肢など) を気にしている場合もあります。未治療時は、低栄養からくる [徐脈] (脈が遅くなること) を呈することが多いです。無月経は神経性やせ症に多くみられる症状の 1 つです。

🔵 2つのサブタイプと重症度

神経性やせ症には**摂食制限型**と**過食・排出型**の2つのサブタイプがあります。[過食・排出型]は3か月以上にわたって過食または排出行動（自己誘発性嘔吐、緩下剤・利尿薬、浣腸の乱用など）の反復的なエピソードがあるものをいい、[摂食制限型]はそれらがないものです。神経性やせ症の重症度はBMIにより以下のように判定されますが、子どもおよび青年ではBMIパーセント値が使用されます。

● 神経性やせ症の重症度分類

	軽度	中等度	重度	最重度
BMI	17kg/㎡以上	16〜16.99kg/㎡	15〜15.99kg/㎡	15kg/㎡未満

神経性やせ症にうつ病の合併は多く認められます。[自尊感情]が低い、過食嘔吐後に自責感情に強くとらわれるなどの傾向があります。

🔵 予後と治療

神経性やせ症は、思春期／青年期から成人早期の[女性]に好発し、有病率の男女比は[1:10]です。予後については、多くの人は[5]年以内に寛解するとされています。また、完全寛解とは、かつて神経性やせ症の診断基準を全て満たしたことがあるが現在は一定期間診断基準を満たしていない場合をいい、部分寛解とは低体重は認められないが肥満恐怖と自己認識の障害のいずれかは満たしている場合をいいます。入院治療は低体重による身体的生命的危機がある場合に行われますが、長期的予後は入院によっては影響されないことがわかっています。10年間での死亡率は約5%といわれています。死因は自殺が約半数とされ、残り半数の死因は[低栄養]からくる飢餓や電解質異常などの[身体疾患]とされています。

<治療>現在のところ、神経性やせ症に有効性が実証されている薬物治療はないに等しく、低栄養や脱水など身体的問題に対する点滴や経管栄養などが優先される。慢性的な栄養不良状態にいきなり十分量の栄養補給を行うと、心不全、呼吸不全、不整脈、意識障害、けいれん発作など多彩な症状を呈する[リフィーディング症候群]が発症するので注意が必要。
<心理療法>家族療法の有効性が報告されている。認知行動療法は急性期の治療については有効性不明であるが、体重回復後の再発予防には有効であることが報告されている。

😊 神経性過食症

　この病態の特徴は以下の３つにまとめられます。それは、①反復する［過食］エピソード、②反復する体重増加を防ぐための不適切な［代償行動］、③体型および体重によって過度に影響を受ける［自己評価］です。

　反復する過食エピソードとは、他とははっきり区別される時間帯に、ほとんどの人が同様の状況で同様の時間内に食べる量よりも明らかに多い食物を食べることです。そのエピソードの間は食べることを抑制できないという感覚があります。体重の増加を防ぐための不適切な代償行動には、**自己誘発性嘔吐、緩下剤・利尿薬、浣腸の乱用、絶食、過度**の運動などが含まれます。これらのエピソードが平均して［３］か月間にわたって少なくとも週に１回以上起こっており、自己評価が体型と体重に過度に影響を受けている場合（特に体重の増加と自尊感情の低下が強く結びついている場合）に診断が確定します。神経性過食症で最重度とは、不適切な代償行為が［週に14回以上］あることとされます。

　神経性過食症の人は、体重増加への恐怖、体重減少への欲求、自分の身体への不満を持つという点で、神経性やせ症とよく似ています。しかし、神経性過食症の診断には、神経性やせ症のエピソードの期間に起こるものではないことが必要です。

　神経性過食症は青年期あるいは成人期早期の女性に好発しますが、長期的にみると治療の有無にかかわらず病状は軽快していくようです。自殺を含む死亡率は、10年間で２％程度とされています。

> ＜治療＞抗うつ薬の有効性が実証されており、認知行動療法を含む複数の心理療法の有効性が報告されている。

😊 睡眠─覚醒障害群

　DSM-5 のこの障害群は 10 の障害または障害グループ（**不眠障害、過眠障害、ナルコレプシー、呼吸器関連睡眠障害群、概日リズム睡眠─覚醒障害群、ノンレム睡眠からの覚醒障害、悪夢障害（悪夢症）、レム睡眠行動障害、レストレスレッグス症候群（むずむず脚症候群）、物質─医薬品性睡眠障害**を含んでいます。ここでは重要なものとして、不眠障害、過眠障害、ナルコレプシー、レストレスレッグス症候群についてまとめます。

😊 不眠障害

　不眠障害とは、睡眠の開始や維持が困難であるという訴えを伴った睡眠の質と量に関する不満足感を持つ状態です。満足のいく睡眠を十分とることができない、なかな

か寝つけない、あるいは早い時間に目が覚めるという場合もあれば、夜中に細切れにしか眠れず、たびたび目が覚めて延々と目が覚め続けるという場合もあります。翌日はいらつきと疲れと眠気を感じ、明晰にはものを考えられず、仕事や人間関係に支障をきたします。このようなエピソードが1週間のうち3夜以上起こり、少なくとも[3]か月以上持続するときに不眠障害と診断されます。

　不眠障害のメカニズムのうち最も頻度が高いのは[精神生理性不眠]です。寝つけるかどうか不安になり、「寝なければ大変なことになる」という思い込みがあると、寝ようとする努力がむしろ覚醒度を高め、悪循環を誘発します。逆説的な介入（寝させないようにすること）が劇的に効果を発揮することがあります。

> ＜治療＞薬物療法として**メラトニン受容体作動薬**、**オレキシン受容体拮抗薬**、ベンゾジアゼピン受容体作動薬が用いられるが、特にベンゾジアゼピン受容体作動薬は長期間の投薬は**耐性**と**反跳性不眠**を生じるため推奨されない。非薬物療法としては睡眠衛生指導（運動、昼寝の禁止、カフェイン制限等）、認知行動療法などが有用とされている。

⊚ 過眠障害

　過眠障害は、主な睡眠時間帯が少なくとも7時間持続するにもかかわらず、過剰な眠気（過眠）の訴えがあり、同じ日のうちに繰り返し睡眠に陥る、9時間以上の睡眠があっても回復感がない、急速覚醒後十分な覚醒を保つことが困難の3つの症状のうち1つが1週間のうち3回以上起こり[3]か月以上持続し、日常生活が障害されている場合に診断されます。過眠が家族性で、常染色体優性の遺伝形式を伴うものもあります。

⊚ ナルコレプシー

　ナルコレプシーは中枢性の過眠障害で、抑えがたい睡眠欲求、睡眠に陥るまたはうたた寝する時間（睡眠発作）の反復が、同じ1日の間に起こるものです。診断のためには、睡眠発作は[3]か月以上にわたって週に3回以上起こっている必要があります。また少なくとも以下のうち1つ以上の症候、所見を伴っている必要があります。

> ①情動脱力発作（カタプレキシー）のエピソード（意識は保たれているが、突然の両側性の筋緊張消失の短いエピソードが笑いや冗談によって引き起こされる、あるいは明らかなきっかけのない不随意運動または脱力）が少なくとも月に数回起こる。
> ②脳脊髄液における**オレキシン**（ヒポクレチン1）が極端に低下している。
> ③夜間のポリソムノグラフィによるレム睡眠潜時（レム睡眠に至るまでの時間）の短縮が認められる。

ナルコレプシーでは、［入眠時幻覚］、［睡眠麻痺（いわゆる金縛り）］、悪夢などが特徴的に認められますが、これらは健常者でも経験されるため、DSM-5 の診断基準には取り込まれておらず、関連特徴に挙げられています。

<治療>**精神刺激薬**（メチルフェニデート、モダフィニルなど）が使用される。

その他の障害には以下のようなものがあります。

● その他の障害

概日リズム睡眠一覚醒障害群	持続性または反復性の睡眠分断の様式で、内因性概日リズム（**サーカディアンリズム**）とその人の身体的社会的職業的スケジュールから要求されるリズムとの不整合による。次の型がある。 ①［睡眠相後退型］：極端な遅寝遅起き ②睡眠相前進型：極端な早寝早起き ③［非 24 時間睡眠一覚醒型］：概日リズムが 24 時間より長く、環境と合っていない ④不規則睡眠一覚醒型：リズムが消失してバラバラで分断された睡眠一覚醒パターン
閉塞性睡眠時無呼吸低呼吸	①または②のいずれか。 ①ポリソムノグラフィにおいて、睡眠 1 時間あたり 5 回以上の無呼吸低呼吸があり、下記のいずれかがある 　(a) 睡眠中の**いびき**、鼻鳴らし、喘ぎ、呼吸停止 　(b) 日中の眠気と疲労感が睡眠をとっても回復しない ②ポリソムノグラフィにおいて睡眠 1 時間あたり 15 回以上の無呼吸低呼吸 **持続陽圧呼吸（CPAP）**による治療が標準
レム睡眠行動障害	レム睡眠中に生じる、発声および／または複雑な運動行動を伴う覚醒エピソードの反復を特徴とする。 シヌクレイン病（パーキンソン病、多系統萎縮症、［レビー小体型認知症］）が後で発症してくる関連性が高い。50 歳以上の男性に多い。

レストレスレッグス症候群（むずむず脚症候群）

レストレスレッグス症候群では、脚を動かしたいという強い欲求は通常、落ち着かない不快な下肢の感覚を伴い、以下の特徴をすべて有しているとされます。

脚を動かしたいという強い欲求は、
①安静時または低活動時に始まるか増悪する
②運動することで、部分的にまたは完全に改善する
③日中または夜間に増悪するか、または夕方・夜間にしか生じない

有病率は 2〜7.2% であり、[女性] のほうが男性より 1.5〜2 倍多いとされています。

原因不明の一次性のものと、[鉄欠乏] や [妊娠] に伴う [二次性] のものがあります。SSRI によって症状が誘発されたり増悪したりすることが報告されています。

> <治療>
> ドパミン作動薬、ガバペンチンエナカルビル、クロナゼパムなどを使用する。

◉ 性機能不全群

性機能不全とは、個人が性的に反応する能力、または性的な喜びを体験する能力における臨床的に意味のある障害と定義されます。DSM-5 では、**①射精遅延**、**②勃起障害**、**③女性オルガスムス障害**、**④女性の性的関心・興奮障害**、**⑤性器-骨盤痛・挿入障害**、**⑥男性の性欲低下障害**、**⑦早漏**、**⑧物質・医薬品誘発性性機能不全**などがこの病態に分類されています。

性機能不全に共通した診断基準は、パートナーとの性行為において、ある症状が、本人が望んでいないにもかかわらず、特定の状況あるいはあらゆる状況で、ほとんどいつも、または常に（約 75〜100％）経験され、その症状は少なくとも 6 か月以上持続し、その症状はその人に臨床的に意味のある苦痛を引き起こし、その性機能不全は、他の精神疾患、重篤なストレス、対人関係の重大な問題（DV など）によるものではないという条件を満たしていなければなりません。

> <治療>夫婦カウンセリング、セックスカウンセリングなどの心理的支援が行われる。

成人のパーソナリティ および行動の障害 (F6)

ICD-10 の F6 に分類される精神障害は、パーソナリティ障害（F60-62）、習慣および衝動の障害（F63）、性に関連した同一性および行動障害（F64-67）など多様な疾患を含んでいます。ここでは、DSM-5 によって精神疾患の中に含められている重要な概念に絞って整理します。

◎ パーソナリティ障害群

パーソナリティ障害とはその人の属する文化から期待されるものより著しく偏った、内的体験および行動の持続的様式と定義されます。その様式は以下のうち 2 つまたはそれ以上の領域に現れます。

①**認知**（自己、他者、出来事を知覚し解釈をする仕方）
②**感情性**（情動反応の範囲、強さ、不安定さ、および適切さ）
③**対人関係機能**
④**衝動の抑制**

◉ パーソナリティ障害一般にみられる特徴

パーソナリティ障害における持続様式は、柔軟性がなく、個人的および社会的状況の幅広い範囲に広がって、長時間続いており、始まりは少なくとも青年期または成人早期にまでさかのぼります。人生の後半になって生じてくるパーソナリティの変化については、むしろ器質的神経障害、認知症などを疑うべきです。またその持続的様式は他の精神疾患では説明できず、物質（乱用薬物等）または他の医学的疾患の直接的な生理学的作用によるものではないことが条件となります。パーソナリティ障害による様式の一部は**年齢を経るにつれて軽快する**傾向があり、青年期から成人期にかけての発達課題に関連している可能性があります。

DSM-5 では、10 個の独立したパーソナリティ障害を定めており、それらは ABC の 3 群にまとめられています。以下に各パーソナリティ障害にみられる様式を整理しておきます。

● 各パーソナリティ障害にみられる様式

A 群パーソナリティ障害（奇妙で風変わりな群）	
猜疑性／妄想性パーソナリティ障害	他人の動機を悪意あるものとして解釈するといった、不信と疑い深さを示す様式。いわゆるパラノイアのこと
スキゾイドパーソナリティ障害	社会的関係からの離脱と感情表出の範囲が限定される様式
統合失調型パーソナリティ障害	親密な関係において急に不快になることや、認知または知覚的歪曲、および行動の風変わりさを示す様式
B 群パーソナリティ障害（情緒不安定で演技的な群）	
反社会性パーソナリティ障害	他人の権利を無視する、そして侵害する様式。15 歳以前に**行為障害（素行症）**がある
境界性パーソナリティ障害	対人関係、[自己像]、および感情の不安定と、著しい [衝動性] を示す様式で、見捨てられることを避けようとする行動、**理想化とこき下ろしの対人関係**、同一性の混乱、気分易変性、自殺・自傷行為、慢性的な空虚感（ヴァニティー）、一過性の妄想様観念または重篤な乖離症状などを特徴とする
演技性パーソナリティ障害	過度な情動性を示し、人の注意を引こうとする様式
自己愛性パーソナリティ障害	誇大性や賞賛されたいという欲求、共感の欠如を示す様式。自分が「スペシャル」であるという感覚が強い
C 群パーソナリティ障害（不安や恐怖が主体な群）	
回避性パーソナリティ障害	社会的抑制、不全感、および否定的評価に対する過敏性を示す様式
依存性パーソナリティ障害	世話をされたいという過剰な欲求に関連する従属的にしがみつく行動をとる様式
強迫性パーソナリティ障害	秩序、完璧主義、および統制にとらわれる様式

<治療>一般にパーソナリティ障害そのものに有効な薬物療法はない。併存する様々な症状に対して対症的な薬物が投与される傾向があるが、むしろ過量服薬などの問題行動を誘発する危険性がある。
<心理療法>の効果についての実証的研究は、主として境界性パーソナリティ障害に対するものが報告されており、**弁証法的行動療法**、スキーマ療法、メンタライゼーションに基づく治療などの有効性が報告されている。

パーソナリティ障害の診断基準に関連した問題はこれまでの国家試験に複数出題されています。理由の1つは、この障害が臨床上重要であるというより、診断基準に関する問題が作りやすいという出題者側の要因にあるように思われます。実際、第2回の国家試験では、反社会性パーソナリティ障害についての設問が、選択肢が不明確であるという理由で採点除外となりました。細かい知識に拘泥しすぎるよりも、基本的な理解をおさえておくことが重要と思います。

◎ 性別違和

　セックス（性）とジェンダー（性別）に関する領域は、議論の余地が非常に多く、領域間で複数の用語が用いられてきました。DSM-5では、この領域の精神疾患の診断名として、性別違和の1つの診断名のみを定義しています。DSM-Ⅳで用いられた**性同一性障害**という用語に代わるものです。

　性別違和は、その人により経験されるまたは表出されるジェンダーと、指定されたジェンダー（出生時のジェンダーとも呼ばれる）の間の不一致による苦痛と定義されます。全ての人がそのような不一致の結果としての苦痛を経験するわけではありませんが、ホルモン治療や手術という手段による身体的介入の希望が得られない場合は、多くの人が苦痛を感じます。

　性別違和は［年齢層］によって異なった現れ方をするので、DSM-5では、子どもの性別違和と、青年および成人の性別違和に対して、別々の診断基準を用意しています。子どもについての基準は、青年や成人のものと比べてより［具体的］な行動様式（例：男の子の場合、女の子の服を身につけること、または女装をまねることを強く好む。また女の子の場合、定型的な男性の衣服のみを身に着けることを強く好み、定型的な女の子の衣服を着ることへの強い抵抗を示すなど）によって定義されています。

◎ パラフィリア障害群

　パラフィリア（性嗜好異常）という用語は、表現型が正常で、身体的に成熟しており、同意が成立しているパートナーとの間で行われる、性器の刺激、または前戯に対する性的関心を除く、強烈かつ持続的なあらゆる性的関心を意味しています。パラフィリア障害とは、その人に苦痛や障害を現在引き起こしているパラフィリアや、満足を得るために他者に個人的危害をおよぼす、または危害をおよぼす危険があるパラフィリアのことを意味します。

第22章　精神疾患とその治療

パラフィリア障害の一般的な診断基準では、少なくとも [6 か月] 間にわたり、その特定の性的嗜好に対する反復性の強烈な性的興奮が、空想、衝動、または行動に現れること、または同意していない人に対してこれらの性的衝動を実行に移したことがある、またはその性的衝動や空想のために臨床的に意味のある苦痛、または社会的、職業的、または他の重要な領域における機能の障害を引き起こしているということが条件となります。

● パラフィリア障害

窃視障害	他者の私的な行動を密かに覗き見ること
露出障害	性器を露出すること
窃触障害	同意していない人に触ったり体をこすりつけたりすること
性的マゾヒズム障害	屈辱、隷属、または苦痛を受けること
性的サディズム障害	屈辱、隷属、または苦痛を与えること
小児性愛障害	子どもを性的な対象にすること
フェティシズム障害	生命のない対象物を使用すること、または身体の性器以外の特定の部位に極めて特異的な関心を持つこと
異性装障害	異性の衣類を身に着けることで性的に興奮すること

秩序破壊的・衝動制御・素行症群

秩序破壊的・衝動制御・素行症群は、情動や自己制御に問題の状態を含んでおり、下表の内容や「反社会性パーソナリティ障害（パーソナリティ障害群に含まれる）」などが含まれます。これらを定義づける多数の症状は、ある程度定型的に発達している子どもにも起こり得る症状なので、診断に際しては、頻度、持続性、症状のみられる状況の広範性に注意する必要があります。

● 主な症状

反抗挑発症	怒りっぽく易怒的な気分、口論好きで挑発的な行動、執念深さなどが特徴
間欠爆発症	衝動的または怒りに基づく攻撃性の爆発を特徴とする。爆発は急激に起こり、典型的には前駆期は全くなく、爆発が続くのは 30 分未満
素行症	他者の基本的人権または年齢相応の主要な社会的規範または規則を侵害することが反復し持続する行動様式を特徴とする
放火症	意図的で目的をもった放火のエピソードが複数回みられることが特徴
窃盗症	個人用に用いるためでもなく、金銭的価値のためでもなく、物を盗もうとする衝動に抵抗できなくなることが繰り返されること。摂食障害に併存することが注目されている

147 精神遅滞（F7）

ICD-10 の精神遅滞は、DSM-5 では、神経発達症群の下位分類である知的能力障害群（知的発達症／知的発達障害）に相当します。従来は標準化された知能指数 70 未満（2 標準偏差未満）を知的能力障害とみなしていましたが、DSM-5 では IQ の目安は示されていません。

◎ 知的能力障害（知的発達症／知的発達障害）

知的能力障害は知的発達期に発症する全般的知的機能と適応機能両面の欠陥を含む障害です。診断のためには以下の 3 つが揃っている必要があります。

①臨床的評価および、個別化、標準化された知能検査によって確かめられる知的機能の欠陥がある
②個人の自立や社会的責任において発達的および社会文化的な水準を満たすことができなくなるという適応機能の欠陥がある
③知的および適応の欠陥は、発達期に発症する

知的能力障害の重症度は、DSM-5 では IQ の目安は示されず、あくまでも社会生活上の困難さの程度によって診断と重症度の判断が行われます。重症度は以下の段階が定められています。［概念的領域］、［社会的領域］、［実用的領域］に分けて評価します。

● 知的能力障害の重症度

軽度障害	精神年齢は 9～12 歳に相当
中等度障害	6～9 歳に相当
重度障害	3～6 歳に相当
最重度障害	3 歳以下に相当

148 心理的発達の障害 (F8)、小児期・青年期に通常発症する行動・情緒の障害 (F9)

ICD-10 の F8、F9 に分類される病態の大部分は、DSM-5 では神経発達症群／神経発達症候群に分類されています。以下、重要な病態についてまとめます。

● 注意欠如多動症／注意欠如多動性障害

注意欠如多動症（AD/HD） の基本的特徴は、機能または発達を妨げるほどの不注意と多動性─衝動性、またはそのいずれかの持続的様式です。症状のうちいくつかは、**12 歳**になる前から存在している必要があり、2 つ以上の状況において存在し、社会的、学業的、または職業的機能を損なわせている明確な証拠があり、それらが他の精神疾患ではうまく説明できないことが診断の条件となります。

不注意は、課題から気がそれること、忍耐の欠如、集中し続けることの困難、まとまりのないことなどの行動を通じて明らかになります。**多動性**は、不適切な状況での「走り回る子ども」といった過剰な運動活動性、過剰にそわそわすること、過剰にトントン叩くこと、または喋りすぎることなどです。衝動性は事前に見通しをたてることなく、あるいは自分に害となる可能性の高い性急な行動などを通じて明らかになります。

AD/HD は、ほとんどの文化圏で子どもの**約 5％**、成人の**約 2.5％**に認められると報告されています。幼児期早期においては、多動は多くの子どもにみられる行動で、4 歳以前に正常の子どもの行動から区別することは困難です。多くの AD/HD の子どもは小学生の時期に同定されます。就学前の主な徴候は多動であり、不注意は小学校でより明らかになり、青年期に至ると多動はあまりみられなくなります。成人期では多動が軽減しても、不注意や落ち着きのなさとともに衝動性が残存していることもあります。

AD/HD の原因は遺伝要因が大きく、一部環境要因が影響すると考えられています。小児期早期の家族の相互作用の様式が AD/HD を引き起こすことはほとんどありませんが、その経過には影響を与える可能性があるとされています。また、AD/HD の併存障害には、うつ、不安、情緒不安定、不眠、記憶障害、解離性障害、パーソナリティ障害、反抗挑戦性障害、素行障害などがあるとされています。

<治療>精神刺激薬（メチルフェニデート徐放錠（じょほうじょう））をはじめとする数種類の薬剤が用いられている。いわゆる [療育] は経過に重要な影響を与える。

◉ 限局性学習症／限局性学習障害

限局性学習症は、言語的または非言語的情報を効率的かつ正確に知覚したり処理したりするための脳の能力に影響を与えるような、[遺伝] 的、後成的、および [環境] 的要因の相互作用によって生じる神経発達症です。学校でのテストの特定分野における成績が、年齢と総合的な知能指数、そしてそれまでの教育の質から期待され得るものよりはるかに [低い] ことが特徴であり、この機能低下は学校、仕事、またはその他の生活機能の側面に障害をもたらします。

読字障害（読字理解、速度、正確性における特定の問題）、**算数障害**（計算、数字、記号の模写、それらの理解における特定の問題）、**書字表出障害**（文法、文構成、文章作成における特定の問題）、特定不能の学習障害などの下位分類があります。

◉ 自閉スペクトラム症／自閉症スペクトラム障害

自閉スペクトラム症は、①**複数の状況における社会的なコミュニケーションおよび対人的相互反応における持続的な欠陥**と、②**行動、興味、または活動の限定された反復的な様式**を特徴とする病態です。その症状は発達早期から存在し、社会的、職業的、または他の重要な領域における現在の機能に臨床的に意味のある障害を引き起こします。

DSM-Ⅳで広汎性発達障害と呼ばれていたものに相当し、知的障害を伴う自閉症、高機能自閉症、アスペルガー障害などと呼ばれていた病態を、本質的に 1 つの病態のスペクトラムとして概念化されたものです。特徴的な問題とされるのは、奇妙な非言語的コミュニケーション、関心や態度の奇抜さ、儀式的で常同的、限定的な行動、強い知覚過敏と融通のきかない嗜好、対人関係の親密さ・相互性・喜びの欠如、対人関係の著しいぎこちなさ、孤立などが挙げられます。しかし本群は、様々な組み合わせがあり重症度もまちまちであるために確定診断がしばしば困難です。

自閉スペクトラム症の有病率は、世界的に人口の [約 1%] とされています。自閉スペクトラム症における遺伝率推定値は、双生児一致率に基づいて **37～90%** と推定されています。環境要因としては、両親の高年齢、低出生体重など様々な非特異性危険要因が関与している可能性が提唱されていますが、寄与率は低いと考えられています。

DSM-5 からは、自閉スペクトラム症と AD/HD などの [異なる] と考えられた神経発達障害群の [併記] が可能となりました。

レット症候群は対人的相互反応の崩壊を呈し、自閉スペクトラム症の診断基準を満たすかもしれませんが、その後社会的コミュニケーション技能を高めることがわかってきたので、DSM-5 の自閉スペクトラム症からは外されました。

> ＜治療＞特異的な薬物による治療は未確立。心理支援、心理教育的支援、社会的支援により生活の質を改善することが期待されているが、特定の心理療法の有効性は未確立である。

● コミュニケーション症群／コミュニケーション障害群

　コミュニケーション症群には、言語、会話、およびコミュニケーションの困難が含まれます。診断分類としては以下のものを含みます。

● 診断分類

障害	特徴
言語症／言語障害	語彙、構文および話法理解または産出の欠陥による言語習得および使用の困難さ
語音症／語音障害	会話のわかりやすさを妨げる、あるいは意思伝達を拒むような、語音の産出の困難さ
小児期発症流暢症／小児期発症流暢症群（吃音）	その人の年齢に不適切な、会話の正常な流暢性と時間的構成の障害を特徴とする
社会的（語用論的）コミュニケーション症／障害	自然な状況での言語的および非言語的コミュニケーションの社会的ルールを理解し従うこと、聴き手や状況の要求に合わせて言葉を変えること、会話や話術のルールに従うことなどへの困難さ

● 運動症群／運動障害群

　この病態の診断分類には、発達性協調運動症、常同運動症、チック症群が含まれます。

● 診断分類

発達性協調運動症	協働運動技能の発達と獲得に困難があり、日常生活に支障をきたすほどの不器用さ、運動技能の緩慢さや不正確さとして現れる
常同運動症	手をパタパタと振る、体を揺する、頭を打ち付ける、自分自身を噛む、叩くなど、反復し、駆り立てられる行動として現れる
チック症群	運動性または音声チック（突発的、急速、反復性、非律動性常同的な運動または音声）により特徴づけられる。チック症群には［トゥレット症］（少なくとも1年以上続く複数の運動性および音声性のチックが拡大・縮小を繰り返す）、持続性（慢性）運動または音声チック症、暫定的チック症などが含まれる

149 行動観察、評定尺度

精神医学における診断は、「患者を診断分類にあてはめる」という狭義の診断行為だけを意味するわけではありません。患者の、症状（symptom）は丁寧な面接によって把握されますが、患者は自分のことを全て理解しているわけではないので、医療者による客観的な観察によって得られる徴候（sign）や検査所見の収集によって、患者の病態は総合的に把握されることになります。そのために必要となるのが、**行動観察を中心とする精神医学的所見の把握**と、**評定尺度による評価**です。

⚙ 行動の観察等によって得られる所見（精神医学的理学所見）

精神科の診療においては、面接を行う前、あるいはそれに並行して、患者の客観的所見を把握することが重要です。診察時に観察すべき項目としては、以下が挙げられます。

● 診察時に観察すべき項目

外見	体格、姿勢、服装、**清潔保持機能** など
行動	歩行、態度、視線、常同行為、不随意運動、奇異な動作などの有無および程度
表情や態度に現れる情動	不安、悲哀、抑うつ、焦燥、憤怒 など
口調	声量、発語量、発話速度 など
発話内容に現れる言語・思考過程	思考制止、思考促拍、観念奔逸などの有無。途絶、連合弛緩、フラッシュバックの有無 など
態度や行動に現れる注意・認知の状態	意識水準、覚醒度、見当識、失語・失行の有無、記憶力、理解力、表現力、病識 など

⊙ 評定尺度

　精神症状や症候の有無やその程度を、できるだけ定量的に評価して表示することを**精神測定**（サイコメトリー）と呼びます。精神測定には、**自己記入式質問票**（本人が自覚症状に基づいて記入するもの）と**評定尺度／評価尺度**（専門家が診察等に基づいて他覚的所見を評価するもの）があります。いずれも、それぞれの症状の定義が明記され、定められた重症度評価の目安に従って重症度を評価します。研究結果を共有したり、疾患の経過や治療への反応を観察したり比較したりするために役にたちます。以下に精神科領域で用いられている代表的な評定尺度を示します。

機能の全体的評定尺度（Global Assessment Functioning Scale：GAF）
DSM-IV-TR までは用いられていた臨床症状の重症度と生活への影響を統合して1つの指標として表すもので、日本の行政でも用いられている
うつ病の評定尺度
自己記入式のものとして、ベックうつ病自己評価尺度（Beck Depression Inventory：BDI）が、専門家が評価するものとして、**ハミルトンうつ病評価尺度（Hamilton Rating Scale for Depression：HRSD または HAM-D）**がある
統合失調症の評定尺度
● **陽性・陰性症状評価尺度（Positive and Negative Syndrome Scale：PANSS）** ● 簡易精神症状評価尺度（Brief Psychiatric Rating Scale：BPRS）　など
認知症のスクリーニング尺度
● 改訂版長谷川式簡易知能評価スケール（Hasegawa's Dementia Scale-Revised：**HDS-R**） ● ミニメンタルステート検査（Mini-Mental State Examination：**MMSE**）　など
神経発達症に関連した評価尺度
● 自閉症スペクトラム指数（Autism-Spectrum Quotient：AQ） ● 自閉症診断観察検査（Autism Diagnostic Observation Schedule：ADOS） ● コナーズ成人注意欠如多動症評価尺度（Conners' Adult ADHD Rating Scale：CAARS）　など
不安症・強迫症に関連した評価尺度
● ハミルトン不安評価尺度（Hamilton Anxiety Rating Scales：HAM-A） ● **リーボヴィッツ社交不安尺度（Liebowitz Social Anxiety Scale：LSAS）** ● イエール・ブラウン強迫観念・強迫行為尺度（Yale-Brown Obsessive-Compulsive Scale：YBOCS）　など
物質関連障害に関連した評価尺度
アルコール使用障害判定テスト（Alcohol Use Disorders Identification Test：AUDIT）など

150 薬物療法、作業療法、心理療法

精神科臨床における治療には様々なものがありますが、大きく分けると、**薬物療法、薬物療法以外の身体療法、精神療法（心理療法）、精神科リハビリテーション（生活療法・作業療法）**に分類することができます。

薬物療法

薬物療法は現代の精神科診療には必須の治療法です。薬物療法は、幻覚、妄想、躁状態、抑うつ、不安などの多くの精神症状に対して有効性が実証されています。個々の薬物がなぜ精神疾患に有効であるのかのメカニズムは必ずしも全て明らかになっているわけではなく、病態や病因の本質に直接作用しているかどうかについては不明の点もありますが、脳科学的な病態の少なくとも一部を修正する作用があると考えられます。

薬物療法の導入にあたっては、**良好な「患者―医師関係」**の構築が前提となります。実際の診療では、支持的精神療法やカウンセリングなどの一般的な精神療法や作業療法と併用されることがほとんどであり、**薬物療法と精神療法は二者択一のものではない**ことの理解は重要です。

薬物療法以外の身体療法

精神疾患への身体療法は歴史的には様々な方法が行われてきました。現在は行われていないものとしては、発熱療法、持続睡眠療法、インスリンショック療法、前頭葉白質切断術（ロボトミー）などがあります。

現代の精神医学において実際に行われている療法（日本で保険診療が認められているもの）としては、うつ病や統合失調症による昏迷状態に対する**電気けいれん療法**（ECT）、薬物治療抵抗性のうつ病に対する**経頭蓋磁気刺激法**（TMS）などがあります。

第22章 精神疾患とその治療

◎ 作業療法

　作業療法は、生活療法の一種で、従来は精神科病院の入院患者を対象に行われることがほとんどでしたが、現在では地域在住の患者が社会復帰施設や保健所で受けるサービスの中でも盛んに行われるようになりました。

　作業療法とは、作業を通じて病状の改善を目指す治療であり、就労支援や職業訓練（職業リハビリテーション）においても中心的な手法となっています。職業リハビリテーションは院内作業療法の他に、共同作業所、授産施設、職親制度のもとでの雇用、ハローワークによる様々な就労支援プログラムの中で行われています。作業療法を専門に行う国家資格として作業療法士があります。

◎ 精神療法（心理療法）

　精神療法は psychotherapy の日本語訳であり、語源的には心理療法と同義です。精神科医療の文脈においては、精神療法は「言語的、非言語的な対人交流を通して精神的な問題を解決し悩みを軽減することを目的とした精神医学的および心理学的治療法」と考えることができます。

　精神療法は、技法的には**精神力動的な精神療法、認知行動的な精神療法、体験的（人間性心理学的）な精神療法**、などに分けることが可能です。現代の精神医療においては、無作為割り付け臨床試験（RCT）に代表される臨床疫学的効果研究の情報（エビデンス）を利用しながら、患者の好みや価値観と治療者の臨床技能、さらにその診療現場の文脈を総合的に考慮する中から患者へ治療法を選択するような医療（EBM）が主流になりつつあります。特に精神医療における EBM は、**エビデンスに基づく精神医療（EBP：Evidence-Based Psychiatry）**とも呼ばれています。

> 精神科臨床においては種々の検査が行われます。精神症状や症候の原因や病態を把握して説明し、治療方針を決定し、治療反応性や予後を知るために、様々な視点からの検査情報が有用です。しかし一方で、単独の検査によってその患者の診断が確定できることはないということにも注意が必要でしょう。各種の検査法については、本書の他の章において詳しく説明されているので、ここでは割愛しています。

ひとこと

151 地域移行、自助グループとアドヒアランス、コンプライアンス、コンコーダンス

　近年、精神疾患のある患者がその地域コミュニティの一員として受け入れられ、社会の中で生きる個人として生活できるようになることが目指されています。また、精神疾患を持つ患者と治療の関係を表す概念として、**コンプライアンス、アドヒアランス、コンコーダンス**という3つの用語がしばしば用いられます。

地域移行（日本の現状）

　日本政府は1999（平成11）年に「今後の精神保健福祉施策」において、今後10年以内に退院可能な約7万2,000人の社会的入院患者を退院、社会復帰させることを重点目標に掲げました。2004（平成16）年には厚生労働省が「精神保健医療福祉の改革ビジョン」において「入院医療中心から地域生活中心へ」の基本方針を定めました。本邦の精神疾患を有する総患者数は約400万人であり、うち精神病床における入院患者数は約30万人です。過去15年間で入院患者数は約4万人減少した一方で、外来患者数は2倍以上に増加しました。

　地域における精神医療サービスとしての**精神科診療所（クリニック）**の数は15年間で2倍に急増しています。**精神科病院**の病床数は減少していますが、国際的には日本の病床数はまだ非常に多い状況です。近年の新規入院患者の入院期間は短縮傾向にあり、約9割が1年以内に退院していますが、短期間で再入院する患者も少なくありません。

　地域の保健サービスとしては、各都道府県に設置が義務づけられている**精神保健福祉センター**および、市町村の**保健所・市町村保健センター**がその役割を担っています。福祉サービスとしては、2005（平成17）年に成立した障害者自立支援法が2012（平成24）年には**障害者総合支援法**へ改正され、日中活動支援、居住支援、訪問系サービス、自立支援医療などの福祉サービスが精神障害者に提供されています。

自助グループ

　当事者と家族は、専門家に頼るばかりの存在ではありません。第二次大戦後、種々のセルフヘルプ運動の組織が社会に作られてきました。自助グループとは同じ障害や問題を共有する人たちによって自主的に運営され、相互に援助し合う集団です。代表的なものとしては、以下のような会があります。

● 代表的な自助グループ

アルコホリクス・アノニマス（AA）	アルコール依存症からの回復を支援する。1935 年アメリカで誕生。基本的にメンバーは匿名で入会する
ナルコティクス・アノニマス(NA)、ダルク(DA)	薬物依存症からの回復を支援する。わが国ではダルクが有名。メンバーは匿名で入会する
患者家族会	精神疾患患者を家族に持つ人たちがグループを作り、様々な悩みごとや相談を話し合い、疾患の社会への啓発活動、[ピア・カウンセリング] などを行う

コンプライアンス

　従来、患者は医師が指示したり推奨したりする治療法に従い、治療行動を遵守し服薬をきちんと行うべきであると考えられてきました。このような考え方を背景に、患者が医師の指示に従っているかどうかの指標として、**コンプライアンス**（compliance：原義は「服従」「遵守」）という用語が使用されてきました。

　しかし、この概念の使用は、治療がうまくいっているかどうかを患者側のみの責任に帰することにつながり、「ノンコンプライアンス患者＝問題患者」というようなレッテル貼りがなされることなどの問題が指摘されており、次第にアドヒアランスにとって代わられるようになっています。

アドヒアランス

　アドヒアランス（adherence：原義は「執着」「粘着」）は、患者自身の治療への積極的な参加を意味する言葉です。治療関係において、患者を医師からの指示に従うという受け身の存在としてとらえるのではなく、患者を治療や自己管理に積極的に参加する主体として理解する視点から、アドヒアランスの概念が強調されるようになってきました。

　アドヒアランスを規定するものは治療内容、患者側因子、医療者側因子、患者・医療者の相互関係などの要因です。服薬アドヒアランスを良好に維持するためには、そ

の治療法は患者にとって実行可能か、服薬を妨げる因子があるとすればそれは何か、それを解決するためには何が必要かなどを医療者が患者とともに考え、相談の上決定していく必要があることが強調されています。

◉ コンコーダンス

近年ではさらに、コンプライアンスもアドヒアランスも、治療法に患者がどのように従っているのかを表すときに使用する概念であることには変わりないとする批判から、**コンコーダンス**（concordance：原義は「調和」「一致」）という概念が主張されるようになってきました。

この考え方は、従来の医師が患者を治療するという**パターナリズム**（父権主義）から、医療者と患者は平等な協力関係にあるとする**パートナーシップ**（対等な協力関係）への医療の在り方の根本的な変容をせまるものです。コンコーダンスは**共有された意思決定**（Shared Decision Making：SDM）や**患者中心の医療**（Patient-Centered Medicine：PCM）と密接に関連する概念で、患者の意思を尊重すると同時に**患者と医療者の共通基盤**（common ground）の形成を重視します。

> 精神疾患の多くは慢性の経過をたどるため、長期間にわたる服薬治療や養生などの生活療法が必要とされます。しかし、はなはだしい苦痛や症状を呈する急性期とは異なり、慢性の治療経過の中では、患者が療養指導に従わなかったり、服薬が継続されなかったりなどといった治療上の問題がしばしば生じます。このような状況をどのように理解し、その改善を図るかは精神障害者への治療とケアにおいて重要なポイントになります。

ひとこと

152 精神科等医療機関へ紹介すべき症状

　公認心理師が医療領域あるいはその他の領域で業務を行う際に、精神科へ紹介すべき精神疾患の症状を把握しておくことは、医療との連携のために不可欠です。ここでは一般的に精神科医療への紹介が必須であると思われる症状あるいは状態を列挙します。

◉ ＜ケース１＞激しい「幻覚妄想状態」や著しい「興奮状態」を呈し、統合失調症等の精神疾患が疑われる状態

　一般にこのような状態にある患者は、精神保健指定医による措置入院や医療保護入院が必要になる可能性もあるため、公認心理師だけで対応を続けることは不可能でしょう。

　このような状態は必ずしも統合失調症だけに起こるとは限らず、薬物性精神病、トラウマに関連した解離あるいはフラッシュバック、せん妄、時には神経発達障害等においても認められることがあり、それらの鑑別診断のためにも精神科への紹介、あるいは精神科医との連携が必要になります。

　一般には薬物投与が必要なことが多いのですが、最近ではオープン・ダイアローグなど非薬物的なアプローチの可能性も生じてきています。しかしその場合も精神医療チームの関与は欠かすことができません。

◉ ＜ケース２＞極端な多幸気分や快楽追求行動、観念奔逸などの双極Ⅰ型障害の躁病エピソードが疑われる場合

　この状態も、多くの場合精神科病院への入院あるいは薬物療法（気分安定薬の投与）などを必要とします。一方で、双極Ⅰ型障害の長期的な病状コントロールのためには、チームによる心理社会的支援が必要とされます。ここにおいて公認心理師はチームの一員として患者支援の重要な役割を担うことになるでしょう。

◉ ＜ケース３＞自殺念慮や中等度以上のうつ状態がある程度長期間（通常は３か月以上）続く場合

　うつ気分は必ずしも精神疾患と診断される状態でなくても生じるありふれた症状であり、特に軽症のうつにおいては薬物治療を開始することはむしろ慎重にすべきであ

ると日本うつ病学会のガイドラインでは定められています。しかし、ある程度以上強いうつ気分が一定期間以上続く場合や、焦燥感あるいは強い希死念慮などが認められる場合には、精神科治療機関への紹介あるいは精神科医との連携が必要となります。

　紹介や連携をスムーズに開始するためには、自殺等の実行可能性についての詳細な評価、当事者および家族との信頼関係の構築と連携を緊密にする努力が必要とされ、致死性が高いと判断される場合には、精神科診療や精神保健サービスとの連携が自殺実行の抑止と長期にわたる支援のために必須であると考えられます。

❂ ＜ケース４＞自傷・他害の危険性が一定以上の強さや頻度で認められる場合

　心理支援の実行中に、自傷・他害の危険性が強く感じられる場合、公認心理師が単独で支援を続けることには危険が伴います。パーソナリティ障害や神経発達障害などの患者にこのような状況が起こることは珍しくありませんが、物質使用障害やその他の精神疾患においても生じる可能性があります。

　精神科的診断も重要ですが、なによりも本人および関係者の安全確保が最優先されます。当事者の人権や信頼関係に十分な注意を払いつつ、強制的な治療や保護をも可能にするために、精神科治療機関や精神保健サービスとの連携を図ることが必要になります。危機管理の必要性と本人の自律性の尊重あるいは狭義の守秘義務との間で倫理的葛藤がしばしば生じますが、それも含めて積極的にチームでの対応が可能となるような状況を構築する努力が、公認心理師には求められるでしょう。

> **Column**
> #### 精神科医と公認心理師の連携
>
> 元来精神疾患の診断は精神科医の専権事項ですが、精神科治療において良好なアドヒアランスやコンコーダンスを構築することは、精神科医だけでできることではありません。公認心理師にとって重要なことは、精神科医と効果的な連携体制を構築できるための能力を身につけることでしょう。患者を精神科に紹介してそれで終わりというわけではなく、精神科医とも指示／指導といった関係を超えた相互信頼に基づく共通基盤に則った協働関係を築く必要があるのです。また、精神科クリニックでは精神保健福祉法に基づいた医療保護入院や措置入院などが直ちに行えない可能性があるため、精神科へ紹介するときは原則精神科病院を勧めることを念頭におきましょう。

臨床精神薬理学

153

薬が人に対して何かしらの効果を発現する際には、薬力学と薬物動態学が大きく関わってきます。ここでは、精神領域で使用される薬剤に対して薬力学と薬物動態学がもたらす影響について理解していきます。

薬力学

薬物が生体におよぼす作用を薬理作用といい、薬力学はこれを解明する学問です。薬理作用にもいくつか存在しますが、向精神薬の多くは神経伝達物質と受容体の関係で解明されています。通常は神経伝達物質が結合する受容体に薬剤が結合することで薬理作用をおよぼします。

● 薬理作用の種類

作動薬（アゴニスト）	受容体と結合して神経伝達物質等と同様の作用を起こす
拮抗薬（アンタゴニスト）	神経伝達物質等が受容体と結合して本来起こす作用を阻害する

プラス+1

部分作動薬（パーシャルアゴニスト）
受容体に結合しアゴニスト活性を示すが、完全なアゴニストよりは作用が弱く、アンタゴニストの活性も有している。抗精神病薬の中ではアリピプラゾールやブレクスピプラゾールがこれに該当する。

神経伝達物質

神経伝達物質は、神経細胞間で情報を伝達するための化学的物質です。

● 神経伝達物質の種類

ドパミン、セロトニン、ノルアドレナリン、アセチルコリン、ヒスタミン、グルタミン酸、GABA など

受容体

受容体は、イオンチャンネル型受容体、Gタンパク結合型受容体、受容体チロシンキナーゼに分かれますが、受容体全体の80%以上はGタンパク結合型受容体に該当しており、ドパミン受容体やセロトニン受容体もこれに該当します。

薬物動態学

薬物動態学は薬物が生体でどのように動いて反応し、消失するかを解明する学問です。薬物動態には**吸収**、**分布**、**代謝**、**排泄**の過程が存在し、それぞれの英語の頭文字から**ADME**と呼ばれています。

● ADME

吸収 (Absorption)	薬物が血中に入る過程。主に小腸
分布 (Distribution)	薬物が血中から各組織に移行する過程
代謝 (Metabolism)	薬物を分解する過程。主に肝臓
排泄 (Excretion)	薬物を身体の外に出す過程。主に腎臓

向精神薬の多くは主に肝臓で代謝されて排泄へと向かいますが、経口投与ではそのほとんどが**初回通過効果**を受けます。また、代謝によって生じた代謝物は活性を失うものもあれば、活性代謝物として薬効を示すものも存在します。排泄は腎臓を介した尿中排泄のほか、肝臓を介した胆汁排泄（糞便）もあります。

用語解説　初回通過効果

薬物が全身循環血に移行する前（効果発現前）の過程で起こる分解や代謝のことをいう。非経口投与（舌下、経皮、経静脈など）は初回通過効果を受けづらい。

保険診療の中で血中濃度を測定できる薬剤がいくつか存在します。その対象は、血中濃度と薬剤の有効性、安全性の関連性がわかっており、**有効血中濃度**が明確になっています。薬剤によって異なる採血タイミングで評価しますが、向精神薬を含め多くの薬剤は**投与直前の血中濃度（トラフ値）**で評価します。

154 向精神薬

向精神薬とは中枢神経系に作用し、精神機能に何らかの影響を与える薬物の総称を表しています。ここでは、向精神薬の種類と、その分類された薬物の特徴を理解していきます。

向精神薬の分類

向精神薬の中で主として精神障害の治療に用いられる薬物は「精神治療薬」と称されていますが、広義として幻覚薬や麻薬などの「精神異常発現薬」を含みます。

● 向精神薬の分類

精神治療薬		精神異常発現薬
抗精神病薬	抗うつ薬	幻覚薬
気分安定薬	抗不安薬	麻薬
睡眠薬	精神刺激薬	アルコール類
抗認知症薬	抗パーキンソン薬	

また日本では、医療用に指定された向精神薬については、**「麻薬及び向精神薬取締法」**で治療上の有益性と乱用の危険性から **3 種類（第一種、第二種、第三種）**に分類されています。

● 向精神薬の種類

第一種	メチルフェニデート、モダフィニル　等
第二種	フルニトラゼパム、ペントバルビタール　等
第三種	第一種・第二種以外の向精神薬で、多くのベンゾジアゼピン系・非ベンゾジアゼピン系薬　等

抗精神病薬

抗精神病薬はメジャートランキライザーとも呼ばれますが、この中でも [定型抗精神病薬] と [非定型抗精神病薬] に分けられています。いずれも主たる治療対象は [統合失調症] になりますが、一部の非定型抗精神病薬の中には、**うつ病**や**双極性障害**に

有効性を示している薬剤もあります。

● 抗精神病薬の特徴と名前

定型抗精神病薬	<薬理作用> ● 共通してドパミン D_2 受容体を遮断する <特徴> ● 統合失調症の**陽性症状**（幻覚、妄想、興奮など）に有効だが、**陰性症状**（感情の平板化、欲動低下など）には期待できない ● 錐体外路系の副作用が**強い** <薬剤名> クロルプロマジン、ハロペリドール、レボメプロマジン 等
非定型抗精神病薬	<薬理作用> ● ドパミン D_2 受容体とともにセロトニン $5HT_{2A}$ 受容体も遮断する <特徴> ● 統合失調症の陽性症状・陰性症状の両方に効果あり ● 錐体外路系の副作用が定型抗精神病薬に比べ弱い <薬剤名> クエチアピン、オランザピン、リスペリドン、アリピプラゾール、ブロナンセリン、クロザピン、アセナピン 等

プラス+1

クロザピンについて
クロザピンは治療抵抗性の統合失調症に対して使用されるが、**無顆粒球症、心筋炎、糖尿病性ケトアシドーシス**など重篤な副作用が起こり得ることから、CPMS（Clozaril Patient Monitoring Service：クロザリル患者モニタリングサービス）に登録された医師・薬剤師のいる登録医療機関で、登録された患者に対して、CPMS に定められた基準が全て満たされたときに使用できる。

　抗精神病薬の副作用は、**傾眠・体重増加・口渇・便秘・QT 延長・悪性症候群**など多岐にわたりますが、さらに特徴的なものとして、ドパミン D_2 受容体を遮断することによって起こる［プロラクチン値の上昇］、［錐体外路症状］があります。この中でも錐体外路症状は、**アカシジア**、**ジストニア**等に分類されます。

● 錐体外路症状

アカシジア	じっとしていられない状態、むずむず感
ジストニア	首や上腕の筋肉のつっぱり、眼球が上転する
ジスキネジア	舌や口唇、下顎のリズミカルな不随意運動
パーキンソニズム	手足が震える、無動、筋肉が固まる

用語解説 QT 延長

QT 延長は心電図上における QT 間隔が延長することを意味しており、突然死をもたらす危険性を秘めている。

用語解説 悪性症候群

高熱、意識障害、筋強剛、頻脈などが症状として起こり、血液検査で CK（クレアチンキナーゼ）の上昇を伴う。抗精神病薬以外の向精神薬においても報告されている。

　近年、抗精神病薬の多剤併用大量投与が問題視されています。適正な抗精神病薬の投与量は CP 換算で 600～1,000mg が推奨されており、SCAP 法などの減薬手段を用いて、抗精神病薬を減量する試みが多くの施設で行われています。

用語解説 CP 換算

CP 換算とは、クロルプロマジン以外の抗精神病薬をクロルプロマジンに置き換えるとどの程度の量に相当するかを算出する手段であり、多剤併用の際にどの程度の抗精神病薬を使用しているのかという目安になる。

◉ 抗うつ薬

　抗うつ薬は薬の作用の違いから、[三環系抗うつ薬]、[四環系抗うつ薬]、[SSRI]、[SNRI]、[NaSSa]、[SARI] に分類されます。薬によっては、[うつ病] 以外にも、**パニック症**や**強迫症**といった疾患に用いることができます。

● 抗うつ薬の特徴と名前

三環系抗うつ薬	**＜薬理作用＞** ● セロトニン・ノルアドレナリン等の神経伝達物質の前シナプスへの再取り込みを阻害する **＜特徴＞** ● 強い抗うつ作用を持ち、重症のうつ病にも有効性を示す ● **眠気、口渇、便秘**などの副作用が現れやすい ● 過量服薬での致死性が高い **＜薬剤名＞** イミプラミン、アミトリプチリン、アモキサピン 等
四環系抗うつ薬	**＜薬理作用＞** ● 三環系抗うつ薬と基本的には同じであるが、ミアンセリンは前シナプスのアドレナリン α_2 受容体を遮断する **＜特徴＞** ● 三環系抗うつ薬に比べて副作用の程度が改善されているが、**眠気**は強く、不眠の改善目的で使用されることもある **＜薬剤名＞** ミアンセリン、マプロチリン 等
SSRI (selective serotonin reuptake inhibitors：選択的セロトニン再取り込み阻害薬)	**＜薬理作用＞** ● 選択的にセロトニンの前シナプスへの再取り込みを阻害する **＜特徴＞** ● 軽症から中等症のうつ病に対し優れた抗うつ効果を示す ● **悪心、嘔気**が投与初期に起こりやすい ● 離脱症状を回避するため、**急な中止をしない** **＜薬剤名＞** フルボキサミン、パロキセチン、セルトラリン、エスシタロプラム
SNRI (serotonin/noradrenaline reuptake inhibitors：セロトニン・ノルアドレナリン再取り込み阻害薬)	**＜薬理作用＞** ● セロトニン・ノルアドレナリンの前シナプスへの再取り込みを阻害する **＜特徴＞** ● 作用は三環系に近いが、副作用はSSRIと同程度 ● SSRIに比較すると効果発現が早く、**意欲低下**の改善効果を持つ ● 神経疼痛に対して用いられることがある **＜薬剤名＞** ミルナシプラン、デュロキセチン、ベンラファキシン

NaSSa (noradrenergic and specific serotonergic antidepressant：ノルアドレナリン作動性・特異的セロトニン作動性抗うつ薬)	<薬理作用> ● 前シナプス、セロトニン作動性神経のアドレナリンα_2受容体を遮断する ● セロトニン 5HT$_2$、5HT$_3$ 受容体を遮断し、内因性のセロトニンによるセロトニン 5HT$_1$ 受容体への作用を強める <特徴> ● SSRI や SNRI と併用して使用されることも多い ● **眠気**が強く、不眠の改善目的で使用されることもある <薬剤名> ミルタザピン
SARI (serotonin 2 antagonist and reuptake inhibitor：セロトニン遮断再取り込み阻害薬)	<薬理作用> ● セロトニン 5HT$_{2A}$ 受容体を遮断する ● セロトニンの前シナプスへの再取り込みを阻害する <特徴> ● **眠気**が強く、不眠の改善目的で使用されることが多い <薬剤名> トラゾドン

プラス+1

賦活症候群について
賦活症候群は中枢神経刺激症状の総称で抗うつ薬の副作用であり、不安、焦燥などからリストカットなど自殺行為の危険性もある。一般的に SSRI や SNRI の**投与初期**や**増量期**に起こりやすい。

プラス+1

中止後症候群について
SSRI や SNRI を長期服用した後の急な中止は手足のしびれ感、頭痛といった**離脱症状**を引き起こすことがある。中止をするときには漸減が必要であり、患者に対しても急な中止をしないように指導しておく必要がある。

● 気分安定薬

気分安定薬は躁状態、うつ状態の両方に効果を発揮し、気分の波をなだらかにします。主には［双極性障害］に対して使用されますが、**統合失調感情障害**や**パーソナリティ障害**などの他の疾患の治療にも用いられます。詳細な薬理作用が解明されていないのも現状です。

● 気分安定薬の特徴

炭酸リチウム	● 躁病の第一選択薬であるが、抗うつ効果も示す ● **血中濃度のモニタリング**が必須である
バルプロ酸	● 再発回数の多い躁病患者に効果がある一方で、うつ状態には弱い
カルバマゼピン	● バルプロ酸同様、躁状態には強いが、うつ状態には弱い ● **相互作用が多く**併用薬に注意が必要
ラモトリギン	● うつ状態での効果が高い ● **重篤な皮膚障害**が起こり得るため、用法・用量を遵守する

プラス+1

炭酸リチウムの副作用
炭酸リチウムの副作用としては、**振戦**、**倦怠感**、**口渇**、**甲状腺機能低下症**などが挙げられる。また、血中濃度が高いときに**嘔気・嘔吐**、**意識障害**、**ふらつき**、**腎障害**などを初期症状とした**リチウム中毒**が出現することが多い。

🧠 抗不安薬

抗不安薬は単に不安障害に限らず、不眠症、心身症、また統合失調症やうつ病における不安症状にも用いられ、多岐にわたり使用されています。抗不安薬のほとんどは[ベンゾジアゼピン系薬（BZ系薬）]ですが、タンドスピロン（セロトニン5HT$_{1A}$受容体部分作動薬）など他の薬剤もあります。BZ系薬はGABA$_A$受容体に含まれるBZ受容体に結合し、神経伝達物質の1つで脳の興奮を抑える **GABA（γアミノ酪酸）**の作用を増強することで抗不安作用や催眠作用をもたらします。

● ベンゾジアゼピン系抗不安薬の種類

短時間型	**エチゾラム**、クロチアゼパム　等
中時間型	**ロラゼパム**、**アルプラゾラム**、ブロマゼパム　等
長時間型	**ジアゼパム**、クロキサゾラム、オキサゾラム　等
超長時間型	**ロフラゼプ酸エチル**　等

🌙 睡眠薬

睡眠薬においても、**BZ系薬**が長らく使用されてきましたが、現在は**メラトニン受容体作動薬**、**オレキシン受容体拮抗薬**の使用も増えてきています。ベンゾジアゼピン系薬は効果時間の長さによって、入眠困難型、中途覚醒型、混合型などに使い分けられています。

第22章　精神疾患とその治療

● 睡眠薬の種類

非 BZ 系	超短時間型	ゾルピデム、ゾピクロン、**エスゾピクロン**
BZ 系	超短時間型	トリアゾラム
	短時間型	**ブロチゾラム**、**エチゾラム**、リルマザホン　等
	中時間型	**フルニトラゼパム**、ニトラゼパム、エスタゾラム　等
	長時間型	クアゼパム、フルラゼパム　等
メラトニン受容体作動薬		**ラメルテオン**
オレキシン受容体拮抗薬		**スボレキサント**

　抗不安薬や睡眠薬で使用されるベンゾジアゼピン系薬は精神科に限らず、内科や整形外科など他の診療科から処方される例も多いですが、[依存性] や [耐性] が問題となっており、漫然とした長期使用は避けることが推奨されています。一般的に半減期が短い薬（短時間型）の方が依存を形成しやすいです。また、**筋弛緩作用が強い**ものもあり、特に高齢者の**ふらつき**や**転倒**には注意が必要です。

> メラトニン受容体作動薬、オレキシン受容体拮抗薬は、反跳性不眠や依存性がなく、筋弛緩作用の影響もあまりないため、比較的高齢者に使用しやすい睡眠薬です。最近ではせん妄の予防としてのエビデンスも構築されてきています。

ひとこと

🔆 精神刺激薬

　精神刺激薬は、中枢神経系で特に大脳皮質を刺激して、精神機能や活動性を高める薬物となります。主には [ナルコレプシー] や [注意欠如多動症（AD/HD）] に用いられ、**メチルフェニデート**、**モダフィニル**、**ペモリン**といった薬があります。AD/HDの薬には非中枢刺激薬である**アトモキセチン**、**グアンファシン**もあります。

● AD/HD 治療薬の特徴

中枢神経刺激薬 （ドパミン再取り込み阻害薬） メチルフェニデート	● 1日1回服用の長時間作用型 ● 副作用として、**不眠**、**食欲低下**などがある。不眠の回避には午前中の内服が好ましい
ノルアドレナリン再取り込み阻害薬 アトモキセチン	● 1日2回服用で、睡眠への影響は少ない ● メチルフェニデートに比べて作用発現までに時間がかかる
α_{2A} アドレナリン受容体作動薬 グアンファシン	● 1日1回服用で、効果発現はアトモキセチンよりやや早い

🔵 抗認知症薬

　認知症は、[Alzheimer 型認知症]、[Lewy 小体型認知症]、**脳血管障害性認知症**、**前頭側頭型認知症**をはじめとしていろいろな種類がありますが、半数以上を占めるのが Alzheimer 型認知症です。抗認知症薬には、アセチルコリンエステラーゼ阻害薬と NMDA 受容体拮抗薬があります。全ての薬は Alzheimer 型認知症に適応を有しており、[**ドネペジル**]のみが Lewy 小体型認知症にも認められています。

🔵 抗認知症薬の特徴

アセチルコリンエステラーゼ阻害薬	ドネペジル	● 1 日 1 回服用で軽度〜高度と幅広く使用可能 ● Lewy 小体型認知症にも使用できる
	ガランタミン	● 1 日 2 回服用 ● ニコチン性アセチルコリン受容体への刺激作用も持つ
	リバスチグミン	● 1 日 1 回の貼付型製剤 ● ブチリルコリンエステラーゼ阻害作用も持つ
NMDA 受容体拮抗薬	メマンチン	● 1 日 1 回服用で中等度〜高度の認知症に適応 ● 鎮静作用を有する

アセチルコリンエステラーゼ阻害薬の副作用
投与初期に嘔気・嘔吐などの**消化器症状**が起こることがあるので、少量から漸増していく必要がある。また服用開始後の強い**易怒性**にも注意を要する。

🔵 抗パーキンソン薬

　抗パーキンソン薬は様々な作用機序で多くの薬剤がありますが、ここでは**抗コリン薬**のみを記載します。抗コリン薬は抗精神病薬でみられる薬剤性パーキンソニズムを抑制する目的で、**トリヘキシフェニジル、ビペリデン**を使用することが多いですが、漫然とした投与は**便秘、口渇、認知機能の低下**につながるため注意が必要です。

向精神薬が有する抗コリン作用
抗コリン作用とは神経伝達物質の 1 つであるアセチルコリンのアセチルコリン受容体への結合を妨げる作用のことをいう。抗精神病薬、抗うつ薬、睡眠薬など、向精神薬の中にはこの抗コリン作用を有する薬剤が存在する。

155 薬剤性精神障害

薬剤性精神障害は**覚醒剤**や**アルコール**といった一般的に知られているもの以外に、医療用医薬品の使用においても惹起する可能性があります。ここでは、薬剤性精神障害を引き起こす主な薬剤について理解していきます。

⚙ 依存性薬物による精神病

依存性薬物は、メタンフェタミンなどの覚醒剤が含まれる**中枢神経興奮薬**とアルコールや大麻などに含まれる**中枢神経抑制薬**に分けられます。

● **主な依存性薬物による精神病**

覚醒剤精神病	● 幻聴、幻視、妄想など統合失調症に類似した症状が起きる ● フラッシュバックを起こすことが特徴的 ● 治療は覚醒剤の中止を継続することが基本 ● 民間薬物依存回復施設としてダルクが存在する
アルコール精神病	● アルコール離脱症状として、振戦、幻覚、見当識障害、発汗、頻脈などがある ● ビタミン B_1 欠乏によるウェルニッケ・コルサコフ症候群を起こすことがある ● アルコール離脱せん妄の予防にジアゼパムやロラゼパムといったBZ系の薬剤が用いられる

用語
解説 **フラッシュバック**

フラッシュバックとは、中止後に少量の薬物使用や飲酒、喫煙、睡眠不足、ストレスなどで精神病症状が簡単に再燃することをいう。

薬剤惹起性うつ病

薬剤惹起性うつ病は身体疾患の治療目的で使用した薬剤によって引き起こされたうつ病のことをいいます。よく知られている薬剤として、**インターフェロン**や**ステロイド**などがあります。

薬剤性せん妄

せん妄とは、脳機能の失調により意識水準の低下が起こり、見当識障害、注意力や思考力の低下、独語などの症状がみられる状態をいいます。**薬剤性せん妄**は薬剤が原因となり引き起こされたせん妄を表します。

● 薬剤性せん妄の原因となりうる薬剤

> **麻薬性鎮痛薬（オピオイド）**、H_2 受容体拮抗薬、**BZ 系薬**、抗てんかん薬、解熱鎮痛消炎薬、抗パーキンソン病薬、抗不整脈薬、抗菌薬、抗ウイルス薬、抗癌薬、ステロイドなど多数

各分野における法制度

ここでは、保健医療分野、福祉分野、教育分野、司法・犯罪分野、産業・労働分野の5つの分野の法制度について、特に重要と思われるものを掲載しています。既に解説しているものもありますが、「まとめ」としてご確認ください。
※なお、出題基準の「小項目」の用語について、各章で解説済みでここに掲載していないものもあります。

⚫ 医療分野に関する法律、制度

医療法

1948（昭和23）年に制定され、現在までに何度も改正が重ねられてきた。医療提供施設や医療供給体制に関する法律で、医療を提供する体制の確保と医療を受ける患者の利益と保護を図ることで、国民の健康の保持に寄与することを目的としている。

精神保健福祉法（精神保健及び精神障害者福祉に関する法律）

1950（昭和25）年に精神衛生法として制定され、1987（昭和62）年の改正で精神保健法に名称が変更された。その後、1995（平成7）年の改正で現在の名称となっている。この法律の目的は、①精神障害者の医療および保護を行うこと、②障害者総合支援法とともに、精神障害者の社会復帰の促進、自立と社会経済活動への参加の促進のために必要な援助を行うこと、③精神疾患の発生の予防や、国民の精神的健康の保持、増進に努めること等によって、精神障害者の福祉の増進および国民の精神保健の向上を図ることである。

がん対策基本法

2006（平成18）年に制定され、2016（平成28）年に改正がされた。改正を受けて、2018（平成30）年3月に第3期がん対策推進基本計画が策定され、これに沿って様々ながん対策が行われている。

母子保健法

1965（昭和40）年に制定され、2019（令和元）年に改正された。母性と乳幼児の健康の保持・増進を目的にした法律。改正法では、産後ケア事業の実施が市町村の努力義務とされている。

地域保健法

地域住民の健康の保持と増進に寄与することを目的として作られた法律。1947（昭和22）年に制定された保健所法が1994（平成6）年の改正で地域保健法となった。地域保健法では、地域保健対策の推進に関する基本的な指針が定められている。この指針では、地域保健対策の推進の基本的な方向や、保健所や市町村保健センターの整備、運営に関する基本的事項などが定められている。

自殺対策基本法

議員立法として 2006（平成 18）年に制定され、その後、2016（平成 28）年、改正自殺対策基本法（自殺対策基本法の一部を改正する法律）が成立した。自殺の防止や自死遺族への支援の充実を図ることを目的とした法律。改正自殺対策基本法では、第 1 条「誰も自殺に追い込まれることのない社会の実現」を目指すこと、第 2 条「自殺対策は、生きることの包括的な支援」であることが明記され、自殺対策の理念が明確化された。さらに地域自殺対策推進の強化が盛り込まれた。また、自殺対策基本法に基づき、政府が推進すべき自殺対策の指針が自殺総合対策大綱として定められている。

● 福祉分野に関する法律、制度

社会福祉法

2000（平成 12）年に社会福祉事業法より、題名改正された。わが国の社会福祉全分野の共通目的や理念、原則に関する根幹的法律である。

児童福祉法

1947（昭和 22）年に制定。子どもを権利の主体とし、児童の健全な育成、福祉の保障と積極的増進を基本精神とする児童福祉分野の基本法。児童養護施設など児童福祉施設（12）を定める。

老人福祉法

1963（昭和 38）年に制定。高齢者の心身の健康保持や生活の安定のため、基本理念を定めている。高齢者（老人）福祉の根幹的法律。

児童虐待防止法（児童虐待の防止等に関する法律）

2000（平成 12）年に制定。児童と保護者の自立支援措置等を含めた児童虐待の防止推進を図る法律。

障害者基本法

1993（平成 5）年に心身障害者基本法より題名改正された。障害及び障害者の定義など、障害のある人の法律や制度についての基本的考え方が示される。

障害者総合支援法（障害者の日常生活及び社会生活を総合的に支援するための法律）

2012（平成 24）年に障害者自立支援法より題名改正された。共生社会の実現に向け、障害福祉サービスの充実等の日常生活・社会生活への支援の総合的かつ計画的な実施について定めている。

障害者福祉計画・障害児福祉計画

障害者総合支援法及び児童福祉法に基づく障害福祉サービス等の提供や自立支援給付等の実施の確保のため、国が策定した基本指針に即して市町村・都道府県が作成する計画。

発達障害者支援法

2004（平成 16）年に制定。発達障害の早期発見や、自立及び社会参加のための生活全般の支援を行い、共生社会の実現を目指す法律。

障害者差別解消法（障害を理由とする差別の解消の推進に関する法律）

2013（平成 25）年に制定。障害を理由とする差別の撤廃を目的として、「不当な差別的取扱い」の禁止、「合理的配慮の提供」を求め、共生社会を目指す法律。行政機関や事業所の義務を定める。

障害者虐待防止法（障害者虐待の防止、障害者の養護者に対する支援等に関する法律）

2011（平成23）年に制定。身体障害、知的障害、精神障害（発達障害を含む）のある者への虐待防止に対する国等の責務や通報の義務を定めている。

高齢者虐待防止法（高齢者虐待の防止、高齢者の養護者に対する支援等に関する法律）

2005（平成17）年に制定。65歳以上の高齢者を対象に、虐待防止と国及び地方公共団体の責務による早期発見・早期対応の施策を促進する法律。

配偶者暴力防止法（配偶者からの暴力の防止及び被害者の保護等に関する法律）

DV防止法ともいう。2013（平成25）年に「配偶者からの暴力の防止及び被害者の保護に関する法律」より、題名改正された。配偶者からの暴力を防止し、被害者の保護等を図ることを目的とする法律。この法律の配偶者には、「配偶者であった者」「事実上婚姻関係と同様の事情にある者」や「離婚又は婚姻が取り消された場合」も含む。

配偶者暴力相談支援センター

DV防止法に規定された専門相談機関で、婦人相談所等の施設において、被害者支援の中心的役割を果たす機能の名称。都道府県に設置義務があり、市町村は努力義務。相談やカウンセリング等の援助がワンストップで提供される。

生活保護法

1950（昭和25）年に制定。社会保障法の一つ。憲法の生存権の理念に基づき、国が生活困窮者に対し、必要性に応じ最低生活保障と自立を助長することを目的とする法律。

生活困窮者自立支援法

2013（平成25）年に制定。生活保護の前段階の自立支援策の強化として、生活困窮者に対する自立相談支援事業の実施、住居確保給付金の支給その他の措置を講ずる法律。

高齢者の医療の確保に関する法律

2008（平成20）年に施行。医療費の適正化や保険者による健康診査等の実施等、国民保健の向上と高齢者の福祉の増進を目的とする法律。

介護保険法

2000（平成12）年に施行。高齢者の介護を社会全体で支え合う仕組みとし、「自立支援」「利用者本位」「社会保険方式」を基本的な枠組みとする社会保障法の一つ。

地域包括支援センター

地域住民の保健医療の向上及び福祉の増進を一体的に実施する中核的機関として、市町村（特別区を含む）等が設置できる。保健師、社会福祉士、主任介護支援専門員が配置され、介護予防ケアマネジメント、総合相談・支援、権利擁護の事業等を行う。

成年後見制度の利用の促進に関する法律

成年後見制度は障害により財産管理や日常生活に支障がある者を支える重要な手段であるにもかかわらず、十分に利用されていないことを鑑み、成年後見制度の利用促進を総合的かつ計画的に推進するために作られた法律。

教育分野に関する法律、制度

教育基本法

1947（昭和 22）年に制定、最近では 2006（平成 18）年に改正がされた。教育の目的や目標など、日本における教育の理念が定められた法律。

学校教育法

1947（昭和 22）年に制定、2007（平成 19）年に改正がされた。憲法と教育基本法の理念に基づき、学校や教員の配置、就学義務など学校教育の制度について、内容と基準を具体的に示した法律。

学校保健安全法

1958（昭和 33）年に学校保健法として制定。2008（平成 20）年に学校保健安全法へと名称が変わり、2015（平成 27）年に改正された。学校における児童生徒等及び職員の健康の保持増進を図ることを目的とした法律。

いじめ防止対策推進法

2013（平成 25）年に制定。いじめの定義や、相談体制の整備、いじめ防止対策組織などについて明記されている。

教育相談所（室）

教育委員会が設置する教育相談機関のことを教育相談室と呼ぶ。教育委員会は、各都道府県に教育相談室を設けており、都道府県によっては市区町に設置している場合もある。

教育支援センター

教育委員会は、教育に関する相談（いじめ、不登校など）の対応窓口として教育相談所や、不登校児童生徒の集団活動への適応、情緒の安定、基礎学力の補充、基本的生活習慣の改善などのための相談、適応指導を行うための教育支援センター（適応指導教室）を設置している。

特別支援教育

文部科学省は、特別支援教育とは「障害のある幼児児童生徒の自立や社会参加に向けた主体的な取組を支援するという視点に立ち、幼児児童生徒一人一人の教育的ニーズを把握し、その持てる力を高め、生活や学習上の困難を改善又は克服するため、適切な指導及び必要な支援を行うもの」と定めている。

通級

通級による指導は、学校教育法施行規則第 140 条や第 141 条に基づき、小・中学校の通常学級に在籍していて、障害に応じた特別の指導を行う必要がある場合に、各教科等の授業は通常の学級で行いつつ、障害に応じた特別の指導を「通級指導教室」という場で行う特別支援教育の一つの形態をいう。指導に際しては、対象となる各障害の状況や個人の障害の程度に応じた指導内容を検討することが重要。

子どもの権利条約（児童の権利に関する条約）

子どもの基本的人権を国際的に保障するために定められた条約である。日本は 1994（平成6）年に批准した。18 歳未満の児童（子ども）を権利をもつ主体と位置づけ、おとなと同様ひとりの人間としての人権を認めるとともに、成長の過程で特別な保護や配慮が必要な子どもならではの権利を定めている。

司法・犯罪分野に関する法律、制度

刑事法

犯罪と刑罰に関する法規範の総称。その中心である刑法は 1907（明治 40）年に成立、翌年施行。日本国内で罪を犯した全ての者に適用される法律。

刑事司法制度

犯罪を犯した人に適切な刑罰を科し、被害者や社会を守ることを目的とする。犯罪者の更生や再犯防止も重視。裁判員裁判による改革が特徴。

少年司法制度

成人に対する刑事司法制度とは別に少年に対する司法手続きを定めた制度。本制度の根拠法である少年法が 1948（昭和 23）年に成立、翌年施行。非行少年の基本的な取り扱いが制度化されている。なお、刑事裁判で実刑判決を受けた 16 歳以上 20 歳未満の少年は、刑事施設である少年刑務所に収容される。

児童福祉法（一部改正）

2016（平成 28）年、児童福祉法等の一部を改正する法律が成立。児童虐待の発生予防、発生した場合の迅速な対応、母子健康包括支援センターの全国的な展開、市町村及び児童相談所の体制の強化、里親委託の推進等の措置が盛り込まれた。

民法（一部改正）

1999（平成 11）年の民法の一部改正法で成立し、翌年施行。ポイントは、現行の成年後見制度の改正であり、認知症、知的障害、精神障害などの理由で判断能力の不十分な人々を保護し、支援する制度として確立した。近年も民法は債権関係の規定（契約等）について改正がなされ、2017（平成 29）年に成立している。

ストーカー規制法（ストーカー行為等の規制等に関する法律）

2000（平成 12）年に成立・施行。ストーカー行為等の規制等を明記。

心神喪失者等医療観察法（心神喪失等の状態で重大な他害行為を行った者の医療及び観察等に関する法律）

2003（平成 15）年に成立、2005（平成 17）年に施行。心神喪失または心神耗弱の状態で、重大な他害行為を行った人に、適切な医療を提供し、社会復帰を促進することを目的とした法律。

犯罪被害者等基本法

2004（平成 16）年に成立、翌年施行。国・地方公共団体に犯罪被害者支援について、総合的施策の策定が義務づけられた。

裁判員法（裁判員の参加する刑事裁判に関する法律）

2004（平成 16）年に成立、2009（平成 21）年に施行。裁判員制度について明記されている。

更生保護制度

更生保護法が 2007（平成 19）年に成立、翌年に施行。更生保護制度は、犯罪者や非行少年への社会内処遇の実施、再犯等の防止、社会的自立や更生を促す。関連する制度や施設に、更生保護施設、地域生活定着支援センター、自立更生促進センター等がある。

国際的な子の奪取の民事上の側面に関する条約（ハーグ条約）
2014（平成26）年に日本でも施行。子どもの元の居住国へ返還原則、親子の面会交流機会の確保。

少年院法
2014（平成26）年に成立、翌年に施行。再非行防止に向けた取り組み充実（矯正教育等）、適切な処遇実施、社会に開かれた施設運営を行うことを明記。

少年鑑別所法
2014（平成26）年に成立、翌年に施行。初の少年鑑別所の独立した法律。管理運営、鑑別対象者の鑑別、適切な観護処遇の実施、並びに非行および犯罪の防止に関する援助を明記。

⬤ 産業・労働分野に関する法律、制度

労働基準法
1947（昭和22）年に制定。労働者の保護を目的とする法律で、賃金、労働時間、休憩、休日、時間外・休日労働、深夜労働、年次有給休暇、解雇の制限などについて規定している。

労働安全衛生法
1972（昭和47）年に、職場における労働者の安全と健康を守り、労働災害を防止することを目的として定められた法律。2014（平成26）年の労働安全衛生法の改正を受け、2015（平成27）年からは、事業者による労働者のストレスの程度の把握や、労働者自身のストレスへの気づき、働きやすい職場づくりなどを目的にストレスチェック制度が義務化された。

労働契約法
2008（平成20）年に施行、2012（平成24）年に改正された法律。個別の労働関係紛争が防止され、労働者の保護を図りつつ、個別の労働関係の安定に資することを目的とする法律。

障害者雇用促進法（障害者の雇用の促進等に関する法律）
1960（昭和35）年に身体障害者雇用促進法が制定され、その後数回の改正を経て、障害者の雇用の促進と安定を目的として制定された法律。障害者に対する差別の禁止、合理的配慮の提供の義務化や、障害者の雇用促進のための措置や雇用の機会や待遇の確保、職業生活の自立促進などを定めている。

男女雇用機会均等法（雇用の分野における男女の均等な機会 及び待遇の確保等に関する法律）
1972（昭和47）年に制定された勤労婦人福祉法が改正され、1985（昭和60）年に「雇用の分野における男女の均等な機会及び待遇の確保を図るとともに、女性労働者の就業に関して妊娠中及び出産後の健康の確保を図る等の措置を推進することを目的」として男女雇用機会均等法が制定された。性別を理由とする差別の禁止等が定められており、セクシュアルハラスメントの防止・対策を事業主に義務づけている。

労働者派遣法（労働者派遣事業の適正な運営の確保及び派遣労働者の保護等に関する法律）
1985（昭和60）年に、派遣労働者の雇用の安定など労働者の派遣事業を安定的に運営していくために作られた法律。

心の健康の保持増進のための指針

働く人の心身の健康の保持・増進のために、厚生労働省が 1988（昭和 63）年に策定したのが、トータルヘルスプロモーション（THP）。THP は、厚生労働省が策定した「事業場における労働者の健康保持増進のための指針」（メンタルヘルス指針）に沿って実施されるもので、全ての働く人を対象とした、総合的な「心とからだの健康づくり運動」のことをいう。その後指針の見直しが行われ、2006（平成 18）年に「労働者の心の健康の保持増進のための指針」が策定された。

心理的負荷による精神障害の認定基準

精神障害の労災請求件数の大幅な増加を受け、その精神障害が業務上の心理的負荷によるものか否かの認定をする審査が、迅速かつ効率的に実施できるように 2011（平成 23）年に心理的負荷による精神障害の認定基準が定められた。

労働施策総合推進法（労働施策の総合的な推進並びに労働者の雇用の安定及び職業生活の充実等に関する法律）

日本における労働市場に関連する法律の基本法として 1966（昭和 41）年に制定。2019（令和元）年の法改正において「**職場におけるハラスメント防止対策**」が定められ、雇用管理上必要な措置を講じることが事業主の義務となった（中小企業は 2022（令和 4）年 3 月 31 日までは努力義務）。本法は「パワハラ防止法」とも呼ばれる。

プラス+1

法の体系

全ての法律の基盤は日本国憲法である。憲法を頂点に、国会で決議される法律、内閣が定める政令、各省の定める省令、国や地方公共団体が必要な事項を公示する告示、行政機関で作成される文書形態の通達と続く。

法律は、その第 1 章に法律の目的が記載されていることも多いので、法律の定める目的について確認しておこう。

また、ガイドラインや指針など、法律等に基づいた資料が解答の根拠になるような出題も少なくないので、既出の資料については最新版に目を通しておくようにしよう。

● 法令の位置づけ

MEMO

心の健康に関する知識

公認心理師法に規定されている公認心理師の業務の1つに、「**心の健康に関する知識の普及を図るための教育及び情報の提供**」が明示されています。心身の健康に関する知識やデータはどんどんアップデートされています。常に最新の情報を手に入れ、心理職としての業務が果たせるよう心がけましょう。

◎ 心と体の健康対策

社会の状況に応じて、その時々に必要な心と体の健康対策は変化していきます。健康対策に関する目標設定や法整備を主に担っているのが厚生労働省です。

◎ 健康日本21

2000（平成12）年より「**21世紀における国民健康づくり運動**（健康日本21）」の取り組みが始まりました。その法的裏づけとして2003（平成15）年に［健康増進法］が施行されました。

健康日本21（第2次） は2013（平成25）年からの10年間の取り組みであり、［健康寿命の延伸］と［健康格差の縮小］や、主要な生活習慣病の発症予防と重症化予防の徹底等を基本的な方針としています。健康寿命の延伸とは、**健康寿命**（健康上の問題で日常生活に制限のない期間）を平均寿命の増加分を上回って増加させることです。健康格差の縮小とは、地域や社会経済状況の違いによる健康状態の差を縮小させることです。健康日本21で取り上げられている主な生活習慣病は、**がん、循環器系疾患、糖尿病、COPD（慢性閉塞性肺疾患）** であり、これらの生活習慣病とその原因となる生活習慣等の課題について、9分野ごとの**基本方針、現状と目標、対策**等が挙げられています。

> ●**健康日本21の9分野**
> ①栄養・食生活　②身体活動・運動　③休養・こころの健康づくり
> ④たばこ　⑤アルコール　⑥歯の健康　⑦糖尿病　⑧循環器病　⑨がん

◉ こころの健康対策

　厚生労働省では、特に**うつ病、薬物依存症、心的外傷後ストレス障害（PTSD）**に重点を置き、こころの健康対策として対策を進めています。

こころの健康対策──[うつ病]
　こころの健康を保つための**休養・こころの健康づくり**（健康日本21）をはじめ、うつ病予防の**普及啓発**、地域の保健医療体制等によるうつ病の**早期発見**、**治療**や**社会的支援**（障害者福祉サービス、医療費の助成など）を進める。

こころの健康対策──[薬物依存症]
　効果的な依存症対策の開発・実施を目的として、**自助団体**の活動の支援や、**地域連携体制**の構築、**依存症回復施設職員**の資質向上を図る。
　また、**薬物依存症者の家族**への啓発・支援を進め、効果的な薬物依存症対策の開発を目指す。

こころの健康対策──[PTSD]
　大地震などの各種自然災害や犯罪、事故等の人為災害によって起こるこころの健康問題に対し、被災者や被害者、その家族を支援するために基本的な知識や支援方法などのガイドラインを作成。さらに、医師、保健師、看護師、行政職員などの支援者の質の向上等に取り組む。

◉ 行動変容ステージモデル

　行動変容ステージモデルは、健康行動に関する心理学的研究から作られたモデルです。厚生労働省による「生活習慣病予防のための健康情報サイト」にも掲載されており、「健康づくりのための身体活動指針（アクティブガイド）」はこのモデルに基づいて作成されています。行動変容ステージモデルでは、人間の健康行動の変容を考える上で通る段階を5ステージに分けます。行動変容を促すためには、その人が現在いるステージを把握し、それに合った働きかけが重要となります。

ステージ	説明	働きかけ
無関心期	6か月以内に行動を変えようと思っていない	行動変容の必要性やメリットが感じられるような支援
関心期	6か月以内に行動を変えようと思っている	行動変容することの負担感が少なくなり、自己効力感を高めるような支援
準備期	1か月以内に行動を変えようと思っている	効果的な目標設定と行動計画による実行への援助
実行期	行動を変えて6か月未満	成功体験の積み重ねによる自己効力感の強化と行動維持への支援
維持期	行動を変えて6か月以上	これまでの努力の賞賛と今後の維持の奨励

心理的問題の予防

第16章でも解説しましたが、精神保健における予防の分類には **Caplan, G. による分類**と **IOM (Institute of Medicine) による分類**があります。

Caplan による分類

Caplan は予防を一次から三次に分けてモデル化しました。**一次予防**はそもそもの問題が発生しないように予防することであり、**二次予防**は問題が発生していても、早期発見早期対応などによってそれが重篤化しないように予防すること、**三次予防**は問題発生した後、それが再発したり悪化したりしないように予防することです。

IOM による分類

IOM は、メンタルヘルス問題への対応を［予防］・［治療］・［維持］の3段階に分類しています。ここでの予防は「診断可能な障害の発症以前に行われる対応」のみに限定されており、発症したら治療、維持という対応がとられることになります。

予防の方程式

ストレスと脆弱性は［リスク要因］であり、コーピングスキル、自尊心、知覚されたソーシャルサポートは［防御要因］です。問題が起きないよう予防するためには、防御要因を増やし、リスク要因を減らすことが必要です。

［ソーシャルサポート］とは、社会的関係の中でやりとりされる支援で、共感や心のケア等の**情緒的サポート**、物やサービス等の**道具的サポート**、問題解決のためのアドバイスや情報提供等の**情報的サポート**、肯定的評価等の**評価的サポート**などがあり

ます。

● 予防の方程式

$$\text{発生率} = \frac{\text{ストレス} + \text{脆弱性}}{\text{コーピングスキル} + \text{自尊心} + \text{知覚されたソーシャルサポート}}$$

自殺対策

　1998（平成10）年以降、自殺者数が毎年3万人を超えたことを受けて、2006（平成18）年に［自殺対策基本法］が制定され、2016（平成28）年の改正では都道府県だけでなく、市町村に自殺対策の基本計画が義務づけられました。さらに、2017（平成29）年には、**自殺対策基本法**に基づき、政府が推進すべき自殺対策の指針である［自殺総合対策大綱］の見直しが行われました。自殺は多くの複合的要因や複雑な背景によって引き起こされており、うつ病やアルコール健康問題、自殺未遂者の対策といった保健・医療分野や福祉分野、子どもや若者の自殺予防といった教育分野、職場のメンタルヘルスといった労働分野など、他の関連施策とも連携しながらの総合的な自殺対策が必要です。

心理教育

　［心理教育］は、精神障害などの問題を持つ人やその家族に対して、正しい知識や情報を伝え、病気や障害によってもたらされる問題への対処法を身につけさせることです。目標は当事者とその家族の状態によって違いますが、病気の受容とその困難を乗り越えるスキルを身につけることによって現実に立ち向かい、自信を回復すること、また社会資源や援助資源を必要に応じて利用できるようになること等が挙げられます。

支援者のメンタルヘルス

　支援者自身が心身共に健康であることは、心理職として業務を遂行するために重要です。心理的支援を行う者は、心理的支援を必要とする人のケアだけでなく、**自分自身のケア**にも気をつけなければなりません。特に対人援助職に多いとされる**燃え尽き症候群**は、心身の疲労の蓄積や徒労感により、無気力・意欲減退・抑うつ・思考力低下などの症状が現れます。このような状態になる前に、自らの限界を知り限界を超えて働こうとしないこと、また自分の心身のケアを積極的に行っていくことが重要です。

索引

607

執筆者紹介（50 音順）

● **岩瀬 利郎（いわせ・としお）**

日本医療科学大学兼任教授／東京国際大学医療健康学部准教授。元武蔵の森病院院長。浜松医科大学
大学院修了、博士（医学）。埼玉医科大学精神医学教室、埼玉石心会（狭山）病院精神科部長、武蔵の
森病院副院長・院長、東京国際大学人間社会学部教授、同大学教育研究推進機構教授を経て現職。精
神科専門医・指導医、睡眠専門医、臨床心理士・公認心理師。著書に『アルコール・薬物の依存と中毒
（精神科ケースライブラリー第 IV 巻）』（共著、中山書店）など。メディア出演に NHK BS プレミアム「偉
人たちの健康診断〜徳川家康　老眼知らずの秘密〜」（令和元年 6 月 6 日放送）。
改訂担当：第 22 章 138-152
執筆協力：第 21 章、第 22 章

● **大谷 佳子（おおや・よしこ）**

昭和大学保健医療学部講師。日本知的障害者福祉協会社会福祉士養成所講師（『心理学理論と心理的支
援』担当）。著書に、『最新介護福祉士養成講座 1 人間の理解』『最新介護福祉士養成講座 11 こころと
からだのしくみ』（分担執筆、中央法規出版）など。
改訂・執筆担当：第 21 章

● **翁長 伸司（おきなが・しんじ）**

埼玉医科大学病院神経精神科・心療内科／埼玉医科大学かわごえクリニックこどものこころクリニッ
ク外来 臨床心理士。放送大学非常勤講師、中部学院大学非常勤講師、お茶の水女子大学非常勤講師。
国立病院神経内科、スクールカウンセラー、大学院心理相談センター、大学非常勤講師などを経て現職。
臨床心理士、公認心理師。
改訂・執筆担当：第 14 章 78-79

● **斎藤 清二（さいとう・せいじ）**

富山大学名誉教授。医学博士。新潟大学医学部医学科卒。富山医科薬科大学第 3 内科助教授、富山大
学保健管理センター教授、立命館大学総合心理学部特別招聘教授などを歴任。医師、公認心理師。著
書に『総合臨床心理学原論－サイエンスとアートの融合のために－』（北大路書房）、『公認心理師の基
礎と実践 21：人体の構造と機能及び疾病』（遠見書房）、『事例研究というパラダイム－臨床心理学と
医学を結ぶ－』（岩崎学術出版社）等。
執筆担当：第 22 章 138-152

● **下坂 剛（しもさか・つよし）**

四国大学生活科学部准教授。博士（学術）。公認心理師。論文に「未就学児の親の育児関与とその規定
因に関する研究」（共著、小児保健研究 80 巻）、著書に『人間の形成と心理のフロンティア』（共編著、
晃洋書房）。
改訂・執筆担当：第 5 章、第 6 章、第 11 章（54 以外）、第 19 章、第 23 章（共著）

● **祖川 倫太郎（そがわ・りんたろう）**

佐賀大学医学部附属病院薬剤部。博士（医学）。日本病院薬剤師会精神科専門薬剤師。精神神経科の
病棟薬剤師を経て、精神科リエゾンチームに関与。著書に『病気とくすり 2021 基礎と実践 Expert's
Guide』（共著、南山堂）、『薬局 専門薬剤師からみた勘所プロフェッショナル EYE』（共著、南山堂）。
改訂・執筆担当：第 22 章 153-155

● **田代 信久（たしろ・のぶひさ）**

帝京平成大学現代ライフ学部（2022 年より人文社会学部）准教授・帝京大学医療共通教育研究センター
特任講師を兼任。脳外科・神経内科・内科心理職、スクールカウンセラー、ハローワーク心理職、湘央
医療技術専門学校、帝京高等看護学院、近畿大学九州短期大学講師を経て現職。教育学修士、公認心理
師、臨床心理士。著書に『スクールカウンセリングマニュアル』（共著、日本小児医事出版社）など。
改訂・執筆担当：第 7 章 21-28、第 9 章、第 12 章（65 以外）

● 中村 洸太 (なかむら・こうた)

駿河台大学、聖学院大学、ルーテル学院大学にて兼任講師。博士 (ヒューマン・ケア科学)。心療内科・精神科クリニックや大学病院等を経て、現在は産業領域や教育領域を中心に臨床に携わる。公認心理師、精神保健福祉士、臨床心理士。著書に『メンタルヘルスマネジメント検定 Ⅱ種Ⅲ種 テキスト＆問題集』(共編著、翔泳社)、『メールカウンセリングの技法と実際』(共編著、川島書店) など。
改訂担当：第 17 章 103-104、第 18 章、第 20 章、第 23 章 (共著)
執筆担当：第 18 章、第 20 章、第 23 章 (共著)

● 廣瀬 圭子 (ひろせ・けいこ)

ルーテル学院大学総合人間学部専任講師。博士 (社会福祉学)。由良病院リハビリテーション科、日立養力センター、埼玉県立大学、東洋大学等を経て現職。高齢者のケア環境や介護離職防止に向けた家族への支援について、ＩＣＦ (第 3 者の障害) の枠組みから研究を行う。社会福祉士・精神保健福祉士・理学療法士。
改訂担当：第 13 章、第 17 章 99-102、第 23 章 (共著)
執筆担当：第 13 章、第 17 章、第 23 章 (共著)

● 松岡 紀子 (まつおか・のりこ)

医療法人社団こころけあ 心理カウンセラー。公立小中学校スクールカウンセラー、私設相談室非常勤カウンセラー、心療内科クリニック心理職を経て現職。成人の精神疾患や被害者支援を専門に医療臨床に従事。臨床心理士、公認心理師。
改訂・執筆担当：第 1 章、第 14 章 72-77、第 15 章

● 三浦 佳代子 (みうら・かよこ)

長崎純心大学人文学部地域包括支援学科講師。博士 (医学)。長崎純心大学助手、日本学術振興会特別研究員、富山大学エコチル富山ユニットセンター研究員、金沢大学保健管理センター助教を経て現職。公認心理師、臨床心理士。公認心理師を目指す人のための情報サイト「公認心理師ドットコム」を運営。
改訂・執筆担当：第 3 章、第 7 章 29-30、第 10 章、第 16 章、第 23 章 (共著)

● 村上 純子 (むらかみ・じゅんこ)

聖学院大学心理福祉学部心理福祉学科教授。博士 (学術)。総合病院精神科、精神科クリニック、被災者ケアセンター勤務、公立小中高校のスクールカウンセラーなどを経て現職。公認心理師、臨床心理士。著書に『子育てと子どもの問題』(キリスト新聞社)。
改訂・執筆担当：第 2 章、第 4 章、第 11 章 54、第 12 章 65、第 24 章

● 森田 麻登 (もりた・あさと)

神奈川大学人間科学部助教。修士 (医科学)、修士 (臨床心理学)、修士 (教育学)。臨床心理士、公認心理師。法務省心理技官、千葉県発達障害者支援センター相談員、筑波大学附属中学校スクールカウンセラー、帝京学園短期大学助教、身延山大学特任講師、植草学園大学講師、広島国際大学講師を経て現職。著書に『記憶心理学と臨床心理学のコラボレーション』(共著、北大路書房)。
改訂・執筆担当：第 8 章

執筆者調整・編集協力
中村 洸太、村上 純子

著者紹介

公認心理師試験対策研究会
心理に造詣が深い大学教員やカウンセラー、医師等の有志で構成される研究会。質の高い心理職の合格に向けて尽力している。

カバーデザイン	小口翔平＋須貝美咲（tobufune）
カバー・本文イラスト	ハヤシフミカ
DTP	株式会社 トップスタジオ

心理教科書

公認心理師 完全合格テキスト 第2版

| 2022年　1 月 25 日 | 初版第1刷発行 |
| 2022年　4 月　5 日 | 初版第2刷発行 |

著　　　者	公認心理師試験対策研究会
発　行　人	佐々木 幹夫
発　行　所	株式会社 翔泳社（https://www.shoeisha.co.jp）
印刷・製本	日経印刷 株式会社

ISBN978-4-7981-7274-3　　　Printed in Japan